民法典司法解释案例解读丛书

《最高人民法院关于适用〈中华人民共和国民法典〉合同编通则若干问题的解释》

案例解读

杨立新 等 ◎ 编著

中国法制出版社

CHINA LEGAL PUBLISHING HOUSE

作者简介

杨立新 中国人民大学法学院教授，教育部人文社会科学重点研究基地中国人民大学民商事法律科学研究中心研究员；兼任世界侵权法学会主席、东亚侵权法学会理事长，国家法官学院、国家检察官学院、中共中央党校（国家行政学院）、北京大学法学院等 20 余所大学法学院兼职教授、特聘教授、客座教授。1975 年至 1989 年在吉林省通化市中级人民法院任审判员、副庭长、副院长、常务副院长；1990 年至 1992 年任最高人民法院民事审判庭审判员、婚姻家庭合议庭负责人；1993 年至 1994 年任烟台大学法学院副教授；1995 年至 2000 年任最高人民检察院检察委员会委员、民事行政检察厅厅长；2001 年至今，在中国人民大学法学院任现职。兼任全国人大常委会法工委立法专家委员会立法专家，参与合同法、物权法、侵权责任法、消费者权益保护法等十余部法律的起草和修订工作。2015 年以来，全程参与民法典编纂工作，参加了民法典总则和分则各编的起草工作。研究领域为民法总则、侵权责任法、人格权法、物权法、债法、婚姻家庭法和继承法，著作有民法专著、民法教材、其他民法读物 100 余部，在《中国社会科学》《法学研究》《中国法学》等刊物发表民法论文 600 余篇。

李怡雯 中国人民大学法学院博士研究生，合著《中国民法典新规则研究》《中华人民共和国民法典释义与案例评注》《〈中华人民共和国民法典〉条文精释与实案全析》等作品，在《国家检察官学院学报》《法学杂志》《法律适用》《中国应用法学》等刊物发表民法研究论文 20 篇。

李付雷 福建师范大学法学院副教授，中国人民大学法学博士，合著

《中国民法七十年》《中华人民共和国民法典释义与案例评注》《〈中华人民共和国民法典〉条文精释与实案全析》等著作，在法学刊物发表民法研究论文十余篇。

阚梓冰 中国人民大学法学博士，清华大学法学院博士后。在《中国人民大学学报》《学术研究》《求是学刊》《法律适用》《中国应用法学》等期刊和《法治日报》《人民法院报》等报纸发表论文多篇，主持中国法学会民法学研究会青年项目等2项，参与教育部、科技部、最高人民法院课题多项，合著《合同法案例教程》《民法典释义与案例评注：物权编》等作品。

蒋晓华 中国人民大学法学博士。在《河南社会科学》《判解研究》等期刊上发表论文数篇，参与教育部、校级等研究项目，合著《中国民法七十年》《中华人民共和国民法典释义与案例评注》《〈中华人民共和国民法典〉条文精释与实案全析》《民法典百问百答》等作品。

王艺璇 中国人民大学法学博士，清华大学法学院博士后。在《法律适用》《甘肃社会科学》《民商法论丛》等期刊发表论文多篇，合著《中华人民共和国民法典释义与案例评注》《〈中华人民共和国民法典〉条文精释与实案全析》等作品。

《民法典司法解释案例解读丛书》总序

《中华人民共和国民法典》（以下简称《民法典》）于 2021 年 1 月 1 日开始施行，同日，最高人民法院有关适用《民法典》的一批司法解释也开始生效，作为在审判实践中适用《民法典》的指导，保障《民法典》的正确实施。

司法解释在我国司法实践中具有重要作用。依照笔者的看法，最高人民法院适用法律的司法解释就是我国的法官法，对于制定法的正确适用，以及补充制定法的立法不足，都具有不可替代的重要价值。在《民法典》通过之后、施行之前的时间里，最高人民法院对以往民法适用的司法解释进行了全面清理，通过颁布新的司法解释，修订原有的司法解释，废除过时的司法解释，为《民法典》的正确实施提供了及时的、必要的指导，具有重要的法律适用价值，也具有重要的理论研究价值。

对案例进行理论研究，是笔者在 20 世纪 90 年代开始进行的研究工作，既有理论研究的意义，也有司法实践的价值，对于推动立法发展、司法进步和理论研究的深入，都具有重要的作用。尤其是在《民法典》开始施行，最高人民法院颁布、修订大量的相关司法解释的背景下，研究这些司法解释就具有更重要、更深刻的意义。

我们选择最高人民法院最新颁布的适用《民法典》司法解释进行案例解读，出版《民法典司法解释案例解读丛书》，意图在于揭示司法解释的条文要义，准确理解《民法典》条文的适用规则，保障正确实施《民法典》的规定，更好地保护民事主体的合法权益，同时也助力于民法理论研究的不断深入。

对于最高人民法院发布的适用《民法典》的司法解释，大家都处于学习、理解和研究的过程中。我们借助于参与立法，参加制定司法解释讨论的优势和研究民法理论的基础，对最新颁布的适用《民法典》司法解释进行研究，并且结合真实的案例进行解读，是一个尝试，希望我们的努力能够对法官的法律适用和广大读者对《民法典》以及适用《民法典》司法解释内容的理解和掌握有所助益。由于时间仓促，我们对司法解释的解读可能存在不当，恳请读者批评指正。

中国人民大学民商事法律科学研究中心研究员

中国人民大学法学院教授、博士生导师

广东财经大学法学院特聘教授

杨立新

前　　言

2023 年 12 月 4 日，最高人民法院发布了《关于适用〈中华人民共和国民法典〉合同编通则若干问题的解释》（以下简称《民法典合同编通则解释》），与适用《民法典》的时间效力、总则编、物权编、婚姻家庭编、继承编、担保制度等司法解释一道，共同组成《民法典》的配套司法解释。

《民法典合同编通则解释》集中了 1999 年《合同法》实施以来的研究成果，具有坚实的立法基础、深厚的理论铺陈和成熟的司法经验。在立法基础方面，早期的《最高人民法院关于适用〈中华人民共和国合同法〉若干问题的解释（一）》《最高人民法院关于适用〈中华人民共和国合同法〉若干问题的解释（二）》为《民法典合同编通则解释》条文的起草，奠定了基础；《全国法院民商事审判工作会议纪要》《全国法院贯彻适用民法典工作会议纪要》也对《合同法》的一般规则作了部分规定，也都成为《民法典合同编通则解释》的基础。在理论铺陈方面，关于预约合同、协商解除、抵销溯及力、违约损害赔偿的学理讨论，都为《民法典合同编通则解释》提供了理论依据。在司法经验方面，最典型的是"以物抵债"，从 2012 年的公报案例武侯案，到 2017 年的公报案例通州建总案，司法实务中有关以物抵债的内容不断成熟完善。《民法典合同编通则解释》第 26 条、第 27 条正是从中抽象出的以物抵债一般规则。

《民法典合同编通则解释》的重要作用在两个方面得到体现。一是有助于准确理解与适用《民法典》合同编通则的具体条文。针对部分争议较大或者较为细微的问题，《民法典》未明文规定，不免引发理论歧见与裁判分歧。《民法典合同编通则解释》在充分论证的基础上，广泛征求意见，对上述内容进行规定，有助于《民法典》条文的准确理解和适用。二是实现《民法典》与《民事诉讼法》的良好对接。实体法与程序法就是剑与剑谱的关系。实践中，代位权诉讼与仲裁协议、管辖协议的冲突，以及同时履行抗辩权的判决应当如何表达等，既属于实体法的问题，也属于程序法的问题。《民法典合同编通则解释》对相关内容予以明确，有效地衔接了《民法典》与《民事诉讼法》的关系，实现二者的良好互动。

《民法典合同编通则解释》肩负着明确当事人权利义务关系、规范民事主体的交易行为、维护市场交易秩序等重任，颁布后，合同理论研究的重心应当放在如何准确理解、解释条文的内容上，并具体应用到个案中。本书就是通过典型案例的选择，在理论和实践的结合上，阐释《民法典合同编通则解释》条文的内涵和具体适用规则，能够为读者理解和适用该司法解释提供参考。

本书对《民法典合同编通则解释》的每一个条文进行阐释，分为三部分：一是条文关联，包括《民法典》、相关司法解释及既往司法解释；二是条文要义，对条文进行简明扼要的解释；三是选择与特定条文直接相关的案例，借助案例对条文进行解读。

需要说明的是，《民法典合同编通则解释》刚刚颁布，尚无与其条文直接对应的案例，故所选案例都是发生在该司法解释之前的案例。以此来说明《民法典合同编通则解释》，是借助案例解读条文确定的规则，并不影响对条文的阐释与说明所具有的参考意义。

合同法学博大精深，作者对合同法一般规则和该司法解释的理解也在继续进行中，故对阐释和说明中存在的不当之处，盼读者批评指正，提出宝贵意见。

感谢中国法制出版社的策划编辑和责任编辑，精心策划本书选题和精准的编辑校对，使本书能够在很短的时间里与读者见面。在此，向他们表示衷心感谢！

广东财经大学法学院特聘教授

广东财经大学法制与经济发展研究所研究员

中国人民大学民商事法律科学研究中心研究员

杨立新

2023 年 12 月 18 日

目　录

导论　《民法典合同编通则解释》的主要内容和重要价值 …………… 001

　　一、《民法典合同编通则解释》对完善我国合同一般规则

　　　　体系的重大发展 ………………………………………… 002

　　二、《民法典合同编通则解释》的产生和理论实践价值 ………… 013

第一章　一般规定 ………………………………………………… 017

　　第一条　【合同条款的解释规则】 ……………………………… 017

　　　　田某、周某与甲信托公司借款合同纠纷案 ………………… 020

　　第二条　【交易习惯的认定】 …………………………………… 024

　　　　甲公司与某春饼店房屋租赁合同纠纷案 ………………… 029

第二章　合同的订立 ……………………………………………… 033

　　第三条　【合同成立与合同内容】 ……………………………… 033

　　　　丙公司与丁公司等合资、合作开发房地产合同纠纷案 ……… 040

　　第四条　【以竞价方式订立合同】 ……………………………… 044

　　　　甲公司与乙公司等预约合同纠纷案 ……………………… 047

　　第五条　【合同订立中的第三人责任】 ………………………… 050

　　　　某制粉公司诉任某买卖合同纠纷案 ……………………… 054

　　第六条　【预约合同的认定】 …………………………………… 056

　　　　某房产公司与王某商品房预约合同纠纷案 ……………… 062

　　第七条　【违反预约合同的认定】 ……………………………… 066

　　　　甲公司与乙公司股权转让纠纷案 ………………………… 070

第 八 条 【违反预约合同的违约责任】 …………………… 075
　　某印刷公司与某档案馆等服务合同纠纷案 …………… 078

第 九 条 【格式条款的认定】 …………………………… 082
　　杨某与某建筑公司等劳务合同纠纷案 ………………… 085

第 十 条 【格式条款订入合同】 ………………………… 088
　　邬某诉甲公司网络服务合同纠纷案 …………………… 092

第三章　合同的效力 ……………………………………… 095

第十一条 【自然人缺乏判断能力的认定】 …………………… 095
　　科技公司与洪某合同纠纷案 …………………………… 098

第十二条 【批准生效合同的法律适用】 ………………… 106
　　能源公司诉某开发院合作勘查合同纠纷案 …………… 112

第十三条 【备案合同或者已批准合同等的效力认定】 ……… 115
　　刘某诉赵某某土地承包经营权纠纷案 ………………… 118

第十四条 【多份合同的效力认定】 ……………………… 120
　　汤某等与房地产公司商品房买卖合同纠纷案 ………… 125

第十五条 【名实不符与合同效力】 ……………………… 129
　　煤炭运销部与焦煤公司企业借贷纠纷案 ……………… 132

第十六条 【违反强制性规定不导致合同无效的情形】 ………… 137
　　药业公司等与制药公司技术转让合同纠纷案 ………… 145

第十七条 【违背公序良俗的合同】 ……………………… 150
　　投资公司等诉实业公司营业信托纠纷案 ……………… 156

第十八条 【违反强制性规定但应适用具体规定的情形】 ……… 161
　　唐某与刘某确认合同无效纠纷案 ……………………… 163

第十九条 【无权处分的合同效力】 ……………………… 167
　　董某与银行大连金州支行确认合同无效纠纷案 ……… 172

第二十条 【越权代表的合同效力】 ……………………… 177
　　文化传媒公司与信息技术公司、赖某合同纠纷案 …… 185

第二十一条　【职务代理与合同效力】 ················· 190

黄某与房地产公司中介合同纠纷案 ················· 199

第二十二条　【印章与合同效力】 ····················· 201

混凝土公司与建设公司青海分公司民间借贷纠纷案 ····· 208

第二十三条　【代表人或者代理人与相对人恶意串通】 ········· 212

储某等与机电公司债权转让合同纠纷案 ············· 217

第二十四条　【合同不成立、无效、被撤销或者确定不发生

效力的法律后果】 ················· 222

李某与冯某等财产权属纠纷案 ················· 229

第二十五条　【价款返还及其利息计算】 ················· 234

物业管理公司钦州分公司与商某借款合同纠纷案 ······· 239

第四章　合同的履行 ····················· 242

第二十六条　【从给付债务的履行与救济】 ··············· 242

物流公司与物流有限公司租赁合同纠纷再审案 ········· 246

第二十七条　【债务履行期限届满后达成的以物抵债协议】 ····· 252

建总公司与房地产公司建设工程施工合同纠纷案 ······· 257

第二十八条　【债务履行期届满前达成的以物抵债协议】 ······· 263

集团公司与建筑装饰公司等建设工程施工合同纠纷案 ··· 268

第二十九条　【向第三人履行的合同】 ················· 272

孙某与货运公司运输合同纠纷案 ················· 275

第 三 十 条　【第三人代为清偿规则的适用】 ··········· 279

黄某等与姜某民间借贷纠纷案 ················· 285

第三十一条　【同时履行抗辩权与先履行抗辩权】 ··········· 294

曹某玲与聂某民房屋买卖合同纠纷案 ··············· 298

第三十二条　【情势变更制度的适用】 ················· 301

某影城公司与甲广告公司等广告合同纠纷案 ··········· 306

第五章　合同的保全 ……………………………………………… 315

　第三十三条　【怠于行使权利影响到期债权实现的认定】 ……… 315
　　某国土资源局与甲房地产开发公司、乙实业公司等债权人
　　代位权纠纷案 …………………………………………………… 318

　第三十四条　【专属于债务人自身的权利】 …………………… 325
　　某医院诉某交通公司医疗服务合同纠纷案 …………………… 328

　第三十五条　【代位权诉讼的管辖】 …………………………… 332
　　某甲会社与吴某、某乙公司债权人代位权纠纷案 …………… 334

　第三十六条　【代位权诉讼与仲裁协议】 ……………………… 337
　　某设备公司与某科技公司、某风能公司债权人代位权纠纷案 …… 339

　第三十七条　【代位权诉讼中债务人、相对人的诉讼地位及
　　　　　　　　合并审理】 ………………………………………… 344
　　某甲公司与某乙公司等债权人代位权纠纷案 ………………… 346

　第三十八条　【起诉债务人后又提起代位权诉讼】 …………… 349
　　张某与某公司债权人代位权纠纷案 …………………………… 352

　第三十九条　【代位权诉讼中债务人起诉相对人】 …………… 354
　　某融资租赁公司与夏甲、夏乙等合同纠纷案 ………………… 356

　第 四 十 条　【代位权不成立的处理】 ………………………… 359
　　邓某等与某矿业公司债权人代位权纠纷案 …………………… 361

　第四十一条　【代位权诉讼中债务人处分行为的限制】 ……… 366
　　某染织厂与某华塑公司、某置业公司撤销权纠纷案 ………… 368

　第四十二条　【债权人撤销权诉讼中明显不合理低价或者高
　　　　　　　　价的认定】 ………………………………………… 372
　　刘某等与赵某债权人撤销权纠纷案 …………………………… 376

　第四十三条　【其他不合理交易行为的认定】 ………………… 379
　　某银行与某甲公司等借款合同、撤销权纠纷案 ……………… 382

第四十四条 【债权人撤销权诉讼的当事人、管辖和合并
审理】 ………………………………………………… 386
李某、某信托公司债权人撤销权纠纷案 ………………… 389
第四十五条 【债权人撤销权的效力范围及必要费用的认定】 …… 395
黄某等与林某债权人撤销权纠纷案 ……………………… 398
第四十六条 【撤销权行使的法律效果】 ……………………… 402
某甲公司与某银行等执行复议案 ………………………… 407

第六章　合同的变更和转让 …………………………………… 412
第四十七条 【债权债务转让纠纷的诉讼第三人】 …………… 412
甲公司与乙公司合同纠纷案 ……………………………… 415
第四十八条 【债权转让通知】 ………………………………… 417
韩某与吴某债权转让合同纠纷案 ………………………… 421
第四十九条 【表见让与和债务人确认债权存在】 …………… 423
甲公司、李某等确认合同效力纠纷案 …………………… 426
第五十条 【债权的多重转让】 ……………………………… 429
李某堂与某县人民政府、苏某华债权转让合同纠纷案 ………… 435
第五十一条 【债务加入人的追偿权及其他权利】 …………… 438
某银行的分行、杨某恒等追偿权纠纷案 ………………… 442

第七章　合同的权利义务终止 ………………………………… 447
第五十二条 【协商解除的法律适用】 ………………………… 447
房地产开发公司与某银行桂林分行房屋买卖合同纠纷案 ……… 451
第五十三条 【通知解除合同的审查】 ………………………… 460
某新能源公司与某电子公司买卖合同纠纷案 …………… 465
第五十四条 【撤诉后再次起诉解除时合同解除时间的认定】 …… 473
乔某晓与投资公司等股权转让纠纷案 …………………… 475
第五十五条 【抵销权行使的效力】 …………………………… 480
环境工程公司与科技公司买卖合同纠纷案 ……………… 481

第五十六条 【抵销参照适用抵充规则】 …………………… 486

物流公司与实业公司委托合同纠纷案 …………………… 489

第五十七条 【侵权行为人不得主张抵销的情形】 …………… 493

晁乙、何某华等医疗损害责任纠纷案 …………………… 496

第五十八条 【已过诉讼时效债权的抵销】 …………………… 497

钟某元诉某银行合作支行储蓄存款合同纠纷案 ………… 500

第八章 违约责任 …………………………………………… 504

第五十九条 【合同终止的时间】 …………………………… 504

某旅游公司诉某村民委员会等合同纠纷案 ……………… 509

第 六 十 条 【可得利益损失的计算】 ……………………… 512

甲公司诉乙公司买卖合同纠纷案 ………………………… 519

第六十一条 【持续性定期合同中可得利益的赔偿】 ………… 520

曲某与陈某房屋租赁合同纠纷案 ………………………… 524

第六十二条 【无法确定可得利益时的赔偿】 ……………… 525

徐某诉刘某某、姜某某房屋买卖合同纠纷案 …………… 527

第六十三条 【可预见性规则的适用】 ……………………… 529

曾某诉甲公司合同纠纷案 ………………………………… 534

第六十四条 【请求调整违约金的方式和举证责任】 ………… 536

林某某诉甲医院房屋租赁合同纠纷案 …………………… 540

第六十五条 【违约金的司法酌减】 ………………………… 542

甲公司诉李某、乙公司合同纠纷案 ……………………… 548

第六十六条 【违约金调整的释明与改判】 ………………… 550

甲公司诉乙公司建设工程合同纠纷案 …………………… 554

第六十七条 【定金规则】 …………………………………… 556

某学校与李某某、王某某、某建工公司建设工程施工合同

纠纷案 …………………………………………………… 562

第六十八条　【定金罚则的法律适用】 …………………… 564

　　张某某诉某儿童城租赁合同纠纷案 ……………… 568

第九章　附　　则 ………………………………………… 571

第六十九条　【司法解释生效时间】 ……………………… 571

　　王某诉刘某利、崔某飞买卖合同案 ……………… 574

导论　《民法典合同编通则解释》的主要内容和重要价值

《最高人民法院关于适用〈中华人民共和国民法典〉合同编通则若干问题的解释》（以下简称《民法典合同编通则解释》）的序言写道："为正确审理合同纠纷案件以及非因合同产生的债权债务关系纠纷案件，依法保护当事人的合法权益，根据《中华人民共和国民法典》《中华人民共和国民事诉讼法》等相关法律规定，结合审判实践，制定本解释。"这是说明这一司法解释的宗旨。

《中华人民共和国民法典》颁布实施后，最高人民法院已经出台了适用《民法典》的时间效力、担保部分、总则编、物权编、婚姻家庭编、继承编等一系列司法解释，2023年12月4日又颁布了《民法典合同编通则解释》。自此，除对《民法典》侵权责任编还没有出台一般性解释外，其他编都已有相关司法解释。

在这些对《民法典》的司法解释中，最有技术含量的是时间效力、担保部分和合同编通则这三部。特别是刚刚颁布实施的《民法典合同编通则解释》，就《民法典》合同编通则规定的债与合同一般规则的具体法律适用，经过长时间的讨论和修改，集中了1999年《合同法》实施以来的司法实践经验和理论研究成果，形成了《民法典》有关合同一般规则适用的完整司法解释，既有深刻的理论蕴含，又有丰富的司法实践经验支撑，具有重要的理论意义和实践价值，不仅是指导法官审理合同案件适用《民法典》合同编通则的具体规则，而且也是债与合同法理论研究的重要依据和探讨对象。

一、《民法典合同编通则解释》对完善我国合同一般规则体系的重大发展

《民法典合同编通则解释》遵循《民法典》合同编通则规定的我国合同一般规则体系和内容，进行了比较全面的补充，使完善我国合同一般规则体系有了重大发展。

（一）对合同"一般规则"的完善

对《民法典》合同编通则规定的合同一般规则，《民法典合同编通则解释》只规定了两个条文：一是对合同解释的细化；二是对交易习惯的认定。

合同解释的细化规则确定了以通常理解的文义解释为基础，如果当事人对合同条款的词句、含义有其他共同理解的，其中一方主张按照词句含义理解合同条款，是没有道理和依据的。同时，也规定了合同条款有利解释原则，也包括适用有利合同生效解释和有利无偿债务人解释的具体规则。

对交易习惯的认定，针对《民法典》只规定了交易习惯的概念，没有规定交易习惯的类型和识别方法，《民法典合同编通则解释》规定把交易习惯分为往例和通例，分别作了具体规定，还规定了主张交易习惯的举证责任负担规则。

（二）对"合同的订立"规则的完善

《民法典合同编通则解释》对合同的订立规则规定了比较复杂的内容，完善了合同订立的规则体系。其中最重要的部分是：

1. 确认合同主体、标的和数量是合同主要条款。双方订立的合同能够确定具备这三个条款的，一般应当认定合同成立。同时也规定了虽然确定合同主要条款具备，但在特殊情况下，其他非主要条款未达成合意合同也不成立的具体情形。

2. 对竞价方式订立合同的最重要解释，是补充了招标方式订立合同、现场拍卖、网络拍卖、产权交易所等主持拍卖或挂牌交易的合同成立时间，统一了司法操作规则，防止对竞价方式订立合同时间出现误解，损害当事人的合法权益。

3. 对《民法典》规定预约合同规则不够具体的问题，《民法典合同编通则解释》详细规定了认定预约合同的标准，区分认购书、订购书、预定书作为预约形式的表现，与认定意向书、备忘录为预约合同的标准，分别作出了不同的规定。确认当事人一方拒绝订立本约合同，或者在磋商订立本约合同时违反诚信原则，导致未能订立本约合同，是认定违反预约合同的主要表现形式。对违反预约合同的违约损害赔偿责任，确定了具体的计算方法。这些都是在对《民法典》规定的预约合同规则体系的基础上，实现了进一步完善。

4. 《民法典合同编通则解释》对格式条款的法律适用，首先是对如何确定格式条款，排除了当事人仅以合同系依据合同示范文本制作，或者双方已明确约定合同条款不属于格式条款为由，或者从事经营活动的当事人一方仅以未实际重复使用为由主张其预先拟定且未与对方协商的合同条款不是格式条款，都是没有法律根据的，不能否定格式条款的性质。其次是对格式条款订入合同，如何认定提供格式条款一方已经履行提示义务和说明义务，作了详细的具体规定。这些规定使认定格式条款有了统一规则。

(三) 对"合同的效力"规则的完善

《民法典合同编通则解释》对合同效力规则，使用了最多的篇幅即 14 个条文作出解释，占了全文的 20.29%。之所以对合同效力规则作出如此复杂的解释，主要原因在于：一是依照《民法典》的规定认定合同效力，要同时适用总则编关于民事法律行为效力的规定和合同编关于合同效力的规定，这方面的规则需要进行衔接，与适用《合同法》有关合同效力的统一规则是有区别的；二是《民法典》合同编关于合同效力的规定比较简单，只对一些一般性问题作出了规定，对于很多具体问题都没有规定具体规则；三是认定合同的效力，实践中反映的问题非常复杂，也特别具体，需要有具体的司法实务操作规则。正因为存在这些原因，《民法典合同编通则解释》才对合同效力规则作了比较全面的补充和进一步的完善。

1. 多份合同的效力认定

在对合同效力的解释中最值得称道的，是对多份合同效力认定和名不副实的合同效力认定规则的确定。这两个方面的规定，着重解决了司法实践对黑白合同，以及备案合同与报批合同之间的内容存在冲突，如何认定对当事人发生法律效力的合同的问题。这始终是对司法实践特别重要、又一直没有解决好的问题。《民法典合同编通则解释》对这两种情况作出了具体规定，统一了司法实践应当依照隐藏行为规则认定的规则。

2. 合同违反强制性法律规定和违背公序良俗的效力认定

对违反强制性法律规定的合同效力和违背公序良俗的合同效力，《民法典合同编通则解释》规定了两条具体规则。

第16条规定违反强制性法律规定的合同效力，没有按照原合同法司法解释关于区分效力性强制规定和管理性强制规定的方法作出规定。解决这个问题的难度较大，《民法典》第153条第1款规定的规则可操作性不强。该条司法解释采取比较弹性的规则，即综合考量强制性规定的目的、当事人是否属于强制性规定保护的范围、强制性规定规制的是一方当事人还是双方当事人，以及违反强制性规定的社会后果这些因素，综合认定，有了较好的认定标准。

违背公序良俗，是《民法典》规定的新的合同无效理由。对此，在民法理论上一直认为是很难确定的规则，即公共秩序和善良风俗没有一个通常理解的准确界定。但这又是司法实践中必须面对、应当解决的问题，因为没有确定的标准，就很难在实践中具体适用。第17条采用的方法是，把合同影响政治安全、经济安全、军事安全等国家安全，以及合同存在影响社会稳定或者损害社会公共利益等违背社会公共秩序的，作为违背公序良俗的两种主要类型；把违背社会公德、家庭伦理或者有损人格尊严等违背善良风俗的，作为违背善良风俗的具体要求。这样的规则能够统一司法实践对违背公序良俗的法律适用，是一个重大贡献。

3. 无权处分、越权职务代理、越权代表订立合同的效力

对《民法典》没有规定的无权处分订立合同的效力、职务代理超越其权限范围订立合同的效力、法定代表人或者负责人越权代表订立合同的效力，以及印章与合同效力的关系，《民法典合同编通则解释》都规定了具

体规则，不仅在统一司法操作方法上具有重要价值，而且在民法理论上也提供了值得研究的课题。

4. 扩大适用恶意串通合同无效规则的适用范围

法定代表人、代理人与相对人恶意串通订立合同的效力，《民法典合同编通则解释》灵活运用《民法典》第 154 条对恶意串通行为无效的规定，解决法定代表人、代理人与相对人恶意串通订立合同效力的认定规则，正确地处理《民法典》规定恶意串通须损害合同当事人之外的第三人合法权益的要件，确定法定代表人、代理人与相对人恶意串通损害一方当事人即法人或者非法人组织合法权益的，也认定为恶意串通，适用恶意串通的规定，确认该合同无效，法人或者非法人组织不承担违约责任，这是适用民法理论、结合司法实践，扩张适用恶意串通规则的重要创造。

5. 价款返还与利息计算

应当特别强调《民法典合同编通则解释》第 24 条关于价款返还及其利息计算的规定。这是对《民法典》第 157 条规定合同不成立、无效、被撤销或者确定不发生效力后的返还价款或者报酬，没有规定资金占用费和标的物使用费规则的补充。发生《民法典》第 157 条规定的情形，当事人请求对方支付资金占用费，或者双方当事人互负返还义务，占有标的物的一方对标的物存在使用或者依法可以使用的，可以主张标的物使用费，主张标的物使用费与资金占用费相互抵销，应当适用相应的规则。这是从司法实践中总结出来的经验结晶，对完善合同不成立、无效、被撤销或者确定不发生效力后果的规则和理论基础，是一个很大的完善和发展。

（四）对"合同的履行"规则的完善

《民法典合同编通则解释》在"合同的履行"这一节中规定的 7 个条文，对《民法典》规定的一些重要规则也作出了解释，对完善合同履行规则具有重要价值。

1. 以物抵债

在这些解释中，对以物抵债规则的规定最为重要。原《合同法》和《民法典》都没有规定以物抵债，但是，在司法实践中存在的以物抵债消灭债权债务关系的做法比较普遍，民法理论也对以物抵债有很深入的研究，都采取了积极赞成的态度。

《民法典合同编通则解释》依照理论讨论的见解和司法实践经验，把以物抵债区分为债务履行期限届满后达成的以物抵债协议和债务履行期限届满前达成的以物抵债协议两种不同类型，分别规定了以物抵债协议成立的要件、生效的时间、发生纠纷的处置方法以及以物抵债履行的法律效果，区分了两种不同以物抵债的具体规则和法律后果，规则清晰明确，特别便于适用，完全符合民法理论的要求。

2. 合同履行中的第三人

有关合同履行中的第三人，《民法典》第522条至第524条规定了向第三人履行、由第三人履行和第三人代为履行三种情形，其中向第三人履行和第三人代为履行的规则还需要进一步完善。《民法典合同编通则解释》针对这两种情形，规定了第28条和第29条，对适用这两个条文的具体规则作出了明确、具体的解释。

3. 同时履行抗辩权和先履行抗辩权

对同时履行抗辩权与先履行抗辩权的具体适用，《民法典》规定的规则比较具体，但是，在具体实践中适用，还存在一些需要完善的问题。

针对同时履行抗辩权的一方当事人以对方没有履行非主要债务为由，拒绝履行自己的主要债务，是否符合同时履行抗辩权的行使要件，《民法典合同编通则解释》第31条第1款作出否定性规定，同时也规定了例外条件。

对先履行抗辩权在诉讼中，究竟是以抗辩方式提出，还是以反诉方式提出，《民法典合同编通则解释》第31条第2款认为均可。这是实事求是的态度，且特别有利于享有先履行抗辩权的一方当事人保护自己的合法权益。

4. 情势变更

在合同的履行的解释中，最重要的一条司法解释，是第32条关于情势变更适用规则的规定。

原《合同法》在起草以及适用后的过程中，对可否适用情势变更原则，立法和司法几经周折。《合同法》立法中，立法者对适用情势变更原则始终忧心忡忡，最主要的担心，就是怕实践中滥用这一原则，损害市场经济交易规则。最高人民法院根据司法实践需要，确定了在严苛条件下可以适用情势变更原则。

《民法典》第533条规定了情势变更原则，对其适用规定了比较严格的条件。不过，在具体适用情势变更原则中，还有一些具体问题需要进一步解决。

对怎样适用《民法典》第533条规定的"合同的基础条件发生重大变化"，《民法典合同编通则解释》第32条第1款确认，因政策调整或市场供求关系异常变动等原因，导致价格发生当事人在订立合同时无法预见的、不属于商业风险的涨跌，继续履行合同对当事人一方明显不公平的，作为适用情势变更原则的基本要求。

对适用情势变更原则的后果究竟是变更还是解除合同，第32条第2款也确定了优先适用变更，在变更仍然不能改变不公平状态的情况下，才可以解除合同，并要正确确定合同解除的时间。

这样的规定，完全体现了民法理论研究情势变更的主要见解，也在司法实践中能够统一适用情势变更规则，是一个适用《民法典》特别重要的司法解释。

（五）对"合同的保全"规则的完善

《民法典合同编通则解释》对合同的保全也特别重视，也用了14个条文作出规定。

《民法典合同编通则解释》在完善合同保全的规则中，一部分是实体性规则，主要是对行使债权人代位权或者债权人撤销权条件的解释，另一部分是对行使债权人代位权或者债权人撤销权诉讼的程序性规则。

应当注意的是，《民法典》对债权人代位权和债权人撤销权两种保全措施规定的规则不同，一个适用非入库规则，另一个适用入库规则，因而并非行使代位权或者撤销权都是债权人对债务人的相对人行使权利，是为保全债务人的财产，而是债权人在行使代位权时可以直接请求相对人对自己清偿债务，实现债权。在这种情况下，《民法典合同编通则解释》根据不同情况，规定了不同的具体规则。

在债权人代位权和债权人撤销权的行使条件中，《民法典合同编通则解释》着重解释了代位权中的"怠于行使权利影响到期债权实现"和"专属于债务人自身的权利"这两个具体要件应当如何认定。对债权人行使撤销权，着重解释的是对"明显不合理低价或高价"和"其他不合理交易行为"要件的认定，同时，还规定了债权人撤销权的效力范围和撤销权行使的法律后果。

对债权人代位权诉讼的程序，规定了代位权诉讼的管辖、代位权诉讼与仲裁协议的协调、代位权诉讼中债务人的相对人的诉讼地位以及合并审理，同时，也对代位权不成立应该如何处理、代位权诉讼中对债务人处分行为的限制、相对人不能履行等情形，作出了具体规定。

对债权人撤销权诉讼的程序，重点解决了债权人撤销权实行入库规则与代位权诉讼实行非入库规则之间的关系，规定债权人在行使撤销权撤销债务人与相对人的财产处分行为时，可以同时起诉对债务人的债务清偿请求，可以合并审理，一并解决债权人行使撤销权保全财产和债权人主张债务人清偿债务两个争议。因而出现的后果是，虽然债权人行使代位权可以直接主张用债务人的相对人的债务清偿自己的债权，但是，尽管债权人行使撤销权实行入库规则，不能向债权人的相对人直接主张清偿自己的债务，但是，可以通过对债务人同时行使清偿债务的请求权，与对相对人行使撤销权的诉讼合并审理，基本上也能实现同样的结果。这是一个非常重要的规则，既符合债的保全的法理要求，又实事求是地处理了立法与司法实践之间的关系协调。

（六）对"合同的变更转让"规则的完善

对合同变更和转让规则，《民法典合同编通则解释》规定的内容比较少，主要针对的是债权转让和债务加入的追偿权的规则完善。

1. 对合同的变更，《民法典合同编通则解释》只规定了第47条，即债权债务转让纠纷的诉讼第三人。规定债权转让后，债务人向受让人主张其对让与人的抗辩，以及债务转移后，新债务人主张原债务人对债权人的抗辩的，都可以将让与人或者原债务人列为第三人；合同的权利义务概括转让的，对方就合同权利义务向受让人主张抗辩或者受让人就合同权利义务向对方主张抗辩的，也可以将让与人列为第三人。

2. 对债权转让通知，《民法典合同编通则解释》作了比较详细的规定，主要是在债权转让中，债务人接到债权转让通知或者未接到债权转让通知，债权人对让与人的履行是否发生法律效力，规定了具体规则。

3. 在这一部分内容中，《民法典合同编通则解释》特别对债务加入人的追偿权等权利作出明确规定。对第三人加入债务，原《合同法》没有规定，《全国法院民商事审判工作会议纪要》和《最高人民法院关于适用〈中华人民共和国民法典〉有关担保制度的解释》作了规定，主要规则明确。《民法典合同编通则解释》主要针对债务加入人履行债务后的追偿权以及其他权利，规定了第三人加入债务履行了对债权人的债务后，双方如果约定第三人享有追偿权的，第三人可以向债务人行使追偿权；没有约定追偿权的，债权人可以基于债务人获得的不当得利，向其请求清偿不当得利债务。这些规则，《民法典》在债务加入的规定中没有说明，以往的司法解释也未作规定，但这却是一个实际存在的问题，必须有统一的操作规范。《民法典合同编通则解释》作出这一规定，区分了第三人债务加入履行债务后的不同情况，分别适用不同的规则，完全符合实际情况。

（七）对"合同的权利义务终止"规则的完善

《民法典合同编通则解释》对合同的权利义务终止的补充规则也比较少，主要针对的是协商解除的法律适用、对行使解除权通知的审查、撤诉后再次起诉解除时合同的解除时间认定、抵押权行使的效力、抵销参照适用债务抵充规则以及侵权行为人不得主张抵销等情形，作了适用《民法典》有关规则的具体规定。

1. 协商解除合同不属于行使解除权解除合同，而是双方当事人根据合同成立的程序，协商消灭合同的方法。《民法典》虽然把协商解除规定在合同的权利义务终止中解除的范围里，但是规定也比较简单。《民法典合同编通则解释》第52条主要解决的是，解除合同协议中未对合同解除后的违约责任、清算和清理等问题作出处理的，也成立协商解除。在一方行使合同解除权，法院审理认为不符合合同解除权的行使条件，但对方同意解除，或者双方都主张解除合同的，构成协商解除，产生合同因解除而消灭的效果。

2. 对行使解除权通知的审查，一方通知解除合同后，以对方未在约定的异议期限或者其他合理期限内提出异议为由，主张合同已经解除的，法院要进行实体审查。如果确认该方享有解除权，解除通知已经到达对方的，确认合同解除；审理认为不享有解除权的，不发生合同解除的效力。

3. 对适用抵销规则消灭合同，规定法定抵销权的行使，在抵销通知到达对方时，双方的债权债务包括主债务、利息、违约金或者损害赔偿金等在内的债务消灭。如果行使抵销权的一方负担数项债务种类相同，但是享有的债权不足以抵偿全部债务，当事人因抵销的顺序发生争议的，可以适用《民法典》规定的债务抵充规则，确认抵销债权的先后顺序。

4. 在这一部分解释中，最有意义的是第57条，规定侵权行为人不得主张抵销人身损害赔偿金债务、因故意或者重大过失造成财产损失产生的财产损害赔偿债务，侵权人提出这种抵销主张的，法院不支持。

5. 对已过诉讼时效债权的抵销，规定了两种情形，以主张抵销的当事人是否享有诉讼时效届满的抗辩权，以及对方当事人是否同意为标准，确定可以抵销或者不可抵销。

（八）对"违约责任"规则的完善

《民法典合同编通则解释》对违约责任规则的完善是其重点，规定的内容十分重要，在理论和实践上都具有重要价值。

1. 非金钱债务违约后继续履行不能终止合同权利义务的请求权

《民法典》第580条第2款规定，非金钱债务违约后继续履行不能，当事人有权请求法院和仲裁机构裁决终止合同的权利义务关系。这一规定不仅在理论上有争议，而且在实务操作上也有需要解决的问题。其中最重要的是，这个权利的性质是请求权而不是形成权，且请求权主体是"当事人"而没有规定是哪一方当事人。

针对这种立法上的模糊表述，需要进一步明确行使这一权利的具体操作方法。

事实上，这里的"当事人"包含非违约方，但是该方并非必须适用这一终止合同权利义务关系的请求权，而应当直接行使解除权解除合同。同时也包含的违约方，由于非违约方不行使解除权而使继续履行不能的合同陷入僵局，为破解该僵局才赋予违约方终止合同权利义务关系的请求权，借以终结合同的权利义务关系。

《民法典合同编通则解释》第 59 条针对这种情形，明确规定非违约方行使这个权利，就是在行使解除权，发生合同解除的效果；违约方或者不享有、已丧失解除权的非违约方，才可以行使这种终止合同权利义务关系的请求权，申请判决或者裁决合同权利义务关系终止。

该条把《民法典》第 580 条第 2 款规定的规则作出如此清晰的规定，统一了裁判规则，方便实务操作，同时也丰富了合同法的基础理论。

2. 违约损害赔偿责任

对违反合同的损害赔偿责任，《民法典合同编通则解释》将其作为重点，第 60 条至第 63 条作了详细规定，特别便于司法实务操作。首先，明确了确定违约损害赔偿的"可得利益损失规则"和"可预见利益损失规则"这两个违约损害赔偿基本规则；其次，对这两种违约损害赔偿规则的具体适用规定了具体方法。

对违约损害赔偿可得利益损失规则适用规定的一般方法是，确定合同履行后可以获得的利益，按照扣除非违约方未订立履行合同支出的费用等合理成本后，非违约方能够获得的利润，就是造成的实际损失，也就是违约损害赔偿的标的。

特别值得重视的是，强调非违约方应当遵守的减损规则。在违约方违反合同义务时，非违约方应当尽可能采取措施，减少违约造成的实际损失。如果违反减损规则的要求，非违约方故意扩大损失或者放任损失扩大，将不能获得对方当事人赔偿损失的救济。

实行减损规则，非违约方在依法行使合同解除权时，应当实施替代交易行为，减少违约造成的实际损害。对没有实施替代交易的，应当扣除实施替代交易能够减损部分的损害赔偿责任。

因无法确定可得利益损失的赔偿，法院可以根据违约方违约获得的利益，综合考虑违约方的过错程度、违约情节，以及其资质信誉、专业技术能力对获得该利益的作用等因素，酌定非违约方在合同履行后可以获得的利益，进行赔偿。

对可预见性规则的适用，认定违约一方订立合同时预见到或者应当预见到的因违约可能造成的损失，应当根据当事人订立合同的目的，综合考虑合同主体、合同内容、交易类型、交易习惯、磋商过程等因素，按照与违约方处于同样或类似情况的民事主体，在订立合同时预见或者应当预见的损失，予以确定。

3. 违约金调整

对调整违约金的过低或者过高，《民法典合同编通则解释》规定了请求调整违约金的方式和举证责任、违约金的司法酌减、违约金调整的释明与改判，详细规定了违约金调整的基本规则和举证责任。确定当事人约定的违约金超过造成损失30%的，一般可以认定过分高于造成的实际损失，可以根据当事人的请求将违约金调整至造成损失的130%。还特别规定，对恶意违约的当事人请求减少违约金的不予支持。

对行使违约金酌减权的方法规定为当事人主义，由当事人在诉讼过程中提出，但是，也规定法官在审理过程中有释明的责任，根据审理的不同程序对权利人释明，由权利人本人作出是否行使权利的选择。

4. 定金识别和定金罚则适用

对定金规则的完善，《民法典合同编通则解释》规定了两个条文，都特别重要。

首先，对依照合同约定交付留置金、担保金、保证金、订约金、押金或者订金等，能否认定为定金，应当根据《民法典》第587条规定的定金罚则确定，如果确定当事人预交这些金钱，同时约定了定金罚则适用的，就应当认定为定金，否则不能认定为定金。

其次，对适用定金罚则规定了三个规则：一是一方仅有轻微违约，对方具有致使不能实现合同目的的违约，轻微违约方主张适用定金罚则的，准许适用定金罚则；对方请求适用定金罚则或者适用定金罚则主张进行抗辩的，法院不支持。二是定金罚则可以根据部分履行合同的情形，按比例适用，但部分未履行致使不能实现合同目的的为例外。三是因不可抗力致使合同不能履行，非违约方主张适用定金罚则的，也不应予以支持。

二、《民法典合同编通则解释》的产生和理论实践价值

(一)《民法典合同编通则解释》的产生基础

《民法典合同编通则解释》的产生，有以下两个重要基础。

1. 原《合同法》实施以来的理论研究发展和司法实践经验总结

改革开放以来，我国的市场交易迅速发展，交易秩序不断规范，合同实践越来越广泛，对合同法律规制的需求越来越强烈，立法机关制定了《经济合同法》《涉外经济合同法》《技术合同法》以应社会发展急需。在此基础上，制定了集合同规则之大成的《合同法》出台，规定了比较完备的合同法律制度。

根据《合同法》司法实践的经验和实际需求，最高人民法院从两个方面制定适用合同法的司法解释：一是关于合同法总则法律适用的司法解释；二是有名合同法律适用的司法解释。前者更富有理论和实践的价值，对适用《合同法》规定的合同一般规则作出了补充和完善。

在理论方面，对合同法理论的研究一直是民法理论的研究重点，结合市场经济发展的实际情况，借鉴国外和国际合同理论和规则的发展，创设了很多有关合同法的新规则，丰富了我国的合同法理论和司法实践，为我国经济发展和市场交易，以及对合同争议的司法裁判，都提供了重要的依据和规则。

正是在这样的基础上，编纂《民法典》的合同编，总结司法实践经验，以新的合同法理论为支撑，对我国的合同规则进行了大范围调整，大

量吸收合同法的新规则，形成了比较完善的合同规则体系，使我国的合同法理论和实践向前发展了一大步。

不过，由于立法篇幅的限制，尽管《民法典》合同编有526个条文，并且有了关于买卖合同纠纷、融资租赁合同纠纷、旅游纠纷、商品房买卖合同纠纷、房屋租赁合同纠纷以及审理民间借贷合同纠纷的有名合同规则适用的司法解释，但是，对债与合同一般规则的具体适用，仍然存在解释和补充的必要。

自2020年至今的近四年时间里，最高人民法院以原有的关于适用合同法若干问题的解释的内容为基础，进一步总结司法实践经验，吸纳合同法理论的研究成果，反复推敲，完成了《民法典合同编通则解释》的制定工作，与《民法典》合同编通则规定的一般规则相得益彰，形成了合同法适用一般规则的完整体系。

2. 集思广益，广泛吸收各界提出的修改论证建议

在前述提到的有关《民法典》的司法解释中，《民法典合同编通则解释》的起草用的时间是最长的。在2020年年初编纂《民法典》进入最后阶段后，最高人民法院贯彻实施民法典领导小组就组织人员起草《民法典合同编通则解释》，形成了司法解释草案的初稿。

在2020年年底，最高人民法院在出台各部适用《民法典》的司法解释时，认为《民法典合同编通则解释》事关市场经济发展和市场交易秩序规范的复杂问题，必须慎重对待，因此没有急于出台，决定进行反复论证修改，保障对合同一般规则解释的准确性。

在2021年和2022年，最高人民法院除在地方各级人民法院进行了广泛、深入论证和征求意见外，仅在民法理论界和有关部委就进行了十余次的理论研讨会，逐条讨论论证《民法典合同编通则解释》的条文。最后又通过网络予以公布，广泛征求各界对解释草案的修改意见，经过了立法机关的备案审查。在集思广益的基础上，起草小组对解释草案进行修改完善，最高人民法院审判委员会讨论通过，最终公布、实施。

从上述《民法典合同编通则解释》的产生过程可以看到，《民法典合

同编通则解释》不是起草者的个人见解，也不是起草小组的集体意见，而是最高人民法院以及各有关部门和全国学者专家，以及各界人士集体智慧的结晶。所以，《民法典合同编通则解释》能够取得如此好的效果，并不奇怪。

（二）《民法典合同编通则解释》的实践和理论价值

1. 为正确适用《民法典》审理合同争议提供了一般性准则

市场交易中的合同现象纷繁复杂，在合同订立、履行过程中发生的争议千姿百态，法律适用的难题无所不有。因此，审理合同争议适用《民法典》规定的一般规则，平息纠纷，处理矛盾，维护交易秩序，需要有完善的法律规则，才能平衡好当事人之间的利益关系，公平确认当事人双方的权利义务，促进交易进行，推动社会经济发展。

正因如此，我国《民法典》七编中，合同编是最主要的部分，占据全部条文的42%。即使如此，合同编通则规定的一般规则仍然不够完备，也不够具体，对于国内外交易中的新问题也有规则应对不足的情形。还有些规则过于概括，具体理解和适用也存在不同见解，需要统一适用规则。《民法典合同编通则解释》按照《民法典》合同编通则规定的内容和顺序，对应当并且能够作出规定的，都作了相应的司法解释，能够给各级法官审判合同纠纷案件、正确适用《民法典》的规定提供司法解释基础，以统一合同纠纷的法律适用规则，实现同案同判。

例如，《民法典》多处规定了"交易习惯"的概念和适用效果，但是，在司法实践中如何认定交易习惯，交易习惯包括哪些类型，具体应当如何适用，都没有统一的见解和方法。《民法典合同编通则解释》第2条把交易习惯分为往例和通例，确定了识别方法和具体适用规则，规定了具体的举证责任负担，为法官认定和具体适用交易习惯，提供了统一标准。

2. 为债与合同法的理论提供了新的实践基础和研究对象

《民法典合同编通则解释》的理论价值，不仅表现在确定合同一般规则条文所依据的深刻理论基础方面，还表现在一些具体规定运用了理论研究新成果，提出了新的理论研究课题。这对于发展我国的合同法理论，促进我国合同法律制度的发展，推动国际国内的市场交易，都具有重要价值。

例如，《民法典》没有明确规定"合同主要条款"的概念和规则，在合同法理论中不能说不存在问题。在合同诸多条款中，必然存在主要条款，且主要条款在合同的成立和生效方面具有决定性的作用。没有确认合同的主要条款，在判定合同成立和生效上就缺少基本的事实依据。在《民法典》有关合同成立的条文中，虽然通过诸多条文的相互关系，可以推论存在合同主要条款，并且合同主要条款在合同处理和生效上具有决定性作用，但是，由于没有规定明确的具体条文，因而不仅在理论上存在缺陷，在实务中指导审判实践也会造成误解。对此，《民法典合同编通则解释》第3条确定，合同的主体、标的和数量是合同主要条款，在一般情况下，只要这三个条款能够确定，就应当认定合同成立。司法解释作这样的规定，就使合同主要条款从《民法典》的条文背后走向前台，成为判断合同成立和生效的事实依据。这在合同法理论上具有重要的意义。

又如，原《合同法》没有规定预约合同，在实践中对预约合同是否具有法律效力就有不同的见解。《民法典》适应实践需要，在合同编通则规定了预约合同，但只规定了两个条文，没有对预约合同的规则作出全面规定。《民法典合同编通则解释》在此基础上，规定了对预约合同的认定、违反预约合同责任以及承担预约合同违约损害赔偿责任的具体规则，既完善了预约合同的法律适用规则，也在预约合同的理论研究上开拓了视野，提供了新的研究课题。

正是由于《民法典合同编通则解释》具有以上的价值和意义，相信在今后的司法实践中，对于指导民事审判正确适用《民法典》审理合同纠纷争议，以及推进我国的合同法理论研究，都会发挥重大作用。

第一章　一般规定

第一条　合同条款的解释规则

人民法院依据民法典第一百四十二条第一款、第四百六十六条第一款的规定解释合同条款时，应当以词句的通常含义为基础，结合相关条款、合同的性质和目的、习惯以及诚信原则，参考缔约背景、磋商过程、履行行为等因素确定争议条款的含义。

有证据证明当事人之间对合同条款有不同于词句的通常含义的其他共同理解，一方主张按照词句的通常含义理解合同条款的，人民法院不予支持。

对合同条款有两种以上解释，可能影响该条款效力的，人民法院应当选择有利于该条款有效的解释；属于无偿合同的，应当选择对债务人负担较轻的解释。

【民法典条文】

第一百四十二条　有相对人的意思表示的解释，应当按照所使用的词句，结合相关条款、行为的性质和目的、习惯以及诚信原则，确定意思表示的含义。

无相对人的意思表示的解释，不能完全拘泥于所使用的词句，而应当结合相关条款、行为的性质和目的、习惯以及诚信原则，确定行为人的真实意思。

第四百六十六条 当事人对合同条款的理解有争议的，应当依据本法第一百四十二条第一款的规定，确定争议条款的含义。

合同文本采用两种以上文字订立并约定具有同等效力的，对各文本使用的词句推定具有相同含义。各文本使用的词句不一致的，应当根据合同的相关条款、性质、目的以及诚信原则等予以解释。

【条文要义】

本条是对合同条款的解释规则的解释。

《民法典》第 142 条第 1 款和第 466 条第 1 款规定的都是对意思表示和合同条款进行解释的文义解释规则。本条司法解释依照《民法典》的这两条规定，对如何进行文义解释进一步作了规定。

1. 对文义解释的通常理解

对合同进行文义解释，应当依据《民法典》第 142 条第 1 款、第 466 条第 1 款的规定对合同条款进行解释，把意思表示和合同条款的文义作为基础，以词句的通常含义为基础，作出正确解释。同时，还要结合相关条款、合同的性质和目的、习惯以及诚信原则，参考缔约背景、磋商过程、履行行为等因素，确定争议条款的含义。

这里强调的是，合同解释的基本规则是文义解释，文义解释的方法应当以词句的通常含义为基础。通常理解，就是对词句文义的一般理解，如《新华字典》《新华汉语词典》和《大百科全书》等辞书类作出的文义解释，还可以依据《辞海》《词源》《康熙字典》等辞书对词句的释义，确定意思表示和合同条款使用的词句的含义和渊源，确定合同用语的文义。由于意思表示和合同中使用的词句通常是法律术语，因此，对这些词句的解释，主要应当以法律词典或者教科书的一般理解作为基础来解释。

当然，对意思表示和合同条款使用的词句进行文义解释，还必须结合合同的相关条款的整体解释、习惯解释、诚信解释等解释方法，同时还要参考缔约背景、磋商过程、履行行为等因素，把这些内容结合起来，才能对合同争议的条款含义作出正确的解释。

2. 对词句采用非通常含义的其他共同理解

在意思表示和合同条款的词句中，如果使用的词句不是按照通常含义使用，而是采用了非通常含义，其成立的条件是双方共同认可，也就是当事人的其他共同理解。双方对意思表示和合同条款中的词句，没有按照通常含义，而是对其赋予非通常理解的特定含义，一致认可的，应当认定这种非通常含义的其他共同理解也是有效的，可以依此作出解释。如果双方当事人对意思表示和合同条款中的词句采取了非通常含义的解释，而且作为共同理解作出约定，一方当事人主张按照词句通常理解确定合同条款的含义，这属于出尔反尔，不是双方当事人在签订合同和作出意思表示时使用该词句的真实意思。对于这种主张，法院不予支持。

对此，对非通常含义的其他共同理解，双方应当举证证明当时使用的词句采用的是非通常含义，不能按照通常含义确定意思表示和合同条款词句的含义。

一方否认非通常含义的其他共同理解，首先，对方当事人必须证明当时的意思表示和合同条款中使用的非通常含义，是双方的真实意思表示。其次，否认非通常含义的其他共同理解的一方当事人，应当证明意思表示和合同条款中使用的词句不是共同理解，或者约定的就是通常含义。双方都有证据证明时，应当斟酌双方证明及其反证的证据优势，确定解释的基础。

3. 两种以上解释的优先选择

在意思表示或者合同条款中，对使用的词句有两种以上的解释，而且两种不同的解释可能影响该条款效力的，法院应当斟酌实际情况，确定优先选择的解释。

法院在对合同条款有两种以上解释的优先选择原则是：

第一，有利于选择该条款有效的解释。对意思表示和合同条款有两种以上的解释，并且都有根据，选择不同的解释对合同该条款的效力有所不同,是经常出现的情形。在这种情况下的原则是,优先选择有利于该条款有效的解释。也就是说,一个条款可以理解为有效也可以解释为无效,那就优先选择有利于该条款有效的解释,排除不利于该合同条款有效的解释,不认定合同无效。

第二,如果争议的是无偿合同的条款,应当优先选择对债务人负担较轻的条款作出解释。这是因为,合同本来是无偿的,对债务人来说,只负有义务而不享有权利,如果再加重债务人的负担,是不符合民法公平原则的。因此,无偿合同的条款有两种以上解释的,应当作出对债务人负担较轻的解释,借此协调双方当事人之间的利益关系,保护好无偿合同债务人的合法权益。

【案例评析】

田某、周某与甲信托公司借款合同纠纷案①

基本案情

2017年9月22日,田某、周某和甲信托公司签订《贷款合同》,约定贷款本金600万元,期限8年,贷款利率具体以《还款计划表》为准,平均年利率11.88%,还款方式为分次还款。合同附件《还款计划表》载明,还款期数为96期,每期还款均包含本息,每年12期还款金额一致,每12个月递减一次还款金额。2017年9月26日,田某、周某先向甲信托公司汇款14.1万元作为第一期还款,甲信托公司于2017年9月27日向田某、周某转账支付600万元。田某、周某按《还款计划表》逐月还款至2018年11月27日,后申请提前还款获准,遂于2018年12月17日向甲信托公司支付5515522.81元,结清全部贷款。之后,田某、周某认为甲信托公司未披露实际利率,告知其平均年利率为11.88%,但实际执行利率却高达

---

① 案号:(2020)沪74民终1034号。

20%多，且实际放款前已经收取了第一期还款，该款项应从贷款本金中扣除。据此，请求判令甲信托公司返还多收取的利息并赔偿相应损失。

案件审理中，甲信托公司为说明《贷款合同》每期还款金额如何确定，提交了另一版本《还款计划表》，在表格尾部载明贷款本金600万元，利息合计5702400元，本息合计11702400元，总利率为95.04%，年利率平均值为11.88%。经核算，前述各年利率系以当年应付息总和除以初始贷款本金额600万元算得，而11.88%系前述各年利率的算术平均值。另外，由于在贷款实际发放前确实收取了第一期还款14.1万元，故愿意补偿田某、周某20万元。

法院判决

一审法院认为，本案是基于双方签订的《贷款合同》引发的纠纷，基础法律关系为借贷关系。经审查，双方签订的《贷款合同》明确约定贷款利率具体以《还款计划表》为准，平均年利率为11.88%。《还款计划表》作为合同的一部分，列明了每一期还款的本息合计金额及剩余本金，并载明：如《贷款合同》中约定的还款方式与还款计划表有冲突，以还款计划表为准，并不存在隐瞒欺骗的事实，且还款计划表的利率是逐年递减，每一期的利率计算均不超过年利率24%，故对田某、周某的意见不予采纳。鉴于双方自愿签订《贷款合同》，并已实际履行完毕，故对田某、周某要求甲信托公司退还钱款、返还利息以及赔偿律师费损失的诉讼请求，均不予支持。至于甲信托公司在实际放款前先行收取第一期还款，确有不妥，现甲信托公司愿意补偿田某、周某20万元，无不妥，予以准许。综上，一审法院依照《中华人民共和国合同法》[①] 第六十条第一款、第一百九十六条之规定，判决：一、对田某、周某要求甲信托公司退还多收的887190.19元的诉讼请求，不予支持；二、对田某、周某要求甲信托公司返还占用资金的利息损失（以887190.19元为基数，自2018年12月17日起按照年利率11.88%计算至实际返还之日止）的诉讼请求，不予支持；

---

① 本书【案例评析】部分引用的条文均为案件裁判当时有效，下文对此不再提示。

三、准予甲信托公司补偿田某、周某 20 万元。

原告田某、周某不服一审判决，提起上诉。

二审法院认为，贷款机构负有明确披露贷款实际利率的义务，若以格式条款约定利率，还应采取合理方式提请借款人注意，并按照借款人的要求予以说明。若因贷款机关未明确披露导致借款人没有注意或理解借款合同的实际利率，则应视为双方未就"按照该实际利率计算利息"达成合意，贷款机构无权据此计收利息。此时，合同利率的确定应当依据合同解释原则，结合相关条款、行为的性质和目的、习惯以及诚信原则，采用一般理性人标准。贷款机构发放贷款前已经收取的还款应当从实际本金中扣除。本案中，《还款计划表》仅载明每期还款本息额和剩余本金额，既未载明实际利率，也未载明利息总额或其计算方式。一般人若不具备会计或金融专业知识，难以通过短时阅读而自行发现实际利率与合同首部载明利率存在差别，亦难以自行验算该实际利率。因此《还款计划表》不足以揭示借款合同的实际利率。借款合同首部载明平均年利率 11.88%，同时载明还款方式为分次还款。上述条款应当作为确定利息计算方式的主要依据，采用一般理性人的标准进行解释。借款人主张以 11.88% 为利率，以剩余本金为基数计算利息，符合一般理性人的通常理解，也符合交易习惯和诚信原则，应予支持。实际放款前已经收取的还款应当从贷款本金中扣除。以此计算，甲信托公司多收取的利息合计 844578.54 元应予返还，同时还应向借款人赔偿相应利息损失。

法理解读

本案当事人的争议焦点是，合同中有两种贷款利率的解释时，如何确定借贷人的实际贷款利率。

合同条款是由语言文字构成，但因主客观原因，合同的文字并不能准确地反映当事人的真实意思。因此，有必要对合同条款进行解释。对合同条款进行解释，解释的目的并不是确定表意人的真实意思，而是查知受领人可以被理解的意思，只有表意人和受领人表示的意思一致，该合同条款才能起到真正的效果。表意人不能利用自己的专业等优势，以误导的方式使受领人对合同内容产生误解，以此来达到自己的真实目的。尤其在金融领域，金融知识有很强的专业性，所以明确披露实际利率是确保借款合同平等缔约，保护金融消费者权益的必然要求。一般而言，实际利率是普通金融消费者所理解的利率，但利息计算具有专业性，不同的本息支付方式又增加了计算的复杂程度，缺乏会计或金融专业知识的普通民众难以具备计算实际利率的能力。国务院办公厅发布《关于加强金融消费者权益保护工作的指导意见》，以及相关金融监管机构亦依据《消费者权益保护法》等发布关于金融消费者权益保护的部门规章，明确要求保障金融消费者的知情权，以通俗易懂的语言，及时、真实、准确、全面地向金融消费者披露可能影响其决策的信息，使用有利于金融消费者接收、理解的方式进行信息披露，对利率、费用等与金融消费者切身利益相关的重要信息进行解释说明，不得有虚假、欺诈、隐瞒或引人误解的宣传。据此，贷款人在与借款人，尤其是金融消费者订立借款合同时，应当采用通俗易懂的方式明确告知实际利率，或者明确告知能够反映实际利率的利息计算方式。如果贷款人以格式条款方式约定利率，还应当采取合理方式提请借款人注意该条款，并按照借款人的要求，对该条款予以说明。

本案中，田某、周某与甲信托公司签订的《贷款合同》首部载明的平均年利率为 11.88%，同时载明还款方式为分次还款；而《还款计划表》仅载明了每期还款本息额和剩余本金额，未载明实际利率或能够反映实际利率的利息计算方式，甚至未载明利息总额或其计算公式。一般人若不具备会计或金融专业知识，难以通过短时阅看而自行发现实际利率与合同首部载明利率存在差别，亦难以自行验算实际利率。民众从储蓄存款等常见金融业务中逐渐形成的对利息的通常理解是，以实际借款本金为基数计算利息。因此在分次还本付息的场合，以剩余本金为基数计算利息属于常理通识。借款人田某、周某主张以 11.88% 为年利率，以剩余本金为基数计算利息，符合一般理性人对利息、利率的通常理解，也符合交易习惯和诚信原则。

第二条　交易习惯的认定

下列情形，不违反法律、行政法规的强制性规定且不违背公序良俗的，人民法院可以认定为民法典所称的"交易习惯"：

（一）当事人之间在交易活动中的惯常做法；

（二）在交易行为当地或者某一领域、某一行业通常采用并为交易对方订立合同时所知道或者应当知道的做法。

对于交易习惯，由提出主张的当事人一方承担举证责任。

【民法典条文】

第一百四十条　行为人可以明示或者默示作出意思表示。

沉默只有在有法律规定、当事人约定或者符合当事人之间的交易习惯时，才可以视为意思表示。

第三百二十一条　天然孳息，由所有权人取得；既有所有权人又有用益物权人的，由用益物权人取得。当事人另有约定的，按照其约定。

法定孳息，当事人有约定的，按照约定取得；没有约定或者约定不明确的，按照交易习惯取得。

第四百八十条　承诺应当以通知的方式作出；但是，根据交易习惯或者要约表明可以通过行为作出承诺的除外。

第四百八十四条　以通知方式作出的承诺，生效的时间适用本法第一百三十七条的规定。

承诺不需要通知的，根据交易习惯或者要约的要求作出承诺的行为时生效。

第五百零九条　当事人应当按照约定全面履行自己的义务。

当事人应当遵循诚信原则，根据合同的性质、目的和交易习惯履行通知、协助、保密等义务。

当事人在履行合同过程中，应当避免浪费资源、污染环境和破坏生态。

第五百一十五条第一款 标的有多项而债务人只需履行其中一项的，债务人享有选择权；但是，法律另有规定、当事人另有约定或者另有交易习惯的除外。

第五百五十八条 债权债务终止后，当事人应当遵循诚信等原则，根据交易习惯履行通知、协助、保密、旧物回收等义务。

第六百二十二条 当事人约定的检验期限过短，根据标的物的性质和交易习惯，买受人在检验期限内难以完成全面检验的，该期限仅视为买受人对标的物的外观瑕疵提出异议的期限。

约定的检验期限或者质量保证期短于法律、行政法规规定期限的，应当以法律、行政法规规定的期限为准。

第六百八十条 禁止高利放贷，借款的利率不得违反国家有关规定。

借款合同对支付利息没有约定的，视为没有利息。

借款合同对支付利息约定不明确，当事人不能达成补充协议的，按照当地或者当事人的交易方式、交易习惯、市场利率等因素确定利息；自然人之间借款的，视为没有利息。

第八百一十四条 客运合同自承运人向旅客出具客票时成立，但是当事人另有约定或者另有交易习惯的除外。

第八百九十一条 寄存人向保管人交付保管物的，保管人应当出具保管凭证，但是另有交易习惯的除外。

【既往司法解释】①

《最高人民法院关于适用〈中华人民共和国合同法〉若干问题的解释（二）》

第七条 下列情形，不违反法律、行政法规强制性规定的，人民法院

---

① 本书为便于读者全面了解相关条文变化，引用部分已失效的或者修改前的司法解释供对照学习，下文对此不再提示。

可以认定为合同法所称"交易习惯":

(一)在交易行为当地或者某一领域、某一行业通常采用并为交易对方订立合同时所知道或者应当知道的做法;

(二)当事人双方经常使用的习惯做法。

对于交易习惯,由提出主张的一方当事人承担举证责任。

【条文要义】

本条是对认定交易习惯规则类型和举证责任的解释。

在《民法典》前述的各个条文中,都规定了"交易习惯"的概念。原《最高人民法院关于适用〈中华人民共和国合同法〉若干问题的解释(二)》对"交易习惯"也作过解释。本条司法解释在《最高人民法院关于适用〈中华人民共和国合同法〉若干问题的解释(二)》这一规定的基础上,增加了对公序良俗的考量,把通例和往例的顺序作了调整,使认定交易习惯的规则进一步完善。

交易习惯,在民法特别是合同法领域的法律适用中,具有重要的地位和价值,不仅可以确定双方当事人之间的合同是否成立和生效,而且可能构成《民法典》第10条规定的习惯法,成为民事裁判的法律渊源。因此,认定交易习惯应当特别慎重。尽管在理论上对交易习惯有直接适用论和排除适用论的不同见解,但是,《民法典》特别重视交易习惯的适用。在司法实践中,存在交易习惯的界定和证明的两大难题。

在立法上,《民法典》有十几个条文规定了交易习惯的概念,但是都没有规定交易习惯的类型和识别方法,本条司法解释对认定交易习惯的类型和举证责任,规定了以下具体规则。

1. 往例和通例及认定标准

(1)往例:当事人之间在交易活动中的惯常做法

当事人之间在交易活动中的惯常做法,在民法学理上也称作往例,也就是以往常用的惯例,是交易习惯的类型之一。

往例虽然对约束合同当事人以外的他人作出意思表示或者订立合同没有约束效力，但是，对合同当事人却具有相当的约束力。例如，双方当事人在以往交易中不采取书面合同形式，而是一方发货，另一方货到付款，双方都认可这种口头合同的效力。这就是双方交易的往例。当存在往例的情况下，一方当事人在对方给其发货以后，却否认口头合同的效力，拒绝向对方付款，就违反了往例，也就是违反了双方当事人在交易中遵守的惯常做法，应当判断拒付货款的行为是违约行为。因为根据往例，双方当事人不采取书面约定，也没有特别的口头协议，只是通过实际发货和付款的行为，确定双方之间买卖合同的效力。长此以往双方一直遵守，突然一方违反往例，当然是违约行为。

如果一方当事人想打破往例，采取新的形式进行交易，应当双方合意，在取得一致意见时，再采取新的交易方式，用书面合同或者口头合同进行交易，不再采取往例。如果没有协商和合意，一方未经对方同意就打破往例，拒绝按照往例履行合同义务的，构成违约行为。

（2）通例：某一地区、某一领域、某一行业的交易习惯

本条司法解释认定交易习惯的第二种类型是通例。通例这种交易习惯，有可能成为习惯法。为了与往例相区别，把这种交易习惯称为通例。

确定某种交易习惯具有通例的属性，也就是作为通例的交易习惯，应当符合这一条文规定的要件。

首先，通例是在双方当事人实施交易行为的当地，或者是实施交易行为的某一领域、某一行业，通常采用的交易方法。这里强调的是交易行为的当地，也包括交易行为的某一领域或者是某一行业。例如，某种交易是在当地进行，应当以交易当地的交易方法作为判断基础；如果交易行为是发生在某一领域、某一行业，如网络交易或者钢铁交易等。在这些地区、这种领域或者行业中形成的通常采用的交易方法就是通例，甚至可能成为习惯法。

其次，通例这种通常的交易方法，是交易对方在订立合同时知道或者应当知道的方法。在交易双方中，一方知道采用的是某一地区、某一领域或者某一行业的通常交易方法，但是，这还不够，须对方当事人也知道或

者应当知道，才能成为约束双方交易行为的交易习惯。一方知道而对方不知道或者不应当知道的交易习惯，不能认为是通例。

在交易行为具备上述两个要件时，就已经采用了交易的通例，双方当事人在交易过程中应当遵守这样的交易习惯。在发生争议时，应当用这些通例确认双方当事人之间交易行为的解释基础。

（3）认定往例和通例的标准

在认定往例和通例时，应当确定认定的前提。也就是在按照上述要求认定往例和通例的基础上，还必须确认这些往例和通例不违反法律、行政法规的强制性规定，且不违背公序良俗。只有符合这样要求的往例和通例，法院才可以认定为《民法典》所称的"交易习惯"。不论是往例还是通例，只要是违反法律、行政法规的强制性规定，或者违背公序良俗，或者既违反法律、行政法规的强制性规定，又违背公序良俗，就否定了往例和通例的合法性，不能成为有效的交易习惯。

2. 认定往例和通例的举证责任

本条司法解释第2款特别规定了对交易习惯的举证责任。对交易习惯的证明，应当由提出主张的当事人一方承担举证责任，对方当事人不承担举证责任。

第一，如果一方当事人主张适用双方交易行为的往例，或者适用某一地区、某一领域或者某一行业的通例，应当举证证明交易行为依照的是双方交易的往例，或者依照的是某一地区、某一领域或者某一行业的通例。

第二，还要证明对方已经知道或者应当知道这是双方交易行为所遵循的往例，或者遵循的是某一地区、某一领域或者某一行业的通例。

主张交易习惯的一方当事人如果能够证明上述两方面的事实，就可以认定双方交易中的行为符合往例或者通例的要求，确认提出主张一方当事人的诉讼请求成立。

【案例评析】

甲公司与某春饼店房屋租赁合同纠纷案①

基本案情

　　甲公司与某春饼店于 2018 年 11 月 30 日签订了一份《商铺租赁合同》，合同约定某春饼店承租甲公司所有的商铺经营使用，租赁期限自 2018 年 12 月 11 日至 2024 年 3 月 31 日止。2020 年 7 月 16 日，甲公司招商中心工作人员张某与某春饼店经营者刘某 1 微信联系签订条件变更的补充协议。2020 年 9 月 25 日，甲公司与某春饼店签订一份《合同补充协议》，约定变更 2020 年 9 月 15 日至 2020 年 12 月 31 日的合作条件。2020 年 12 月 18 日，甲公司招商中心经理刘某 2 与某春饼店经营者刘某 1 协商通过微信方式将甲公司制作的《合同变更审批表——某春饼》与《合同补充协议——某春饼》电子版发给刘某 1，刘某 1 同意后在上述《合同变更审批表》和《合同补充协议》上签字，再由刘某 1 邮寄给刘某 2。某春饼店协议落款时间记载为 2020 年 12 月 30 日。2021 年 4 月 2 日，甲公司与某春饼店签订一份《合同补充协议》，约定内容除期限为 2021 年 4 月 1 日至 2021 年 6 月 30 日不一致外，其他内容与 2020 年 12 月 30 日签订的《合同补充协议》一致。2021 年 6 月 9 日，某春饼店经营者刘某 1 与甲公司招商中心经理刘某 2 微信协商甲公司可以将补充协议邮寄给刘某 1。2021 年 6 月 22 日上午，甲公司招商中心工作人员张某与某春饼店经营者刘某 1 协商通过微信方式将甲公司制作的《合同变更审批表——某春饼》与《合同补充协议——某春饼》电子版发给刘某 1，刘某 1 同意后在上述《合同变更审批表》和《合同补充协议》上签字，再由刘某 1 邮寄给张某。张某留给刘某 1 收寄地址为甲公司招商中心。当天中午，张某将《合同变更审批表》和

————————

① 案号：（2022）辽 02 民终 7394 号。

《合同补充协议》电子版微信发给了刘某1。上述《合同补充协议》与双方于2020年12月30日和2021年4月2日签订的两份《合同补充协议》，除协议期限为2021年4月1日至2021年6月30日不一致外，其他内容均一致。刘某1签完字后，于2021年6月24日将上述《合同变更审批表》和《合同补充协议》邮寄给张某。张某于2021年6月25日16时42分23秒签收。甲公司主张，张某无权代表甲公司与某春饼店签订第四份《合同补充协议》。

法院判决

一审法院认为，自2020年9月至2021年4月，甲公司与某春饼店签订了三份《合同补充协议》。从某春饼店提供的与甲公司招商中心经理刘某2和工作人员张某的微信聊天记录可以看出，前三份《合同补充协议》的签订事宜均是由甲公司招商中心经理刘某2或工作人员张某与某春饼店经营者刘某1通过微信协商后签订。2021年6月22日，甲公司招商中心工作人员张某通过微信方式将甲公司制作的《合同变更审批表——某春饼》与《合同补充协议——某春饼》电子版发给刘某1的行为，应视为甲公司向某春饼店发出签订2021年7月至9月《合同补充协议》的要约。刘某1在上述《合同变更审批表》和《合同补充协议》上签字后邮寄给张某，视为某春饼店对该《合同补充协议》的认可，某春饼店的承诺生效。该《合同补充协议》成立生效。关于甲公司提出的，甲公司招商中心工作人员张某无权代表甲公司与某春饼店签订第四份《合同补充协议》的抗辩意见。一审法院认为，根据以前的签约程序，某春饼店经营者刘某1有理由相信张某可以代表甲公司向其发出签订《合同补充协议》的要约。张某的行为对某春饼店构成表见代理。综上，对甲公司主张双方2021年7月至9月没有签订有效的《合同补充协议》的抗辩意见，一审法院不予采纳。

甲公司不服一审判决，提起上诉。

二审法院认为，当事人提供的现有证据表明，前三份《合同补充协议》的签订情况如下：第一份补充协议的协商始于2020年7月，签订于2020年9月25日，变更租金针对的期限为2020年9月15日至12月31

日；第二份补充协议的电子版于 2020 年 12 月 18 日发给某春饼店，签订于 2020 年 12 月 30 日，变更租金针对的期限为 2021 年 1 月 1 日至 3 月 31 日；第三份补充协议签订于 2021 年 4 月 2 日，变更租金针对的期限为 2021 年 4 月 1 日至 6 月 30 日。除第一份补充协议双方沟通至最终确定的时间较长外，其余两份补充协议的协商签订时间均较短，反映双方之间的交易习惯为（应交租金）当月的月底前，至迟不超过次月初，双方即已达成补充协议。针对第四份补充协议，某春饼店提供的证据表明 2021 年 6 月 22 日，甲公司的员工张某将补充协议电子版发送给某春饼店，某春饼店的经营者刘某 1 签字后于 2021 年 6 月 24 日邮寄给张某，张某于次日收件。该节事实符合双方此前的交易习惯，甲公司关于邮寄凭证上不能显示邮寄的是补充协议，其未收到某春饼店邮寄的任何材料不符合客观事实。即使甲公司提出刘某 2、张某等人没有审批权限，需公司审批后才能确定合同的成立与生效，那么按照双方之间的交易习惯且从诚信履行合同的角度出发，如甲公司未审批通过第四份补充协议，其须至迟于 2021 年 6 月底或 7 月初及时向某春饼店明确提出，但甲公司并未及时提出。本案应认为某春饼店有理由相信双方已经达成第四份《合同补充协议》，且其在客观上已经按照补充协议约定履行，分别于 2021 年 6 月 25 日预交 7 月租金，于 7 月 24 日预交 8 月租金。因此，从双方的交易习惯看，原审认定双方已经达成并实际履行了第四份《合同补充协议》，并无不当。

法理解读

　　本案当事人的争议焦点，是甲公司与某春饼店于 2021 年 7 月至 9 月订立的第四份《合同补充协议》是否有效。

　　本条第 1 款规定了当事人之间在交易活动中的惯常做法可以被认定为交易习惯。合同的双方当事人实际履行的行为，直接表明了他们对合同含义的真实理解，所以如果当事人双方经常使用某种习惯做法，就可以合理地认为该种习惯做法构成了理解和解释当事人双方表达及行为的共同基础，应当认定为交易习惯。这里的合同既可以是书面约定，也可以是口头协议。这种交易习惯一旦在当事人之间确立，当事人就会出于对该交易习惯的信赖，履行附随义务和理解合同的内容，而民法典合同编则应当根据诚实信用原则保护这种信赖。需要注意的是，一般情况下，惯常做法指的是之前反复、多次发生的做法，如果当事人在先前的交易中，只出现过一次的做法，一般不宜认定为惯常做法。

关于交易习惯的举证责任，有的学者认为，交易习惯既可以由提出主张的一方当事人承担举证责任，还可以由法院依职权取证交易习惯。[①] 但是，当事人之间形成的惯常做法往往具有私密性，第三人很难知道，所以应当由当事人承担举证责任的方式更为合理。本条司法解释也明确了这一点，即"对于交易习惯，由提出主张的当事人一方承担举证责任"。根据该条规定，提出主张的当事人应当证明在争议案件之前，双方之间形成的惯常做法。

本案中，甲公司与某春饼店签订了四次补充协议。除第一份补充协议双方沟通至最终确定的时间较长外，其余两份补充协议的协商签订时间均较短，反映双方之间的交易习惯为当月的月底前，最迟不超过次月初，双方即已达成补充协议。针对第四份补充协议，甲公司的员工张某于2021年6月22日将补充协议电子版发送给某春饼店，某春饼店的经营者刘某1签字后于2021年6月24日邮寄给张某，张某于次日收件。第一次补充协议因为需要协商的内容较多，双方沟通至确定的时间必然会较长，但签订的第二次和第三次的补充协议，是在第一次确定的补充协议的基础上，仅仅更改了租赁时间，所以协商签订的时间会较短，而这就是双方当事人之间形成的交易习惯，某春饼店对此有合理的信赖。第四份补充协议的协商签订时间较短，符合双方此前形成的交易习惯。如果甲公司未签订第四份补充协议，根据其惯常做法，会于2021年6月底或7月初及时向某春饼店明确提出，但甲公司并未及时提出。因此，根据甲公司和某春饼店之前形成的交易习惯来看，可以认定双方已经达成并实际履行了第四份补充协议。

---

① 王冠玺、卢志强：《我国民事交易习惯司法适用及司法解释的困境与重构》，载《社会科学战线》2019年第6期。

第二章　合同的订立

第三条　合同成立与合同内容

当事人对合同是否成立存在争议，人民法院能够确定当事人姓名或者名称、标的和数量的，一般应当认定合同成立。但是，法律另有规定或者当事人另有约定的除外。

根据前款规定能够认定合同已经成立的，对合同欠缺的内容，人民法院应当依据民法典第五百一十条、第五百一十一条等规定予以确定。

当事人主张合同无效或者请求撤销、解除合同等，人民法院认为合同不成立的，应当依据《最高人民法院关于民事诉讼证据的若干规定》第五十三条的规定将合同是否成立作为焦点问题进行审理，并可以根据案件的具体情况重新指定举证期限。

【民法典条文】

第四百七十条　合同的内容由当事人约定，一般包括下列条款：

（一）当事人的姓名或者名称和住所；

（二）标的；

（三）数量；

（四）质量；

（五）价款或者报酬；

（六）履行期限、地点和方式；

（七）违约责任；

（八）解决争议的方法。

当事人可以参照各类合同的示范文本订立合同。

第五百一十条 合同生效后，当事人就质量、价款或者报酬、履行地点等内容没有约定或者约定不明确的，可以协议补充；不能达成补充协议的，按照合同相关条款或者交易习惯确定。

第五百一十一条 当事人就有关合同内容约定不明确，依据前条规定仍不能确定的，适用下列规定：

（一）质量要求不明确的，按照强制性国家标准履行；没有强制性国家标准的，按照推荐性国家标准履行；没有推荐性国家标准的，按照行业标准履行；没有国家标准、行业标准的，按照通常标准或者符合合同目的的特定标准履行。

（二）价款或者报酬不明确的，按照订立合同时履行地的市场价格履行；依法应当执行政府定价或者政府指导价的，依照规定履行。

（三）履行地点不明确，给付货币的，在接受货币一方所在地履行；交付不动产的，在不动产所在地履行；其他标的，在履行义务一方所在地履行。

（四）履行期限不明确的，债务人可以随时履行，债权人也可以随时请求履行，但是应当给对方必要的准备时间。

（五）履行方式不明确的，按照有利于实现合同目的的方式履行。

（六）履行费用的负担不明确的，由履行义务一方负担；因债权人原因增加的履行费用，由债权人负担。

【相关司法解释】

《全国法院贯彻实施民法典工作会议纪要》

6. 当事人对于合同是否成立发生争议，人民法院应当本着尊重合同自由，鼓励和促进交易的精神依法处理。能够确定当事人名称或者姓名、标的和数量的，人民法院一般应当认定合同成立，但法律另有规定或者当事人另有约定的除外。

对合同欠缺的当事人名称或者姓名、标的和数量以外的其他内容，当事人达不成协议的，人民法院依照民法典第四百六十六条、第五百一十条、第五百一十一条等规定予以确定。

《最高人民法院关于审理买卖合同纠纷案件适用法律问题的解释》（2020）

第一条 当事人之间没有书面合同，一方以送货单、收货单、结算单、发票等主张存在买卖合同关系的，人民法院应当结合当事人之间的交易方式、交易习惯以及其他相关证据，对买卖合同是否成立作出认定。

对账确认函、债权确认书等函件、凭证没有记载债权人名称，买卖合同当事人一方以此证明存在买卖合同关系的，人民法院应予支持，但有相反证据足以推翻的除外。

【既往司法解释】

《最高人民法院关于适用〈中华人民共和国合同法〉若干问题的解释（二）》

第一条 当事人对合同是否成立存在争议，人民法院能够确定当事人名称或者姓名、标的和数量的，一般应当认定合同成立。但法律另有规定或者当事人另有约定的除外。

对合同欠缺的前款规定以外的其他内容，当事人达不成协议的，人民法院依照合同法第六十一条、第六十二条、第一百二十五条等有关规定予以确定。

《最高人民法院关于审理买卖合同纠纷案件适用法律问题的解释》
(2012)

第一条 当事人之间没有书面合同，一方以送货单、收货单、结算单、发票等主张存在买卖合同关系的，人民法院应当结合当事人之间的交易方式、交易习惯以及其他相关证据，对买卖合同是否成立作出认定。

对账确认函、债权确认书等函件、凭证没有记载债权人名称，买卖合同当事人一方以此证明存在买卖合同关系的，人民法院应予支持，但有相反证据足以推翻的除外。

【条文要义】

本条是对认定合同成立的主要条款和对确定合同成立发生影响的其他合同内容的解释。

应当看到的是，《民法典》第 470 条规定了合同内容的一般条款，没有明确规定合同的主要条款。尽管根据《民法典》第 510 条的规定可以推断有合同主要条款的存在和规则适用，但是，由于没有明确规定，在理解上就会发生认识不统一的问题。其实，这个问题在原《合同法》中就存在。因此，在原来对《合同法》的有关司法解释中，就已经确认了合同主要条款是合同主体、标的、数量。本条司法解释在上述解释的基础上，进一步归纳总结，继续确认合同主要条款包括合同主体、标的和数量。同时也对合同成立的相关问题作出了解释。

1. 合同的主要条款

《民法典》没有明文规定合同的主要条款，只是在有关合同条款的条文中，表达了合同主要条款的内容。本条司法解释确认合同主体、标的和数量是合同主要条款。

合同的主要条款，是指合同必须具备的最一般条款。欠缺主要条款，合同就不成立。合同的主要条款决定合同的类型，确定当事人各方的权利义务的质和量。它的意义在于，合同的主要条款具备了，就可以认定合同已经成立，其他非主要条款可以在合同履行过程中通过合同条款确定的方法予以确定。在不同性质的合同中，主要条款有所变化，但都是上述主要条款的变化形式，在司法实践中应当特别注意掌握。

可见，合同的主要条款就是本条解释所说的当事人对合同是否成立存在争议，法院能够确定合同的主体、标的和数量的，一般应当认定合同成立。

(1) 合同的主体条款

第一个合同主要条款是合同主体。规定这个主要条款，其实没有特别的必要，因为一个合同如果没有主体，或者缺少应该有的一方主体，当然不会成立合同，甚至都没有争议的主体。但是在讨论中，多数专家还是认为把合同主体规定为主要条款是必要的。这里其实主要说的是，合同不仅要有合同主体，而且合同主体还必须明确，合同主体不明确不能成立合同。

(2) 合同的标的条款

第二个合同主要条款是标的。标的，就是合同的权利、义务指向的对象。这个对象在合同法中称为给付，其实就是《民法典》总则编第 118 条第 2 款说的在合同中约定的 "为或者不为一定行为"。合同标的的行为包括作为和不作为。不过，合同的标的主要还是指作为，当然不作为也有，只是比较少见。对作为合同主要条款的标的的要求：一是确定；二是可能；三是不违反公序良俗。合同标的表达的是合同的质，表明合同的性质。

(3) 合同的数量条款

第三个合同主要条款是数量。数量是合同约定的标的的量的条款。在对数量这个条款的讨论中，很多专家提出，明文规定合同的主要条款是必要的，但是也应当准确，如合同的数量并非每一个合同都有，因而把数量作为合同的主要条款还是值得斟酌的，应当用一个概括性更强的词句来表达这一合同主要条款。其实，这个担心是没有必要的，因为数量虽然在有些合同中可能不存在，但是，合同却存在相当于或者类似于数量的概念。

因此，这个数量，就是一个例示式的条款。只要在一个合同的条款中约定了类似于或者相当于数量的条款，就成立了这一主要条款。

合同法确认合同的主要条款，意义在于当事人就合同的主要条款达成一致，合同就成立，合同的主要条款没有达成合意，合同就不成立。所以，在当事人各方就合同的标的和数量达成合意时，合同就成立了。其实，除合同当事人外，合同成立的标志就是当事人就合同的标的和数量达成一致。

2. 主要条款达成合意但合同未成立

本条司法解释规定，人民法院能够确定当事人对合同主体、标的和数量已经达成合意，一般应当认定合同已经成立。使用"一般"的表述，就是表达了也有例外情形。符合例外情形要求的，合同的主要条款虽然达成合意，当事人主张合同不成立的，法院也应当支持，确认合同不成立。

例外的情形主要是，对合同其他非主要条款的约定不符合法律规定，或者不符合当事人约定的其他成立条件，合同也不能成立。

首先是合同的约定违反法律规定。例如，合同约定的价款违反了政府定价，是违反法律规定的成立条件。这些合同主要条款达成合意而合同却不成立的例外情形，主要是法律另有规定。

其次是当事人另有约定。例如，双方当事人明确约定须就某些非主要条款的内容协商一致合同才能成立的，当事人对于这些对合同有实质性影响的非主要条款内容事后没有达成合意。这样的合同，尽管对主要条款已经达成合意，但是，由于双方约定对某些非主要条款须达成一致合同才能成立，事后又没有对此达成合意，这种合同也不能成立。

3. 主要条款达成合意后对欠缺内容的确定

双方当事人在合同中约定的标的和数量已经达成合意，合同已经成立。根据本条司法解释第 1 款规定能够认定合同已经成立的，对合同欠缺的内容当事人没有达成一致意见的，构成合同内容欠缺。

对已经成立的合同的内容欠缺，应当对合同欠缺的内容进行确定。确定的方法：首先，依照《民法典》第 510 条的规定，由当事人进行协商，协商后达成一致的，可恶意补充合同欠缺的内容，当然就没有问题了。其次，当事人无法协商达成合意的，应当依照《民法典》第511条规定确定，补充合同欠缺内容，使合同能够履行。

4. 当事人主张合同无效或者请求撤销、解除合同的审理焦点

法院在审理合同纠纷案件中，当事人主张合同无效或者请求撤销、解除该合同等的，如果法院认为合同不成立，应当依据《最高人民法院关于民事诉讼证据的若干规定》第53条的规定，将合同是否成立作为争议焦点进行审理。该规定第53条规定："诉讼过程中，当事人主张的法律关系性质或者民事行为效力与人民法院根据案件事实作出的认定不一致的，人民法院应当将法律关系性质或者民事行为效力作为焦点问题进行审理。但法律关系性质对裁判理由及结果没有影响，或者有关问题已经当事人充分辩论的除外。存在前款情形，当事人根据法庭审理情况变更诉讼请求的，人民法院应当准许并可以根据案件的具体情况重新指定举证期限。"主张合同无效、请求撤销、解除合同的前提，是合同已经成立，甚至已经生效。若法院经过审理认为该合同不成立的，当然就不存在主张无效、请求撤销或者解除的基础。因此，在程序上，法院的审理重点，是合同是否已经成立。如果确认合同确实不成立的，应当直接认定合同不成立，双方之间不受原来约定的约束。

法院对上述争议重点进行审理的过程中，可以根据案件的具体情况，重新对当事人指定举证期限。例如，当事人根据法庭审理的实际情况主张变更诉讼请求，法院准许其提出变更的，由于是对新的诉讼请求进行审理，当事人可以对自己提出的新的诉讼请求进行举证。法院可以根据案件的具体情况，重新指定举证期限，要求变更诉讼请求的当事人在举证期限内重新举证。

【案例评析】

丙公司与丁公司等合资、合作开发房地产合同纠纷案①

基本案情

甲公司委托乙公司就某工程开发项目进行国内邀请招标。2002年9月2日，乙公司发出案涉项目的《招标文件》。丙公司向乙公司递交了投标书，经过投标，丙公司最终中标。甲公司于2002年9月30日向丙公司发出《中标通知书》。后双方涉案项目的开发建设协议一直未签订。2007年，甲公司依法清算注销，成立了丁公司，由丁公司取得案涉项目土地使用权，承继甲公司的全部债权债务。2014年3月10日，丁公司向丙公司发函称："本公司作为现在的土地权利人，将不与贵公司就土地开发事宜开展洽谈。"丙公司向丁公司发函要求赔偿损失，而丁公司称，甲公司与丙公司之间的合同不成立。本案的焦点是甲公司与丙公司之间的合同是否成立。

法院判决

一审法院认为，根据《中华人民共和国合同法》的规定，当事人订立合同，采取要约、承诺方式，承诺生效时合同成立。因此，判断合同是否成立的标准取决于双方当事人对合同的主要条款是否经过要约和承诺两个阶段并最终达成合意，双方当事人对合同的主要条款达成合意，意思表示一致时，合同即告成立。同时案涉合资、合作开发房地产合同是以招投标方式订立的合同，尚应受《中华人民共和国招标投标法》的调整，根据《中华人民共和国招标投标法》的规定，公开招标的，应当发布招标公告；邀请招标的，应当发出投标邀请函。因此作为公开招标的"招标公告"与作为邀请招标的"投标邀请函"具有相同的法律性质，其目的都是希望他

———————————

① 案号：（2019）最高法民申2241号。

人向自己发出要约的意思表示，在性质上为要约邀请。《中华人民共和国合同法》第15条亦明确了招标公告为要约邀请。按照《中华人民共和国招标投标法》第19条、第27条、第46条的规定，投标文件应当对招标文件提出的实质性要求和条件作出响应。双方应当按照招标文件和中标人的投标文件订立书面合同。从上述法律规定可以看出，经过招投标的合同，中标通知书生效后，双方的合同权利义务关系已经明确，合同的主要条款已经确定。

本案中，甲公司委托乙公司对涉案项目进行国内邀请招标，乙公司向丙公司发出的投标邀请系乙公司向潜在投标对象发出的要约邀请。丙公司收到投标邀请后，按照国建公司的招标文件的要求，编制投标文件，对乙公司招标文件的实质性要求和条件作出响应，提出了项目的报价，参加了项目投标，递交了投标文件。丙公司的投标文件内容具体确定，表明经乙公司接受，即受该意思表示约束，故丙公司投标行为的性质应为要约，甲公司经过开标与评标程序，于2002年9月30日向丙公司发出中标通知书，同意丙公司的要约行为，乙公司发出的《中标通知书》性质应为承诺，该《中标通知书》自到达丙公司时起承诺即生效，依照《中华人民共和国合同法》第25条的规定，承诺生效时合同成立。故双方当事人之间的合资、合作开发房地产合同已经成立。丁公司认为合资、合作开发房地产合同应当签订书面合同，而双方未签订书面合同，因此合同并未成立，根据《中华人民共和国合同法》第11条的规定，书面合同包括合同书、信件、数据电文等可以有形地表现所载内容的各种合同，书面合同只是书面形式的一种，尽管《中华人民共和国招标投标法》要求中标通知书发出后30日内双方要签订书面合同，但这一书面合同无非是对招标人和中标人投标文件的进一步确认而已。一旦中标结果确定，中标通知书发出，那么招、投标文件及中标通知书本身即可成为合资、合作开发房地产合同的书面形式，而且中标通知书还具有合同确认书的意义。《中华人民共和国招标投标法》规定的签订书面合同，仅是从行政管理的角度提出的要求，是为了建设行政主管部门便于对招投标活动进行有效管理而做的制度安排，即使不另行签订书面合同也不影响合同的成立。因此，丁公司的上述抗辩理由不能成立，一审法院不予支持。

丁公司不服一审判决，提起上诉。

二审法院认为，本案中，甲公司委托乙公司就案涉项目开发进行国内邀请招标，并发出《招标文件》，丙公司依据前述《招标文件》的要求，向乙公司提交《投标文件》，后甲公司通过开标与评标，并最终向丙公司发出《中标通知书》。《最高人民法院关于适用〈中华人民共和国合同法〉若干问题的解释（二）》第1条规定，当事人对合同是否成立存在争议，人民法院能够确定当事人名称或者姓名、标的和数量的，一般应当认定合同成立。对照《招标文件》《投标文件》等书面资料的内容，合同主要条款在上述两个文件中已有载明，应当认定双方已就案涉项目由丙公司施工达成了一致的意思表示，该一致的意思表示对于双方均有法律上的约束力。因此，本案双方当事人虽未在《中标通知书》发出后的规定时间内签订书面合同，但这并不影响双方之间合同的成立。双方之后就合同部分内容进行洽谈磋商，最终未签订书面合同的过程只能视为双方就合同主体、内容等方面进行补充、变更约定而未达成合意的过程。丁公司上诉提出一审认定合同成立错误的主张，本院不予支持。

丁公司不服二审判决，申请了再审。

再审法院认为，关于原审判决认定丁公司与丙公司之间的合同成立，是否属于适用法律错误的问题，招投标活动是招标人与投标人为缔结合同而进行的活动。招标人发出招标通告或投标邀请书是一种要约邀请，投标人进行投标是一种要约，而招标人确定中标人的行为则是承诺。承诺生效时合同成立，因此，在招标活动中，当中标人确定，中标通知书到达中标人时，招标人与中标人之间以招标文件和中标人的投标文件为内容的合同已经成立。《中华人民共和国招标投标法》第46条和涉案招标文件、投标文件要求双方按照招标文件和投标文件订立书面合同的规定和约定，是招标人和中标人继中标通知书到达中标人之后，也就是涉案合同成立之后，应再履行的法定义务和合同义务，该义务没有履行并不影响涉案合同经过招投标程序已成立的事实。因此，签订书面合同，只是对招标人与中标人之间的业已成立的合同关系的一种书面细化和确认，其履约的方便以及对招投标进行行政管理的方便，不是合同成立的实质要件。一审法院适用《中华人民共和国合同法》第 25 条，二审法院适用《最高人民法院关于适用〈中华人民共和国合同法〉若干问题的解释（二）》第 1 条，认定涉案合同成立并无不当，本院予以维持。

法 理 解 读

本案当事人的争议焦点，是甲公司与丙公司之间的合同是否成立。

根据合同条款是否对合同的成立起到决定作用，可以将合同条款分为必备条款和非必备条款。必备条款是根据合同的性质和当事人的约定所必须具备的条款，缺少这些条款将影响到合同的成立。非必备条款是在合同中不是必须具备的条款，缺少这些条款并不会影响到合同的成立，可以通过合同解释规则来填补合同漏洞，对合同条款进行补充。根据本条的规定，可以知道合同的必备条款是合同主体、标的和数量，只要这三个要素齐全，应当被认定为合同成立，不可以缺少其他条款而认为合同不成立。当然，法律另有规定或者当事人另有约定的除外。这里的其他条款主要指的是，《民法典》合同编第 470 条第 1 款第 4 项至第 8 项规定的质量、价款、履行期限、违约责任等条款，这些条款为非必备条款，可以通过后期的解释进行补充。

本案中，甲公司委托乙公司就某工程开发项目进行国内邀请招标，丙公司最终中标，甲公司向丙公司发出《中标通知书》。甲公司与丙公司之间就某工程开发项目达成了合意，双方为合同主体。不过，甲公司于 2007 年依法清算注销，成立了新的丁公司，由丁公司继承甲公司的全部债权债务。据此，丁公司理应继承甲公司之前与丙公司订立的合同关系，承认其合同主体地位。显然，丁公司与丙公司之间具备了合同成立的必备条款。具体而言，本案的合同主体为丁公司与丙公司，合同的标的为某工程开发项目，数量为一个。而且，本案不存在本条司法解释中规定的合同不成立的三种情形。尽管双方之间的合同未就履行期间、违约责任等具体事宜进行约定，但这些内容并非合同的必备条款，其欠缺与否不影响合同的成立。因此，丁公司与丙公司之间的合同是成立的。

第四条　以竞价方式订立合同

采取招标方式订立合同，当事人请求确认合同自中标通知书到达中标人时成立的，人民法院应予支持。合同成立后，当事人拒绝签订书面合同的，人民法院应当依据招标文件、投标文件和中标通知书等确定合同内容。

采取现场拍卖、网络拍卖等公开竞价方式订立合同，当事人请求确认合同自拍卖师落槌、电子交易系统确认成交时成立的，人民法院应予支持。合同成立后，当事人拒绝签订成交确认书的，人民法院应当依据拍卖公告、竞买人的报价等确定合同内容。

产权交易所等机构主持拍卖、挂牌交易，其公布的拍卖公告、交易规则等文件公开确定了合同成立需要具备的条件，当事人请求确认合同自该条件具备时成立的，人民法院应予支持。

【民法典条文】

第一百三十七条　以对话方式作出的意思表示，相对人知道其内容时生效。

以非对话方式作出的意思表示，到达相对人时生效。以非对话方式作出的采用数据电文形式的意思表示，相对人指定特定系统接收数据电文的，该数据电文进入该特定系统时生效；未指定特定系统的，相对人知道或者应当知道该数据电文进入其系统时生效。当事人对采用数据电文形式的意思表示的生效时间另有约定的，按照其约定。

第六百四十四条 招标投标买卖的当事人的权利和义务以及招标投标程序等，依照有关法律、行政法规的规定。

第六百四十五条 拍卖的当事人的权利和义务以及拍卖程序等，依照有关法律、行政法规的规定。

【条文要义】

本条是对认定以竞价方式订立合同的成立和内容的解释。

以往的司法解释对以竞价方式订立合同的成立和内容，没有作过司法解释。

《民法典》对以竞价方式订立合同，没有在合同编通则的"合同的成立"一章中规定，而是规定在"有名合同"中的"买卖合同"一章第644条和第645条。以往的合同法司法解释没有对以竞价方式订立合同的成立和内容作出解释，本条司法解释根据合同法理论和司法实践经验作出了具体解释。

以竞价方式订立合同，包括招标、现场拍卖和网络拍卖以及产权交易所主持的拍卖和挂牌交易。这些交易形式，都不是双方当事人进行充分协商订立的合同，而是以竞价最高者为承诺人的合同订立方式。对这些以竞价方式订立合同的规则，《民法典》只作了概括性的规定，没有规定具体规则。本条司法解释对这些以竞价方式订立的合同的成立和具体内容的认定作了比较详细的规定。

1. 以招标方式订立的合同

以招标方式订立合同，是招标人首先进行招标，应标者提出投标方案，招标人对投标人的投标方案进行比较，择其最优者与其订立合同的合同订立方式。

以招标方式订立合同，在以往的司法实践中，争议最大的是招标合同在何时成立，有的是以中标通知书送达的时间为准，有的是以双方当事人正式签订合同的时间为准。

为统一裁判规则，本条司法解释确定，当事人请求确认招标的合同自中标通知书到达中标人时成立的，应当认定合同成立。在这里，认定招标合同成立的标志有两个：一是中标通知书。中标通知书的性质属于承诺，一经发出，就成立合同。二是中标通知书已经送达。对此采取到达主义，即中标通知书到达投标人的时间，为合同成立的时间。

该规定确定了招标合同成立的时间点，标准明确，有利于解决双方对招标合同成立的争议。同时，这样规定的另一个作用，是确定合同的签订地，便于确定合同纠纷案件的管辖。

本条还规定了一种情形，就是中标通知书到达投标人，合同成立后，双方当事人应该签订正式的书面合同。如果投标人收到了中标通知书，但是当事人却拒绝签订书面合同的，不能否定招标合同已经成立的事实，即使不签订书面合同，合同也已经成立。关于具体的合同内容，法院应当依据招标文件、投标文件和中标通知书等招标投标的文件，确定合同的内容和双方当事人的权利义务。当事人拒不履行合同，就构成违约行为，应当承担违约责任。

2. 以拍卖方式订立的合同

以拍卖方式订立合同，无论是现场拍卖，还是网络拍卖，都是以公开竞价的方式订立合同。

在以拍卖方式订立合同时，竞买人叫价，在拍卖人落槌时，合同成立。换言之，竞买人的叫价是要约，拍卖师的落槌是承诺。这是说的现场拍卖。

在网络拍卖时，叫价也是要约，电子交易系统确认合同成交是承诺。

当拍卖师落槌，或者电子交易系统确认成交，这种竞价交易合同即成立。

所以，本条第2款明确规定，采取现场拍卖、网络拍卖等公开竞价方式订立合同，当事人请求确认合同自拍卖师落槌、电子交易系统确认成交时成立的，法院应予支持。这就明确了，拍卖师落槌或者网络交易系统确认成交，合同就已经成立。

在司法实践中，很多人不遵守这个规则，主张自此双方还须另外签订合同，并且签字、盖章后，合同才生效。这些见解都是不正确的，不应予以支持。

在拍卖师落槌或者电子交易系统确认合同成交时，合同就已经成立。如果当事人拒绝签署成交确认书，也就是否认拍卖师落槌或者电子交易系统确认成交是成立合同的效力，是没有法律依据的，法院应当依据拍卖公告竞买人的报价等确定合同内容。

3. 以产权交易所主持拍卖、挂牌交易订立的合同

产权交易所等机构主持拍卖、挂牌交易，也是一种重要的竞价交易方式。这种交易方式通常采用公布拍卖公告或者交易规则等文件的方式进行，就公开确定了合同成立需要具备的条件。当产权交易所等机构主持拍卖、挂牌交易时，公布的拍卖公告、交易规则等文件公开确定的合同成立需要具备的条件符合要求时，合同成立。当事人请求确认合同自该条件具备时成立的，法院也应当予以支持。

【案例评析】

甲公司与乙公司等预约合同纠纷案①

基本案情

2019 年 12 月，乙公司将包括案涉装置在内的炼油厂 6 套闲置炼化装置对外转让。2021 年 3 月 23 日，乙公司将上述 6 套闲置炼化装置委托某产权交易所进行产权交易，并签署《声明和承诺》。该承诺第六、七条主要内容为：确定最终受让方三个工作日内与转让方签订《产权交易合同》，逾期未签订造成交易未达成的，由乙公司按照合同约定承担相关责任。某

---

① 案号：（2022）新 02 民终 352 号。

产权交易所接受委托后，于 2021 年 4 月 21 日在其网站上发布了转让 6 套闲置炼化装置的相关信息。2021 年 4 月 28 日，甲公司签署《产权交易收购意向书》，对上述信息进行了确认。2021 年 5 月 6 日，甲公司与某产权交易所签订了《业务受理协议书》。同日，甲公司向某产权交易所支付保证金 120 万元。2021 年 5 月 10 日、2021 年 5 月 14 日，甲公司分两次通过网络竞价方式以总计 519.6 万元的出价获得 3 套案涉装置的受让方资格。某产权交易所向甲公司出具《电子竞价成交确认书》。某区政府得知该情况后，出于保护国家工业遗产需要，建议乙公司终止 6 套闲置炼化装置的处置项目。乙公司、某产权交易所、甲公司经多次协商，因甲公司坚持要求与乙公司签订《产权交易合同》、受让案涉装置，最终未能达成一致意见。2021 年 9 月 16 日，乙公司函告某产权交易所，终止 6 套闲置炼化装置的交易，退还受让方交纳的保证金。

法 院 判 决

一审法院认为，本案争议的焦点为甲公司与乙公司买卖合同是否成立。《中华人民共和国民法典》第 469 条第 1 款规定，当事人订立合同，可以采用书面形式、口头形式或者其他形式。本案中，乙公司、甲公司均承诺如甲公司最终竞价成功，双方应在三日内签订《产权交易合同》，甲公司同时还承诺如未按约定签订合同将承担缔约过失责任，故本案双方约定订立合同的形式为书面形式。《中华人民共和国民法典》第 490 条第 2 款规定，法律、行政法规规定或者当事人约定合同应当采用书面形式订立，当事人未采用书面形式但是一方已经履行主要义务，对方接受时，该合同成立。本案中，甲公司在竞价成功后，双方并未按照约定签订《产权交易合同》，同时未签订书面合同的原因系乙公司认为案涉装置属于国家工业遗产，据此向甲公司提出终止交易行为所造成的，也不存在"一方已经履行主要义务，对方接受"的补救措施。此外，某产权交易所接受乙公司的委托后，在其网站发布转让 6 套闲置炼化装置的相关信息时，并未同时发布《产权交易合同》的具体合同条款，拟定双方的具体权利义务内容。在此情况下，甲公司获得最终受让方资格，只能证实双方就案涉装置的转让价格达成了一致意见，诸如履行期限、方式等双方各自的其他权利义务并未完全确定，仍然需要有一个后续相互磋商的过程，但双方之后并未进行这一环节。据此，甲公司与乙公司买卖合同关系不成立，故甲公司要求乙公司继续履行合同、某产权交易所为其公司办理案涉装置的产权交易手续的诉讼请求，无事实和法律依据，依法不予支持。

原告甲公司不服一审判决，提起上诉。

二审法院认为，本案是关于合同成立与否的问题。根据《中华人民共和国民法典》第 490 条"当事人采用合同书形式订立合同的，自当事人均签名、盖章或者按指印时合同成立。在签名、盖章或者按指印之前，当事人一方已经履行主要义务，对方接受时，该合同成立。法律、行政法规规定或者当事人约定合同应当采用书面形式订立，当事人未采用书面形式但是一方已经履行主要义务，对方接受时，该合同成立"之规定，合同订立采取法定书面形式，不仅具有督促当事人审慎交易的作用，更是立法对司法裁量权进行的限制，因而既是行为规范，也是裁判规范。当事人约定采用书面形式订立合同的，该书面形式即应当被认定为合同的特别成立要件。若欠缺法定书面形式，当事人又未通过履行行为治愈，则不能依据其他证据来认定双方之间已经形成合同关系。甲公司参与竞价时明确知晓经某产权交易所确定最终受让方三个工作日内与转让方签订《产权交易合同》之特别声明，故《产权交易合同》系案涉装置买卖合同成立的要件。现双方未签订《产权交易合同》，亦未履行主要义务，甲公司主张买卖合同成立，与上述法律规定相悖，本院依法不予支持。

法理解读

本案的争议焦点是，甲公司与乙公司的买卖合同是否成立。

产权交易所主持拍卖、挂牌交易，是一种重要的竞价交易方式。这种交易形式，是以竞价最高者为承诺人的合同订立方式，而不是双方当事人进行充分协商订立的合同。这种交易方式通常采用的方式是公布拍卖公告或者交易规则等文件，明确公开了合同成立需要具备的条件。如果当事人具备了合同成立时所需要的公开的交易条件，合同就会成立。

其实，产权交易所发布的公告是一种要约，在发出要约后，只要承诺人作出承诺，合同即告成立。产权交易所发出的要约，是向社会公众发出的要约，是公众要约，而不是向特定的人发出的特定要约。公众要约是向不特定的人发出的，所以，对内容确定性的要求比特定要约高。产权交易所应当向社会公众发布明确的拍卖公告、交易规则等内容，尽可能地避免公众对相关内容产生误解。当然，在实践中，由于当事人的法律知识、时间成本等原因，法律不可能要求所有的要约都能够明确地、直截了当地写明特定文件是否属于要约，而是需要法官根据文件内容进行解释。一般情况下，只要依据要约条文能够合理分析出要约人在要约中含有已经承诺即受拘束的意旨，或者通过要约人明确的订立合同的意图可以合理推断该要约包含了要约人愿意接受承诺后果的意思表示，即可认为符合该要件。

本案中，某产权交易所接受乙公司的委托，在其网站上发布了转让闲置炼化装置的相关信息以及交易规则。甲公司参与竞价时明确知晓经某产权交易所确定最终受让方三个工作日内与转让方签订《产权交易合同》之特别声明，甲公司还承诺如未按约定签订合同将承担缔约过失责任。甲公司对交易规则不存在误解等情形。虽然甲公司通过竞拍获得最终的受让方资格，某产权交易所向甲公司出具了《电子竞价成交确认书》，但是甲公司未按发布的交易规则，在三个工作日内与乙公司签订《产权交易合同》。甲公司实质上没有符合产权交易所公开的交易条件，因此，甲公司与乙公司之间的合同不成立。

第五条　合同订立中的第三人责任

第三人实施欺诈、胁迫行为，使当事人在违背真实意思的情况下订立合同，受到损失的当事人请求第三人承担赔偿责任的，人民法院依法予以支持；当事人亦有违背诚信原则的行为的，人民法院应当根据各自的过错确定相应的责任。但是，法律、司法解释对当事人与第三人的民事责任另有规定的，依照其规定。

【民法典条文】

第一百四十九条 第三人实施欺诈行为，使一方在违背真实意思的情况下实施的民事法律行为，对方知道或者应当知道该欺诈行为的，受欺诈方有权请求人民法院或者仲裁机构予以撤销。

第一百五十条 一方或者第三人以胁迫手段，使对方在违背真实意思的情况下实施的民事法律行为，受胁迫方有权请求人民法院或者仲裁机构予以撤销。

第五百条 当事人在订立合同过程中有下列情形之一，造成对方损失的，应当承担赔偿责任：

（一）假借订立合同，恶意进行磋商；

（二）故意隐瞒与订立合同有关的重要事实或者提供虚假情况；

（三）有其他违背诚信原则的行为。

第五百九十三条 当事人一方因第三人的原因造成违约的，应当依法向对方承担违约责任。当事人一方和第三人之间的纠纷，依照法律规定或者按照约定处理。

【相关司法解释】

《全国法院贯彻实施民法典工作会议纪要》

3. 故意告知虚假情况，或者故意隐瞒真实情况，诱使当事人作出错误意思表示的，人民法院可以认定为民法典第一百四十八条、第一百四十九条规定的欺诈。

4. 以给自然人及其亲友的生命、身体、健康、名誉、荣誉、隐私、财产等造成损害或者以给法人、非法人组织的名誉、荣誉、财产等造成损害为要挟，迫使其作出不真实的意思表示的，人民法院可以认定为民法典第一百五十条规定的胁迫。

【条文要义】

本条是对合同订立中第三人实施欺诈、胁迫行为怎样承担责任的解释。

关于原《合同法》的司法解释没有规定过合同订立中第三人欺诈、胁迫的民事责任。《全国法院贯彻实施民法典工作会议纪要》第 3 条和第 4 条对《民法典》第 148 条、第 149 条规定的欺诈和第 150 条规定的胁迫，规定了具体的认定规则，但也没有规定第三人欺诈、胁迫造成当事人损失的赔偿责任。

对第三人欺诈或者胁迫订立的合同，《民法典》第 149 条和第 150 条规定了撤销权，受害一方可以行使撤销权，撤销该合同。但是，对第三人欺诈或者胁迫订立的合同受欺诈或者受胁迫一方因此受到损失的，没有明确规定损害赔偿请求权。但是，《民法典》第 500 条关于缔约过失责任的规定，是能够包含这种损害赔偿的。尽管这一条文只规定了缔约双方当事人因缔约过失引起的损害赔偿责任，没有规定第三人在缔约过程中因欺诈、胁迫等过错行为，造成合同不成立、无效、被撤销或者确定不发生法律效力的，也应当承担缔约过失责任，能够包括因第三人欺诈、胁迫而使合同当事人受到损害的赔偿责任，但是需要进行解释。

本条司法解释根据实际情况和第三人实施欺诈、胁迫行为，使当事人在违背真实意思的情况下订立合同的法理，规定了第三人在订立合同中缔约过失责任的承担规则。

1. 合同订立中第三人欺诈、胁迫责任的确认

在合同订立过程中，第三人实施欺诈、胁迫行为，使当事人在违背真

实意思的情况下订立合同，同样应当承担缔约过失的损害赔偿责任。

第三人承担缔约过失责任的要件：一是第三人实施了欺诈、胁迫行为；二是使一方当事人在违背真实意思的情况下订立了合同；三是该合同不成立、无效、被撤销或者确定不发生效力；四是第三人对合同不成立等具有过错。符合这四个要件的要求，第三人构成缔约过失责任，对受害方承担损害赔偿责任。所以，受到损失的当事人请求第三人承担赔偿责任的，法院应当支持。这里的"受到损失的当事人"，是因受到欺诈或者胁迫而订立合同的一方当事人，如果双方当事人都受到欺诈或者胁迫而造成损失，也可以是双方当事人。不过，第三人欺诈或者胁迫通常是与合同的一方当事人有关，造成另一方当事人的损害，双方都受到损害的比较少见。

例如，依照《民法典》第149条的规定，第三人实施欺诈行为，使一方在违背真实意思的情况下实施的民事法律行为，对方知道或者应当知道该欺诈行为的，受欺诈方有权请求人民法院或者仲裁机构予以撤销。法院对实施的行为判决撤销后，受到欺诈的一方当事人因此受到损失，构成缔约过失责任，第三人应当承担赔偿责任。

同样，依照《民法典》第150条的规定，第三人以胁迫手段使一方当事人在违背真实意思的情况下实施的民事法律行为，受胁迫方有权请求法院或者仲裁机构予以撤销。合同撤销后，因此受到损失的合同当事人也有权请求第三人承担缔约过失责任，第三人应当承担赔偿责任。

确定第三人欺诈或者胁迫行为构成缔约过失责任承担损害赔偿，应当依照《民法典》关于缔约过失责任的规定确定，包括一般的缔约过失的损害赔偿，也包括缔约机会损失的损害赔偿。举证责任应当由提出损害赔偿责任主张的一方承担。

2. 第三人缔约过失责任的损害赔偿

合同的当事人一方或者双方因合同不成立、无效、被撤销或者确定不发生法律效力，自己也有违背诚信原则的行为的，也适用缔约过失责任，在确定第三人因欺诈或者胁迫行为应当承担的损害赔偿责任时，适用过失相抵原则。

第三人欺诈、胁迫行为造成合同当事人的损失,应当承担损害赔偿责任的,按照缔约过失的损害赔偿责任规则确定。

缔约的双方当事人对合同不成立、无效、被撤销或者确定不发生法律效力,也有违背诚信原则的行为的,应当由第三人和违背诚信原则的当事人各自按照自己的过错程度,以及行为对损害发生的原因力,确定过失相抵的比例,各自承担相应责任,减轻第三人承担的损害赔偿责任。

如果缔约一方当事人与第三人各自都有过错,并且原因力相等的时候,每人应该承担50%的损失赔偿。但是,双方当事人与第三人都有过错,如果各自的过错原因力相等,究竟是承担33.3%的责任,还是第三人承担50%的责任,合同缔约当事人双方承担50%的责任。笔者认为,在这种情况下,应当由三方按照自己的过错程度分担损失为宜。

3. 第三人承担缔约过失责任的例外

本条最后强调,第三人在合同订立中的损害赔偿责任,如果依照法律、司法解释对当事人与第三人的民事责任另有规定的,依照其规定。这里说的是,《民法典》以及民法典司法解释如果对当事人或者第三人的民事责任另有规定的,就不适用本条的规定。例如,《民法典》第593条规定,当事人一方因第三人的原因造成违约的,应当依法向对方承担违约责任。当事人一方和第三人之间的纠纷,依照法律规定或者按照约定处理。这样的规定,就不是向第三人直接追究赔偿责任。

【案例评析】

某制粉公司诉任某买卖合同纠纷案①

基本案情

自称"高某"的案外人于2010年6月到某制粉公司处求购面粉,并

---

① (2010) 荷牡商初字第335号。

说明是任某实际购买。某制粉公司让运输个体户李某将 220 袋面粉运送到曹州路农贸市场，并让李某代收货款，"高某"与其同行。到农贸市场任某处后，李某卸面粉至 193 袋时，向任某索要货款，任某称其已将 200 袋面粉的货款共计 11580 元支付给"高某"，不应再付款。"高某"此时已经逃逸，双方由此产生纠纷，原告报警后，警察到场调解未果。某制粉公司以其出售给被告面粉 193 袋货款共计 11580 元，并约定货到付款，任某至今未付款为由提起诉讼，请求判令：任某支付面粉款 11580 元。

法院判决

审理法院认为，本案某制粉公司与任某对双方之间是否存在买卖合同关系产生纠纷。根据原告某制粉公司提供的出库单、李某的证言，及被告任某的陈述，均表明原告的 193 袋面粉已经送到了被告任某处，但从事情经过来看，原、被告之间未签订书面的买卖合同，也未达成口头的买卖合同，即原、被告双方未形成一致的意思表示，没有建立直接有效的买卖合同关系。案外人"高某"利用原、被告双方的认识错误而实施的诈骗行为，是该纠纷产生的主要原因。因为被告基于占有所有权的意思，出于善意占有了该 193 袋面粉，并支付了对价，符合善意取得制度的构成要件，故本院认为被告的行为，已构成善意取得，产生了取得面粉所有权的法律效力。根据合同的相对性，原告的货款损失，应向无权处分的案外人"高某"主张。原告要求被告支付货款的诉讼请求，本院不予支持。

法理解读

本案当事人的争议焦点是，某制粉公司能否向"高某"主张赔偿。

合同欺诈是以订立合同为手段，以非法占有为目的，用虚假事实或隐瞒真相的欺骗方法来骗取公私财物的行为。第三人的合同欺诈也是合同欺诈的一部分。在合同订立过程中，第三人实施欺诈行为，使当事人在违背真实意思的情况下订立合同，应当承担缔约过失的损害赔偿责任。具体而言，第三人在主观上具有欺诈的故意，在客观上，第三人通过歪曲事实、虚构事实等方式实施了欺诈行为，该行为导致了合同的双方当事人陷入了错误的认识，基于错误认识，当事人违背真实的意思订立了合同，而该合同不成立、无效、被撤销或者确定不发生效力。在这种情况下，受到损失的当事人可以请求第三人承担缔约过失的责任。受到损失的当事人可以是一方当事人，也可以是双方当事人。

本案中，任某是购买面粉的当事人，某制粉公司是卖面粉的当事人，双方没有直接建立合同关系，而是通过"高某"来实现买卖目的。"高某"正是利用某制粉公司与任某双方的认识错误而实施的欺诈行为，在主观上存在明显的故意。"高某"一方面以代付面粉钱为由，拿到了任某购买二百袋面粉的价款，另一方面，让某制粉公司送货至任某处后，再由任某支付价款。因"高某"的欺诈行为，某制粉公司与任某都基于错误的认识，实施了运送面粉和支付价款的行为，导致某制粉公司遭受经济上的损失，而任某善意取得了面粉。具体而言，依据善意取得的相关法律及概念可得出，本案任某基于取得所有权的意思表示，占有某制粉公司送至其处的面粉，并按合理价格向其认为的供货人"高某"支付了对价，符合善意取得制度的构成要件。因此，任某的行为构成善意取得。由此可见，受到直接经济损失的主体是某制粉公司，该公司有权向实施欺诈行为的"高某"主张承担损害赔偿责任。

第六条 预约合同的认定

当事人以认购书、订购书、预订书等形式约定在将来一定期限内订立合同，或者为担保在将来一定期限内订立合同交付了定金，能够确定将来所要订立合同的主体、标的等内容的，人民法院应当认定预约合同成立。

当事人通过签订意向书或者备忘录等方式，仅表达交易的意向，未约定在将来一定期限内订立合同，或者虽然有约定但是难以确定将来所要订立合同的主体、标的等内容，一方主张预约合同成立的，人民法院不予支持。

当事人订立的认购书、订购书、预订书等已就合同标的、数量、价款或者报酬等主要内容达成合意，符合本解释第三条第一款规定的合同成立条件，未明确约定在将来一定期限内另行订立合同，或者虽然有约定但是当事人一方已实施履行行为且对方接受的，人民法院应当认定本约合同成立。

【民法典条文】

第四百九十五条　当事人约定在将来一定期限内订立合同的认购书、订购书、预订书等，构成预约合同。

当事人一方不履行预约合同约定的订立合同义务的，对方可以请求其承担预约合同的违约责任。

【相关司法解释】

《最高人民法院关于审理商品房买卖合同纠纷案件适用法律若干问题的解释》（2020）

第五条　商品房的认购、订购、预订等协议具备《商品房销售管理办法》第十六条规定的商品房买卖合同的主要内容，并且出卖人已经按照约定收受购房款的，该协议应当认定为商品房买卖合同。

【既往司法解释】

《最高人民法院关于审理买卖合同纠纷案件适用法律问题的解释》（2012）

第二条　当事人签订认购书、订购书、预订书、意向书、备忘录等预约合同，约定在将来一定期限内订立买卖合同，一方不履行订立买卖合同的义务，对方请求其承担预约合同违约责任或者要求解除预约合同并主张损害赔偿的，人民法院应予支持。

《最高人民法院关于审理商品房买卖合同纠纷案件适用法律若干问题的解释》（2003）

第五条 商品房的认购、订购、预订等协议具备《商品房销售管理办法》第十六条规定的商品房买卖合同的主要内容，并且出卖人已经按照约定收受购房款的，该协议应当认定为商品房买卖合同。

【条文要义】

本条是对认定预约合同以及预约合同转化为本约合同的解释。

对预约合同，《合同法》和其他有关法律都没有规定，在司法实践中，通常依据民法学理认定预约合同及其效力。2012 年《最高人民法院关于审理买卖合同纠纷案件适用法律问题的解释》第 1 条第一次使用了预约合同的概念，并且作出了具体的司法解释。《民法典》根据实际需要，明确规定了预约合同，填补了合同法立法中的不足，是一个重要的立法举措。本条司法解释根据以往司法解释的基础以及相关的司法解释，对正确适用《民法典》第 495 条关于预约合同的规定，作出了具体解释。

由于以往审理的预约合同纠纷案件不多，立法又未作具体规定，很多法官对如何认定预约合同及其效力缺少必要认识，无法分辨预约合同和本约合同之间的区别。特别是预约合同具备哪些要件会转化为本约合同，更没有相应的规则。因此，本条司法解释一方面规定认定预约合同的条件，另一方面又规定预约合同在何种情况下可以认定为本约合同，对认定预约合同和区别本约合同具有理论和实践的重要价值。

1. 预约合同的认定

认定预约合同，一方面是根据合意的形式，另一方面是根据合意的内容来确定。

《民法典》规定，预约合同的合意形式，是认购书、订购书、预订书等，这些合意的形式通常是预约合同的表现方式。

在实践中，双方当事人签订了订购书、认购书、预订书等，就有可能订立了预约合同。这是预约合同的外观形式。

预约合同的合意内容，要从两个方面进行：

第一，预约合同的合意内容表现为，是约定在将来一定期限内订立合同，或者为担保在将来一定期限内订立合同而交付了定金。其中，约定在将来一定期限内订立合同，是预约的意思表示；为担保在将来一定期限内订立合同而交付定金，就是缔约定金，而不是违约定金。当然，缔约定金在不缔约的时候，也发生定金罚则，是违反缔约义务的违约定金罚则。

第二，预约合同的合意内容表现为，能够确定在将来所要订立合同的主体、标的等内容。在这个表述里，强调的是合同主体和合同标的，没有强调数量，这并不是忽略，而是把数量作为预约合同的非主要条款。也就是说，在预约合同中只要合同主体和合同标的已经确定，合同的其他条款包括数量条款，都可以将来在订立本约合同时再协商确认，在认定预约合同中，数量不作为成立预约合同的要件。

上述两个方面的合意加到一起，就构成预约合同。在实践中，如果当事人约定具有上述两方面的合意，就已经成立预约合同，具有法律约束力。如果当事人表明在将来必须在一定期限内订立本约合同，当事人受意思表示约束，当然没有问题。但是，没有约定当事人受意思表示约束，并不说明当事人不受预约合同的拘束，不发生预约合同的法律效力。这是因为，当事人既然约定了预约合同的主要内容，当然就意味着自己受意思表示的约束。如果当事人明确约定上述预约合同的主要内容，却约定当事人不受该意思表示的约束，就不是预约合同。不过，这在实际上也没有意义，只能是一个缔约的意向，不发生预约的法律效力，充其量是要约或者邀请要约。

2. 意向书、备忘录不构成预约合同的要件

《民法典》第 495 条规定预约合同的外观形式，只列举了"认购书、订购书、预定书等"，没有列举意向书、备忘录等形式也可以构成预约合

同。

在司法实践中可以看到，当事人以意向书、备忘录等形式达成的合意，多数不构成预约合同，但是，有些类似的合意形式也有具备预约合同的内容和形式要件，构成预约合同。因此，本条规定，当事人主张双方之间订立的意向书、备忘录等形式，仅表达交易的意向，未约定在将来一定期限内订立合同，或者虽然有约定但是难以确定将来所要订立合同的主体、标的等内容，一方主张构成预约合同的，理由不充分，法院不予支持。关键在于，意向书、备忘录等形式中是否具备上述主要条款。

本条解释确定不构成预约合同主要有三个要件：一是意向书、备忘录等表达了交易的意向，这本来是预约合同的要件之一，但是，仅有这个要件，尚不能成立预约合同；二是意向书、备忘录等形式中没有约定在将来一定期限内订立合同，既然没有在这些形式中约定在将来一定期限内订立合同，这对双方当事人没有约束力，不受将来进行交易的意向限制，因而不能成立预约合同；三是意向书或者备忘录中虽然有在将来一定期限内订立合同的约定，却在意向书、备忘录中难以确定将来所要订立合同的主体、标的，这个要件的核心是订立合同的主体和标的难以确定，一种是有约定但是因为含糊、不清晰而不能确定订立的合同的主体和标的，另一种是没有约定，这样就缺少预约合同的主要条款。在第三个要件中，其实主体的约定并不特别重要，标的是最重要的，因为既然有意向书、备忘录，一般就会有当事人，就存在预约合同的主体，如果只是一方当事人的意向书或者备忘录，完全没有成立预约合同的可能，只能是自己的意向，或者提醒自己的备忘。不过，有这个要求也是好的，可以确定，意向书或者备忘录等没有主体，即使有关于合同标的的约定，也不成立预约合同。

可见，确定是否构成预约合同，形式外观是次要的，主要的是内容是否符合预约合同的要求。

3. 预约合同转化为本约合同

预约合同在具备一定条件时，可以转化为本约合同。对此，很多法官在司法实践中都认为缺少便于掌握和适用的规则。本条第3款规定了预约合同转化为本约合同的要件，具体分为两种情形。

第一，当事人订立的认购书、订购书、预订书等，已就合同的标的、数量、价款或者报酬等主要内容达成合意，符合本司法解释第3条第1款规定的合同成立条件，未明确约定在将来一定期限内另行订立合同。这时，虽然合同的标题写的是认购书、订购书、预订书等，没有明文写成"协议"或者"合同"，但是，这并不妨碍已经成立本约合同。这是因为，这些表达当事人合意的法律文件对合同的主要条款，甚至对价款或者报酬等已经作了明确的合意，而且没有明确约定在将来一定期限内要另行订立本约合同。这样的认购书、订购书、预定书等，其实是名称和内容不相符，虽然名称是认购书、订购书、预订书等，没有标明合同的名称，但是，在实质上已经对合同的主要条款达成了合意，且没有约定在将来一定要订立本约合同。对此，不能认定为预约合同，应当直接认定为本约合同，双方当事人的权利义务关系已经确定，双方应当按照本约合同的约定履行义务。

第二，当事人订立的认购书、订购书、预订书等，约定了合同的标的、数量、价款或者报酬等主要内容，虽然也约定了在将来一定期限内订立本约合同，符合预约合同的要求，应当认定为预约合同，但是，当事人一方已经实施了履行行为，并且对方已经接受。这就表明，双方当事人愿意接受这些认购书、订购书、预订书等约定的本属于预约合同内容的约束，应当认定已经成立本约合同，这些法律文件中约定的内容对双方当事人的权利义务关系具有法律约束力。对一方已经履行和对方已经接受履行的债务的行为没有量的要求，只要履行就可以，注意与已经履行主要债务的规定相区别。

应当说明的是，在本条第3款对预约合同形式的列举中，没有写意向书和备忘录，是不是就意味着预约合同转换为本约合同的形式不包括意向书和备忘录。但是要注意的是，第3款的规定，是按照《民法典》的表述方法拟定的，其中虽然没有意向书和备忘录，但是有一个"等"字，因此，按照本条第2款的规定，意向书、备忘录符合本条司法解释第1款规定要件的，仍然构成预约合同；符合第 3 款的规定要件，也能够转化为本约合同。

【案例评析】

某房产公司与王某商品房预约合同纠纷案①

基本案情

2015 年 11 月 29 日，王某与某房产公司签订一份《房屋认购意向书》（以下简称《认购意向书》），该《认购意向书》主要内容为："1. 王某购买某房产公司投资开发建设位于某商业街 E 区××号楼××号房屋，预测面积为 60 平方米，售价为 8500 元/平方米，暂定价款为 510000 元；2. 王某于签订认购书 1 日内向王某 1 交纳 510000 元购房诚意金，该诚意金在双方签订《商品房买卖合同》时转化为同等金额的购房款；3. 某房产公司应在该认购书签订并收取诚意金后 1 个工作日内向王某交付标的房屋，某房产公司在取得商品房预售许可证后，及时通知王某签订正式的《商品房买卖合同》。某房产公司在 2018 年 12 月 31 日前完成王某办理房屋产权登记所需要的备案手续并配合王某办理产权登记手续；4. 本认购书所述房产条件，以双方达成一致意见签订的《商品房买卖合同》为准，双方签订的《商品房买卖合同》生效后，本认购书自行终止。合同内容与本认购书不一致的，以合同约定为准；5. 双方任何一方违反本认购书约定的义务的，违约方承担认购诚意金 30% 的违约金，并承担守约方起诉时支出的所有诉讼费、律师费、保全费、担保费等费用。" 2015 年 11 月 24 日，王某通过案外人王某 1 向某房产公司交纳购房诚意金 510000 元，由某房产公司出具收据一份。2017 年 7 月 21 日，某房产公司取得了涉案商铺的商品房预销售许可证。2019 年 1 月 21 日，伊犁州公安消防支队向某房产公司核发了

① 案号：（2021）新 40 民终 2043 号。

案涉商铺的建设工程竣工验收消防备案凭证。同时，某房产公司办理了案涉商铺的不动产权证书。2019年4月11日，某房产公司按照认购书中王某预留的居住地址，向王某邮寄《告知函》，通知王某办理合同签署业务，该《告知函》已签收。王某向法院起诉请求：1. 判令解除双方签订的《认购意向书》；2. 判令某房产公司返还购房诚意金510000元；3. 判令某房产公司支付违约金153000元。本案的争议是，《认购意向书》为预约合同还是本约合同。

法院判决

一审法院认为，双方签订的《认购意向书》系双方真实意思表示，且不违反法律、行政法规的强制性规定，合法有效。关于案涉《认购意向书》的法律性质。根据民法理论及法律规定，合同有预约与本约之分，预约合同是指在有事实或法律上的障碍，暂时无法订立本约合同时，约定于将来一定期限内订立本约合同的合同，即《民法典》第495条规定，"当事人约定在将来一定期限内订立合同的认购书、订购书、预订书等，构成预约合同"。判断合同是预约还是本约，并非合同内容是否齐备，而是双方有无于将来订立本约的意思表示。也就是说，当事人是否有意在将来订立一个新的合同，以最终明确在双方之间形成某种法律关系的具体内容。本案中，《认购意向书》中约定"本认购书所述房产条件，以甲乙双方达成一致意见签订的《商品房买卖合同》为准，双方签订的《商品房买卖合同》生效后，本认购书自动终止。合同内容与本认购书不一致的，以合同约定为准"，并在第5条第2款中明确约定于将来签订商品房买卖合同，可见，当事人一致认为对于认购书中所述的房产情况需要进一步磋商，且要在将来订立一个新的合同，以最终明确双方之间的房屋买卖合同法律关系的具体内容。因此，案涉《认购意向书》性质应当为预约合同。

王某不服一审判决，提起上诉。

二审法院认为，预约合同是一种约定将来订立一定合同的合同，目的在于当事人对将来签订特定合同的相关事项进行规划，其主要意义在于为当事人设定按照公平、诚信原则进行磋商以达成本约合同的义务。预约合同既可以是明确本约合同的订约行为，也可以是对本约合同的内容进行预先设定。因此，预约合同的形态多种多样，有的预约条款非常简略，仅表达了当事人之间有将来订立本约的意思，至于本约规定什么内容留待以后磋商决定；有的预约条款则非常详尽，将未来本约应该规定的内容几乎都在预约合同中作了明确约定。而若仅从内容上看，后者在合同内容的确定性上几乎与本约合同无异，即使欠缺某些条款，往往也可以通过合同解释的方式加以补全。因此，仅根据当事人合意内容上是否全面，并不足以区分预约合同和本约合同。判断当事人之间订立的合同系本约合同还是预约合同的根本标准应是当事人的意思表示，而不仅看合同约定是否完备。也就是说，当事人是否有意在将来订立一个新的合同，以最终明确在双方之间形成某种法律关系的具体内容。如果当事人存在明确的将来订立本约合同的意思，那么，即使预约合同的内容与本约合同已经十分接近，可通过合同解释从预约合同中推导出本约合同全部内容，也应当尊重当事人的意思表示，排除这种客观解释的可能性。本案中，案涉《认购意向书》尽管明确约定了双方拟进行买卖房屋的位置、预测面积和价款，但当时案涉房屋尚未取得商品房预售许可证，商品房买卖本约合同的订立还存在法律上的障碍；并且《订购意向书》对于原建设部《商品房销售管理办法》第16条规定的"付款时间、交付使用条件、面积差异的处理方式、办理产权登记有关事宜、解决争议的方法及违约责任"等商品房买卖合同主要内容亦未进行约定。同时，该《认购意向书》第5条第4款明确约定："本认购书所述房产条件，以双方达成一致意见签订的《商品房买卖合同》为准，双方签订的《商品房买卖合同》生效后，本认购书自行终止"。可见，双方当事人一致认为在认购书基础上均还需要在将来订立一个新的合同，以最终明确双方之间的房屋买卖法律关系的具体内容，双方的这一意思表示是明确的。因此，案涉《认购意向书》的法律性质为预约合同，而非本约合同。

法 理 解 读

本案当事人的争议焦点，是《认购意向书》究竟是预约合同，还是本约合同。

学理上一般对预约合同定义为约定将来订立一定契约之契约，本质上属于独立的合同，适用一般合同的规定。但预约合同的目的与一般合同不同，主要表现在预约合同内容主要涉及谈判期间对于将来事项的预先规划，其标的是缔约双方当事人将来订立本约合同而谈判，并最终缔结本约合同。预约合同的合意形式，是认购书、订购书、预订书、意向书等，这些合意的形式通常是预约合同的表现方式。在这种形式的预约合同里，合同主体和标的是必要内容，数量并不是构成预约合同的必要内容，数量可以在将来订立本约合同时协商后确定。而且，仅根据当事人合意内容上是否全面，并不足以区分预约合同和本约合同。判断当事人之间订立的合同系本约合同还是预约合同的根本标准应是当事人的意思表示，而不是看合同约定是否完备。也就是说，当事人是否有意在将来订立一个新的合同，以最终明确在双方之间形成某种法律关系的具体内容。如果当事人存在明确的将来订立本约合同的意思，那么，即使预约合同的内容与本约合同已经十分接近，可通过合同解释从预约中可以推导出本约合同全部内容，也应当尊重当事人的意思表示，排除这种客观解释的可能性。

需要注意的是，优先协议并不是预约合同。优先协议是指双方当事人在买卖合同交易中约定协议仅对一方当事人产生法律拘束力。优先性协议仅赋予一方当事人优先订立特定合同的权利，只为一方当事人固定了交易机会，而预约合同是为双方当事人固定了交易机会。对享有合同的优先权的当事人而言，只有权利而无必须缔结本约合同或者为缔结本约合同必须进行磋商的义务，与预约合同不同。

本案中，王某与某房产公司签订了《认购意向书》，第 5 条第 4 款明确约定："本认购书所述房产条件，以双方达成一致意见签订的《商品房买卖合同》为准，双方签订的《商品房买卖合同》生效后，本认购书自行终止"。可见，双方当事人一致认为在认购书基础上需要进一步磋商，且将来订立一个新的合同，以最终明确双方之间的房屋买卖法律关系的具体内容，双方的这一意思表示是明确的。因此，案涉《认购意向书》的法律性质为预约合同，不是优先协议，更不是本约合同。

第七条　违反预约合同的认定

预约合同生效后，当事人一方拒绝订立本约合同或者在磋商订立本约合同时违背诚信原则导致未能订立本约合同的，人民法院应当认定该当事人不履行预约合同约定的义务。

人民法院认定当事人一方在磋商订立本约合同时是否违背诚信原则，应当综合考虑该当事人在磋商时提出的条件是否明显背离预约合同约定的内容以及是否已尽合理努力进行协商等因素。

【民法典条文】

第四百九十五条　当事人约定在将来一定期限内订立合同的认购书、订购书、预订书等，构成预约合同。

当事人一方不履行预约合同约定的订立合同义务的，对方可以请求其承担预约合同的违约责任。

【既往司法解释】

《最高人民法院关于审理买卖合同纠纷案件适用法律问题的解释》(2012)

第二条　当事人签订认购书、订购书、预订书、意向书、备忘录等预约合同，约定在将来一定期限内订立买卖合同，一方不履行订立买卖合同的义务，对方请求其承担预约合同违约责任或者要求解除预约合同并主张损害赔偿的，人民法院应予支持。

【条文要义】

本条是对认定违反预约合同责任的解释。

《民法典》未明确规定违反预约合同的违约责任形式。但《民法典》第 495 条规定，违反预约合同也要承担违约责任，但是没有规定怎样认定预约合同的违约责任。2012 年《最高人民法院关于审理买卖合同纠纷案件适用法律问题的解释》第 2 条对预约合同违约责任和要求解除预约合同主张损害赔偿的请求，作出了法院应当支持的解释，但对怎样认定预约合同的违约责任没有具体规定。本条对认定预约合同的违约责任规则作了具体规定。

预约合同也是合同。预约合同的效力，在于双方在约定的期限内订立本约合同，这当然也是一种合同的债权债务关系。只不过这种债权债务关系是一种行为，即将来订立本约合同的行为。

《民法典》第 495 条第 2 款规定了预约合同的违约责任，条件是：当事人一方不履行预约合同约定的订立合同义务的，对方可以请求其承担预约合同的违约责任。

在司法实践中怎样认定违反预约合同，《民法典》没有明确规定。本条根据司法实践经验，确定了认定预约合同违约的具体规则。

认定预约合同违约责任，须具备三个条件：一是预约合同已经生效；二是当事人一方拒绝订立本约合同，或者在磋商订立本约合同时违背诚信原则；三是未能订立本约合同。

1. 无正当理由拒绝订立本约合同

在上述预约合同违约责任的构成要件里，有一个关键要件：当事人一方拒绝订立本约合同。这一要件要求，只要一方当事人拒绝订立本约合同，就成立违约责任。没有规定"没有正当理由"的要求。

其实，一方当事人拒绝订立本约合同，如果有正当理由，就不是拒绝订立本约合同，不应当承担预约合同的违约责任。

因此，即使不订立本约合同，有法律规定的不可抗力或者情势变更这些正当理由，预约合同当事人也不承担违约责任。在这种情况下，依照《民法典》的规定处理即可。

预约合同成立后，发生了不能订立本约合同、应当变更或者解除预约合同的客观情形，包括不可抗力和情势变更。对不可抗力和情势变更，《民法典》已经作了明确规定，司法解释也有相应规定。不过，对不可抗力和情势变更，《民法典》规定的都是对已经成立生效的本约合同适用，没有规定对预约合同也适用。根据法理，预约合同也可以适用不可抗力和情势变更规则。订立预约合同之后，出现了不可抗力，或者情势变更的情形，不订立本约合同或者变更、解除预约合同就有正当理由，不能认为是预约合同的违约行为。

（1）适用不可抗力

预约合同成立后，发生不可抗力导致不能订立本约合同，一方当事人主张全部或者部分免除预约合同的违约责任的，符合《民法典》第590条的规定，根据不可抗力的影响，部分或者全部免除不履行预约合同、不能订立本约合同的违约责任。对此，应当适用《民法典》第590条第1款的规定。

《民法典》第590条第1款和第2款的规定是否也能适用于预约合同因不可抗力而部分或者全部免除违约责任，并不明确。

笔者认为，根据《民法典》第590条第1款的规定，因不可抗力不能履行合同订立本约合同义务的，也应当及时通知对方，以减轻可能给对方造成的损失，并应当在合理期限内提供证明。预约合同的当事人应当履行这一义务。如果主张不可抗力的一方不能及时通知，给对方当事人造成损害的，应当承担赔偿责任。

《民法典》第590条第2款规定，当事人迟延履行后发生不可抗力的，不免除其违约责任。这一规定对预约合同的违约责任也应当适用，即应当订立本约合同，由于当事人的拖延而没有订立，在这之后发生不可抗力的，不能免除该方当事人的违约责任。

（2）适用情势变更规则

预约合同成立后，发生情势变更，导致订立本约合同对当事人一方明显不公平的，也可以适用情势变更规则，变更或者解除预约合同约定的义务，对不能依约订立本约合同的，不能追究其违约责任。一方当事人提出变更或者解除预约合同的，法院应当根据《民法典》第533条的规定，结合案件的实际情况和当事人的诉讼请求，根据公平原则变更预约合同的内容或者解除预约合同，该方当事人不承担预约的违约责任。适用情势变更规则变更或者解除预约合同，应当依照情势变更的构成要件进行，并且不得自行变更或者解除，应当请求法院判决或者仲裁机构裁决。

2. 怎样判断一方当事人违背诚信原则

本条司法解释第1款规定的第二种预约合同的违约行为，是当事人一方在磋商订立本约合同时违背诚信原则。本条司法解释第2款专门对这种预约合同的违约行为作出了具体解释。

确定当事人一方在磋商订立本约合同时违背诚信原则，要从两个方面进行考察：

第一，综合考虑该当事人在磋商订立本约合同时，提出的条件是否明显背离预约合同约定的内容。预约合同成立时，应当对本约合同的基本内容已经作了明确约定。在订立本约合同时提出新的意思表示，双方意见一致的，当然没有问题。如果一方当事人在磋商订立本约合同时，提出订立本约合同的条件明显与预约合同约定的内容不同，是另起炉灶，提出新的要求，坚持订立严重背离预约合同约定的内容，另一方不同意的，坚持订立严重背离预约合同约定内容的一方就违背了诚信原则，没有按照预约合同约定的内容订立本约合同。

第二，综合考虑该当事人在磋商订立本约合同时，是否已尽合理努力进行协商。按照预约合同的约定，双方当事人在订立本约合同时难免出现意见分歧，发生争议是订立本约合同的正常现象，当事人应当努力进行协商，争取消除争议，达成本约合同内容的约定。如果双方已经进行了合理努力协商仍然不能达成合意，就是已经尽了合理努力。如果一方当事人在分歧面前消极对抗，甚至扩大分歧，没有积极争取达成本约合同的合意，执意改变预约合同约定的条款，就构成没有尽到合理努力进行协商，有可能构成违背诚信原则。

上述两种情形，都是当事人一方本来应当按照预约合同的约定订立本约合同，但是却违背诚信原则，致使不能订立本约合同。对上述两个方面应当综合起来进行考察，评定一方当事人是否构成预约违约行为，不能仅靠一个方面行为就直接认定预约合同的违约责任。

3. 导致本约合同不能订立

按照本条第1款的规定，当事人在订立预约合同之后，具备上述两个要件后，还必须具备第三个要件，即导致不能订立本约合同。本约合同不能订立，没有过失的一方缔约人就丧失了订立本约合同进而实现合同期待利益丧失。为救济这种损害，法院应当认定该方当事人构成预约合同的违约行为，应当承担预约合同的违约责任。

【案例评析】

甲公司与乙公司股权转让纠纷案①

基本案情

2017年4月6日，甲公司、乙公司、丙公司签订了《框架协议》，该协议就乙公司收购丙公司100%的股权达成协议。2017年4月7日，甲公司和乙公司双方的法定代表人、相关人员召开会议，就目标公司负债、资产总估值、回购物业、工程建设事宜、税费处理、合同处理、担保等事宜达成共识，并形成了《会议纪要》。之后双方分别进行了多项工作，但截

---

① 案号：（2018）最高法民终661号。

至 2017 年 6 月 7 日，双方仍未就丙公司的股权收购事宜达成正式的协议。甲公司认为，其投入大量时间和精力参与并购的谈判和准备工作，但最终乙公司无正当理由未签订股权转让协议，有悖于并购业务的商业惯例，故起诉至四川省高级人民法院要求乙公司赔偿损失。

法院判决

一审法院认为，预约合同以签订本约为目的，除不可归责于预约各方的事由外，预约各方应当缔结本约。在签订本约过程中，一方拒绝签订本约，并不当然构成预约违约，需进一步判断拒绝签订本约一方是否违反预约合同的诚信磋商义务，即其磋商行为是否违反预约合同的明确约定，或在预约合同无明确约定的情况下，其磋商行为是否符合法律法规、行业惯例、交易习惯及公平原则等。甲公司所举证据不足以认定乙公司存在违反《框架协议》和《会议纪要》约定、对总对价原则进行重大改变的行为，亦不足以认定乙公司存在违反法律法规、行业惯例、交易习惯及公平原则的行为。依照《最高人民法院关于适用〈中华人民共和国民事诉讼法〉的解释》第 90 条关于"当事人对自己提出的诉讼请求所依据的事实或者反驳对方诉讼请求所依据的事实，应当提供证据加以证明，但法律另有规定的除外。在作出判决前，当事人未能提供证据或者证据不足以证明其事实主张的，由负有举证证明责任的当事人承担不利的后果"的规定，甲公司要求乙公司因其违反诚信磋商义务而应承担支付违约金 2 亿元、并赔偿其他损失 5000 万元的主张因缺乏事实依据，一审法院不予支持。

原告甲公司不服一审判决，提起上诉。

二审法院认为，本案的争议焦点为：（1）双方当事人所签订的"《框架协议》《会议纪要》"的性质；（2）乙公司是否存在《框架协议》第 8 条第 2 款对双方确定的总对价原则进行重大改变并导致本次交易无法达成的行为，如存在上述行为，乙公司应当如何承担责任。

1. 关于"《框架协议》《会议纪要》"的性质

上诉人甲公司认为该"《框架协议》《会议纪要》"属于预约合同，

被上诉人乙公司认为属于意向性协议。本院认为，意向性协议并非关于合同性质的分类。一般来说，意向性协议并无实质性内容，对协议双方缺乏明显的约束力。但本案双方所签订的"《框架协议》《会议纪要》"已就股权转让的主要内容作出了约定，且明确约定在排他性谈判期满时签订正式的股权转让协议。该约定对协议双方具有约束力，故被上诉人乙公司所主张的该"《框架协议》+《会议纪要》"属于意向性协议没有法律依据。结合该"《框架协议》+《会议纪要》"的主要内容分析，双方当事人通过签订"《框架协议》+《会议纪要》"，明确在将来确定的时间签订正式的股权转让协议，并就将来意欲签订的股权转让协议的主要内容达成了一致意思表示。《最高人民法院关于审理买卖合同纠纷案件适用法律问题的解释》第2条规定："当事人签订认购书、订购书、预订书、意向书、备忘录等预约合同，约定在将来一定期限内订立买卖合同，一方不履行订立买卖合同的义务，对方请求其承担预约合同违约责任或者要求解除预约合同并主张损害赔偿的，人民法院应予支持。"该"《框架协议》+《会议纪要》"所约定的主要内容符合上述法律规定的构成要件。买卖合同司法解释虽系规范买卖合同，根据《合同法》第174条"法律对其他有偿合同有规定的，依照其规定；没有规定的，参照买卖合同的有关规定"之规定，本案可以参照该司法解释第2条认定案涉"《框架协议》+《会议纪要》"属于预约合同。预约合同的目的在于订立本约合同，一方当事人违反合同约定不履行订立本约合同的义务，应当向对方承担违约责任。

2. 关于乙公司是否存在违约行为，应否以及如何承担违约责任

双方当事人在《框架协议》第8条违约责任条款约定："若任一方违反诚实信用的原则，就最终交易价格的确定对经交易双方多次协商后确定的总对价原则进行重大改变，从而导致本次交易无法达成的，属于根本违约，违约方应当向守约方支付赔偿金人民币2亿元。若该违约金无法弥补守约方的损失的，违约方还应承担全部的赔偿责任。但双方就评估价值达不成一致意见的除外。"分析上述双方当事人关于违约责任的约定，构成预约合同的违约要件为"一方违反诚实信用的原则，就最终交易价格的确

定对经交易双方多次协商后确定的总对价原则进行重大改变，从而导致本次交易无法达成"，核心要件在于合同一方就最终交易价格的确定对经交易双方多次协商后确定的总对价原则进行重大改变。双方在《会议纪要》第 2 条约定了股权交易对价的计算公式，即"股权交易对价款＝资产总估值－净负债（按暂定的 35 亿元计算）－扣除税费（扣除税费详见税费处理）"。

依法有效的预约合同，对预约合同各方均有约束力，当事人负有订立本约的合同义务，当事人不履行订立本约之义务，即构成违约。《最高人民法院关于审理买卖合同纠纷案件适用法律问题的解释》第 2 条规定，一方不履行订立本约合同的义务，对方请求其承担预约合同违约责任或者要求解除预约合同并主张损害赔偿的，人民法院应予支持。根据该条规定，预约合同当事人虽不能请求强制缔结本约，但在预约合同一方不履行订立本约合同义务的情况下，对方可以请求其承担预约合同违约责任，或者要求解除预约合同并主张损害赔偿。且根据该条规定，守约方请求违约方承担违约责任，亦不以其违反诚信磋商义务为前提条件。本案中，在双方未能最终签订正式的股权转让本约合同的情况下，甲公司基于乙公司的违约行为，请求其承担违约责任具有事实和法律依据。甲公司在二审庭审中陈述，因乙公司最终放弃与其签订本约合同，其与案外人另行签订股权转让协议，客观上造成了经济损失。因乙公司的违约行为造成甲公司的损失，乙公司应予赔偿。乙公司在一审中答辩称，即使乙公司违约，双方合同约定的违约金过高，请求人民法院予以调减。《合同法》第 114 条规定，当事人可以约定一方违约时应当根据违约情况向对方支付一定数量的违约金，约定的违约金低于造成的损失的，当事人可以请求人民法院或者仲裁机构予以增加；约定的违约金过分高于造成的损失的，当事人可以请求人民法院或者仲裁机构予以适当减少。本院认为，根据《最高人民法院关于适用〈中华人民共和国合同法〉若干问题的解释（二）》第 29 条的规定，当事人主张约定的违约金过高请求予以适当减少的，人民法院应当以实际损失为基础，兼顾合同的履行情况、当事人的过错程度以及预期利益等综合因素，根据公平原则和诚实信用原则予以衡量。综合本案签订预约合同后双方当事人的磋商情况、甲公司的损失情况以及双方当事人的合同预期等因素，本院酌定乙公司赔偿甲公司违约金 1.2 亿元。

法理解读

本案当事人的争议焦点，是乙公司是否违反了预约合同。

一审法院和二审法院对乙公司是否构成预约违约的认定上持有正好相反的态度。一审法院的观点是，在签订本约合同过程中，一方拒绝签订本约合同，并不当然构成预约违约，需进一步判断拒绝签订本约一方是否违反预约合同的诚信磋商义务，即其磋商行为是否违反预约合同的明确约定，或在预约合同无明确约定的情况下，其磋商行为是否符合法律法规、行业惯例、交易习惯及公平原则等。二审法院的观点是，预约合同的守约方请求违约方承担违约责任，不以其违反诚信磋商义务为前提条件。两审法院的观点之所以相反，是因为当时缺乏一个相关的规定。

本条终结了这一争议，明确了不管是当事人一方拒绝订立本约合同，还是在磋商订立本约合同时违背诚信原则导致未能订立本约合同的，都属于违反预约合同的事由。认定预约合同违约责任的构成要素是：一是预约合同已经生效；二是当事人一方拒绝订立本约合同，或者在磋商订立本约合同时违背诚信原则；三是本约合同没有订立；四是不存在不可抗力或者情势变更这些正当理由。值得注意的是，"当事人一方拒绝订立本约合同"与"在磋商订立本约合同时违背诚信原则"是并列关系，并不是前者以后者为前提。

本案中，甲公司与乙公司就乙公司收购丙公司的股权问题签订了《框架协议》《会议纪要》等预约合同，该预约合同已经生效。乙公司却最终放弃与甲公司签订本约合同，其与案外人另行签订股权转让协议，造成乙公司与甲公司之间无法再订立本约合同。况且，乙公司不存在不可抗力或者情势变更等正当理由。因此，乙公司拒绝与甲公司订立本约合同的行为属于违反预约合同的违约行为，造成了甲公司的损失，乙公司应当承担相应的违约责任。乙公司不能以双方没有磋商订立本约合同为由拒绝承担违约责任。

第八条 违反预约合同的违约责任

预约合同生效后,当事人一方不履行订立本约合同的义务,对方请求其赔偿因此造成的损失的,人民法院依法予以支持。

前款规定的损失赔偿,当事人有约定的,按照约定;没有约定的,人民法院应当综合考虑预约合同在内容上的完备程度以及订立本约合同的条件的成就程度等因素酌定。

【民法典条文】

第四百九十五条 当事人约定在将来一定期限内订立合同的认购书、订购书、预订书等,构成预约合同。

当事人一方不履行预约合同约定的订立合同义务的,对方可以请求其承担预约合同的违约责任。

【既往司法解释】

《最高人民法院关于审理买卖合同纠纷案件适用法律问题的解释》(2012)

第二条 当事人签订认购书、订购书、预订书、意向书、备忘录等预约合同,约定在将来一定期限内订立买卖合同,一方不履行订立买卖合同的义务,对方请求其承担预约合同违约责任或者要求解除预约合同并主张损害赔偿的,人民法院应予支持。

【条文要义】

本条是对预约合同违约损失赔偿责任及其计算方法的解释。

《民法典》第495条第2款规定了预约合同的违约责任的概括性的规则，没有规定具体的责任方式以及损失赔偿的计算方法。2012年《最高人民法院关于审理买卖合同纠纷案件适用法律问题的解释》第2条对解除预约合同并主张损害赔偿的作了原则性规定，也没有规定具体的计算方法。在司法实践中，如何确定违反预约合同的违约损失赔偿责任是一个难题。本条对此作了明确规定，使具体确定违反预约合同的违约责任有了可操作性的规则。

1. 预约违约责任包括损失赔偿责任

预约合同的违约责任当然包括损失赔偿。双方当事人订立预约合同后，都期待订立本约合同，通过本约合同的正式履行，实现合同的预期利益。

但是，一方违反预约合同的缔约义务，使另一方期待本约合同的预期利益丧失，造成了实际的财产损失，主要的救济方法当然就是损失赔偿。因此，本条第1款规定，对方请求其赔偿因此造成的损失的，法院依法予以支持。

这里存在的问题是，预约合同违约责任是否包括继续履行。本条司法解释对此没有规定。其实，如果双方当事人订立了预约合同，一方违反预约义务不订立本约合同，如果具备继续履行条件的，也可以确定承担继续履行的违约责任。不过，在通常情况下，预约合同的一方当事人拒不订立本约合同，双方已经经过协商无法达成协议订立本约合同，判决继续履行订立本约合同的义务可能很难实现。所以，要确定预约合同违约责任的继续履行，要根据实际情况判定才行，如果确定继续订立本约合同，一方拒不继续履行的，应当判决其承担违约损失赔偿责任。

2. 预约合同违约的损失赔偿范围

预约合同违约的损失赔偿具体范围是最难确定的，缺少具体的标准和方法，在理论上和实务中都有不同见解。对此，本条第 2 款规定了两种方法。

第一种方法，当事人对预约合同的违约责任损失赔偿有约定的，依照其约定。例如，双方当事人在预约合同中约定，一方违约不订立本约合同要承担损失赔偿责任，并且约定了具体的计算方法，这当然没有问题，直接按照约定确定损失赔偿的具体数额即可。

第二种方法，是当事人在预约合同中对违约损失赔偿没有约定。本条司法解释第 2 款规定的方法是：首先，综合考虑预约合同在内容上的完备程度。预约合同在内容上的完备程度，是指订立预约合同后，其内容达到何种完备程度，如合同的主体、标的、数量等内容是否完备，是否具有可履行性等。内容完备，可履行性很强的，不订立本约合同，无过错当事人的损失就会比较大；反之，损失就会比较小。其次，综合考虑订立本约合同的条件成就程度。订立本约合同的条件成就程度，是指订立本约合同的条件成就了哪些，主要的条件成就还是次要的条件成就，借此就能判断非违约方的损失程度。综合起来，预约合同在内容上的完备程度，以及订立本约合同的条件成就程度，是确定预约合同违约损害赔偿的两个关键因素。在当事人对预约合同中没有约定违约损害赔偿的内容时，依据这两个关键要素，就能够确定预约合同违约损害赔偿责任的具体数额。

本条对预约合同违约损害赔偿责任的确定，只规定了这两种计算方法，比较原则和抽象，不够具体。

笔者认为，确定预约合同违约的损失赔偿数额，应当在缔约过失责任的信赖利益损失以上和实际违约责任的预期利益损失之下，在这两者之间确定。也就是说，预约违约损失赔偿的上限，不超过违约责任的预期利益损失；下限不低于缔约过失责任赔偿的信赖利益损失。这样的赔偿数额确定标准，其实可斟酌的程度比较大，要根据非违约方受到的实际损失以及违约方的过错程度，综合确定损失赔偿的数额。

3. 预约合同转化为本约合同的违约损失赔偿

预约合同具备本约合同的要求可以转化为本约合同。如果预约合同已经具备了本约合同的要求，在合同的主体、标的、数量、价款或者报酬等影响当事人权利义务的实质内容方面均已达成合意，实际上已经成立了本约合同。在这种情况下，如果一方当事人违反预约合同的约定拒不订立本约合同，当事人请求按照本约合同成立并履行可以获得的利益，计算违反预约合同损失赔偿额的，实际就是对违反预约合同的损失赔偿采用本约合同实际违约的损失赔偿计算方法，确定预约违约损失赔偿责任。这样预约合同的违约损失赔偿，就与本约合同的实际违约损失赔偿是一样的。

需要注意的是，如果当事人在预约合同中已经对违反预约合同拒不订立本约合同的损失赔偿作出约定的，应当按照约定确定损失赔偿责任，即使符合上述规定的这些条件，基本构成了本约合同，也不可以按照本约合同的损失赔偿方法计算损失赔偿责任的具体数额。

【案例评析】

某印刷公司与某档案馆等服务合同纠纷案①

基 本 案 情

2020年6月28日，某档案馆委托某公司在市政府采购网上发出《某区志（1979-2010）》印制服务项目竞争性磋商公告，主要内容为某档案馆邀请合格供应商就《某区志（1979-2010）》印刷服务参加响应。某印刷公司依照公告内容递交了响应文件，并按照磋商邀请中的时间参加了磋商。2020年7月9日，某公司向某印刷公司发出成交通知书并发布成交公告，成交信息内容为：《某区志（1979-2010）印制服务项目》，成交金额为406286元。成交通知书要求某印刷公司收到通知书后30日内与某档案馆按照磋商文件和响应文件的约定，签订合同。某印刷公司于收到成交通知书当日联系某档案馆工作人员商谈合同签订事宜，并按某档案馆要求积

---

① 案号：（2021）津01民终339号。

极准备合同及相关文件。2020 年 7 月 17 日，某档案馆告知某印刷公司因该项目经费已被区财政抽走，要求某印刷公司更改合同内容或终止合同签订。某印刷公司多次与某档案馆协商未果，于 2020 年 9 月 2 日起诉；某档案馆于 2020 年 9 月 25 日对该次磋商作出了废标决定。

法院判决

一审法院认为，当事人一方不履行合同义务或者履行合同义务不符合约定的，应当承担继续履行、采取补救措施或者赔偿损失等违约责任。某档案馆虽因政府原因不能继续按照磋商文件和响应文件的约定与某印刷公司签订合同，可不认定为恶意违约。但某印刷公司基于对某档案馆及某公司的信任，已经作出了相应的准备，并支出了一定的费用，在此过程中，某印刷公司并无过失，故其合理损失，某档案馆应予赔偿。某印刷公司购买招标文件支出 300 元，支付招标代理费 6000 元，均有相应票据予以佐证，对此，一审法院予以认定。某印刷公司提出其损失交通费 200 元和制作招标文件费用 1931.3 元，虽未提供相应票据予以证实，但考虑该费用是某印刷公司作为投标方必须支出的，一审法院将该两项费用酌定为 2000元。某印刷公司要求某档案馆赔偿其可得利益损失 50786 元的诉讼请求，于法无据，一审法院不予支持。综上所述，依照《中华人民共和国合同法》第 5 条、第 107 条的规定，判决：某档案馆于本判决发生法律效力之日起三日内给付某印刷公司赔偿金 8300 元。

被告某档案馆不服一审判决，提起上诉。

二审法院认为，本案的焦点为：一是某档案馆和某印刷公司之间的服务合同是否成立并生效，成立的是预约合同还是正式合同（本合同）；二是合同履行后的可得利益损失是否在某档案馆承担责任的范围之内；三是某档案馆应当承担的责任大小。关于争议焦点一，首先，《中华人民共和国政府采购法》第 46 条第 1 款规定，采购人与中标、成交供应商应当在中标、成交通知书发出之日起 30 日内，按照采购文件确定的事项签订政府采购合同。《中华人民共和国合同法》第 32 条规定，当事人采用合同书形式订立合同的，自双方当事人签字或者盖章时合同成立。依据上述法律规定，政府采购行为应当签订书面采购合同，否则合同不成立。其次，涉案成交通知书约定，某印刷公司应当在收到通知书后 30 日内与某档案馆，按照磋商文件和响应文件的约定，签订合同。因此，成交通知书本身并不构成上述法律规定的书面合同。最后，从某档案馆与某印刷公司协商过程中的合同稿内容分析，双方协商的合同稿中存在竞争性磋商文件中没有约定的内容，如价款支付进度和违约责任条款等。综上，某档案馆和某印刷公司之间成立的合同为预约合同。

关于争议焦点二，二审法院认为，首先，《中华人民共和国合同法》第 113 条第 1 款规定，当事人一方不履行合同义务或者履行合同义务不符合约定，给对方造成损失的，损失赔偿额应当相当于因违约所造成的损失，包括合同履行后可以获得的利益，但不得超过违反合同一方订立合同时预见到或者应当预见到的因违反合同可能造成的损失。民法典亦有相同规定，且未排除预约合同可以适用该规定。因此，预约合同本身并非赔偿可得利益损失的障碍；是否需要赔偿可得利益损失应当在具体案件中，根据当事人签订正式合同预期的现实程度和预约合同内容的充分程度予以确定。就本案中，关于某档案馆是否应当赔偿可得利益损失的问题，本院认为，首先，根据《中华人民共和国政府采购法》第 46 条的规定，成交通知书对采购人和供应商均具有法律约束力，采购人和供应商应当按照采购文件确定的事项签订采购合同。因此，在本案中，某印刷公司在收到成交通知书之后，其对签订正式合同的预期有法律的保障。其次，从本案某档案馆公告的竞争性磋商文件和后续双方协商的合同稿内容看，涉及服务项目本身的主要条款和合同价款均通过磋商文件和成交通知书确定，预约合同的内容与双方拟签订的正式合同内容具有高度一致性；且预约合同中缺少的条款，基本上可以通过合同法的规定予以补充。综上，根据上述法律规定和磋商文件的内容，某印刷公司对签订正式合同和履行正式合同具有较为稳定的预期，该预期应当受到法律的保护；在本案中，某印刷公司的可得利益损失可以作为确定某档案馆违反预约合同违约责任大小的考量因素。

关于焦点三，二审法院认为，首先，某档案馆应当赔偿某印刷公司为响应磋商而直接支出的费用。一审法院确定的该费用合理，本院予以确认。其次，某印刷公司履行合同后可以获得的利益应当作为确定某档案馆违约责任大小的因素。某印刷公司未提供充分证据证明其可得利益损失大小，本院根据本案情况酌情确定其数额。再次，因某档案馆承担的系违反预约合同的责任，某印刷公司尚未为履行正式合同做实质准备，某档案馆承担的责任大小应当与签订正式合同之后承担责任大小有所区别。最后，某档案馆违约存在其不能控制的财政预算资金压减的因素，且在废标之前与某印刷公司进行了多轮协商，主观上不存在恶意。综合上述因素以及合同价款，本院确定某档案馆应当赔偿某印刷公司损失 18000 元。

法理解读

本案当事人的争议焦点，是某档案馆的赔偿范围。

预约合同是双方当事人为了将来签订正式合同而达成预先约定的协议。双方当事人订立预约合同后，都期待订立本约合同，从而实现合同的预期利益。如果一方当事人违反预约合同，必然会造成另一方的预期利益受损，造成实际的财产损失。对此，违约方应当承担相应的损失赔偿责任。

关于损失赔偿的范围，本条第 2 款规定，当事人有约定的，按照约定；没有约定的，人民法院应当综合考虑订立本约合同的条件的成就程度以及本约合同履行的现实可能性等因素进行酌定，但不得超过本约合同成立并履行可以获得的利益。其中，对于有约定的按约定赔偿损失，并无争议。不过，对于没有约定的情形，司法解释只规定了需要考量的各种因素，以及赔偿的最高限度，没有规定一般规则。笔者认为，赔偿范围应当在缔约过失责任的信赖利益损失以上和实际违约责任的预期利益损失之下，在两者之间确定。即预约违约损失赔偿的上限，是不超过违约责任的预期利益损失；下限不低于缔约过失责任赔偿的信赖利益损失。缔约过失责任赔偿的信赖利益损失必然低于本条规定的本约合同成立并履行可以获得的利益。可得利益损失的赔偿应当在具体案件中，根据当事人签订正式合同预期的现实程度和预约合同内容的充分程度予以确定。

本案中，某档案馆与某印刷公司就《某区志（1979-2010）》印制服务项目达成了预约合同。某印刷公司按要求准备了合同及相关文件，并为响应磋商而直接支出了费用。但是，某档案馆因政府原因，拒绝与某印刷公司签订本合同，某印刷公司因此遭受了经济损失，某档案馆应当赔偿相应的损失。首先，某档案馆应当赔偿某印刷公司的直接损失。某印刷公司购买招标文件支出300元，支付招标代理费6000元，交通费200元、制作招标文件费用1931.3元。法院最终判决某档案馆赔偿8300元是合理的。其次，某印刷公司履行合同后可以获得的利益，也就是某印刷公司的信赖利益也应当作为确定某档案馆违约责任大小的因素。综合这些因素以及合同价款，法院最终确定某档案馆赔偿某印刷公司损失18000元，这也是合理的。

第九条　格式条款的认定

合同条款符合民法典第四百九十六条第一款规定的情形，当事人仅以合同系依据合同示范文本制作或者双方已经明确约定合同条款不属于格式条款为由主张该条款不是格式条款的，人民法院不予支持。

从事经营活动的当事人一方仅以未实际重复使用为由主张其预先拟定且未与对方协商的合同条款不是格式条款的，人民法院不予支持。但是，有证据证明该条款不是为了重复使用而预先拟定的除外。

【民法典条文】

第四百九十六条　格式条款是当事人为了重复使用而预先拟定，并在订立合同时未与对方协商的条款。

采用格式条款订立合同的，提供格式条款的一方应当遵循公平原则确定当事人之间的权利和义务，并采取合理的方式提示对方注意免除或者减轻其责任等与对方有重大利害关系的条款，按照对方的要求，对该条款予以说明。提供格式条款的一方未履行提示或者说明义务，致使对方没有注意或者理解与其有重大利害关系的条款的，对方可以主张该条款不成为合同的内容。

【条文要义】

本条是对格式条款认定规则的解释。

对格式条款的认定，以往的司法解释没有作出规定。本条是对认定格式条款规则的新规定。

对于格式条款，《民法典》第 496 条第 1 款已经作了规定，即格式条款是当事人为了重复使用而预先拟定，并在订立合同时未与对方协商的条款。这个解释得比较清楚，但在实践中也有疑问，需要进一步明确，以往的司法解释没有对此作出解释。本条从以下两个方面对认定格式条款的规则作了规定。

1. 对非格式条款的认定

认定格式条款，应当按照《民法典》第 496 条第 1 款的规定确认，符合规定要求的，就构成格式条款。

但是，在格式条款的认定中有两种情形，当事人可能会否认格式条款。

第一种情形是，合同虽然符合《民法典》第 496 条第 1 款的规定，但是，当事人以合同仅系依据合同示范文本制定，因此不认为是格式条款。合同的示范文本原则上不是格式条款，通常叫标准合同。但是，如果这种标准合同或者示范合同符合《民法典》第 496 条第 1 款规定的要件，也是格式条款。例如，保险合同，虽然也是合同，也表现为示范文本，但是，符合格式条款的要件要求，因此是格式条款。

第二种情形是，合同虽然符合《民法典》第 496 条第 1 款的规定，但是双方当事人已经明确约定该合同条款不属于格式条款，否定格式条款的性质。在这种情况下，双方当事人订立的合同符合格式条款的要求，但是，双方约定合同条款不属于格式条款的，按照意思自治原则，似乎应当认定为非格式条款，但是，本条第 1 款也规定，当事人主张不属于格式条款的，法院不予支持，也认为是格式条款。

其实，这两种情况都属于格式条款，符合《民法典》对格式条款的定义，应当按照格式条款对待，保护消费者的合法权益。如果由于有上述两种情形就不认为是格式条款，可能会对交易中的弱势一方造成损害。因此，司法解释规定上述两种情形，当事人如果提出不是格式条款的主张，法院不予支持，仍然应当认定为格式条款。

2. 非重复使用的格式条款

《民法典》第 496 条第 1 款界定格式条款时，明确规定了格式条款应当是重复使用的条款，并且重复使用是格式条款制定的目的。

在实践中，有些格式条款提供方就以事先拟定的格式条款不是重复使用为由，而主张不是格式条款。这种说法看似有道理，因为《民法典》第 496 条确实规定了格式条款要重复使用；但是，如果完全拘泥于重复使用，如果没有重复使用就不认为是格式条款，可能会损害交易中弱势一方当事人的合法权益，因此应当认定为格式条款，适用《民法典》关于格式条款的规定。

对此，本条采取了灵活态度，采用两种方法认定格式条款。

第一，从事经营活动的当事人一方仅以未实际重复使用为由，主张其预先拟定且未与对方协商的合同条款不是格式条款。这是提供的合同符合格式条款的其他要求，一是预先拟定，二是未与对方协商，这些已经构成格式条款。如果从事经营活动的当事人一方仅以未实际重复使用作为理由主张不是格式条款，是不成立的，所以，法院不应予以支持。这里可能存在的问题是，这个格式条款的其他方面都符合要求，只是第一次使用，还没有重复使用，当然也是格式条款。

第二，从事经营活动的当事人一方有证据证明该条款并不是为了重复使用而预先拟定，证明确实不是格式条款。这里需要有两个要件：一是非为预先拟定，这不符合格式条款的要求；二是非为重复使用。为了重复使用和没有重复使用是两个概念，一个格式条款如果不具有预先拟定的特点，而是双方当事人进行协商订立的合同，同时也没有把这一合同作为将来重复使用的目的，就不是格式条款，而是一般的合同。对此，应当有证据证明，否则不能认定为非格式条款。

【案例评析】

杨某与某建筑公司等劳务合同纠纷案[①]

基 本 案 情

　　2020 年 8 月 22 日，某建筑公司（甲方）与杨某（乙方）签订《内外墙粉刷劳务承包合同》，将甲方位于某区幼儿园项目的内外墙抹灰工程分包给乙方，约定工期自 2020 年 8 月 13 日至 2020 年 9 月 10 日止，合同工期每延迟一天处罚 5000 元，并承担因工期滞后给甲方造成的损失，且甲方有权终止合同、单价下浮 5 元予以结算。合同签订后，杨某组织人员进行施工，2020 年 9 月分包工程量月报表显示，除核算工程总价款外，核减了吊篮延迟费用 1200 元（因进度滞后导致吊篮租期延长 6 天）、清理吊篮费用 900 元、罚款 1500 元（因进度滞后及安全罚款）费用等项，合计总价款为 243998 元。某建筑公司共计向其所雇佣的工人直接支付劳务费135000 元；另外，杨某以借款的方式从某建筑公司处领走劳务费 30000元。至此，杨某已经从某建筑公司处领走劳务费共计 165000 元。双方因工期迟延发生合同约定的违约事项，某建筑公司称延迟天数为 7 天，杨某称因 2020 年 8 月 29 日下雨停工迟延 1 天，双方发生纠纷。

---

　① 案号：（2022）甘 01 民终 1626 号。

法院判决

一审法院认为，当事人应当按照约定全面履行自己的义务。本案争议的焦点是某建筑公司理应支付杨某劳务费数额。工程总价款依据 2020 年 9 月分包工程量月报表显示为 243998 元，双方关于《内外墙粉刷劳务承包合同》约定："按照合同约定工期每延迟一天处罚 5000 元，并承担因工期滞后给甲方造成的损失，且甲方有权终止合同、单价下浮 5 元予以结算"，该条款明显为格式条款，提供格式条款一方不合理地免除或者减轻其责任、加重对方责任、限制对方主要权利的，该条款无效。应当仅以该条款前一部分工期每延迟一天处罚 5000 元的约定为准进行核算以弥补给某建筑公司造成的损失，核减延期的 5 日 25000 元，合同总价款确认为 218998 元，尾款扣留 3% 的质保金（质保金 1 年质保期后支付），经核算现应支付劳务费数额为 212428.06 元，核算由某建筑公司向杨某提供的 30000 元的借款，某建筑公司共计支付价款总计 165000 元，尚欠杨某 47428.06 元劳务费。

被告某建筑公司不服一审判决，提起上诉。

二审法院认为，查明案涉工程的工期延误天数系在双方《内外墙粉刷劳务承包合同》约定有效的基础上，为结算劳务费提供计算依据。结合原审中查明的事实，杨某虽在案涉工程处提供了抹灰劳务，某建筑公司也支付了一定数额的劳务费，但双方均未在《内外墙粉刷劳务承包合同》的尾部签字、捺印与盖章，仅在附随的《安全协议》上签字捺印和盖章。庭审中双方均认可确实未在合同上签字盖章，但实际履行了合同，双方之间的劳务合同关系成立并生效，法院对此予以确认。原审中对上述合同的第 3 条第 2 款认定为格式条款因而无效的判处不当，格式条款的成立需满足"为重复使用而预先拟定"的条件，基于该合同文本内容，无法认定其系"为重复使用而预先拟定"，合同对象不具有广泛性和不特定性，且一审中杨某一方并未提出该条款为格式条款的主张，亦未举证，故原审对于条款系格式条款的认定不当，法院二审予以纠正。

法理解读

本案当事人的争议焦点是,《内外墙粉刷劳务承包合同》第 3 条第 2 款是否为格式合同。

格式条款是当事人为了重复使用而预先拟定,并在订立合同时未与对方协商的条款,重复使用是格式条款制定的目的。但是,如果完全拘泥于重复使用,没有重复使用就不认为是格式条款,可能会损害交易中弱势一方当事人的合法权益。对此,本条司法解释明确规定了具体规则。具体而言,从事经营活动的当事人一方预先拟定,没有与对方协商的合同条款,不管是否实际重复使用,都可以认定为格式条款。换言之,"预先拟定"和"未与对方协商"两个要素,就可以构成格式条款。如果从事经营活动的当事人一方仅以未实际重复使用作为理由主张不是格式条款,是不成立的,所以法院不应当予以支持。但是,从事经营活动的当事人一方能够证明预先拟定的条款不是为了重复使用,这时该条款就不构成格式条款,而构成一般的合同。

本案中,《内外墙粉刷劳务承包合同》约定:"按照合同约定工期每延迟一天处罚 5000 元,并承担因工期滞后给甲方造成的损失且甲方有权终止合同、单价下浮 5 元予以结算。"一审法院认为,该条款明显属于格式条款,提供格式条款一方不合理地免除或者减轻其责任、加重对方责任、限制对方主要权利的,该条款无效。二审法院认为,该条款因无法认定其系"为重复使用而预先拟定",合同对象不具有广泛性和不特定性,因此,不属于格式条款。根据本条第 2 款的规定,从事经营活动的当事人一方的某建筑公司如果预先拟定对涉案条款,未曾与杨某进行协商,那么,该条款就会构成格式条款。但是,现有证据无法证明该条款符合"预先拟定"和"未与对方协商"两个要素,也无法证明该条款的目的是重复使用,因此,不能将该条款认定为格式合同。

第十条　格式条款订入合同

提供格式条款的一方在合同订立时采用通常足以引起对方注意的文字、符号、字体等明显标识，提示对方注意免除或者减轻其责任、排除或者限制对方权利等与对方有重大利害关系的异常条款的，人民法院可以认定其已经履行民法典第四百九十六条第二款规定的提示义务。

提供格式条款的一方按照对方的要求，就与对方有重大利害关系的异常条款的概念、内容及其法律后果以书面或者口头形式向对方作出通常能够理解的解释说明的，人民法院可以认定其已经履行民法典第四百九十六条第二款规定的说明义务。

提供格式条款的一方对其已经尽到提示义务或者说明义务承担举证责任。对于通过互联网等信息网络订立的电子合同，提供格式条款的一方仅以采取了设置勾选、弹窗等方式为由主张其已经履行提示义务或者说明义务的，人民法院不予支持，但是其举证符合前两款规定的除外。

【民法典条文】

第四百九十六条　格式条款是当事人为了重复使用而预先拟定，并在订立合同时未与对方协商的条款。

采用格式条款订立合同的，提供格式条款的一方应当遵循公平原则确定当事人之间的权利和义务，并采取合理的方式提示对方注意免除或者减轻其责任等与对方有重大利害关系的条款，按照对方的要求，对该条款予以说明。提供格式条款的一方未履行提示或者说明义务，致使对方没有注意或者理解与其有重大利害关系的条款的，对方可以主张该条款不成为合同的内容。

【相关司法解释】

《最高人民法院关于适用〈中华人民共和国民法典〉时间效力的若干规定》

第九条 民法典施行前订立的合同，提供格式条款一方未履行提示或者说明义务，涉及格式条款效力认定的，适用民法典第四百九十六条的规定。

《全国法院贯彻实施民法典工作会议纪要》

7. 提供格式条款的一方对格式条款中免除或者减轻其责任等与对方有重大利害关系的内容，在合同订立时采用足以引起对方注意的文字、符号、字体等特别标识，并按照对方的要求以常人能够理解的方式对该格式条款予以说明的，人民法院应当认定符合民法典第四百九十六条所称"采取合理的方式"。提供格式条款一方对已尽合理提示及说明义务承担举证责任。

【既往司法解释】

《最高人民法院关于适用〈中华人民共和国合同法〉若干问题的解释（二）》

第六条 提供格式条款的一方对格式条款中免除或者限制其责任的内容，在合同订立时采用足以引起对方注意的文字、符号、字体等特别标识，并按照对方的要求对该格式条款予以说明的，人民法院应当认定符合合同法第三十九条所称"采取合理的方式"。

提供格式条款一方对已尽合理提示及说明义务承担举证责任。

第九条 提供格式条款的一方当事人违反合同法第三十九条第一款关于提示和说明义务的规定，导致对方没有注意免除或者限制其责任的条款，对方当事人申请撤销该格式条款的，人民法院应当支持。

第十条 提供格式条款的一方当事人违反合同法第三十九条第一款的规定，并具有合同法第四十条规定的情形之一的，人民法院应当认定该格式条款无效。

【条文要义】

本条是对认定格式条款订入合同一方是否负有提示义务和说明义务及举证责任的解释。

合同法理论认为，格式条款作为合同条款订入合同，须与对方达成合意，而此时要约和承诺的意思表示都具有了一定的特殊性，在格式条款提供者方面，典型的表现为对"提示说明义务"的履行。对于格式条款订入合同，在原《合同法》实施中，最高人民法院曾经作过司法解释。例如，《最高人民法院关于适用〈中华人民共和国合同法〉若干问题的解释（二）》第6条、第9条和第10条都作过规定。《民法典》实施以后，《最高人民法院关于适用〈中华人民共和国民法典〉时间效力的若干规定》第9条，以及《全国法院贯彻实施民法典工作会议纪要》第7条，都作了相关规定。本条综合以上司法解释，对此作了统一的解释。

1. 格式条款订入合同一方履行提示义务的要求

格式条款订入合同与《民法典》第496条第2款规定的采用格式条款订立合同的要求一致，即提供格式条款的一方应当遵循公平原则，确定当事人之间的权利和义务，并采取合理的方式，提示对方注意免除或者减轻其责任等与对方有重大利害关系的条款，按照对方要求，对该条款履行说明的义务。

订入合同的格式条款，是指那些注意免除或者减轻其责任、排除或者限制对方权利等与对方有重大利害关系的异常条款。在把这些条款订入合同时，提供格式条款一方必须尽到提示和说明义务，并且根据对方的要求，对该条款予以说明。如果提供格式条款的一方未履行提示或者说明义务，致使对方没有注意或者理解与其有重大利害关系的异常条款的，对方可以主张该条款不成为合同的内容。

履行提示义务的方法是，采用足以引起对方注意的文字、符号、字体等明显标识。

履行这一义务的标准是，采用通常的方式进行提示，要达到通常足以引起对方注意的程度。这就要求，提供格式条款一方通过这些方法，能够使消费者一眼就能看到订入合同的格式条款，并且引起足够的注意，进行阅读并作出自己的决定。要求对格式条款的文字、符号和字体采用加黑、加粗、用不同的字体，使消费者一眼就能看到、注意到。

如果对订入合同的格式条款采取了上述提示义务，法院就可以认定提供格式条款的一方已经履行了《民法典》第 496 条第 2 款规定的提示义务。

2. 格式条款订入合同一方履行说明义务的要求

格式条款订入合同一方在履行了提示义务以后，如果对方要求作出说明，该方应当按照对方的要求，就格式条款中与对方有重大利害关系的异常条款的概念、内容及其法律后果，以书面或者口头形式，向对方作出通常能够理解的解释说明。确定是否尽到说明义务的标准是该说明能否达到通常能够理解。如果作出的说明一般人都能够理解，就履行了说明义务。如果作出的说明不能使一般人理解，不符合通常能够理解的要求，就没有尽到说明义务。

通常的标准，是指普通人、常人的标准，而不是专业人士的标准。如果作出的说明只有专业人士才能听懂，普通人无法听懂、接受，就没有尽到说明义务。

3. 举证责任

对格式条款订入合同一方是否尽到提示义务、说明义务的举证责任由提供格式条款一方承担，对方不承担举证责任。

证明的内容，是提示达到了足以引起注意的明显标识；说明的内容，是已经作出了普通人或者常人通常能够理解的解释。

证明的标准，是高度概然性标准。

本条第 3 款在确定了提供格式条款一方对其已经尽到提示义务或者说明义务承担举证责任的规则后，特别强调了对于通过互联网等信息网络订立的电子合同，提供格式条款的一方尽到提示义务和说明义务的证明要求。对于通过互联网等信息网络订立的电子合同，如果没有把格式条款订入合同，即使普通的电子合同，如果当事人已经证明自己履行了提示义务或者说明义务的，应当予以认定。但是，利用互联网等信息网络订立的电子合同，在合同中订有格式条款的，提供格式条款一方仅以采取了设置勾选、弹窗等方式为由，主张自己已经履行了提示义务或者说明义务的，不能认为已经完成了证明责任，属于证明不足。换言之，一方当事人利用互联网等信息网络订立的电子合同，将格式条款订入合同的，提供格式条款一方仅通过勾选、弹窗等方式履行提示义务或者说明义务，法院对提供格式条款一方的这种主张不予支持。但是，通过互联网等信息网络订立的电子合同，提供格式条款的一方的举证符合本条司法解释的前两款规定的要求，虽然采取设置勾选、弹窗，但是尽到了提示义务和说明义务的，不能认为其没有完成举证责任。

【案例评析】

邬某诉甲公司网络服务合同纠纷案[①]

基本案情

邬某通过甲公司经营的旅游应用程序（APP）预定境外客房，支付方式为"到店支付"，订单下单后即被从银行卡中扣除房款，后原告未入住。邬某认为应当到店后付款，甲公司先行违约，要求取消订单。甲公司认为

[①] 最高人民法院发布 10 起消费者权益保护典型案例之六：网络消费格式条款中与消费者有重大利害关系内容存在例外情形，应以显著方式进行提示——邬某诉某旅游 APP 经营公司网络服务合同纠纷案，载最高人民法院网站，https：//www.court.gov.cn/zixun/xiangqing/350961.html，2023 年 12 月 4 日访问。

其已经在服务条款中就"到店支付"补充说明"部分酒店住宿可能会对您的银行卡预先收取全额预订费用",不构成违约,拒绝退款。邬某将甲公司起诉至法院,请求判令退还预扣的房款。

法院判决

法院经审理认为,对"到店支付"的通常理解应为用户到酒店办理住宿时才会支付款项,未入住之前不需要支付。即使该条款后补充说明部分酒店会"预先收取全额预订费用",但对这种例外情形应当进行特别提示和说明,如果只在内容复杂繁多的条款中规定,不足以起到提示的作用,甲公司作为预定服务的提供者应当承担责任。最终,法院支持了邬某退还房款的诉讼请求。

法理解读

本案当事人的争议焦点,是甲公司是否对"到店支付"的补充说明履行了提示或者说明义务。

采用格式条款订立合同的,提供格式条款的一方应当遵循公平原则确定当事人之间的权利和义务,并采取合理的方式提示对方注意免除或者减轻其责任等与对方有重大利害关系的条款,按照对方的要求,对该条款予以说明。如果提供格式条款的一方未履行提示或者说明义务,致使对方没有注意或者理解与其有重大利害关系的条款的,对方可以主张该条款不成为合同的内容。履行提示义务的方法是,采用通常足以引起对方注意的文字、符号、字体等明显标识,或者是通过合理设置勾选、弹窗等方式。

尤其是在数字经济、互联网产业飞速发展的大背景下,线上交易中企业基本都采用格式条款的方式与消费者建立契约关系。但是,在格式条款发挥其便捷、高效、积极作用的同时,因其本身具有的单方提供、内容固定的特质所带来的问题和风险,也不容忽视。法律明确赋予了格式条款提供者进行提示说明的义务。提供格式条款的企业应当基于公平、诚信原则,依法、合理制定格式条款的内容,并对于履行方式等与消费者有重大利害关系的条款,向消费者进行特别的提醒和说明,从而维护交易秩序,平衡双方利益，促进行业发展。

本案中，甲公司在服务条款中就"到店支付"补充说明"部分酒店住宿可能会对您的银行卡预先收取全额预订费用"。"到店支付"通常理解为客户到店后再支付款项，未入住则无须支付。而补充说明的内容明显与"到店支付"的通常理解有所不同，且该内容明显是免除或者减轻甲公司的责任，与用户有重大利害关系。对于这种格式条款，甲公司未采用通常足以引起对方注意的文字、符号、字体等明显标识，或者是通过合理设置勾选、弹窗等方式，向邹某等用户进行特别的提醒和说明。因此，甲公司未履行《民法典》第496条第2款规定的提示义务，应当承担相应的责任。

第三章　合同的效力

第十一条　自然人缺乏判断能力的认定

当事人一方是自然人，根据该当事人的年龄、智力、知识、经验并结合交易的复杂程度，能够认定其对合同的性质、合同订立的法律后果或者交易中存在的特定风险缺乏应有的认知能力的，人民法院可以认定该情形构成民法典第一百五十一条规定的"缺乏判断能力"。

【民法典条文】

第一百五十一条　一方利用对方处于危困状态、缺乏判断能力等情形，致使民事法律行为成立时显失公平的，受损害方有权请求人民法院或者仲裁机构予以撤销。

【既往司法解释】

《最高人民法院关于贯彻执行〈中华人民共和国民法通则〉若干问题的意见（试行）》

72. 一方当事人利用优势或者利用对方没有经验，致使双方的权利与义务明显违反公平、等价有偿原则的，可以认定为显失公平。

【条文要义】

本条是对显失公平合同中如何认定作为当事人的自然人"缺乏判断能力"的解释。

原《民法通则》第59条第1款第2项规定了显失公平的民事行为为可变更、可撤销的民事行为，原《合同法》第54条第1款第2项也规定了显失公平的合同可变更、可撤销。《最高人民法院关于贯彻执行〈中华人民共和国民法通则〉若干问题的意见（试行）》第72条对显失公平的构成解释为"一方当事人利用优势或者利用对方没有经验"，对具体如何认定，也没有进行具体解释。由于《合同法》第54条没有具体规定显失公平的要件，因而合同法相关司法解释也没有规定对显失公平合同的一方当事人缺乏判断能力的认定方法。

《民法典》将显失公平和乘人之危都规定为显失公平，都是可撤销的民事法律行为，将《民法通则》解释中"一方当事人利用优势或者利用对方没有经验"概括为一方当事人"缺乏判断能力"，这是专业的民法术语，但是对如何认定"缺乏判断能力"没有具体规定。本条规定了认定缺乏判断能力的规则。

1. 对自然人缺乏判断能力的定义

依照本条规定，缺乏判断能力，是指作为一方当事人的自然人对合同的性质、合同订立的法律后果或者交易中存在的特定风险缺乏应有的认知能力。本条对缺乏判断能力的这一定义十分准确。

缺乏判断能力的特征是：

第一，合同的该方当事人适格，不属于无民事行为能力或者限制民事行为能力的自然人、法人、非法人组织。"缺乏判断能力"的当事人必须是自然人。如果当事人为无民事行为能力人或者限制民事行为能力人，不具有或者欠缺某些合同的缔约资格，不能与他方当事人订立合同，或者不能与他方当事人订立法律规定不能订立的合同。缺乏判断能力的人不是无民事行为能力人或者限制民事行为能力人，是具有订立合同资格的当事人。

第二，合同的该方当事人缺少必要的交易经验，对合同的性质、合同订立的法律后果或者交易中存在的特定风险不能正确识别，因而无法正确判断。认定当事人缺少必要的交易经验的要素：一是合同的性质；二是合同订立的法律后果；三是交易中的特定风险。这三个要素，只要具备其中之一，即可认定当事人缺少必要的交易经验，有可能构成缺乏判断能力。

第三，判断能力具体表现为认知能力。通常认为，认知能力是指人脑加工、储存和提取信息的能力，即人们对事物的构成、性能、与他物的关系、发展的动力、发展方向以及基本规律的把握能力，是成功完成活动的最重要心理条件。在民事交易领域，合同当事人的认知能力，就是当事人对交易信息的加工、储存和提取的能力，是对交易的构成、性能、关系、发展、结果以及基本规律的把握能力，集中表现为对合同性质、订立合同的法律后果以及对交易中的特定风险的认识和把握能力。

2. 怎样认定合同的当事人缺乏判断能力

认定交易的合同一方当事人是否缺乏判断能力，是确认当事人的主观状态，既要对当事人的主观方面进行考察，也要从当事人能否识别交易的要素进行考察。因此，认定一方当事人是否缺乏判断能力，需要从两个方面进行考察：

第一，当事人的主观方面要件。这要根据当事人一方的年龄、智力、知识、经验并结合交易的复杂程度进行判断。判断的要素：一是年龄，年龄过大或者过小，都可能对交易的判断能力发生影响，当事人的年龄要与交易的复杂程度相适应，如刚满十八岁或者超过八十岁的成年人进行复杂的金融交易，一般来说会不适应；二是智力，即该自然人的智力达到什么程度，是否能够作出正确的判断，如自然人虽然不是无民事行为能力人或者限制民事行为能力人，但属于智力发育有缺陷的；三是知识，即当事人是否有从事交易活动的专业知识，如没有投资经验的青年进行投资活动；四是经验，即当事人有无从事某种特定交易的经历和积累，是初出茅庐还是久经沙场，是商业人士还是普通大众；五是将上述当事人的几种主观情况结合交易的复杂程度进行综合判断，复杂的交易需要年龄适中、具有专业知识、有丰富经验的专业人士进行，简单的交易则不需要这些方面的要求。

第二，当事人认知交易客观要素的程度。这是根据一方当事人的主观方面，对交易所指向的客观要素的认知，考察其是否缺乏判断能力。根据一方当事人的年龄、智力、知识、经验以及结合交易的复杂程度得出的主观状况，确定其对进行交易的合同性质、合同订立法律后果或者交易中特定风险，确定其是否有足够的认知能力。一方当事人对普通合同和特殊合同，对合同订立后的法律后果是什么，对实施的这种交易是否存在特定的风险，风险程度如何，都能有足够认知的，就有从事该种交易的认知能力，否则，该方当事人就没有相应的认知能力。

将上述两个构成要件进行综合分析，就能够判断一方当事人是否构成缺乏判断能力。

3. 自然人为当事人缺乏判断能力的法律后果

在交易中，一方当事人缺乏判断能力，就具备了《民法典》第151条规定的显失公平合同的要件之一，再加上"民事法律行为成立时显失公平"的要件，就可以确认应当适用《民法典》第151条的规定，认定当事人实施的民事法律行为构成显失公平，成立可撤销的合同，缺乏判断能力的一方当事人对该合同享有撤销权，可以主张撤销显失公平的合同。

【案例评析】

科技公司与洪某合同纠纷案①

基本案情

洪某授权科技公司出借资金后，又相继签署《续借回款自动投标服务

---

① （2020）粤01民终12365号。

授权协议》和《续借授权协议》。

《续借回款自动投标服务授权协议》第 1 条第 2 款授权范围约定："（1）甲方同意授权乙方在甲方设置的账户出借额度及借款项目投资条件等范围内为甲方自动匹配特定借款项目，并在无需通过甲方再次授权确认的条件下，通过向甲方相关账户资金存管银行发送相应交易指令的方式以完成本服务项下的授权交易。（2）甲方同意，在甲方授权资金通过自动投标匹配至特定借款项目后，如所匹配的特定借款项目发生逾期，则其债权无条件转让给乙方，而无需另行签订债权转让协议。乙方将对借款人依法进行催收、提起仲裁，诉讼，申请法院执行等以追回债权本息。因此而支出的费用（包括但不限于催收费、诉讼费、差旅费、仲裁费、调查取证费、财产保全费、执行费、律师费等，以实际发票为准）由借款人承担。在乙方追回款项后，如存在融资性担保机构向甲方代偿，则乙方追回款项中相当于担保代偿金额的部分将返还至融资性担保机构在钱盆网平台银行存管账户中设立的保证金专项账户，余款将支付给甲方作为债权转让款。如未存在融资性担保机构代偿，则乙方追回的款项由乙方向甲方支付，甲方对此无任何异议。同时甲方同意，乙方应向其支付的债权转让款以乙方通过法律程序实际追回的款项金额为准，但应扣除债权追索的法律程序的费用和担保机构已经代偿的部分（如有）。乙方可通过发出站内信、邮件、短信等方式要求甲方支付债权追索法律程序费用，如甲方拒绝支付的，则甲方与乙方的债权转让自始无效，乙方有权中止进行债权追索法律程序。同时甲方有权自行对逾期借款项目的借款人采取法律行动，自行支付因此产生的一切费用。"第 1 条第 3 款授权期限约定："（1）授权期限为自本协议生效之日起至授权时甲方所持有的全部债权结清之日止，在此期间乙方为甲方提供自动投标服务。授权期限内，甲方不得单方终止自动投标服务，即授权期限内甲方不可单方撤销自动投标授权。（2）甲方理解并接受本协议的全部内容，同意加入本协议项下自动投标服务，并自愿遵守钱盆网平台的相关协议及规则。（3）甲方点击'确认授权'按钮之日，自动投标服务生效。期限届满后自动投标服务自动结束。在授权期间内，如甲方加入的全部资金匹配至特定借款项目，则乙方为甲方提供的自动投标服务结束。"第2条第3款约定："甲方授权乙方，将甲方加入的全部资金进行冻结，并至少锁定至授权期限届满之日，并在此期间内通过系统自动匹配至特定借款项目（包括债权转让项目）中；如存在多个特定借款项目可投的，乙方有权为甲方分散投标匹配或集中甲方资金匹配标的。"第2条第4款约定："乙方承诺自甲方加入的每笔资金冻结之日起【5】个工作日内，将甲方加入的该笔已冻结资金匹配至有效的借款项目，如逾期未能成功匹配，乙方应向甲方支付相应补偿红包，补偿红包可于甲方后续除本合同续借回款外的出借投标使用，补偿红包额度计算方式如下：补偿红包额度=未匹配金额某当笔未匹配金额最终匹配项目年化利率某逾期匹配天数/365，逾期匹配天数按自逾期未匹配之日起至后续乙方为甲方最终匹配成功前一日止计算，补偿红包也将于最终匹配成功之日起【5】个工作日内发放到甲方于平台的账户。如有未匹配金额分次进行最终匹配的，则分别按匹配金额及逾期匹配天数进行单独计算。"

《续借PLUS授权协议》第2条甲方同意确认并授权第一部分乙方系统为甲方进行自动投标第2款约定："自甲方同意加入本协议项下自动投标服务之日起，即不可撤销地授权乙方可通过钱盆网平台在授权范围内对其授权加入的资金［在续借PLUS计划中包括自动投标后的标的回款资金（如有）］进行冻结并自动匹配至特定借款标的或债权标的，并以甲方名义签署相关借款协议、债权转让协议及其他相关协议（如有）。甲方知悉并同意接受相关电子及纸质协议的约束，对此等自动投标和签署相关协议的安排已充分知悉并理解，并认可该等行为为甲方真实意思表示，对该等法律文件的效力均予以认可且无任何异议。"第3款约定："甲方同意并确认甲方通过钱盆网平台自动投标而签署的法律文件生效的同时，乙方即可根据该等法律文件的相关约定，通过向甲方相关账户资金存管银行发送相应交易指令对相关款项进行划扣、支付、冻结以及行使其他权利，甲方对此均予以接受和认可。"第2条甲方同意确认并授权第二部分第2款约定："甲方确认，其在自动投标服务到期后关于自动债权转让的授权一经做出即不可撤销。甲方不得要求撤销自动债权转让操作，不得以未经其授权为抗辩理由要求撤销自动债权转让的授权，不得撤回已经完成债权转让的债权资金。"第 3 条授权期限约定："（一）自动投标的授权期限为自本协议生效之日起至授权时甲方所持有的全部债权结清之日止，在此期间乙方为甲方提供自动投标服务。甲方授权加入自动投标的资金将被冻结并被匹配至特定债权转让标的或经营贷、消费贷、三农贷、通用贷借款标的。1. 乙方根据甲方授权将对其授权加入的账户资金进行冻结并自动匹配至借款标的或债权转让标的，直至授权期限到期，甲方资金冻结期为自动投标服务期或授权期。2. 授权期限内，甲方不得单方终止自动投标服务，即授权期限内甲方不可单方撤销自动投标授权。3. 在授权期间内，如甲方授权加入自动投标的资金或者锁定的账户资金全部成功匹配至特定借款标的或债权转让标的，则乙方为甲方提供的自动投标服务中止，但有关服务的中止并不等于授权期限的到期。4. 自动投标授权期届满，对甲方授权加入但尚未投标的已冻结的资金，将继续自动匹配至借款标的或债权转让标的直至甲方授权加入的资金全部匹配完毕之日止。（二）自动债权转让的授权期限为自本协议生效之日起至甲方债权全部结清之日止。在此期间，乙方系统为甲方提供自动债权转让的服务。1. 甲方加入续借计划的资金通过自动投标匹配至债权标的后，在自动投标的服务期限到期后，甲方授权乙方为其通过自动投标持有的债权提供自动债权转让服务；2. 甲方确认其授权一经做出即不可撤销，不得以未经其授权为抗辩理由主张撤销自动债权转让的授权，确认不得单方终止对自动债权转让的授权。"第 8 条自动投标和自动债权转让服务的生效和终止约定："1. 甲方点击'确认授权'或'加入'按钮之日，本授权协议及自动投标和自动债权转让服务生效；2. 授权期间内，甲方不得单方终止自动投标和自动债权转让的授权，即一经授权即不可撤销，甲方不得要求撤销自动投标服务和相关自动债权转让服务，不得以此为由要求撤回已经加入的授权资金。"

上述两协议的落款处均有洪某（甲方、出借人）的电子签名和科技公司（乙方、平台方）的电子签章，但电子签名和电子签章均不相同。洪某主张科技公司存在欺诈行为，协议内容显失公平，科技公司存在归集出借人资金从事非法金融业务活动，因此请求撤销两份协议。

法院判决

一审法院认为，科技公司在签订及履行两份协议的过程中，存在欺诈的行为，两份协议的内容显失公平。

欺诈的情形表现在：（1）从两份协议的签订来看，科技公司在未经洪某同意的情况下，代洪某申请电子签名证书；（2）从科技公司的工作人员在微信聊天、客服聊天中的内容来看，科技公司反复强调续借回款的好处，并表示旧逾期标的的贷后催收的不确定性强、周期长，容易出现迟迟难以兑付的情况，而回款工具能够保障资金陆续回款，逾期部分的利息以及罚息还能够一笔返还，科技公司还推出加息等优惠条件，以吸引用户加入两份协议，科技公司的宣传和促销行为，对洪某具有误导性；（3）从两份协议的实际履行来看，根据洪某提供的证据，洪某在钱盆网上的账户信息显示，洪某 2019 年 4 月 23 日就存在一笔续借 PLUS 到期回款，而科技公司、洪某双方签订两份协议的时间则是 2019 年 5 月 26 日，这从时间顺序上，显然是不可能的。该事实表明，科技公司在签订和履行两份协议的过程中存在虚假、欺诈的行为。

显失公平的情形表现在：从两份协议约定的期限来看，该两份协议只有生效的日期，但没有明确的终止期限。且从文义理解的角度，也不能得出明确的终止期限。这就意味着，科技公司可以无限期地控制和操纵洪某的资金，洪某实际已失去了对其资金的控制，这对洪某是显失公平的。

综上，一审法院认为，《中华人民共和国合同法》第 54 条第 1 款、第 2 款规定："下列合同，当事人一方有权请求人民法院或者仲裁机构变更或者撤销：（一）因重大误解订立的；（二）在订立合同时显失公平的。一方以欺诈、胁迫的手段或者乘人之危，使对方在违背真实意思的情况下订立的合同，受损害方有权请求人民法院或者仲裁机构变更或者撤销。"现洪某请求撤销两份协议，于法有据，一审法院予以支持。

科技公司不服一审判决，提起上诉。

二审法院认为，首先，从三份涉案授权书和协议约定内容来看。审查《授权委托书》第 1 条关于授权范围的约定，《续借回款自动投标服务授权协议》第 1 条自动投标服务授权范围、第 2 条授权的自动投标服务规则，《续借 PLUS 授权协议》第 1 条"续借 PLUS 计划"、第 2 条"同意确认并授权"条款约定的具体内容可知，前述三份文件通过多层次复杂的授权范围和"系统自动匹配"设置，使出借人在授权后经科技公司计算机系统自动匹配其在额度内出借款项的实际用途，且在无须通过出借人再次确认的条件下，即可通过向资金存管银行发送交易指令的方式完成授权交易；在债权到期后又应无条件将债权转让给科技公司而无须另行协议。同时，协议约定的授权期限为出借人授权时所持有的全部债权结清之日止、授权期限内出借人不可单方撤销自动投标授权；《续借 PLUS 授权协议》更约定在授权期间内科技公司有权对账户回款收益进行自动投标，而资金退出时无论"加入退出"或"分配退出"均需遵循系统自动设置的额度。可见，上述交易模式对出借人能否自主决定投资、自主控制出借资金安全影响重大，且资金匹配及交易额度控制、交易指令发出等均是通过科技公司的计算机信息系统进行设置完成。科技公司设计上述复杂交易模式及交易平台计算机系统，理应确保出借人能够在实质性地、充分地了解相关协议设置的实际交易过程、交易结构和性质风险的基础上，自主作出与其自身风险承担能力及认知能力相匹配的授权和签约决定。

其次，从科技公司履行告知和提示义务的行为来看。本案中，科技公司在本案中提交了注册流程、授权加入续借计划服务流程的视频及页面截图，以证明只有在出借人阅读了有关产品说明、风险提示和授权协议后，点击确认授权，才能完成授权，并已对投资风险进行了明确提示、完成风险评估测试。对此，审查科技公司在本案中提交的证据材料，其网页显示的内容均为合同整体文本，在《续借回款自动投标服务授权协议》中对部分条款文本进行了整体加粗，但三份协议均未对重点条款明确提示和说明，也没有对复杂交易安排和交易风险所在进行充分阐述。反之，洪某在本案中提交的微信聊天记录等证据可见，科技公司的客服人员在推介案涉产品时着重对回款效果进行介绍，而涉及的交易风险则简单指引洪某应自行阅读相关说明。本院认为，科技公司作为高风险复杂交易模式的设计一方和完成"自动匹配"交易系统的控制一方，较之于作为普通注册用户的出借人洪某，明显处于优势地位，且科技公司在本案中提交的证据不足以证实其已经履行了充分、适当的解释说明义务，不足以证实经其解释说明或者经由其投资者调查评估可知，洪某已经具有与三份涉案协议的交易结构和风险相应的认知和判断能力。

最后，从交易合规性以及公平性角度来看。《网络借贷信息中介机构业务活动管理暂行办法》第 10 条规定："网络借贷信息中介机构不得从事或者接受委托从事下列活动：……（二）直接或间接接受、归集出借人的资金；……广西壮族自治区高级人民法院（2019）桂执复 71 号执行裁定书亦认定，科技公司作为网络借贷信息中介机构，直接约定受让出借人的债权并追索债务，不符合前述《网络借贷信息中介机构业务活动管理暂行办法》第 10 条第（2）项的规定。同时，如同前文分析，涉案的交易方式授权范围大期限长、主要通过科技公司计算机网络匹配而洪某无法自主决定资金投资用途并控制风险，而科技公司在本案中并无举证证实在涉案交易安排中以何种方式对与高风险相对应的保障或收益予以体现。据此，洪某主张涉案授权书和协议存在显失公平的情形，应当予以采信。

《中华人民共和国民法总则》第 151 条规定，一方利用对方处于危困状态、缺乏判断能力等情形，致使民事法律行为成立时显失公平的，受损害方有权请求人民法院或者仲裁机构予以撤销。本案中，科技公司通过《授权委托书》《续借回款自动投标服务授权协议》《续借 PLUS 授权协议》三份协议整体设置了涉案的交易模式，虽然三份协议中均有洪某电子签名，但分析协议约定的内容，结合本案中洪某、科技公司举证情况，综合审查计算机系统控制主体、科技公司在签约时及后续履行的说明告知义务等本案整体事实，一审法院认定涉案《授权委托书》《续借回款自动投标服务授权协议》《续借 PLUS 授权协议》存在显失公平的情形，并无不当，二审法院予以确认。

综上，二审法院判决驳回上诉，维持原判。

法理解读

诚如二审法院判决所示，案涉交易模式授权范围大、期限长，对洪某能否自主决定投资、自主控制出借资金安全影响重大，且资金匹配及交易额度控制、交易指令发出等均是通过科技公司的计算机信息系统进行设置完成。如此高风险的投资，案涉交易中却未体现以何种方式保障洪某的权益或者取得对应的高收益。客观上，案涉交易显著失衡已毋庸置疑。目前案件的争议焦点集中在，科技公司是否利用洪某缺乏判断能力。

《民法总则》第151条规定缺乏判断能力作为显失公平的主观构成要件后，学界展开了对缺乏判断能力的解释论研究。既有观点认为，缺乏判断能力指的是，缺少基于理性考虑而实施法律行为或者对法律行为的后果予以评估的能力；[1] 也有观点作更为广义的解释，认为缺乏判断能力指的是"欠缺一般的生活经验或者交易经验"[2]，若是"对于某个特定的商业领域或行业领域的事务缺乏判断能力不构成本条所说的缺乏判断能力"。[3] 新近观点认为，应当从主体之间的关系出发进行类型化分析。第一，普通的民事合同中，相对人缺乏当地社会的一般生活经验及交易经验导致，属于缺乏判断能力；第二，消费者合同中，可以考虑放宽认定标准，将缺乏专业知识或者类似复杂交易经验也认定为是缺乏判断能力；第三，商事合同中，原则上不应当将缺乏特定交易经验作为考虑因素，以免破坏商事交易安全、慎重认定缺乏一般交易经验时构成缺乏判断能力。[4]《民法典》第151条未进一步展开如何认定"缺乏判断能力"。《民法典合同编通则解释》第11条汲取了前述观点以及司法实践经验，就自然人缺乏判断能力

---

① 李适时：《中华人民共和国民法总则释义》，法律出版社2017年版，第474页。
② 最高人民法院民法典贯彻实施工作领导小组主编：《中华人民共和国民法典总则编条文理解与适用（下）》，人民法院出版社2020年版，第747页。
③ 张新宝：《〈中华人民共和国民法总则〉释义》，中国人民大学出版社2017年版，第314页。
④ 武腾：《显失公平规定的解释论构造——基于相关裁判经验的实证考察》，载《法学》2018年第1期，第137页。

这一问题，不仅明确判断的依据包括当事人一方的年龄、知识、经验、交易的复杂程度；还明确判断的内容为当事人对合同的性质、法律后果、交易中存在的特定风险是否具有一定的认知能力。

本案的特殊性在于，科技公司未对高风险的交易模式进行解释说明。案涉协议约定，洪某授权科技公司后，科技公司可以通过系统自动匹配出借资金；债权到期后该债权又将无条件地转让给科技公司而无须协议；授权期限内洪某不可单方撤销自动投标授权；资金退出时无论是"加入退出"还是"分配退出"均需遵循系统自动设置的额度。从案涉协议内容中的关键要素"自动""无条件""不可单方撤销"等约定可知，案涉交易属于高风险交易。由于案涉协议只约定了生效期间，未约定终止期限，使得这一交易模式的风险滚动式地加大。科技公司作为网络借贷信息服务平台，从事的是关于借贷信息的居间活动，不应当直接或者间接归集出借人的资金。然而，科技公司依旧与洪某签署上述协议，本就超出了居间服务合同的范畴。对此，科技公司未尽到解释说明义务，使洪某对案涉交易性质具有清晰的认知，属于"缺乏判断能力"的情形。与此同时，科技公司作为高风险交易模式的顶层设计者，未详尽说明案涉交易蕴含的特定风险，使得洪某对案涉交易的法律后果及可能存在的损失未产生较为清楚的认知，同样构成"缺乏判断能力"。

由上可知，自然人是否缺乏判断能力，核心是判断当事人是否对交易具有一定的认知能力，而这除了要基于当事人一方的年龄、知识、经验之外，更为关键的就是结合交易的复杂模式，借助相对方是否尽到了提示说明义务来认定。

第十二条　批准生效合同的法律适用

合同依法成立后，负有报批义务的当事人不履行报批义务或者履行报批义务不符合合同的约定或者法律、行政法规的规定，对方请求其继续履行报批义务的，人民法院应予支持；对方主张解除合同并请求其承担违反报批义务的赔偿责任的，人民法院应予支持。

人民法院判决当事人一方履行报批义务后，其仍不履行，对方主张解除合同并参照违反合同的违约责任请求其承担赔偿责任的，人民法院应予支持。

合同获得批准前，当事人一方起诉请求对方履行合同约定的主要义务，经释明后拒绝变更诉讼请求的，人民法院应当判决驳回其诉讼请求，但是不影响其另行提起诉讼。

负有报批义务的当事人已经办理申请批准等手续或者已经履行生效判决确定的报批义务，批准机关决定不予批准，对方请求其承担赔偿责任的，人民法院不予支持。但是，因迟延履行报批义务等可归责于当事人的原因导致合同未获批准，对方请求赔偿因此受到的损失的，人民法院应当依据民法典第一百五十七条的规定处理。

【民法典条文】

第五百零二条　依法成立的合同，自成立时生效，但是法律另有规定或者当事人另有约定的除外。

依照法律、行政法规的规定，合同应当办理批准等手续的，依照其规定。未办理批准等手续影响合同生效的，不影响合同中履行报批等义务条款以及相关条款的效力。应当办理申请批准等手续的当事人未履行义务的，对方可以请求其承担违反该义务的责任。

依照法律、行政法规的规定，合同的变更、转让、解除等情形应当办理批准等手续的，适用前款规定。

【相关司法解释】

《全国法院民商事审判工作会议纪要》

37.【未经批准合同的效力】法律、行政法规规定某类合同应当办理批准手续生效的,如商业银行法、证券法、保险法等法律规定购买商业银行、证券公司、保险公司5%以上股权须经相关主管部门批准,依据《合同法》第44条第2款的规定,批准是合同的法定生效条件,未经批准的合同因欠缺法律规定的特别生效条件而未生效。实践中的一个突出问题是,把未生效合同认定为无效合同,或者虽认定为未生效,却按无效合同处理。无效合同从本质上来说是欠缺合同的有效要件,或者具有合同无效的法定事由,自始不发生法律效力。而未生效合同已具备合同的有效要件,对双方具有一定的拘束力,任何一方不得擅自撤回、解除、变更,但因欠缺法律、行政法规规定或当事人约定的特别生效条件,在该生效条件成就前,不能产生请求对方履行合同主要权利义务的法律效力。

38.【报批义务及相关违约条款独立生效】须经行政机关批准生效的合同,对报批义务及未履行报批义务的违约责任等相关内容作出专门约定的,该约定独立生效。一方因另一方不履行报批义务,请求解除合同并请求其承担合同约定的相应违约责任的,人民法院依法予以支持。

39.【报批义务的释明】须经行政机关批准生效的合同,一方请求另一方履行合同主要权利义务的,人民法院应当向其释明,将诉讼请求变更为请求履行报批义务。一方变更诉讼请求的,人民法院依法予以支持;经释明后当事人拒绝变更的,应当驳回其诉讼请求,但不影响其另行提起诉讼。

40.【判决履行报批义务后的处理】人民法院判决一方履行报批义务后,该当事人拒绝履行,经人民法院强制执行仍未履行,对方请求其承担合同违约责任的,人民法院依法予以支持。一方依据判决履行报批义务,行政机关予以批准,合同发生完全的法律效力,其请求对方履行合同的,人民法院依法予以支持；行政机关没有批准，合同不具有法律上的可履行性，一方请求解除合同的，人民法院依法予以支持。

【既往司法解释】

《最高人民法院关于适用〈中华人民共和国合同法〉若干问题的解释（一）》

第九条　依照合同法第四十四条第二款的规定，法律、行政法规规定合同应当办理批准手续，或者办理批准、登记等手续才生效，在一审法庭辩论终结前当事人仍未办理批准手续的，或者仍未办理批准、登记等手续的，人民法院应当认定该合同未生效；法律、行政法规规定合同应当办理登记手续，但未规定登记后生效的，当事人未办理登记手续不影响合同的效力，合同标的物所有权及其他物权不能转移。

合同法第七十七条第二款、第八十七条、第九十六条第二款所列合同变更、转让、解除等情形，依照前款规定处理。

《最高人民法院关于适用〈中华人民共和国合同法〉若干问题的解释（二）》

第八条　依照法律、行政法规的规定经批准或者登记才能生效的合同成立后，有义务办理申请批准或者申请登记等手续的一方当事人未按照法律规定或者合同约定办理申请批准或者未申请登记的，属于合同法第四十二条第（三）项规定的"其他违背诚实信用原则的行为"，人民法院可以根据案件的具体情况和相对人的请求，判决相对人自己办理有关手续；对方当事人对由此产生的费用和给相对人造成的实际损失，应当承担损害赔偿责任。

【条文要义】

本条是对须经批准生效合同未履行报批义务的当事人应当承担的法律

后果的解释。

在《民法典》"合同的效力"一章中，第 502 条第 2 款明确规定，依照法律、行政法规的规定，合同应当办理批准等手续的，依照其规定。未办理批准等手续影响合同生效的，不影响合同中履行报批等义务条款以及相关条款的效力。因为只有依靠这些应当履行报批义务的条款和相关条款的效力，才能认定不履行报批义务一方的违约责任。这对应当办理申请报批等手续的一方当事人提出了很高的要求：约定由其办理报批手续的，就必须履行义务；没有履行报批义务，应当承担相应的后果责任。

原《合同法》对此也有规定，因此，以往的《最高人民法院关于适用〈中华人民共和国合同法〉若干问题的解释（一）》第 9 条和《最高人民法院关于适用〈中华人民共和国合同法〉若干问题的解释（二）》第 8 条，都对如何适用这一规定作了解释。《民法典》实施之后，《全国法院民事审判工作会议纪要》第 37 条至第 40 条总结上述司法经验，作了详细规定。《民法典》实施后，最高人民法院进一步总结实践经验，对《民法典》第 502 条规定的具体适用规则作出了解释。

对此，本条司法解释规定了四个规则。

1. 报批义务不履行的继续履行和损失赔偿

合同依法成立后，负有报批义务的当事人如果不履行报批义务，或者履行报批义务不符合合同的约定或者法律、行政法规的规定，如果对方要求继续履行，履行报批义务的一方当事人就应当继续履行，完成报批手续。

负责报批义务的当事人不履行报批义务，对方当事人主张解除合同，并请求其赔偿因违反报批义务造成的损失的，理由成立。因为合同已经成立，只是因为没有报批而没有生效，对方要求其赔偿违反报批义务的赔偿责任，法院应当予以支持。

2. 判决后不继续履行报批义务的解除权和损失赔偿

一方当事人负有报批义务，另一方起诉要求继续履行报批义务，法院判决该方当事人继续履行报批义务，该方当事人拒不履行的，既是公然违约，也是拒不执行生效判决的行为。如果对方当事人主张解除合同，并参照违反合同的违约责任请求其承担赔偿责任的，其理由成立，法院应当支持。

这个方法解决了负有报批义务的当事人拒不履行报批义务的后果，通过参照违反合同的违约责任请求其承担赔偿损失的方法，制裁负有报批义务又拒不履行报批义务的公然违约行为。由于这种行为也构成拒不执行生效判决，涉及的是违反公法的行为，可以通过适用公法规定予以制裁。

3. 合同获批前请求对方履行合同主要义务没有根据

在合同成立但在没有获得批准之前，合同没有生效。所以，在合同获得批准前，当事人一方起诉请求对方履行合同约定的主要义务，是不符合法律规定的。对此，法官应该释明其应当变更诉讼请求。经过法官释明后，该方当事人拒绝变更诉讼请求的，法院应当判决驳回诉讼请求，这种程序驳回并没有驳回其实体诉权，不影响其另行提起诉讼。

4. 已经履行报批义务但未获批准的后果

双方当事人订立的合同应当报批，负有报批义务的一方当事人已经办理申请批准等手续，或者已经履行了生效判决确定的报批义务，但是批准机关没有批准。在这种情况下，如何追究负有报批义务一方的责任，须分情况处理。

一是批准机关决定不予批准，这是行政机关的权力，当事人无法左右。在这种情况下，由于合同没有生效，对方当事人请求损害赔偿的，就没有理由，向法院起诉，法院也不应当支持。

二是虽然负有履行报批义务的一方已经履行了报批义务，但是由于迟延履行报批义务而未被批准，对这种情况，就构成可归责于负有报批义务当事人的原因，导致合同未获批准而没有成立。这时虽然履行了报批义务，却因迟延履行而使有关部门没有批准，该方当事人有过错。对此，对方当事人请求赔偿因此受到损失的，法院依照《民法典》第157条的规定处理，因民事法律行为无效、被撤销或者确定不发生效力，行为人因该行为取得的财产应当予以返还；不能返还或者没有必要返还的，应当折价补偿。有过错的一方应当赔偿对方由此受到的损失；各方都有过错的，应当各自承担相应的责任。

【案例评析】

能源公司诉某开发院合作勘查合同纠纷案①

基本案情

2004 年 2 月 19 日，能源公司与某开发院签订了《合作勘查合同书》，约定双方共同出资对某煤炭资源进行详查及精查。该勘查区探矿权由某开发院（甲方）依法取得，并由某开发院投资进行了煤矿普查，对已取得的探矿权，经法定评估机构进行评估，并报某省国土资源厅备案。双方协商确定其价值为 1500 万元。合同第四条合作方式及权益比例：能源公司（乙方）支付某开发院前期勘探费用 1200 万元，某开发院同意能源公司拥有该普查项目勘探成果 80% 的权益，在此基础上，某开发院与能源公司按 2：8 比例出资对该区煤炭资源进行合作详查及勘探。此协议生效后，该勘查区无论升值、联合开发，还是矿权转让，所产生的利益，某开发院与能源公司均以 2：8 的比例分享。2004 年 3 月 25 日，能源公司与某开发院又签订了《某地区煤炭资源合作勘查合同书》一份，约定双方共同出资对该勘探区煤炭资源详查，勘查面积为 157.68 平方公里，某开发院与实业公司合作南面 121.4 平方公里，该合同未报某省国土资源厅进行备案，未实际履行。

2004 年 6 月 10 日，能源公司支付某开发院详查工作设计费 10 万元。2005 年 3 月 22 日能源公司向某开发院转款 1200 万元，某开发院于同年 3 月 25 日将该款退回并致函能源公司称："双方签订的合作勘查合同书由于与 2003 年 10 月 22 日某省人民政府召开的 21 次会议纪要有关政策不相一

---

① （2011）民一终字第 81 号。

致，无法按合同约定实施，所以不能收取你公司款项。"后经双方多次协商，2005 年 5 月 26 日能源公司向某开发院支付前期工作费用 900 万元，某开发院收款后向能源公司出具了收款收据。之后，某开发院提出不能履行合同，引发争议。2005 年 12 月 8 日，能源公司向某开发院郑重致函，恳请某开发院立即履行合同义务，尽快提供详查设计和预算，明确能源公司还应支付履行勘查合同的履行数额。某开发院于 2005 年 12 月 14 日复函能源公司：鉴于双方未拿到下游产业立项批准，不能履行合同。

能源公司遂诉至法院，要求某开发院继续履行案涉《合作勘查合同书》。

法院判决

一审法院认为，案涉《合作勘查合同书》名义上是合作勘查某地区的煤炭资源，实质上是探矿权转让，双方在诉讼过程中均认可案涉合同性质就是探矿权转让。据此，双方应按照相关法律法规的规定，向审批管理机关提出探矿权转让申请，提供相关资料，待审批管理机关批准后方可履行合同，但本案中双方当事人只是将所签合同报送某省国土资源厅备案，并未完成备案。由此可见，双方签订合同并报送备案等一系列行为，与实现探矿权转让的真实意思不相一致，目的是规避探矿权转让必须经过审批管理机关审批的法律、法规的相关规定。而且双方当事人明知自己所签合同违反某省人民政府第 21 次常务会议纪要精神，行为的实施将损害国家利益，案涉合同应属于无效合同。故，判决驳回能源公司的诉讼请求。

原告不服一审判决，提起上诉。

二审法院认为，一审判决将《合作勘查合同书》认定为探矿权转让合同是不妥的，从《合作勘查合同书》的内容看，其基本性质是合作勘查合同。因为合同的主要内容是有关由某开发院和能源公司合作勘查煤炭资源的约定，即确定在合作勘查过程中双方各自所享有的权利和应承担的义务。同时，合同中也涉及了关于探矿权转让的问题。但转让探矿权的相关内容仅仅是作为对合作勘查成果的处置出现在《合作勘查合同书》第 11

条中，即取得勘查成果后，由双方按所占权益比例成立有限责任公司联合开发或者某开发院将其所享有的权益评估后转让给能源公司，由后者单独开发。关于《合作勘查合同书》的效力，案涉《合作勘查合同书》是双方当事人真实意思表示，不违反法律、行政法规的强制性规定。不过，法律、行政法规规定应当办理批准、登记等手续生效的，应依照其规定。我国相关法律法规要求对于矿产资源的合作勘查合同进行备案而非审批。法律规定某些合同签订后需要向政府主管部门备案的目的在于方便政府主管部门掌握信息、进行必要的监督。备案本身并不创设权利，因而也不是合同生效的要件，故该合同备案与否，并不影响其效力。只要是双方的意思表示真实、一致，即发生法律效力，因此一审法院认定合同未经审批无效的理由不能成立。

法理解读

本案当事人的争议焦点，是案涉《合作勘查合同书》的性质和效力问题。

订立依法应办理批准手续的合同，因未办理批准手续，缔约当事人之间会产生何种法律关系，多年来争议不断。为统一裁判思路和依据，最高人民法院为此先后发布了几个司法解释和会议纪要。《民法典》第502条第2款吸收相关司法解释与会议纪要的精髓，在承继原《合同法》第44条第2款规定的基础上，对报批义务的效力及其不履行的法律后果作了简要规定。但由于此前存在明显不一致的规定及判决，如何理解《民法典》第502条第2款的新增规定，值得研究。本条规定立足于合同自由原则，对《民法典》第502条第2款进行了进一步细化，对报批义务的履行作出了更为系统和细致的规定。对于应当履行报批手续后合同才生效的，未办理相应手续合同不生效，但报批条款独立生效，据此可以认定不履行报批义务一方的违约责任。

本案的双方当事人对案涉《合作勘查合同书》的效力产生争议，对于案涉《合作勘查合同书》的效力审查，应建立在厘清合同性质的基础上。从合同约定看，《合作勘查合同书》并非探矿权转让合同，该合同虽然有涉及探矿权转让的约定，但该约定只是意向性和有条件的，包括双方当事人合作完成波罗井田煤矿的详查和精查，提交详查和精查报告，以及双方商定探矿权受让人。只有同时具备这两个条件，双方之间才能成立探矿权转让合同关系。从实际情况来看，双方当事人在履行《合作勘查合同书》的初始阶段就发生了争议，双方对未来探矿权的受让人到底是双方合资成立的新公司还是能源公司，一直没有确定。因此，在双方未能完成上述条件，没有成立探矿权转让合同关系的情况下，能源公司请求法院判决某开发院将探矿权转至其名下，缺乏合同依据和法律依据，不能得到支持。在明确《合作勘查合同书》是关于煤矿的合作勘查合同而非探矿权转让合同后，依照我国相关法律法规，矿产资源的合作勘查合同仅应向政府主管机关进行备案，并不需要审批，备案的目的在于方便政府主管部门掌握信息、进行必要的监督，备案不是合同生效的要件，《合作勘查合同书》是否在相关主管部门备案并不影响该合同效力。由此，《合作勘查合同书》应当属于有效合同，最高人民法院认定该合同有效，符合法律规定。

退一步说，即使双方完成了探矿权转让的相应条件，成立了探矿权转让合同关系，但依据《探矿权采矿权转让管理办法》的规定，转让探矿权必须经审批管理机关审批。如果该合同未经审批管理机关批准，探矿权转让合同仍然不能生效，能源公司关于将探矿权转至其名下的诉讼请求也同样不能得到支持。不过，能源公司有权依照关于报批义务履行的相关约定，请求对方履行相应义务，人民法院则可以视案件的具体情况，决定是否判决对方履行报批义务。

第十三条　备案合同或者已批准合同等的效力认定

合同存在无效或者可撤销的情形，当事人以该合同已在有关行政管理部门办理备案、已经批准机关批准或者已依据该合同办理财产权利的变更登记、移转登记等为由主张合同有效的，人民法院不予支持。

【民法典条文】

第五百零二条　依法成立的合同，自成立时生效，但是法律另有规定或者当事人另有约定的除外。

依照法律、行政法规的规定，合同应当办理批准等手续的，依照其规定。未办理批准等手续影响合同生效的，不影响合同中履行报批等义务条款以及相关条款的效力。应当办理申请批准等手续的当事人未履行义务的，对方可以请求其承担违反该义务的责任。

依照法律、行政法规的规定，合同的变更、转让、解除等情形应当办理批准等手续的，适用前款规定。

【相关司法解释】

《最高人民法院关于审理商品房买卖合同纠纷案件适用法律若干问题的解释》（2020）

第六条　当事人以商品房预售合同未按照法律、行政法规规定办理登记备案手续为由，请求确认合同无效的，不予支持。

当事人约定以办理登记备案手续为商品房预售合同生效条件的，从其约定，但当事人一方已经履行主要义务，对方接受的除外。

【条文要义】

本条是对合同已备案或者已批准不具有否定合同无效、可撤销效力的解释。

对认定已经备案或者已经批准的合同，能否对抗合同无效、合同可撤销的效力，《民法典》没有明确的规定。在以往的司法解释中，2003 年《最高人民法院关于审理商品房买卖合同纠纷案件适用法律若干问题的解释》第 6 条，对于以商品房买卖合同办理登记备案手续为由的合同效力问题作了规定。2020 年修订的《最高人民法院关于审理商品房买卖合同纠纷案件适用法律若干问题的解释》第 6 条仍然确认这一规则。本条根据以往司法经验，对此作出了明确规定。

法律、行政法规规定，有些合同生效是要经过备案或者经过批准的，在一般情况下，合同经过要约、承诺就已经成立，需要备案已经备案，需要报批已经批准，这个合同就已经生效了。

但问题是，如果经过备案或者报批批准的合同，存在法定无效或者可撤销的情形，这样的合同还能不能宣告无效或者是被撤销呢？这一问题不十分明确，法官也有不同认识，甚至认为合同一经备案或者经过批准，就已经发生法律效力，不能再请求宣告无效或者行使撤销权而撤销合同。

这不是实事求是的态度。

首先说合同无效。合同无效是法律对合同效力的强制干预，规定这些合同因为违反法律、行政法规的强制性规定，或者违背公序良俗等原因而无效。这样的合同即使经过备案或者批准，其中存在的违反法律、行政法规的规定以及违背公序良俗等原因并没有消失，仍然还在影响着合同效力。在这种情况下，一方当事人请求法院判决认定合同无效，只要符合法律的规定，就可以判决宣告该合同无效。也就是说，合同的备案和报批并不影响合同无效的认定。

再说合同可撤销。当合同存在欺诈、胁迫、重大误解、显失公平等可撤销的事由时，合同虽然经过备案或者报批批注，对合同一方行使撤销权也不发生妨碍，只要具备了《民法典》规定的民事法律行为可撤销的事由，当事人就可以请求法院撤销这样的合同，不能因为合同已经备案或者报批批准，就不能请求撤销该合同。

【案例评析】

<h3 style="text-align:center">刘某诉赵某某土地承包经营权纠纷案①</h3>

基本案情

2017 年 10 月 1 日原告刘某与被告赵某某签订《结算协议》一份，主要载明：原告在承接被告分包的某产业园项目围堰部分施工过程中，截至 2017 年 10 月 1 日经双方核实确认被告应支付给原告方材料款及机械费用等共计 3004732.25 元。被告方承诺上述款项在 2018 年 5 月 1 日前一次性支付给原告。有原告及被告的签字及按的手印。2018 年 5 月 20 日原告刘某与被告赵某某签订《土地使用权转让协议》一份，主要约定：被告方拥有位于沈阳市浑南区××镇××村占地面积为 15153.82 平方米的土地使用权。被告方拟将该土地使用权及地上建筑物所有权转让给原告。双方经有效协商，现根据我国现行土地转让及开发的法律法规，结合本协议所指土地及其开发的实际情况，自愿达成如下协议，供双方共同遵照执行。土地坐落位置为沈阳市浑南区××镇××村，土地使用面积为 151583.82 平方米，已批准的建筑面积为 268.33 平方米，土地规划用途为建筑用地，土地使用期限为永久。被告方已经领取了集体土地建设用地使用证。被告方转让土地拥有共有面积 784 平方米的别墅两栋：房屋所有权证。转让价格：被告方提出本协议所转让的土地及地上建筑物现市值约 550 万元，经双方多次协商，最后一致同意以 2017 年被告方尚欠原告方的材料款及机械费用 3004732.5 元作抵账，原告在另行支付 200 万元土地转让款，实际土地转让作价 500 万元。被告方在 2018 年 8 月 28 日前将涉及转让地块的土地使用权、房屋和项目开发权办理到原告方或其指定人名下。双方还约定了其他内容。当日，被告给原告出具《承诺书》一份，主要载明：原告在承接

---

① （2021）辽 0112 民初 11902 号。

被告分包的某产业园项目围堰部分施工过程中，截止到 2017 年 10 月 1 日经双方核实确认被告应支付给原告方材料款及机械费用等共计 3004732.25 元。被告方承诺上述款项在 2018 年 5 月 1 日前一次性支付给与原告。但到期后仍未打款。2018 年 5 月 20 日原告与被告签订《土地使用权转让协议》，协议中约定将被告欠原告的上述款项抵顶土地转让价款，原告承诺不再以任何理由向被告索要该笔款项。当日，原告从中国工商银行取款 200 万元。2018 年 5 月 28 日被告给原告出具《收条》一份，主要载明：本人赵某某确认收到刘某支付的土地转让款 200 万元。有被告的签名及按的手印。

现原告与被告因土地承包经营权事宜产生争议，原告诉至法院。

法院判决

法院认为，原告刘某起诉被告赵某某土地承包经营权合同纠纷，原告明确诉讼请求为依法确认涉案土地使用权转让合同有效。现经实地勘察，被告赵某某与案外人孙某签订有《房产土地转让协议书》，并且被告将上述土地的使用证及房屋产权证交付给案外人，案外人使用上述土地并建设厂房。原告诉讼时未提供上述土地使用证及房屋产权证原件，被告未将上述土地交付给原告，现原告提供集体土地建设用地使用证、建设用地申请书、占用土地审批承办单、征（拨、占）用土地协议书、非农业建设用地呈报表、沈阳市人民政府（用地）文件、建设用地批准书、土地使用权转让协议、房屋所有权证、确认书、个人独资企业登记情况查询卡、注销登记核准通知书、登报注销公告、原告承接被告分包的某产业园工程项目过程中投入的材料（山皮石）部分过磅单、结算协议、承诺书、银行取款凭证、收条等证据，现上述土地及房屋不能办理更名过户手续，根据法律规定，行为人与相对人恶意串通，损害他人合法权益的民事法律行为无效。故原告主张土地使用权转让合同有效的请求，不符合法律规定，本院不予支持。

法理解读

本案当事人的争议焦点，是案涉《房产土地转让协议书》是否有效。

合同的效力判断，核心是合同是否存在无效或者可撤销的情形，这属于对合同效力层面的判断，合同效力是法律的强制干预，违反法律、行政法规规定或者公序良俗的合同，或者存在欺诈、胁迫等可撤销的事由的合同，即使经过备案或者批准，其中存在的违反法律、行政法规的规定以及违背公序良俗的原因也没有消失。对于合同效力的判断，与作为事实行为的交付、登记行为是否已经完成，作为行政行为的是否已在有关行政管理部门办理备案、已经批准机关批准等不存在因果关系。因此，即便登记交付等事实行为或者公法上的备案审批行为已经完成，也不会使得本应无效的合同变为有效。这其实遵循了公法与私法的二分，负担行为和处分行为相互分离的原则，对于统一司法裁判具有重要意义。

本案中，被告赵某某与案外人孙某签订有《房产土地转让协议书》，但法院经审理查明，案涉合同的签订过程中，行为人和相对人存在恶意串通，因此相应合同应属无效。即便原告诉讼时提供了诸如集体土地建设用地使用证、建设用地申请书、占用土地审批承办单、征（拨、占）用土地协议书、非农业建设用地呈报表、沈阳市人民政府（用地）文件、建设用地批准书、土地使用权转让协议、房屋所有权证、确认书、个人独资企业登记情况查询卡、注销登记核准通知书、登报注销公告、原告承接被告分包的某产业园工程项目过程中投入的材料（山皮石）部分过磅单、结算协议、承诺书、银行取款凭证、收条等证据，但这些证据均不影响合同的效力判断本身。只要法院能够认定行为人与相对人恶意串通，案涉合同就应属无效。

第十四条 多份合同的效力认定

当事人之间就同一交易订立多份合同，人民法院应当认定其中以虚假意思表示订立的合同无效。当事人为规避法律、行政法规的强制性规定，以虚假意思表示隐藏真实意思表示的，人民法院应当依据民法典第一百五十三条第一款的规定认定被隐藏合同的效力；当事人为规避法律、行政法规关于合同应当办理批准等手续的规定，以虚假意思表示隐藏真实意思表示的，人民法院应当依据民法典第五百零二条第二款的规定认定被隐藏合同的效力。

依据前款规定认定被隐藏合同无效或者确定不发生效力的，人民法院应当以被隐藏合同为事实基础，依据民法典第一百五十七条的规定确定当事人的民事责任。但是，法律另有规定的除外。

当事人就同一交易订立的多份合同均系真实意思表示，且不存在其他影响合同效力情形的，人民法院应当在查明各合同成立先后顺序和实际履行情况的基础上，认定合同内容是否发生变更。法律、行政法规禁止变更合同内容的，人民法院应当认定合同的相应变更无效。

【民法典条文】

第一百四十六条　行为人与相对人以虚假的意思表示实施的民事法律行为无效。

以虚假的意思表示隐藏的民事法律行为的效力，依照有关法律规定处理。

第一百五十三条　违反法律、行政法规的强制性规定的民事法律行为无效。但是，该强制性规定不导致该民事法律行为无效的除外。

违背公序良俗的民事法律行为无效。

第一百五十七条　民事法律行为无效、被撤销或者确定不发生效力后，行为人因该行为取得的财产，应当予以返还；不能返还或者没有必要返还的，应当折价补偿。有过错的一方应当赔偿对方由此所受到的损失；各方都有过错的，应当各自承担相应的责任。法律另有规定的，依照其规定。

第五百零二条 依法成立的合同，自成立时生效，但是法律另有规定或者当事人另有约定的除外。

依照法律、行政法规的规定，合同应当办理批准等手续的，依照其规定。未办理批准等手续影响合同生效的，不影响合同中履行报批等义务条款以及相关条款的效力。应当办理申请批准等手续的当事人未履行义务的，对方可以请求其承担违反该义务的责任。

依照法律、行政法规的规定，合同的变更、转让、解除等情形应当办理批准等手续的，适用前款规定。

【条文要义】

本条是对认定多份合同的效力规则的解释。

对于多份合同的效力问题，涉及《民法典》第 146 条规定的适用，同时也涉及第 153 条、第 157 条、第 502 条、第 543 条和第 544 条的适用。对此，以往的司法解释没有作出规定，本条是第一次作出规定。

所谓多份合同的效力，在实践中通常被称为黑白合同或者阴阳合同，即在表面上有一个阳合同、背地里还有一个阴合同，其中对多份合同中究竟哪一份合同有效，就是多份合同的效力。

多份合同的效力还有另一种情况，即双方当事人就同一交易订立的多份合同，都是当事人的真实意思表示，并且不存在其他影响合同效力的情形。这些先后订立的合同是否发生合同变更的后果，也是多份合同效力中的问题，因为其中很多后订立的合同过程合同变更协议。

这两种情况，都属于认定多份合同效力的问题。《民法典合同编通则解释》对这两种情况作出了具体规定，统一了司法实践应当依照隐藏行为规则认定的规则。

1. 阴阳合同的效力认定

在实践中，阴阳合同经常出现，如建设工程合同是需要双方当事人签订了两个合同，去备案或者报批的合同并不是双方当事人的真实意思表示，他们自己手中持有的合同才是真正使他们受到约束的真实合同。也就形成了黑白合同的存在。

本条第 1 款确定了 3 种认定多份合同效力的规则。

（1）虚假合同的效力

《民法典》第 146 条第 1 款规定的是虚假行为，行为人与相对人以虚假意思表示实施的民事法律行为无效。本条第 1 款进一步规定，当事人之间就同一交易订立多份合同，法院应当认定其中以虚假意思表示订立的合同无效。也就是说，双方当事人订立了数份合同，如果其中有一份是虚假的意思表示，这个合同就是无效的。

不过，在虚假行为的场合，通常是一份合同，如果确认其为虚假，就可以宣布无效。

在多份合同的情况下，如果有的合同是当事人的真实意思表示，有的合同是虚假意思表示，那就直接确认虚假意思表示那份合同为无效，表达真实意思的合同具有法律效力。

（2）隐藏合同的效力

在订立合同中，当事人共同为规避法律、行政法规的强制性规定，以虚假的意思表示隐藏真实意思表示的，属于《民法典》第 146 条第 2 款规定的隐藏行为。这些被隐藏的合同如何适用法律，应当以《民法典》第 153 条的规定为判断标准，违反强制性规定或者违背公序良俗的，就构成无效。对隐藏行为应当依照被隐藏的行为的法律规定认定合同的效力，被隐藏的合同符合法律、行政法规的强制性规定、不违背公序良俗，就是有效的；违背法律、行政法规的强制性规定，违背公序良俗的，被隐藏的合同就是无效的。

（3）应当报批的被隐藏合同

应当报批的被隐藏合同，是典型的阴阳合同。当事人为了规避法律、行政法规关于合同应当办理批准等手续的规定，以虚假的意思表示隐藏真实意思表示的，要确认的也是被隐藏合同的效力。被隐藏的合同因为没有办理批准手续，会影响合同生效，但是不影响合同中履行报批等义务条款以及相关条款的效力。

应当办理申请报批等手续的当事人未履行义务的，对方可以请求其承担违反义务的责任。这种情况通常是报批的是那份假合同，双方当事人履行的合同才是真合同。这个真合同没有报批的，应当按照报批手续进行报批；如果应该报批没有报批的该方当事人，没有履行报批手续或者报批手续履行不及时的，还应当对对方承担赔偿责任。

2. 被隐藏合同无效或者确定不发生效力的法律依据

当事人在数份合同中，如果被隐藏的合同是无效或者确定不发生效力的。对此，法院应当将被隐藏合同作为事实基础，而不能以虚假合同作为基础。在适用法律上，应当适用《民法典》第157条的规定，对合同效力的后果进行补救。这里包括两种情况：一是被隐藏合同是无效的；二是被隐藏的合同确定不发生效力。最后的结果都是不发生合同的效力，都应当依照《民法典》第157条的规定，处理双方的争议。

如果法律另有规定，如合同欠缺的生效要件，可以依据关于补正生效要件使其生效的规定，不认定为无效。

3. 数份合同构成合同变更

当事人定有数份合同，不属于阴阳合同或者黑白合同，而是就同一交易订立的多份合同，都是当事人的真实意思表示，而且也没有存在其他影响合同效力的情形。在这种情况下，应当首先认定数份合同是否构成合同变更，在通常情况下，这种多份合同多数会发生合同变更。

这里要特别注意的是，应当考察数份合同成立的先后顺序，还应当考虑实际履行的情况。考察数份合同的成立先后顺序，特别有利于确定这些是否已经构成合同变更。而考虑实际履行的情况，可以确定双方当事人实际执行的是哪一份合同。

订立数份合同有先后顺序的，内容发生变化，是后合同变更了先合同的内容，构成合同变更。如果数份合同的内容基本相似，当事人实际履行的是其中的一个合同，这个合同又没有无效和可撤销的理由，这个合同就是双方当事人确定表达真实意思的合同，对双方当事人产生拘束力。

当事人订立的数份合同构成合同变更，但是法律、行政法规禁止变更合同内容的，这种合同变更无效，应当按照原来的合同履行。

【案例评析】

汤某等与房地产公司商品房买卖合同纠纷案①

基本案情

2013年3月18日和2014年3月27日，房地产公司与汤某、刘某龙、马某太、王某刚分别签订15份《商品房预售合同》，并向新疆维吾尔自治区乌鲁木齐市房屋产权交易管理中心备案登记。

2014年6月18日，汤某、刘某龙、马某太、王某刚与房地产公司签订《商品房买卖合同》约定：买受人（汤某、刘某龙、马某太、王某刚）购买的商品房为：1号楼，建筑面积：32617.85平方米；某商铺建筑面积10197.94平方米；商业楼前广场、停车场及附着物的使用权；"某公馆" 1号楼至7号楼东侧公路以东，围墙以西住宅区地面约100个停车位；100个地下车位；某公馆××号住宅楼××室（建筑面积114平方米）和××室（建筑面积166.48平方米）。计价方式与价款为：总价款为人民币4亿元整。付款方式及期限、面积确认及面积差异处理、逾期付款的违约责任、交付期限、逾期交房违约责任、交接、产权登记约定等以补充协议为准。

同日，双方签订《预售商品房补充协议》，约定2013年7月15日甲方（房地产公司）与乙方（汤某、刘某龙、马某太、王某刚）签订的《借款合同》因甲方长期拖欠利息，已确定无能力偿还借款本金及利息，双方确定借款期限提前到期，甲方同意以物抵债并确认2014年6月18日签订的《商品房买卖合同》为甲、乙双方在确认2013年3月18日至2014年3月27日签订并办理备案《商品房预售合同》的基础上形成，本补充

---

① 最高人民法院指导性案例72号。

协议为 2014 年 6 月 18 日签订的《商品房买卖合同》的补充协议。经甲乙双方对账确认截至 2014 年 6 月 18 日，乙方已付房款共计人民币 361398017.78 元，剩余 38601982.22 元未付。剩余房款待甲方给乙方办理完毕全部标的物房屋产权证书及土地使用权证书后的 30 日内，再由乙方一次性支付给甲方人民币 38601982.22 元。

2014 年 6 月 23 日，房地产公司出具《承诺书》，承诺给买受方办理交房使用日期为 2014 年 9 月 30 日前，并承诺如未能按期向买受方交房，自 2014 年 9 月 30 日起，每月向买受方支付人民币 1200 万元的利息及违约金，直到交房完毕之日时止。

后因房地产公司未履行《商品房买卖合同》，汤某、刘某龙、马某太、王某刚诉至法院，要求履行相应合同。

法院判决

一审法院认为，关于双方的法律关系问题，双方当事人对在签订《商品房买卖合同》前存在借贷关系均不持异议。房地产公司在对还款期限届满部分债务无力偿还借款本息的情况下，双方就借款期限未届满的部分债务确定于 2014 年 6 月 18 日提前到期，并于 2014 年 7 月 10 日对借款本息进行核算确认后，将借款本息数额转为购房款，用于汤某、刘某龙、马某太、王某刚购买房地产公司开发的紫荆公馆部分房产，购房单价以房地产公司提供《某公馆一号综合写字楼销售房源表》进行计算，并约定折抵后剩余 38601982.22 元房款待房地产公司给四人办理完毕全部标的物房屋产权证书及土地使用权证书后的 30 日内一次性支付。《商品房买卖合同》签订后，房地产公司未偿还借款和利息。可见，双方借贷关系通过协商一致予以解除，其基于借贷关系而发生的债权债务因设立新的商品买卖合同法律关系而归于消灭。因此，双方当事人之间系商品房买卖法律关系。房地产公司认为双方之间系名为商品房买卖实为民间借贷法律关系的抗辩理由与事实不符。

房地产公司合法取得商品房预售许可证后，将其开发的"某公馆"的在建房产，与汤某、刘某龙、马某太、王某刚签订《商品房买卖合同》及《预售商品房补充协议》。合同约定的商品房基本状况，商品房总价款、单价、付款方式及剩余购房款付款时间、交付使用条件与日期等，具备商品房买卖合同的必要条款，双方并在落款处签字盖章。房地产公司对涉案合同的真实性未提出异议。可见，双方订立商品房买卖合同意思表示真实，内容不违反法律、行政法规的强制性规定，应属合法有效。

房地产公司不服一审判决，提起上诉。

二审法院认为，双方当事人对《商品房买卖合同》的真实性均无异议，《预售商品房补充协议》的真实性亦依法可以确认，《商品房买卖合同》和《预售商品房补充协议》均已依法成立。该两份合同签订前，房地产公司与汤某等四人之间确实存在借款合同关系，且为履行借款合同，双方签订了《补充协议》，并依据该《补充协议》的约定，签订了相应的《商品房预售合同》，办理了预购商品房预告登记。但根据《预售商品房补充协议》的约定内容及双方于 2014 年 6 月 18 日、7 月 10 日的对账情况，双方于 2014 年 6 月 18 日签订的《商品房买卖合同》，系在房地产公司长期拖欠借款利息，已确定无能力偿还借款本金及利息的情况下，双方经协商同意，借款期限提前到期，并将对账确认的借款本息转为购房款，将双方之间的借款合同关系转变为商品房买卖合同关系，对房屋交付、尾款支付、违约责任等权利义务内容亦作出了约定。民事法律关系的产生、变更、消灭，除基于法律特别规定外，需要通过法律关系参与主体的意思表示一致形成。而民事交易活动过程中，当事人的意思表示发生变化的情况并不鲜见，该意思表示的变化，除为法律特别规定所禁止外，均应予以准许。由于《商品房买卖合同》和《预售商品房补充协议》签订时，双方之间的部分借款已经到期，其余部分借款双方当事人一致同意提前到期，在此情况下，双方经协商一致终止借款合同关系，订立《商品房买卖合同》，建立商品房买卖合同关系，将对账确认的借款本息转变为已付购房款。该《商品房买卖合同》并非为双方之间的借款合同履行提供担保，而是借款合同到期房地产公司难以清偿债务时，双方协商通过将房地产公司所有的商品房出售给汤某等四位债权人的方式，实现双方权利义务平衡的一种交易安排。《商品房买卖合同》及与其相关的《预售商品房补充协议》《承诺书》的内容均表明，汤某等四人具有实际向房地产公司购买案涉房屋的真实意愿，房地产公司亦具有向汤某等四人出售该房屋的真实意愿。当事人的上述交易安排，并未违反法律、行政法规的强制性规定，尽管案涉购房款的支付源于当事人之间曾经存在的借款合同关系，但尊重当事人嗣后形成的变更法律关系性质的一致意思表示，是贯彻合同自由原则的题中应有之义。因此，对房地产公司主张本案《商品房买卖合同》《预售商品房补充协议》应认定为无效的请求，法院依法亦不予采信。

法理解读

本案中双方当事人之间签订了多份协议，核心争议焦点是当事人之间签订的《商品房买卖合同》《预售商品房补充协议》应属于何种性质，以及相应合同的效力如何认定。

司法实践中，当事人之间可能前后签订多份合同，其中多份合同之间可能呈现多种不同的关系，有的可能构成阴阳合同，有的就是单纯的先签合同和后续合同，还有的属于以后合同对前合同进行了更新替代。例如，当事人定有数份合同，但不属于阴阳合同或者黑白合同，多份合同都是当事人的真实意思表示，不存在其他影响合同效力的情形。在这种情况下，应当首先认定数份合同是否构成合同变更。在交易实践中，合同变更属于较为常见的情形，本案即是如此。本案债务人在债务履行期届满后无力偿还部分债务，故与债权人协商提前对债务总额进行了核算，之后通过签订房屋买卖合同购买案涉房屋的方式，以全部借款本息抵顶部分购房款，折抵后剩余的购房款于案涉房屋过户后一次性支付，后债权人因债务人未再偿还本息又拒绝履行房屋买卖合同诉至法院。此时，如果解释当事人之间的法律关系，关涉案涉合同的效力问题。这涉及新债清偿、债务更新等理论的适用。如果当事人之间合意以新债取代旧债的，应认定当事人之间达成了债务更新的合意，司法实践应予以尊重。

本案中，法院未认可房地产公司要求行使反悔权的主张，而是认定以物抵债协议（新债）已经成立，当事人之间应当依约履行。在该案中，债务人房地产公司在自愿签订以房抵债协议后房屋过户前，基于房价上涨的事实，后悔不愿意履行新债，此时裁判者实质上面临允许债务人反悔以保护债务人利益还是允许债权人要求继续履行新债以优待债权人的利益抉择，如果裁判者否认了后合同的效力，虽可以"省事地"处理纠纷，但此种做法将直接损害该案债权人的利益。本案法院充分立足个案，通过考察整体的交易背景、合同的内容约定，发现本案多份合同均属于当事人的真实意思表示，因此将后续签订的房屋买卖合同认定为当事人之间的真实法律关系，目的在于清偿先前的债务，本案并非签订房屋买卖担保债务履行，而是以买卖合同的方式消灭债务。据此，法院没有支持房地产公司主张本案《商品房买卖合同》《预售商品房补充协议》应认定为无效的请求。

第十五条　名实不符与合同效力

人民法院认定当事人之间的权利义务关系，不应当拘泥于合同使用的名称，而应当根据合同约定的内容。当事人主张的权利义务关系与根据合同内容认定的权利义务关系不一致的，人民法院应当结合缔约背景、交易目的、交易结构、履行行为以及当事人是否存在虚构交易标的等事实认定当事人之间的实际民事法律关系。

【民法典条文】

第一百四十六条　行为人与相对人以虚假的意思表示实施的民事法律行为无效。

以虚假的意思表示隐藏的民事法律行为的效力，依照有关法律规定处理。

【相关司法解释】

《最高人民法院关于审理融资租赁合同纠纷案件适用法律问题的解释》（2020）

第一条 人民法院应当根据民法典第七百三十五条的规定，结合标的物的性质、价值、租金的构成以及当事人的合同权利和义务，对是否构成融资租赁法律关系作出认定。

对名为融资租赁合同，但实际不构成融资租赁法律关系的，人民法院应按照其实际构成的法律关系处理。

【既往司法解释】

《最高人民法院关于审理融资租赁合同纠纷案件适用法律问题的解释》（2014）

第一条 人民法院应当根据合同法第二百三十七条的规定，结合标的物的性质、价值、租金的构成以及当事人的合同权利和义务，对是否构成融资租赁法律关系作出认定。

对名为融资租赁合同，但实际不构成融资租赁法律关系的，人民法院应按照其实际构成的法律关系处理。

【条文要义】

本条是对名实不符的合同效力的规定。

名实不符的合同，多数是隐藏行为。《民法通则》和《合同法》只规定了以合法形式掩盖非法目的的合同，当然也是隐藏行为，但是范围较窄，不能包括隐藏行为的各种情形。

不过，2005 年《最高人民法院关于审理涉及国有土地使用权合同纠纷案件适用法律问题的解释》规定了数种合作开发房地产合同隐藏土地使用权合同、房屋买卖合同、借款合同、房屋租赁合同的情形，应当依照实际履行的合同关系认定合同性质。2014年《最高人民法院关于审理融资租赁合同纠纷案件适用法律问题的解释》第1条就规定，对名为融资租赁合同，但实际不构成融资租赁法律关系的，法院应按照其实际构成的法律关系处理。这些都是典型的隐藏行为及其适用法律规则，只是局限在具体合同关系领域而已。在其他方面，最高人民法院以往的司法解释也有规定，如2015年《最高人民法院关于审理民间借贷案件适用法律若干问题的规定》第24条就规定以买卖合同隐藏为民间借贷提供担保的法律适用规则。

《民法典》规定了第146条第2款以后，对于隐藏行为的法律适用规则就有了一般认定方法。2020年《最高人民法院关于审理融资租赁合同纠纷案件适用法律问题的解释》第1条再次重申了名为融资租赁合同，但实际不构成融资租赁法律关系的法律适用规则，完全符合《民法典》第146条第2款规定的要求。本条根据《民法典》第146条第2款的规定，对名实不符合同的效力规则作出了明确解释。

在司法实践中经常出现合同的名实不符情形，也就是合同的标题写的是一种合同的性质，但是当事人在合同内容中约定的却是另外一种合同内容，不属于合同标题规定的性质。这种情况很容易搞混，如有一个案件，双方约定的是委托贷款，但实际内容是通过委托贷款的方式向对方当事人支付预付款。这就是名实不符的合同。

对于名实不符的合同，应该追求当事人的真意，确定当事人真实的意思表示是合同的内容。所以，对名实不符的合同确定其真实的性质，主要是看合同的内容约定，而不是看合同的标题。

本条第1款明确规定，法院在认定当事人之间的权利义务关系，对名实不符的合同效力，不应当拘泥于合同使用的名称，而应当根据当事人之间的权利义务关系约定的内容。这是认定名实不符合同的真实意思表示的根本方法。

当事人如果主张的权利义务关系与根据合同的内容认定的权利义务关系不一致，这是一种名实不符的情形。在这种情况下，法院应当结合缔约背景、交易目的、交易结构、履行行为以及当事人是否存在虚构交易标的等事实，认定真实的民事法律关系。这其实是对合同的整体解释，虽然当事人主张的权利义务关系与合同确定的权利义务关系不一致，根据上述这些因素，就能判定真实的法律关系。

合同的缔约背景、交易目的、交易结构、履行行为和当事人是否存在虚构交易等因素，概括的是一个合同的真实情况。把这些要素综合在一起，就能够准确地认定当事人之间的权利义务关系的实际情况。如果当事人主张的权利义务关系与根据合同内容认定的权利义务关系不一致，就构成名实不符的合同。法官审查这一争议焦点，应当根据合同的上述诸因素，进行综合判断，就能够认定当事人之间的实际民事法律关系，认定一方当事人主张的真假。

【案例评析】

煤炭运销部与焦煤公司企业借贷纠纷案①

基 本 案 情

2007 年 1 月 9 日，焦煤公司、煤炭运销部及某公司三方签订合作协议，约定：焦煤公司和某公司负责采购煤炭及公路运输；煤炭运销部和某公司负责港口事宜，同时某公司负责煤炭销售及货款回收；焦煤公司的煤炭价格不能高于港口市场价格，如焦煤公司不能如期发货到港口，应在 15 天内退回煤炭运销部预付款；每月按照煤炭数量、价格、质量等双方分别签订合同；焦煤公司对某公司、煤炭运销部对焦煤公司原则上采取预付款的形式付款结算。

---

① 《最高人民法院公报》2017 年第 6 期。

2006 年 12 月 4 日、2007 年 3 月 1 日、2007 年 4 月 23 日，煤炭运销部
与焦煤公司签订《煤炭购销合同》，煤炭价格每吨 523 元，装船港为唐山
京唐港，交货方式为发运港口离岸平仓交货。合同签订后，煤炭运销部于
2007 年 6 月 29 日向焦煤公司支付货款 760 万元，同年 7 月 12 日支付货款
1000 万元，共计 1760 万元货款，但焦煤公司未依约供货。焦煤公司与某
公司于 2006 年 12 月 4 日、2007 年 1 月 22 日、4 月 23 日分别签订煤炭购
销合同，每吨 510 元。装船港为唐山京唐港，交货方式为发运港口离岸平
仓交货。某公司未依约发货。

因合同履行产生争议，煤炭运销部起诉，请求判令焦煤公司向煤炭运
销部交付 38337.6 吨原煤或返还煤炭运销部货款 1760 万元，并赔偿相应利
息损失（自 2007 年 8 月 1 日起计算至起诉之日为 4106108 元）。

法院判决

一审法院认为，煤炭运销部与焦煤公司签订煤炭购销合同后，煤炭运
销部依约支付预付货款 1760 万元，但焦煤公司没有依约付货。2008 年元
月之后焦煤公司、煤炭运销部及某公司三方没有签订任何合作协议，任何
两方也没有签订煤炭购销合同。但在 2009 年 7 月 1 日焦煤公司仍然出具证
明，证明收到相应货款，但未交付相应货物。焦煤公司至今未依约供货，
事实清楚，证据确凿，焦煤公司应当支付煤炭运销部蒙原煤 38337.6 吨或
返还预付货款 1760 万元并支付相应利息。由此，一审法院作出民事判决，
判令焦煤公司于判决生效后十日内交付煤炭运销部蒙原煤 38337.6 吨，未
交付货物则应返还煤炭运销部货款本金 1760 万元及利息。

焦煤公司不服一审判决，向山西省高级人民法院上诉

二审法院认为，本案的争议焦点为由某公司打给煤炭运销部的 1760
万元是某公司替焦煤公司返还给煤炭运销部的预付款还是某公司支付给煤
炭运销部的应付货款。2007 年 1 月 9 日，三方签订合作协议约定，为保障
各方经济利益，在煤炭运销各环节成本应公开、透明，及时通报各方；还
约定煤炭运销部与焦煤公司、煤炭运销部与某公司、某公司与焦煤公司，

各方所签订的合同均为本协议不可分割的一部分。因此三方中任何两方的经济行为都应在三方协议约定的运作方式下进行，并应有相应的煤炭购销合同予以印证。对于某公司转回煤炭运销部的 1760 万元，如煤炭运销部主张该笔款项系某公司的应付货款，应提供与某公司的煤炭购销合同予以证明。因煤炭运销部无法提供合同，该院对煤炭运销部答辩称该 1760 万元系某公司应付货款的理由不予支持。该院认为讼争的 1760 万元在煤炭运销部、焦煤公司及某公司之间顺次流转后，三方因该笔款项产生的债权债务关系消灭，焦煤公司的上诉理由充分，应予支持。

煤炭运销部不服二审判决，向最高人民法院申请再审，请求改判维持山西省太原市中级人民法院（2012）并商初字第 119 号一审民事判决。

再审法院认为，关于本案法律关系的性质及合同效力，2006 年 12 月 4 日，煤炭运销部与焦煤公司、焦煤公司与某公司分别签订了除价款外在标的、数量、质量指标、交货时间、发货港、发货方式、质量标准、数量验收等方面完全相同的《煤炭购销合同》，某公司作为最终供货人，实际上是经由焦煤公司这一中介，以卖煤的形式间接从煤炭运销部取得货款，焦煤公司从中获取每吨 13 元的价差收益。根据已经查明的事实，同一时期煤炭运销部又与某公司签订买卖合同，以每吨 533 元的价格向某公司转卖所购煤炭，从而获取每吨 10 元的价差收益。通过上述三项交易，煤炭运销部、焦煤公司、某公司三方之间形成了一个标的相同的封闭式循环买卖，某公司先以每吨 510 元的低价卖煤取得货款，经过一定期间后再以每吨 533 元的高价买煤并支付货款。在这一循环买卖中，某公司既是出卖人，又是买受人，低价卖出高价买入，每吨净亏 23 元。某公司明知在这种循环买卖中必然受损，交易越多，损失越大，却仍与煤炭运销部、焦煤公司相约在 2007 年度合作经营煤炭 100 万吨，这与某公司作为一个营利法人的身份明显不符，有违商业常理，足以使人对某公司买卖行为的真实性产生合理怀疑。对此，焦煤公司解释称是由于某公司缺少资金才一手组织了这样的交易。通过对本案交易过程的全面考察以及相关证据的分析认定，本院认为煤炭运销部、焦煤公司、某公司之间并非真实的煤炭买卖关系，而是以煤炭买卖形式进行融资借贷，某公司作为实际借款人，每吨支付的23元买卖价差实为利息。唯此，才能合理解释某公司既卖又买、低卖高买、自甘受损的原因。因此，本案法律关系的性质应为以买卖形式掩盖的企业间借贷，相应地，本案的案由亦为企业间的借款合同纠纷。原一、二审法院认定本案的案由为买卖合同纠纷不当，本院予以纠正。因煤炭运销部、焦煤公司、某公司之间所签订的《煤炭购销合同》均欠缺真实的买卖意思表示，属于当事人共同而为的虚伪意思表示，故均应认定为无效。

焦煤公司、煤炭运销部及某公司于2007年1月9日签订《三方合作协议》，约定三方在2007年度合作经营煤炭100万吨。由此可见，三方之间已就长期、反复地以煤炭买卖形式开展企业间借贷业务形成合意。本案所涉的1760万元交易即属三方协议的具体履行。煤炭运销部不具有从事金融业务的资质，却以放贷为常业，实际经营金融业务，有违相关金融法规及司法政策的规定。焦煤公司以买卖形式向煤炭运销部借款，并非出于生产、经营需要，而是为了转贷给某公司用以牟利。因此煤炭运销部与焦煤公司、焦煤公司与某公司之间以买卖形式实际形成的借贷合同均应认定为无效。合同无效后，焦煤公司应将从煤炭运销部取得的1760万元及其利息返还给煤炭运销部，由于煤炭运销部对借贷行为的无效亦存在过错，焦煤公司应返还的利息金额可以适当减轻，因此根据公平原则酌定按中国人民银行同期同类存款基准利率计算焦煤公司应返还的利息数额。

法理解读

本案当事人的争议焦点，是案涉合同应如何履行，这涉及对案涉合同的性质和效力进行认定，即相应交易究竟是买卖、民间借贷还是金融借贷。

名实不符合同并非严谨的法律概念，其指代一类合同的名义和实质存在分离。对于名实不符合同性质认定时，不应拘泥于合同使用的名称，而应当根据当事人之间的权利义务关系约定的内容，因为合同内容才反映了当事人的真实意思，如果当事人主张的权利义务关系与根据合同的内容确立的权利义务关系不一致，法院则应当结合缔约的背景、交易目的、交易结构、履行行为以及当事人是否存在虚构交易标的等事实，认定真实的民事法律关系。司法实践中对待此种名实不符的合同可有两类情境：一种是一方当事人主张越过合同的名义、内容另行主张权利义务，法院对此予以认可；另一种是双方当事人均认可合同性质，但法院直接改变了合同定性。就第一种模式，裁判逻辑是认为一方当事人的主张符合双方交易的真实意思；就第二种模式，法院思路是认为合同的特殊约定以及履行情况，体现出的才是当事人的真意。本案属于第二种情形，此时确定当事人之间的法律关系需要考虑通谋虚伪规则。通谋虚伪规则系用于解决表意人与相对人共同作出意思表示，但不欲使其产生法律效力的情况。在名实不符合同中，如果当事人的特殊约定、履行行为所体现出的真实意图与合同名义和内容不相符，则可以认为双方合意形成的合同名义和内容是虚假的，因为双方实际上并不希望以此发生法律效力。

本案中，双方当事人签订的合同名为《煤炭购销合同》，但是三方之间签订的《煤炭购销合同》除价款外合同内容均相同外，通过上述三项交易，煤炭运销部、焦煤公司、某公司三方之间形成了一个标的相同的封闭式循环买卖，其中焦煤公司可以从中获取每吨13元的价差收益，煤炭运销部可以获取每吨10元的价差收益。某公司低价卖出高价买入，每吨净亏23元。通过对本案交易过程的全面考察以及相关证据的分析认定，法院认为煤炭运销部、焦煤公司、某公司之间并非真实的煤炭买卖关系，而是以煤炭买卖形式进行融资借贷，某公司作为实际借款人，每吨支付的23元买卖价差实为利息。因此，本案法律关系的性质应定位为企业间借贷。由于三方之间已就长期、反复地以煤炭买卖形式开展企业间借贷业务形成合意，而煤炭运销部不具有从事金融业务的资质，却以放贷为常业，实际经营金融业务，因此相应合同违反了相关金融法规及司法政策的规定，可以认定为无效。

第十六条 违反强制性规定不导致合同无效的情形

合同违反法律、行政法规的强制性规定，有下列情形之一，由行为人承担行政责任或者刑事责任能够实现强制性规定的立法目的的，人民法院可以依据民法典第一百五十三条第一款关于"该强制性规定不导致该民事法律行为无效的除外"的规定认定该合同不因违反强制性规定无效：

（一）强制性规定虽然旨在维护社会公共秩序，但是合同的实际履行对社会公共秩序造成的影响显著轻微，认定合同无效将导致案件处理结果有失公平公正；

（二）强制性规定旨在维护政府的税收、土地出让金等国家利益或者其他民事主体的合法利益而非合同当事人的民事权益，认定合同有效不会影响该规范目的的实现；

（三）强制性规定旨在要求当事人一方加强风险控制、内部管理等，对方无能力或者无义务审查合同是否违反强制性规定，认定合同无效将使其承担不利后果；

（四）当事人一方虽然在订立合同时违反强制性规定，但是在合同订立后其已经具备补正违反强制性规定的条件却违背诚信原则不予补正；

（五）法律、司法解释规定的其他情形。

法律、行政法规的强制性规定旨在规制合同订立后的履行行为，当事人以合同违反强制性规定为由请求认定合同无效的，人民法院不予支持。但是，合同履行必然导致违反强制性规定或者法律、司法解释另有规定的除外。

依据前两款认定合同有效，但是当事人的违法行为未经处理的，人民法院应当向有关行政管理部门提出司法建议。当事人的行为涉嫌犯罪的，应当将案件线索移送刑事侦查机关；属于刑事自诉案件的，应当告知当事人可以向有管辖权的人民法院另行提起诉讼。

【民法典条文】

第一百五十三条 违反法律、行政法规的强制性规定的民事法律行为无效。但是，该强制性规定不导致该民事法律行为无效的除外。

违背公序良俗的民事法律行为无效。

【相关司法解释】

《全国法院民商事审判工作会议纪要》

30.【强制性规定的识别】合同法施行后，针对一些人民法院动辄以违反法律、行政法规的强制性规定为由认定合同无效，不当扩大无效合同范围的情形，合同法司法解释（二）第14条将《合同法》第52条第5项规定的"强制性规定"明确限于"效力性强制性规定"。此后，《最高人民法院关于当前形势下审理民商事合同纠纷案件若干问题的指导意见》进一步提出了"管理性强制性规定"的概念，指出违反管理性强制性规定的，人民法院应当根据具体情形认定合同效力。随着这一概念的提出，审判实践中又出现了另一种倾向，有的人民法院认为凡是行政管理性质的强制性规定都属于"管理性强制性规定"，不影响合同效力。这种望文生义的认定方法，应予纠正。

人民法院在审理合同纠纷案件时，要依据《民法总则》第153条第1款和合同法司法解释（二）第14条的规定慎重判断"强制性规定"的性质，特别是要在考量强制性规定所保护的法益类型、违法行为的法律后果以及交易安全保护等因素的基础上认定其性质，并在裁判文书中充分说明理由。下列强制性规定，应当认定为"效力性强制性规定"：强制性规定涉及金融安全、市场秩序、国家宏观政策等公序良俗的；交易标的禁止买卖的，如禁止人体器官、毒品、枪支等买卖；违反特许经营规定的，如场外配资合同；交易方式严重违法的，如违反招投标等竞争性缔约方式订立的合同；交易场所违法的，如在批准的交易场所之外进行期货交易。关于经营范围、交易时间、交易数量等行政管理性质的强制性规定，一般应当认定为"管理性强制性规定"。

【既往司法解释】

《最高人民法院关于适用〈中华人民共和国合同法〉若干问题的解释（二）》

第十四条 合同法第五十二条第（五）项规定的"强制性规定"，是指效力性强制性规定。

【条文要义】

本条是对认定"违反强制性规定不导致合同无效"具体情形的解释。

关于违反法律规定的合同效力，在我国立法中是不断变化的。

原《民法通则》规定，凡是违反法律规定的合同都是无效的合同。《合同法》发生了变化，规定合同违反强制性法律规定的，才导致无效。后来，《最高人民法院关于适用〈中华人民共和国合同法〉若干问题的解释（二）》第 14 条作了明确的规定，即《合同法》第 52 条第 5 项规定的强制性规定，是指效力性强制性的规定。这样就出现了对效力性强制性规定和管理性强制性规定应当如何区分的问题，在具体司法实践中执行地并不是很好。针对这种问题，《全国法院民商事审判工作会议纪要》对如何确认效力性强制性规定又进一步作出了新的说明。

《民法典》第 153 条规定，违反法律、行政法规的强制性规定的民事法律行为无效。但是，该强制性规定不导致该民事法律行为无效的除外。这一规则在适用上确实有很大的难度，比较难掌握，可操作性不强。本条对于该条文中"违反法律、行政法规的强制性规定不导致合同无效"的情形作出了具体解释，是对适用《民法典》第153条第1款后段的具体解释。对违反法律、行政法规的强制性规定的合同无效的，直接适用该条款的前段规定即可。

1. 违反法律、行政法规的强制性规定不导致合同无效的具体情形

合同违反法律、行政法规强制性规定的，应当无效。但是，《民法典》第153条第1款后段又规定了但书，即"该强制性规定不导致该民事法律行为无效的除外"。但书规定的不导致合同无效的具体情形是什么，在实际操作中应当如何掌握，需要进行解释。本条第1款规定，合同违反法律、行政法规的强制性规定，有下列五种情形之一的，由行为人承担行政责任或者刑事责任能够实现强制性规定的立法目的的，人民法院可以依据《民法典》第153条第1款关于"该强制性规定不导致该民事法律行为无效的除外"的规定，适用该款的后段规定，认定该合同不因违反强制性规定无效。

（1）强制性规定虽然旨在维护社会公共秩序，但是合同的实际履行对社会公共秩序造成的影响显著轻微，认定合同无效将导致案件处理结果有失公平公正

合同是当事人设定权利义务的民事法律行为，属于意思自治的范围，是否生效应当由当事人的合意确定。但是，为了保障社会公共利益和交易秩序，合同当事人应当遵守法律或者行政法规的强制性规定，违反强制性规定的合同应当认定为无效。可见，合同无效制度就是通过对合同效力的强制调整，维护社会公共秩序。故该强制性规定虽然旨在维护社会公共秩序，但是对合同的实际履行对社会公共秩序造成的影响轻微的，且认定合同无效将导致案件处理结果有失公平公正的，不能认定为合同无效。

把握这个规则，应当具备以下三个要件：

第一，法律、行政法规的强制性规定的目的是维护社会公共秩序。这

是构成这种违反强制性规定的合同有效的第一个要件。没有这个要件，不存在违反法律、行政法规的强制性规定又不导致该民事法律行为无效的前提。

第二，合同的实际履行对社会公共秩序造成的影响显著轻微。确定合同是否有效，考察的是合同的履行，而不是合同的订立。在考察合同效力时，还应着重考察合同约定的权利义务关系内容的实际履行是否会影响社会公共秩序。如果合同的实际履行虽然也影响社会公共秩序，但是影响程度显著轻微，由于法律认定合同无效的目的是维护社会公共秩序，因此，合同的实际履行即使对社会公共秩序影响轻微，也是有影响的，合同也是无效的。只有合同的履行对社会公共秩序影响显著轻微的，才不导致合同无效。显著轻微，就是虽然有影响，但是影响不大，可以忽略不计。

第三，认定合同无效将导致案件处理结果有失公平公正。认定合同有效还是无效，是否公平公正，是重要的标准。虽然强制性规定是为了维护社会公共秩序，但是给社会公共秩序造成的影响又显著轻微，同时认定合同无效会使案件的处理结果有失公平公正，当然就应当认定合同有效，不因违反法律、行政法规的强制性规定而无效。

（2）强制性规定旨在维护政府的税收、土地出让金等国家利益或者其他民事主体的合法利益而非合同当事人的民事权益，认定合同有效不会影响该规范目的的实现

法律或者行政法规的强制性规定都有自己的目的，大致可以分成三大类，一是维护国家的利益，如维护政府的税收、土地出让金等；二是维护其他民事主体的合法利益；三是维护合同当事人的民事权益。

在强制性规定的这三种目的中，首先，如果是旨在维护政府的税收、土地出让金等国家利益，采取补交税收或者罚金、补交土地出让金就可以使国家利益得到实现，不必认定当事人之间的合同无效。其次，如果是旨在维护其他民事主体的合法利益，则可以用其他的方法认定当事人之间的合同是否有效，如恶意串通损害第三人的合法权益，可以适用恶意串通的规定认定合同无效，而不适用违反法律、行政法规强制性规定的规定认定

合同无效。最后，只有强制性规定的目的是旨在维护合同当事人的民事权益，才可能涉及当事人之间合同的效力问题。因此，在前两种情形下，合同当事人尽管违反法律、行政法规的强制性规定，也不应当认定合同无效，或者不以违反法律、行政法规的强制性规定而认定合同无效。

（3）强制性规定旨在要求当事人一方加强风险控制、内部管理等，对方无能力或者无义务审查合同是否违反强制性规定，认定合同无效将使其承担不利后果

这种违反该强制性规定不导致无效的合同，在认定中也应当把握以下三个要件：

第一，强制性规定旨在要求当事人一方加强风险控制、内部管理等。在维护合同当事人合法权益的强制性规定中，如果强制要求的是当事人一方订立合同应当加强风险防控、内部管理等，虽然也是强制性规定，但是从原则上说，这种强制性规定并不涉及合同的效力问题，只是要求当事人一方在实施民事法律行为时应当加强风险防控，搞好内部管理，防止自己的权益受到损害。如果该方当事人在订立合同时违反了这样的强制性规定，也仅仅是损害自己的合法权益，是对自己合法权益的保护不注意。既然法律已经提示了，自己不加强风险防控，搞好内部管理，应当自己负责。

第二，对方当事人无能力或者无义务审查合同是否违反强制性规定。正是由于这样的强制性规定目的在于要求当事人一方加强风险防控搞好内部管理，因而对方当事人无能力或者无义务就合同是否违反强制性规定进行审查，就是必然的。其逻辑基础在于，法律的强制性规定针对的是一方当事人，作为对方当事人，或者是无能力，或者是根本就无义务去考察对方当事人是否违反这一强制性规定，都不涉及合同的效力问题。所以，不能因一方当事人违反保护自己的强制性规定而认定双方当事人订立的合同无效。

第三，认定合同无效使对方当事人承担不利后果。也正是由于上述两个方面的原因，因而认定违反该强制性规定不导致合同无效就是正确的。

如果认定这样的合同无效，将使对方当事人承担不利后果，显然也是违反公平原则的。

符合上述三个要件，即使合同违反强制性规定，也不导致该合同无效，应当认定该合同有效。

（4）当事人一方虽然在订立合同时违反强制性规定，但是在合同订立后其已经具备补正违反强制性规定的条件却违背诚信原则不予补正

这种合同虽然违反强制性规定但是却不导致该合同无效，也应当具备以下三个要件：

第一，当事人在订立合同时确实违反强制性规定。这个要件是一个前提，就是当事人在订立合同时，已经确定该合同违反强制性规定。对此，原本是可以认定该合同无效的，由于该合同具备了第二个要件，因此不能就此认定该合同有效。

第二，在合同订立后当事人已经具备补正违反强制性规定的条件。这个要件要求，当事人已经订立的合同尽管违反法律、行政法规的强制性规定，但是，这些违反强制性规定的情形是可以补正的，在具备了违反强制性规定的条件后，对违反强制性规定内容进行了补正，就能够消除合同的履行对社会公共秩序造成的影响，避免合同无效的后果。

第三，当事人违背诚信原则不予补正。当合同订立后，虽然违反强制性规定，但是已经具备了能够补正违反强制性规定的条件，只要补正就能够避免合同无效，但是，一方或者双方当事人违背诚信原则，不予补正，这是当事人故意引起合同无效的后果，存在恶意，因而应当对此认定合同有效。

具备上述三个要件，不导致合同无效，双方应当继续履行合同。

（5）法律、司法解释规定的其他情形

法律或者司法解释规定了违反强制性规定并不导致合同无效的其他情形，应当依据该规定，确认该合同并不导致无效。例如，《民法典》对合同当事人之间的利益显著不平衡的，设置显失公平的规则，一方当事人享有撤销权，可以主张撤销该合同。这就是公平正义对合同效力的影响。这

也是法律规定的强制性规定。但是，违反这样的强制性规定的合同虽然显失公平，但是并不强制认定其无效，而是交给当事人自己选择撤销还是继续合同的效力，并非强制地认定为无效。如果合同违反法律、行政法规的强制性规定，认定无效后，会导致明显不公平的后果，虽然没有达到显失公平的程度，但也违反民法的公平正义原则，不是民法希望看到的。因此，在这种情形下，虽然也属于违反强制性规定，但是不导致合同无效。

同样，法律规定合同当事人不得欺诈或者胁迫，但是，即使当事人通过欺诈或者胁迫手段订立合同，也并不直接导致合同无效，而是将撤销权交给受欺诈、受胁迫一方，由他决定是撤销使其归于消灭，还是不予撤销，承认其效力。

2. 合同违反法律、行政法规规制合同履行行为的强制性规定的效力

法律、行政法规的强制性规定，有的是规制合同的权利义务关系，有的是规制合同的履行行为，本条第 1 款规定的是规制合同权利义务关系的法律、行政法规强制性规定，不导致合同无效的情形。本条第 2 款规定的是违反规制合同履行行为的强制性规定不导致合同无效的情形。

法律、行政法规的强制性规定旨在规制合同订立后的履行行为，不是强制性规定不涉及合同订立行为，而是规制合同的履行行为，如《民法典》第 509 条第 3 款规定的合同履行绿色原则，当事人订立合同后，一方当事人的履行行为不符合绿色原则的要求，据此，另一方当事人以合同违反强制性规定为由请求认定合同无效的，法院当然不予支持。

但是，对于法律、行政法规强制性规定规制的是合同订立后的履行行为，但是，合同的履行行为必然导致违反强制性规定，或者法律、司法解释另有规定，认为影响社会公共秩序的，则应当认定为无效。例如，当事人在合同中约定的合同订立后的履行行为违背公序良俗，会造成社会公共利益的损害，则应当认定合同无效。

3. 合同有效后对违法行为的处理

按照本条司法解释第 1 款和第 2 款的规定，认定合同有效的，对其中

的违法行为也是要依法处理的，不能放弃对违法犯罪行为的处理。具体的处理方法是：

第一，当事人的行政违法行为未经处理的，法院应当向有关行政管理部门提出司法建议。行政管理部门接到司法建议的，应当依照行政法和行政法规的规定，依法予以处理。

第二，当事人的行为涉嫌犯罪的，应当依照程序法的规定，依照两种方法处理：首先，如果当事人的行为涉嫌犯罪，并且是公诉案件的，应当将案件线索移送刑事侦查机关，通过侦查、起诉的程序，由法院确定刑罚；其次，如果属于刑事自诉案件，应当告知当事人可以向有管辖权的人民法院另行提起刑事诉讼，由法院确定是否构成犯罪，如何予以刑罚。

【案例评析】

药业公司等与制药公司技术转让合同纠纷案[①]

基本案情

2000 年 4 月 26 日，药业公司与制药公司签订《合作协议》（以下简称《4.26 协议》）。约定双方共同开发药品，并以双方名义申报新药证书，具体工作由乙方负责实施，乙方应尽快完成并获得国家药监局颁发的新药证书和生产批准文号。2001 年 6 月 8 日，制药公司与某制药公司签订《合作协议》（以下简称《6.8 协议》）。该协议约定双方合作开发研制规格为 1.2g/瓶的注射用头孢哌酮钠——他唑巴坦钠新药，甲方负责开发研制的技术工作，乙方负责提供开发研制资金。

上述两份协议签订后，药业公司和某制药公司共付款 110 万元。

2004 年 6 月 12 日，制药公司与药业公司、某制药公司签订《转让合同》。该合同以制药公司为甲方，药业公司、某制药公司为乙方。该合同

---

① 《最高人民法院公报》2013 年 02 期。

首部载明："由于国家政策和实际情况发生变化，甲方与制药公司于2001年6月8日签订的协议不再履行。经双方友好协商，签订以下协议：协议的主要内容为：甲方目前正在进行的药品Ⅱ期临床工作结束后，立即向国家药监部门申报新药证书及生产批件，并在获得批准后将规格为1.125g/瓶的产品转让给乙方，乙方同意受让；转让完成后，该规格产品的所有权归乙方，甲方向乙方提供有关该规格产品的全套资料（含临床资料）复印件。Ⅲ期临床工作由甲方负责，费用由甲方承担；但如乙方增加病例，增加部分的费用由乙方承担；囿于有关药品管理法规的制约，该规格产品的生产批文上所载的生产单位仍为甲方。但甲方承诺，取得生产批件后即积极配合乙方办理委托加工手续，并在获准后立即转交乙方生产，甲方派人指导乙方连续生产三批合格产品；转让价格为300万元。自本合同生效之日起，双方签订的《4.26协议》、甲方与某制药公司签订的《6.8协议》，均自行失效，对双方不再具有约束力。

2006年12月31日，海南药监局向某制药公司发出《海南省食品药品监督管理局关于收回制药公司药品GMP证书的通知》，决定收回其编号药品GMP证书，并要求该公司按药品GMP标准进行认真整改，整改完成后按法定程序申请复查。2007年5月21日，国家药监局向制药公司核发证书编号为国药证字H20070099《新药证书》。

2007年8月6日，制药公司向药业公司、某制药公司发出《关于终止双方〈转让合同〉的函》，并在该函中称："由于贵方出现重大变化，相当一段时期内不具备药政法规规定的接受委托加工的基本条件，原合同已无法履行，依照合同法的有关规定，原合同应予终止。药业公司、某制药公司收到该函后，于同年8月16日复函制药公司称："欣闻我们合作研制开发的新药注射用头孢哌酮钠他唑巴坦钠（1.125g/瓶）即将获得药政部门的生产批文，这对我们双方来说是个好消息……目前我方合同主体药业公司经营正常，制药公司正在进行GMP硬件、软件改造。对于贵方于2007年8月6日提出终止合同的意见，经我方的慎重考虑，答复如下：①我们认为双方于2004年6月12日签订的《关于转让注射用头孢哌酮钠他唑巴坦钠的合同》，应该继续认真的履行；②贵方提出终止合同的理由没有事实和法律依据，因此任何一方无权单方面终止履行合同；③在取得产品注册批件后，办妥转让手续之前，我方愿与贵方协商，在互惠互利的基础上进行合作，争取新药早日上市。"同年 8 月 23 日，制药公司就药业公司、某制药公司上述复函答药业公司。

2008 年 2 月 4 日，药业公司、某制药公司向法院提起本案诉讼，请求判令制药公司停止违约行为，停止生产和销售注射用头孢哌酮钠他唑巴坦钠（规格为 1.125g/瓶），停止与第三方洽谈本规格产品合作、转让事宜；判令制药公司继续履行合同。

法 院 判 决

一审法院认为，药业公司、某制药公司与制药公司签订的《转让合同》系三方的真实意思表示，且合同内容未违反国家法律或行政法规的禁止性规定，属有效合同，签约各方均应依约严格履行合同规定的义务。对于药业公司、某制药公司诉请判令制药公司出具相关手续配合其或其指定的企业生产和销售，立即办理转让手续，将生产权和销售权交还药业公司、某制药公司，并负责派人指导药业公司、某制药公司或者其指定的企业连续生产三批合格产品的诉求，在某制药公司未重新取得药品 GMP 证书，尚不具备涉案药品生产条件的情况下，药业公司、某制药公司要求制药公司给其出具相关手续并配合其生产，有悖我国药品管理法及相关行政法规对药品生产企业管理的有关规定。至于药业公司、某制药公司提出由其指定的药品生产企业生产的问题，虽然三方在《转让合同》中对委托第三方生产未作约定，但因药业公司、某制药公司该项请求符合《药品管理法》第 13 条关于"经国务院药品监督管理部门或者国务院药品监督管理部门授权的省、自治区、直辖市人民政府药品监督管理部门批准，药品生产企业可以接受委托生产药品"的规定，亦未加重制药公司的合同义务，故在某制药公司未重新取得药品 GMP 证书，尚不具备涉案药品生产条件的情况下，由药业公司、某制药公司指定的具有涉案药品生产条件的企业生产，有利于合同的履行和维护交易的稳定，一审法院对此予以支持。

制药公司、药业公司和某制药公司均不服一审判决，提起上诉。

二审法院认为，关于《转让合同》的效力和应否继续履行等问题。《药品管理法实施条例》规定，国务院药品监督管理部门根据保护公众健康的要求，可以对药品生产企业生产的新药设立不超过五年的监测期；在监测期内，不得批准其他企业生产和进口。本案中，制药公司研发的药品已于 2007 年 5 月 21 日由国家药监局下发了新药证书及药品注册批件，载明生产企业为制药公司，监测期 4 年至 2011 年 5 月 20 日。《药品管理法实施条例》第 10 条规定，依据《药品管理法》第十三条规定，接受委托生产药品的，受托方必须是持有与其受托生产的药品相适应的《药品生产质量管理规范》认证证书的药品生产企业。依照上述规定，双方签订的《转让合同》虽然违反了药品管理法实施条例的规定，但上述法规不属于效力性强制性规定。《药品注册管理办法》（2007 年施行）属于国家药监局的部门规章，不符合其规定不影响合同的效力。故药业公司、某制药公司同制药公司签订的《转让合同》应为有效合同，制药公司上诉主张合同无效的理由无事实和法律依据。药业公司、某制药公司上诉主张合同有效的理由，有事实和法律依据，应予采纳。签约时，药业公司作为药品经营单位，拥有《药品经营许可证》和《药品经营质量管理规范认证证书》；某制药公司作为药品生产单位，亦拥有《药品生产许可证》和药品 GMP 证书。但是，在合同履行过程中，国家药监局和海南药监局检查组于 2006 年 12 月 31 日现场检查认为，某制药公司药品生产不符合药品生产质量规范管理要求，经国家药监局授权，海南药监局收回了该公司的六份药品 GMP 证书，要求该公司按 GMP 标准认真整改，整改完成后按法定程序申请复查。二审诉讼中，海南药监局向某制药公司核发了同涉案药品对应的生产范围许可证。但某制药公司一直未能取得同涉案药品相对应的药品 GMP 证书。药品不同于一般的商品和货物，它直接关系到广大人民群众的生命健康安全。所以药品的研发、审批、生产、包括委托生产、转让、运输、储存、销售、使用等各个环节必须严格按照法律法规及规章和操作规程进行。因国家药监局收回了某制药公司的药品 GMP 证书，某制药公司至今未能获得国家药监局颁发的同生产涉案药品的头孢菌素类冻干粉针剂、粉针剂相对应的药品 GMP 证书，某制药公司已不具备生产涉案药品的法定资质条件，故因上述客观情况变化，该合同的目的已不能实现。药业公司、某制药公司同制药公司签订的《转让合同》依法应予解除。

原告/被告不服二审判决，申请再审。

再审法院认为，《转让合同》约定，制药公司（甲方）在涉案新药获得批准后，将规格为 1.125g/瓶的产品转让给药业公司和某制药公司（乙方），但该产品的生产批文上所载的生产单位仍为甲方，由甲方委托乙方生产；乙方付清全部转让款之日为转让完成之日，转让完成后，该规格产品所有权归乙方；转让价款为 300 万元，取得生产批文之日起 7 日内乙方付 240 万元，办好委托加工手续之日起 7 日内乙方付 60 万元。因此，《转让合同》既涉及新药技术转让，又涉及新药委托生产两个方面的内容。

关于新药技术转让问题，《药品管理法》及其实施条例均没有具体的规定，此问题一直是由国家药监局以行政规章及规范性文件的方式来加以规范的。从本案当事人签订《转让合同》时的药品管理规定来看，法律和行政法规没有关于新药技术转让的强制性规定，虽然行政规章对于新药技术转让有具体规定，但双方当事人在《转让合同》中所约定的新药技术转让内容违反行政规章规定的，并不属于违反法律、行政法规的强制性规定而归于合同无效的情形。因此，本案双方当事人关于新药技术转让的约定是有效的，双方均应依约履行。

法理解读

本案当事人的争议焦点是，案涉《转让合同》的履行问题，这涉及对《转让合同》的效力认定。

原《合同法》确定了强制性规定的概念，原司法解释则明确当事人签订的合同违反法律、行政法规的效力性强制性规定的，合同归于无效。但何为效力性强制性规定，理论界和实务界一直存在争议。根据本条解释，对于效力性强制性规定的判断，应当综合考量强制性规定的目的、当事人是否属于强制性规定保护的范围、强制性规定规制的是一方当事人还是双方当事人、违反强制性规定的社会后果等因素综合考虑。通常而言，合同主体违反了法律、行政法规关于国家限制经营、特许经营以及禁止经营等强制性规定；合同约定的标的属于法律、行政法规禁止转让的财产；合同约定的内容本身违反禁止实施犯罪行为、不得限制或者剥夺个人基本权利等强制性规定；交易方式违反法律、行政法规关于应当采用公开竞价方式的约等的强制性规定；交易场所违反法律、行政法规关于应当集中交易等强制性规定等情况，都属于违反了法律的效力性强制性规定。

关于药品技术转让问题，《药品管理法》及其实施条例均没有具体的规定，此问题一直是由国家药监局以行政规章及规范性文件的方式来加以规范的。对于此种规范的违反是否会导致合同无效，涉及被违反规范本身的判断。本案中，双方约定的是药品技术的转让，药品生产本身关乎公共利益，无资质的生产商生产药品，可能危害不特定多数人的安全。但是，案涉药品技术本身并不直接涉及公共利益，相应的行政法规规定药品技术不得转让，更多的是出于管理性的需要。换句话说，并非交易资质或者批准证书都涉及公序良俗，本案药品技术的转让对于案涉规范的违反，不会导致损害不特定多数人利益的后果，因此应认为合同的内容约定并未违反法律、行政法规的效力性强制性规定，那么当事人就不能以合同内容违反了行政规章的规定主张合同无效。

第十七条　违背公序良俗的合同

合同虽然不违反法律、行政法规的强制性规定，但是有下列情形之一，人民法院应当依据民法典第一百五十三条第二款的规定认定合同无效：

（一）合同影响政治安全、经济安全、军事安全等国家安全的；

（二）合同影响社会稳定、公平竞争秩序或者损害社会公共利益等违背社会公共秩序的；

（三）合同背离社会公德、家庭伦理或者有损人格尊严等违背善良风俗的。

人民法院在认定合同是否违背公序良俗时，应当以社会主义核心价值观为导向，综合考虑当事人的主观动机和交易目的、政府部门的监管强度、一定期限内当事人从事类似交易的频次、行为的社会后果等因素，并在裁判文书中充分说理。当事人确因生活需要进行交易，未给社会公共秩序造成重大影响，且不影响国家安全，也不违背善良风俗的，人民法院不应当认定合同无效。

【民法典条文】

第一百五十三条 违反法律、行政法规的强制性规定的民事法律行为无效。但是，该强制性规定不导致该民事法律行为无效的除外。

违背公序良俗的民事法律行为无效。

【相关司法解释】

《全国法院民商事审判工作会议纪要》

31.【违反规章的合同效力】违反规章一般情况下不影响合同效力，但该规章的内容涉及金融安全、市场秩序、国家宏观政策等公序良俗的，应当认定合同无效。人民法院在认定规章是否涉及公序良俗时，要在考察规范对象基础上，兼顾监管强度、交易安全保护以及社会影响等方面进行慎重考量，并在裁判文书中进行充分说理。

【条文要义】

本条是对认定合同违背公序良俗无效的解释。

我国以往的民事法律并没有规定公序良俗原则，只是规定了社会公共利益和社会公共道德，在解释上认为这就是规定公序良俗。《民法典》不仅规定了公序良俗原则，而且第143条把不违反公序良俗作为合同生效的要件，第153条又规定了违反公序良俗的合同是无效合同。这就存在合同违背公序良俗无效的具体解释和认定问题。

对这个问题，在《民法总则》规定了公序良俗原则后，最高人民法院在《全国法院民商事审判工作会议纪要》第31条对合同违背公序良俗提出了一些具体要求。《民法典》第143条、第153条第2款规定了公序良俗是判断合同有效或者无效的基本条件之一。不过，公序良俗过于抽象，在司法实践中很难界定其准确含义，对公共秩序和善良风俗的界定缺少通说，司法实践在适用中存在诸多乱象，根治的关键在于清楚认识和妥当把握公序良俗概括条款适用的谦抑性，没有准确的解释，就很难在实践中正确适用。

本条在这样的基础上，对合同违背公序良俗原则的具体认定方法作出了具体规定。

1. 违反公序良俗的合同的主要表现方式

按照本条的规定，合同虽然不违反法律、行政法规的强制性规定，但是有下列情形之一的，法院应当依据《民法典》第153条第2款的规定认定合同无效。

这里要特别强调的是，合同违反法律、行政法规的强制性规定与合同违背公序良俗是两个不同的概念，这也是合同无效的两种具体情形。尽管《民法典》第8条把合法原则和公序良俗原则规定在一个条文中，第143条规定合同生效的条件也把不违反法律强制性规定和不违背公序良俗规定在一起，但是它们确实不是一回事，特别是《民法典》第153条分为两款：第 1 款规定违反法律、行政法规强制性规定的行为无效；第 2 款规定违背公序良俗的民事法律行为无效，就清楚地说明了这一点。

本条第 1 款的上述规定，正是按照这样的理解进行解释的，即违背公共秩序，包括影响国家安全和违背社会公共秩序，违背善良风俗，包括背离社会公德、家庭伦理或者有损个人尊严。

（1）合同存在影响国家安全的

《民法典》第 153 条第 2 款只规定了违背公序良俗的民事法律行为无效，没有规定违背公序良俗的具体情形。本条第 1 款规定的第一种违背公序良俗的合同无效，就是存在影响政治安全、经济安全、军事安全等国家安全的合同无效。

这里说的是，合同虽然不违反法律、行政法规的强制性规定，但是存在影响国家的政治安全、经济安全、军事安全等，就是违背国家安全的合同，就是无效的合同。例如，订立的合同针对的是国家政治体制，或者是破坏国家经济制度和泄露经济秘密，或者是损害军事安全、出卖军事情报等，都是影响国家安全的行为。

公共秩序是一个弹性非常大的条款，很难界定公共秩序究竟应该包括什么，我国法律原来以社会公共利益替代公共秩序，基本上也是可以的。《民法典》规定了公共秩序原则，就可以作更广泛的解释。因此，政治安全、经济安全、军事安全都属于国家安全。如果双方当事人签订的合同影响国家这些方面的安全，则可以认定为因违背公共秩序而无效。

这一规定，实际上是把影响国家安全纳入公共秩序的范畴，当合同影响国家安全时，构成合同无效事由。

（2）合同存在违背社会公共秩序的

本条第 1 款规定的第二种违背公序良俗的合同是，合同存在影响社会稳定、破坏市场竞争秩序或者损害社会公共利益等违背社会公共秩序的情形。社会公共秩序与公共秩序不同，公共秩序是一个抽象的概念，范围广泛。社会公共秩序就不同，只是社会的公共秩序，不包括国家安全的公共秩序。按照本条第 1 款的理解，公共秩序包括国家安全和社会公共秩序。

这样解释是能够讲得通的。

《民法典》规定公共秩序原则,可以把影响社会稳定、破坏市场竞争秩序、损害社会公共利益的行为认定为违背社会公共秩序,使公共秩序的弹性更加鲜明。社会公共秩序包含的主要是社会稳定、市场竞争秩序和社会公共利益。合同约定的内容影响社会的稳定,或者破坏市场竞争秩序的,当然是无效的合同。合同损害社会公共利益,也导致合同无效。除此之外,其他影响社会公共秩序的行为当然也导致合同无效,是一个弹性的规定。

对当事人之间签订的合同是否违背社会公共秩序,应当审查合同是否影响社会稳定、是否涉及社会公共利益等,符合这些方面之一的,应当认定为违背社会公共秩序。

(3)合同存在违背善良风俗的

本条第1款规定的第三种违背公序良俗的合同是,存在背离社会公德、家庭伦理或者有损人格尊严等违背善良风俗的合同,都因违背善良风俗而导致合同无效。

在《民法典》实施之前,我国法律把善良风俗规定为社会公德或者社会公共道德。规定了善良风俗原则,就能概括过去所称社会公德或者社会公共道德的内容。

违背善良风俗也称为背俗,到底应当包含哪些内容,没有具体解释。按照本条上述规定,违背善良风俗主要包括三个方面:一是背离社会公德;二是背离家庭伦理;三是有损人格尊严。这三种情形都可以认定为违背善良风俗,除此之外还包括其他违背善良风俗的。

背离社会公德,主要指的是社会公共道德方面,不涉及个人或者家庭伦理等方面的内容,如损害公共设施,不遵守公共场所的秩序,扰乱社会治安等。合同违背这些方面的要求,就构成背俗,应当无效。

背离家庭伦理,通常涉及的是家庭关系和亲属关系问题,如乱伦、不履行亲属之间的法定义务等,都是背离家庭伦理的行为。合同涉及这些方面的问题,也构成背俗,导致合同无效。

有损人格尊严,是合同严重违反《民法典》规定的自然人的人格尊严，包含贬低人的地位、损害人的尊严等内容，构成违背善良风俗，导致合同无效。

在一个合同中，如果违背社会公德、背离家庭伦理、背离人格尊严，就是违反善良风俗。就像拐卖妇女进行结婚登记，既违反了家庭伦理，也损害了人格尊严，当然是违背善良风俗的。这样的合同一律无效。

综合起来，合同违背公序良俗包含影响国家安全、影响社会公共秩序和背离善良风俗三种情形。

2. 认定合同违背公序良俗的考量因素

本条第 2 款规定了法院认定合同是否违背公序良俗时应当考量的因素。这些要考量的因素是：

首先，应当以社会主义核心价值观为导向。合同虽然不违反法律、行政法规的强制性规定，但是违反社会主义核心价值观的，也是无效的。

其次，应当综合考虑当事人的主观动机和交易目的、政府部门的监管强度、一定期限内当事人从事类似交易的频次、行为的社会后果等因素。这些因素对确定当事人订立的合同是否违背公序良俗具有重要价值。

法院在认定合同因违背公序良俗而无效的判决里，应当按照上述认定合同违背公序良俗的各种因素，在裁判文书中充分说理，使判决认定合同违背公序良俗有理有据。

当事人确因生活需要进行交易，未给社会公共秩序造成重大影响，且不影响国家安全，也不违背善良风俗的，不应当认定合同无效。例如，当事人进行交易的主观动机和交易目的不存在违背核心价值观的内容，相关行政部门也没有对这类行为进行严格监管，当事人偶尔从事这样的交易，行为也没有造成严重的社会后果，合同尽管有可能涉及公序良俗问题，但是也不能就此认定合同因违背公序良俗而无效。

在本司法解释的草案中，还规定了"违反地方性法规或者规章强制性规定的合同效力"，认为在确认合同效力中，《民法典》只规定了违反法律、行政法规的强制性规定的合同无效，没有规定违反地方性法规或者规章强制性规定的合同也无效。地方性法规或者规章是地方人大和政府根据本行政区域的具体情况和实际需要制定，针对地方性事务作出的规定，从形式和内容两个方面考察，这些法规或者规章都不应当视为国家规定。

存在的问题是，违反地方性法规或者规章的强制性规定的合同究竟是否有效，不无疑问。对此采取的方法是，地方性法规或者规章的强制性规定不在确认合同无效的范围内，当事人主张合同因违反地方性法规或者规章的强制性规定无效的，法院不予支持，但合同违反地方性法规或者规章的强制性规定，同时又违背公序良俗的，当事人以地方性法规或者规章的强制性规定不应作为认定合同无效的依据为由，而主张合同有效的，法院不予支持，应当认定合同无效。这样规定其实是有道理的，地方性法规或者规章强制性规定的立法目的，是确认国家安全、社会公共秩序或者善良风俗，如果能够认定合同违反地方性法规、行政规章的强制性规定，同时也违背国家安全、社会公共秩序或者善良风俗的，就直接认定合同因违背公序良俗而无效。

不过，既然合同违背公序良俗，就具备了《民法典》第153条第2款规定的合同无效的理由，完全符合《民法典》第153条第2款的规定，因此，是不用规定的，故删除了这一规定。不过，这个规则仍然有参考价值，就是遇到这样的问题，直接适用《民法典》第153条规定认定合同无效即可。

【案例评析】

投资公司等诉实业公司营业信托纠纷案①

基本案情

2011年11月3日，实业公司与投资公司签订《信托持股协议》，协议约定：鉴于委托人实业公司拥有保险公司2亿股的股份（占20%）的实益

---

① 案号：（2017）最高法民终529号。

权利，现通过信托的方式委托受托人投资公司持股。受托人投资公司同意接受委托人的委托。协议还对信托股份的交付方式、信托期限、信托股份的管理方式、费用承担、委托人和受托人的权利义务、信托收益的分配和信托股份的归属等作了约定。

2012 年 12 月 31 日，中国保险监督管理委员会作出《关于保险公司变更注册资本的批复》，批准同意保险公司的股东同比例增资，注册资本变更为 20 亿元。实业公司股份额 4 亿股、股份比例 20%，投资公司股份额 4 亿股、股份比例 20%。

2014 年 10 月 30 日，实业公司向投资公司发出《关于终止信托的通知》，要求投资公司依据 2011 年 11 月 3 日实业公司和投资公司签订的《信托持股协议》终止信托，将信托股份过户到实业公司名下，并结清实业公司与投资公司之间的信托报酬。

2014 年 11 月 24 日，投资公司向实业公司发出《催告函》：(1) 确认 2011 年 11 月 3 日实业公司和投资公司就保险公司股权代持等事宜签订了《信托持股协议》。2012 年 12 月 27 日，投资管理公司和贸易公司各向投资公司转入 1 亿元，投资公司当日即转至保险公司作为增资用途，造成投资公司账上尚欠上述两家公司各 1 亿元。2014 年 10 月 30 日，实业公司提出终止代持关系，但未能提出清理债权债务的可行方案。(2) 投资公司确认代持期间，投资公司积极配合实业公司提供工商、税务、财务等资料，并办理各种代持事务。投资公司因年检、审计等需要，多次要求实业公司及保险公司提供相关的工商、税务、财务等资料未果，给投资公司年检、审计等带来不便。(3) 投资公司提出依据协议约定对实业公司及保险公司的基本信息、经营情况拥有知情权。(4) 投资公司鉴于上述事项，郑重声明并通知实业公司，要求实业公司于《催告函》发出之日起 15 日内，向投资公司提供实业公司及保险公司的营业执照、税务登记证、组织机构代码证、银行开户许可证等资料的复印件并加盖公章，并提供保险公司历次股东会决议、董事会决议、年度审计报告等。例如，实业公司未按期完成上述事项，投资公司将直接发函给保险公司，要求提供相关资料，并退还 2

亿元增资款项以冲抵账上债务。

2016 年 9 月 9 日，实业有限公司向实业公司发出《关于对信托持股事项的确认及同意显名的函》，表示其作为人寿公司的股东（2016 年度其持股比例 50.88%），知悉实业公司作为实际出资人于 2011 年 11 月 3 日与投资公司签订《信托持股协议》，将当时持有的 2 亿股股份（占股份比例 20%）委托给投资公司代持一事，并同意本案讼争的受托股份的显名。

因投资公司不同意办理股份更名，实业公司遂向法院提起诉讼。

法院判决

一审法院认为，关于本案《信托持股协议》的效力问题，2011 年 11 月 3 日，实业公司与投资公司签订《信托持股协议》，协议约定：鉴于委托人实业公司拥有保险公司 2 亿股的股份（占 20%）的实益权利，现通过信托的方式委托受托人投资公司持股，受托人投资公司同意接受委托人的委托。实业公司与投资公司分别在委托人和受托人处签字盖章。首先，《信托持股协议》系当事人的真实意思表示，且实业公司和投资公司在其后的往来函件中，均确认了该协议的存在且未对该协议的真实性提出异议。其次，《信托持股协议》未违反法律法规禁止性规定。从《信托持股协议》约定的内容上看，受托人投资公司接受委托人实业公司的委托，代持保险公司 2 亿股的股份（占 20%），该约定内容，并未违反法律禁止性规定，应为有效合同。

被告投资公司不服一审判决，提起上诉。

二审法院认为，实业公司与投资公司签订的《信托持股协议》内容，明显违反中国保险监督管理委员会制定的《保险公司股权管理办法》第 8 条关于"任何单位或者个人不得委托他人或者接受他人委托持有保险公司的股权"的规定，对该《信托持股协议》的效力审查，应从《保险公司股权管理办法》禁止代持保险公司股权规定的规范目的、内容实质，以及实践中允许代持保险公司股权可能出现的危害后果进行综合分析认定。首先，从《保险公司股权管理办法》禁止代持保险公司股权的制定依据和目的来看，尽管《保险公司股权管理办法》在法律规范的效力位阶上属于部门规章，并非法律、行政法规，但中国保险监督管理委员会是依据《保险法》第134条关于"国务院保险监督管理机构依照法律、行政法规制定并发布有关保险业监督管理的规章"的明确授权，为保持保险公司经营稳定，保护投资人和被保险人的合法权益，加强保险公司股权监管而制定。据此可以看出，该管理办法关于禁止代持保险公司股权的规定与《保险法》的立法目的一致，都是为了加强对保险业的监督管理，维护社会经济秩序和社会公共利益，促进保险事业的健康发展。其次，从《保险公司股权管理办法》禁止代持保险公司股权规定的内容来看，该规定系中国保险监督管理委员会在本部门的职责权限范围内，根据加强保险业监督管理的实际需要具体制定，该内容不与更高层级的相关法律、行政法规的规定相抵触，也未与具有同层级效力的其他规范相冲突，同时其制定和发布亦未违反法定程序，因此《保险公司股权管理办法》关于禁止代持保险公司股权的规定具有实质上的正当性与合法性。最后，从代持保险公司股权的危害后果来看，允许隐名持有保险公司股权，将使得真正的保险公司投资人游离于国家有关职能部门的监管之外，如此势必会加大保险公司的经营风险，妨害保险行业的健康有序发展。加之由于保险行业涉及众多不特定被保险人的切身利益，保险公司这种潜在的经营风险在一定情况下还将危及金融秩序和社会稳定，进而直接损害社会公共利益。综上可见，违反中国保险监督管理委员会《保险公司股权管理办法》有关禁止代持保险公司股权规定的行为，在一定程度上具有与直接违反《保险法》等法律、行政法规一样的法律后果，同时还将出现破坏国家金融管理秩序、损害包括众多保险法律关系主体在内的社会公共利益的危害后果。依照《合同法》第52条第4项等规定，本案实业公司与投资公司之间签订的《信托持股协议》应认定为无效。实业公司依据该《信托持股协议》要求将讼争4亿股股份过户至其名下的诉讼请求依法不能得到支持。

法 理 解 读

本案当事人的争议焦点是，实业公司是否有权要求投资公司将相应股份过户至其名下，这涉及案涉《信托持股协议》的效力认定问题。

对于合同虽不违反法律、行政法规的强制性规定，但违反规章可能影响公序良俗的，法院可以依据《民法典》第 153 条第 2 款的规定认定合同无效。不过，公序良俗的表达过于抽象，在司法实践中很难界定准确的含义。对此，本条作出了类型化，这对于司法实践中怎样确定公序良俗具有重要价值。对于何种规章包含公序良俗，本条进行了类型化，如果合同影响政治安全、经济安全、军事安全等国家安全的，应当属于对公共秩序的违反，政治安全、经济安全、军事安全都属于国家安全，即属于公共秩序。与此同时，存在影响社会稳定或者损害社会公共利益等违背社会公共秩序情形的，也应当属于违反了公共秩序，社会公共秩序的概念要比公共秩序更为限缩。除违反公共秩序外，合同存在背离社会公德、家庭伦理或者有损个人尊严等违背善良风俗情形的，应当属于违反了善意良俗。在说理时，法院应综合考虑当事人的主观动机和交易目的、政府部门的监管强度等要素，并在裁判文书中进行充分说理。此种说理应当以社会主义核心价值观为导向，综合考虑当事人的主观动机和交易目的、政府部门的监管强度、一定期限内当事人从事类似交易的频次、行为的社会后果等因素。这些因素对确定当事人订立的合同是否违背公序良俗具有重要价值。

本案法院认为案涉合同违反公序良俗，主要是从监管强度上考虑的。出于对各类规避金融规章行为的规制，行政监管机关提出了"穿透式监管"理念，要求透过现象看本质，对金融交易行为进行监管。人民法院于其中也不应缺位。本案的裁判逻辑是，金融规章与上位法律的制度目的相同，上位制度和本规范均涉及公共利益，违反规章将造成公共利益损害的结果，因此案涉信托持股协议应属无效。从最高人民法院 2018 年裁判公布本案起，违反金融规章的股权代持行为归于无效的结论，开始越来越多的被运用。例如，不久后最高人民法院公布的杨某与林某股权转让纠纷案，其裁判逻辑和理由与本案如出一辙。① 除最高人民法院外，各级人民法院也纷纷"仿效"具有代表性意义的本案判决的说理方式，认定各类违反金融规章的合同无效。《全国法院民商事审判工作会议纪要》第 31 条更是将此项合同无效认定规则成文化，本司法解释对此进行了进一步的细化规定。

第十八条　违反强制性规定但应适用具体规定的情形

法律、行政法规的规定虽然有"应当""必须"或者"不得"等表述，但是该规定旨在限制或者赋予民事权利，行为人违反该规定将构成无权处分、无权代理、越权代表等，或者导致合同相对人、第三人因此获得撤销权、解除权等民事权利的，人民法院应当依据法律、行政法规规定的关于违反该规定的民事法律后果认定合同效力。

【民法典条文】

第一百五十三条　违反法律、行政法规的强制性规定的民事法律行为无效。但是，该强制性规定不导致该民事法律行为无效的除外。

违背公序良俗的民事法律行为无效。

【既往司法解释】

《最高人民法院关于适用〈中华人民共和国合同法〉若干问题的解释（二）》

第十四条　合同法第五十二条第（五）项规定的"强制性规定"，是指效力性强制性规定。

---

① 案号：（2017）最高法民申 2454 号。

【条文要义】

本条是对虽然违反强制性规定但是应当适用具体规定认定合同效力的解释。

对这个问题，以往的司法解释没有作出规定，本条是第一次规定这一规则。

《民法典》第 153 条第 1 款虽然规定了违反强制性规定的合同无效，但是如何识别并不明确，如法律如果规定"应当""必须"或者"不得"等表述的，看起来也是强制性规定。不过，这些强制性规定的意图是限制和赋予民事权利，行为人违反该强制性规定，能构成无权处分、无权代理、越权代表等，后果是当事人获得撤销权或者是解除权。对这种合同，不能仅因合同违反这样的规定而直接认定无效，而应当在依法认定合同效力时，适用相关法律的具体规定认定合同效力。

本条的规定是，法律和行政法规如果规定了"应当""必须"或者"不得"等表述，但是，这些规定的目的在于限制或者赋予民事权利，其意义就不是在规定违反这些强制性规定就必然导致合同无效。这些具体写明"应当""必须""不得"等表述的法律、行政法规，如果规定为违反者构成无权处分、无权代理、越权代表等，以及导致合同的相对人、第三人因此获得撤销权、解除权等民事权利的，即使看起来是违反了法律、行政法规的强制性规定，但是，对其规范的行为还有其他特别规定的，就应该按照特别规定来认定合同的效力，而不能认为这些合同因违背法律、行政法规的强制性规定而无效。例如，《民法典》第 168 条规定了两个"不得"，其规范的目的是规范代理人与被代理人之间的关系，违反者构成越权代理，并非认定合同无效的规范。

这一解释适用的要点是，合同虽然违反了法律、行政法规关于"应当""必须""不得"等类似于强制性规定的表述的规定，而这些规定只是限制或者是赋予民事权利，这就要看合同是不是依照这些规定，符合无权处分、无权代理、越权代表等的规定，或者导致相对人、第三人因此获得撤销权、解除权的规定。如果是这样，应当按照这些法律、行政法规的规定，确定它们的具体效力，而不是一律宣告无效。因为这些法律和行政法规的目的并不是判断行为无效，而是限制权利或者是赋予权利的规定，不具有判断合同无效的强制性效力。

【案例评析】

唐某与刘某确认合同无效纠纷案①

基 本 案 情

2013 年 10 月 25 日，唐某与贸易公司签订《商品房预定协议》，协议约定：贸易公司将位于某县（会展中心楼后）房号为××商品房预售给唐某，唐某交付定金 20000 元。合同签订当日，唐某交付了定金 20000 元。之后，唐某与投资公司签订《商品房买卖合同》（投资公司没有在合同上签名盖章，合同上也没有写上签订日期），合同约定，投资公司将位于某县（会展中心楼后）房号为××号商铺以 407945 元出售给唐某，签订合同之日交付全部房款。2013 年 12 月 26 日，唐某全额交付了房款（含定金）给贸易公司，并交付了房产办证费和电表初装费共计 17278 元，但没有进行预告登记。

2014 年 9 月 25 日，刘某将某会展中心后街银座××幢第××层房屋登记在自己名下，产权归其个人所有，房屋所有权证号为：字第××号，房屋所有含房号为：××—2071 号、××—1 号、××—1 号、××—1 号。2014 年 9 月 26 日，刘某与谭某、潘某、覃某签订《借款合同》，约定刘某向谭某、潘某、覃某借款 10000000 元，刘某用上述房产作抵押，并于当日办理了抵押登记。抵押房屋所含房号为：××—2071 号、××—1 号、××—1 号、××—1 号。

① 案号：（2020）桂 02 民终 4094 号。

2014 年 10 月 3 日，唐某、黄某与刘某签订《商铺转让合同》，约定刘某转让会展中心后街银座一幢××层××号商铺给唐某、黄某，转让价 336329 元。合同第五条约定，刘某于 2015 年 1 月 1 日前将合同约定的 2063 号商铺交付唐某、黄某。合同第十条约定，刘某应当在商铺交付使用后一年内，办妥产权转移登记手续。《商铺转让合同》签订当日，刘某将涉案商铺交付给唐某、黄某，同时与唐某、黄某签订了《商铺用房经营、租赁权委托合同》，约定刘某返租唐某、黄某的商铺。租赁期限自 2015 年 1 月 1 日起至 2019 年 12 月 31 日止。租期内的租金收益为 179040 元。

2015 年 7 月 24 日，唐某向一审法院起诉，请求确认其与贸易公司签订的商铺转让合同无效。经调解达成协议，一审法院作出民事调解书，内容为：一、贸易公司于 2015 年 8 月 30 日前退还唐某购买商铺款 422529 元（利息支付按中国人民银行同期利息计算至全部退款时止）；二、在贸易公司偿还全部退款前不得将银座××层××号商铺出卖。2017 年，黄某申请再审，一审法院对该案提起再审，再审中，经一审法院组织调解，双方达成协议，一审法院作出（2017）桂 0225 民再 8 号民事调解书，主要内容为：被申请人贸易公司自愿在符合行政部门规定的办证件之后的半年内，由贸易公司协助申请人黄某和被申请人唐某办理某会展中心后街银座二层××号商铺门面的房产证。

之后，唐某、黄某到房产登记部门办理产权证，发现其所购买的商铺已设定抵押，无法办理房产过户，因此向一审法院起诉。

法院判决

一审法院认为，关于唐某、黄某是否获得涉案商铺所有权问题。唐某、黄某与刘某签订的《商铺转让合同》，没有违反法律和行政法规的强制性规定，合法有效。所产生的合同之债，依法受法律保护。但是，根据《物权法》第 9 条第 1 款规定："不动产物权的设立、变更、转让和消灭，经依法登记，发生效力，未经登记，不发生效力，但法律另有规定的除外。"根据《物权法》第 14 条规定："不动产物权的设立、变更、转让和消灭，依照法律规定应当登记的，自记载于不动产登记簿时发生效力。"即不动产必须依法登记，才获得不动产物权。本案涉案商铺属不动产，唐某、黄某并没有将涉案商铺登记在自己的名下，依法唐某、黄某不享有涉案商铺的物权。唐某、黄某认为涉案商铺物权属其所有，无法律依据，一审法院不予以支持。

关于刘某与谭某、潘某、覃某之间设定的抵押是否有效的问题。根据《物权法》第 39 条规定："所有权人对自己的不动产或者动产，依法享有占有、使用、收益和处分的权利。"《物权法》第 40 条规定："所有权人有权在自己的不动产或者动产上设立用益物权和担保物权。用益物权人、担保物权人行使权利，不得损害所有权人的权益。"本案涉案商铺登记在刘某名下，刘某是涉案商铺的所有权人，其有权对涉案商铺设置抵押物权。根据《物权法》第 187 条规定，以建筑物抵押的，应当办理抵押登记。抵押权自登记时设立。唐某、黄某无证据证明，刘某与谭某、潘某、覃某签订的《借款合同》以及该合同中的抵押条款有《合同法》第 52 条规定的合同无效情形。因此，唐某、黄某主张涉案商铺抵押无效，无事实和法律依据，一审法院不予以支持。

综上所述，唐某、黄某请求确认涉案商铺设定的抵押无效，证据不足，无事实和法律依据，理由不充分，依法应予以驳回。

原告唐某不服一审判决，提起上诉。

二审法院认为，根据《物权法》第 9 条第 1 款"不动产物权的设立、变更、转让和消灭，经依法登记，发生效力；未经登记，不发生效力，但法律另有规定的除外"，第 39 条"所有权人对自己的不动产或者动产，依法享有占有、使用、收益和处分的权利"，第 40 条"所有权人有权在自己的不动产或者动产上设立用益物权和担保物权。用益物权人、担保物权人行使权利，不得损害所有权人的权益"之规定可知，不动产物权的设立均应符合法律的规定。本案中，首先，虽然上诉人唐某交清房款在先，被上诉人刘某设定抵押权在后，但物权的设立必须经登记才生效，而唐某与刘某并没有对涉案商铺办理产权转移登记手续，故尚未发生涉案商铺物权变动的效力。其次，刘某与谭某、潘某、覃某已将刘某享有物权的涉案商铺设置抵押并办理登记，根据物权公示原则及登记生效的原则，案涉商铺的抵押权已依法设立，又因案涉抵押权尚无该法规定的抵押无效的情形，亦未违反法律强制性规定，现唐某认为涉案商铺产权已属其所有，并以此请求确认涉案商铺抵押无效的主张不能成立。

法理解读

本案当事人的争议焦点是，唐某主张涉案商铺抵押无效是否有法律依据。

在诸如《民法典》物权编等法律规定中，诸多规则包含有"应当""必须"或者"不得"等表述，这些表述看起来属于强制性规定，其实不然，部分情况下，带有上述表述的规定仅是为了限制或者赋予民事权利，相应意义就不是在规定违反这些强制性规定就必然导致合同无效。如果相应旨在限制或者赋予民事权利，行为人违反该规定将构成无权处分、无权代理、越权代表等，或者导致合同相对人、第三人因此获得撤销权、解除权等民事权利的，法院应当依据法律、行政法规关于违反该规定的民事法律后果认定合同效力。换句话说，合同违反了法律、行政法规关于"应当""必须""不得"等表述，但是这些规定只是限制或者是赋予民事权利，此时应当按照这些法律、行政法规的规定，确定它们的具体效力，而不是一律宣告违反相应规定的合同无效。此时当事人仅以合同违反法律、行政法规的强制性规定为由主张无效的，人民法院不予支持。

本案中，《民法典》物权编第241条规定，所有权人有权在自己的不动产或者动产上设立用益物权和担保物权。用益物权人、担保物权人行使权利，不得损害所有权人的权益。但此种不得，并非会导致合同无效，如果用益物权、担保物权的行使，借助合同行为进行，该规定即会成为合同行为违反的对象。但此时合同行为本身的效力，仍然需要独立进行判断。因案涉抵押权尚无该法规定的抵押无效的情形，亦未违反法律强制性规定，唐某认为涉案商铺产权已属其所有，并以此请求确认涉案商铺抵押无效的主张不能成立。

第十九条 无权处分的合同效力

以转让或者设定财产权利为目的订立的合同，当事人或者真正权利人仅以让与人在订立合同时对标的物没有所有权或者处分权为由主张合同无效的，人民法院不予支持；因未取得真正权利人事后同意或者让与人事后未取得处分权导致合同不能履行，受让人主张解除合同并请求让与人承担违反合同的赔偿责任的，人民法院依法予以支持。

前款规定的合同被认定有效，且让与人已经将财产交付或者移转登记至受让人，真正权利人请求认定财产权利未发生变动或者请求返还财产的，人民法院应予支持。但是，受让人依据民法典第三百一十一条等规定善意取得财产权利的除外。

【民法典条文】

第三百一十一条 无处分权人将不动产或者动产转让给受让人的，所有权人有权追回；除法律另有规定外，符合下列情形的，受让人取得该不动产或者动产的所有权：

（一）受让人受让该不动产或者动产时是善意；

（二）以合理的价格转让；

（三）转让的不动产或者动产依照法律规定应当登记的已经登记，不需要登记的已经交付给受让人。

受让人依据前款规定取得不动产或者动产的所有权的，原所有权人有权向无处分权人请求损害赔偿。

当事人善意取得其他物权的，参照适用前两款规定。

第三百一十二条 所有权人或者其他权利人有权追回遗失物。该遗失物通过转让被他人占有的，权利人有权向无处分权人请求损害赔偿，或者自知道或者应当知道受让人之日起二年内向受让人请求返还原物；但是，受让人通过拍卖或者向具有经营资格的经营者购得该遗失物的，权利人请求返还原物时应当支付受让人所付的费用。权利人向受让人支付所付费用后，有权向无处分权人追偿。

第三百一十三条 善意受让人取得动产后，该动产上的原有权利消灭。但是，善意受让人在受让时知道或者应当知道该权利的除外。

第五百九十七条 因出卖人未取得处分权致使标的物所有权不能转移的，买受人可以解除合同并请求出卖人承担违约责任。

法律、行政法规禁止或者限制转让的标的物，依照其规定。

【既往司法解释】

《最高人民法院关于适用〈中华人民共和国合同法〉若干问题的解释（二）》

第十五条 出卖人就同一标的物订立多重买卖合同，合同均不具有合同法第五十二条规定的无效情形，买受人因不能按照合同约定取得标的物所有权，请求追究出卖人违约责任的，人民法院应予支持。

《最高人民法院关于审理买卖合同纠纷案件适用法律问题的解释》（2012）

第三条 当事人一方以出卖人在缔约时对标的物没有所有权或者处分权为由主张合同无效的，人民法院不予支持。

出卖人因未取得所有权或者处分权致使标的物所有权不能转移，买受人要求出卖人承担违约责任或者要求解除合同并主张损害赔偿的，人民法院应予支持。

【条文要义】

本条是对认定无权处分合同效力规则的解释。

对无权处分，《民法典》物权编作了具体规定；对无权处分订立的合同的效力，《民法典》第597条规定，因出卖人未取得处分权致使标的物所有权不能转移的，买受人可以解除合同并请求出卖人承担违约责任。

在以往的合同法司法解释中，《最高人民法院关于适用〈中华人民共和国合同法〉若干问题的解释（二）》第15条就多重买卖合同买受人不能按照约定取得标的物所有权，作出了可以追究出卖人违约责任的规定。2012年《最高人民法院关于审理买卖合同纠纷案件适用法律问题的解释》第3条对买卖合同出卖人在缔约时对标的物没有所有权或者处分权为由主张合同无效的，规定法院不予支持。

这些规定，虽然都是就买卖合同作出的解释，但是，贯彻的原则却是无权处分并不影响所订立合同的效力，合同照样成立，但是由于无权处分的合同标的物无法转移权利，因此涉及承担违约责任的问题。

正是在这样的基础上，本条确认，无权处分是交易领域中经常出现的一个重要现象，一方面涉及合同本身的效力；另一方面涉及善意取得的适用。对无权处分合同的效力问题，《民法典》没有作出明确规定，需要司法解释统一法院的裁判规则。所以，规定了对无权处分合同的效力应当如何认定以及具体适用范围的规则。

1. 对无权处分合同效力的认定

在以往的审判实践中，对无权处分合同通常认定为无效。不过，按照合同成立的一般方式，以及《民法典》关于民事法律行为效力和合同效力的规定，认定无权处分订立的合同发生效力，是没有问题的，因为无权处分合同也是双方当事人的真实意思表示，不违反法律、行政法规的强制性规定，不违背公序良俗，因而不能认定无权处分订立的合同是无效合同。这里其实有一个观念变化的问题，在以往的合同法领域，无权处分的后果是效力待定。在近些年的合同法实践中，逐渐改变了这个观念，因为无权处分并不导致当事人的真实意思无效，这才符合意思自治原则。如果无权处分合同在履行中出现履行不能，那就按照违约责任处理。

根据《民法典》关于民事法律行为效力和合同效力的规定，本条第1

款前段确定，无论是转让他人的不动产或者转让他人的动产，只要以转让或者设定财产权利为目的而订立，合同的效力就没有问题，应当认定合同有效。问题是，在无权处分合同发生法律效力以后，如果当事人或者真正权利人仅以让与人在订立合同时对标的物没有所有权或者处分权为由，而主张无权处分合同无效的应当如何适用法律，态度也是明确的，就是不予支持。这样，就统一了对无权处分订立合同的效力的法律适用标准。

其实，这里也预留了一个空间，即虽然是订立了无权处分合同，但是在订立合同后，无权处分的当事人取得了相应的权利，合同的效力也就没有问题了。

2. 对无权处分合同有效的司法救济

本条第1款后段规定，认定无权处分合同是有效合同，这是对无权处分合同的基本态度。但存在的问题是，由于合同的一方当事人是无权处分，尽管让与人在无权处分的合同中让与交易标的物所有权的合同有效，但是，在合同履行过程中，不一定能做到实际履行，会出现履行障碍。

对无权处分合同认定为有效后，由于未取得真正权利人的事后同意，或者让与人事后未取得处分权，因而导致合同不能履行的，是无权处分合同客观存在的后果。既然合同不能履行，那就从违约责任的角度，追究不能履行一方当事人的违约责任。本条第1款后段确定对此采用两种方法解决：一是受让人一方主张解除合同。既然解除了合同，无权处分合同尽管是有效的，但通过解除让它不复存在。二是请求让与人承担违反合同的赔偿责任。这是完全有道理的，无所有权和无处分权的让与人，以自己没有所有权和处分权的交易标的物与对方当事人进行交易订立合同，导致合同被解除，对造成的损失应当承担违约责任，该承担赔偿责任的应当承担赔偿责任。

3. 对财产已经交付或者权利转让登记的无权处分合同的处理

在无权处分合同被认定为有效后，如果让与人已经根据合同约定将财产交付给受让人，或者将财产权利转移登记给受让人，就完成了合同约定的履行义务，等于已经把交易标的物的权利转让给了受让人，合同已经履行完毕，这就是动产已经交付，不动产已经过户登记，权利当然已经转移。但问题是，如果真正的权利人出现，请求认定财产权利未发生变动或者请求返还财产的，就存在两个问题：一是请求认定权利未发生变动，即权利已经变动，但是没有发生变动的效力，理由是无权处分；二是请求返还财产，权利人行使的是物权请求权，要实现物权的追及效力。在这两种情况下，真正权利人行使的权利都是有法律依据的，都应当得到法院的支持。

但是有一点，如果无权处分的合同在财产交付或者权利转让登记后，符合《民法典》第311条等关于善意取得的规定，构成善意取得的，真正的权利人就不得请求返还原物或者确认物权没有发生变动。此时，受让人已经通过善意取得，取得了交易标的物的权利或者设置了物权。对真正权利人的救济方法，就只能是按照《民法典》第311条等规定，请求无权处分人承担损失赔偿责任。

4. 无权处分合同效力规则的适用范围

应当注意的是，本条第1款规定的规制行为是转让或者设定财产权利的合同行为。因此，就不仅仅是无权处分的一般交易合同有效，不能履行应当承担的责任，而且包括设定其他财产权利的行为。换言之，无权处分合同效力规则的适用，不仅适用于所有权即自物权的转让合同，还包括设定他物权的情形。

一是尽管上述规则适用于对所有权转移的无权处分合同效力的认定，但是用益物权、担保物权同样也是物权，具有同样的物权属性。因此，规定在他人的不动产或者动产上设定用益物权、担保物权的合同，也适用上述无权处分的两种规则，即无权处分合同有效，无权处分合同不能履行的，可以解除合同，承担违约责任；真正的权利人要求返还财产、确认财产权利未发生变动的，都应当支持；但是构成善意取得的，不在适用的范围之内。

二是转让他人的其他财产权利，或者在他人的其他财产权利上设定担保物权，当事人订立的合同同样也适用本条规定的上述规则。这样，转让他人的知识产权、股权和其他投资性权利，或者在他人的知识产权、股权和其他投资性权利设置担保物权等，也同样适用上述规则。

【案例评析】

董某与银行大连金州支行确认合同无效纠纷案①

基本案情

2009 年 7 月 22 日，案外人张某取得大房权证金私字第 0×××号房屋所有权证，房屋坐落于金州区先进街道桃园小区××号××单元××层××号，建筑面积为 71.10 平方米，为共同共有，共有人为案外人荫某。2009 年 10 月 27 日，上述房屋变更为张某单独所有并取得大房权证金私字第 2×××房屋所有权证。2009 年 9 月 4 日，张某（甲方）与第三人徐某签订《房地产买卖契约》，约定将上述房屋卖与徐某，合同尾部甲方落款处有张某、荫某签字字样。2009 年 10 月 22 日，贷款人某 1 银行大连金州支行（原告前身）与借款人、抵押人徐某签订《房地产买卖抵押贷款合同》，合同中约定：贷款金额为 15 万元，划入张某指定的账户。抵押人同意以其与售楼方签订之房地产买卖合同项下之全部权益或房产物业抵押予贷款人，并愿意履行合同全部条款。贷款人向借款人提供一定期限的贷款，作为抵押人购置抵押物业之部分楼款。抵押物业情况：房地产证号码××××9，房产所有权人徐某，房产地址：金州区先进街道桃园小区××号××号，面积（建筑）为 71.1 平方米，用途住宅。抵押担保范围为本合同项下第一条所约定的借款人所应承担的全部债务本金、利息、复利、罚息、实现债权的费用及保管抵押物所产生的费用，利息及罚息按本合同的约定计算。2009 年 11 月 19 日，张某与徐某又签订房屋买卖合同一份，约定张某将上述房屋转让给徐某。2009 年 11 月 23 日，大连金普新区城乡建设局为徐某办理房

---

① 案号：（2023）辽 02 民终 501 号。

屋转移登记，房屋所有权证号为大房权证金私字第2××9号。2009年11月30日，徐某办理了房屋抵押登记，房屋他项权人为某1银行大连金州支行，权利价值15万元，他项权利证号为大房金私他字第2××2号。2011年，原告董某因与张某、房地产公司房屋买卖合同纠纷提起民事诉讼，大连市金州区人民法院判决原告董某与张某签订的以车换房《合同书》有效；房地产公司协助董某办理过户手续。2018年1月15日，原告董某因与张某、徐某确认合同效力纠纷一案提起民事诉讼，大连市金州区人民法院判决张某与徐某2009年11月19日签订的房屋买卖合同无效。2019年6月26日，辽宁省瓦房店市人民法院对原告董某诉大连金普新区城乡建设局、张某、徐某、平安银行金州支行撤销房屋登记一案作出判决，判决确认大连金普新区城乡建设局2009年11月23日为徐某办理颁发大房房权证金私字第2×××屋所有权证的行政行为违法。董某、大连金普新区城乡建设局均不服提起上诉，大连市中级人民法院于2019年11月18日作出裁定书，中止该案审理。2012年9月4日，某1银行大连金州支行更名为银行大连金州支行，即原案被告。

董某向一审法院起诉请求判决银行大连金州支行与徐某签订的房地产买卖抵押贷款合同中的抵押条款无效。

法院判决

一审法院认为，本案的争议焦点有两点：其一，第三人徐某与被告银行签订《房地产买卖抵押贷款合同》中的抵押条款、在案涉坐落于金州区先进街道桃园小区××号××单元××层××号房屋上设立抵押权，是否系无权处分；其二，如系无权处分，是否导致《房地产买卖抵押贷款合同》中的抵押条款无效。

一、是否无权处分的问题

关于案涉房屋权属，一审法院作出的（2011）金民初字第2085号民事判决，已判决原告董某与张某签订的以车换房《合同书》有效；房地产公司协助董某办理金州区桃园小区××#××号商品房产权过户手续。该判决已经确立了原告董某对案涉房屋的权利。虽然案涉房屋后经流转、登记在第三人徐某名下，但一审法院作出的（2018）辽 0213 民初 385 号民事判决书已经判决张某与徐某 2009 年 11 月 19 日签订的房屋买卖合同无效，该判决已生效，合同无效自始不具有法律约束力，显然徐某自始没有处分案涉房屋的权利基础，故认定本案中徐某针对案涉房屋签订合同抵押条款系无权处分。

二、无权处分是否导致合同条款无效问题

《最高人民法院关于适用〈中华人民共和国民法典〉时间效力的若干规定》第 1 条第 2 款规定，民法典施行前的法律事实引起的民事纠纷案件，适用当时的法律、司法解释的规定，但是法律、司法解释另有规定的除外。第 8 条规定，民法典施行前成立的合同，适用当时的法律、司法解释的规定合同无效而适用民法典的规定合同有效的，适用民法典的相关规定，因此，本案判断合同条款效力问题应首先依据《民法典》施行前的《合同法》等法律、司法解释的规定，再结合《民法典》的相关规定，综合认定。《合同法》第 51 条规定，无处分权的人处分他人财产，经权利人追认或无处分权的人订立合同后取得处分权的，该合同有效。《最高人民法院关于审理买卖合同纠纷案件适用法律问题的解释》（以下简称买卖合同司法解释）（2012 年施行）第 3 条规定，当事人一方以出卖人在缔约时对标的物没有所有权或者处分权为由主张合同无效的，人民法院不予支持。出卖人因未取得所有权或者处分权致使标的物所有权不能转移，买受人要求出卖人承担违约责任或者要求解除合同并主张损害赔偿的，人民法院应予支持。《民法典》第 597 条规定，因出卖人未取得处分权致使标的物所有权不能转移的，买受人可以解除合同并请求出卖人承担违约责任。法律、行政法规禁止或者限制转让的标的物，依照其规定。从上述法律规定变迁来看，买卖合同司法解释出台前，无处分权的人处分他人财产而签订的合同，在权利人追认之前一般认定为效力待定合同。但买卖合同司法解释出台后，该解释第 3 条规定买受人可以要求解除合同并主张损害赔偿，由于解除合同的前提是该合同为有效合同，因此买卖合同司法解释是确立了无权处分的买卖合同为有效合同。《民法典》也再次通过删除《合同法》第51条规定、保留买卖合同司法解释第3条来明确这一观点。那么，同是作为处分行为的抵押，应同样适用无权处分签订的抵押合同亦为有效合同这一结论。当然，根据物权区分原则，合同是物权变动的原因行为，物权是否设立是物权变动的结果。处分人在缔约时没有处分权利，并不影响作为原因行为的合同的效力，但能否发生物权变动效果，则取决于处分人之后能否取得处分权、是否存在善意第三人等因素。本案中，原告诉求的是合同条款效力问题，第三人徐某将非其所有的房屋设立抵押系无权处分，与被告某银行签订抵押合同条款，被告基于不动产公示原则相信第三人有处分权而签订合同，至于原告提出的被告未进行现场实地勘查而出具材料系有意串通的现象，一审法院认为现有证据不能证明第三人与被告在签订合同抵押条款时存在恶意串通的情形，同时原告也未举证证明第三人与被告之间签订的合同抵押条款存在其他的法定的合同无效情形，因此原告诉请判决被告与第三人签订的房地产买卖合同抵押贷款合同中的抵押条款无效，一审法院无据支持，依法驳回原告的诉讼请求。

原告不服一审判决，提起上诉。

二审法院经审理认为，关于董某主张某银行与徐某签订的房地产买卖抵押贷款合同中的抵押条款无效的上诉请求，因生效法律文书已经判决张某与徐某关于案涉房屋的买卖合同无效，故徐某针对该房屋签订的抵押合同应适用无权处分的法律规定。又因本案系抵押合同，可以参照适用买卖合同的相关规定。案涉合同成立于2009年，根据《最高人民法院关于适用〈中华人民共和国民法典〉时间效力的若干规定》第1条第2款规定，本案抵押条款效力应适用当时的法律及司法解释，即《合同法》第51条，认定无权处分合同为效力待定的合同。然而相继出台的《最高人民法院关于审理买卖合同纠纷案件适用法律问题的解释》第3条及《民法典》第597条规定，对无权处分的合同效力作了进一步规范，认可买受人享有合同解除权，意味着明确了无权处分的合同是有效合同，即案涉抵押合同是有效合同。在徐某提交了案涉房屋所有权证书、有资质的机构出具的估价报告等材料前提下，某银行依据上述权利外观与其签订抵押合同，是善意、无过失的，在董某未能提供相反证据证明案涉抵押合同存在法定无效的情况下，一审认定某银行与徐某签订的房地产买卖合同抵押贷款合同中的抵押条款有效，并据此驳回董某的诉讼请求并无不当，本院予以确认。董某的上诉请求无事实和法律依据，本院应予驳回。

法理解读

本案当事人的争议焦点是，案涉买卖抵押贷款合同中的抵押条款的效力问题。

对于无权处分的效力，《民法典》第597条第1款延续了原《最高人民法院关于适用〈中华人民共和国合同法〉若干问题的解释（二）》第15条和原买卖合同司法解释第3条的规定，实质上修改了原《合同法》第51条的规则，将无权处分的合同规定为有效。此种制度设计的根源系区分负担行为与处分行为的结果，即处分权的有无不影响负担行为的效力，同时此种设计有助于保护买受人的利益，以便于使其在出卖人无法交付标的物的情形下依据有效合同的约定主张违约责任。在《物权法》正式实施之前，虽然善意取得制度尚未全面法定化，但是根据民法基本原则及类似规定的要旨，在所有权人与善意第三人之间进行利益平衡时，仍然应当注重保护善意第三人的合法权益，维护交易安全。

案涉房屋买卖形成于2009年，但纠纷发生在《民法典》实施后，应适用《民法典》的相关规定，对于无权处分合同的效力，《民法典》明确相应合同只要不存在其他无效事由，应当属于有效合同，此项法理是根据物权法的区分原则，合同是物权变动的原因行为，物权是否设立是物权变动的结果。处分人在缔约时没有处分权利，并不影响作为原因行为的合同的效力，但能否发生物权变动的效果，则取决于处分人之后能否取得处分权、是否存在善意第三人等因素。本案中，原告诉求的是合同条款效力问题，第三人徐某将非其所有的房屋设立抵押系无权处分，与被告某银行签订抵押合同条款，被告基于不动产公示原则相信第三人有处分权而签订合同某银行依据权利外观与当事人签订抵押合同，是善意、无过失的，在董某未能提供相反证据证明案涉抵押合同存在法定无效的情况下，应认为某银行与徐某签订的房地产买卖合同抵押贷款合同中的抵押条款有效，法院据此驳回董某要求确认合同条款无效的诉讼请求，并无不当。

第二十条　越权代表的合同效力

法律、行政法规为限制法人的法定代表人或者非法人组织的负责人的代表权，规定合同所涉事项应当由法人、非法人组织的权力机构或者决策机构决议，或者应当由法人、非法人组织的执行机构决定，法定代表人、负责人未取得授权而以法人、非法人组织的名义订立合同，未尽到合理审查义务的相对人主张该合同对法人、非法人组织发生效力并由其承担违约责任的，人民法院不予支持，但是法人、非法人组织有过错的，可以参照民法典第一百五十七条的规定判决其承担相应的赔偿责任。相对人已尽到合理审查义务，构成表见代表的，人民法院应当依据民法典第五百零四条的规定处理。

合同所涉事项未超越法律、行政法规规定的法定代表人或者负责人的代表权限，但是超越法人、非法人组织的章程或者权力机构等对代表权的限制，相对人主张该合同对法人、非法人组织发生效力并由其承担违约责任的，人民法院依法予以支持。但是，法人、非法人组织举证证明相对人知道或者应当知道该限制的除外。

法人、非法人组织承担民事责任后，向有过错的法定代表人、负责人追偿因越权代表行为造成的损失的，人民法院依法予以支持。法律、司法解释对法定代表人、负责人的民事责任另有规定的，依照其规定。

【民法典条文】

第六十一条　依照法律或者法人章程的规定，代表法人从事民事活动的负责人，为法人的法定代表人。

法定代表人以法人名义从事的民事活动，其法律后果由法人承受。

法人章程或者法人权力机构对法定代表人代表权的限制，不得对抗善意相对人。

第六十二条　法定代表人因执行职务造成他人损害的，由法人承担民事责任。

法人承担民事责任后，依照法律或者法人章程的规定，可以向有过错的法定代表人追偿。

第五百零四条　法人的法定代表人或者非法人组织的负责人超越权限订立的合同，除相对人知道或者应当知道其超越权限外，该代表行为有效，订立的合同对法人或者非法人组织发生效力。

【相关司法解释】

《最高人民法院关于适用〈中华人民共和国民法典〉有关担保制度的解释》

第七条　公司的法定代表人违反公司法关于公司对外担保决议程序的规定，超越权限代表公司与相对人订立担保合同，人民法院应当依照民法典第六十一条和第五百零四条等规定处理：

（一）相对人善意的，担保合同对公司发生效力；相对人请求公司承担担保责任的，人民法院应予支持。

（二）相对人非善意的，担保合同对公司不发生效力；相对人请求公司承担赔偿责任的，参照适用本解释第十七条的有关规定。

法定代表人超越权限提供担保造成公司损失，公司请求法定代表人承担赔偿责任的，人民法院应予支持。

第一款所称善意，是指相对人在订立担保合同时不知道且不应当知道法定代表人超越权限。相对人有证据证明已对公司决议进行了合理审查，人民法院应当认定其构成善意，但是公司有证据证明相对人知道或者应当知道决议系伪造、变造的除外。

《全国法院民商事审判工作会议纪要》

17.【违反《公司法》第16条构成越权代表】为防止法定代表人随意代表公司为他人提供担保给公司造成损失，损害中小股东利益，《公司法》第16条对法定代表人的代表权进行了限制。根据该条规定，担保行为不是法定代表人所能单独决定的事项，而必须以公司股东（大）会、董事会等公司机关的决议作为授权的基础和来源。法定代表人未经授权擅自为他人提供担保的，构成越权代表，人民法院应当根据《合同法》第50条关于法定代表人越权代表的规定，区分订立合同时债权人是否善意分别认定合同效力：债权人善意的，合同有效；反之，合同无效。

18.【善意的认定】前条所称的善意，是指债权人不知道或者不应当知道法定代表人超越权限订立担保合同。《公司法》第16条对关联担保和非关联担保的决议机关作出了区别规定，相应地，在善意的判断标准上也应当有所区别。一种情形是，为公司股东或者实际控制人提供关联担保，《公司法》第16条明确规定必须由股东（大）会决议，未经股东（大）会决议，构成越权代表。在此情况下，债权人主张担保合同有效，应当提供证据证明其在订立合同时对股东（大）会决议进行了审查，决议的表决程序符合《公司法》第16条的规定，即在排除被担保股东表决权的情况下，该项表决由出席会议的其他股东所持表决权的过半数通过，签字人员也符合公司章程的规定。另一种情形是，公司为公司股东或者实际控制人以外的人提供非关联担保，根据《公司法》第16条的规定，此时由公司章程规定是由董事会决议还是股东（大）会决议。无论章程是否对决议机关作出规定，也无论章程规定决议机关为董事会还是股东（大）会，根据《民法总则》第61条第3款关于"法人章程或者法人权力机构对法定代表人代表权的限制，不得对抗善意相对人"的规定，只要债权人能够证明其在订立担保合同时对董事会决议或者股东（大）会决议进行了审查，同意决议的人数及签字人员符合公司章程的规定，就应当认定其构成善意，但公司能够证明债权人明知公司章程对决议机关有明确规定的除外。

债权人对公司机关决议内容的审查一般限于形式审查，只要求尽到必要的注意义务即可，标准不宜太过严苛。公司以机关决议系法定代表人伪造或者变造、决议程序违法、签章（名）不实、担保金额超过法定限额等事由抗辩债权人非善意的，人民法院一般不予支持。但是，公司有证据证明债权人明知决议系伪造或者变造的除外。

19.【无须机关决议的例外情况】存在下列情形的，即便债权人知道或者应当知道没有公司机关决议，也应当认定担保合同符合公司的真实意思表示，合同有效：

（1）公司是以为他人提供担保为主营业务的担保公司，或者是开展保函业务的银行或者非银行金融机构；

（2）公司为其直接或者间接控制的公司开展经营活动向债权人提供担保；

（3）公司与主债务人之间存在相互担保等商业合作关系；

（4）担保合同系由单独或者共同持有公司三分之二以上有表决权的股东签字同意。

20.【越权担保的民事责任】依据前述 3 条规定，担保合同有效，债权人请求公司承担担保责任的，人民法院依法予以支持；担保合同无效，债权人请求公司承担担保责任的，人民法院不予支持，但可以按照担保法及有关司法解释关于担保无效的规定处理。公司举证证明债权人明知法定代表人超越权限或者机关决议系伪造或者变造，债权人请求公司承担合同无效后的民事责任的，人民法院不予支持。

21.【权利救济】法定代表人的越权担保行为给公司造成损失，公司请求法定代表人承担赔偿责任的，人民法院依法予以支持。公司没有提起诉讼，股东依据《公司法》第 151 条的规定请求法定代表人承担赔偿责任的，人民法院依法予以支持。

【条文要义】

本条是对法人的法定代表人或者非法人组织的负责人越权代表订立合同效力的解释。

本条涉及《民法典》第 61 条第 2 款和第 3 款以及第 504 条规定的具体适用问题。对此，以往关于《合同法》的司法解释没有规定。《全国法院民商事审判工作会议纪要》第 17 条至第 21 条的四条规定都对有关越权代表的问题作了解释，其中最主要的是越权代表订立合同的公司担保责任的规则。《最高人民法院关于适用〈中华人民共和国民法典〉有关担保部分的解释》第 7 条，就公司的法定代表人违反《公司法》关于公司对外担保决议程序的规定，超越权限代表公司与相对人订立担保合同的效力作了明确规定。在此基础上，本条对一般的越权代表订立合同的效力规则作了规定。

《民法典》第 61 条第 2 款和第 3 款以及第 504 条对法定代表人或者负责人越权代表行为应当承担的责任都作了规定，本条是在这些规定的基础上，继续补充规定越权代表订立合同的效力在司法实践中具体认定的规则。所以，本条解决的最重要问题是规定了法定代表人或者负责人越权代表的两种行为形态：一是法定代表人或者负责人违反法律的越权代表行为；二是法定代表人或者负责人违反章程等内部限制的越权代表行为。这两种不同的越权代表行为在构成上有不同的要求。

1. 违反法律、行政法规的越权代表行为

违反法律、行政法规的越权代表行为，可以称为违法越权代表，是指法人的法定代表人或者非法人组织的负责人越权代表法人或者非法人组织实施的民事法律行为，违反了法律或者行政法规为限制法人的法定代表人或者非法人组织的负责人的代表权，把这些事项规定为由法人、非法人组织的权力机构和决策机构决议，或者由法人、非法人组织的执行机构作出决策；法人的法定代表人或者非法人组织的负责人，没有经过权力机构、决策机构或者执行机构作出决定，自己未取得授权而擅自代表法人或者非法人组织订立了合同。

对这种法定代表人或者负责人违反法律的越权代表行为，由于越权代表的行为违反的是法律、行政法规关于法定代表人或者负责人的权限的强制性规定，对方当事人是应当知道的。因此，依照《民法典》第61条第3款和第504条的规定，是无效的民事法律行为，未尽到合理审查义务的对方当事人主张自己是善意相对人，是不成立的。因此，后果是：第一，对这种越权代表行为订立的合同，相对人主张该合同对法人、非法人组织发生效力或者请求其承担违约责任的，法院不予支持。第二，由于合同对法人、非法人组织不发生效力，因此要依据《民法典》第157条的规定，认定有过错的法人、非法人组织承担相应的赔偿责任。第三，如果相对人已经尽到合理审查义务，构成善意的，应当判断是否构成表见代表，如果构成表见代表的，应当依据《民法典》第504条的规定确认合同效力，对法人或者非法人组织发生拘束力。

这里没有对举证责任作出规定。规则应当是，相对人主张自己为善意，应当自己承担举证责任，由相对人来证明自己的善意。这样确定举证责任，是因为法律已经对法人的法定代表人和非法人组织的负责人的职权范围作了规定，相对人完全可以知道判断法定代表人或者负责人的行为是否越权。因此，让相对人证明自己已尽合理审查义务，是完全正确的。只要相对人不能证明自己已经尽到合理的审查义务，就不构成善意，主张法人、非法人合同对自己不发生法律效力，没有法律依据，法院不应该支持。

2. 违反章程或者权力机构限制的越权代表行为

法人的法定代表人或者非法人组织的负责人的第二种越权代表行为，是违反其章程或者权力机构等对代表权限制的越权代表，也可以称为违章越权代表。

法定代表人或者负责人的代表行为，虽然未超越法律、行政法规规定的法定代表人或者负责人的代表权限，但是，法定代表人或者负责人的代表行为却超越了法人、非法人组织的章程，或者权力机构等对法定代表人、负责人的代表权进行限制的范围，就构成违反章程的越权代表行为。

违章越权代表行为订立的合同，相对人知道或者应当知道其超越权限的，对法人、非法人组织不发生效力，除相对人知道或者应当知道其超越权限外，相对人为善意的，该代表行为有效，订立的合同对法人、非法人组织发生效力。

该规定着重强调的也是越权代表行为相对人善意的举证责任。当法定代表人或者负责人违反章程实施代表行为时，对相对人的善意，举证责任不是由相对人承担，而是"法人、非法人组织不能证明相对人知道或者应当知道该限制"，所以举证责任由法人或者非法人组织承担，要证明法定代表人或者负责人实施的越权代表行为的相对人不具有善意，证明的标准就是相对人知道或者应当知道法人或者非法人组织的章程对代表权限的限制，能够证明的，相对人为非善意，越权代表行为对法人或非法人组织不发生效力；不能证明的，越权代表行为对法人或者非法人组织发生法律效力。

这样确定违反章程的越权代表行为订立合同的举证责任，也是完全有道理的，因为相对人可以审查法人、非法人组织的章程对法定代表人权限的限制，但是由于其他原因也可能无法查明，把这个举证责任交给法人、非法人组织负担，由其自己来证明相对人知道或者应当知道，是有能力、也有可能提供证据证明的，因而对于保护相对人的合法权益是有利的。

法人、非法人组织能够证明相对人知道或者应当知道法定代表人或者负责人违反章程规定，是越权代表行为，所订立的合同对法人或者非法人组织就不发生效力。法人、非法人组织不能证明相对人知道或者应当知道该限制，法人、非法人组织没有完成举证责任，相对人就成立善意，主张该合同对法人、非法人组织发生效力并由其承担违约责任的，就符合《民法典》的规定，法院应当支持。

3. 对越权代表行为订立合同造成损失的追偿和损失赔偿

对上述两种法定代表人或者负责人的越权代表行为，能够确定相对人是善意的，法人、非法人组织就必须承认这些越权代表行为的法律效力，履行所订合同设定的义务，承担相应的责任。对于法人、非法人组织因履行这些合同造成的损失，《民法典》第62条对有过错的法定代表人或者负责人已经规定了追偿权。

本条第3款规定的主要规则是：

第一，重申了法人、非法人组织的追偿权，即法人、非法人组织承担民事责任后，向有过错的法定代表人、负责人追偿因越权代表行为造成的损失的，人民法院依法予以支持。这里应当注意的是，《民法典》第61条第3款规定，向法定代表人或者负责人行使追偿权时，法定代表人或者负责人的主观心理状态是过错，既包括故意，也包括重大过失和一般过失。这与前一款规定的越权职务代理行为的法人或者非法人组织行使追偿权的要件，是越权职务代理人有故意或者重大过失，是不同的。根据《民法典》第1191条的规定，法人、非法人组织的工作人员执行职务造成损害，其承担责任的主观要件是故意或者重大过失，与《民法典》第62条第2款规定的主观要件为过错有所不同。在适用法律时，应当区分这两种追偿权的主观构成要件的不同。

第二，法律、司法解释对法定代表人、负责人的责任另有规定的，不适用本条第1款和第2款规定的责任，应当依照另有的规定确定责任。例如，《民法典》第84条规定，营利法人的控股出资人、实际控制人、董事、监事、高级管理人员不得利用其关联关系损害法人的利益；利用关联关系造成法人损失的，应当承担赔偿责任。法人的法定代表人以及非法人组织的负责人进行关联交易，并非都损害法人或者非法人组织的合法权益。因此，即使违法越权代表或者违章越权代表损害法人或者非法人组织权益的，是承担责任，也并非合同无效。

【案例评析】

文化传媒公司与信息技术公司、赖某合同纠纷案①

基本案情

　　2018 年 10 月 29 日，某公司（甲方、应收账款受让方）与信息技术公司（乙方、应收账款转让方）、文化传媒公司（丙 1、担保人 1）、赖某（丙 2、担保人 2）签订了一份编号为××的《商业保理合同》。该合同主要约定，乙方根据业务需求，就其在相关商务合同项下对商务合同买方的应收账款债权向甲方申请融资，即乙方将其对商务合同买方享有的尚未到期的应收账款债权转让给甲方，甲方向乙方支付本合同约定的受让价款受让该债权。甲方同意为乙方提供"有追索权循环额度隐蔽国内保理服务"，丙方同意为乙方在本合同项下应承担的义务承担无限连带保证责任。同日，四方签订了一份《商业保理合同之补充协议》。该协议主要约定：甲、乙、丙方于 2018 年 10 月签署编号为××的《商业保理合同》……1. 按照主协议约定，乙方须在甲方发放首笔融资额度前，完成相关抵押物的抵押登记（抵押事宜详见《房地产抵押合同》）；现甲方同意在本协议签署生效后先行发放首笔融资额度（按照主协议附件一《额度核准通知书》确定的额度为准），乙方需自首笔融资额度发放之日起 30 日内，完成相关抵押物的抵押登记，抵押登记完成以甲方取得抵押物的他项权证为准……3. 如乙方违反本协议约定任一条款的，甲方均有权单方终止主协议及本协议，且有权要求乙方于违约之日一次性向甲方返还其依据主协议取得的所有应收账款转让对价及对应的资金占用费，如逾期支付的，需按照逾期支付金额的 5‰/ 日承担违约责任。

　　同日，某公司（甲方、抵押权人）与信息技术公司（乙方、抵押人）

---

　　① 案号：（2020）沪 74 民终 289 号。

签订一份《房地产抵押合同》。主要约定：甲方与乙方于 2018 年签署编号××的《商业保理合同》，乙方自愿将其自有的房地产作为抵押物，抵押给甲方，为其基于《商业保理合同》产生的所有债务承担连带担保责任；抵押物为坐落于越秀区××路××号×，抵押面积 6017.96 平方米，评估价 304815768.94 元，抵押金额 1.8 亿元；本合同签署后 2 个工作日内，乙方需向甲方提供资料并配合完成抵押登记。

同日，文化传媒公司、赖某分别向某公司出具《担保函》，承诺对应收账款转让方履行《商业保理合同》义务承担无限连带担保责任。担保金额为《商业保理合同》中约定的保理授信融资额度 1.8 亿元及已到期、未到期资金占用费、逾期违约金及某公司为实现债权发生的所有费用（包括但不限于律师费、诉讼费、保全费、担保费、公告费、公证费、差旅费）等；担保期限为《商业保理合同》期限届满之日起两年。

上述合同签订后，某公司于 2018 年 11 月 5 日、11 月 6 日共计向信息技术公司支付了 5500 万元的保理融资款。信息技术公司分别于 2018 年 11 月 30 日、2018 年 12 月 7 日、2019 年 1 月 4 日共计向某公司支付了 120 万元资金占用费。

2018 年 1 月 31 日，文化传媒公司章程第 106 条规定，董事会由九名董事组成，其中独立董事三名，设董事长一人，不设副董事长。第 110 条规定，董事会审议公司为他人债务提供担保事项时，必须经出席董事会会议的 2/3 以上董事同意。第 118 条规定，董事会会议应有过半数董事出席方可举行。董事会作出决议，必须经全体董事的过半数通过。

其间，因信息技术公司、文化传媒公司未按约定办理房产抵押登记、未按约向某公司支付资金占用费，某公司诉至法院。

法院判决

一审法院认为，根据现有公示的工商信息，文化传媒公司与信息技术公司并不存在关联关系。根据《公司法》第 16 条、文化传媒公司章程第 110 条之规定，文化传媒公司对外担保事项经出席董事会会议的 2/3 以上董事同意即可。现文化传媒公司 9 名董事会成员中已有出席会议的 5 名董事会成员在董事会决议上签名，符合文化传媒公司章程规定。因此，某公司以该决议证明其在订立《商业保理合同》《商业保理合同之补充协议》时已尽到了审查义务，文化传媒公司应承担担保责任的主张，予以支持。某公司与信息技术公司、文化传媒公司、赖某签订的《商业保理合同》《商业保理合同之补充协议》，某公司与信息技术公司签订的《房地产抵押合同》、文化传媒公司及赖某分别出具的《担保函》均系当事人的真实意思表示，合法有效。

被告文化传媒公司不服一审判决，提起上诉。

二审法院认为，关于本案担保是否需经文化传媒公司股东大会决议通过的问题。本院认为，为防止法定代表人未经授权代表公司对外提供担保给公司造成损失，损害中小股东利益，《公司法》第 16 条规定，"公司向其他企业投资或者为他人提供担保，依照公司章程的规定，由董事会或者股东会、股东大会决议……公司为公司股东或者实际控制人提供担保的，必须经股东会或者股东大会决议"。根据该条的规定，担保行为不是法定代表人所能单独决定的事项，必须以公司股东会或股东大会、董事会等公司机关的决议作为授权的基础和来源。而公司为股东、实际控制人提供担保的，法律对授权来源的要求更为严格，需要股东会或股东大会决议通过，这主要是为了防止大股东或实际控制人为自身利益操控公司董事会，侵害中小股东的利益。本案中，据文化传媒公司年度报告显示，文化传媒公司的实际控制人为赖某，据《商业保理合同》载明，各方均确认，丙方（文化传媒公司及赖某）为信息技术公司的实际控制人。由此可知，赖某实际控制了文化传媒公司与信息技术公司，故案涉担保是文化传媒公司为其实际控制人赖某所控制的另一家公司提供担保由于公司实际控制人对公司董事会具有相当影响力，如果该担保仅需董事会决议即可通过，恐无法体现公司决策的集体意志，容易使中小股东利益受损。因此，根据上述法条的立法目的和精神，应认定本案担保亦属法律规定的"公司为公司股东或实际控制人提供担保，须经公司股东会或股东大会决议"的关联担保之情形。文化传媒公司法定代表人未经公司股东大会决议通过，擅自签署《担保函》，属于公司法定代表人超越权限订立合同的行为。

关于某公司在接受《担保函》时是否为善意相对人的问题。本案中，被上诉人某公司是《商业保理合同》的签约当事人，《商业保理合同》明确载明，丙方（文化传媒公司及赖某）为债务人信息技术公司的实际控制人。因此，某公司对债务人及担保人之间的股权或控制关系应属明知，也应当意识到文化传媒公司提供本案担保可能系受其实际控制人赖某的控制，更应对文化传媒公司的内部有效决议作审慎审查。文化传媒公司是一家上市公司，相对于关联担保的相对人，上市公司的中小股东克服信息不对称、防范上市公司大股东、法定代表人等高管道德风险的成本更高，从公平的角度看，上市公司对公司股东、实际控制人提供关联担保的，相对人应当负担更高的注意义务。此外，上市公司作为公众公司，其公司章程、重大经营信息等均依法公开，其关联担保等重大经营行为还受证券监管部门诸多规章或规范性文件的约束，相对人可以通过很低的交易成本了解到上市公司法定代表人的权限以及公司股东大会的重大决议事项，被上诉人某公司作为金融机构，对此更具备专业的审查能力。因此，无论是从利益平衡的角度还是从注意义务分配的角度看，上市公司的法定代表人以公司名义对外提供关联担保的，相对人应当审查该担保是否经过股东大会决议。综上，被上诉人某公司未提供有效的证据证明其对《担保函》经过文化传媒公司股东大会决议进行了审查，未尽到应尽的注意义务，不属于善意相对人。

因案涉《担保函》无效，某公司无权依照《担保函》要求文化传媒公司承担连带保证责任。文化传媒公司时任法定代表人麦某未经股东大会授权，以文化传媒公司名义签署《担保函》，该文件上加盖了文化传媒公司公章并有麦某签名。而且根据文化传媒公司的公开资料，同时期该公司确发生因大量涉及实际控制人赖某的违规担保事项，后受到行政监管或处罚。上述事实证明，文化传媒公司内部管理不规范，对于案涉《担保函》无效，有重大过错。此外，某公司未提交充分有效的证据证明其在接受

《担保函》时对文化传媒公司股东大会决议进行了审查，对于案涉《担保函》无效亦存在过错。综合考虑双方当事人过错和全案情况，文化传媒公司应对信息技术公司不能清偿本案债务的 1/2 向某公司承担赔偿责任。

法 理 解 读

本案当事人的争议焦点是，文化传媒公司是否应承担担保责任，即判断文化传媒公司出具的案涉《担保函》是否有效。

《民法典》《公司法》等法律为限制法定代表人的代表权，明确规定重大事项应当经过法人或非法人组织的股东会或者董事会进行集体决策，未经决策作出的代表行为，原则上不对法人、非法人组织发生效力。本条对法定代表人或者负责人越权代表行为应当承担的责任作了细化规定，主要是明确对于法定代表人或者负责人违反法律的越权代表行为和违反章程的越权代表行为，相对人具有不同的合理审查义务。对违反法律的越权代表行为，举证责任在相对人一方，相对人需要举证证明其已尽到合理审查义务，主张法定代表人的行为构成表见代表。对于合同所涉事项没有超越法律、行政法规规定的法定代表人的代表权限，仅是超越了章程等对法定代表人代表权的限制，则举证责任落在法人一方，法人应当证明相对人知道或者应当知道该限制。对上述两种法定代表人或者负责人的越权代表行为，能够确定相对人是善意的，法人、非法人组织就必须承认这些越权代表行为的法律效力，对于履行合同所遭受的损失，法人、非法人组织有权向法定代表人或者负责人追偿。

本案中，文化传媒公司的法人的法定代表人超越权限订立的合同，如果相对人知道或者应当知道其超越权限，否则代表行为不对公司发生效力。因此，认定法定代表人越权代表行为效力问题的关键是相对人是否知道或应当知道法定代表人的行为超越权限，是否属于善意相对人。由于本案中文化传媒公司是一家上市公司，上市公司信息披露较为充分，如章程、重大事项等内容均属公开，上市公司对公司股东、实际控制人提供关联担保的，相对人具有更高的审查可能性，也应负担更高的注意义务。相对人某公司作为溢价金融机构，对此也具备专业的审查能力，上市公司的法定代表人以公司名义对外提供关联担保的，某公司应当审查该担保是否经过股东大会决议，由于某公司未提供有效的证据证明其对《担保函》经过文化传媒公司股东大会决议进行了审查，因此应认定其未尽到应尽的注意义务，不属于善意相对人，案涉《担保函》不对文化传媒公司发生效力。

第二十一条　职务代理与合同效力

法人、非法人组织的工作人员就超越其职权范围的事项以法人、非法人组织的名义订立合同，相对人主张该合同对法人、非法人组织发生效力并由其承担违约责任的，人民法院不予支持。但是，法人、非法人组织有过错的，人民法院可以参照民法典第一百五十七条的规定判决其承担相应的赔偿责任。前述情形，构成表见代理的，人民法院应当依据民法典第一百七十二条的规定处理。

合同所涉事项有下列情形之一的，人民法院应当认定法人、非法人组织的工作人员在订立合同时超越其职权范围：

（一）依法应当由法人、非法人组织的权力机构或者决策机构决议的事项；

（二）依法应当由法人、非法人组织的执行机构决定的事项；

（三）依法应当由法定代表人、负责人代表法人、非法人组织实施的事项；

（四）不属于通常情形下依其职权可以处理的事项。

合同所涉事项未超越依据前款确定的职权范围，但是超越法人、非法人组织对工作人员职权范围的限制，相对人主张该合同对法人、非法人组织发生效力并由其承担违约责任的，人民法院应予支持。但是，法人、非法人组织举证证明相对人知道或者应当知道该限制的除外。

　　法人、非法人组织承担民事责任后，向故意或者有重大过失的工作人员追偿的，人民法院依法予以支持。

【民法典条文】

　　第一百七十条　执行法人或者非法人组织工作任务的人员，就其职权范围内的事项，以法人或者非法人组织的名义实施的民事法律行为，对法人或者非法人组织发生效力。

　　法人或者非法人组织对执行其工作任务的人员职权范围的限制，不得对抗善意相对人。

　　第一百七十二条　行为人没有代理权、超越代理权或者代理权终止后，仍然实施代理行为，相对人有理由相信行为人有代理权的，代理行为有效。

　　第一千一百九十一条　用人单位的工作人员因执行工作任务造成他人损害的，由用人单位承担侵权责任。用人单位承担侵权责任后，可以向有故意或者重大过失的工作人员追偿。

　　劳务派遣期间，被派遣的工作人员因执行工作任务造成他人损害的，由接受劳务派遣的用工单位承担侵权责任；劳务派遣单位有过错的，承担相应的责任。

【相关司法解释】

　　《最高人民法院关于适用〈中华人民共和国民法典〉有关担保制度的解释》

　　第七条　公司的法定代表人违反公司法关于公司对外担保决议程序的规定，超越权限代表公司与相对人订立担保合同，人民法院应当依照民法典第六十一条和第五百零四条等规定处理：

（一）相对人善意的，担保合同对公司发生效力；相对人请求公司承担担保责任的，人民法院应予支持。

（二）相对人非善意的，担保合同对公司不发生效力；相对人请求公司承担赔偿责任的，参照适用本解释第十七条的有关规定。

法定代表人超越权限提供担保造成公司损失，公司请求法定代表人承担赔偿责任的，人民法院应予支持。

第一款所称善意，是指相对人在订立担保合同时不知道且不应当知道法定代表人超越权限。相对人有证据证明已对公司决议进行了合理审查，人民法院应当认定其构成善意，但是公司有证据证明相对人知道或者应当知道决议系伪造、变造的除外。

《全国法院民商事审判工作会议纪要》

17.【违反《公司法》第 16 条构成越权代表】为防止法定代表人随意代表公司为他人提供担保给公司造成损失，损害中小股东利益，《公司法》第 16 条对法定代表人的代表权进行了限制。根据该条规定，担保行为不是法定代表人所能单独决定的事项，而必须以公司股东（大）会、董事会等公司机关的决议作为授权的基础和来源。法定代表人未经授权擅自为他人提供担保的，构成越权代表，人民法院应当根据《合同法》第 50 条关于法定代表人越权代表的规定，区分订立合同时债权人是否善意分别认定合同效力：债权人善意的，合同有效；反之，合同无效。

18.【善意的认定】前条所称的善意，是指债权人不知道或者不应当知道法定代表人超越权限订立担保合同。《公司法》第 16 条对关联担保和非关联担保的决议机关作出了区别规定，相应地，在善意的判断标准上也应当有所区别。一种情形是，为公司股东或者实际控制人提供关联担保，《公司法》第 16 条明确规定必须由股东（大）会决议，未经股东（大）会决议，构成越权代表。在此情况下，债权人主张担保合同有效，应当提供证据证明其在订立合同时对股东（大）会决议进行了审查，决议的表决

程序符合《公司法》第 16 条的规定，即在排除被担保股东表决权的情况
下，该项表决由出席会议的其他股东所持表决权的过半数通过，签字人员
也符合公司章程的规定。另一种情形是，公司为公司股东或者实际控制人
以外的人提供非关联担保，根据《公司法》第 16 条的规定，此时由公司
章程规定是由董事会决议还是股东（大）会决议。无论章程是否对决议机
关作出规定，也无论章程规定决议机关为董事会还是股东（大）会，根据
《民法总则》第 61 条第 3 款关于"法人章程或者法人权力机构对法定代表
人代表权的限制，不得对抗善意相对人"的规定，只要债权人能够证明其
在订立担保合同时对董事会决议或者股东（大）会决议进行了审查，同意
决议的人数及签字人员符合公司章程的规定，就应当认定其构成善意，但
公司能够证明债权人明知公司章程对决议机关有明确规定的除外。

债权人对公司机关决议内容的审查一般限于形式审查，只要求尽到必
要的注意义务即可，标准不宜太过严苛。公司以机关决议系法定代表人伪
造或者变造、决议程序违法、签章（名）不实、担保金额超过法定限额等
事由抗辩债权人非善意的，人民法院一般不予支持。但是，公司有证据证
明债权人明知决议系伪造或者变造的除外。

19.【无须机关决议的例外情况】存在下列情形的，即便债权人知道
或者应当知道没有公司机关决议，也应当认定担保合同符合公司的真实意
思表示，合同有效：

（1）公司是以为他人提供担保为主营业务的担保公司，或者是开展保
函业务的银行或者非银行金融机构；

（2）公司为其直接或者间接控制的公司开展经营活动向债权人提供担
保；

（3）公司与主债务人之间存在相互担保等商业合作关系；

（4）担保合同系由单独或者共同持有公司三分之二以上有表决权的股
东签字同意。

20.【越权担保的民事责任】依据前述 3 条规定，担保合同有效，债
权人请求公司承担担保责任的，人民法院依法予以支持；担保合同无效，

债权人请求公司承担担保责任的，人民法院不予支持，但可以按照担保法及有关司法解释关于担保无效的规定处理。公司举证证明债权人明知法定代表人超越权限或者机关决议系伪造或者变造，债权人请求公司承担合同无效后的民事责任的，人民法院不予支持。

21.【权利救济】法定代表人的越权担保行为给公司造成损失，公司请求法定代表人承担赔偿责任的，人民法院依法予以支持。公司没有提起诉讼，股东依据《公司法》第151条的规定请求法定代表人承担赔偿责任的，人民法院依法予以支持。

【条文要义】

本条是对认定越权职务代理订立的合同效力规则的解释。

本条规定与《民法典》第170条规定的职务代理和第172条规定的表见代理规则密切相关。同时，对职务代理人的追偿权，可以参照适用《民法典》第1191条第1款的规定。对此，以往合同法的司法解释没有作过规定。

首先，《民法典》第170条规定了职务代理，但是没有规定对职务代理超越职权范围进行的交易行为应当如何认定其效力，这是应当在司法实践中解决的问题。

其次，法人或者非法人组织的工作人员在执行职务代理过程中超越职权与他人进行交易，订立的合同不成立、无效、被撤销或者不发生法律效力的，应当依照《民法典》第157条的规定确定法人、非法人组织的民事责任。

再次，职务代理行为超越职权范围，如果法人或者非法人组织对其工作人员订立的合同否认其效力，涉及对善意相对人的保护问题，因此又有适用《民法典》第172条表见代理规则的可能。

最后，职务代理人越权代理，法人、非法人组织承担赔偿责任后，有权向有重大过失或者故意的工作人员追偿。

所以，本条对上述问题作出了以下四个方面的规定。

1. 超越职权范围的越权职务代理订立合同的效力

执行法人、非法人组织工作任务的人员超越其职权范围，以法人、非法人组织的名义与相对人订立合同，就是职务代理中的越权代理，与无权代理的规则是一样的，只是其代理的是法人或者非法人组织，而不是普通的被代理人。

执行法人、非法人组织工作任务的工作人员，是职务代理人。职务代理人在执行职务代理时，应当依照法人、非法人组织关于其执行工作任务的要求，实施民事法律行为，也就是职务代理行为应当在授权的职权范围内进行。工作人员超越授权的职务范围与相对人实施民事法律行为，就构成职务行为的无权代理。具体规则如下。

（1）法人、非法人组织对越权职务代理订立的合同不承担责任

依照无权代理的一般规则，职务代理人在执行职务时超越职权范围的事项，与相对人实施民事法律行为，以法人、非法人组织的名义订立合同，法人、非法人组织主张该合同对其不发生效力，是有法律依据的，法院应予支持。如果合同的相对人请求该合同对法人、非法人组织发生效力，并由该法人、非法人组织承担违约责任，其主张没有法律根据，所以法院不予支持。

（2）法人、非法人组织不追认越权职务代理订立的合同效力的后果

对越权职务代理行为订立的合同，确定被代理的法人、非法人组织的责任，应当适用《民法典》第171条关于无权代理法律后果的规定。首先，越权职务代理行为人与相对人订立合同，未经法人、非法人组织追认的，对法人、非法人组织不发生效力。其次，相对人可以催告被代理人自收到通知之日起30日内予以追认，被代理人未作表示的，视为拒绝追认。再次，行为人实施的行为被追认前，善意相对人有撤销的权利。最后，越权职务代理行为人订立的合同未被追认，善意相对人有权要求行为人履行债务或者就其受到的损害请求行为人赔偿，相对人知道或者应当知道行为人越权职务代理的，相对人和行为人按照各自的过错承担责任。

按照上述规则，越权职务代理订立的合同，未被法人、非法人组织追认的，该合同不发生效力。因此，法院不支持相对人主张法人、非法人组织承担违约责任的请求，但是，法人或者非法人组织对此有过错的，法院可以依据《民法典》第157条的规定确定合同未成立、无效、被撤销或者确定不发生效力的民事责任，即承担相应的赔偿责任。

（3）可以适用表见代理

不过，如果职务代理人在执行职务代理行为时超越职权范围，与相对人订立合同，符合代理权的外观授权，对方当事人不知道或者不应当知道其为无权代理的，构成表见代理，应当依据《民法典》第172条的规定，确认表见代理行为有效，法人、非法人组织应当承担表见代理的后果，对该合同对法人、非法人组织不发生效力的主张不予支持。

2. 法人、非法人组织工作人员超越职权范围的具体表现

在具体实践中，究竟什么样的行为属于职务代理行为超越其职权范围，也就是越权职务代理，本条规定，合同所涉事项有以下四种情形之一的，应当认定法人、非法人组织的工作人员在订立合同时超越其职权范围。

（1）依法应当由法人、非法人组织的权力机构或者决策机构决议的事项

营利法人的权力机构是股东会或者股东大会，非法人组织的权力机构是决策机构，如合伙人会议。按照法律规定或者是法人、非法人组织的章程规定，重大事项应当由法人、非法人组织的权力机构或者决策机构作出决议，其他人无权决定。这样的事项，如果职务代理人没有经过法人、非法人组织的权力机构或者决策机构决议，擅自实施职务代理行为，就是超越职权范围的越权职务代理行为。

（2）依法应当由法人、非法人组织的执行机构决定的事项

法人的执行机构是董事会或者执行董事，非法人组织的执行机构是管理委员会等。当依照法律规定或者章程规定，法人、非法人组织的重大事项应当由法人、非法人组织的执行机构决定的事项，没有经过执行机构的

决定，职务代理人擅自作出决定实施职务代理行为订立合同，也是超越职权范围的越权职务代理行为。

（3）依法应当由法定代表人、负责人代表法人或者非法人组织实施的事项

法人的法定代表人或者非法人组织的负责人，是法人或者非法人组织的代表，其行使权利的范围由法律规定和章程决定。如果属于法人的法定代表人或者非法人组织的负责人才有权决定的事项，那么职务代理人未经法定代表人或者负责人决定和授权，就实施职务代理行为与他人订立合同，属于超越职权行为，构成越权职务代理行为。

（4）不属于通常情形下依其职权可以处理的事项

这是无权代理行为订立合同的兜底条款。上述所列的三项超越职权的职务代理行为，是根据法人、非法人组织决策权力的范围确定的，没有经过权力决策机构，或者没有经过执行机构，或者没有经过法定代表人、负责人的决定，在他们的职权范围内实施的职务代理行为，都是超越职权范围的越权职务代理行为。

对其他方面，不属于通常情况下依其职权可以处理的事项，其实就是在职务代理行为中，没有代理权或者代理权终止后仍然实施的职务代理行为，都是超越职权的越权职务代理行为。例如，持伪造的授权委托书订立合同。

3. 合同所涉事项越权职务代理的效力

职务代理人超越职权与相对人订立合同，符合上述四种情形之一的，原则上其代理行为无效，法人、非法人组织主张职务代理行为人超越其职权范围的事项以法人、非法人组织的名义订立合同对其不发生效力，都是符合法律规定的，法院应当支持。

但是，合同所涉事项未超越依据上述四种确定的职权范围，但是超越法人、非法人组织对工作人员职权范围限制的，而不是违反职务代理权限订立合同，这与法人、非法人组织超越经营范围相似，因此，相对人可以主张该合同对法人、非法人组织发生效力并请求法人、非法人组织承担违

约责任。相对人提出这样的请求的，法院应当支持。除外的情形是，如果法人、非法人组织能够举证证明相对人知道或者应当知道职务代理人的职权范围限制的，相对人就不具有善意。因此，法人、非法人组织可以主张该合同对其不发生效力。

这个规定从表面上看，好像说的是举证责任，但实质上规定的是越权职务代理行为的相对人在交易中善意的认定。职务代理人超越授权范围，与相对人实施民事法律行为，如果相对人已经知道或者应当知道法人、非法人组织对职务代理人的授权范围已经超越职权，仍然与其进行交易订立合同，法人、非法人组织当然有权主张职务代理行为对自己不发生效力。但是，如果相对人是善意的，对职务代理人超越职权行为不知道或者不应当知道，就应当保护善意相对人，认定该超越职权的职务代理行为有效。

这一款着重强调的是，对相对人非善意的举证责任，要由法人、非法人组织证明相对人已经知道或者应当知道法人、非法人组织对职务代理人的授权范围已经超越职权，而不用相对人自己证明。法人、非法人组织不能证明相对人已经知道或者应当知道越权职务代理，法院就应当认定越权职务代理行为有效，所订立的合同对法人、非法人组织发生效力。

4. 越权职务代理订立合同有效的损失赔偿责任

在越权职务代理行为中，为了保护交易善意相对人的合法权益，在符合表见代理，以及保护善意相对人的规则要求时，认可越权职务代理行为对法人、非法人组织发生效力。在这两种情况下，会出现损害法人、非法人组织合法权益的后果，应当予以救济。这主要表现在以下两个方面。

第一，对越权职务代理行为只要符合表见代理以及保护善意相对人规则的要求，被代理的法人、非法人组织就必须认可越权职务代理行为有效，并且履行合同约定的义务，承担应当承担的责任。

第二，法人、非法人组织依照上述规定承担民事责任后，对越权职务代理人享有追偿权，行使追偿权的条件是，越权职务代理人在主观上具有故意或者有重大过失。这里对法人、非法人组织对越权职务代理人追偿权的主观要件要求比较高，一般过失不能行使追偿权，只有故意或者重大过失才可以行使追偿权。这是适用《民法典》第1191条第1款规定的侵权责任规则。这里存在的问题：一是追偿权行使的范围，究竟是全额追偿还是部分追偿，如果越权职务代理人给法人、非法人组织造成的损失巨大，全额追偿可能无法实现；如果部分追偿，则没有具体规则。这个问题的解决办法，应当全额追偿，但是全额追偿会给越权职务代理人的生活造成极大影响，应当为其保留适当的生活费用。二是越权职务代理人有故意或者重大过失，法人、非法人组织对其行使损害赔偿追偿权，自然没有问题；对越权职务代理人的一般过失，也应该承担适当的责任，否则会纵容职务代理人疏忽。对此，如果职务代理人越权代理只具有一般过失的，应当承担适当比例的损失赔偿责任，法人和非法人组织有适当比例的追偿权。当然，这是学理解释，而不是《民法典》和司法解释的具体规定，只有参考价值。

【案例评析】

黄某与房地产公司中介合同纠纷案[①]

基本案情

原告于2021年7月18日在浙江省嘉兴市××镇××镇某小区××栋××单元××室住宅一套，被告公司系从事房地产中介业务的公司。

为促成原告与浙江××有限公司签订购房合同，2021年7月18日，被告公司业务员杜某向原告出具加盖被告公司公章的《保密协议》照片及在《保密协议》复印件上签字按指印，约定待开发商支付中介佣金后60个工作日内向原告支付营销费用返现65000元。2021年7月31日，原告在被告公司的中介下，与浙江××有限公司就某小区××幢××单元××层××室房屋

---

① （2022）沪0118民初7684号。

签订《购房合同》，原告已全额支付购房款 1533982 元。此后，被告公司未向原告支付 65000 元，黄某向本院提出诉讼请求：判令被告支付原告营销费用 65000 元。

法 院 判 决

法院认为，代理是指代理人以被代理人名义与他人实施民事法律行为，由被代理人承担民事法律责任。执行法人或非法人组织工作任务的人员，就其职权范围内的事项，以法人或非法人组织的名义实施的民事法律行为，对法人或非法人组织发生效力。法人或非法人组织对执行其工作任务的人员职权范围的限制，不得对抗善意相对人。本案中，被告公司法定代表人孙飞向原告承认杜某系被告公司业务员，其在本院的调查中亦予以认可，故本院认定杜某系被告公司的员工，代理被告公司从事房地产中介业务。杜某在履行房地产中介业务的职务行为过程中，向原告出具保密协议，并加盖了被告公司的印章，表明其系以被告公司名义、代理被告公司向原告作出在符合条件的情况下支付原告 65000 元的承诺。尽管被告公司表示不同意杜某的上述行为，但未能提供证据证明原告对杜某的行为超越职权范围已经明知，被告公司应当承担杜某的职务行为的法律后果。现根据原告提供的证据，被告公司已经收到该笔中介服务费用具有高度盖然性。被告公司未能举证证明原告存在违反《保密协议》的行为及被告公司已经履行《保密协议》项下的义务，原告要求其承担继续履行的违约责任，于法无悖，本院予以支持，故被告公司应当支付原告 65000 元。

法 理 解 读

本案当事人的争议焦点是，被告中介公司是否要承担其工作人员所承诺行为的法律后果。

执行法人、非法人组织工作任务的人员，是职务代理人，职务代理人在执行职务代理时，应当依照法人、非法人组织关于其执行工作任务的要求，实施民事法律行为，也就是职务代理行为应当在授权的范围内进行。执行法人工作任务的人员，以法人名义所订立的合同可能超越职权范围的事项，如果此种行为构成表见代理的，则应依照表见代理的规定处理。对于此种超越权限订立的合同不属于表见代理的，并不当然能够对法人发生效力，此时应权衡当事人真实意思和交易安全保护之间的关系，对合同是否应拘束法人进行判断。如果超越法人对执行其工作任务的人员职权范围的限制，但相对人通常而言无法知道此种限制，法人也不能证明相对人知道或者应当知道该限制，则此时相对人可以主张该合同对法人发生效力。在法人承担民事责任后，有权向故意或者有重大过失的工作人员追偿，之所以对工作人员的主观故意和重大过失作出限定，是因为对于越权职务代理人的一般过失，法人也应该承担适当的责任，否则容易给职务代理人造成过重的责任。

本案中，杜某系被告公司业务员，主要工作就是代理被告公司从事房地产中介业务，被告公司也对此予以认可。在执行相应的职务行为过程中，杜某向原告出具保密协议，并加盖了被告公司的印章，表明其系以被告公司名义、代理被告公司向原告作出了相应承诺，明确约定待开发商支付中介佣金后 60 个工作日内向原告支付营销费用返现 65000。尽管事后被告公司明确表示不同意杜某的上述行为，但支付报酬的承诺并非超出相对人黄某的合理预见范围，被告公司也未能提供证据证明原告黄某对杜某的行为超越职权范围已经明知，因此被告公司应当承担杜某的职务行为的法律后果。在被告公司承担民事责任后，如果能够证明杜某的行为存在故意或者有重大过失，则有权向杜某进行追偿。

第二十二条　印章与合同效力

法定代表人、负责人或者工作人员以法人、非法人组织的名义订立合同且未超越权限，法人、非法人组织仅以合同加盖的印章不是备案印章或者系伪造的印章为由主张该合同对其不发生效力的，人民法院不予支持。

合同系以法人、非法人组织的名义订立，但是仅有法定代表人、负责人或者工作人员签名或者按指印而未加盖法人、非法人组织的印章，相对人能够证明法定代表人、负责人或者工作人员在订立合同时未超越权限的，人民法院应当认定合同对法人、非法人组织发生效力。但是，当事人约定以加盖印章作为合同成立条件的除外。

合同仅加盖法人、非法人组织的印章而无人员签名或者按指印，相对人能够证明合同系法定代表人、负责人或者工作人员在其权限范围内订立的，人民法院应当认定该合同对法人、非法人组织发生效力。

在前三款规定的情形下，法定代表人、负责人或者工作人员在订立合同时虽然超越代表或者代理权限，但是依据民法典第五百零四条的规定构成表见代表，或者依据民法典第一百七十二条的规定构成表见代理的，人民法院应当认定合同对法人、非法人组织发生效力。

【民法典条文】

第一百七十二条　行为人没有代理权、超越代理权或者代理权终止后，仍然实施代理行为，相对人有理由相信行为人有代理权的，代理行为有效。

第四百九十条　当事人采用合同书形式订立合同的，自当事人均签名、盖章或者按指印时合同成立。在签名、盖章或者按指印之前，当事人一方已经履行主要义务，对方接受时，该合同成立。

法律、行政法规规定或者当事人约定合同应当采用书面形式订立，当事人未采用书面形式但是一方已经履行主要义务，对方接受时，该合同成立。

第五百零四条 法人的法定代表人或者非法人组织的负责人超越权限订立的合同，除相对人知道或者应当知道其超越权限外，该代表行为有效，订立的合同对法人或者非法人组织发生效力。

【相关司法解释】

《全国法院民商事审判工作会议纪要》

41.【盖章行为的法律效力】司法实践中，有些公司有意刻制两套甚至多套公章，有的法定代表人或者代理人甚至私刻公章，订立合同时恶意加盖非备案的公章或者假公章，发生纠纷后法人以加盖的是假公章为由否定合同效力的情形并不鲜见。人民法院在审理案件时，应当主要审查签约人于盖章之时有无代表权或者代理权，从而根据代表或者代理的相关规则来确定合同的效力。

法定代表人或者其授权之人在合同上加盖法人公章的行为，表明其是以法人名义签订合同，除《公司法》第 16 条等法律对其职权有特别规定的情形外，应当由法人承担相应的法律后果。法人以法定代表人事后已无代表权、加盖的是假章、所盖之章与备案公章不一致等为由否定合同效力的，人民法院不予支持。

代理人以被代理人名义签订合同，要取得合法授权。代理人取得合法授权后，以被代理人名义签订的合同，应当由被代理人承担责任。被代理人以代理人事后已无代理权、加盖的是假章、所盖之章与备案公章不一致等为由否定合同效力的，人民法院不予支持。

【既往司法解释】

《最高人民法院关于适用〈中华人民共和国合同法〉若干问题的解释（二）》

第五条 当事人采用合同书形式订立合同的，应当签字或者盖章。当事人在合同书上摁手印的，人民法院应当认定其具有与签字或者盖章同等的法律效力。

第十三条 被代理人依照合同法第四十九条的规定承担有效代理行为所产生的责任后，可以向无权代理人追偿因代理行为而遭受的损失。

【条文要义】

本条是对合同书有无加盖印章对合同效力影响的解释。

《民法典》对合同书的签章作出了新的规定，即合同书制作后，可以签名，可以盖章，也可以按指印。在法人、非法人组织签订合同时，涉及法人、非法人组织加盖印章，与法定代表人、负责人或者其工作人员签名、按指印对合同效力的影响问题，《民法典》没有具体规定，但在司法实践中却是一个常见的问题，情况非常复杂，应当有针对性地规定具体的解决办法，统一裁判规则。例如，对什么情况下的盖章行为能使第三人产生合理信赖此行为的法律效力等，没有更明确的规定，需要司法解释进一步明确。本条要解决的就是这样的问题。

此前，《合同法》也对采用合同书订立合同的成立规定了签名或者盖章的规则，但是，对签名或者盖章的一些具体情形是否影响合同的效力，没有具体的规定。《最高人民法院关于适用〈中华人民共和国合同法〉若干问题的解释（二）》第5条对采用合同书形式订立合同签字或者盖章以及按手印的问题作了规定。《全国法院民商事审判工作会议纪要》第41条专门对盖章行为的法律效力也作了规定。

在总结这些经验的基础上，本条对这种问题的具体解决办法规定了三种情形，最后还对三种情形如果构成表见代理时的解决办法进行了规定。

1. 法定代表人、负责人或者工作人员未超越职权但加盖印章不规范

法定代表人、负责人或者工作人员代表法人或者非法人组织订立合同且没有超越权限，法人、非法人组织仅以合同书上加盖的印章不是法人或者非法人组织备案的印章，或者该印章系伪造，而主张合同对自己不发生

法律效力的，是经常出现的情形。

对此，本条第 1 款规定，法定代表人、负责人或者工作人员在以法人、非法人组织的名义订立合同且未超越权限，法人、非法人组织仅以合同加盖的印章不是备案印章或者系伪造的印章为由主张合同对其不发生效力的，人民法院不予支持。该合同对法人、非法人组织发生法律效力，法人、非法人组织应当履行合同。

应当注意的是两个问题：

第一，这里没有说到的是，合同书应当有法人的法定代表人、非法人组织的负责人或者工作人员的真实签名或者按指印，如果没有签名也没有按指印，合同书上加盖的又不是备案印章，或者是伪造的公章，不能认为合同已经成立并生效。

第二，既然法人的法定代表人、非法人组织的负责人或者工作人员代表法人、非法人组织与相对人签订合同，应当有权使用公司的备案印章，在合同书上加盖。但是，他们用非备案的印章，或者是伪造的印章在合同书上加盖，其实不能说没有问题。但是，为了保护善意相对人的合法权益，只要是法人的法定代表人、非法人组织的负责人或者工作人员是在职权范围内实施的民事法律行为，就不应该否认其所签订的合同的效力。即使出现问题，按照本司法解释第 20 条和第 21 条的规定，当法人或者非法人组织向善意相对人承担民事责任后，也可以向法人的法定代表人或者非法人组织的负责人、工作人员进行追偿，挽回自己的损失。

2. 法定代表人、负责人或者工作人员签名或按指印但未加盖印章

有关签名、盖章的另一个问题是，法定代表人、负责人或者工作人员在合同书上签字或者按指印，但法人或者非法人组织没有在合同书上加盖印章，这种情况也是经常发生的。这里存在两种情形：一是合同没有约定在合同书上必须由法人或者非法人组织加盖印章；二是合同书明确载明，合同生效必须以法人或者非法人组织加盖印章为条件。对这两种情况的处置方法如下。

首先，合同系以法人、非法人组织的名义订立，但是仅有法定代表人

或者负责人、工作人员签名或者按指印，未加盖法人、非法人组织的印章，确认该合同是否发生法律效力要有一个必要条件，就是相对人能够证明法定代表人、负责人或者工作人员在订立合同时未超越权限。这个要件的证明责任在相对人，相对人应当举证证明这个要件成立。证明成立的，法院应当认定合同对法人、非法人组织发生效力。

其次，合同虽然是以法人、非法人组织的名义签订，仅有法定代表人、负责人或者工作人员签名或者按指印，没有加盖法人、非法人组织的印章，但是当事人如果在合同中约定以加盖印章作为合同成立条件的，就不能适用前述规则，因为即使法定代表人、负责人或者工作人员在合同书上签字或者按指印，但由于合同约定的生效条件是法人或者非法人组织加盖印章，没有加盖印章就不符合这一约定的合同生效条件，也就是约定的生效条件未成就，因此这一合同不发生法律效力。

按照这一规定，对这种情况主张合同不发生法律效力的，应该是法人或者非法人组织以及法人的法定代表人、非法人组织的负责人或者工作人员。由于法人或者非法人组织没有加盖印章，因而主张合同不发生法律效力的事实依据已经成立。主张合同发生法律效力的应该是相对人。因此，相对人认为合同发生法律效力，相对人就应当举证证明法定代表人、负责人或者工作人员在订立合同时未超越权限。只要这一证明成立，法院就可以认定该合同发生法律效力。

3. 合同加盖法人、非法人组织的印章而无人员签名或按指印

有关合同盖章与效力关系的第三种情形是，在合同书上加盖了法人或者非法人组织的印章，但是没有法定代表人、负责人或者工作人员签名或者按指印。对这种情况，本条第3款确认，合同仅加盖法人、非法人组织的印章而无人员签名或者按指印，相对人能够证明合同系法定代表人、负责人或者工作人员在其权限范围内签订的，法院应当认定该合同对法人、非法人组织发生效力。

这一司法解释的依据是，《民法典》规定合同签署可以签名、盖章或者按指印，符合任何一个要求的签署方式都表示确认合同。在实务中，如

果合同仅有法人、非法人组织的印章，没有法定代表人、负责人或者工作人员的签名或者按指印，是符合法律规定的，只要合同没有特别约定法人的法定代表人、负责人或者工作人员签字或者按指印方生效的，该法人或者非法人组织主张该合同不发生法律效力的，就没有法律依据。本条第3款确认这种情形合同有效的要件是，法人的法定代表人或者非法人组织的负责人以及工作人员是在其权限范围内签订合同的。符合这一要件的要求，法院就应当认定该合同对法人、非法人组织发生效力，对法人、非法人组织提出否认合同效力的主张应当予以驳回，承担合同约定的义务和责任。

这个要件的举证责任也是由相对人负担，须举证证明法人的法定代表人或者非法人组织的负责人以及工作人员签订合同时是在其权限范围内，是有权代表法人或者非法人组织实施这种民事法律行为订立合同的。相对人证明这个要件成立，法人、非法人组织主张合同仅加盖法人、非法人组织的印章而无人员签名或者按指印而合同不发生法律效力的，是没有根据的。

4. 上述三种情形构成表见代表、表见代理的处理方法

上述三种情形，是在合同司法实践中最常见的印章、签名与按指印对合同效力影响的主要表现。这三种情形的共同特点，都是具备签署合同的法定代表人、负责人或者工作人员是在职权范围内订立的合同，符合上述要求的，合同都发生法律效力。法定代表人、负责人或者工作人员在订立合同时超越权限，不构成越权代表或者越权代理的，会导致合同对法人、非法人组织不发生法律效力。

本条第4款强调的是，在前三款规定的情形下，法人、非法人组织的法定代表人、负责人或者工作人员在订立合同时虽然超越权限，但是，依据《民法典》第504条的规定构成表见代表，或者依据《民法典》第172条的规定构成表见代理的，当然就不是越权代表或者越权代理，而构成表见代表或者表见代理，应该按照《民法典》第504条规定的表见代表或者第172条规定的表见代理的规则，认定合同对法人、非法人组织发生效力。

【案例评析】

混凝土公司与建设公司青海分公司民间借贷纠纷案①

基 本 案 情

2014年3月19日，混凝土公司与某公司、崔某签订《借款担保合同》，借款金额20000000元；借款利率为年利率36%；每月20日前支付利息600000元；借款期限为2014年3月20日至6月20日。合同签订后，混凝土公司于2014年3月21日将20000000元汇入某公司账户。2016年12月12日，混凝土公司与某公司等签订《协议书》，主要内容为，截至2016年12月12日某公司共欠混凝土公司款项35000000元，双方约定某公司于2017年3月12日前归还20000000元，4月25日前归还2000000元，5月25日前归还2000000元，6月25日前归还2000000元，7月25日前归还2000000元，8月25日前归还2000000元，9月25日前归还2000000元，10月25日前归还2000000元，11月25日前归还1000000元；如某公司在还款期限内的任何一期未按约定支付款项的，混凝土公司将要求一次性付清全部款项，还需按未付款项的20%承担违约责任。该《协议书》由建设公司青海分公司、某1公司、某2公司、某3公司、某4公司、某5公司、崔某以连带保证人身份签字盖章。因某公司未按上述协议如期还款，混凝土公司提起诉讼要求某公司还款及保证人承担连带保证责任。

法 院 判 决

一审法院认为，根据《协议书》记载，崔某、某1公司、某2公司、某3公司、某4公司以保证人身份为某公司所借债务向混凝土公司承担连带保证责任。本案诉讼中，某1公司、某3公司认可公司印章由崔某保管，《协议书》上的盖章行为是公司的真实意思，因担保行为所产生的责任应

① 案号：（2019）最高法民终1535号。

由公司承担。某 4 公司、某 2 公司则抗辩认为其公司的印章由崔某保管，公司股东未同意对外进行担保，协议书上的盖章行为不是其公司的真实意思，对其不具有效力。某 2 公司、某 4 公司均认可某公司是其上级业务管理公司，其在某公司统一管理下从事业务活动，其将公司印章交给崔某管理使用的行为表明其授权和委托使用公司印章是其真实意思表示，崔某不但是某 2 公司、某 4 公司的股东，又管理上述公司印章，其使用印章的行为不违背某 2 公司、某 4 公司的意愿。因崔某是某公司的法定代表人和股东，又是某 2 公司、某 4 公司的股东，其管理使用上述公司印章的事实足以让混凝土公司有理由对某 2 公司、某 4 公司在《协议书》上盖章的行为产生信赖，混凝土公司已尽到了注意义务而无过错，一审法院对其主张某 2 公司、某 4 公司承担连带保证责任予以支持。某 2 公司、某 4 公司以盖章行为未经公司股东会、董事会决定，对外盖章形成的保证行为无效的抗辩理由与本案查明事实不符，一审法院不予支持。

关于建设公司、建设公司青海分公司是否承担连带保证责任的问题，混凝土公司主张建设公司对建设公司青海分公司在《协议书》上的盖章行为承担保证责任的是因建设公司青海分公司在《协议书》加盖了建设公司青海分公司印章。根据《司法鉴定意见书》，案涉《协议书》所盖"建设公司青海分公司"印章与样本中的印章印文不是同一枚印章盖印形成，根据司法鉴定中心出具的《司法鉴定意见书》、建设公司提交的《企业印章交接书》记载的 2015 年 12 月 29 日建设公司派驻建设公司青海分公司的会计楼某与建设公司市场开发部吕某将建设公司青海分公司使用的"建设公司青海分公司"印章收回建设公司以及崔某以个人身份要求建设公司青海分公司印章管理人楼某盖章时并未得到建设公司书面授权的事实相互印证，证明《协议书》所盖印章不是建设公司直接管理的印章以及其真实意思。混凝土公司主张由建设公司对案涉债务承担连带保证责任显然缺乏事实和证据，一审法院不予支持。

关于矿业公司是否承担连带保证责任的问题。混凝土公司主张矿业公司承担连带保证责任的主要依据是矿业公司在《协议书》上盖章。根据司法鉴定中心作出的《司法鉴定意见书》，《协议书》上所盖"矿业公司"印章印文与样本中的印章印文不是同一枚印章盖印形成的。据此，《协议书》所盖矿业公司印章不是该公司持有印章形成的事实成立。对此，混凝土公司主张矿业公司承担连带保证责任缺乏事实和证据。

原告混凝土公司不服一审判决，提起上诉。

二审法院认为，本案中，案涉《协议书》中有建设公司青海分公司负责人崔某签字并加盖建设公司青海分公司印章。虽然经鉴定案涉《协议书》中建设公司青海分公司的印章印文与备案印章印文不一致，但因同一公司刻制多枚印章的情形在日常交易中大量存在，故不能仅以合同中加盖的印章印文与公司备案印章或常用业务印章印文不一致来否定公司行为的成立及其效力，而应当根据合同签订人盖章时是否有权代表或代理公司，或者交易相对人是否有合理理由相信其有权代表或代理公司进行相关民事行为来判断。本案中，崔某作为建设公司青海分公司时任负责人，其持建设公司青海分公司印章以建设公司青海分公司名义签订案涉《协议书》，足以令作为交易相对人的混凝土公司相信其行为代表建设公司青海分公司，并基于对其身份的信任相信其加盖的建设公司青海分公司印章的真实性。而事实上，从建设公司单方委托鉴定时提供给鉴定机构的检材可以看出，建设公司青海分公司在其他业务活动中亦多次使用同一枚印章。因此，建设公司、建设公司青海分公司以案涉《协议书》中建设公司青海分公司印章印文与其备案印章印文不一致为由认为建设公司青海分公司并未作出为案涉债务提供担保的意思表示的主张不能成立。混凝土公司与建设公司青海分公司在案涉《协议书》上签章时，双方当事人之间的担保合同关系成立。

虽然经鉴定案涉《协议书》中矿业公司的印章印文与矿业公司提交的样本印章印文不一致，但如前所述，不能仅以合同中加盖的印章印文与公司备案印章印文或常用业务印章印文不一致来否定公司行为的成立及其效力，而应当根据合同签订人是否有权代表或代理公司进行相关民事行为来判断。根据查明的事实，案涉《协议书》签订时，崔某为矿业公司的股东，但并非矿业公司法定代表人，亦无证据证明其在矿业公司任职或具有代理矿业公司对外进行相关民事行为的授权。而仅因崔某系矿业公司股东，不足以成为混凝土公司相信崔某有权代理矿业公司在案涉《协议书》上签字盖章的合理理由，故崔某的行为亦不构成表见代理，对矿业公司不具有约束力。因此，混凝土公司与矿业公司之间并未形成有效的担保合同关系，其主张矿业公司承担连带保证责任的请求不能成立。一审判决对该问题的认定并无不当。

法理解读

本案当事人的争议焦点是，《协议书》是否对公司发生效力，这涉及印章解释的问题。

司法实践中，有些公司有意刻制两套甚至多套公章，有的法定代表人或者代理人甚至私刻公章，订立合同时恶意加盖非备案的公章或者假公章，发生纠纷后法人以加盖的是假公章为由否定合同效力的情形并不鲜见。在这种情况下，如果法人、非法人组织主张合同书上加盖的印章不是备案的印章，或者是伪造的印章，因而主张合同对自己不发生法律效力的，实质上是一种逃避责任的做法，人民法院不应予以支持。在审理涉及印章案件时，法院应当主要审查签约人于盖章之时有无代表权或者代理权，从而根据代表或者代理的相关规则来确定合同的效力。简言之，本条规则确定的是"认人不认章"原则。与此同时，代理人以被代理人的名义签订合同，要取得合法授权。代理人取得合法授权后，以被代理人名义签订的合同，应当由被代理人承担责任。被代理人以代理人事后已无代理权、加盖的是假章、所盖之章与备案公章不一致等为由否定合同效力的，人民法院不予支持。另外，《民法典》规定合同签署可以签名、盖章或者按指印，符合任何一个要求的签署都表示确认合同，如果合同仅有公司印章，没有法定代表人、负责人或者工作人员签名，但只要是法人的法定代表人或者非法人组织的负责人以及工作人员是在其权限范围内签订的，相应合同也应对法人、非法人组织发生效力。

本案中，虽然经鉴定案涉《协议书》中建设公司青海分公司、矿业公司的印章为假，但这不足以否定案涉《协议书》的效力，仍应根据合同签订人是否有权代表或代理公司进行相关民事行为来判断。根据法院查明的事实，案涉《协议书》签订时，崔某作为建设公司青海分公司时任负责人，其持建设公司青海分公司印章以建设公司青海分公司名义签订案涉《协议书》，足以令作为交易相对人的混凝土公司相信其行为代表建设公司青海分公司，并基于对其身份的信任相信其加盖的建设公司青海分公司印章的真实性，而且建设公司青海分公司在其他业务活动中亦多次使用同一枚印章。相应地，崔某仅为矿业公司的股东，亦无证据证明其在矿业公司任职或具有代理矿业公司对外进行相关民事行为的授权，此项事实不足以成为混凝土公司相信崔某有权代理矿业公司在案涉《协议书》上签字盖章的合理理由。因此，应认定案涉《协议书》对建设公司青海分公司发生效力，对矿业公司不具有约束力。

第二十三条　代表人或者代理人与相对人恶意串通

法定代表人、负责人或者代理人与相对人恶意串通，以法人、非法人组织的名义订立合同，损害法人、非法人组织的合法权益，法人、非法人组织主张不承担民事责任的，人民法院应予支持。法人、非法人组织请求法定代表人、负责人或者代理人与相对人对因此受到的损失承担连带赔偿责任的，人民法院应予支持。

根据法人、非法人组织的举证，综合考虑当事人之间的交易习惯、合同在订立时是否显失公平、相关人员是否获取了不正当利益、合同的履行情况等因素，人民法院能够认定法定代表人、负责人或者代理人与相对人存在恶意串通的高度可能性的，可以要求前述人员就合同订立、履行的过程等相关事实作出陈述或者提供相应的证据。其无正当理由拒绝作出陈述，或者所作陈述不具合理性又不能提供相应证据的，人民法院可以认定恶意串通的事实成立。

【民法典条文】

第一百六十四条　代理人不履行或者不完全履行职责，造成被代理人损害的，应当承担民事责任。

代理人和相对人恶意串通，损害被代理人合法权益的，代理人和相对人应当承担连带责任。

【条文要义】

本条是对法定代表人、负责人或者代理人与相对人恶意串通的法律后果及举证责任的解释。

对此，以往的司法解释没有作出规定，本条是对此规定的新规则。

恶意串通，是《民法典》第 154 条规定的规则，行为人与相对人恶意串通，损害他人合法权益的民事法律行为无效。在通常情况下，认定恶意串通的主体，是实施民事法律行为的双方当事人，受到损害的是双方当事人之外的他人，也就是第三人。

《民法典》第 164 条第 2 款还规定："代理人和相对人恶意串通，损害被代理人合法权益的，代理人和相对人应当承担连带责任。"本条第 1 款规定的法定代表人、负责人或者代理人与相对人之间的恶意串通，依照《民法典》第 164 条第 2 款的规定，对法人的法定代表人、非法人组织的负责人或者代理人与相对人恶意串通的法律后果，作出了所订立合同无效的解释。其中的代理人是职务代理人，即负有特定职责的法人、非法人组织的工作人员。

1. 法定代表人、负责人或代理人与相对人恶意串通的法律后果

本条第 1 款确认的是，法定代表人、负责人或者代理人与相对人之间进行恶意串通，损害法人或者非法人组织合法权益的法律后果。

法定代表人、负责人或者代理人与相对人恶意串通，是指在法定代表人、负责人或者代理人代表或者代理法人、非法人组织与相对人订立合同时，双方进行恶意串通，损害所代表、代理的法人或者非法人组织的合法权益。这种恶意串通订立的合同，对法人、非法人组织不发生法律效力。其构成要件如下：

第一，主体是法人的法定代表人、非法人组织的负责人或者法人、非法人组织的代理人，对方当事人是相对人。相对人可以是法人、非法人组织或者自然人，并没有特别要求。法定代表人、负责人或者代理人应当是法人的法定代表人、非法人组织的负责人或者被授权代表法人或者非法人组织的工作人员。

第二，法定代表人、负责人或者代理人，在代表或者代理法人或者非法人组织与相对人进行交易时，相互串通，恶意通谋。要求是，双方当事人都具有主观恶意，彼此勾结，进行通谋，明知双方的行为会损害所代表或者代理的法人或者非法人组织的利益，仍然实施该种行为。

第三，法定代表人、负责人以及代理人在与相对人进行恶意串通中，是以法人、非法人组织的名义订立合同，实施民事法律行为，代表或者代理的是法人、非法人组织，而不是自己。

第四，法定代表人、负责人或者代理人与相对人恶意串通订立的合同，损害法人、非法人组织的合法权益，而不是损害当事人以外的第三人的合法权益。

具备以上四个要件，构成法定代表人、负责人或者代理人与相对人的恶意串通行为。该行为产生的两个法律效果是：

一是否定恶意串通行为对法人、非法人组织的效力。法人、非法人组织主张该恶意串通订立的合同对自己不发生法律效力，因而不承担民事责任的，法院应予支持，认定构成恶意串通，损害法人或者非法人组织的合

法权益，法人或者非法人组织不承担民事责任。

二是认定法人、非法人组织享有损害赔偿请求权。本条确认，"法人、非法人组织请求法定代表人、负责人或者代理人与相对人对因此而受到的损失承担连带赔偿责任的，人民法院应予支持"。确定这种损害赔偿请求权的依据，可以从合同无效的损害赔偿责任解释，也可以从共同侵权行为的角度作出解释。后一种解释更有充分依据，这就是，法定代表人、负责人或者代理人与相对人进行恶意串通，目的在于损害法人或者非法人组织的合法权益，符合《民法典》第 1165 条第 1 款关于过错侵权责任的规定，也符合《民法典》第 1168 条关于共同侵权行为的规定。因此，确认法定代表人、负责人以及代理人承担连带赔偿责任。尽管这种行为发生在合同领域，但是认定构成共同侵权责任确有法律依据，更有把握。

2. 主张法定代表人、负责人或代理人与相对人恶意串通的举证责任

在司法实践中，认定恶意串通是非常困难的，关键在于双方当事人如何进行恶意串通的证据很难获得。本条第 2 款对法定代表人、负责人和代理人与相对人恶意串通的举证责任，提出了分配举证责任的具体规则，对于证明标准和内容也作了明确规定。

（1）恶意串通的举证责任在法人、非法人组织

在诉讼中，法人、非法人组织主张法定代表人、负责人或者代理人与相对人恶意串通的，应当承担举证责任，由自己举证证明恶意串通事实的成立。对此，不能要求法定代表人、负责人或者代理人承担举证责任。

法人、非法人组织证明恶意串通，应当综合考虑的因素有：一是当事人之间的交易习惯；二是合同在订立时是否显失公平；三是相关人员是否获取了不正当利益；四是合同的履行情况等。这里需要注意的是，并不要求法人、非法人组织要证明恶意串通的事实，而是从上述四个方面的证明，来判断是否构成恶意串通。

（2）证明标准

法院确认构成恶意串通的证明标准，是能够认定法人、非法人组织的法定代表人、负责人或者代理人与相对人存在恶意串通的高度可能性。这

种证明标准是高度盖然性标准，低于排除合理怀疑的证明标准，高于一般盖然性即较大可能性的证明标准。在司法实践中，法官应当掌握这个标准，不能高于这个标准而适用排除合理怀疑标准，也不能低于这个标准适用一般盖然性标准即较大可能性标准。法人、非法人组织的证明达到了存在恶意串通的高度盖然性的，就可以认定法定代表人、负责人或者代理人与相对人构成恶意串通。

（3）法人、非法人组织要求前述人员证明的举证责任转换

如果法人、非法人组织证明法定代表人、负责人或者代表人与相对人构成恶意串通，由于证明标准是高度盖然性，而不是排除合理怀疑，因而存在法定代表人、负责人或者代理人与相对人否认恶意串通事实的证明空间。这时，适用举证责任转换规则，由前述人员承担举证责任，证明自己没有恶意串通。所以，本条第2款规定，法人、非法人组织可以要求前述人员就合同订立、履行的过程等相关事实作出陈述或者提供相应的证据，证明法定代表人、负责人或者代理人与相对人没有进行恶意串通。举证责任转换的责任人，应当是前述人员，包括法定代表人、负责人和代理人以及相对人认为没有恶意串通的，也可以举证证明。这是因为，他们是利益共同体，否认恶意串通的，就负有共同证明，推翻法人、非法人组织提供的高度盖然性证明的举证责任。证明能够推翻恶意串通的高度盖然性证明的，不成立恶意串通，双方订立的合同对法人或者非法人组织发生法律效力。

（4）举证责任转换的证明不成立的后果

当法人、非法人组织的举证责任完成，前述人员承担转换的举证责任时，如果他们不承担举证责任，无正当理由拒绝作出陈述，或者虽然承担举证责任，但是所作陈述不具合理性，又不能提供相应证据的，也没有完成举证责任。在这两种情况下，前述人员对应负有的举证责任没有完成，依照《民事诉讼法》关于举证责任的规定，应当承担不利的法律后果。所以，法院可以认定恶意串通的事实成立。其后果是，所订立的合同对法人、非法人组织不发生法律效力，法人、非法人组织可以共同侵权为由，诉请法定代表人、负责人或代理人与相对人承担连带赔偿责任。

【案例评析】

储某等与机电公司债权转让合同纠纷案①

基本案情

2008 年 12 月 1 日，某煤矿下发《关于机构设置及人员聘任的通知》，聘任刘某为煤矿内设部门物资供应站站长。

2010 年 3 月 26 日，机电公司与煤矿刘某签订一份《工业品买卖合同》约定某煤矿向机电公司采购矿用电缆、采煤机电缆，三份收货单均由刘某指派人员进行了签收。2010 年 11 月 3 日，机电公司与煤矿刘某签订一份《工业品买卖合同》，约定购买相应产品，机电公司于 2011 年 10 月 21 日、12 月 30 日分别发货，三份《供货清单》均记载：收货单位煤矿，联系人刘某，货物的品名、规格型号、数量、金额，三份收货单由刘某或其指定人员签收。此后机电公司与煤矿刘某又签订多份采购协议。机电公司法定代表人储某在该协议的尾部出卖人处签名并加盖了公司合同专用章，刘某在买受人处签名并加盖了煤矿供应站印章。

2018 年 10 月 11 日，法院作出刑事判决认定：2010 年至 2014 年，刘某在担任物资供应站站长期间，未经授权，以煤矿的名义与机电公司签订《工业品买卖合同》并接受货物。因机电公司不是某煤公司的中标供应商，供货后无法正常结算货款，为给机电公司支付货款，刘某等通过某升公司为机电公司走账。刘某以煤矿供应站的名义向某煤公司虚报《采购计划》，某升公司接到并按照某煤公司《采购计划》上的货物名称开具增值税专用发票。刘某、储某、毛某和某升公司的行为构成虚开增值税专用发票共同犯罪。

2019 年 4 月 4 日，机电公司作为转让人（甲方），储某、章某作为受

---

① 案号：（2020）最高法民申 6489 号。

让人（乙方）签订《债权转让协议》约定将2010年至2013年基于与某煤公司（煤矿）的《工业品买卖合同》，向该公司（矿）已供货物的全部货款（以双方2014年的核查情况为准）的债权转让给乙方；将该公司（矿）未依约履行上述《工业品买卖合同》的付款义务，应向甲方承担的全部违约金的债权转让给乙方；将该公司（矿）未依约履行上述《工业品买卖合同》的付款义务，而给甲方实际造成的超过合同约定的违约金部分的损失的债权转让给乙方。2019年4月5日，机电公司向某煤公司、煤矿邮寄《债权转让通知》，某煤公司、某煤矿有关人员予以签收。

现储某、章某向法院起诉，要求某煤公司支付相应款项。

法院判决

一审法院认为，刘某以煤矿的名义与机电公司所签案涉合同应当认定无效。理由如下：首先，根据案涉刑事判决书认定的事实来看，案涉合同均为刘某在未经某煤公司、某煤矿的授权和批准的情况下，与机电公司签订涉案《工业品买卖合同》并接受货物，因机电公司不是煤公司的中标供应商无法正常结算货款，刘某便与储某、毛某协商，采取刘某向物资公司虚报采购计划，由某升公司走账和开具增值税专用发票的方式，骗取某煤公司向机电公司结算货款。其次，从本案查明的事实来看，早在2008年，某丰公司（法定代表人储某）就与某煤公司发生过买卖合同纠纷，当时的合同也是与刘某所签，一审法院就已认定刘某无权代理，只是认为某丰公司有理由相信刘某具有代理权，构成表见代理，从而支持了某丰公司的诉请。此时，作为公司的法定代表人储某就应当知晓刘某没有代理煤矿签署买卖合同的权利。可自2009年起，在刘某未出示有权代表煤矿签署合同授权文件或者持有煤矿公章的情况下，机电公司仍与刘某签订案涉合同，并在刘某未按合同约定向其支付预付款、进度款及尾款的情形下，机电公司仍继续与刘某签订合同并扩大供货数量。而此时，机电公司、储某又存在大量的民间负债，机电公司的上述行为明显不符合常理。再次，从案涉合同载明的货物价格，经市公安局委托的某区价格认定中心的认定，涉案合同货物价格远远高于同期同类产品的市场价格。甚至部分合同约定进口设备价格在进口成本价基础上分别加价 70%-100%，以谋取高额利润。从刘某与机电公司对供应物资核查情况说明的内容来看，涉案货物大部分未使用。最后，合同签署后，某煤公司并未直接向机电公司支付货款，而是刘某找到某煤公司供应商某升公司的负责人毛某，与储某协商，由刘某虚报采购清单，通过某升公司走账和开具增值税专用发票的方式，骗取某煤公司支付货款。由此可见，机电公司对某煤公司关于物资公司统一采购和结算的管理程序是知晓的。上述事实表明刘某与机电公司具有串通损害煤矿和某煤公司利益的共同故意。

原告不服一审判决，提起上诉，认为刘某以煤矿名义与机电公司签署案涉合同的行为系职务代表行为，故案涉合同均为合法有效。

二审法院认为，其一，根据宁夏回族自治区银川市中级人民法院生效的刑事判决认定的事实来看，案涉合同均为刘某在未经某煤公司、煤矿授权和批准的情况下，与机电公司签订涉案《工业品买卖合同》并接受货物，因机电公司不是煤公司的中标供应商而无法正常结算货款，刘某便与储某、毛某协商，采取刘某向物资公司虚报采购计划，由某升公司走账和开具增值税专用发票的方式，骗取某煤公司向机电公司结算货款。可见，机电公司在签订案涉合同时，机电公司对某煤公司关于物资公司统一采购和结算的管理程序是知晓的。也就是说，机电公司不仅知道其不是某煤公司的合格供应商，无法通过正常途径与某煤公司发生业务往来，也知悉煤矿无权自行采购生产物资和结算货款，更知晓刘某无权代表某煤公司、煤矿与机电公司签订案涉合同。其二，从案涉合同的签订情况来看。结合一审查明的事实，早在 2008 年，某丰公司（法定代表人储某）就与某煤公司发生过买卖合同纠纷，当时的合同也是与刘某所签，一审法院就已认定刘某无权代理，只是认为某丰公司有理由相信刘某具有代理权，构成表见代理。但此时，作为公司的法定代表人储某理应当知晓刘某没有代理煤矿签署案涉合同的权利。但在刘某未出示有权代表煤矿签署合同授权文件或者持有煤矿公章的情况下，由储某担任法定代表人的机电公司仍与刘某签订案涉多份合同，刘某虽然均以煤矿名义，但除两份协议加盖有羊场湾煤矿供应站印章外，其余合同均仅为刘某个人签名。其三，从案涉合同约定的价款情况来看。首先，案涉合同载明的货物价格，经市公安局委托的某区价格认定中心的认定，远远高于同期同类产品的市场价格，甚至部分合同约定进口设备价格在进口成本价基础上分别加价70%-100%，以谋取高额利润。其次，案涉合同均明确约定了买方付款的时间节点和比例，但在刘某始终没有按照合同约定向机电公司支付预付款、进度款、结清尾款的情况下，机电公司不仅没有提供任何证据证明其在案涉合同约定的付款时间节点曾向某煤公司或者煤矿主张过案涉货款，而且机电公司、储某在当时又存在大量的民间负债，相反机电公司却在2010年至2012年仍然继续与刘某签订多份合同并持续大量供货，扩大供货数量。可见，机电公司的上述行为明显不合常理。综上，刘某与机电公司在签订案涉多份合同的过程中，具有串通损害煤矿和煤公司利益的共同故意，一审判决认定刘某以煤矿的名义与机电公司所签案涉合同无效，并无不当。

储某、章某不服二审判决，提起再审。

再审法院认为，关于刘某与机电公司签订涉案合同的行为是否已被相关生效裁判文书认定为职务代理行为的问题。储某、章某申请再审称安徽省安庆市中级人民法院（2014）宜民二初字第00245号民事裁定等相关文书，已经认定刘某与机电公司签订涉案合同的行为为职务代理行为。但根据上述相关文书的记载可知，生效裁定均系对管辖权异议这一程序问题作出的裁判文书，生效刑事判决系针对刘某、某升公司、储某等的行为是否构成相关犯罪而作出。上述文书均非针对刘某与机电公司签订涉案合同的行为是否构成职务代理作出，储某、章某依据上述裁判文书主张刘某的行为构成职务代理依据不足。同时，根据一、二审查明的事实，机电公司与刘某签订涉案合同之后，因机电公司并非煤公司的中标供应商而无法正常结算货款，刘某便与储某、毛某协商，采取刘某向煤公司虚报采购计划，由某升公司走账和开具增值税专用发票的方式，骗取煤公司结算货款。在此过程中，煤公司、煤矿客观上虽实施了所谓的"接收货物""支付货款"行为，但上述行为系在刘某、机电公司恶意串通下作出，并非其真实意思表示，储某、章某依据上述行为主张煤公司、煤矿对刘某的无权代理行为已经追认，理据不足。对储某、章某该部分再审申请理由，本院不予采信。此外，储某、章某在本案中是以债权受让为由请求判令煤公司、煤矿支付货款、违约金等，一、二审法院分别围绕着储某、章某的诉讼请求、上诉请求进行审理并作出相应裁判并不缺乏依据。至于机电公司对于涉案合同项下货物所具有的相关权益应如何行使等问题，因储某、章某在本案中对此并未提出相关诉讼请求，一、二审法院对该问题未予处理并无不当。

法理解读

本案当事人的争议焦点是，案涉债权转让行为转让的基础债权，是否实际发生，这涉及作为基础债权的案涉系列采购合同的效力认定问题。

依照《民法典》第154条的规定，行为人与相对人恶意串通，损害他人合法权益的民事法律行为无效。法人的法定代表人，或者代理人和相对人恶意串通订立合同，损害被代理人合法权益的，法人不应受相应合同的约束，法人、非法人组织还有权请求法定代表人、负责人或者代理人与相对人对因此而受到的损失承担连带赔偿责任。司法实践中，核心在于判断案涉合同是否属于恶意串通所签订，这需要根据法人、非法人组织的举证，综合考虑当事人之间的交易习惯、合同在订立时是否显失公平、相关人员是否获取了不正当利益、合同的履行情况等因素进行综合判断。由于实践中恶意串通存在举证难的问题，本条解释规定人民法院能够认定法人、非法人组织的法定代表人或者负责人、代理人与相对人存在恶意串通的高度可能性的，应将举证责任转移给法定代表人或者负责人、代理人，如果法定代表人或者负责人、代理人与相对人所作的说明不合理的，法院就可以据此认定恶意串通的事实成立。

本案中，案涉合同均为刘某在未经某煤公司、煤矿授权和批准的情况下，与机电公司签订，由于相应流程不符合公司要求，因此刘某设计了一系列交易，骗取了某煤公司向机电公司结算货款。案涉证据表明，机电公司在签订案涉合同时，对某煤公司关于物资公司统一采购和结算的管理程序是知晓的，即知悉煤矿无权自行采购生产物资和结算货款，更知晓刘某无权代表某煤公司、煤矿与机电公司签订案涉合同。此外，从案涉合同约定的价款情况，案涉合同约定的价格也远远高于同期同类产品的市场价格，甚至部分合同约定进口设备价格在进口成本价基础上分别加价70%-100%，在关于预付款、进度款支付等问题上，亦存在诸多特殊情况，这些证据都表明刘某系与机电公司串通签订了系列采购合同。法院综合相应证据，据此确认案涉合同为恶意串通所签订，因此对于被代理人煤矿不发生效力。

第二十四条　合同不成立、无效、被撤销或者确定不发生效力的法律后果

合同不成立、无效、被撤销或者确定不发生效力，当事人请求返还财产，经审查财产能够返还的，人民法院应当根据案件具体情况，单独或者合并适用返还占有的标的物、更正登记簿册记载等方式；经审查财产不能返还或者没有必要返还的，人民法院应当以认定合同不成立、无效、被撤销或者确定不发生效力之日该财产的市场价值或者以其他合理方式计算的价值为基准判决折价补偿。

除前款规定的情形外，当事人还请求赔偿损失的，人民法院应当结合财产返还或者折价补偿的情况，综合考虑财产增值收益和贬值损失、交易成本的支出等事实，按照双方当事人的过错程度及原因力大小，根据诚信原则和公平原则，合理确定损失赔偿额。

合同不成立、无效、被撤销或者确定不发生效力，当事人的行为涉嫌违法且未经处理，可能导致一方或者双方通过违法

行为获得不当利益的，人民法院应当向有关行政管理部门提出司法建议。当事人的行为涉嫌犯罪的，应当将案件线索移送刑事侦查机关；属于刑事自诉案件的，应当告知当事人可以向有管辖权的人民法院另行提起诉讼。

【民法典条文】

第一百五十七条　民事法律行为无效、被撤销或者确定不发生效力后，行为人因该行为取得的财产，应当予以返还；不能返还或者没有必要返还的，应当折价补偿。有过错的一方应当赔偿对方由此所受到的损失；各方都有过错的，应当各自承担相应的责任。法律另有规定的，依照其规定。

第五百零七条　合同不生效、无效、被撤销或者终止的，不影响合同中有关解决争议方法的条款的效力。

【相关司法解释】

《全国法院民商事审判工作会议纪要》

32.【合同不成立、无效或者被撤销的法律后果】《合同法》第58条就合同无效或者被撤销时的财产返还责任和损害赔偿责任作了规定，但未规定合同不成立的法律后果。考虑到合同不成立时也可能发生财产返还和损害赔偿责任问题，故应当参照适用该条的规定。

在确定合同不成立、无效或者被撤销后财产返还或者折价补偿范围时，要根据诚实信用原则的要求，在当事人之间合理分配，不能使不诚信的当事人因合同不成立、无效或者被撤销而获益。合同不成立、无效或者被撤销情况下，当事人所承担的缔约过失责任不应超过合同履行利益。比如，依据《最高人民法院关于审理建设工程施工合同纠纷案件适用法律问题的解释》第 2 条规定，建设工程施工合同无效，在建设工程经竣工验收合格情况下，可以参照合同约定支付工程款，但除非增加了合同约定之外新的工程项目，一般不应超出合同约定支付工程款。

33. 【财产返还与折价补偿】合同不成立、无效或者被撤销后，在确定财产返还时，要充分考虑财产增值或者贬值的因素。双务合同不成立、无效或者被撤销后，双方因该合同取得财产的，应当相互返还。应予返还的股权、房屋等财产相对于合同约定价款出现增值或者贬值的，人民法院要综合考虑市场因素、受让人的经营或者添附等行为与财产增值或者贬值之间的关联性，在当事人之间合理分配或者分担，避免一方因合同不成立、无效或者被撤销而获益。在标的物已经灭失、转售他人或者其他无法返还的情况下，当事人主张返还原物的，人民法院不予支持，但其主张折价补偿的，人民法院依法予以支持。折价时，应当以当事人交易时约定的价款为基础，同时考虑当事人在标的物灭失或者转售时的获益情况综合确定补偿标准。标的物灭失时当事人获得的保险金或者其他赔偿金，转售时取得的对价，均属于当事人因标的物而获得的利益。对获益高于或者低于价款的部分，也应当在当事人之间合理分配或者分担。

35. 【损害赔偿】合同不成立、无效或者被撤销时，仅返还财产或者折价补偿不足以弥补损失，一方还可以向有过错的另一方请求损害赔偿。在确定损害赔偿范围时，既要根据当事人的过错程度合理确定责任，又要考虑在确定财产返还范围时已经考虑过的财产增值或者贬值因素，避免双重获利或者双重受损的现象发生。

36. 【合同无效时的释明问题】在双务合同中，原告起诉请求确认合同有效并请求继续履行合同，被告主张合同无效的，或者原告起诉请求确认合同无效并返还财产，而被告主张合同有效的，都要防止机械适用"不告不理"原则，仅就当事人的诉讼请求进行审理，而应向原告释明变更或者增加诉讼请求，或者向被告释明提出同时履行抗辩，尽可能一次性解决纠纷。例如，基于合同有给付行为的原告请求确认合同无效，但并未提出返还原物或者折价补偿、赔偿损失等请求的，人民法院应当向其释明，告知其一并提出相应诉讼请求；原告请求确认合同无效并要求被告返还原物或者赔偿损失，被告基于合同也有给付行为的，人民法院同样应当向被告释明，告知其也可以提出返还请求；人民法院经审理认定合同无效的，除了要在判决书"本院认为"部分对同时返还作出认定外，还应当在判项中作出明确表述，避免因判令单方返还而出现不公平的结果。

第一审人民法院未予释明，第二审人民法院认为应当对合同不成立、无效或者被撤销的法律后果作出判决的，可以直接释明并改判。当然，如果返还财产或者赔偿损失的范围确实难以确定或者双方争议较大的，也可以告知当事人通过另行起诉等方式解决，并在裁判文书中予以明确。

当事人按照释明变更诉讼请求或者提出抗辩的，人民法院应当将其归纳为案件争议焦点，组织当事人充分举证、质证、辩论。

128.【分别审理】同一当事人因不同事实分别发生民商事纠纷和涉嫌刑事犯罪，民商事案件与刑事案件应当分别审理，主要有下列情形：

（1）主合同的债务人涉嫌刑事犯罪或者刑事裁判认定其构成犯罪，债权人请求担保人承担民事责任的；

（2）行为人以法人、非法人组织或者他人名义订立合同的行为涉嫌刑事犯罪或者刑事裁判认定其构成犯罪，合同相对人请求该法人、非法人组织或者他人承担民事责任的；

（3）法人或者非法人组织的法定代表人、负责人或者其他工作人员的职务行为涉嫌刑事犯罪或者刑事裁判认定其构成犯罪，受害人请求该法人或者非法人组织承担民事责任的；

（4）侵权行为人涉嫌刑事犯罪或者刑事裁判认定其构成犯罪，被保险人、受益人或者其他赔偿权利人请求保险人支付保险金的；

（5）受害人请求涉嫌刑事犯罪的行为人之外的其他主体承担民事责任的。

审判实践中出现的问题是，在上述情形下，有的人民法院仍然以民商事案件涉嫌刑事犯罪为由不予受理，已经受理的，裁定驳回起诉。对此，应予纠正。

129. 【涉众型经济犯罪与民商事案件的程序处理】2014 年颁布实施的《最高人民法院最高人民检察院公安部关于办理非法集资刑事案件适用法律若干问题的意见》和 2019 年 1 月颁布实施的《最高人民法院最高人民检察院公安部关于办理非法集资刑事案件若干问题的意见》规定的涉嫌集资诈骗、非法吸收公众存款等涉众型经济犯罪，所涉人数众多、当事人分布地域广、标的额特别巨大、影响范围广，严重影响社会稳定，对于受害人就同一事实提起的以犯罪嫌疑人或者刑事被告人为被告的民事诉讼，人民法院应当裁定不予受理，并将有关材料移送侦查机关、检察机关或者正在审理该刑事案件的人民法院。受害人的民事权利保护应当通过刑事追赃、退赔的方式解决。正在审理民商事案件的人民法院发现有上述涉众型经济犯罪线索的，应当及时将犯罪线索和有关材料移送侦查机关。侦查机关作出立案决定前，人民法院应当中止审理；作出立案决定后，应当裁定驳回起诉；侦查机关未及时立案的，人民法院必要时可以将案件报请党委政法委协调处理。除上述情形人民法院不予受理外，要防止通过刑事手段干预民商事审判，搞地方保护，影响营商环境。

当事人因租赁、买卖、金融借款等与上述涉众型经济犯罪无关的民事纠纷，请求上述主体承担民事责任的，人民法院应予受理。

130. 【民刑交叉案件中民商事案件中止审理的条件】人民法院在审理民商事案件时，如果民商事案件必须以相关刑事案件的审理结果为依据，而刑事案件尚未审结的，应当根据《民事诉讼法》第 150 条第 5 项的规定裁定中止诉讼。待刑事案件审结后，再恢复民商事案件的审理。如果民商事案件不是必须以相关的刑事案件的审理结果为依据，则民商事案件应当继续审理。

【条文要义】

本条是对合同不成立、无效、被撤销或者确定不发生效力的法律后果的解释。

合同不成立、无效、被撤销或者确定不发生法律效力的法律后果，应当适用《民法典》第157条规定的规则。在原《合同法》的适用中，有关司法解释对此没有作过规定，《全国法院民商事审判工作会议纪要》第31条、第32条、第33条、第35条、第36条、第128条、第129条、第130条都对此作过详细规定。在此基础上，本条作出了具体规定。

应该注意的是，《民法典》第157条规定的是民事法律行为无效、被撤销或确定不发生效力，没有规定民事法律行为不成立。本条司法解释增加规定合同不成立，也同样发生合同无效、被撤销或者确定不发生法律效力的法律效果。由于《民法典》合同编没有规定合同不成立、无效、被撤销或者确定不发生法律效力的法律后果，应当适用的是《民法典》第157条。对此，本条司法解释作了更具体的规定，使规则更加细致、具有针对性。

1. 返还原物和折价补偿

合同不成立、无效、被撤销或者确定不发生法律效力，依照《民法典》第157条的规定，首先发生的法律后果是返还财产和折价补偿。在具体操作中，应当按照本条第1款的规定进行。

（1）返还财产

合同不成立、无效、被撤销或者确定不发生效力，当事人请求返还财产，经审查能够返还的，法院应当根据案件的具体情况，单独或者合并适用返还占有的标的物、更正登记簿册记载等方式。

返还财产的前提条件，是原财产尚在，存在返还财产的可能。所以，法官对当事人请求返还财产的，必须进行审查，确定财产是否能够返还。能够返还的，按照下述方法进行返还。首先，对于动产，按照规定把动产返还给对方当事人即可。

其次，对于不动产，仅返还财产还不足以完成这一义务，还应当更正登记簿册记载。例如，已经交付给对方当事人的不动产，如果已经作了过户登记，不仅要把不动产返还给对方当事人，而且要对不动产登记的登记簿册进行更正登记，把不动产的权属返还给对方当事人。这里所说的根据案件的具体情况单独或者合并适用，主要是针对不动产的返还，因为普通的动产返还，转移占有即完成所有权的变动，不存在更正登记簿册记载的问题。

不过，如果返还的是准不动产，如机动车、船舶、航空器等，也存在返还财产时的过户登记簿册的问题。因此，也要更正登记簿册的记载。

（2）折价补偿

合同不成立、无效、被撤销或者确定不发生效力，应当返还财产；但是，经审查，财产不能返还或者没有必要返还的，依照《民法典》第157条的规定，可以折价补偿。

如何进行折价补偿，本条规定，法院应当以认定合同不成立、无效、被撤销或者确定不发生效力之日为基准日。确定在该基准日，该财产的市场价值计算，也可以以其他合理方式计算返还原物的价值。按照这两种方法作为基准，判决折价补偿的具体数额。

2. 损失赔偿

《民法典》第157条规定："有过错的一方应当赔偿对方由此所受到的损失；各方都有过错的，应当各自承担相应的责任"。按照这一规定，对于合同不成立、无效、被撤销或者不发生法律效力造成的损失，受损害一方有权请求损失赔偿。这种损失赔偿实行过错责任原则，一方有过错，赔偿对方的损失，各方有过错，应当各自承担赔偿责任。

对此，本条规定，除前款规定返还原物和折价补偿的情形外，当事人还请求赔偿损失的，法院应当结合财产返还或者折价补偿的情况，综合考虑财产增值收益和贬值损失、交易成本的支出等事实，按照双方当事人的过错程度及原因力大小，根据诚信原则和公平原则，合理确定损失赔偿额。

按照这一规定，在确定损失赔偿时应当特别强调的，一是要看财产返还或者折价补偿的情况，除此之外造成的损失才是应当赔偿的标的。二是确定损失赔偿数额，要综合考虑财产增值收益和贬值损失，同时也要考虑交易成本的支出，根据这些情况，确定具体的损失赔偿责任的范围。三是要按照双方当事人的过错程度及原因力大小，确定具体的损失赔偿数额。目前，确认过错程度以及原因力大小，在司法实践中已经不是难题，综合确定即可。四是在确定赔偿数额时，还要考虑诚信原则和公平原则，使确定的损失数额公平合理，不能形成显失公平的赔偿结果。

3. 构成违法的司法建议、刑事移送或者自诉

在合同不成立、无效、被撤销或者确定不发生法律效力时，可能会存在一方当事人的违法行为，包括违反行政法规或者触犯刑律。对此，本条规定可以采用以下方法解决存在的违法行为：

一是合同不成立、无效、被撤销或者确定不发生效力，当事人的行为涉嫌违法且未经处理，可能导致一方或者双方通过违法行为获得不当利益的，法院应当向有关行政管理部门提出司法建议，由有关行政管理部门依法处理。

二是当事人的行为涉嫌犯罪的，应当将案件线索移送刑事侦查机关，由侦查机关依法处理。

三是如果当事人的行为涉嫌的犯罪属于刑事自诉案件，应当告知当事人可以向有管辖权的法院另行提起刑事诉讼。

【案例评析】

李某与冯某等财产权属纠纷案[①]

基本案情

李某与程某系夫妻关系。2004 年 11 月，程某与冯某开始同居，当月，程某给冯某 20 万元用于买车，冯某即用该款购买了小轿车一辆（车牌号为鄂 A-×××××），车主登记为冯某。2004 年 6 月，程某购买了住房一套，并向开发商支付购房款 50 余万元，2005 年 4 月，程某以合同更名的方式

---

① （2012）鄂监二抗再终字第 00005 号。

将该套房屋赠与冯某。当月，冯某以其名义办理了该套房屋的所有权证和国有土地使用权证。2005 年 10 月至 2006 年 1 月，冯某以办公司需要注册资金为由向程某索要资金，程某共计给付冯某 3049928 元。2005 年 7 月 2 日，冯某与张某签订《借款协议》约定：甲方（冯某）自有资金人民币500 万元自愿借给乙方（张某），借款期限为 8 年，时间从资金付给乙方之日起至八年后的对应日止，资金利息回报按银行存款利率 2 倍计算，利息每年支付一次。法院在诉讼过程中依职权向湖北省武汉市公安局东湖新技术开发区分局调取了该局于 2006 年 2 月 17 日至 3 月 15 日对冯某的 8 份讯问笔录、对张某的两份讯问笔录、对程某的七份讯问笔录及对其他四位证人的调查笔录。其中，冯某于 2006 年 2 月 28 日在公安机关对其第一次讯问时承认其在 2004 年 10 月成为程某的情人，二人是同居关系，并陈述程某承诺在他老婆（李某）死后会与自己（冯某）结婚；张某在公安机关同日对其讯问中承认知道冯某与程某在一起，程某是搞房地产的，他们两人曾说要结婚，并承认向冯某借款 290 万元，并认为凭冯某的现状及与程某的关系，有能力（从冯某手中）借到 500 万元。法院采信了上述证据，并由此认定张某向冯某借款前已明知该 290 万元的款项来源。

现李某向法院起诉，请求：第一，确认程某赠与冯某财产的行为无效；第二，要求冯某返还 304.90 万元和车牌号为鄂 A-×××××的轿车一辆以及位于湖北省武汉市武昌区临江大道 76 号蓝湾俊园玉兰阁 7 号楼 3 单元706 室的房屋一套；第三，要求张某返还 290 万元。

冯某称，程某隐瞒已婚事实，冯某并无违背公序良俗的故意，程某自愿赠与诉争财产，冯某系合法善意取得。程某对于夫妻共同财产享有其中50%的所有权，即使程某未经李某同意处理了夫妻共同财产，亦属于程某侵权，冯某不应对此承担法律责任。

法院判决

一审法院认为，冯某明知程某有配偶而以情人身份与之同居并向程某索取巨额财物，其行为违反了社会公德；冯某明知向程某所索取之财物应属李某与程某夫妻共有的财产，故其索取财产的行为在主观上并非出自善意。程某未经李某同意将夫妻共有巨额财产赠与冯某，其行为侵害了李某的合法财产权益，冯某取得上述财产的行为无效，故应返还给李某。第三人张某明知冯某是通过不正当的手段获得上述财产，却与冯某恶意串通，使自己在形式上"合法"地占有了该290万元款项，其行为既侵害了李某的合法权益，同时也违反了公序良俗的法律原则，故冯某与张某所签订的借款协议无效，张某应将该款返还给李某。故判决，由冯某向李某返还轿车一辆、房屋一套；由冯某向李某返还人民币3049928元，张某对该判决第二项中的290万元承担连带返还责任。

原告不服一审判决，提起上诉。

二审法院认为，程某和冯某婚外同居有违公序良俗，但该行为的无效不能等同于赠与行为无效，依照《合同法》规定，首先，程某是完全民事行为能力人；其次，程某没有非法逃避债务的故意；再次，赠与行为是程某的真实意思表示，且已经办理过户登记；最后，程某的赠与行为也没有侵犯李某的夫妻共有财产权。尽管婚姻关系存续期间，夫妻财产实行的是共同共有，但程某作为丈夫，毕竟对夫妻共有财产有自己的处分权，其单独处分夫妻共有财产的行为并不必然损害李某的夫妻共有财产权；即使程某侵犯了李某的夫妻共有财产权，也应由程某对李某承担责任，而不应由冯某承担责任。张某明知冯某通过与程某不正当的关系索取近305万元的银行存款，且冯某在还没有从程某处拿到该笔现金时，双方就签订高达500万元的借款合同，冯某在取得该笔现金后，迅速将其中290万元交给张某。张某在明知冯某索取他人财产情况下，而与之恶意串通签订长期借款合同，损害了李某的合法权益，双方签订的借款合同应为无效。故判决：由冯某向李某返还人民币3049928元，张某对该判决第二项中的290万元承担连带返还责任。冯某无须向李某返还轿车和房屋。

后检察机关提出抗诉。

再审法院认为，程某未经其妻子李某的同意，非因日常生活需要而擅自将属于夫妻共同财产的大额财物赠与冯某，侵犯了李某的共有财产权，该赠与依法应当认定无效，但如果第三人善意、有偿取得该财产的，应当维护第三人的合法权益。冯某明知程某对夫妻共同的财产并无单独的处分权，而向程某索取或接受程某赠与的大额财物，其受赠诉争的财产既非善意，又非有偿取得，故冯某不属于法定应受保护的善意第三人。冯某应向李某返还财产，包括：第一，对于冯某以取款方式受赠的款项3049928元，冯某应向李某返还同等数额的款项。第二，对于冯某用程某赠与的20万元购买轿车的财产返还问题。程某向冯某赠与20万元时虽明确用于购车，但赠与形式是货币而非轿车。而且，冯某用程某赠与的该款购买轿车后，初始登记是在冯某名下。从客观方面分析，应当认定程某向冯某赠与的是20万元购车款而非轿车，故冯某应当向李某返还20万元而非轿车。第三，对于程某以合同更名方式将已付530500元购房款的"房屋"赠与冯某的财产返还问题。因程某赠与时仅完成了购房款530500元的交付，尚未取得诉争"房屋"的所有权，冯某基于程某的合同更名行为而直接取得该"房屋"所有权的初始登记，故应认定程某赠与的该项财产并非"房屋"，而是购房款530500元。因此，冯某应向李某返还程某当时支付的购房款项530500元而非诉争房屋。综上分析，程某向冯某的赠与行为依法无效，冯某应向李某返还的财产合计3780428元。张某与冯某恶意串通签订借款合同，系以合法形式掩盖非法目的，该借款合同依法无效。张某对其因无效借款合同而取得的290万元，应与冯某向李某承担连带返还责任。

法理解读

本案当事人的争议焦点之一是案涉合同无效后，返还的范围为如何确定。返还的返回包括房屋的，是返还房屋本身，还是折价补偿房屋的价值。

根据《民法典》的规定，合同无效的，当事人应当返还财产，自不待言。但是在如何返还的问题上，同样存在争议，本条规定强调，在确定返还财产和折价补偿问题上，要综合考虑财产增值收益和贬值损失，同时也要考虑交易成本的支出，同时还应按照双方当事人的过错程度及原因力大小，确定具体的损失赔偿数额。司法实践中经常出现的情况是，一方向另一方赠与房产，但在判决返还时房屋价值发生了价值上的变动，此时究竟是返还原物还是返还相应的款项，司法实践中存在不同做法。依照《全国法院民商事审判工作会议纪要》第33条的规定，合同不成立、无效或者被撤销后，在确定财产返还时，要充分考虑财产增值或者贬值的因素。双务合同不成立、无效或者被撤销后，双方因该合同取得财产的，应当相互返还。应予返还的股权、房屋等财产相对于合同约定价款出现增值或者贬值的，人民法院要综合考虑市场因素、受让人的经营或者添附等行为与财产增值或者贬值之间的关联性，在当事人之间合理分配或者分担，避免一方因合同不成立、无效或者被撤销而获益。在标的物已经灭失、转售他人或者其他无法返还的情况下，当事人主张返还原物的，人民法院不予支持，但其主张折价补偿的，人民法院依法予以支持。折价时，应当以当事人交易时约定的价款为基础，同时考虑当事人在标的物灭失或者转售时的获益情况综合确定补偿标准。本条解释延续了前述规则的精神。

　　本案中，是程某给冯某现金购买轿车，并登记在冯某某名下，判令冯某返还20万元应该争议不大，但问题在于，案涉房屋存在较大的增值，而且当时是以合同更名的形式赠与，从法律角度而言类似于赠予了债权，或者是物权请求权，因此实践中认为返还物和返还钱的做法均有之。但是，如前所述，在价值判断上，程某的出轨行为同样具有可责性，如果认为应当返还物，则实质上会让存在过错的程某因出轨行为而得利，如此不仅无法起到对出轨一方夫妻的惩罚作用，甚至还存在道德风险，使得部分善意案外人"被小三"。因此，在判令冯某已返还货币财产的情况下，鉴于程某的过错，认为冯某应返还车和房的对价，就是较好地价值衡量的结果。毋庸讳言，法官对法律规范和案件事实的理解当中不可避免地会夹杂法官的个人成见，但是，在具体的民事裁判作出个案价值衡量，以追求个案中特别的具体的公正的意图，虽然可能面临没有效率的指责，但有时也是不得不采用的裁判模式。尤其是，面对诸如合同无效后应当还钱还是还物此类概念法学无法解决的问题的拷问时，运用个案中的价值判断方法进行裁断，便是切实可行的对策。

第二十五条　价款返还及其利息计算

合同不成立、无效、被撤销或者确定不发生效力，有权请求返还价款或者报酬的当事人一方请求对方支付资金占用费的，人民法院应当在当事人请求的范围内按照中国人民银行授权全国银行间同业拆借中心公布的一年期贷款市场报价利率（LPR）计算。但是，占用资金的当事人对于合同不成立、无效、被撤销或者确定不发生效力没有过错的，应当以中国人民银行公布的同期同类存款基准利率计算。

双方互负返还义务，当事人主张同时履行的，人民法院应予支持；占有标的物的一方对标的物存在使用或者依法可以使用的情形，对方请求将其应支付的资金占用费与应收取的标的物使用费相互抵销的，人民法院应予支持，但是法律另有规定的除外。

【民法典条文】

第一百五十七条　民事法律行为无效、被撤销或者确定不发生效力后，行为人因该行为取得的财产，应当予以返还；不能返还或者没有必要返还的，应当折价补偿。有过错的一方应当赔偿对方由此所受到的损失；各方都有过错的，应当各自承担相应的责任。法律另有规定的，依照其规定。

【相关司法解释】

《最高人民法院关于审理城镇房屋租赁合同纠纷案件具体应用法律若干问题的解释》（2020）

第四条　房屋租赁合同无效，当事人请求参照合同约定的租金标准支付房屋占有使用费的，人民法院一般应予支持。

当事人请求赔偿因合同无效受到的损失，人民法院依照民法典第一百五十七条和本解释第七条、第十一条、第十二条的规定处理。

《全国法院民商事审判工作会议纪要》

34.【价款返还】双务合同不成立、无效或者被撤销时，标的物返还与价款返还互为对待给付，双方应当同时返还。关于应否支付利息问题，只要一方对标的物有使用情形的，一般应当支付使用费，该费用可与占有价款一方应当支付的资金占用费相互抵销，故在一方返还原物前，另一方仅须支付本金，而无须支付利息。

【既往司法解释】

《最高人民法院关于审理城镇房屋租赁合同纠纷案件具体应用法律若干问题的解释》（2009）

第五条　房屋租赁合同无效，当事人请求参照合同约定的租金标准支付房屋占有使用费的，人民法院一般应予支持。

当事人请求赔偿因合同无效受到的损失，人民法院依照合同法的有关规定和本司法解释第九条、第十三条、第十四条的规定处理。

【条文要义】

本条是对合同不成立、无效、被撤销或者确定不发生法律效力请求返还价款、报酬或者财物及其资金占用费、财物使用费计算方法的解释。

关于合同不成立无效被撤销或者确定不发生效力后，请求返还价款或者报酬及其利息，在以往对《合同法》的司法解释中没有作出一般规定。2009年《最高人民法院关于审理城镇房屋租赁合同纠纷案件具体应用法律若干问题的解释》第5条规定了一个规则，即确定房屋租赁合同无效，可以请求参照合同约定的租金标准支付房屋占用使用费。《全国法院民商事审判工作会议纪要》第34条对双务合同不成立、无效或者被撤销时，标的物返还与价款返还互为对待给付，可以主张对标的物有使用情形的可以支付使用费，还可以与占用的资金占用费相互抵销。本条总结上述司法解释的经验，作出规定。

返还财产，是《民法典》第157条规定的民事法律行为无效、被撤销或者确定不发生效力（也包括合同不成立）后，应当承担的第一种责任方式。在返还财产中，除返还原物外，还存在返还资金占用费以及占有标的物一方对标的物存在使用或者依法可以使用而应当支付使用费的问题。这些问题在《民法典》第157条中都没规定，但是在司法实践中都存在，需要有统一的裁判规则。本条解决的就是这个问题。

1. 返还价款或者报酬的资金占用费

当事人相互之间的合同被认定为不成立、无效、被撤销或者确定不发生效力的，当事人互负返还原物的责任。如果合同当事人一方占有对方的价款或者报酬等金钱，在返还时存在是否应当支付和怎样支付资金占用费的问题。任何使用他人金钱的行为，都会产生法定孳息，如属于借贷之债，产生的法定孳息就是利息，如果因其他原因占用他人的金钱，产生的法定孳息就是资金占用费。

无论何种合同，在不成立、无效、被撤销或者确定不发生效力后，有权请求返还价款或者报酬的当事人一方，可以请求对方支付资金占用费。本条第1款对此采取明确的支持态度。

具体计算支付资金占用费的规则是，区分返还价款或者报酬的一方有无过错，采取不同的方法计算应当支付的资金占用费。

（1）当事人有过错

占用资金的当事人，对合同的不成立、无效、被撤销或者确定不发生效力有过错的，应当在当事人请求的范围内，按照中国人民银行授权全国银行间同业拆借中心公布的一年期贷款市场报价利率（LPR）计算。

贷款市场报价利率（Loan Prime Rate，即LPR）是由具有代表性的报价行，根据本行对最优质客户的贷款利率，以公开市场操作利率（主要指中期借贷报价利率）加点形成的方式报价，由中国人民银行授权全国银行间同业拆借中心计算并公布的基础性的贷款参考利率，各金融机构应主要参考 LPR 进行贷款定价。

现行的 LPR 包括 1 年期和 5 年期以上两个品种。LPR 市场化程度较高，能够充分反映信贷市场资金供求情况，使用 LPR 进行贷款定价，可以促进形成市场化的贷款利率，提高市场利率向信贷利率的传导效率。

本条第 1 款规定，对有过错的一方当事人承担返还资金的，按照全国银行间同业拆借中心公布的一年期贷款市场报价利率（LPR）计算资金占用费。这个计算标准较高，有过错的当事人承担资金占用费的，适用这一标准。

（2）当事人无过错

占用资金的当事人对合同不成立、无效、被撤销或者确定不发生效力没有过错的，应当以中国人民银行公布的同期同类存款基准利率计算。

存款基准利率，是中国人民银行公布的商业银行存款的指导性利率。在我国，以中国人民银行对国家专业银行和其他金融机构规定的存贷款利率为基准利率。具体而言，民众把银行一年定期存款利率作为市场基准利率指标，银行则是把隔夜拆借利率作为市场基准利率。

在这两种方法中，有过错的一方当事人支付资金占用费，采用的标准是贷款利率，也就是中国人民银行授权全国银行间同业拆借中心公布的同期贷款市场报价利率。没有过错的当事人支付资金占用费，采用的标准是中国人民银行公布的同期同类存款基准利率。一个是用贷款利率，另一个是用存款利率，就区别了应当支付资金占用费的一方当事人有过错还是无过错的区别，体现了对过错一方的惩戒态度。

2. 占有标的物一方对标的物存在使用或者依法可以使用的标的物使用费

本条没有专门规定在合同不成立、无效、被撤销或者确定不发生效力，占有对方标的物的一方对标的物有使用或者依法可以使用的，应当支付标的物使用费的规则，只是在本条第 2 款关于抵销的规定中提到了这种情形。其实，这是一种在单独返还原物时附带的问题，是应当单独列出来的。

在当事人之间订立合同之后，一方占有了对方交付的合同标的物，在合同不成立、无效、被撤销或者确定不发生效力后，在返还已经交付的合同标的物的同时，如果占有对方交付的合同标的物的一方，存在使用或者依法可以使用的情形，就存在支付标的物使用费的问题。在返还财产中，如果请求权人提出在返还合同标的物的同时，应当支付标的物使用费的，法院应予支持，因为这和资金占用费的性质是相同的，是返还原物应当承担的附带义务。

本条也没有规定返还财产时支付标的物使用费的计算方法。对此，应当按照通常的租用同类物品的租金计算。在这里也应当区分一方当事人对合同的不成立、无效、被撤销或者不发生效力有过错或者无过错的区别，在支付标的物使用费时，应当有所区别，可以借鉴同种类的物的租金费用标准。

3. 支付资金占用费与标的物使用费的抵销

本条第 2 款规定的内容分为以下两个层次。

(1) 互负返还义务的同时履行

合同不成立、无效、被撤销或者不发生效力，如果双方互负返还义务，当事人主张同时履行的，法院应予支持。这里的履行，主要是指对占有的标的物的返还，同时也包括支付资金占用费和标的物使用费同时履行。对双方互负返还的，也应当区分过错方和无过错方在资金占用费和财物使用费计算方法上的区别。

(2) 资金占用费与标的物使用费的抵销

在同时履行返还财产义务中，一方当事人支付资金占用费，另一方当事人支付标的物使用费的，也互负资金支付的义务。因此，是可以抵销的。这就是，占有标的物的一方对标的物存在使用或者依法可以使用的情形，对方请求将其应支付的资金占用费与应收取的标的物使用费相互抵销的，法院依法予以支持。但是，如果法律另有规定的，如有不得抵销约定的，就不适用这一规定。

【案例评析】

物业管理公司钦州分公司与商某借款合同纠纷案①

基本案情

原告系物业管理企业。被告于 2017 年年初向开发商购买某小区××栋××号房屋时，向原告借款 89000 元用于交纳购房首付款，双方于 2017 年 3 月 24 日签订了《借款协议》，协议约定借款分四次偿还，每六个月偿还一次，前 12 个月免收利息，后 12 个月还款按利息为 10% 计算，即后 12 个月实际未还全部借款的天数×后 12 个月全部剩余借款×10%/365 天，每次还款逾期按日千分之一计算违约金。如被告违约还款，还须赔偿原告全部损失（包括但不限于律师费、诉讼费等）。合同签订当日，被告出具《借款借据》给原告，确认收到借款，并保证该款用于购买上述房屋。由于被告没有按约定偿还借款，原告遂委托律师事务所律师向法院提起本案诉讼。在诉讼过程中，被告于 2020 年 4 月 16 日偿还借款 30000 元给原告。

法院判决

法院认为，根据《银行业监督管理法》第 19 条规定，未经国务院银行业监督管理机构批准，任何单位或者个人不得设立金融机构或者从事银行业金融机构的业务活动。首先，原告的营业执照中载明的经营范围，未包括开展金融业务，而原告亦未取得金融业务从业资质，却通过向不特定对象出借资金用于购房开展信贷业务。其次，结合原告此前在法院有大量的与自然人的民间借贷纠纷，即原告已经向不特定借款人发放贷款。据此足以表明，原告出借款项给被告的行为，属于企业以借贷名义向社会公众发放贷款。现行的购房及购房贷款政策是为了维护房地产行业及金融行业健康稳定发展。原告通过出借借款给借款人充当购房款首付的行为，使部

---

① 案号：（2020）桂 0702 民初 882 号。

分不具有购买房屋条件的人购买房屋，增加了房地产行业及银行业的风险，扰乱了金融秩序。根据《非法金融机构和非法金融业务活动取缔办法》第5条、《最高人民法院关于如何确认公民与企业之间借贷行为效力问题的批复》、《最高人民法院关于适用〈中华人民共和国合同法〉若干问题的解释（一）》第10条的相关规定，本院认为原、被告签订的《借款协议》符合《合同法》第52条第5项合同无效的条件，应认定无效。

合同无效或者被撤销后，因该合同取得的财产，应当予以返还；不能返还或者没有必要返还的，应当折价补偿。有过错的一方应当赔偿对方因此所受到的损失，双方都有过错的，应当各自承担相应的责任。因本案的《借款协议》无效，被告应向原告返还因《借款协议》取得的财产，同时考虑原告为被告出借资金用于购房必然会导致资金占用，根据双方的过错程度，本院认定被告应赔偿原告以银行同期存款基准利率计算的资金占用费，并从2018年3月25日起计算。由于合同无效，主张的律师费于法无据，本院不予支持。

法理解读

本案当事人的争议焦点是《借款协议》无效后，资金占用费如何计算的问题。

依照《民法典》第157条的规定，合同无效、被撤销或者确定不发生效力后，除返还原物外，还存在返还资金占用费以及占有标的物一方对标的物存在使用或者依法可以使用而应当支付使用费的问题。因此，有权请求返还价款或者报酬的当事人一方，有权请求对方支付资金占用费的。但对于资金占用费如何计算，不同法院有不同的做法，本条解释对相应问题进行了统一。按照本条规定，原则上法院应当在当事人请求的范围内按照中国人民银行授权全国银行间同业拆借中心公布的一年期贷款市场报价利率（LPR）计算。但是，如果占用资金的当事人对于合同不成立、无效、被撤销或者确定不发生效力没有过错的，应当以中国人民银行公布的同期同类存款基准利率计算。如果双方互负返还义务，当事人双方可以主张同时履行，占有标的物的一方对标的物存在使用或者依法可以使用的情形，对方请求将其应支付的资金占用费与应收取的标的物使用费进行抵销。

　　本案中，原、被告的资金融通行为违反了《银行业监督管理法》第19条的规定，属于企业以借贷名义向社会公众发放贷款，此种行为会使得部分不具有购买房屋条件的人购买房屋，可能增加房地产行业及银行业的风险，进而扰乱了金融秩序，据此法院认定双方的《借款合同》无效。对于《借款合同》无效后，如何返还资金问题，法院按照上述《民法典》的规定，结合审判实践，认为原、被告双方都存在一定的过错，因为合同是双方合意签订，且借款购房必然造成资金占有，因此在认定本案《借款协议》无效的基础上，认定被告应向原告返还因《借款协议》取得的财产，同时认定被告应赔偿原告以银行同期存款基准利率计算的资金占用费。本案法院的做法，符合本条司法解释的精神。

第四章　合同的履行

第二十六条　从给付债务的履行与救济

当事人一方未根据法律规定或者合同约定履行开具发票、提供证明文件等非主要债务，对方请求继续履行该债务并赔偿因怠于履行该债务造成的损失的，人民法院依法予以支持；对方请求解除合同的，人民法院不予支持，但是不履行该债务致使不能实现合同目的或者当事人另有约定的除外。

【民法典条文】

第五百零九条　当事人应当按照约定全面履行自己的义务。

当事人应当遵循诚信原则，根据合同的性质、目的和交易习惯履行通知、协助、保密等义务。

当事人在履行合同过程中，应当避免浪费资源、污染环境和破坏生态。

第五百六十三条　有下列情形之一的，当事人可以解除合同：

（一）因不可抗力致使不能实现合同目的；

（二）在履行期限届满前，当事人一方明确表示或者以自己的行为表明不履行主要债务；

（三）当事人一方迟延履行主要债务，经催告后在合理期限内仍未履行；

（四）当事人一方迟延履行债务或者有其他违约行为致使不能实现合

同目的；

（五）法律规定的其他情形。

以持续履行的债务为内容的不定期合同，当事人可以随时解除合同，但是应当在合理期限之前通知对方。

【相关司法解释】

《最高人民法院关于审理买卖合同纠纷案件适用法律问题的解释》（2020）

第十九条　出卖人没有履行或者不当履行非主要义务，致使买受人不能实现合同目的，买受人主张解除合同的，人民法院应当根据民法典第五百六十三条第一款第四项的规定，予以支持。

【既往司法解释】

《最高人民法院关于审理买卖合同纠纷案件适用法律问题的解释》（2012）

第二十五条　出卖人没有履行或者不当履行非主要义务，致使买受人不能实现合同目的，买受人主张解除合同的，人民法院应当根据合同法第九十四条第（四）项的规定，予以支持。

【条文要义】

本条是对不履行合同的非主要债务应当采用的救济方法的解释。

依照《民法典》第509条的规定，当事人应当按照约定全面履行自己的债务。同样，《民法典》第563条规定了合同的法定解除权，具备该条规定的违约情形，对方享有合同解除权，可以依法解除合同。不过，在一般理解上，产生法定解除权的违约行为，应当是违反合同的主要债务。对于违反合同的非主要债务也就是从给付义务，是否可以导致对方当事人产生法定解除权，《民法典》没有规定。

2012 年《最高人民法院关于审理买卖合同纠纷案件适用法律问题的解释》第 25 条规定了一个原则，就是出卖人没有履行或者不当履行从给付债务，致使买受人不能实现合同目的，买受人产生法定解除权，可以主张解除合同。这一司法解释非常重要，因此，在 2020 年重新修订的《最高人民法院关于审理买卖合同纠纷案件适用法律问题的解释》第 19 条重申了这一规则。

本条将买卖合同中的这一规则进一步规定为合同解除的一般性规则，具有重要意义。

非主要债务即从给付义务，对应的是主要债务即主给付义务。非主要债务是指不具有独立意义，仅具有补足主要债务的功能，存在的目的不在于决定合同的类型，而在于确保债权人的利益能够获得最大满足的合同债务。

所以，非主要债务依附并辅助主要债务的履行，从而使债权人的利益得到最大限度的满足。《民法典》第 785 条规定的"承揽人应当按照定作人的要求保守秘密，未经定作人许可，不得留存复制品或者技术资料"债务，就是非主要债务。本条规定的非主要债务，列举的是当事人一方未根据法律规定或者合同约定履行开具发票、提供证明文件等非主要债务，进而规定违反非主要债务的救济措施。

1. 违反非主要债务的继续履行和损失赔偿

在合同履行过程中，当事人负有的主要债务不履行，应当承担违约责任，请求对方继续履行，主张对方承担其他违约责任，包括损失赔偿。对当事人违反非主要债务应当怎样救济，《民法典》没有作出具体规定，对此，本条予以明确。

当一方当事人违反非主要债务，对方请求继续履行该债务并请求赔偿因怠于履行该非主要债务造成的损失的，法院依法予以支持，判决继续履行非主要债务，或者给予损失赔偿。

对违反非主要债务的继续履行和损失赔偿责任，其实还是《民法典》第 577 条规定的继续履行和赔偿损失的违约责任。在司法实践中，确认违反非主要债务的当事人承担继续履行和损害赔偿的违约责任，仍然应当适用《民法典》的这一条文。

2. 非主要债务不履行原则上不能解除合同

一方当事人违反合同约定的非主要债务，对方可否主张解除合同，《民法典》没有明确规定，2020 年《最高人民法院关于审理买卖合同纠纷案件适用法律问题的解释》第 19 条规定，出卖人没有履行或者不当履行非主要义务，致使买受人不能实现合同目的，买受人主张解除合同的，人民法院应当根据《民法典》第 563 条第 1 款第 4 项的规定，予以支持。这是在特别强调，出卖人没有履行或者不当履行非主要债务的行为，致使买受人不能实现合同目的，当事人可以请求解除合同。

上述这个规则当然没有问题。但是，就一般情况而言，合同一方当事人不履行非主要债务，原则上是不能主张解除合同的，因为合同的主要债务已经履行完毕，只是非主要债务没有履行，合同的主要目的已经实现。如果对方当事人因此请求解除合同，法院不应当支持。

但是，在另外的情况下，就像《最高人民法院关于审理买卖合同纠纷案件适用法律问题的解释》第 19 条规定的那样，一方当事人不履行非主要债务，致使不能实现合同目的的，对方当事人当然可以主张解除合同，法院应当支持解除合同的主张。

还有一种情况是，当事人对非主要债务不履行约定可以解除合同的，即将此约定为解除权产生条件的，一旦当事人不履行非主要债务，触发约定解除权行使的条件，对方就产生约定解除权，当然可以主张解除合同。

【案例评析】

物流公司与物流有限公司租赁合同纠纷再审案①

基本案情

2009 年 11 月 8 日，物流有限公司与物流公司签订《战略合作协议》一份，约定物流有限公司将自有的 25 台商品车运输专用车租赁给物流公司与物流公司的运力资源合并，形成联合运力平台，共同开发操作商品车运输业务，车辆营运管理由物流公司负责。物流有限公司负责在交通厅办理其名下的、合并至联合运力平台的商品车运输专用车的涉外资质。具体合作内容双方另行签订详尽的合同，以限定合作范围及细节。双方自签字之日起开始合作，以建立长期战略联盟关系为原则等相关合同内容。

2009 年 11 月 10 日，物流有限公司与物流公司签订《租赁合同》，约定物流有限公司提供商品车运输专用车共计 25 辆租赁给物流公司使用。物流有限公司按月收取物流公司车辆租赁租金。物流有限公司确认所交接车辆处于正常运营状态。物流公司租赁物流有限公司的商品车运输专用车，负责商品车运输专用车的运营、管理、各类审验工作和维护保养。合同签订后，物流有限公司与物流公司对合同约定的 25 辆车办理了交接手续。合同约定的 25 辆车均附有机动车行驶证及副页。机动车行驶证上记载车辆强制报废期为 2022 年 5 月 21 日。

2011 年 8 月 1 日、2012 年 3 月 1 日，物流公司两次给物流有限公司出具《工作联系函》，声称商品车运输专用车的涉外资质是双方《战略合作协议》和《商品车专运车租赁合同》的基础，双方自签订协议以来，经多次交涉，物流有限公司一直未能给予办理商品车运输专用车的涉外资质，致使物流公司多单国际运输业务和国际运输合同合作项目无法完成，造成

---

① 案号：（2014）民申字第 709 号。

了巨大损失。因而主张物流有限公司为承租车辆办理涉外运输资质，并对 2011 年、2012 年的租金展期两年交纳。物流有限公司复函称："关于办理战略合作协议中约定的运输车的涉外资质问题，我公司相关人员做了大量的工作，但这不是我公司单方就能决定的，是由交通厅以及海关等部门批准后方可办理。对物流公司展期支付租金的意见，物流有限公司拒不同意。"

因物流公司拒付租金，物流有限公司提起本案诉讼，请求人民法院判令：一、解除租赁合同；二、物流公司支付拖欠的 25 辆车的租金 4244967.37 元；三、物流公司支付租金利息 289452.1 元；四、物流公司返还 25 辆租赁车辆。

诉讼过程中，物流公司答辩称：物流有限公司交付的车辆外廓尺寸与合同约定不符，车辆无法正常使用；物流有限公司应当办理车辆的涉外运输资质，但其至今没有履行该义务，致使无法开展过境运输业务，物流有限公司已经构成违约，合同目的无法实现，因而同意解除租赁合同，由物流有限公司收回交付的 25 辆商品车运输专用车，但请求驳回物流有限公司的其他诉讼请求。

法院判决

一审法院认为，物流有限公司诉请解除租赁合同、返还 25 辆车，物流公司同意，可予准许。物流公司主张承租车辆外廓尺寸与合同约定不符，无法正常使用，证据不足，不予支持。《战略合作协议》与《租赁合同》系双方当事人的真实意思表示，内容合法，应认定为有效合同。《战略合作协议》是物流有限公司与物流公司对双方合作关系所作的原则性、概括性、宗旨性的约定，租赁合同签订时间在战略合作协议之后，且基于《战略合作协议》而签订，故租赁合同中没有明确约定的相关事项，应以《战略合作协议》的内容确定双方的权利义务。《战略合作协议》中虽约定了物流有限公司负有办理车辆涉外运输资质的义务，但没有约定办理的具体期限，且在租赁合同中亦没有进一步明确。物流公司在交接租赁车辆时，对此问题亦没有提出异议。现诉讼过程中，物流公司在租赁车辆已经交付、租赁合同已经履行至今的情况下，以此为由主张物流有限公司违约，不应支付车辆租金，没有充分的事实及法律依据。物流有限公司要求支付租金的主张虽然于法有据，但依据公平原则，综合考虑车辆的强制报废期限和折旧问题，一审法院认为每月每辆车的租金应当适当扣除车辆相应的折旧及收益较为公平合理。因此，判决：一、解除租赁合同；二、物流公司给付物流有限公司车辆租金 2644842.37 元；三、物流公司支付物流有限公司车辆租金逾期利息 180328.66 元；四、物流公司返还物流有限公司租赁合同约定的 25 辆商品车运输专用车。

物流公司不服一审判决，向法院提起上诉，主张根据民事权利义务相一致的原则，物流有限公司向其主张车辆租金及利息，应以履行了相应的义务为前提和基础。《战略合作协议》与《租赁合同》从形式和内容上都是一个有机的、不可分割的整体，根据上述协议，物流有限公司"负责在交通厅办理其名下的、合并至联合运力平台的商品车运输专用车的涉外资质"，这是双方合作的前提和基础，也是物流有限公司首要的、基本的义务。物流有限公司没有按照约定全面履行自己的义务，尤其是没有按照约定先履行交付合法的、办理涉外资质车辆的义务，从而导致其丧失了主张车辆租金的法律依据。一审法院认定事实不清，适用法律错误，请求二审法院依法改判其不承担租金及逾期利息的支付义务。

二审法院认为，《战略合作协议》虽然约定"物流有限公司负责在交通厅办理其名下的、合并至联合运力平台的商品车运输专用车的涉外资质"，但双方在该协议中最后约定"具体合作内容双方另行签订详尽的合作合同以限定合作范围及细节"。而时间在后的租赁合同从内容上看，确系双方对车辆租赁中权利义务内容的明确和细化，但却未约定物流有限公司负有提供涉外资质的义务，并且物流公司在车辆交付后投入运营至 2011 年 8 月 1 日之前，从未对该问题提出异议，未催告物流有限公司履行该项义务，更未按合同约定以书面方式通知解除合同，而一直在使用涉案车辆进行经营，故对于物流公司所辩称办理租赁车辆的涉外资质是物流有限公司首要、基本的合同义务的上诉理由不予支持。在物流公司不能证明物流有限公司违约且享有相应抗辩权的情况下，其拒付租金的行为构成违约，应承担支付租金并赔偿损失的违约责任。一审判决认定事实清楚，适用法律正确，因而判决驳回上诉，维持原判。

物流公司不服二审判决，申请再审。

最高人民法院经审理认为，2009 年 11 月物流公司与物流有限公司先后签订《战略合作协议》与《租赁合同》，《租赁合同》的订立系以《战略合作协议》为基础，两份协议构成预约与本约的关系。《战略合作协议》约定物流有限公司负责办理双方合作项下的商品车运输专用车的涉外资质，虽然《租赁合同》中对此未作约定，但双方当事人在预约合同中协商一致的、确定性的条款，应视为本约的一部分而订入本约。物流有限公司未予办理涉外资质构成违约，物流公司可以主张相应的违约责任。但在本案争议的租赁合同法律关系中，双方主给付义务分别为交付租赁车辆和支付租金，为车辆办理涉外资质作为出租车辆一方的从给付义务，与支付租金不能形成对待给付关系。物流公司与物流有限公司订立《租赁合同》后，双方实际履行了全部租赁车辆的交接手续，物流公司提交的双方往来函件及交通管理部门的处罚单据均可以证明其对租赁车辆进行了使用和运营，因此物流有限公司已经履行了《租赁合同》中的主给付义务。虽然租赁车辆因未取得涉外资质而不能从事国际运输，但并未妨碍物流公司实际使用承租车辆用于国内运输并获取收益，租赁合同的根本目的并未落空，其理应履行因实际占有和使用承租车辆而产生的对待给付义务，支付租金。原审法院未认定物流有限公司违约确有不当，但在判决双方解除租赁合同的基础上减少了物流公司按照合同约定应付的租金数额，一定程度上弥补了因物流有限公司未办理车辆涉外资质而造成的物流公司损失，实际上体现了公平原则。物流公司在租赁合同订立后长达 30 个月的履行期间内使用车辆并取得收益，现仅以物流有限公司未办理车辆涉外资质为由抗辩，拒绝履行支付租金的主给付义务，系不当行使先履行抗辩权，应承担相应的违约责任，原审法院根据物流有限公司的主张按照月息 4.875‰ 而非合同约定的每天 0.5% 判决物流公司承担逾期利息，进一步减轻了物流公司的责任，应当予以维持。

物流公司主张物流有限公司向其交付的上述租赁车辆存在违法改装的情形，并要求对车辆的实际外廓尺寸、质量进行鉴定。经查，物流有限公司向物流公司交付租赁车辆时一并移交了机动车行驶证，机动车行驶证上清楚地载明了车辆的基本信息，物流公司接收车辆时并未提出异议。根据机动车行驶证的记载，车辆在 2010 年、2011 年均已通过年检，证明租赁车辆经过车辆管理部门的审核批准而正常运营，并无物流公司所称无法使用的情形。此外，虽然物流公司在使用租赁车辆的过程中被交管部门以"擅自改装"等理由处以罚款，但其不能证明车辆的违规情形应归因于物流有限公司，物流公司在接受处罚后向物流有限公司发出的函件中也未就车辆违法事宜提出异议。因此，即使按照物流公司的申请对租赁车辆进行鉴定，且车辆外廓尺寸、质量不符合国家标准限值，亦不能证明物流有限公司交付的车辆存在违约，原审法院对物流公司的鉴定申请不予准许并无不当。物流公司提出物流有限公司向其交付违法车辆构成违约的主张依据不足，不能成立。

综上，最高人民法院驳回再审申请。

法理解读

本案的争议焦点之一为，物流有限公司未履行办理车辆的涉外运输资质这一从给付义务，物流公司如何实现救济。

一般认为，合同法上的义务群包括了主给付义务、从给付义务与附随义务。违反主给付义务时，非违约方的救济途径包括抗辩、违约责任、合同解除等。违反从给付义务、附随义务时，非违约方的救济则由《民法典合同编通则解释》第 25 条予以明确。根据该规定，一方面，非违约方可以请求继续履行或者赔偿损失；另一方面，还可以通过解除合同的方式来实现救济。不过，必须符合以下三种情形之一：一是法定解除，即不履行该义务致使不能实现合同目的。由此出发，实际触发的是《民法典》第 563 条第 1 款第 4 项规定的法定解除权。在这一层面上，如何认定合同目的，分析违约行为致使合同目的不能实现将更为重要。二是约定解除，即当事人双方事先约定了违反非主要给付义务时，非违约方享有解除权；三是协议解除，即当事人事后协商一致进行解除。

具体到本案中，物流有限公司未办理车辆的涉外运输资质，属于未根据合同约定履行从给付义务。一方面，中铁公司可以请求物流有限公司继续履行该义务或者赔偿因怠于履行该义务所造成的损失。另一方面，中铁公司也可以请求解除合同。据本案诉讼情形可知，物流有限公司在庭审中已经与物流公司协商一致，解除合同，属于《民法典合同编通则解释》第25条规定的"当事人另有约定的情形"。至于本案是否可以适用法定解除，关键在于合同目的的认定。物流公司与物流有限公司签订《战略合作协议》与《租赁合同》，目的是形成联合运力平台，通过运输来获取收益。由此出发，物流有限公司未办理涉外运输资质，影响的是物流有限公司通过涉外运输的方式获取收益，但不影响物流公司将车辆用于国内运输并获取收益，故违反该义务并不会导致合同目的实现。基于此，物流公司无法通过行使法定解除权的方式，解除合同。但是，如果双方约定的主要是涉外运输，则物流有限公司未履行办理资质的义务将会导致合同目的不能实现，此时物流公司可以行使法定解除权。

于此之中，值得思考的是违反从给付义务时的履行抗辩权。该条司法解释未予以明确，本案涉及了这一争点，即物流有限公司未办理车辆涉外资质，物流公司可否以此为由拒绝履行支付租金的义务。对此，笔者认为，当双方当事人约定一方从给付义务的履行是另一方主给付义务履行的条件时，二者才形成了对待给付的关系，另一方才有权行使抗辩权，拒绝履行主给付义务。在本案中，物流有限公司与物流公司并未特别约定，只有物流有限公司办理涉外运输资质后，物流公司才支付租金。由此，办理涉外运输资质这一从给付义务与支付租金这一主给付义务并不形成对待给付的关系。是故，最高人民法院的判决指出："物流公司现仅以物流有限公司未办理车辆涉外资质为由抗辩，拒绝履行支付租金的主给付义务，系不当行使先履行抗辩权，应承担相应的违约责任。"《民法典合同编通则解释》第30条第1款明确了这一点内容，即原则上不得以此为由拒绝履行债务，但是"对方不履行非主要债务致使不能实现合同目的或者当事人另有约定的除外"。按照这一规定，如果法院认定物流有限公司与物流公司达成了一方先行办理资质，另一方再行付款的一致意思表示，确定了履行的先后顺序，法院对当事人的约定就应当予以尊重并优先适用，后履行一方的物流公司就有权行使后履行抗辩权。在行使抗辩权时，也必须注意事实基础是否存在，即从给付义务是否已经履行不能。例如，在贸易公司与百货超市合同纠纷中，法院指出，出卖人进入破产程序以后，因破产前实际欠付的税款无力清缴，致使无法开具新增值税发票，双方合同约定的先开票后付款已陷入实际的履行不能，买受人享有后履行抗辩权的事实基础已不存在，故买受人不能以合同中约定先开票作为付款条件主张后履行抗辩权。①

第二十七条　债务履行期限届满后达成的以物抵债协议

债务人或者第三人与债权人在债务履行期限届满后达成以物抵债协议，不存在影响合同效力情形的，人民法院应当认定该协议自当事人意思表示一致时生效。

债务人或者第三人履行以物抵债协议后，人民法院应当认定相应的原债务同时消灭；债务人或者第三人未按照约定履行以物抵债协议，经催告后在合理期限内仍不履行，债权人选择请求履行原债务或者以物抵债协议的，人民法院应予支持，但是法律另有规定或者当事人另有约定的除外。

前款规定的以物抵债协议经人民法院确认或者人民法院根据当事人达成的以物抵债协议制作成调解书，债权人主张财产权利自确认书、调解书生效时发生变动或者具有对抗善意第三

---

① 参见（2019）渝05民终3155号民事判决书。

人效力的，人民法院不予支持。

债务人或者第三人以自己不享有所有权或者处分权的财产权利订立以物抵债协议的，依据本解释第十九条的规定处理。

【民法典条文】

第五百五十七条　有下列情形之一的，债权债务终止：

（一）债务已经履行；

（二）债务相互抵销；

（三）债务人依法将标的物提存；

（四）债权人免除债务；

（五）债权债务同归于一人；

（六）法律规定或者当事人约定终止的其他情形。

合同解除的，该合同的权利义务关系终止。

【相关司法解释】

《全国法院民商事审判工作会议纪要》

44.【履行期届满后达成的以物抵债协议】当事人在债务履行期限届满后达成以物抵债协议，抵债物尚未交付债权人，债权人请求债务人交付的，人民法院要着重审查以物抵债协议是否存在恶意损害第三人合法权益等情形，避免虚假诉讼的发生。经审查，不存在以上情况，且无其他无效事由的，人民法院依法予以支持。

当事人在一审程序中因达成以物抵债协议申请撤回起诉的，人民法院可予准许。当事人在二审程序中申请撤回上诉的，人民法院应当告知其申请撤回起诉。当事人申请撤回起诉，经审查不损害国家利益、社会公共利益、他人合法权益的，人民法院可予准许。当事人不申请撤回起诉，请求人民法院出具调解书对以物抵债协议予以确认的，因债务人完全可以立即履行该协议，没有必要由人民法院出具调解书，故人民法院不应准许，同时应当继续对原债权债务关系进行审理。

【条文要义】

本条是对认定债务履行期限届满后达成的以物抵债协议的效力的解释。

在对合同履行的解释中，对以物抵债规则的解释是最有价值的。《民法典》和原《合同法》都没有规定以物抵债。在实际生活中，以物抵债协议大量存在，情形比较复杂。从订立目的、达成时间、表现形式、内容实质属性等方面来看，以物抵债协议呈现出多种类型，引发的法律后果亦存在较大差异，对以物抵债协议的性质及效力的认定，不能简单套用传统民法中的代物清偿制度。

用以物抵债的方式履行债务，虽然原《合同法》没有规定，有关《合同法》的司法解释也没有规定，但是，在理论和实践上都非常重视，有比较深入的理论探讨，也有比较丰富的司法实践经验。因此，《全国法院民商事审判工作会议纪要》第44条对履行期限届满后达成的以物抵债协议的效力作出了明确规定。本条在此基础上，作出了这一规定。

以物抵债，是合同双方当事人经协议，以他种给付来替代原定给付而消灭债务的法律行为；或者是债务人与债权人约定，以债务人或经第三人同意的第三人所有的财产折价归债权人所有，用以消灭债务人对债权人所负金钱债务的协议。实务中常见的以物抵债协议，有债务履行期限届满后达成的以物抵债协议和债务履行期限届满前达成的以物抵债协议两种形式。本条解释的是前者，第28条解释的是后者。

对以物抵债协议是否发生消灭合同义务的效果，在理论上和实务中一直存在不同看法。本条确认，在合同履行期限届满后达成的以物抵债协议，承认其消灭债权债务关系的效力。

就债务履行期限届满后达成的以物抵债协议，本条规定了以下四个规则。

1. 以物抵债协议的生效时间

双方当事人订立合同后，如果不存在不成立、无效、被撤销或者不发生效力的情形，也就是合同正常履行，如果债务人或者第三人与债权人在债务履行期限届满后达成以物抵债协议，不存在影响合同效力情形的，以物抵债协议就发生法律效力，消灭约定范围内的债权债务关系。

对以物抵债协议的生效时间，《民法典》和以往的司法解释也都没有明确规定。本条第1款规定，当事人达成了以物抵债的协议，应当认定该协议自当事人意思表示一致时生效，发生以物抵债消灭债的关系的效果。

这里要特别说明第三人是否对债务履行具有合法利益要件的问题。以往在司法实践中，对第三人主张以物抵债的，通常有这样的要求，即合同关系以外的第三人，须债务履行并非与其无关，而是影响到自己的利益。这样的第三人就对债务履行具有合法利益，可以以物抵债。事实上，第三人是否对债务履行具有合法利益，在确定以物抵债的效力时并不重要，即使对债务履行不具有合法利益的第三人，对债务人的债务提供以物抵债的，也发生效力。

2. 以物抵债的效力及违反以物抵债协议对方当事人的选择权

本条第2款规定了两个规则：一是以物抵债履行后的效果；二是债务人不履行以物抵债协议的债权人享有选择权。

（1）以物抵债协议履行后的效果

当事人之间的以物抵债协议生效后，债务人或者第三人应当履行以物抵债协议的约定，把以物抵债的"物"交付给债权人，履行完毕以物抵债协议的债务，就发生以物抵债的法律效果，当事人之间相应的债权债务关系同时消灭，债权人的债权得以实现。

（2）债务人不履行以物抵债协议的债权人选择权

以物抵债协议生效后，债务人或者第三人有可能不履行以物抵债的义务，对此，本条第2款规定了债务人不履行以物抵债协议的，债权人享有对补救措施的选择权。具体的规则是，如果债务人或者第三人未按照约定履行以物抵债协议，经催告后在合理期限内仍不履行，债务人或者第三人应当承担两种不同的责任，以保障债权人债权的实现。这两种责任，一是继续履行原协议；二是履行以物抵债协议。

对这两种不同责任方式，构成法定的选择之债，债权人有权选择请求履行原债务，或者履行以物抵债协议。债权人作出选择后，债务人或者第三人应当履行。对此，法院应予支持。

这里没有说债权人不行使选择权的情形。依照《民法典》第516条的规定，这时的选择权转移给债务人或者第三人，由债务人或者第三人选择履行原协议还是履行以物抵债协议。对此，债权人提出异议的，法院不应当支持。

对于究竟是履行原协议的债务，还是履行以物抵债协议约定的债务，如果法律另有规定或者当事人另有约定，则应当依照法律规定或者当事人的约定，这时，履行原协议约定的债务还是以物抵债协议约定的债务，不能由债权人选择，应当依照法律规定或者当事人的约定履行特定的债务。

3. 以物抵债的确认书、调解书不能直接发生物权变动或者对抗善意第三人的效力

以物抵债的协议生效以后，消灭相应的债权债务关系。这是合同债务履行后的法律后果。

但是，以物抵债所交付的标的物，其权利自何时转移、怎样转移，并不是在以物抵债协议生效后就自然发生，而要根据财产权利转移的规则，确认财产权利的转移。

本条第3款规定，前款规定的以物抵债协议经人民法院确认或者人民法院根据当事人达成的以物抵债协议制作成调解书，也不直接发生用于抵债的财产权利变动的结果。因为这是债的关系，不是物权关系，不适用物权变动规则。如果债权人主张财产权利自确认书、调解书生效时，以物抵债的标的物的权利就移转至债权人，或者具有对抗善意第三人效力的，不符合这样的要求。所以，法院对这一主张不予支持。在这种情况下，不适

用《民法典》第 229 条关于人民法院、仲裁机构的法律文书或者人民政府的征收决定等，导致物权设立、变更、转让或者消灭的，自法律文书或者征收决定等生效时发生效力。之所以如此规定，是因为法院确认当事人达成的以物抵债协议制作的调解书，并没有直接确定以物抵债标的物的权利转移，仅仅确认的是债权。同时，这样的规定也能够防止债权人借以物抵债的方法，抢先获得以物抵债标的物的权利，对抗其他平等债权。但是，如果法院作出的判决确认以物抵债发生权利转移效力的，则发生物权变动的结果，可以对抗善意第三人。

4. 以物抵债的无权处分

当事人协议以物抵债，债务人或者第三人用以抵债的标的物，应当有所有权、其他财产权利或者享有处分权，不然就构成无权处分，因而不发生以物抵债消灭债务的效力。

由于以物抵债的债务人或者第三人对用于抵债的标的物没有所有权等财产权利，或者没有处分权，构成无权处分。对此，对债务人或者第三人以自己不享有所有权或者处分权的财产权利订立以物抵债协议的具体处理规则，应当适用本司法解释第 19 条关于无权处分具体规则的规定，即合同有效，不能履行的也应当承担违约责任。

【案例评析】

建总公司与房地产公司建设工程施工合同纠纷案[①]

基本案情

2005 年 6 月 28 日，房地产公司与建总公司签订《建设工程施工合同》，约定：房地产公司将供水大厦工程的施工任务发包给建总公司。合同签订后，建总公司进场施工完毕，涉案工程没有进行竣工验收，房地产

---

① 案号：（2016）最高法民终 484 号。

公司于 2010 年年底投入使用，并支付了部分工程款。

2012 年 1 月 13 日，房地产公司（甲方）与建总公司呼和浩特分公司第二工程处（乙方）签订《房屋抵顶工程款协议书》一份，约定：就乙方承揽施工甲方的供水大厦工程，将协商用该楼盘×座×层房屋抵顶工程款一事达成协议如下：一、抵顶房屋位置：某街以南/某路以西路口转角处，供水大厦×座×层……双方抵顶房屋协议价为 7500 元/平方米，计 1095 万元。二、乙方用建总公司呼和浩特分公司拥有的产权房，坐落在×号楼×单元的 3 套住宅进行置换……总价合计 1527450 元……乙方扣除置换住宅楼价 1527450 元，抵顶工程款计 9422550 元，结算时互相补办手续并签订正式合同等。不过，案涉供水大厦×座×层尚未办理房屋所有权首次登记及任何转移登记。

由于房地产公司迟迟未支付全额工程款，建总公司向一审法院起诉请求房地产公司向建总公司支付工程欠款、利息、违约金等。

| 法 院 判 决 |

一审法院认为，2005 年 7 月 28 日，双方签订《建设工程施工合同》并在市建设工程招投标管理办公室备案。该合同内容并不违反法律、行政法规的规定，应为有效。经对账，最终确认房地产公司尚欠建总公司的工程价款为 26004559.35 元。

房地产公司认为，一审判决对房地产公司已支付工程款金额的认定遗漏证据，提起上诉。房地产公司在一审开庭时提交了《房屋抵顶工程款协议书》一份，该协议书中明确约定房地产公司以供水大厦×座×层房屋抵顶建总公司工程款 1095 万元。因在本案一审起诉前，房地产公司与建总公司协商将×座×层变更为 10 层，建总公司不同意，此后房地产公司不再变更楼层并告知了建总公司。对该《房屋抵顶工程款协议书》，双方既未解除，也未被法院确认无效或撤销，故对双方均有约束力，该房屋已经属于建总公司。因此，该 1095 万元应当认定为房地产公司已付工程款。一审法院对《房屋抵顶工程款协议书》避而不谈，不将 1095 万元认定为已付工程款，属于遗漏证据。

二审法院认为，本案的争议焦点之一为，供水大厦×座×层抵顶工程款是否应计入已付工程款中。

首先，以物抵债，系债务清偿的方式之一，是当事人之间对于如何清偿债务作出的安排，故对以物抵债协议的效力、履行等问题的认定，应以尊重当事人的意思自治为基本原则。一般而言，除当事人明确约定外，当事人于债务清偿期届满后签订的以物抵债协议，并不以债权人现实地受领抵债物，或取得抵债物所有权、使用权等财产权利为成立或生效要件。只要双方当事人的意思表示真实，合同内容不违反法律、行政法规的强制性规定，合同即为有效。本案中，房地产公司与建总公司呼和浩特分公司第二工程处于2012年1月13日签订的《房屋抵顶工程款协议书》，是双方当事人的真实意思表示，不存在违反法律、行政法规规定的情形，故该协议书有效。

其次，当事人于债务清偿期届满后达成的以物抵债协议，可能构成债的更改，即成立新债务，同时消灭旧债务；亦可能属于新债清偿，即成立新债务，与旧债务并存。基于保护债权的理念，债的更改一般需有当事人明确消灭旧债的合意，否则，当事人于债务清偿期届满后达成的以物抵债协议，性质一般应为新债清偿。换言之，债务清偿期届满后，债权人与债务人所签订的以物抵债协议，如未约定消灭原有的金钱给付债务，应认定系双方当事人另行增加一种清偿债务的履行方式，而非原金钱给付债务的消灭。本案中，双方当事人签订了《房屋抵顶工程款协议书》，但并未约定因此而消灭相应金额的工程款债务，故该协议在性质上应属于新债清偿协议。

再次，所谓清偿，是指依照债之本旨实现债务内容的给付行为，其本意在于按约履行。若债务人未实际履行以物抵债协议，则债权人与债务人之间的旧债务并未消灭。也就是说，在新债清偿，旧债务于新债务履行之前不消灭，旧债务和新债务处于衔接并存的状态；在新债务合法有效并得以履行完毕后，因完成了债务清偿义务，旧债务才归于消灭。据此，本案中，仅凭当事人签订《房屋抵顶工程款协议书》的事实，尚不足以认定该协议书约定的供水大厦×座×层房屋抵顶工程款应计入已付工程款，从而消灭相应金额的工程款债务，是否应计为已付工程款并在欠付工程款金额中予以相应扣除，还应根据该协议书的实际履行情况加以判定。对此，一方面，《中华人民共和国物权法》第9条规定，不动产物权的设立、变更、转让和消灭，经依法登记，发生效力；未经登记，不发生效力，但法律另有规定的除外。据此，除法律另有规定的外，房屋所有权的转移，于依法办理房屋所有权转移登记之日发生效力。而本案中，《房屋抵顶工程款协议书》签订后，供水大厦×座×层房屋的所有权并未登记在建总公司名下，故建总公司未取得供水大厦×座×层房屋的所有权。另一方面，房地产公司已经于2010年年底将涉案房屋投入使用，故建总公司在事实上已交付了包括供水大厦×座×层在内的房屋。房地产公司并无充分证据推翻这一事实，也没有证据证明供水大厦×座×层目前在建总公司的实际控制或使用中，故亦不能认定供水大厦×座×层房屋实际交付给了建总公司。可见，供水大厦×座×层房屋既未交付建总公司实际占有使用，亦未办理所有权转移登记于建总公司名下，房地产公司并未履行《房屋抵顶工程款协议书》约定的义务，故建总公司对于该协议书约定的拟以房抵顶的相应工程款债权并未消灭。

最后，当事人应当遵循诚实信用原则，按照约定全面履行自己的义务，这是合同履行所应遵循的基本原则，也是人民法院处理合同履行纠纷时所应秉承的基本理念。据此，债务人于债务已届清偿期时，应依约按时足额清偿债务。在债权人与债务人达成以物抵债协议、新债务与旧债务并存时，确定债权人应通过主张新债务抑或旧债务履行以实现债权，亦应以此作为出发点和立足点。若新债务届期不履行，致使以物抵债协议目的不能实现的，债权人有权请求债务人履行旧债务；而且，该请求权的行使，并不以以物抵债协议无效、被撤销或者被解除为前提。本案中，涉案工程于2010年年底已交付，房地产公司即应依约及时结算并支付工程款，但房地产公司却未能依约履行该义务。相反，就其所欠的部分工程款，房地产公司试图通过以部分房屋抵顶的方式加以履行，遂经与建总公司协商后签订了《房屋抵顶工程款协议书》。对此，房地产公司亦应按照该协议书的约定积极履行相应义务。但在《房屋抵顶工程款协议书》签订后，房地产公司就曾欲变更协议约定的抵债房屋的位置，在未得到建总公司同意的情况下，房地产公司既未及时主动向建总公司交付约定的抵债房屋，也未恢复对旧债务的履行即向建总公司支付相应的工程欠款。建总公司提起本案诉讼向房地产公司主张工程款债权后，双方仍就如何履行《房屋抵顶工程款协议书》以抵顶相应工程款进行过协商，但亦未达成一致。而从涉案《房屋抵顶工程款协议书》的约定来看，建总公司签订该协议，意为接受房地产公司交付的供水大厦×座×层房屋，取得房屋所有权，或者占有使用该房屋，从而实现其相应的工程款债权。虽然该协议书未明确约定履行期限，但自协议签订之日起至今已四年多，房地产公司的工程款债务早已届清偿期，房地产公司却仍未向建总公司交付该协议书所约定的房屋，亦无法为其办理房屋所有权登记。综上所述，房地产公司并未履行《房屋抵顶工程款协议书》约定的义务，其行为有违诚实信用原则，建总公司签订《房屋抵顶工程款协议书》的目的无法实现。在这种情况下，建总公司提起本案诉讼，请求房地产公司直接给付工程欠款，符合法律规定的精神以及本案实际，应予支持。

此外，虽然房地产公司在一审中提交了《房屋抵顶工程款协议书》，但其陈述的证明目的是房地产公司有履行给付工程款的意愿，而并未主张以此抵顶工程款，或者作为已付工程款，故一审判决基于此对《房屋抵顶工程款协议书》没有表述，并不构成违反法定程序。

综上，涉案《房屋抵顶工程款协议书》约定的供水大厦×座×层房屋抵顶工程款金额不应计入已付工程款金额，一审法院认定并判令房地产公司应向建总公司支付相应的工程欠款，并无不当，房地产公司的该项上诉理由不能成立。

法理解读

本案的争议焦点为，《房屋抵顶工程款协议书》约定的房屋抵顶工程款是否应当计入已付的工程款中。对此，二审判决的论证思路为：明确以物抵债协议的生效时间，即给付时生效抑或合意时生效；进而，判断以物抵债协议构成债的更改抑或新债清偿，判断新债与旧债是存续还是消灭。① 由此可见，本案涉及的其实是债务履行期届满后达成的以物抵债协议的性质与效力问题。这也是学者将该案称之为以物抵债规则的集大成者的原因。②

在以物抵债协议的性质层面，本案二审判决将其认定为是诺成合同。与本案形成鲜明对比的是 2012 年武侯国土局案。在该案中，法院认为，债务人与次债务人约定以代物清偿方式清偿债务，属于实践性合同。③认定为是要物合同的优势在于，保护债务人的权益，但是削弱了意思自治的效力。④ 因此，《全国法院民商事审判工作会议纪要》第 44 条及《民法典合同编通则解释》第 27 条均明确了以物抵债协议属于诺成合同，而非实践合同。由此出发，建总公司与房地产公司签订《房屋抵顶工程款协议书》，达成一致合意时，该协议就已经成立且生效。

在以物抵债协议的效力层面，关键是要看当事人之间形成了债的更新还是新债清偿的意思表示。如果是债的更新，则新债成立，旧债消灭；如果是新债清偿，则新旧两债同时存在。观察《房屋抵顶工程款协议书》文本含义可知，房地产公司与建总公司仅是约定以房屋来抵顶工程款，并没有消灭原债务工程款的意思表示，应当认定该以物抵债协议构成新债清偿。在此基础上，如果房地产公司履行了这一新债，则新债、旧债同时消

① 也有学者认为，本案的裁判思路在法源上值得商榷。通过合同解释和类推适用的方式也可以得出同样的裁判结果。参见房绍坤、严聪：《以物抵债协议的法律适用与性质判断——最高人民法院（2016）最高法民终 484 号判决评释》，《求是学刊》2018 年第 5 期。

② 肖俊：《以物抵债裁判规则的发展趋势与建构方向——2011—2019 年最高人民法院审判经验的考察与分析》，载《南大法学》2020 年第 1 期。

③ 《最高人民法院公报》2012 年第 6 期。

④ 最高人民法院民事审判第二庭编著：《全国法院民商事审判工作会议纪要理解与适用》，人民法院出版社 2019 年版，第 302 页。

灭；如果未履行这一新债，则债权人有权选择请求履行原债务或者以物抵债协议。目前没有证据证明房地产公司履行了《房屋抵顶工程款协议书》的义务，将房屋交付或者变更登记给建总公司，故旧债并未消灭，房地产公司仍然应当履行原有的给付工程款的义务。

第二十八条　债务履行期届满前达成的以物抵债协议

债务人或者第三人与债权人在债务履行期限届满前达成以物抵债协议的，人民法院应当在审理债权债务关系的基础上认定该协议的效力。

当事人约定债务人到期没有清偿债务，债权人可以对抵债财产拍卖、变卖、折价以实现债权的，人民法院应当认定该约定有效。当事人约定债务人到期没有清偿债务，抵债财产归债权人所有的，人民法院应当认定该约定无效，但是不影响其他部分的效力；债权人请求对抵债财产拍卖、变卖、折价以实现债权的，人民法院应予支持。

当事人订立前款规定的以物抵债协议后，债务人或者第三人未将财产权利转移至债权人名下，债权人主张优先受偿的，人民法院不予支持；债务人或者第三人已将财产权利转移至债权人名下的，依据《最高人民法院关于适用〈中华人民共和国民法典〉有关担保制度的解释》第六十八条的规定处理。

【民法典条文】

第四百零一条　抵押权人在债务履行期限届满前，与抵押人约定债务人不履行到期债务时抵押财产归债权人所有的，只能依法就抵押财产优先受偿。

【相关司法解释】

《全国法院民商事审判工作会议纪要》

45. 当事人在债务履行期届满前达成以物抵债协议，抵债物尚未交付债权人，债权人请求债务人交付的，因此种情况不同于本纪要第 71 条规定的让与担保，人民法院应当向其释明，其应当根据原债权债务关系提起诉讼。经释明后当事人仍拒绝变更诉讼请求的，应当驳回其诉讼请求，但不影响其根据原债权债务关系另行提起诉讼。

《最高人民法院关于适用〈中华人民共和国民法典〉有关担保制度的解释》

第六十八条 债务人或者第三人与债权人约定将财产形式上转移至债权人名下，债务人不履行到期债务，债权人有权对财产折价或者以拍卖、变卖该财产所得价款偿还债务的，人民法院应当认定该约定有效。当事人已经完成财产权利变动的公示，债务人不履行到期债务，债权人请求参照民法典关于担保物权的有关规定就该财产优先受偿的，人民法院应予支持。

债务人或者第三人与债权人约定将财产形式上转移至债权人名下，债务人不履行到期债务，财产归债权人所有的，人民法院应当认定该约定无效，但是不影响当事人有关提供担保的意思表示的效力。当事人已经完成财产权利变动的公示，债务人不履行到期债务，债权人请求对该财产享有所有权的，人民法院不予支持；债权人请求参照民法典关于担保物权的规定对财产折价或者以拍卖、变卖该财产所得的价款优先受偿的，人民法院应予支持；债务人履行债务后请求返还财产，或者请求对财产折价或者以拍卖、变卖所得的价款清偿债务的，人民法院应予支持。

债务人与债权人约定将财产转移至债权人名下，在一定期间后再由债务人或者其指定的第三人以交易本金加上溢价款回购，债务人到期不履行回购义务，财产归债权人所有的，人民法院应当参照第二款规定处理。回购对象自始不存在的，人民法院应当依照民法典第一百四十六条第二款的规定，按照其实际构成的法律关系处理。

【条文要义】

本条是对认定债务履行期届满前达成的以物抵债协议的效力的解释。

《全国法院民商事审判工作会议纪要》第 45 条也规定了履行期限届满前达成的以物抵债协议的效力的规则。在此基础上，本条对履行期限届满前达成的以物抵债协议的效力作出了准确规定。

债务人或者第三人与债权人在合同履行期限届满之前达成的以物抵债协议，也是消灭债务、实现债权的方法。由于这种以物抵债协议发生在合同履行期限届满之前，因而涉及合同法其他规则的适用问题。

1. 认定债务履行期限届满前达成的以物抵债协议效力的一般要求

对债务履行期限届满后达成的以物抵债协议，只要不存在无效或者未生效的情形，就发生法律效力。由于债务履行期限届满之前达成的以物抵债协议是发生在债务履行期尚未届至之前，债务人还不需要立即履行债务。因此，确认债务履行期限届满前达成的以物抵债协议的效力，与认定债务履行期限届满后达成的以物抵债协议效力的规则并不相同。

对此，本条第 1 款规定的认定方法是，债务人或者第三人与债权人在债务履行期限届满前达成以物抵债协议的，法院应当在审理债权债务关系的基础上认定该协议的效力。

审理债权债务关系的基础，是指法院在审理以物抵债协议时，由于是在合同履行期限届满前签订的协议，因而不能仅根据以物抵债协议进行审理，还需要审理双方当事人之间存在的债权债务关系，确认当事人之间的债权债务关系合法有效。如果当事人之间的债权债务关系不成立、无效、被撤销或者不发生效力，就不存在以物抵债的问题。当事人之间的债权债务关系合法有效，是以物抵债协议发生效力的基础。只有作出这样的确认，双方当事人之间的基础债权债务关系才应当确认和履行，在债务履行期限届满之前达成的以物抵债协议应当认定为有效。

其实，在债务履行期限届满之前达成的以物抵债协议，在某种意义上说，可以视为合同变更，理由是，合同原本约定了债务履行方式，在债务履行期限届满之前，当事人达成以物抵债的协议，实际上是对债务履行方式作出了变更。因此，与债务履行期限届满之后达成的以物抵债协议的性质是不同的。

2. 实现以物抵债的具体方法

由于当事人约定的以物抵债协议是用标的物抵偿合同债务，因而当债务人或者第三人用标的物清偿对债权人的债务时，要用正当的方法进行，防止出现类似于抵押或质押中会出现的流押、流质问题。

首先，实现以物抵债协议实现债务履行的最好方法，就是对抵债财产进行拍卖、变卖或者折价，用以实现债权。这是最公平的抵债方法。所以，当事人约定债务人到期没有清偿债务，债权人可以对抵债财产进行拍卖、变卖、折价，以实现债权的，法院应当认定合同有效，按照约定实现以物抵债。正因如此，债权人请求对抵债财产拍卖、变卖、折价以实现债权的，法院应予支持。这种实现以物抵债的方法，类似于担保物权实现的方法。

其次，实现以物抵债协议完成债务履行，禁止约定将抵债财产的权利归债权人所有。这种做法类似于抵押中的流押和质押中的流质，会产生不公平的后果，损害一方当事人的权益。所以，当事人约定债务人到期没有清偿债务，抵债财产的权利归债权人所有的，法院应当认定约定直接转移抵债财产权利的约定无效。不过，这只是转移所有权抵债方法的约定无效，并不影响以物抵债协议中其他约定的效力。

3. 以物抵债标的物的权利转移效力

以物抵债协议的关键之处在于，以债务人和第三人提供的标的物的权利实现债权人的债权，消灭债务人的债务。因此，以物抵债协议的实现，应当以抵债财产的权利转移为准，特别是只有在抵债财产的权利转移后才产生对抗第三人的效力。本条第 3 款从以下两个方面规定这个规则。

一方面，当事人订立前款规定的以物抵债协议后，债务人或者第三人未将财产权利移转至债权人名下，债权人主张优先受偿的，法院不予支持。这样的规定是正确的，因为以物抵债协议产生的是债权，并不具有物权效力。例如，将债务人或者第三人的不动产交付给债权人，并没有把不动产的权利进行过户，在这种情况下，以物抵债协议仍然还是一个平等债权，不具有对抗第三人的效力。

另一方面，债务人或者第三人已经将财产的权利转移至债权人名下的，依据《最高人民法院关于适用〈中华人民共和国民法典〉有关担保制度的解释》第 68 条的规定处理，也就是依据让与担保的规则处理，这些规则是：

第一，债务人或者对债务履行具有合法利益的第三人与债权人约定将财产在形式上转移至债权人名下，债务人不履行到期债务，债权人有权对财产折价或者以拍卖、变卖该财产所得价款偿还债务的，法院应当认定该约定有效。当事人已经完成财产权利变动的公示，债务人不履行到期债务，债权人请求参照《民法典》关于担保物权的有关规定，就该财产优先受偿的，法院应予支持。

第二，债务人或者第三人与债权人约定将财产形式上转移至债权人名下，债务人不履行到期债务，财产归债权人所有的，法院应当认定该约定无效，但是不影响当事人有关提供担保的意思表示的效力。当事人已经完成财产权利变动的公示，债务人不履行到期债务，债权人请求对该财产享有所有权的，法院不予支持；债权人请求参照《民法典》关于担保物权的规定对财产折价或者以拍卖、变卖该财产所得的价款优先受偿的，法院应予支持；债务人履行债务后请求返还财产，或者请求对财产折价或者以拍卖、变卖所得的价款清偿债务的，法院应予支持。

第三，债务人与债权人约定将财产转移至债权人名下，在一定期间后再由债务人或者其指定的第三人以交易本金加上溢价款回购，债务人到期不履行回购义务，财产归债权人所有的，法院应当参照前述规定处理。回购对象自始不存在的，法院应当依照《民法典》第146条第2款的规定处理，即按照隐藏行为中被隐藏的法律关系处理。

【案例评析】

集团公司与建筑装饰公司等建设工程施工合同纠纷案[①]

基本案情

2017年4月，建筑装饰公司（乙方）与集团公司（甲方、总包）签订《建设工程施工专业分包合同》，约定由建筑装饰公司分包某公寓二期13、19号楼外墙保温涂料工程，工程抵房款：工程款抵建设单位指定固定资产，抵资比例占工程款的50%，其中过户手续费由乙方承担。涉案工程于2018年6月22日竣工验收合格。集团公司已支付建筑装饰公司工程款2663250元，剩余3466053.90元未支付（含质保金）。

2019年1月9日，建筑装饰公司向工程公司出具《确认函》，主要内容为：因承接贵公司委托某地产对外招标的某公寓二期13、15、16、19号楼外墙保温、涂料工程，按照贵公司支付工程款的规定，抵顶位于黄岛区××号网点房产，金额550万元，都市港湾公寓房3317户面积41.98平方米，金额53.7721万元，共计603.7721万元，对于抵购的房产，予以认可并确认。后建筑装饰公司、集团公司确认该函中抵顶的房屋未履行抵债，双方变更了其他房屋。

2020年4月13日，建筑装饰公司向工程公司出具《确认函》，主要内容为：因承接贵公司委托某地产对外招标的某公寓二期13、15、16、19号楼外墙保温、涂料工程，按照贵公司支付工程款的规定，我公司同意抵顶位于黄岛区××房产，明细如下：（略，共计9处房屋，列明了房号、面积、优惠价、总价），合计6059188.68元，我公司对以上抵购的房产，予以认

[①] 案号：（2022）鲁02民终12575号。

可并确认（同时 2019 年 1 月 9 日签订的确认函作废）。2020 年 12 月 1 日，建筑装饰公司向工程公司出具确认函，抵购某公寓二期负一车位 2 个，每个 25 万元，共计 50 万元。后，建筑装饰公司、集团公司未完成以房屋抵顶工程款的后续工作。

涉案 9 套房屋现存在抵押的情形，抵押期间为 2021 年 9 月 18 日至 2024 年 9 月 17 日，抵押权人为某银行市北第二支行。

建筑装饰公司向一审法院起诉请求：判令集团公司支付拖欠建筑装饰公司的工程款 3466053.9 元及利息（利息以拖欠的工程款为本金，自 2018 年 7 月 1 日起至实际支付之日止，按照中国人民银行公布的同期人民币贷款利率或全国银行间同业拆借中心公布的贷款市场报价利率计算）；判令工程公司、某公司对第一项诉讼请求承担连带责任。

法院判决

一审法院认为，建筑装饰公司与集团公司签订的《建设工程施工专业分包合同》系双方的真实意思表示，不违反法律法规规定，双方均应履行。合同中约定的工程款支付方式：无预付款，过程付款按照建设单位所支付的保温专项工程款项支付；工程款抵建设单位指定固定资产，抵资比例占工程款的 50%。其中的工程款抵建设单位指定固定资产，抵资比例占工程款的 50%，该约定实际为以房屋抵顶工程款的以物抵债协议。因双方签订该合同时，工程款尚未结算，参照《全国法院民商事审判工作会议纪要》第 44 条、第 45 条的规定，因抵债房屋尚未办理转让手续、未交付建筑装饰公司，即以物抵债协议未履行，因此建筑装饰公司不同意以房屋抵债并要求集团公司支付工程款，符合上述规定精神，有事实依据，法院予以支持，集团公司应支付建筑装饰公司工程款。因建筑装饰公司、集团公司对工程款欠款金额 3466053.9 元没有异议，法院予以确认。因工程于 2018 年 6 月 22 日竣工验收合格，五年质保期未届满，因此集团公司应支付建筑装饰公司除质保金外的工程款 3159588.7 元。对于建筑装饰公司主张的利息，分两部分处理，除抵顶房屋部分外，集团公司应支付建筑装饰公司

50%工程款,该部分工程款欠付部分为 401401.95 元(6129303.9×50% − 2663250),集团公司应支付建筑装饰公司利息,自 2018 年 7 月 1 日起至实际支付之日,按中国人民银行同期同类贷款基准利率计算,2019 年 8 月 20 日后按照同期全国银行间同业拆借中心公布的贷款市场报价利率计算。对于另外 50%工程款(除质保金)2758186.8 元的利息,因合同约定以房屋抵顶 50%的工程款,建筑装饰公司同意以房屋抵顶工程款并确认了抵顶的房屋,建筑装饰公司、集团公司实际在协商办理以房屋抵顶工程款事宜,因此对于该部分的利息,应自建筑装饰公司明确不同意以房屋抵顶工程款并起诉主张工程款之日起开始计算,至集团公司实际履行之日,按全国银行间同业拆借中心公布的贷款市场报价利率计算。

对于建筑装饰公司主张工程公司承担连带责任,因建筑装饰公司系与总包方集团公司签订专业分包合同的合法分包人,并非非法转包、违法分包情况下的实际施工人,因此建筑装饰公司主张发包方工程公司承担付款责任,不符合《最高人民法院关于审理建设工程施工合同纠纷案件适用法律问题的解释》第 26 条的规定,不予支持。建筑装饰公司主张某 1 公司承担连带责任,因双方没有合同关系,建筑装饰公司的主张没有事实依据,不予支持。

集团公司不服一审判决,提起上诉。

二审法院认为,本案二审的争议焦点为:集团公司要求通过履行《确认函》的方式支付涉案工程款是否具有事实和法律依据。

当事人对自己提出的主张,有责任提供证据。涉案合同约定工程款抵建设单位指定固定资产,抵资比例占工程款的 50%。根据上述合同约定,集团公司支付工程款的方式为,50%的工程款通过货币方式支付,另 50%部分通过工程公司指定的房屋进行抵顶。在工程竣工验收之后,建筑装饰公司与工程公司就房屋抵顶工程款进行多次协商,并于 2020 年 4 月 13 日为工程公司出具《确认函》。在《确认函》履行完毕之后,建筑装饰公司和集团公司之间的建设工程债权债务关系消灭,建筑装饰公司不能再要求集团公司支付工程款。但在建筑装饰公司为工程公司出具《确认函》之后，工程公司并未将《确认函》涉及的9套房屋向建筑装饰公司交付或者办理相关产权转移手续，涉案房屋仍在某1公司名下，故涉案《确认函》并未履行，建筑装饰公司和集团公司之间原有的债权债务关系并未消灭。涉案工程已经竣工验收长达四年多的时间，建筑装饰公司与工程公司多次协商抵顶房屋但均未实现，现涉案房屋仍登记在某1公司名下并办理了抵押登记手续，抵押期间为2021年9月18日至2024年9月17日。工程公司、某1公司为涉案9套房屋设定抵押的行为违反了当事人关于以房屋抵顶工程款的约定，并为《确认函》的履行造成障碍，损害了建筑装饰公司的合法权益，故一审按照原有债权债务关系进行处理并无不妥，集团公司主张履行《确认函》的上诉请求不成立，不予支持。

综上所述，集团公司的上诉请求不成立，应予驳回，

法理解读

本案的争议焦点在于，集团公司是否有权请求按照《确认函》约定的方式，以房屋抵顶债务，而非直接支付工程欠款。这直接涉及以物抵债协议的效力问题。

建筑装饰公司与集团公司签订《建设工程施工专业分包合同》时，就已经约定了付款方式为房款抵顶部分工程款。此后，建筑装饰公司向工程公司出具《确认函》，确认以房屋抵顶工程款，均是对《建设工程施工专业分包合同》的具体履行。因而，本案以物抵债的约定，属于债务履行期届满前达成的合意，而非债务履行期届满后达成的合意。债权人建筑装饰公司不享有选择权，即选择请求集团公司履行支付工程款或者交付案涉房屋的权利。对此《全国法院民商事审判工作会议纪要》第45条也予以明确，即抵债物尚未交付债权人，债权人请求债务人交付的，法院应当向其释明，其应当根据原债权债务关系提起诉讼。经释明后当事人仍拒绝变更诉讼请求的，应当驳回其诉讼请求，但不影响其根据原债权债务关系另行提起诉讼。其本质上是将以物抵债协议作为履行原债权债务关系的担保来对待，避免流质条款过度侵蚀债务人的利益。以此为基础，债权人不得请求

履行以物抵债协议，只能请求履行原债务，以平衡二者的权利义务关系。①

从这一层面来看，建筑装饰公司向法院提出的诉讼请求是集团公司支付工程欠款，而非请求某1公司等交付房屋，符合《全国法院民商事审判工作会议纪要》第45条的裁判理念。正因如此，建筑装饰公司的诉讼请求得到了法院的支持。从债务人集团公司的角度来看，同样不享有相应的选择权。诚如前述，债务履行期届满前达成的以物抵债协议，实际上属于债的担保，而非新债清偿。债务人集团公司同样不享有选择履行新债的权利，以免其通过此种方式逃避对第三人的债务。由此可见，法院判决坚持审理原债权债务关系，按照《建设工程施工专业分包合同》约定的内容，确定双方的权利义务安排，既能平衡双方利益，避免对第三人利益的侵害，也不违背当事人的真实意思表示。

不过，假设建筑装饰公司提出另一种诉讼请求，请求就案涉房屋优先受偿，也不会得到法院的支持。诚如前述，对于债务履行期届满前达成的以物抵债协议，法院同样以审理原债权债务关系为基础，审定以物抵债协议的效力，目前约定的内容是，以房屋约定的折价方式来抵顶工程欠款，但由于该房屋未转移至建筑装饰公司名下，未产生公示效力，同样无法受到法院的认可。

第二十九条　向第三人履行的合同

民法典第五百二十二条第二款规定的第三人请求债务人向自己履行债务的，人民法院应予支持；请求行使撤销权、解除权等民事权利的，人民法院不予支持，但是法律另有规定的除外。

合同依法被撤销或者被解除，债务人请求债权人返还财产的，人民法院应予支持。

---

① 最高人民法院民事审判第二庭编著：《全国法院民商事审判工作会议纪要》，人民法院出版社2019年版，第308页。

债务人按照约定向第三人履行债务，第三人拒绝受领，债权人请求债务人向自己履行债务的，人民法院应予支持，但是债务人已经采取提存等方式消灭债务的除外。第三人拒绝受领或者受领迟延，债务人请求债权人赔偿因此造成的损失的，人民法院依法予以支持。

【民法典条文】

第五百二十二条　当事人约定由债务人向第三人履行债务，债务人未向第三人履行债务或者履行债务不符合约定的，应当向债权人承担违约责任。

法律规定或者当事人约定第三人可以直接请求债务人向其履行债务，第三人未在合理期限内明确拒绝，债务人未向第三人履行债务或者履行债务不符合约定的，第三人可以请求债务人承担违约责任；债务人对债权人的抗辩，可以向第三人主张。

【条文要义】

本条是对向第三人履行的合同第三人请求履行或者拒绝受领规则的解释。

向第三人履行，通过体系解释、法意解释、比较法解释，可以且应该肯定第三人享有履行请求权，有权请求债务人向自己履行债务。对此，以往的司法解释没有作出过具体规定。对如何适用《民法典》第522条第2款的规定，本条针对存在的问题，用三款规定了明确的法律适用规则。

1. 第三人请求债务人向自己履行

在向第三人履行合同中，第三人请求债务人向自己履行的规则包括本条第1款和第2款规定的以下三点。

第一，在合同履行中，当事人依照《民法典》第 522 条第 1 款的规定，由债务人向第三人履行债务的，债务人应当向第三人履行债务。依照当事人的这一约定，该第三人有权请求债务人向自己履行；第 2 款又规定，法律规定或者当事人约定，第三人可以直接向债务人请求履行债务。因此，本条司法解释第 1 款规定："民法典第五百二十二条第二款规定的第三人请求债务人向自己履行债务的，人民法院应予支持"。

第二，法律规定或者当事人约定，第三人可以直接向债务人请求履行债务，第三人也没有在合理期限内明确拒绝，第三人对债务人的履行请求权就依法成立。必须看到的是，向第三人履行，第三人并不是原合同法律关系的当事人，更不是债权人，他只享有接受履行的受领权，不享有债权人的其他任何民事权利。所以，本条第 1 款又规定：第三人"请求行使撤销权、解除权等民事权利的，人民法院不予支持"。这也就是说，第三人请求债务人履行只享有请求履行的受领权，并不享有债权人的其他民事权利。第三人主张行使撤销权、解除权，行使的都是债权人的权利，没有债权人的授权，第三人主张行使撤销权、解除权都没有法律根据，所以，法院不予支持，应当予以驳回。但是，法律另有规定的，应当依照法律的规定处理，不在此限。

2. 债务人向债权人请求返还财产

债务人向第三人履行后，如果债务人与债权人之间的合同依法被撤销或者被解除，原来的合同基础就不复存在，债务人向第三人履行的法律依据已经丧失，债权人取得的履行利益就成为不当得利。对此，债务人可以直接向债权人请求返还财产，不必向第三人请求返还财产。所以，"债务人请求债权人返还财产的，人民法院应予支持"。

3. 第三人拒绝履行

当事人约定第三人可以向债务人请求履行的，第三人可以接受履行，也可以拒绝接受履行。如果第三人未在合理期限内明确拒绝履行，第三人就是接受债务人履行的受领人，有权接受债务人的履行。

本条第 3 款规定的规则如下。

第一，债务人按照约定向第三人履行债务，第三人拒绝受领的，并不发生免除债务人债务的效果，债权人仍然有权请求债务人履行。债权人请求债务人向自己履行债务的，法院应予支持。

第二，在上述情形下，债务人对第三人的履行如果采取提存等方式，已经发生了消灭债权债务关系的效果，原债权人的债权已经消灭，不能再主张债务人向自己履行债务。债权人应当接受提存等方式实现债权。

第三，向第三人履行债务，第三人可以拒绝受领。但是，如果第三人拒绝受领或者受领迟延，应当依照《民法典》第589条关于"债务人按照约定履行债务，债权人无正当理由拒绝受领的，债务人可以请求债权人赔偿增加的费用"的规定，也发生债权人受领迟延或者拒绝受领的法律后果，债权人应当对债务人的损失承担责任。因此，本条第3款规定："第三人拒绝受领或者受领迟延，债务人请求债权人赔偿因此造成的损失的，人民法院依法予以支持。"

【案例评析】

孙某与货运公司运输合同纠纷案①

基本案情

孙某的户籍地和家庭住址均在辽宁省沈阳市于洪区。快递查询记录显示，韵达公司承运的单号为单号×××快件，2018年10月13日自北京发往辽宁沈阳于洪区。次日该快件由货运公司辽宁省沈阳市于洪区于洪新城公司派送并交于案外人超市（合作便利店）"代签收"。2019年4月，货运公司员工通过微信与孙某取得联系，要求孙某提供图片，为孙某寻找快件。孙某向货运公司提供了付款约298元的凭证和玩偶的商品详情信息，商品详情显示玩偶价值298元。因迟迟未收到该玩偶，孙某多次通过电话

———————
① 案号：（2019）沪02民终10385号。

向货运公司索赔但均未果，孙某为此投诉至国家邮政总局。经相关部门调解处理，双方就赔偿金额仍未达成一致。国家邮政总局网站投诉记录载明，货运公司于2019年5月4日称，经核实，此件为客户申诉对赔偿金额不满意。经货运公司网点反馈，该快件未保价，为游戏充值298元积分兑换的公仔。客户致电货运公司反映快件问题时，货运公司客服已做登记，并积极跟踪处理，在确定查找快件无果后，在客户申诉前联系客户赔偿300元，已达到理赔标准。但客户不同意。由此形成本案诉讼。

法院判决

一审法院认为，虽然在案证据无法确认双方当事人之间存在直接的运输合同关系，但根据孙某的户籍地和居住地信息，以及其提供的运单查询记录和索赔记录，尤其是货运公司在国家邮政总局投诉网站上的陈述，足可证明孙某应系单号×××对应的收件人，且孙某所述案外人委托货运公司向其寄送价值298元的玩偶但其并未收到的内容应为客观事实。

尽管孙某并非该运输合同关系的合同主体，但寄件人通过货运公司向孙某寄送玩偶并指定孙某签收本身，即赋予了孙某验货和提货的权利。基于此，虽然我国合同法目前尚未明确规定合同以外的利益第三人对不履行债务的债务人享有债权履行请求权，仅规定当事人约定由债务人向第三人履行债务的，债务人未向第三人履行债务或者履行债务不符合约定，应当向债权人承担违约责任，但并不妨碍该第三人依据诚实信用原则要求债务人按约履行合同所确定的义务，从而满足第三人与合同有关的客观利益。因此，在货运公司未举证证明其已就丢失的货物向寄件人承担违约责任的情况下，即使孙某并非涉案运输合同的相对人，其亦有权要求货运公司向其交付涉案运输合同项下的玩偶，并在货运公司交付不能的情况下，提出违约赔偿的请求。

关于孙某的诉请应否支持的问题，法院认为，鉴于本案系货运公司违反运输合同中的勤勉谨慎义务而引发的违约赔偿纠纷，而非侵权纠纷，故孙某提出的精神损失费以及因提出本案诉讼而支付的交通费、住宿费等诉请均无法律依据，法院不予支持。对其提出的货物损失主张，货运公司同意赔偿298元，于法无悖，法院予以支持。

据此，一审法院判决货运公司赔偿孙某损失298元；驳回孙某的其他诉讼请求。

孙某不服一审判决，提起上诉。理由是：孙某所购买的玩偶，用途是送给妻子的定情纪念信物。货运公司将该玩偶遗失，不但不主动认错赔偿，反而实施种种欺骗手段。由于每年一度的定情纪念信物遗失，影响了孙某夫妻之间的感情和家庭稳定。货运公司将物品遗失，理应赔偿；货运公司对孙某采取欺骗手段，理应为欺骗行为承担责任；孙某夫妻因货运公司在处理这件事时对孙某的恶劣态度而发生争吵，影响夫妻感情，货运公司对此后果应当承担责任；孙某是因为货运公司的欺骗行为、恶劣的处理态度才提起诉讼，故相应的诉讼费、差旅费全部由货运公司承担。

二审法院认为，本案为运输合同纠纷，因货运公司未适格履行运输合同，将孙某的物品遗失，导致孙某的损失，应当承担相应责任。孙某诉请货运公司承担责任，赔偿损失，符合法律规定。但是，当事人赔偿损失的范围应以当事人在签订合同能够预见的损失为限。就本案而言，物品的损失显而易见，一审判令货运公司承担，符合法律规定。孙某强调所遗失的玩偶系其送给妻子的定情纪念信物，具有特殊意义，遗失将影响夫妻感情。法院并不否认定情纪念信物对夫妻关系的影响力，但孙某并未委托寄件人事先向货运公司声明该玩偶的特殊性，也未委托寄件人进行保价寄送。货运公司无法预见该物品遗失所能引发的其他损失。并且，在起诉之前，货运公司已提出按物品赔偿的方案。因此，对孙某主张的赔偿金额，除物品损失外，其余损失无法予以支持。一审判决并无不当，予以认同。孙某的上诉主张，缺乏法律依据，不予支持。据此，驳回上诉，维持原判。

法理解读

本案涉及的争议焦点是，孙某是否有权请求货运公司承担违约赔偿责任。具言之，孙某并未与货运公司成立运输合同，而是寄件人与货运公司成立运输合同。孙某作为合同当事人之外的第三人，是否有权突破合同的相对性，要求债务人承担责任。由此可见，本文实质性的问题在于案涉运输合同是否属于真正利他合同。

《民法典》第 522 条前半段规定属于不真正利他合同，后半段有关"法律规定或者当事人约定"的情形赋予第三人请求权，是真正利他合同。个案中的合同究竟属于真正利他合同还是不真正利他合同，首先要根据当事人的约定加以确定。如果当事人没有作出特别的约定，则应当以当事人可以推知的意思为标准。① 就本案目前所知事实，运输合同中是否对此作出特别的约定，尚不明确。但是，通过寄件人指定孙某签收本身的行为以及交易习惯可知，运输合同中的"收件人"作为第三人，享有请求提取货物的权利。也就是说，运输合同为真正利他合同。孙某作为第三人，享有独立的请求权。目前货运公司丢失货物，孙某有权以自己的名义，请求货运公司赔偿损失。

值得进一步讨论的是，假设运输合同中约定了违约金，孙某是否有权请求货运公司支付违约金。对此，立法机关释义中未予以明确，只是提及可以请求继续履行、赔偿损失。② 有学者认为，如果当事人没有特别约定，第三人不可以主张惩罚性违约金，但是可以主张赔偿性违约金。③ 在此基础上，有学者进一步指出，关键是要看赔偿性违约金是否与第三人的履行利益实现相关。如果与之有关，则允许第三人主张；反之则否。④《民法典合同编通则解释》第 27 条规定的是，第三人主张行使撤销权、解除权等民事权利的，人民法院不予支持。其中，撤销权、解除权都是影响合同是否存续的权利，违约金条款显然不再此列。由此出发，第三人主张违约金，应当可以受到支持。不过，考虑到利他合同本质上是为了使得第三人的履行利益得到实现，故第三人主张的违约金也应当以实际损害赔偿为限。

---

① 崔建远：《论为第三人利益的合同》，载《吉林大学社会科学学报》2022 年第 1 期。
② 黄薇：《中华人民共和国民法典合同编释义》，法律出版社 2020 年版，第 137~139 页。
③ 潘重阳：《论真正利益第三人合同中第三人的违约救济》，载《东方法学》2020 年第 5 期。
④ 石佳友、李晶晶：《论真正利益第三人合同中的第三人权利》，载《湖南科技大学学报（社会科学版）》2022 年第 5 期。

第三十条 第三人代为清偿规则的适用

下列民事主体，人民法院可以认定为民法典第五百二十四条第一款规定的对履行债务具有合法利益的第三人：

（一）保证人或者提供物的担保的第三人；

（二）担保财产的受让人、用益物权人、合法占有人；

（三）担保财产上的后顺位担保权人；

（四）对债务人的财产享有合法权益且该权益将因财产被强制执行而丧失的第三人；

（五）债务人为法人或者非法人组织的，其出资人或者设立人；

（六）债务人为自然人的，其近亲属；

（七）其他对履行债务具有合法利益的第三人。

第三人在其已经代为履行的范围内取得对债务人的债权，但是不得损害债权人的利益。

担保人代为履行债务取得债权后，向其他担保人主张担保权利的，依据《最高人民法院关于适用〈中华人民共和国民法典〉有关担保制度的解释》第十三条、第十四条、第十八条第二款等规定处理。

【民法典条文】

第五百二十四条 债务人不履行债务，第三人对履行该债务具有合法利益的，第三人有权向债权人代为履行；但是，根据债务性质、按照当事人约定或者依照法律规定只能由债务人履行的除外。

债权人接受第三人履行后，其对债务人的债权转让给第三人，但是债务人和第三人另有约定的除外。

【相关司法解释】

《最高人民法院关于适用〈中华人民共和国民法典〉有关担保制度的解释》

第十三条 同一债务有两个以上第三人提供担保，担保人之间约定相互追偿及分担份额，承担了担保责任的担保人请求其他担保人按照约定分担份额的，人民法院应予支持；担保人之间约定承担连带共同担保，或者约定相互追偿但是未约定分担份额的，各担保人按照比例分担向债务人不能追偿的部分。

同一债务有两个以上第三人提供担保，担保人之间未对相互追偿作出约定且未约定承担连带共同担保，但是各担保人在同一份合同书上签字、盖章或者按指印，承担了担保责任的担保人请求其他担保人按照比例分担向债务人不能追偿部分的，人民法院应予支持。

除前两款规定的情形外，承担了担保责任的担保人请求其他担保人分担向债务人不能追偿部分的，人民法院不予支持。

第十四条 同一债务有两个以上第三人提供担保，担保人受让债权的，人民法院应当认定该行为系承担担保责任。受让债权的担保人作为债权人请求其他担保人承担担保责任的，人民法院不予支持；该担保人请求其他担保人分担相应份额的，依照本解释第十三条的规定处理。

第十八条 承担了担保责任或者赔偿责任的担保人，在其承担责任的范围内向债务人追偿的，人民法院应予支持。

同一债权既有债务人自己提供的物的担保，又有第三人提供的担保，承担了担保责任或者赔偿责任的第三人，主张行使债权人对债务人享有的担保物权的，人民法院应予支持。

【条文要义】

本条是对第三人代为清偿法律适用规则，特别是对债务履行具有合法利益的第三人范围的解释。

第三人代为履行是一项新制度，虽然突破了债的相对性原则，但具有保护当事人合法权益的正当性基础。对第三人代为清偿的法律适用规则，特别是对"对履行债务具有合法利益的第三人"应当如何界定其范围，以往的司法解释没有作出过规定，本条对此规定了新规则。

第三人代为清偿，也叫第三人履行债务。对第三人代为清偿，是《民法典》第524条第1款规定的合同制度，即"债务人不履行债务，第三人对履行该债务具有合法利益的，第三人有权向债权人代为履行；但是，根据债务性质、按照当事人约定或者依照法律规定只能由债务人履行的除外。""债权人接受第三人履行后，其对债务人的债权转让给第三人，但是债务人和第三人另有约定的除外。"根据这一规定，对债务履行具有合法利益的第三人的范围应当怎样确定，第三人代为清偿后取得何种权利，其中担保人代为清偿后可否向其他担保人请求行使担保权利，都没有明确规定。本条对此规定了具体规则。

1. 第三人代为清偿的第三人范围

《民法典》第524条第1款规定了对债务履行具有合法利益的第三人的概念，但是对其范围并没有规定。本条第1款根据司法实践经验，明确规定下列民事主体，可以认定为《民法典》第524条第1款规定的"对履行债务具有合法利益的第三人"。

（1）保证人或者提供物的担保的第三人

保证合同的保证人对债权人的债权负有清偿义务，肯定是负有向债权人履行债务的第三人。提供物的担保的第三人，即第三人用自己的财产向债权人提供担保物权的担保人，是主债权债务关系中的债权人的担保人，也属于主债权债务关系的第三人。在债务人不履行债务时，保证人和担保物权的担保人都是主债权债务关系的第三人，都是对债权人负有清偿义务、具有合法利益的第三人。

（2）担保财产的受让人、用益物权人、合法占有人

这一规定中包含三种第三人，都是与担保财产有关、对债务履行具有合法利益的第三人，具体包括：

一是担保财产的受让人，在担保关系存续期间，担保人转让担保财产，由于在担保期间担保财产转让，担保财产上负担的担保物权随之转移。因此，受让人取得担保财产，同时也要受让担保财产上的担保物权，成为债权人的担保人。

二是担保财产的用益物权人，是向债权人用自己的用益物权提供担保物权的第三人。例如，债务人对债权人负有债务，第三人用自己享有的建设用地使用权向债权人提供担保物权，担保债务的履行。该担保人就是担保财产的用益物权人。

三是担保财产的合法占有人。财产权利人用自己的财产向债权人提供担保物权后，合法占有该担保物权标的物的人，就是担保财产的合法占有人。由于该第三人占有担保财产，尽管不是担保法律关系的当事人，但是基于对担保财产的占有，也成为被担保的债权债务关系的第三人。

（3）担保财产上的后顺位担保权人

在同一个担保财产上设有先后不同顺序的担保物权，不同的担保物权人享有顺位利益。例如，在抵押权上，同一个抵押物设置了两个以上的抵押权，按照抵押权设置的先后顺序，逐一实现抵押权。顺序在前的抵押权人，优先于顺序在后的抵押权人，可以先行使、实现抵押权。因此，顺位在后的担保权人也是对履行债务具有合法利益的第三人。

（4）对债务人的财产享有合法权益且该权益将因财产被强制执行而丧失的第三人

对债务人的财产享有合法权益，与前项规定的占有担保财产的合法占有人完全不同。首先，第三人对债务人的财产享有合法权益并非一定要合法占有债务人的财产，只要享有合法权益即可；其次，也不是对担保财产

享有合法权益，而是对债务人的财产享有合法权益。在第三人对债务人的财产享有合法权益时，如果债务人的财产被强制执行，第三人对债务人的财产享有的合法权益将会丧失，因而这种第三人也是对债务履行具有合法利益的第三人。

（5）债务人为法人或者非法人组织的，其出资人或者设立人

法人或者非法人组织作为债务人，出资人或者设立人原则上对法人或者非法人组织所欠债务，不负有相应义务。但是从两个角度上可以确认法人、非法人组织的出资人或者设立人也是对债务履行具有合法利益的第三人：一方面，法人、非法人组织负有债务并履行债务，法人、非法人组织的设立人、出资人当然有相应的利益关系；另一方面，如果符合《民法典》第83条第2款规定的法人出现人格混同，法人的出资人将会被撕开公司面纱（人格混同），对公司债务承担民事责任。而非法人组织应当承担无限责任，在非法人组织不能承担全部民事责任时，设立人要承担无限责任，利益关系重大。

正因如此，法人、非法人组织的出资人或者设立人也是对履行债务具有合法利益的第三人。

（6）债务人为自然人的，其近亲属

如果债务人是自然人，债务人的近亲属也是对债务履行具有合法利益的第三人。这里的近亲属要不要区分顺序，也是应该考量的。依照婚姻家庭法的原理，近亲属其实是分成两个不同的顺序，第一顺序是配偶、子女、父母，第二顺序是兄弟姐妹、孙子女、外孙子女和祖父母、外祖父母。在这里，使用家庭成员的概念应该更准确，这就是《民法典》第1045条第3款规定的，配偶、父母、子女和其他共同生活的近亲属为家庭成员，只有成为家庭成员，才可能发生同财共居的财产利益；不共同居住的兄弟姐妹、孙子女、外孙子女、祖父母、外祖父母，对债务人所负的债务具有合法利益的程度并不高。因此，尽管这里规定的是自然人的近亲属是对债务履行具有合法利益的第三人，但实际上，自然人作为债务人，其家庭成员认定为对债务履行具有合法利益的第三人，更为准确。

（7）其他对履行该债务具有合法利益的第三人

这是一个兜底条款，凡是对债务人的债务履行具有合法利益的有关人，都是这里所说的第三人。例如，在转租关系中，次承租人就是对租赁债务具有合法利益的第三人。

上述列举的这些民事主体，都属于对债务履行具有合法利益的第三人，他们都可以代替债务人向债权人履行债务。至于他们愿意还是不愿意代替债务人履行债务，则由他们依据意思自治原则，行使自我决定权。

2. 已经履行债务的第三人代位取得债权人的相应债权

第三人对债务人的债务代为履行，使债务人的债务消灭，债权人的债权实现后，第三人通过自己的履行行为，能取得相应的债权人对债务人的债权。这种债权取得的方式是代位取得，也就是第三人通过代为履行的行为，在消灭了债权人对债务人的债权以后，债权人对债务人这一部分相应的债权就转移给第三人，第三人代债权人之位，取得对债务人相对应的债权。因此，本条第 2 款规定，第三人在其已经代为履行的范围内取得对债务人的债权，有权行使这一对债务人的债权，主张债务人向自己履行债务，但是不得损害债权人的利益。

3. 担保人代为履行取得相应债权后向其他担保人主张担保权利

担保人作为对债务履行具有合法利益的第三人，在对债权人代为履行债务后，可以向其他担保人主张担保权利，具体包括两种情形：一是共同担保；二是债权人有第三人的担保和有债务人提供的物的担保。对这些担保人代为履行债务、取得债权后，向其他担保人主张担保权利，《最高人民法院关于适用〈中华人民共和国民法典〉有关担保制度的解释》第 13 条、第 14 条和第 18 条第 2 款都作了明确规定处理。

《最高人民法院关于适用〈中华人民共和国民法典〉有关担保制度的解释》第 13 条规定的是：首先，同一债务有两个以上的第三人提供担保，担保人之间约定相互追偿及分担份额，承担了担保责任的担保人请求其他担保人按照约定分担份额的，人民法院应予支持；担保人之间约定承担连带共同担保，或者约定相互追偿但是未约定分担份额的，各担保人按照比例分担向债务人不能追偿的部分。其次，同一债务有两个以上的第三人提供担保，担保人之间未对相互追偿作出约定且未约定承担连带共同担保，但是各担保人在同一份合同书上签字、盖章或者按指印，承担了担保责任的担保人请求其他担保人按照比例分担向债务人不能追偿部分的，法院应予支持。最后，除前两款规定的情形外，承担了担保责任的担保人请求其他担保人分担向债务人不能追偿部分的，法院不予支持。

《最高人民法院关于适用〈中华人民共和国民法典〉有关担保制度的解释》第 14 条规定，同一债务有两个以上第三人提供担保，担保人受让债权的，法院应当认定该行为系承担担保责任。受让债权的担保人作为债权人请求其他担保人承担担保责任的，法院不予支持；该担保人请求其他担保人分担相应份额的，依照前述第 13 条的规定处理。

《最高人民法院关于适用〈中华人民共和国民法典〉有关担保制度的解释》第 18 条第 2 款规定，同一债权既有债务人自己提供的物的担保，又有第三人提供的担保，承担了担保责任或者赔偿责任的第三人，主张行使债权人对债务人享有的担保物权的，法院应予支持。

【案例评析】

黄某等与姜某民间借贷纠纷案[①]

基本案情

2013 年，姜某将案外人杨某信、王某琴诉至法院，称其于 2008 年 9 月 24 日与杨某信签订《北京市存量房屋买卖合同》，购买涉案房屋。双方于 2008 年 9 月 25 日已经办理完除更名登记外的全部房屋过户手续，姜某缴纳相应的税费。现杨某信、王某琴反悔，不继续履行房产证变更手续。经审理，法院作出（2013）三中民终字第 1255 号，判决杨某信、王某琴

---

① 案号：（2022）京 03 民终 17314 号。

于判决生效之日起 30 日内协助姜某办理房屋权属转移登记手续，将上述房屋转移登记至姜某名下。

在上述（2013）三中民终字第 1255 号案件审理期间，杨某信将涉案房屋以 200 万元的价格出售给黄某，并将涉案房屋过户登记至黄某名下。姜某将杨某信与黄某诉至法院，法院作出（2014）三中民终字第 11343 号民事判决，确认杨某信与黄某关于涉案房屋的买卖关系无效。2015 年，姜某将北京市住房和城乡建设委员会（以下简称北京市住建委）诉至法院，法院作出（2016）京 03 行终字 481 号行政判决书，撤销北京市住建委将涉案房屋的所有权人转移登记到黄某名下并向黄某颁发了《房屋所有权证》的具体行政行为。

2014 年 1 月 7 日，黄某（借款人）与刘某（贷款人）签订《借款协议》与《抵押借款合同》，约定借款人向贷款人借款人民币 60 万元，借款人自愿将案涉房屋作为抵押担保，并办理了抵押权人为刘某的抵押权登记。2018 年，姜某将黄某、刘某诉至朝阳区法院，要求确认黄某与刘某签订的《抵押借款合同》无效。2019 年 11 月 5 日，朝阳区法院作出（2018）京 0105 民初 29350 号民事判决，认为黄某与刘某签署《抵押借款合同》之时，涉案房屋登记在黄某名下，黄某以其登记所有之房产作为抵押借款，该行为符合担保法定形式，抵押物亦非法律禁止抵押财产，并不违反法律、行政法规的强制性规定。房屋产权证书的记载内容具有对外公示物权之效力，刘某对涉案房屋权属进行了审查，尽到了合理注意义务。刘某信赖房屋登记簿效力并以涉案房屋作为抵押物达成借款合意，且实际履约出借款项，并不存在串通之恶意。经审查《抵押借款合同》不具备法定无效事由，姜某所述涉案房屋所有权人登记为黄某的行政行为被事后撤销，并不当然影响或否定《抵押借款合同》之效力，因此判决驳回了姜某的诉讼请求。该判决已发生法律效力。

2021 年，刘某将黄某诉至北京市东城区人民法院，要求黄某偿还借款本金 60 万元、违约金 140 万元（按照《借款协议》第 5 条的约定计算），并要求刘某对黄某抵押涉案房屋享有优先受偿权。2021 年 12 月 1 日，东城区法院作出（2021）京 0101 民初 21563 号判决，黄某于该判决生效后 10 日内偿还刘某借款本金 60 万元及利息，如黄某逾期未能履行还款义务，则刘某有权对黄某已办理抵押登记的涉案的房屋折价、拍卖或变卖的价款优先受偿。该判决双方当事人均未上诉。

涉案房屋由姜某占有使用，自 2008 年开始持续至今。涉案房屋至今仍有抵押权人为刘某的抵押权，无法直接通过行政主管单位办理抵押权登记的涂销。（2021）京 0101 民初 21563 号判决黄某与刘某均未提起上诉情况，黄某未主动向刘某还款，刘某也未主动要求黄某还款和申请强制执行。由此，姜某向法院提起诉讼，请求：1. 准予姜某行使涤除权，代黄某清偿其基于 2014 年 1 月 7 日签订的《借款协议》所欠付刘某的全部款项（暂计本金 60 万元）；2. 判令刘某于姜某代黄某清偿债务后立即协助办理涉案房屋的抵押权注销登记手续；3. 判令黄某给付姜某代为清偿第一项诉讼请求所指欠付刘某的全部款项及该款项的利息（该利息自姜某履行该第一项诉讼请求确定义务之次日起至黄某实际给付之日止，按照同期全国银行间同业拆借中心公布的贷款市场报价利率计算）。

法院判决

一审法院认为，本案的争议焦点如下：一是姜某是否为涉案房屋的所有权人，是否有权提起物权保护纠纷；二是姜某是否享有对涉案房屋的涤除权；三是姜某要求代黄某清偿其基于 2014 年 1 月 7 日与刘某签订的《抵押借款合同》所欠付刘某的全部款项的诉讼请求应否予以支持；四是姜某代为履行的法律后果。

关于第一个争议焦点：《民法典》第 209 条规定，不动产物权的设立、变更、转让和消灭，经依法登记，发生效力；未经登记，不发生效力，但是法律另有规定的除外。《民法典》第 214 条规定，不动产物权的设立、变更、转让和消灭，依照法律规定应当登记的，自记载于不动产登记簿时发生效力。《民法典》第 229 条规定，因人民法院、仲裁机构的法律文书或者人民政府的征收决定等，导致物权设立、变更、转让或者消灭的，自法律文书或者征收决定等生效时发生效力。

本案中，姜某至今尚未取得涉案房屋的所有权登记证书，且虽然已经发生法律效力的（2013）朝民初字第 14343 号民事判决已判令杨某信、王某琴继续履行于 2008 年 9 月 24 日签订的《北京市存量房屋买卖合同》，并协助姜某办理涉案房屋权属转移登记手续，将涉案房屋转移登记至姜某名下，但此系生效判决对姜某基于合同的继续履行请求权的支持，亦不能据此径行确认姜某系涉案房屋的所有权人。

关于第二个争议焦点，涤除权是指取得抵押财产所有权的受让人，可以通过代替债务人清偿其全部债务的方式，使抵押权归于消灭的权利。涤除权行使的条件如下：一是有三方主体和两个法律关系。三方主体指的是抵押人（抵押物的转让人）、抵押权人和受让人，两个法律关系指的是抵押物转让的法律关系，以及抵押关系。二是抵押物在已设定有抵押权的情况下发生了所有权的转移，受让人取得了有权利负担的抵押财产的所有权，且抵押权具有追及效力。如果抵押财产的所有权未转让，则不存在涤除权适用的余地。三是受让人代抵押人清偿对抵押权人的债务，使得主债务因受让人的代为清偿行为而归于消灭，基于该主债务的抵押权因而也归于消灭。

本案中，姜某主张的涤除权不应予以支持，理由如下：第一，虽然生效判决已判令杨某信、王某琴继续履行与姜某签订的《北京市存量房屋买卖合同》，并协助姜某办理涉案房屋权属转移登记手续，将涉案房屋转移登记至姜某名下；判决确认杨某信与黄某签订的关于涉案房屋的买卖合同无效；判决撤销了北京市住建委向黄某颁发涉案房屋所有权证书的具体行政行为，但姜某因涉案房屋上设立有抵押权人为刘某的抵押权登记而未取得所有权登记证书，因此根据法律规定，其目前并未取得涉案房屋的所有权。第二，姜某系与杨某信、王某琴达成关于涉案房屋的买卖合同关系，并依据生效判决取得对涉案房屋所有权的期待利益，而杨某信又将涉案房屋卖与黄某，黄某在其为涉案房屋登记的所有权人期间设定了权利人为刘某的抵押权，姜某与作为抵押人的黄某并不存在转让涉案房屋的法律关系。因此，本案中姜某主张行使涤除权没有法律依据。

关于第三个争议焦点，《民法典》第 524 条规定，债务人不履行债务，第三人对履行该债务具有合法利益的，第三人有权向债权人代为履行；但是，根据债务性质、按照当事人约定或者依照法律规定只能由债务人履行的除外。债权人接受第三人履行后，其对债务人的债权转让给第三人，但是债务人和第三人另有约定的除外。根据该条的规定，第三人自愿代为履行的构成要件为：一是合同未约定第三人具有履行义务，即第三人不是合同关系的相对方；二是债务人不履行债务；三是第三人对履行该债务具有合法利益，即只要第三人履行该债务目的合法或不违反法律法规的禁止性规定，即可认定为第三人对履行该债务具有合法利益；四是根据债务性质、合同约定或法律规定，未明确将第三人代履行排除在外。

本案中，第一，姜某并非黄某与刘某《借款协议》与《抵押借款合同》的合同相对方，其系该合同关系之外的第三人。第二，作为债务人的黄某不履行对刘某的还款义务，在东城区法院已作出的（2021）京 0101 民初 21563 号民事判决判令黄某履行债务的情况下，黄某至今仍未履行。第三，姜某对代为履行黄某对刘某的还款义务具有合法利益。如前所述，根据一系列生效判决，姜某已取得对涉案房屋所有权的合法期待利益；黄某为所有权人的涉案房屋的所有权证书已被生效判决依法撤销，其已不是涉案房屋的所有权人；黄某在其为涉案房屋登记的所有权人期间设立了抵押权人为刘某的抵押权，而此系姜某取得涉案房屋所有权登记的法律障碍。因此，姜某为实现其合法权益而要求通过诉讼的方式代为履行黄某对刘某的还款义务，具有合法利益。第四，黄某对刘某的债务属于金钱之债，且黄某与刘某并未约定不得由第三人代为履行，法律对此亦无禁止性规定，因此不存在姜某不得代为履行的事实或法律障碍。综上，姜某要求代黄某清偿其基于 2014 年 1 月 7 日与刘某签订的《抵押借款合同》所欠付刘某的全部款项的诉讼请求应予支持。

关于第四个争议焦点，根据《民法典》第 524 条的规定，第三人单方自愿代为履行的法律效果包括对内效力和对外效力。对内效力指的是第三人代为履行后，发生在合同相对人之间的效力，主要表现在以下三个方面：一是第三人代为履行后，债务人对债权人所负债务应作相应扣减；二是第三人不因其代为履行行为而称为合同当事人，原合同相对人的地位亦不因此发生改变；三是第三人瑕疵履行产生的违约责任由债权人向债务人主张，第三人对债权人不承担瑕疵担保责任。对外效力，是指第三人代为履行后，发生在第三人和原合同相对人之间的效力。其主要体现在以下两个方面：一是第三人代为履行后，债权人对债务人相应债权转让给第三人，但债务人和第三人另有约定的除外。需要说明的是，这种债权转让是法定的，第三人在代履行后即自然取得该债权，通知债务人非此种债权转让生效的法定条件。二是债务人对原债权人所享有的抗辩可以向新的债权人即第三人主张。

本案中，(2021) 京 0101 民初 21563 号民事判决已发生法律效力，黄某对刘某债务的本金金额和利息计算方式已明确，姜某按 (2021) 京 0101 民初 21563 号民事判决主文第一项确定的标准代为履行后，即视为黄某对刘某的债务得到了清偿。

关于姜某主张的注销抵押权的问题，担保合同是主债权债务合同的从合同，担保物权是其担保的主债权的从权利。在姜某代为清偿黄某对刘某的全部债务后，主债权消灭，设立在涉案房屋之上的抵押权人为刘某的抵押权亦应消灭。姜某作为对涉案房屋享有合法权益的当事人，有权在清偿债务后要求刘某配合办理注销该抵押权。

关于姜某要求黄某向其给付代为清偿 (2021) 京 0101 民初 21563 号民事判决第一项诉讼请求所指欠付刘某的全部款项及该款项的利息的主张，在姜某代为履行后，刘某对黄某的债权依法转让于姜某，此债权转让系依法律规定发生。关于作为黄某抗辩权的问题，因其在 (2021) 京 0101 民初 21563 号民事案件的审理过程中已依法进行了抗辩，故本案直接处理姜某要求黄某偿还姜某代为清偿的款项，不损害黄某的合法权益，且一并处理有利于避免当事人诉累。综上，对姜某的此项诉讼请求一审法院予以支持。

　　另外，本案系姜某作为黄某、刘某借款合同和抵押合同关系之外的第三人，单方自愿要求代为履行黄某对刘某的债务的纠纷，姜某提出此项诉讼请求的时间在《民法典》施行后，因此依法应当适用《民法典》的相关规定。综上，法院判决：一、姜某于判决生效之日起七日内代黄某清偿其基于 2014 年 1 月 7 日签订的《借款协议》所欠付刘某的全部借款本金、利息及费用，计算方式以北京市东城区人民法院作出的（2021）京 0101 民初 21563 号民事判决书判项的第一项为准；二、黄某、刘某在姜某履行判决第一项义务的次日立即配合姜某办理位于北京市朝阳区××房屋的抵押权注销登记手续；三、黄某在姜某履行判决第一项义务后的七日内给付姜某代为履行黄某对刘某债务的全部款项并支付利息，全部款项的计算方式以（2021）京 0101 民初 21563 号民事判决书判项的第一项为准，利息以最终代为清偿的全部款项为基数，按照姜某起诉时全国银行间同业拆借中心公布的一年期贷款市场报价利率计算，自姜某支付全部款项的次日起计算至黄某支付全部款项之日止；四、驳回姜某的其他诉讼请求。

　　黄某不服一审判决，提起上诉。

　　二审法院认为，本案的核心焦点问题系第三人姜某是否有权代为履行案涉债务的事实认定及法律适用问题。《民法典》第 524 条规定，债务人不履行债务，第三人对履行该债务具有合法利益的，第三人有权向债权人代为履行；但是，根据债务性质、按照当事人约定或者依照法律规定只能由债务人履行的除外。债权人接受第三人履行后，其对债务人的债权转让给第三人，但是债务人和第三人另有约定的除外。黄某上诉主张姜某作为第三人对黄某与刘某之间的案涉债权债务不具有合法利益，且黄某作为债务人、刘某作为债权人不同意姜某代为履行，姜某强行代为履行债务，不发生债权转让的效力。对此法院认为，首先，姜某确非黄某与刘某之间案涉债务的合同相对方，其系该合同关系之外的第三人。但是如上所述，姜某根据本案查明的一系列生效判决已取得对案涉房屋所有权的合法期待利益，而所有权人登记为黄某的案涉房屋的所有权证书亦已被生效判决依法撤销，黄某已不是案涉房屋的所有权人。姜某无法取得案涉房屋所有权登记的原因系黄某在其为案涉房屋登记的所有权人期间设立了抵押权人为刘某的抵押权。而作为债务人的黄某，在东城区法院已作出（2021）京 0101 民初 21563 号民事判决判令黄某履行债务的情况下，黄某至今仍未履行对刘某所负的债务，导致抵押权无法消灭，姜某无法办理案涉房屋所有权登记，即案涉房屋所设抵押权人为刘某的抵押权成为姜某无法办理案涉房屋所有权登记、取得案涉房屋所有权的法律障碍。因此，姜某为了实现自己的合法权益，对代为履行黄某对刘某所负的债务具有合法利益，且该履行目的并不违反法律法规的强制性规定。其次，黄某对刘某所负的案涉债务属于金钱之债，不存在当事人约定或法律规定仅能由债务人履行的情形，因此姜某作为第三人代为履行案涉债务不存在事实或法律上的障碍。同时，黄某亦未举证证明姜某代为履行案涉债务有损债权人刘某或债务人黄某的合法权益，黄某有关姜某代为履行案涉债务应取得债权人、债务人同意的上诉意见缺乏法律依据。综上，一审法院支持姜某要求代黄某清偿其基于 2014 年 1 月 7 日与刘某签订的《抵押借款合同》所欠付刘某的全部款项的诉讼请求并无不当，法院对此予以确认。

关于姜某代为履行后的法律后果。从债权人角度考虑，主要表现在以下几个方面：一是第三人代为履行后，债务人对债权人所负债务应作相应扣减；二是第三人不因其代为履行行为而成为合同当事人，原合同相对人的地位亦不因此发生改变；三是第三人瑕疵履行产生的违约责任由债权人向债务人主张，第三人对债权人不承担瑕疵担保责任。具体到本案中，因（2021）京 0101 民初 21563 号民事判决已发生法律效力，黄某对刘某债务的本金金额和利息计算方式已明确，在姜某按（2021）京 0101 民初 21563 号民事判决主文第一项确定的标准代为履行后，刘某对黄某的债权得以实现，故不存在损害作为债权人刘某合法权益之情形。且在姜某代为清偿黄某对刘某的全部债务后，主债权消灭，设立在案涉房屋之上的抵押权人为刘某的抵押权亦应消灭。姜某作为对案涉房屋享有合法权益的当事人，有权在清偿债务后要求刘某、黄某配合办理注销该抵押权。一审法院对姜某该主张予以支持亦无不当。

从债务人角度考虑，在姜某代为履行后，刘某对黄某的债权依法转让于姜某，该转让系依法律规定发生，通知债务人或取得债务人黄某同意非此种债权转让生效的法定条件。黄某提出的未取得其同意、债权转让不发生法律效力的意见依据不足，不予采信。与此同时，债权转让后，债务人对原债权人所享有的抗辩可以向新的债权人即第三人主张。一审法院考虑到黄某在（2021）京0101民初21563号民事案件的审理过程中已依法进行了抗辩，故一审法院在本案中直接处理姜某要求黄某偿还姜某代为清偿的款项，即支持姜某要求黄某向其给付代为清偿（2021）京0101民初21563号民事判决第一项诉讼请求所指欠付刘某的全部款项及该款项的利息的主张亦不损害黄某的合法权益，同时有利于避免当事人的诉累，对此不持异议。

综上所述，黄某的上诉请求不能成立，应予驳回；一审判决认定事实清楚，适用法律正确，应予维持。

法理解读

本案的争议焦点，正如二审判决所示，是第三人姜某是否有权代为清偿案涉债务，以及其清偿债务后的法律后果。

《民法典》第524条规定了第三人代为清偿债务的规则，但未明确哪些主体可以认定为"对履行债务具有合法利益的第三人"。有学者从学理上指出，合法利益应当是第三人对债务的履行享有受法律保护的特殊利益。合法利益的认定，由第三人举证证明，而且该认定不考虑债权人和债务人的意愿。[①] 立法机关则认为，需要根据实践情况的需要和发展进行判断、归纳和总结。考虑到该法律效果为法定的债权转移，对第三人的利益保护较强，故在认定第三人时，要注意考虑各方利益的平衡问题。[②] 由此可见，立法机关所持的态度是，从利益平衡角度来切入，应当对第三人的

---

① 王利明：《论第三人代为履行——以〈民法典〉第524条为中心》，载《法学杂志》2021年第8期。

② 黄薇主编：《中华人民共和国民法典合同编解读》（上册），中国法制出版社2020年版，第214页。

范围进行限定。《民法典合同编通则解释》第30条正是考虑到此种情况，对第三人的范围进行了基本列举，并采用兜底的方式，提供了开放性的方案。例如，本案判决所示，姜某正是属于"其他对履行该债务具有合法利益的第三人"。经法院生效判决确认，姜某已取得对涉案房屋所有权的合法期待利益，只需要办理房屋过户登记，即取得案涉房屋的所有权。目前，案涉房屋抵押权人为刘某，成为姜某取得房屋所有权登记的法律障碍。姜某为了实现其对案涉房屋所有权的期待利益，通过诉讼的方式请求代为履行黄某所负的债务，属于"对债务履行具有合法利益的第三人"，应当予以肯定。

第三人代为清偿后的法律后果，《民法典》第524条将其明确为法定的债权转让，即"债权人接受第三人履行后，其对债务人的债权转让给第三人，但是债务人和第三人另有约定的除外"。如此一来，债权人享有的债权的从权利与优先权都移转给第三人。与此同时，为了避免债权人受到不利益，结合《民法典》第700条但书中提及的"债权人不利地位变更之禁止条款"，经体系化的解释，应当认定第三人代为清偿同样不得损害债权人的利益。[①]《民法典合同编通则解释》第30条则进一步明确"不得损害债权人的利益"。本案二审判决就对此进行了重点论述。经法院生效判决确认，黄某对刘某债务的本金金额和利息计算方式已明确，姜某代为履行后，刘某对黄某的债权得以实现，故不存在损害作为债权人刘某合法权益之情形。由此，姜某有权在清偿债务后，要求刘某、黄某配合办理注销该抵押权。与此同时，姜某有权请求黄某偿还其代为清偿的款项。

第三十一条　同时履行抗辩权与先履行抗辩权

当事人互负债务，一方以对方没有履行非主要债务为由拒绝履行自己的主要债务的，人民法院不予支持。但是，对方不履行非主要债务致使不能实现合同目的或者当事人另有约定的除外。

---

① 陆家豪：《民法典第三人清偿代位制度的解释论》，载《华东政法大学学报》2021年第3期。

当事人一方起诉请求对方履行债务，被告依据民法典第五百二十五条的规定主张双方同时履行的抗辩且抗辩成立，被告未提起反诉的，人民法院应当判决被告在原告履行债务的同时履行自己的债务，并在判项中明确原告申请强制执行的，人民法院应当在原告履行自己的债务后对被告采取执行行为；被告提起反诉的，人民法院应当判决双方同时履行自己的债务，并在判项中明确任何一方申请强制执行的，人民法院应当在该当事人履行自己的债务后对对方采取执行行为。

当事人一方起诉请求对方履行债务，被告依据民法典第五百二十六条的规定主张原告应先履行的抗辩且抗辩成立的，人民法院应当驳回原告的诉讼请求，但是不影响原告履行债务后另行提起诉讼。

【民法典条文】

第五百二十五条 当事人互负债务，没有先后履行顺序的，应当同时履行。一方在对方履行之前有权拒绝其履行请求。一方在对方履行债务不符合约定时，有权拒绝其相应的履行请求。

第五百二十六条 当事人互负债务，有先后履行顺序，应当先履行债务一方未履行的，后履行一方有权拒绝其履行请求。先履行一方履行债务不符合约定的，后履行一方有权拒绝其相应的履行请求。

【条文要义】

本条是对同时履行抗辩权与先履行抗辩权行使规则的解释。

对这个问题，以往的司法解释没有规定，本条是对此规定的新规则。

《民法典》第 525 条规定了同时履行抗辩权，第 526 条规定了先履行抗辩权（也称为后履行抗辩权）。在合同履行中，一方请求履行，另一方主张同时履行抗辩权或者先履行抗辩权，就可以一时性地阻止合同履行请求权的行使。在诉讼中，一方请求履行债务，另一方主张行使同时履行抗辩权或者先履行抗辩权，法院应当如何处置，本条规定了具体方法。

1. 非主要债务不履行不得行使同时履行抗辩权和先履行抗辩权对抗请求权

《民法典》第 525 条和第 526 条规定同时履行抗辩权或者先履行抗辩权，都是规定一方未履行债务，另一方可以行使抗辩权。这里规定的履行债务，究竟是包括主债务和非主要债务，还是只包括主债务不包括非主要债务，法律并没有明确规定。在学理上和司法实务中，通常认为一方当事人不履行的债务是主要债务，对非主要债务不履行原则上不得行使同时履行抗辩权和先履行抗辩权。

本条依据学理和司法实践经验，采纳上述规则。在双务合同中，当事人互负债务，一方以对方没有履行非主要债务为由，拒绝履行自己的主要债务的，不符合学理见解和司法实践经验，因为非主要债务的履行并不涉及合同履行的根本目的，因而对这种诉讼请求，法院不予支持。

但是，并非没有例外。在双务合同中，对方的不履行行为是不履行非主要债务，而这种非主要债务的不履行致使不能实现合同目的的，这种不履行非主要债务的对方当事人，就可以行使同时履行抗辩权或者先履行抗辩权。

同样，如果当事人在合同中约定不履行非主要债务也可以行使同时履行抗辩权或者先履行抗辩权的，根据当事人的意思自治，当然可以行使同时履行抗辩权或者先履行抗辩权。

2. 被告主张同时履行抗辩权提起反诉或不反诉的处理方法

在双务合同的诉讼中，一方当事人起诉对方履行债务，对方主张行使同时履行抗辩权是可以的。但是应当明确，对方当事人在诉讼中提出行使同时履行抗辩权的请求，是否应当提出反诉，通过反诉的主张对抗债务人的履行债务的请求。本条第 2 款根据对方当事人在诉讼中主张同时履行抗辩权对抗债务人的履行请求，提出反诉还是未提出反诉，规定了不同的处置方法。

第一，当事人一方起诉请求对方履行债务，被告依据《民法典》第525条的规定主张双方同时履行抗辩权，并且抗辩理由成立的，如果被告未提起反诉，法院应当判决被告在原告履行债务的同时履行自己的债务，还要在判项中明确，如果原告申请强制执行的，人民法院应当在原告履行自己的债务后，才能对被告采取执行行为。

第二，在上述情形下，如果被告提起反诉，法院应当判决双方同时履行自己的债务，并且在判项中明确任何一方申请强制执行的，法院应当在该当事人履行自己的债务后，才可以对对方采取执行行为。

这样两种不同的处置方法，正确解决了在原告主张被告履行债务的情况下，被告主张同时履行抗辩权的，应当提出反诉，法官确认被告的反诉成立，就能一时性对抗原告履行债务的请求。反之，被告如果不提出反诉，仅仅是提出一般的抗辩，法院可以判决被告履行债务，但是原告如果申请强制执行，须自己先履行债务。这样也能保护被告的合法权益。

3. 被告主张先履行抗辩权的处理方法

在诉讼中，原告提出被告履行债务的请求，如果双务合同的债务履行有先后顺序的，后履行一方的当事人可以行使先履行抗辩权，对抗原告的履行债务请求。双务合同履行债务有先后顺序，后履行义务的一方当事人也就是被告，在诉讼中不必提起反诉，直接行使先履行抗辩权，就可以对抗对方当事人提出的履行债务请求。

所以，当事人一方起诉请求对方履行债务，被告依据《民法典》第526条的规定，主张原告应先履行的抗辩，抗辩理由成立的，可以不必提出反诉，法院就应当驳回原告的诉讼请求，应当在其先履行了债务以后，才可以主张被告履行债务。

不过，这种驳回原告的诉讼请求，并不是其不享有履行债务的请求权，而是原告履行债务的请求权还不具备行使的条件，原因就在于原告应当先履行债务，原告在自己还没有先履行债务的情况下，不得主张对方也就是后履行债务的一方当事人履行债务。正因为这种驳回原告的诉讼请求不是因为原告不享有履行债务的请求权，所以，不影响原告履行债务后另行提起诉讼，也就是原告履行了自己的先履行债务以后，如果后履行债务的当事人不履行债务，先履行债务的当事人可以向法院起诉，主张后履行一方的当事人履行债务。

【案例评析】

曹某玲与聂某民房屋买卖合同纠纷案①

基本案情

2016 年 5 月 10 日，曹某玲与聂某民签订《房产买卖协议》1 份，协议约定：曹某玲自愿将房产出售给聂某民；房屋成交总价为 30 万元，具体付款方式为 2016 年 5 月 10 日付款 2 万元定金，2016 年 6 月 1 日前付 13 万元，余款 15 万元领房产证时付清，曹某玲若有急用，聂某民可配合曹某玲预付一部分房款；双方应共同到房地产交易所办理产权过户手续，并按有关政策规定承担应缴纳的税费；若曹某玲不能按协议规定期限交付房产或聂某民不能按规定期限交付房款，每逾期一日，则由违约一方向对方支付一百元违约金；曹某玲须配合聂某民领取房产证，原房东吴某贤领取房产证费用由吴某贤承担，过户给聂某民的费用由聂某民承担，如以后房价有较大浮动，违约方赔偿守约方经济损失费 20 万元（除总房价外）。合同签订后，聂某民相继支付了 17 万元购房款，还有 13 万元未支付。2017 年 10 月 27 日，曹某玲领取了不动产权证书。因聂某民未支付剩余的购房款，曹某玲向法院起诉，提出诉讼请求：1. 聂某民立即支付购房款 13 万元；2. 聂某民支付从 2017 年 10 月 27 日起至实际支付之日止按 0.01 万元/天计算的违约金；3. 聂某民承担本案全部诉讼费用。

---

① 案号：（2017）苏 0282 民初 11966 号。

诉讼过程中，被告聂某民辩称：合同上没有约定曹某玲领到房产证他就要付钱，所以后来不存在违约，也没有违约金；曹某玲自 2017 年 11 月 23 日断了他的水，导致他不能居住在涉案房屋内，只能租房子在外面住；关于剩余的购房款 13 万元，待他领到房产证后一次性支付给曹某玲。

法院判决

法院认为，本案的争议焦点在于，曹某玲要求聂某民支付剩余房款的付款条件是否成就？而围绕这一争议焦点需要解决以下问题：

第一，关于《房产买卖协议》中"余款 15 万元领房产证时付清"的理解。由于涉案房屋在曹某玲与聂某民交易时出卖人曹某玲尚未领取该房屋的房产证，因此，曹某玲与聂某民产生了对该合同约定文义的歧义理解。在一般的房屋买卖交易中，领房产证通常系针对买受人而言，如果曹某玲主张该条文系针对出卖人领取房产证，应对此作出明确约定，在无明确约定或无其他证据佐证曹某玲该主张的情况下，对于合同文义的理解应符合通常理解及合同本意。故本院对于该合同文义认定为余款 15 万元在聂某民领房产证时付清。

第二，聂某民是否有权行使同时履行抗辩权。从合同约定来看，对于房产证的领取与余款的支付并没有约定先后顺序，故聂某民对于曹某玲要求支付余款的请求可以行使同时履行抗辩权。也基于聂某民的同时履行抗辩权，曹某玲主张聂某民未付款的违约责任亦不能成立。但同时履行抗辩权的行使并不意味着免除聂某民的付款义务。鉴于双方对于合同文义产生过理解歧义，现曹某玲也同意在聂某民付款的同时配合聂某民办理涉案房屋的过户登记，因此，涉案合同应继续履行。双方均应在本院指定的期间履行各自的合同义务。

同时需要指出的是，合同的履行需要双方共同完成，双方均应按照合同的约定适格履行各自的义务。也许前期在合同履行过程中双方因一些误解产生过矛盾或不愉快，但希望双方能在接下来的履行过程中摒弃前嫌，共同促成合同的顺利履行。

综上，法院判决：一、聂某民于本判决发生法律效力之日起 10 日之内支付曹某玲购房款 13 万元。二、曹某玲于本判决发生法律效力之日起 10 日之内协助聂某民办理房屋的过户手续。三、驳回曹某玲的其他诉讼请求。

法理解读

本案的争议焦点是，原告是否有权请求被告支付剩余购房款。经审查，被告之所以未履行交房的义务，原因是原告未办理不动产过户登记，使得被告取得房产证。在《房产买卖协议》未约定剩余购房款的支付以及办理房产证履行顺序先后的情况下，被告享有同时履行抗辩权，有权拒绝原告支付剩余房款的请求。由此，隐含的问题是，法院应当如何裁判。

方式之一是，驳回原告的诉讼请求。这样处理的优势在于，对于法官而言，能够快速结案；对于被告而言，意味着自己的主张得到了法院的认可，由原告承担不利后果。[1] 而且，若是禁止法院在抗辩权成立时作出驳回请求的判决，则可能促使法院绕过抗辩，径行作出无限制的给付判决的风险性。相较而言，至少应当容许法院在明确回应债务人主张同时履行抗辩权的情况下作出驳回请求判决，而不应在理论和规范上将同时履行抗辩权与附对待给付判决绝对关联起来。[2] 劣势在于，无助于解决当事人之间的争端，属于程序空转。[3] 方式之二是，作出积极的判决，要求当事人同时履行判决义务。如本案判决所示，为原被告履行义务确定了相同的期限。方式之三是，作出有限的给付判决。有学者进一步指出，此时的对待给付判决应当有所限制。对于同时履行抗辩权，被告既可以以抗辩的方式主张，也可以以反诉的方式提出主张。在被告未以反诉的方式提出诉讼请求，只是以抗辩的方式提出时，法院判决的既判力、执行力应当限定于原告的诉讼请求部分。若法院在判决主文中要求原告承担义务，有违不告

---

[1] 刘文勇：《论同时履行抗辩权成立时对待给付判决之采用》，载《国家检察官学院学报》2020 年第 4 期。

[2] 肖建国、张苏平：《附对待给付义务的诉讼表达与执行法构造》，载《北方法学》2023 年第 1 期。

[3] 朱庆育：《中国民法典评注·条文选注》（第 2 册），中国民主法制出版社 2021 年版，第 150 页。

不理原则，构成诉外裁判。① 《民法典合同编通则解释》第 31 条采纳的是第三种方案，根据被告提出主张的方式不同，法院判决的效力也有所区分。当被告通过抗辩提起时，则法院的判决及于原告的诉讼请求。原告履行自己的债务后可以申请对被告采取执行行为。当被告通过反诉提起时，则法院的判决及于原、被告的诉讼请求，任何一方申请强制执行，都应当在履行各自的债务后采取执行行为。

具体到本案中，法院判决采取的是第二种方式，要求原告曹某玲与被告聂某民同时在 10 日之内履行自己的债务。严格地按照这一判决，则被告履行了支付购房款的义务时，就可以申请强制执行，要求原告曹某玲办理过户登记手续。但是被告聂某民并未就此提起反诉，只是提出抗辩。因此，从这一方面来看，更为妥当的做法是，法院判令被告聂某民在原告曹某玲办理过户登记房产证时同时履行自己支付剩余购房款的义务，并在判项中明确原告曹某玲申请强制执行的，应当在原告曹某玲履行自己的债务后对被告聂某民采取执行行为。

第三十二条　情势变更制度的适用

合同成立后，因政策调整或者市场供求关系异常变动等原因导致价格发生当事人在订立合同时无法预见的、不属于商业风险的涨跌，继续履行合同对于当事人一方明显不公平的，人民法院应当认定合同的基础条件发生了民法典第五百三十三条第一款规定的"重大变化"。但是，合同涉及市场属性活跃、长期以来价格波动较大的大宗商品以及股票、期货等风险投资型金融产品的除外。

合同的基础条件发生了民法典第五百三十三条第一款规定

① 刘文勇：《论同时履行抗辩权成立时对待给付判决之采用》，载《国家检察官学院学报》2020年第4期。

的重大变化，当事人请求变更合同的，人民法院不得解除合同；当事人一方请求变更合同，对方请求解除合同的，或者当事人一方请求解除合同，对方请求变更合同的，人民法院应当结合案件的实际情况，根据公平原则判决变更或者解除合同。

人民法院依据民法典第五百三十三条的规定判决变更或者解除合同的，应当综合考虑合同基础条件发生重大变化的时间、当事人重新协商的情况以及因合同变更或者解除给当事人造成的损失等因素，在判项中明确合同变更或者解除的时间。

当事人事先约定排除民法典第五百三十三条适用的，人民法院应当认定该约定无效。

【民法典条文】

第五百三十三条　合同成立后，合同的基础条件发生了当事人在订立合同时无法预见的、不属于商业风险的重大变化，继续履行合同对于当事人一方明显不公平的，受不利影响的当事人可以与对方重新协商；在合理期限内协商不成的，当事人可以请求人民法院或者仲裁机构变更或者解除合同。

人民法院或者仲裁机构应当结合案件的实际情况，根据公平原则变更或者解除合同。

【既往司法解释】

《最高人民法院关于适用〈中华人民共和国合同法〉若干问题的解释（二）》（2009 年）

第二十六条　合同成立以后客观情况发生了当事人在订立合同时无法预见的、非不可抗力造成的不属于商业风险的重大变化，继续履行合同对于一方当事人明显不公平或者不能实现合同目的，当事人请求人民法院变更或者解除合同的，人民法院应当根据公平原则，并结合案件的实际情况确定是否变更或者解除。

【条文要义】

本条是对适用情势变更规则变更或者解除合同规则的解释。

原《合同法》没有规定情势变更原则。原《合同法》在起草以及适用后的过程中，对可否适用情势变更原则，立法和司法几经周折。原《合同法》立法时，立法者对适用情势变更原则始终忧心忡忡，主要担心实践中滥用这一原则，损害市场交易规则和交易秩序。最高人民法院根据司法实践的需要，确定在严苛条件下可以适用情势变更原则。

《最高人民法院关于适用〈中华人民共和国合同法〉若干问题的解释（二）》第26条根据司法实践经验，规定了适用情势变更原则的规则。这一规则中的主要内容已经被《民法典》第533条吸收，形成了完整的情势变更原则。

在具体适用情势变更原则中，还有一些具体问题需要解决，并且在适用情势变更规则对合同进行变更或解除时，应当注意限制法官自由裁量权对于当事人意思的过度干预。本条依据《民法典》第533条的规定，规定了具体适用情势变更原则的规则。

1. 因政策调整或市场供求关系异常变动引起的情势变更

按照《民法典》第533条的规定，只要符合情势变更的构成要件，即合同的基础条件发生了当事人在订立合同时无法预见的、不属于商业风险的"重大变化"，继续履行合同对于当事人一方明显不公平的，受不利影响的当事人就可以行使情势变更请求权，在双方当事人之间进行再协商，再协商不成的，就可以主张变更或者解除合同。

对当事人提出情势变更请求，符合上述要件要求的，就可以确认构成情势变更，当事人请求情势变更的诉求应当得到支持。

本条第 1 款规定的是符合情势变更原则要求的具体情形，重点是怎样认定构成"重大变化"。合同成立后，因政策调整或者市场供求关系异常变动等原因，导致价格发生了当事人在订立合同时难以合理预见、不属于商业风险的涨跌，这种情况是合同的基础条件发生了当事人在订立合同无法预见的"重大变化"。在这种情况下，继续履行合同对于当事人一方明显不公平的，法院应当认定合同的基础条件发生了《民法典》第 533 条第 1 款规定的"重大变化"，符合情势变更的构成要件，法院应当支持主张情势变更一方当事人的诉讼请求。

这其实是情势变更的主要情形，"重大变化"的具体构成要件：一是因政策调整或者市场供求关系发生了异常变动；二是价格发生了当事人在订立合同时难以预见，而且不符合商业风险的涨跌；三是继续履行合同对当事人一方明显不公平。

对于合同涉及市场属性活跃、长期以来价格波动较大的大宗商品以及股票、期货等风险投资型金融产品，如商品房价格的上下大幅度波动，具有投资风险性的股票、期货金融产品的价值变动等，都不属于"因政策调整或者市场供求关系异常变动等原因导致价格发生当事人在订立合同时难以合理预见、不属于商业风险的涨跌"，不能依照情势变更规则请求变更或者解除合同。这里的"异常变动"，就是非正常变动，也就是当事人在订立合同时难以合理预见、不属于商业风险的价格涨跌这种变动，因此不属于"重大变化"。

2. 情势变更原则的变更优先规则

适用情势变更原则，首先应当由当事人进行再协商，在再协商不成的情况下，受重大变化不利影响的当事人才可以请求变更或者解除合同。

在变更和解除合同这两种方法中，是否有先后顺序的区别，《民法典》没有明确规定，只是在排列顺序上有先后之别。按照合同法促进交易原则的要求，合同出现履行中的情势，通过变更就能够实现公平原则要求的，在具体适用法律上，应当依据当事人的具体请求确定，不能首先适用解除合同。因此，本条第 2 款规定，合同的基础条件发生了《民法典》第 533

条第 1 款规定的重大变化，当事人请求变更合同的，法院不得解除合同。如果一方当事人在诉讼中请求变更合同，对方请求解除合同的，或者当事人一方请求解除合同，对方请求变更合同的，法院对此具有裁量权，可以根据案件具体情形，以促进交易、实现公平的立场，根据公平原则判决变更或者解除合同。

3. 认定合同因情势变更的变更或者解除的具体时间

在构成情势变更的情况下，认定一方当事人请求情势变更成立的，还应当确定情势变更的时间点，按照确定的情势变更时间点，确认双方的权利和义务关系发生变化的具体时间。对此，本条第 3 款规定，法院依据《民法典》第 533 条的规定判决变更或者解除合同的，确定变更和解除的时间点，应当综合考虑合同基础条件发生重大变化的时间、当事人重新协商的情况，以及因合同变更或者解除给当事人造成的损失等因素来确定。确定合同变更或者解除的时间点后，应当在判项中明确合同变更或者解除的具体时间。

4. 合同事先约定排除情势变更适用的条款无效

《民法典》第 533 条规定的情势变更原则属于强制性规范，如果发生了情势变更，适用情势变更原则变更或者解除合同不以当事人之间的约定为基础。一方当事人提出适用情势变更原则对合同请求变更或者解除的，只要符合《民法典》第 533 条规定的要件，法院经过审理予以确认的，就可以判决合同变更或者解除。正因如此，当事人不得事先在合同中约定排除情势变更原则适用的条款。当事人事先在合同中约定了排除《民法典》第 533 条适用的，应当认定该约定无效，对当事人请求情势变更的权利不发生影响。

【案例评析】

某影城公司与甲广告公司等广告合同纠纷案①

基本案情

2018 年 4 月 17 日，甲广告公司为甲方，案外人××公司为乙方签订《广告合作框架合同》，约定合同项下甲、乙双方合作的电影院包括乙方管理的电影院中 21 家电影院。2019 年 9 月 23 日，甲广告公司为甲方，某影城公司为乙方，签订《影院银幕广告项目合同》，约定本合同是就甲方接单的广告电影提供给乙方经营的电影院委托乙方放映广告电影事宜。广告播放顺序为乙方免费广告片（乙方直接客户和乙方公益广告，合计不超过 60 秒）+甲方银幕广告片〔甲方映前广告（包括乙方付费广告，具体位置双方协商确定）和甲方贴片广告〕+电影预告片+电影正片。只有在甲方广告时间未放满的情况下，乙方方可按照上述顺序放映其直接客户的广告及乙方公益广告。每场次乙方的直接客户的广告及乙方公益广告不超过 60 秒。甲方应当定期支付广告费。2019 年 9 月，某影城公司向甲广告公司出具银幕广告独家代理授权书，授权甲广告公司为某影城公司银幕广告招商与发布及贴片结算的独家代理公司。甲广告公司有权代理某影城公司开展阵地宣传等形式的广告发布业务。另，某影城公司向甲广告公司出具银幕广告结算代理授权书，授权甲广告公司为某影城公司特殊格式银幕广告时长结算的代理公司，其他任何公司、个人或社会组织无权代理此项业务。

上述协议签订后，双方开始履行合同。

2020 年 1 月，因不可抗力，涉案影院于 2020 年 1 月 24 日暂停营业。2020 年 7 月 17 日，甲广告公司向某影城公司发出解约函，写明，双方合作的影院均处于停业关店状态，致使原合同无法正常履行，双方就原合同

---

① 案号：（2021）沪 01 民终 16356 号。

合作事宜的调整多次进行沟通协调未达成共识。因不可抗力，自 2020 年 7 月 18 日起解除原合同，原合同项下的权利义务消灭，甲广告公司不再履行原合同项下的义务。

2020 年 7 月 21 日，某影城公司向甲广告公司发送关于 A 电影院恢复营业时间的告知函，告知涉案影院于 2020 年 7 月 21 日恢复营业，客户广告可恢复上刊。

2020 年 7 月 23 日，案外人××公司向甲广告公司发送《解约函回函》，提出，因不可抗力而停业期间（2020 年 1 月 24 日至影院实际复工之日）的广告费全部免除；就影院开业后的合作，以继续履行为前提，在原合同相关约定的基础上，可对 2020 年第三、四季度的商务条件进行友好协商。2020 年 8 月 24 日，甲广告公司和案外人乙广告公司联合向案外人××公司发送复函，建议原合同条款包括合同全额在内的条款进行变更。2020 年 8 月 28 日，案外人××公司回函，提出停业期间至 2020 年 9 月 30 日免收广告费用（无论是否播放银幕广告）；2020 年 10 月 1 日至 12 月 31 日广告费用减半收取，但是 2021 年 1 月 1 日起应当如约支付。

2020 年 8 月 16 日，涉案影院在映前播放了一段非甲广告公司代理播放的男士洁面广告。2020 年 9 月 1 日，甲广告公司向案外人××公司发出《违约提示函》，提示包括 A 电影院在内的影院播放非下达的银幕广告。2020 年 9 月 7 日，案外人××公司就《违约提示函》回函，表示其为了减少损失，确实发布了一条异业合作客户品牌的广告，但仅在极少部分影城发布了几天，并非与第三方代理公司进行与合作模式相似的合作，亦未长时间发布广告主广告，未导致广告无法发布。该函同时提示尚欠截至 2020 年 1 月 23 日的广告发布费用，并应于 8 月中旬支付当季度款项（扣除影城停业期间），8 月 28 日的后续合作协商方案请于接函后 5 日内反馈。

2020 年 11 月 20 日，某影城公司向甲广告公司发出通知函，写明，2020 年 7 月，甲广告公司向某影城公司发来《解约函》，告知甲广告公司单方面解除项目合同。对此，某影城公司明确反对，某影城公司就影院复工向甲广告公司发出了要求及时提供广告片源的相关通知。但甲广告公司拒不履行合同，不按约支付广告费。故某影城公司正式通知自该函发出之日，解除合同。

随后，某影城公司向一审法院提出诉请，请求甲广告公司全额支付广告费。

法院判决

一审法院认为，各方之间的合同关系是双方的真实意思表示，合法有效，各方当事人均应本着诚信的态度履行各自的合同义务。（1）关于2020年1月1日至23日的合同款项，这一阶段影院正常运转，双方的履约并未受到不可抗力的影响，故甲广告公司应当按约支付。（2）关于涉案影院复工日2020年7月21日至合同解除日11月20日的欠款。现某影城公司主张按照双方确认的计算方式全额支付。甲广告公司认为某影城公司的上级公司××公司曾作出承诺，影院复工后至2020年9月30日均免收广告费用，2020年10月1日至12月31日广告费用减半收取，故7月21日至9月30日无须支付费用。对此，一审法院注意到，双方其后并没有就此达成过最终支付协议，且作出该承诺的主体是案外人××公司而非本案某影城公司。即便考虑到本案框架合同与项目合同的关联性，认为案外人××公司的表态及于本案某影城公司，从××公司回函的整体表述来看，该函最后要求2021年1月1日起应当如约支付。可以看出，××公司作出广告费用减免的目的在于促成双方的继续合作。但甲广告公司未支付1月广告费也未提供广告的片源的行为已经明确表示其不再愿意履行合同。在这种情况下，甲广告公司主张××公司上述回函的表述效力及于某影城公司的说法一审法院难以采纳。

影院复工后至合同解除这一阶段的广告费用，甲广告公司应当支付。但考虑到，不可抗力确实给双方当事人的履约造成了重大的影响。就某影城公司而言，其有近7个月的时间处于关停状态，势必无营业收入，也无法投放广告获得收益，但其未向甲广告公司主张该阶段的费用，是诚信履约的体现。就甲广告公司而言，其实际在合同中处于广告代理商的位置，片源来自第三方，要求其复工后即刻恢复履行合同确实存在一定困难。但自 7 月至 11 月双方确认的合同解除日之间存在 4 个月的时间，甲广告公司在某影城公司方提出变更方案的情况下，有足够的时间准备片源，却仍未提供广告片源，不积极履约或者与某影城公司进行有效沟通，而是在通过公证等方式着力查找某影城公司有无违约行为，上述行为并非诚信履约和解决问题的表现。甲广告公司的怠于履行合同的行为对涉案影院对应期间的广告空窗具有原因力，甲广告公司通过合同约定获得了某影城公司的广告时间段，却不使用，是其处分自己权利的行为，仍应支付对价。但考虑到作为银幕广告实际播放方的某影城公司，其为了减少损失，确实播放了少量非甲广告公司提供的广告，具有一定的减损能力。加之甲广告公司在 2020 年 7 月时曾作出过解约的意思表示，虽然双方在庭审过程中确认合同的实际解除日在 11 月，但结合甲广告公司后续并未提供任何片源的事实，双方均应当在当时积极沟通，快速解决合同僵局，而非从各自利益出发让合同僵局久拖不决。综上，一审法院酌定该期间的广告费用按双方约定的 50% 计收，即 1023226 元。

某影城公司、甲广告公司不服一审判决，提起上诉。

二审法院认为，本案的争议焦点之一为影院恢复营业后至合同解除前的广告费用如何认定。对该争议焦点，某影城公司认为，复工后双方合同的基础履行条件并无变化，不构成情势变更，应当按双方合同约定支付全部广告费用，且不认为双方后续就合同部分内容的变更达成过一致；分众公司则认为，复工不代表恢复正常营业状态，按原合同履行显失公平，应当构成情势变更，且认为根据 2020 年 8 月的函件内容，双方已就合同部分内容的变更达成一致，复工后至 9 月 30 日的广告费用应当免除。对此，法院认为：

第一，关于影院恢复营业后的一定期间内是否可以适用情势变更的问题。在法律适用方面，根据《最高人民法院关于适用〈中华人民共和国民法典〉时间效力的若干规定》第 2 条规定，民法典施行前的法律事实引起的民事纠纷案件，当时的法律、司法解释有规定，适用当时的法律、司法解释的规定，但是适用民法典的规定更有利于保护民事主体合法权益，更有利于维护社会和经济秩序，更有利于弘扬社会主义核心价值观的除外。从该规定的立法目的来看，适用有利溯及时以不打破当事人合理预期、不减损当事人既存权利、不冲击既有社会秩序为出发点。

而关于情势变更规则，《最高人民法院关于适用〈中华人民共和国合同法〉若干问题的解释（二）》和《民法典》均有相应规定。《最高人民法院关于适用〈中华人民共和国合同法〉若干问题的解释（二）》规定的"情势变更"制度适用要件为：一是情势变化条件，即"合同成立后客观情况发生了当事人无法预见的、非不可抗力造成的不属于商业风险的重要变化"；二是合同履行后果，即继续履行合同对于一方当事人明显不公平或者不能实现合同目的"；三是救济途径，即"当事人可以请求法院变更或解除合同"。而《民法典》中关于情势变更制度进行了更为全面的设计，完善了情势变更的适用条件，不再将不可抗力排除在适用情势变更的事由之外，并且将情势变更制度与合同解除制度加以区分，明确情势变更对合同继续履行造成的不利后果是"明显不公平"而非"不能实现合同目的"，同时在救济途径中增加了重新协商制度，更强调对当事人意思自治的尊重。此外，考虑到情势变更的适用与否并非基于当事人约定，而是一种法定状态，当事人在缔约时对于是否可以适用情势变更原则无法形成预期，不涉及打破当事人合理预期的情形。因此，结合本案具体情况，虽然本案事实发生于《民法典》生效前，但考虑到不可抗力因素造成的客观影响，适用《民法典》关于情势变更的规定，不仅不会造成当事人既存权利的减损，反而有利于重新协调当事人之间因继续履行原合同可能带来的合同利益失衡状态，更好地维护各方当事人合法权益，也有利于鼓励交易、稳定交易秩序，符合有利溯及适用《民法典》的条件。因此，法院认为本案应当适用《民法典》中关于情势变更的相关规定。

根据《民法典》第533条规定，合同成立后，合同的基础条件发生了当事人在订立合同时无法预见的、不属于商业风险的重大变化，继续履行合同对于当事人一方明显不公平的，受不利影响的当事人可以与对方重新协商；在合理期限内协商不成的，当事人可以请求人民法院或者仲裁机构变更或者解除合同。人民法院或者仲裁机构应当结合案件的实际情况，根据公平原则变更或者解除合同。可见，情势变更制度的构成要件为：一是情势要件，系订立合同时无法预见的、不属于商业风险的"合同基础条件"；二是变化程度要件，属于"重大变化"的程度；三是履行障碍要件，不是不能实现合同目的，也不是合同无法履行，而是合同履行上显失公平；四是救济程序要件，当事人负有重新协商义务，协商不成方可寻求司法途径救济。据此，法院认为本案可以适用情势变更原则，理由如下：

首先，涉案影院复工后并未完全恢复至正常经营状态，且不可抗力后续的影响并不受市场调节因素影响，不属于商业风险，因此，案涉合同订立时，不可抗力尚未发生当事人对不可抗力后续的影响显然无法预见。

其次，本案合同的基础条件在复工后发生了重大变化。虽然本案合同价款采用的是定额方式支付，但相关影院数量、上座率、排片量均是影响广告投放效果的重要因素，显然也是双方商定合同价款时的考量因素，一定程度上影响着合同目的的实现。现因不可抗力后续的影响，影院的营业时长、排片数量、影片播放时长、观影人数均在客观上受较大限制，与正常经营状态相比出现了重大变化，应当可以认定影院复工后本案合同的基础条件发生重大变化。

最后，本案合同继续按原合同条件履行对当事人明显不公。根据本案系争合同约定，广告发布费用为每年固定金额、按季度进行支付，涵盖某影城公司所有影厅的所有电影的全部播放场次。但如前所述，影院复工后受不可抗力后续的影响，合同履行条件受到了明显限制，开放的影厅数、电影场次数与正常履约时已有明显差异，继续按合同约定的固定广告费用进行支付，显然对甲广告公司而言有失公平。

因此，在案涉影院恢复营业但尚未恢复至正常营业状态期间，可以适用情势变更原则。

第二，关于适用情势变更后，本案广告费用如何变更的问题。根据法律规定，构成情势变更的情况下，当事人可以重新就合同后续履行条件进行再协商，在再协商不成的情况下，可以由法院根据公平原则解除合同或变更合同。因此，本案广告费用可以由法院进行变更，具体理由如下：

首先，本案当事人已经重新协商，但协商不成。《民法典》对于情势变更原则的规定中增加了重新协商程序，系出于对当事人意思自治和风险管理能力的尊重，留给当事人足够的协商空间，鼓励当事人充分秉持诚实信用原则重新磋商，共同努力修复原本正常的合同关系。本案中，双方当事人在不可抗力发生后就涉案合同的履行进行了充分协商，但出于对各自商业利益的考量，提出的后续履行方案均未能得到对方的确认，并无证据证明双方已经就后续履行方案达成一致。至于甲广告公司主张双方就复工后至9月30日的广告费免除已达成一致，法院认为，从双方沟通的过程来看，××公司提出的方案系建立在确保双方后续继续合作的基础上而进行的让步，在双方并未实际再行合作的情况下，××公司承诺减免一定阶段广告费的条件并未成就，因此甲广告公司无权主张该部分广告费的减免。

其次，在当事人协商不成的情况下，法院基于公平原则具体考量以下因素，对合同进行变更。

一是当事人的过错程度，主要考量当事人在情势变更后的履约行为是否适当、是否善意促进合同关系修复、是否主动采取减损措施等。本案中，某影城公司为确保合同继续正常履行，多次提出可以减免一定期限的广告费，系诚信守约行为；而甲广告公司在未提前得到关于涉案影院复工具体时间的情况下，在影院复工伊始未能及时提供广告片源，亦符合情理；同时某影城公司在未得到甲广告公司提供的片源的情况下也自行采取了一定的减损措施，并无不当。

二是市场变化程度，主要考量因情势变更而对市场环境的影响程度。本案中，影厅数量、放映场次、排片量和观众人数都需根据不可抗力后续的影响进行调整，直接影响着电影院的营业效果，属于市场变化程度较大的情况。虽然某影城公司依据第三方统计数据提出影院恢复营业后的上座率、票房数据较以往并未下降反而有所提升，对此法院认为，一方面不能以事后的数据统计倒推复工伊始双方的市场预期；另一方面复工初期不排除市场易受"报复性消费"等心理因素影响而产生波动，因此，衡量市场变化程度还是需要综合考虑政策具体内容、市场客观状态和一般公众认知等因素。

三是当事人预期利益。在情势变更的情况下，双方已经重新进行了协商，对己方可能面临的履行障碍和预期损失已经进行了充分考量和评估，故从协商过程中可以看出双方对于合同后续履行可能带来的预期利益的初步预判，对于变更合同内容具有一定的参考价值。本案中，双方在重新协商的过程中均提出过减免一定期限的广告费用来变更合同履行的方案，可以推定双方对于影院复工后一定阶段内合同履行效果会受到减损均具有一定的预期，并都提出了减免幅度为50%的履行条件。

综合上述因素考量，一审法院将影院恢复营业后至合同解除前的广告费用酌定调整为按合同约定的50%计算，符合公平原则，也具有一定的合理性，法院予以认同。

法理解读

本案的争议焦点是，受不可抗力这一情势变更要素的影响，就恢复营业后至合同解除前的广告费用，甲广告公司是否应当继续按照原来协议拟定的计算方式，向某影城公司全额支付。

作为合同信守原则的一种例外，情势变更制度是为了在合同的均衡性被严重打破的情况下，不使遭受不利影响的当事人承担过于艰巨的履行负担。[1] 为此，法院应当严格遵循情势变更的构成要件及法律效果，防止市场主体以情势变更为由逃避合同约定的义务。《民法典》第533条对情势变更制度的法律后果作出了规定：一是双方可以进行磋商；二是在合理期限内磋商不成的，当事人才可以请求法院或者仲裁机构变更或者解除合同。由此可见，再磋商其实是请求变更或者解除合同的前置程序。设定再磋商义务，不仅是对意思自治的扩充，即从传统的"合意尊重"延伸到合同缔结后为解决纠纷而要求的当事人尊重；也是对诚实信用的贯彻，即经

---

[1] 朱广新：《情势变更制度的体系性思考》，载《法学杂志》2022年第2期。

过诚实信用原则的检视，使得其成为维护合同关系"继续"与"应变"的实体性规范。① 只有再磋商失败，当事人才可以请求司法机关变更或者解除合同。《民法典合同编通则解释》第 32 条第 2 款及第 3 款实际上是关于再磋商失败后，法院如何认定应当变更还是解除合同的规范。按照这一规定，首先应当从当事人的诉讼请求出发，如果当事人请求变更合同，法院不得判决解除合同；如果当事人一方请求解除合同的，对方请求变更合同，或者一方请求变更合同，对方当事人请求解除合同，法院可以根据案件的实际情况，根据公平原则判决变更或者解除合同。至于要考虑的要素，则包括合同基础条件发生重大变化的时间、当事人重新协商的情况以及因合同变更或者解除给当事人造成的损失等因素。在此基础上，在判项中明确合同变更或者解除的时间。

本案二审法院的判决，实为典范。从判决正文的内容可以看出，二审法院的论证逻辑在于，第一，区分情势变更与不可抗力。不可抗力后续的影响属于情势变更，其使得案涉合同的基础条件在复工后发生重大变化，开放的影厅数、电影场次数与正常履约时已有明显差异，按原合同履行显失公平，应当适用情势变更规则确定双方的权利义务安排。第二，双方当事人磋商失败。据案件事实可知，在不可抗力发生后，双方当事人就案涉合同的履行进行了多次磋商，均未就广告费的变更问题达成一致合意。第三，法院基于公平原则，对合同进行变更。案涉合同已经解除，目前要判定的是，就恢复营业后至合同解除前的广告费用。法院考虑了双方的协商情况，从双方协商的内容可以看出减免一定期限的广告费用来变更合同履行的方案，符合当事人的意愿。在此基础上，结合当事人之间的过错以及市场的客观变化情况，酌定 50% 比例的将影院恢复营业后至合同解除前的广告费用酌定调整为按合同约定的 50% 计算，意味着双方各自承担一半的损失，以此来平衡当事人之间的权利义务关系，符合公平原则。

---

① 吴逸宁：《情势变更制度下的再交涉义务司法适用之反思》，载《政治与法律》2022 年第 1 期。

第五章 合同的保全

第三十三条 怠于行使权利影响到期债权实现的认定

债务人不履行其对债权人的到期债务，又不以诉讼或者仲裁方式向相对人主张其享有的债权或者与该债权有关的从权利，致使债权人的到期债权未能实现的，人民法院可以认定为民法典第五百三十五条规定的"债务人怠于行使其债权或者与该债权有关的从权利，影响债权人的到期债权实现"。

【民法典条文】

第五百三十五条 因债务人怠于行使其债权或者与该债权有关的从权利，影响债权人的到期债权实现的，债权人可以向人民法院请求以自己的名义代位行使债务人对相对人的权利，但是该权利专属于债务人自身的除外。

代位权的行使范围以债权人的到期债权为限。债权人行使代位权的必要费用，由债务人负担。

相对人对债务人的抗辩，可以向债权人主张。

第五百三十六条 债权人的债权到期前，债务人的债权或者与该债权有关的从权利存在诉讼时效期间即将届满或者未及时申报破产债权等情形，影响债权人的债权实现的，债权人可以代位向债务人的相对人请求其向债务人履行、向破产管理人申报或者作出其他必要的行为。

【相关司法解释】

《全国法院贯彻实施民法典工作会议纪要》（2021）

8. 民法典第五百三十五条规定的"债务人怠于行使其债权或者与该债权有关的从权利，影响债权人的到期债权实现的"，是指债务人不履行其对债权人的到期债务，又不以诉讼方式或者仲裁方式向相对人主张其享有的债权或者与该债权有关的从权利，致使债权人的到期债权未能实现。相对人不认为债务人有怠于行使其债权或者与该债权有关的从权利情况的，应当承担举证责任。

【既往司法解释】

《最高人民法院关于适用〈中华人民共和国合同法〉若干问题的解释（一）》（1999）

第十一条 债权人依照合同法第七十三条的规定提起代位权诉讼，应当符合下列条件：

（一）债权人对债务人的债权合法；

（二）债务人怠于行使其到期债权，对债权人造成损害；

（三）债务人的债权已到期；

（四）债务人的债权不是专属于债务人自身的债权。

第十三条 合同法第七十三条规定的"债务人怠于行使其到期债权，对债权人造成损害的"，是指债务人不履行其对债权人的到期债务，又不以诉讼方式或者仲裁方式向其债务人主张其享有的具有金钱给付内容的到期债权，致使债权人的到期债权未能实现。

次债务人（即债务人的债务人）不认为债务人有怠于行使其到期债权情况的，应当承担举证责任。

【条文要义】

本条是对认定怠于行使权利影响债权人到期债权实现方法的解释。

对债权人行使代位权，如何认定"债务人怠于行使权利影响债权人到期债权实现"的方法，以往的司法解释有两条规定：一是《最高人民法院关于适用〈中华人民共和国合同法〉若干问题的解释（一）》第 13 条规定了具体的认定方法；二是《全国法院贯彻实施民法典工作会议纪要》第 8 条在此基础上，又作了具体规定。因此可以说，本条是有充分的司法实践基础的。

《民法典》第 535 条规定债权人代位权，在债务人怠于行使其债权或者与该债权有关的从权利，债权人可以向法院请求，以自己的名义代位行使债务人对相对人的权利，用于保全债务人履行债务的财产基础，实现自己的债权。这一条文中规定的行使债权人代位权的要件之一，就是"债务人怠于行使其债权或者与该债权有关的从权利，影响债权人的到期债权实现"。其中怎样认定"怠于行使"，具体掌握比较困难。本条对此作了明确规定。

本条规定，债务人怠于行使其债权或者与该债权有关的从权利，影响债权人的到期债权实现，具体表现为：

一是债务人不履行其对债权人的到期债务。首先是债务人对债权人的债权已经到期，但债务人对自己的到期债务不予履行，因而使债权人的债权没有实现。这是"怠于行使"的第一个要件。

二是又不以诉讼或者仲裁方式向相对人主张其享有的债权或者与该债权有关的从权利。确定"怠于行使"的第二个要件，首先，债务人对其相对人享有债权和与该债权有关的从权利，这就是债务人和其相对人之间有债权债务关系，债务人是相对人的债权人。其次，债务人对其相对人享有的债权已经到期，可以向其主张债权。最后，债务人对债权人享有的债权已经到期后，既不以诉讼方式，也不以仲裁的方式，向相对人主张债权以及与债权有关的从权利。

三是致使债权人的到期债权未能实现。由于债务人不以诉讼或者仲裁的方式向相对人主张其享有的债权或者与该债权有关的从权利，因而使债权人的到期债权不能实现。反之，如果债务人对其相对人行使该权利，就能清偿对债权人的债务。

符合上述三个要件的要求，就可构成《民法典》第535条规定的"债务人怠于行使其债权或者与该债权有关的从权利，影响债权人的到期债权实现"这一行使债权人代位权的要件。对此，债权人就可以代债务人之位，向债务人的债务人主张实现自己的债权。

【案例评析】

某国土资源局与甲房地产开发公司、乙实业公司等债权人代位权纠纷案①

基本案情

1999年7月20日，某国土资源局、甲实业公司、甲房地产开发公司三方共同签订了《债务关系转移合同》，约定：甲房地产开发公司欠某国土资源局土地征用费21833446.50元的债务全部由甲实业公司承担。后甲实业公司与某国土资源局先后于2000年7月20日、2001年3月29日签订两份《交款合同》，分别约定：甲实业公司应于2000年9月30日前、2001年12月20日前各向某国土资源局支付800万元、1000万元。甲实业公司系乙实业公司投资开办的公司，而乙实业公司未按规定将注册资金注入甲实业公司。以上事实均经法院生效判决确认。此外，法院生效裁定认为，乙实业公司应在注册资金不实的21441941元范围内对某国土资源局承担责任。

---

① 《最高人民法院公报》2012年第6期。

1998 年 4 月 12 日，乙实业公司曾与甲房地产开发公司签订《债权债务清算协议书》，约定甲房地产开发公司将占地 13241.4 平方米的某项目用地的土地使用权以评估价 34441941 元抵偿给乙实业公司，用以抵偿甲房地产开发公司欠乙实业公司的 3481.55 万元欠款，双方之间债权债务全面结清；甲房地产开发公司应于协议生效之日起第二日将土地交由某港招公司开发使用。但该土地使用权至今未转移至某港招公司名下。

另查明，甲房地产开发公司系由某招商实业开发总公司投资成立。1995 年，某招商实业开发总公司改制为某港招公司。1999 年 8 月，甲房地产开发公司改制为有限责任公司，并更名为乙房地产开发公司。在改制过程中，乙实业公司与甲房地产开发公司协商，甲房地产开发公司承担原房地产开发公司 230 万美元债务，其余资产、债权、债务由乙实业公司承担。

因乙实业公司既不向某国土资源局承担注册资金不实的赔偿责任，也不以诉讼或者仲裁方式向甲房地产开发公司主张到期债权，已造成某国土资源局债权受损，故某国土资源局提起代位权诉讼，请求判令由甲房地产开发公司履行乙实业公司对某国土资源局的债务。

法院判决

一审法院认为，根据法院生效裁定，某国土资源局对甲实业公司享有本金 1800 万元及利息的债权，乙实业公司因出资不实，在 21441941 元范围内对某国土资源局承担责任。乙实业公司与甲房地产开发公司于 1998 年 4 月 12 日签订的《债权债务清算协议书》为双方当事人的真实意思表示，不违反法律规定，应属合法有效。根据该协议约定，甲房地产开发公司对乙实业公司负有给付占地 13241.4 平方米的某项目用地的土地使用权之义务，但未履行。甲房地产开发公司经改制更名后，变更为乙房地产开发公司，故甲房地产开发公司所负给付乙实业公司土地使用权的义务由改制更名后的乙房地产开发公司承担。《最高人民法院关于适用〈中华人民共和国合同法〉若干问题的解释（一）》第 13 条规定："合同法第七十三条规定的'债务人怠于行使其到期债权，对债权人造成损害的'，是指债务人不履行对债权人的到期债务，又不以诉讼方式或者仲裁方式向其债务人主张其享有的具有金钱给付内容的到期债权，致使债权人的到期债权未能实现。"根据此规定，债权人行使代位权的前提条件之一是债权人怠于行使具有金钱给付内容到期债权，从而导致债权人的到期债权未能实现。而在本案中，某国土资源局所主张的乙实业公司对甲房地产开发公司享有的债权为土地使用权给付之债，并非具有金钱给付内容的债权，故某国土资源局提出的行使代位权的主张，不符合《最高人民法院关于适用〈中华人民共和国合同法〉若干问题的解释（一）》有关代位权构成要件之规定，对其诉讼请求不予支持。

原告某国土资源局不服一审判决，提起上诉。

二审法院认为，依据现有事实，乙实业公司是某国土资源局的债务人。某国土资源局在本案中主张行使代位权，其主要依据是乙实业公司与甲房地产开发公司签订的《债权债务清算协议》，依据该协议，可以确定协议双方存在债权债务关系，即甲房地产开发公司对乙实业公司负有债务，且为金钱债务；至于协议关于以土地作价清偿的约定，只是双方选择了结债权债务的方式，其是否合法有效，不影响这一基本事实认定。此时，某国土资源局可以甲房地产开发公司为次债务人，依法行使代位权。但综合本案现有证据，其后甲房地产开发公司确有改制的事实存在，且因改制而注销；甲房地产开发公司改制注销时，就其债权、债务及资产与某招商实业开发总公司签订了《债权、债务及资产处置协议》并记载于工商机关的相关登记档案中，明确除由乙房地产开发公司代原房地产开发公司偿还230万美元外，其他债权、债务和资产均由乙实业公司承担。该230万美元业已偿还。据此，依照《债权、债务及资产处置协议》，招商房地产公司承受的仅是甲房地产开发公司原欠相关银行的金融债务，且已实际履行，其他债权债务及资产，由乙实业公司自行承担；而乙实业公司本系某国土资源局的债务人，不存在行使代位权的问题。

某国土资源局不服二审判决，向最高人民法院申请再审。

再审法院认为，本案的诉讼焦点是：某国土资源局能否对乙房地产开发公司行使代位权。该焦点问题可以分解为两个具体问题：其一，某国土资源局能否对改制前的甲房地产开发公司行使代位权？其二，改制后的乙房地产开发公司应否对原房地产开发公司的债务承担责任？关于第一个问题。本院认为，根据《合同法》第73条第1款关于"因债务人怠于行使其到期债权，对债权人造成损害的，债权人可以向人民法院请求以自己的名义代位行使债务人的债权，但该债权专属于债务人自身的除外"之规定，债权人代位权是债权人为了保全其债权不受损害而以自己的名义代债务人行使权利。本案中，某国土资源局因土地征地费问题与甲房地产开发公司、甲实业公司签订《债权债务转移合同》以及某国土资源局与甲实业公司签订的《交款合同》已为人民法院生效法律文书所确认为有效，某国土资源局对甲实业公司的债权合法确定，因此甲实业公司是某国土资源局的债务人。乙实业公司因在开办甲实业公司过程中出资不实而被生效的裁判文书认定应在注册资金不实的21441941元范围内对某国土资源局承担责任，故乙实业公司亦是某国土资源局的债务人，某国土资源局对乙实业公司的债权亦属合法且已确定。乙实业公司与甲房地产开发公司于1998年4月12日签订《债权债务清算协议书》，约定甲房地产开发公司应将其某项目用地的土地使用权以评估价34441941元抵偿其所欠乙实业公司的3481.55万元的债务。该协议书系双方当事人的真实意思表示，不违反法律、行政法规的强制性规定，应属有效。根据该协议，甲房地产开发公司对乙实业公司负有3481.55万元的金钱债务，甲房地产开发公司对乙实业公司负有给付某项目用地土地使用权的义务。本院认为，乙实业公司与甲房地产开发公司双方协议以土地作价清偿的约定构成了代物清偿法律关系。依据民法基本原理，代物清偿作为清偿债务的方法之一，是以他种给付代替原定给付的清偿，以债权人等有受领权的人现实地受领给付为生效条件，在新债务未履行前，原债务并不消灭，当新债务履行后，原债务同时消灭。本案中，乙实业公司与甲房地产开发公司虽然签订了《债权债务清算协议书》并约定"以地抵债"的代物清偿方式了结双方债务，但由于该代物清偿协议并未实际履行，因此双方原来的金钱债务并未消灭，据此，甲房地产开发公司是乙实业公司的债务人，进而是某国土资源局的次债务人。根据《合同法》第 73 条以及本院《最高人民法院关于适用〈中华人民共和国合同法〉若干问题的解释（一）》第 11 条、第 13 条之规定，因为乙实业公司既未向某国土资源局承担注册资金不实的赔偿责任，又未以诉讼或者仲裁方式向甲房地产开发公司主张已到期债权，致使债权人某国土资源局的债权未能实现，已经构成《合同法》第 73 条规定的"债务人怠于行使其到期债权，对债权人造成损害"。因此，某国土资源局有权行使代位权，但该代位权的行使范围应以其对乙实业公司的债权即注册资金不实的 21441941 元范围为限。

关于第二个问题，即改制后的乙房地产开发公司应否对原房地产开发公司的债务承担责任。本院认为，为了更好地审理企业改制相关的民事纠纷案件，最高人民法院专门制定了《关于审理与企业改制相关的民事纠纷案件若干问题的规定》，该规定所确立的法人财产原则、企业债务承继原则以及企业债务随企业财产变动原则，旨在防止企业在改制过程中造成企业财产流失，避免损害债权人的利益。本院认为，企业改制或者改造只是企业变更的一种形式，根据法人财产原则和企业债务承继原则，变更设立后的公司应当承继原企业的债权债务。虽然甲房地产开发公司在改制时与乙实业公司签订了《债权、债务及资产处置协议》，约定除欠某银行的款项外，其他债务由乙实业公司承担。但无论是甲房地产开发公司对乙实业公司负有的 3481.55 万元的债务，还是甲房地产开发公司欠某银行的 230 万美元的贷款，均是甲房地产开发公司改制前的对外负债，根据法人财产原则以及企业债务承继原则，改制后的甲房地产开发公司均应负责偿还改制前的房地产开发公司的债务。尽管改制后的甲房地产开发公司在注册资金数额、股东构成、企业性质等方面均有别于原房地产开发公司，但企业改制只是转换企业的组织形式和变更企业的经济性质，原企业的债权债务并不因改制而消灭。根据法人财产原则和企业债务承继原则以及本院《关于审理与企业改制相关的民事纠纷案件若干问题的规定》第 5 条关于"企业通过增资扩股或者转让部分产权，实现他人对企业的参股，将企业整体改造为有限责任公司或者股份有限公司的，原企业债务由改造后的新设公司承担"之规定，原房地产开发公司对乙实业公司的债务应由改制后的乙房地产开发公司承担。故某国土资源局将甲房地产开发公司作为次债务人，要求其承担原房地产开发公司所欠乙实业公司的债务，不仅符合《合同法》第 73 条和《最高人民法院关于适用〈中华人民共和国合同法〉若干问题的解释（一）》关于债权人代位权制度及其构成要件之规定，而且符合本院《关于审理与企业改制相关的民事纠纷案件若干问题的规定》的原则和规定。因此，某国土资源局关于要求乙房地产开发公司承担原房地产开发公司所欠乙实业公司债务的请求，于法有据，应予支持。

法理解读

如最高人民法院所述，本案的争议焦点是某国土资源局能否对甲房地产开发公司行使代位权。其又可分解为两个具体问题：其一，某国土资源局能否对改制前的甲房地产开发公司行使代位权？其二，改制后的甲房地产开发公司应否对原房地产开发公司的债务承担责任？

对于第一个问题，某国土资源局对改制前的甲房地产开发公司行使代位权需满足代位权的行使要件，对此，《民法典》合同编第 535 条第 1 款规定，因债务人怠于行使其债权以及与该债权有关的从权利，影响债权人的到期债权实现的，债权人可以向人民法院请求以自己的名义代位行使债务人对相对人的权利，但是该权利专属于债务人自身的除外。同时，《民法典合同编通则解释》第 33 条进一步明确，债务人不履行其对债权人的到期债务，又不以诉讼或者仲裁方式向相对人主张其享有的债权或者与该债权有关的从权利，致使债权人的到期债权未能实现的，人民法院可以认定为《民法典》第 535 条规定的"债务人怠于行使其债权或者与该债权有关的从权利，影响债权人的到期债权实现"。本案中，法院生效裁定已经认定乙实业公司是某国土资源局的债务人。而甲房地产开发公司拖欠乙实业公司 3481.55 万元的债务并约定以某项目用地土地使用权抵偿，但未履行。一审法院认为，该债务为土地使用权给付之债而非金钱之债，因此不符合代位权行使要件，二审及再审法院认为双方之间的约定系代物清偿协议，依据民法基本原理，新债不履行，旧债不消灭，因此乙实业公司仍对甲房地产开发公司享有金钱债权。而由于乙实业公司既不向某国土资源局履行到期债务，又未以诉讼或者仲裁方式向甲房地产开发公司主张已到期债权，致使债权人某国土资源局的债权未能实现，其已符合《民法典》第535条规定的代位权的行使要件，即"债务人怠于行使其债权或者与该债权有关的从权利，影响债权人的到期债权实现"，因此，某国土资源局能够对改制前的甲房地产开发公司行使代位权。

对于第二个问题，根据法人财产原则和企业债务承继原则以及《最高人民法院关于审理与企业改制相关的民事纠纷案件若干问题的规定》第5条关于"企业通过增资扩股或者转让部分产权，实现他人对企业的参股，将企业整体改造为有限责任公司或者股份有限公司的，原企业债务由改造后的新设公司承担"之规定，原房地产开发公司对乙实业公司的债务应由改制后的房地产开发公司承担。法院判决于法有据。

此外，还需说明的是，第一，《民法典》合同编第535条第1款的规定，其实对《最高人民法院关于适用〈中华人民共和国合同法〉若干问题的解释（一）》第13条规定的"金钱债权"的限制作了修改，从其表述来看，其并未限制债务人对次债务人的债权为金钱债权，除纯粹的财产权利外，其他具有财产性质的权利也可作为代位权的标的。①

第二，关于是否债务人必须"以诉讼或者仲裁方式"向相对人主张其享有的债权或者与该债权有关的从权利，才不构成债务人"怠于"行使其债权或与该债权有关的从权利，学术界和实务界曾存在争议，我们认为，诉讼或者仲裁方式作为公力救济方式，为债务人是否怠于行使权利提供了客观明确的标准，其较易判断和识别，而非诉讼或仲裁的其他私力救济方

---

① 最高人民法院民法典贯彻实施工作领导小组主编：《中华人民共和国民法典合同编理解与适用（一）》，人民法院出版社2020年版，第501页。

式无法为第三人所查知，若承认前述方式亦可排除代位权的行使，则易导致债务人与相对人串通，使代位权保护债权人的制度目的落空，[1] 因此，债务人以其他私力救济方式向相对人主张债权的仍应视为怠于行使债权。[2]

第三十四条　专属于债务人自身的权利

下列权利，人民法院可以认定为民法典第五百三十五条第一款规定的专属于债务人自身的权利：

（一）抚养费、赡养费或者扶养费请求权；

（二）人身损害赔偿请求权；

（三）劳动报酬请求权，但是超过债务人及其所扶养家属的生活必需费用的部分除外；

（四）请求支付基本养老保险金、失业保险金、最低生活保障金等保障当事人基本生活的权利；

（五）其他专属于债务人自身的权利。

【民法典条文】

第五百三十五条　因债务人怠于行使其债权或者与该债权有关的从权利，影响债权人的到期债权实现的，债权人可以向人民法院请求以自己的名义代位行使债务人对相对人的权利，但是该权利专属于债务人自身的除外。

代位权的行使范围以债权人的到期债权为限。债权人行使代位权的必要费用，由债务人负担。

相对人对债务人的抗辩，可以向债权人主张。

---

[1]　曹守晔等：《〈关于适用合同法若干问题的解释（一）〉的理解与适用》，载《人民司法》2000年第3期。

[2]　参见最高人民法院（2018）最高法民终917号民事判决书。

【既往司法解释】

《最高人民法院关于适用〈中华人民共和国合同法〉若干问题的解释（一）》（1999 年）

第十二条　合同法第七十三条第一款规定的专属于债务人自身的债权，是指基于扶养关系、抚养关系、赡养关系、继承关系产生的给付请求权和劳动报酬、退休金、养老金、抚恤金、安置费、人寿保险、人身伤害赔偿请求权等权利。

【条文要义】

本条是对《民法典》第 535 条规定的"专属于债务人自身"的权利的解释。

原《合同法》第 73 条规定，债权人代位权对专属于债务人自身的权利不得行使；《最高人民法院关于适用〈中华人民共和国合同法〉若干问题的解释（一）》第 12 条对"专属于债务人自身的债权"作了列举式的规定。同样，《民法典》第 535 条第 1 款的但书，也规定了"该权利专属于债务人自身的除外"的要求，规定债务人对相对人享有的权利是专属于债务人自身的权利，债权人不得对这种权利行使代位权。这种"专属于债务人自身"的权利应该怎样理解，本条在《最高人民法院关于适用〈中华人民共和国合同法〉若干问题的解释（一）》的基础上作了具体解释，即对于下列权利，法院可以认定为《民法典》第 535 条第 1 款规定的"专属于债务人自身"的权利。

1. 抚养费、赡养费或者扶养费请求权

抚养费、赡养费或者扶养费，都是婚姻家庭法关于近亲属相互之间身份权包含的履行抚养义务、赡养义务或扶养义务的费用，请求支付这些费用权利的属性也是请求权。不过，这些请求权不是债法意义上的请求权，而是身份权中的请求权，具有强烈的人身性。所以，抚养费、赡养费或者扶养费请求权是专属于债务人自己的请求权，并且是人身性质的请求权，债权人不得对这三种身份权中的请求权行使代位权。

2. 人身损害赔偿请求权

人身损害赔偿金，是受害人受到侵权行为的侵害，造成生命权、身体权或者健康权的损害，引起受害人死亡、重伤残疾丧失劳动能力以及其他人身损害事实，侵权人给付受害人救济损害的赔偿金。人身损害赔偿金具有强烈的人身性，是补偿受害人因人身损害造成的损失，不仅是对以前造成的损害的赔偿，而且包含对今后继续生活需要补偿的费用。对这种具有强烈人身性质的人身损害赔偿金，债权人不得行使代位权，用以保护债务人的人身权益不受损害。

3. 劳动报酬请求权，但是超过债务人及其所扶养家属的生活必需费用的部分除外

毫无疑问，劳动报酬请求权是专属于债务人的自身权利。但是，由于劳动报酬并非都是债务人及其所扶养的家属的生活必需费用，还包括生活必需费用之外的部分。因此，对债务人的劳动报酬请求权并非一律不能行使代位权，对除债务人及其所扶养的家属的生活必需费用外的部分，是可以行使债权人代位权的。

4. 请求支付基本养老保险金、失业保险金、最低生活保障金等保障当事人基本生活的权利

基本养老保险金、失业保险金、最低生活保障金虽然也都是请求权性质的权利，但却是保障享有这些权利的当事人基本生活的权利，通过领取基本养老保险金、失业保险金和最低生活保障金，使他们的生活能够得到基本保障。

这样的权利虽然也是请求权，但也是具有强烈人身性质的权利，而不是一般的债权。如果用基本养老保险金、失业保险金、最低生活保障金来履行对债权人的债务，将会对债务人的生活造成严重损害。所以，债权人不得对债务人的基本养老保险金、失业保险金、最低生活保障金等权利行

使代位权。

5. 其他专属于债务人自身的权利

这是对"专属于债务人自身"的权利兜底性规定，只要是专属于债务人自身的权利，并且具有一定的人身性，就是专属于债务人自身的权利，就在《民法典》第535条第1款但书规定的范围之内，债权人不得对其行使债权人代位权。

例如，抚恤金请求权，也不能行使债权人代位权。抚恤金，是发给伤残人员或死者家属的抚慰费用，是国家按照相关规定给上述人员的抚慰和经济补偿。享受抚恤金的人，必须符合两个条件：一是死者的直系亲属；二是这些亲属主要依靠死者生前扶养。例如，《工伤保险条例》第39条第1款规定，职工因工死亡，其近亲属按照规定从工伤保险基金领取丧葬补助金、供养亲属抚恤金和一次性工亡补助金。抚恤金具有严格的人身属性，债权人不得对抚恤金请求权主张行使代位权。此外，养老金、安置费等费用请求权，也属于其他专属于债务人自身的权利。

【案例评析】

某医院诉某交通公司医疗服务合同纠纷案①

基本案情

2010年12月25日清晨，被告福州某交通公司的驾驶员程某驾车在交叉路口撞倒一名行人（为本案无名氏）。事故发生后，交警部门在出具的《道路交通事故证明》中认为因行人受伤至今未苏醒，无法调查询问，且因该路口监控探头未启用，无法证实发生事故时的灯控状态，故无法查清道路交通事故成因和程某、行人的交通事故责任。无名氏在原告某医院的治疗费为24万余元，被告已付给原告17万元，还有7万余元无人支付。

---

① 载《人民法院报》2014年7月10日。案号：（2014）闽民申字第620号。

原告诉至法院，请求判决被告支付原告拖欠的医疗费 7 万余元及利息。

法院判决

一审法院认为，原告主张本案被告应支付无名氏医疗费给原告，依"谁主张，谁举证"之证据规则，原告首先要证明被告确负有赔偿无名氏医疗费的义务。从本案查明的事实来看，驾驶员程某未遵守道路交通安全法律、法规的规定，未做到按照操作规范安全驾驶、文明驾驶，驾车违法通行，碰撞致伤无名氏，其对造成无名氏的损害负有过错。程某系被告的工作人员，其在本案中驾车行为属执行工作任务，其因此产生的侵权责任依法由被告承担，即被告负有赔偿无名氏医疗费义务。无名氏只是因尚未苏醒，身份不明，客观上无法向被告追索医疗费。原告在无名氏未支付医疗费的情况下，仍给予治疗。根据上述情况，如准许原告直接向被告追索无名氏医疗费，对于无名氏而言，没有侵害其合法权益，且有利于其后续治疗，客观上有利于保障其生命健康权，从而体现了文明社会对一个人的生命健康权的尊重；对于作为医疗机构的原告而言，准许其及时向赔偿义务人追回垫付的医疗费，符合民法公平原则，且有利于其发扬救死扶伤的工作宗旨；对于被告而言，也没有损害其合法权益。由是观之，准许原告在本案中直接向负有赔偿义务的被告追索无名氏已产生的医疗费，既符合我国《民法通则》的公平原则，也符合《侵权责任法》"保护民事主体的合法权益，明确侵权责任，预防并制裁侵权行为，促进社会和谐稳定"、《合同法》"保护合同当事人的合法权益"的立法目的，显然与上述法律的法的价值一致，故本院应予准许。关于本案的法律适用问题。本案原告追索上述医疗费，在现有的法律规定内，其与我国现行《合同法》所规定的代位求偿权最相类似，因此原告该权利的行使可以参照最相类似的《合同法》第 73 条第 1 款"因债务人怠于行使其到期债权，对债权人造成损害的，债权人可以向人民法院请求以自己的名义代位行使债务人的债权，但该债权专属于债务人自身的除外"的规定。综上所述，原告基于其与无名氏医疗服务合同关系所提出的特殊代位求偿医疗费的诉讼请求，符合我国上述现行法的原则及现行法（包括具体参照的上述《合同法》第73条）的目的、价值，有最相类似的民事法律条文参照，本院予以支持。

被告某交通公司不服一审判决，提起上诉。

二审法院认为，程某未按照操作规范安全驾驶而违法通行，其对造成无名氏的损害负有过错。程某的驾车行为属执行工作任务，因此产生的侵权责任依法由被告承担。本案原告追索医疗费的情形，与合同法规定的代位权最相类似，可以参照《合同法》第73条第1款"因债务人怠于行使其到期债权，对债权人造成损害的，债权人可以向人民法院请求以自己的名义代位行使债务人的债权，但该债权专属于债务人自身的除外"的规定。被告某交通公司应支付本案无名氏的医疗费7万余元给原告某医院。

某交通公司不服，向福建省高级人民法院申请再审。

福建省高级人民法院经再审认为，本起交通事故发生后，某医院作为医疗机构尽到及时抢救伤者的职责，其行为有利于社会公序良俗的形成。某交通公司在支付了部分医疗费用后即停止给付，此后的医疗费用均由某医院垫付。某医院作为医疗费的债权人，本应享有要求无名氏予以支付的权利，但因无名氏尚未苏醒、身份不明以致某医院无法主张债权。而无名氏因一直处于昏迷状态亦无法向某交通公司主张赔偿权利，在这种情形下，允许某医院基于医疗服务合同关系和保护其债权的实现，以自己的名义向某交通公司直接主张权利行使医疗费求偿权，与代位权制度的立法宗旨是相符的。故一、二审法院参照代位求偿权的相关规定，对某医院的诉讼请求予以支持并无不当。这既有利于医院积极履行救死扶伤的职责，亦有利于受害者的继续救治，同时，也符合民法上的公平原则。

法理解读

本案的争议焦点是，某医院能否代位行使无名氏对某交通公司的人身损害赔偿请求权。

依据《民法典》合同编第535条第1款的规定，债权人代位权成立的条件之一是，债务人对相对人的权利并非专属于债务人自身的权利。原

《合同法》第 73 条第 1 款即已对此作出规定，《最高人民法院关于适用
〈中华人民共和国合同法〉若干问题的解释（一）》第 12 条列举了专属
于债务人自身的债权的种类，即基于扶养关系、抚养关系、赡养关系、继
承关系产生的给付请求权和劳动报酬、退休金、养老金、抚恤金、安置
费、人寿保险、人身伤害赔偿请求权等权利。《民法典合同编通则解释》
第 34 条在此基础上作了完善。法律规定债权人对专属于债务人的权利不
能行使代位权的原因，是因这些权利往往是与债务人的人格权、身份权相
关的债权，[1] 这些权利与债务人的生活密切相关，涉及最基本的权利保障
问题，[2] 为确保债务人的基本生活需求，此类债权如抚养费、赡养费或者
扶养费请求权、人身损害赔偿请求权等不宜成为债权人代位权的客体。

　　而在本案中，某医院主张的即无名氏对某交通公司的人身损害赔偿请
求权，但法院支持了某医院的诉讼请求。福建省高级人民法院对本案专门
编写案例评析，其认为，虽然人身伤害赔偿请求权是"专属于债务人自身
的债权"，此规定的目的是保障债务人的自主选择权，即是否行使以及如
何行使该请求权由债务人自己决定。但问题是受害人无名氏无法行使此种
权利，如若受困于法律救济途径的缺乏，医院不能直接向交通事故肇事责
任方行使追偿权，形成的必然结果是医院垫付的医疗费用不能追回，而肇
事者却不用承担赔偿责任，显然不符合公平原则。在保护债务人意思自治
与社会公平交易秩序存在价值冲突时，法律价值的取舍应以后者为重，因
此医院有权依代位权起诉肇事方。

　　应当说法院的观点合情合理。因为，虽然法律规定专属于债务人的权
利不应作为债权人代位权的客体，但从目的解释的角度，该规定的目的是
保障债务人维持基本生活的权利，而在本案中，无名氏已昏迷不醒，也没
有近亲属代其行使人身损害赔偿请求权，此时，如若不允许医院直接向交
通事故肇事责任方主张权利，则会形成医院垫付的医疗费用不能追回，而

---

① 曹守晔等：《〈关于适用合同法若干问题的解释（一）〉的理解与适用》，载《人民司法》
2000 年第 3 期。

② 唐力：《〈民法典〉上代位权实现的程序控制》，载《政法论丛》2023 年第 1 期。

肇事者却不用承担赔偿责任的结果。相反，支持某医院的诉讼请求，则既符合公平原则，也有利于医院对无名氏实施进一步的救助，其并不违背专属于债务人自身的权利不能作为代位权行使客体的规范意旨。因此，综合衡量各方当事人利益和"专属于债务人自身的权利"的规范目的，应对某医院的诉讼请求予以支持。

第三十五条　代位权诉讼的管辖

债权人依据民法典第五百三十五条的规定对债务人的相对人提起代位权诉讼的，由被告住所地人民法院管辖，但是依法应当适用专属管辖规定的除外。

债务人或者相对人以双方之间的债权债务关系订有管辖协议为由提出异议的，人民法院不予支持。

【民法典条文】

第五百三十五条　因债务人怠于行使其债权或者与该债权有关的从权利，影响债权人的到期债权实现的，债权人可以向人民法院请求以自己的名义代位行使债务人对相对人的权利，但是该权利专属于债务人自身的除外。

代位权的行使范围以债权人的到期债权为限。债权人行使代位权的必要费用，由债务人负担。

相对人对债务人的抗辩，可以向债权人主张。

【既往司法解释】

《最高人民法院关于适用〈中华人民共和国合同法〉若干问题的解释（一）》（1999年）

第十四条　债权人依照合同法第七十三条的规定提起代位权诉讼的，

由被告住所地人民法院管辖。

《最高人民法院关于适用〈中华人民共和国合同法〉若干问题的解释（二）》（2009 年）

第十七条　债权人以境外当事人为被告提起的代位权诉讼，人民法院根据《中华人民共和国民事诉讼法》第二百四十一条的规定确定管辖。

【条文要义】

本条是对债权人行使代位权诉讼管辖规则的解释。

对债权人行使代位权诉讼的管辖，《民法典》没有作具体规定，《民事诉讼法》也没有作具体规定。《最高人民法院关于适用〈中华人民共和国合同法〉若干问题的解释（一）》第 14 条规定，代位权诉讼由被告住所地人民法院管辖。《最高人民法院关于适用〈中华人民共和国合同法〉若干问题的解释（二）》第 17 条对境外当事人被告提起的代位权诉讼的管辖，也作出了规定。本条将上述两条的内容合并在一起，进一步补充，对债权人以国内被告提起的代位权诉讼管辖和对境外当事人作为被告提起代位权诉讼，确定了具体的管辖规则。

1. 国内当事人行使代位权诉讼的管辖

债权人依据《民法典》第 535 条的规定，对债务人的相对人提起代位权诉讼的，应当以债务人的相对人为被告。对此，债权人作为原告提起代位权诉讼，由被告住所地法院管辖，也就是债务人的相对人作为被告，以该被告的住所地法院为管辖法院。

债权人提起的代位权诉讼属于法律规定的专属管辖的，应当依法适用专属管辖规定。专属管辖，是法律规定某些案件必须由特定的法院管辖，当事人不能以协议的方式变更。专属管辖权的规定主要表现在家庭、继承和不动产等案件方面，包括：因不动产提起的诉讼，由不动产所在地人民法院管辖；港口作业中发生的诉讼，由港口所在地人民法院管辖；因登记发生的诉讼，由登记机关所在地人民法院管辖；继承遗产的诉讼，由被继承人生前户籍所在地或主要遗产所在地人民法院管辖；破产诉讼，由破产企业主要办事机构所在地人民法院管辖等。

2. 代位权诉讼排斥债务人与相对人约定的管辖协议

本条司法解释第 2 款规定，债权人提起的代位权诉讼，排斥债务人与相对人之间约定的管辖协议，当债权人对债务人和相对人提起代位权诉讼后，债务人或者相对人如果以他们之间的债权债务关系约定有管辖协议，并且以此为由提出管辖异议的，法院不予支持，仍然依照代位权诉讼的管辖规定确定管辖权。

【案例评析】

某甲会社与吴某、某乙公司债权人代位权纠纷案①

基本案情

2015 年 5 月 12 日，某甲公司与其母公司某乙公司签订《贷款协议》，约定某乙公司向某甲公司出借本金为 2.75 亿元的贷款，用于某甲公司购买机器和设备及其他固定资产。某乙公司于 2015 年 6 月 1 日向某甲公司发放了贷款。

2015 年 5 月 22 日，某乙公司与某乙会社签订《可转换公司债发行及认购合同》及相关附件（以下简称认购协议）。认购协议约定，某乙公司于 2015 年 5 月 29 日发行可转换公司债，某乙会社与另一认购人案外人某银行共同以 500 亿韩元的总价款认购某乙公司发行的债券。约定：交割日期为 2015 年 5 月 29 日；若某乙公司未按时支付本金或利息，认购人可根据自己的选择通知债务提前到期并要求立即偿还债务。后某乙公司未按约定支付完毕本金及利息。2018 年 4 月，某乙会社分立，分立后由某甲会社

---

① 案号：（2019）闽民终 1823 号。

承继某乙会社在认购协议及其补充协议下的权利义务。至 2019 年 3 月 4 日，吴某及某乙公司尚拖欠某甲会社约 64710171.99 元。因某乙公司既不履行对某甲会社的债务，也怠于向某甲公司主张债权，给某甲会社的利益造成了损害，某甲会社遂向法院起诉请求：1. 某甲公司立即向某甲会社支付 64710171.99 元及自 2015 年 6 月 1 日起至实际支付之日止以年复利 5% 计的利息……

法院判决

关于某甲公司的代位权诉讼，一审法院是否具有管辖权：

一审法院认为，本案系债权人代位权纠纷。某甲会社提起的债权人代位权诉讼，其实质是某甲会社代某乙公司向某甲公司主张到期债权。但在本案受理前，某甲公司与某乙公司于 2015 年 5 月 12 日签订的《贷款协议》第 10.7 条约定："由本协议而产生的或与本协议有关的任何争议应提交新加坡国际仲裁中心 SIAC，按照 SIAC 现行有效的仲裁规则在新加坡仲裁。"该约定系双方当事人的真实意思表示，属有效条款。虽然某甲会社与某甲公司之间并无直接的仲裁协议，但某甲会社向某甲公司行使代位权时，应受某甲公司与某乙公司之间仲裁条款的约束。且某乙公司与某乙会社、某银行于 2015 年 5 月 22 日共同签订的《可转换公司债发行及认购合同》第 12.3 条约定："当事人之间无法通过协商解决的所有纠纷，则依据向大韩商事仲裁院申请仲裁当时有效的仲裁规则，通过仲裁解决。"某乙公司与某乙会社、某银行于 2016 年 8 月 31 日共同签订的《〈可转换公司债发行及认购合同〉的补充协议书》第 8 条约定："就本协议发生的所有纠纷，向大韩商事仲裁院申请仲裁，并根据届时有效的仲裁规定解决该些纠纷。"上述仲裁条款，排除了法院的管辖。故某甲会社代某乙公司向某甲公司主张债权时，也应向仲裁机构申请仲裁。根据《最高人民法院关于适用〈中华人民共和国民事诉讼法〉若干问题的解释》第 124 条 "人民法院对下列起诉，分别情形，予以处理……（二）依照法律规定，双方当事人达成书面仲裁协议申请仲裁、不得向人民法院起诉的，告知原告向仲裁机构申请仲裁"之规定，某甲会社的起诉不属于法院的受案范围，应当驳回其起诉。

某甲会社不服，提起上诉。

二审法院经审理认为，根据某甲会社的该项主张及其所提交的证据，本案涉及以下债权债务法律关系：某乙公司与某甲公司基于《贷款协议》产生的债权债务关系；以及某甲会社与某乙公司基于《可转换公司债发行及认购合同》《〈可转换公司债发行及认购合同〉的补充协议书》产生的债权债务关系。相关合同中虽均签订有仲裁条款，但仲裁条款只约束签订合同的各方当事人，对合同之外的当事人不具有约束力。本案并非债权转让引起的诉讼，某甲会社既非《贷款协议》的当事人，亦非该协议权利义务的受让人，一审法院认为某甲会社行使代位权时应受某甲公司与某乙公司之间仲裁条款的约束缺乏依据。且上述《贷款协议》与《可转换公司债发行及认购合同》及补充协议所约定的仲裁机构分别为"新加坡国际仲裁中心 SIAC"以及"大韩商事仲裁院"，即不同仲裁条款所选定的仲裁机构并不一致。综上，一审法院认为某甲会社向某甲公司行使本案代位权诉讼时，应向仲裁机构申请仲裁错误，本院予以纠正。但某甲公司的住所地在福建省漳州市，依据《最高人民法院关于适用〈中华人民共和国合同法〉若干问题的解释（一）》第14条"债权人依照合同法第七十三条的规定提起代位权诉讼的，由被告住所地人民法院管辖"的规定，本案应移送福建省漳州市中级人民法院审理。

法理解读

本案的争议焦点是，对于某甲会社的债权人代位权诉讼，一审法院是否具有管辖权。

《民法典合同编通则解释》第35条第1款明确，债权人依据《民法典》第535条规定对债务人的相对人提起代位权诉讼的，由被告住所地人民法院管辖，但是依法应当适用专属管辖规定的除外。该条在《最高人民法院关于适用〈中华人民共和国合同法〉若干问题的解释（一）》第14

条的基础上予以完善。其遵循了民事诉讼法上的一般地域管辖原则，即"原告就被告"原则，[①] 该原则一方面有利于抑制原告滥诉，使被告免受不当诉讼的侵扰；另一方面也有利于法院传唤被告参与诉讼，对诉讼标的物进行保全或勘验，有利于判决执行。[②] 依据该原则，债权人向相对人提起代位权诉讼的，由被告住所地人民法院管辖，而不论债务人与相对人之间的合同是否有约定协议管辖的内容、是否有订立有效的仲裁条款，债务人、相对人都不得以管辖协议、仲裁协议进行管辖抗辩。[③] 不过，若涉及专属管辖情形的，因专属管辖是强制性规定，应按照专属管辖确定代位权诉讼的管辖。

本案中，涉及的两个债权债务关系是：某乙公司基于《贷款协议》而对某甲公司享有债权；某甲会社基于《可转换公司债发行及认购合同》《〈可转换公司债发行及认购合同〉的补充协议书》而对某乙公司享有债权。相关合同中虽均签订有仲裁条款，但是，某甲会社与某甲公司之间并无直接的仲裁协议，前述仲裁条款只约束签订合同的各方当事人，对合同之外的当事人应不具有约束力。因此，本案仍应适用代位权诉讼管辖的一般规定，依据《民法典合同编通则解释》第35条第1款的规定，应由被告某甲公司住所地法院管辖。因某甲公司的住所地并未在一审法院辖区，因此该案应移送至某甲公司住所地法院审理。

第三十六条　代位权诉讼与仲裁协议

债权人提起代位权诉讼后，债务人或者相对人以双方之间的债权债务关系订有仲裁协议为由对法院主管提出异议的，人民法院不予支持。但是，债务人或者相对人在首次开庭前就债

---

① 王亚新：《民事诉讼管辖：原理、结构及程序的动态》，载《当代法学》2016年第2期。
② 江伟、肖建国：《民事诉讼法》，中国人民大学出版社2018年版，第100页。
③ 曹守晔等：《〈关于适用合同法若干问题的解释（一）〉的理解与适用》，载《人民司法》2000年第3期；最高人民法院民法典贯彻实施工作领导小组主编：《中华人民共和国民法典合同编理解与适用（一）》，人民法院出版社2020年版，第504页。

务人与相对人之间的债权债务关系申请仲裁的，人民法院可以依法中止代位权诉讼。

【民法典条文】

第五百三十五条第一款　因债务人怠于行使其债权或者与该债权有关的从权利，影响债权人的到期债权实现的，债权人可以向人民法院请求以自己的名义代位行使债务人对相对人的权利，但是该权利专属于债务人自身的除外。

【条文要义】

本条是对代位权诉讼与债务人和相对人的仲裁协议关系的解释。

对原《合同法》第73条规定的债权人代位权，《最高人民法院关于适用〈中华人民共和国合同法〉若干问题的解释（一）》对代位权诉讼与债务人和相对人之间的仲裁协议的关系没有作过规定。本条对此作出了具体规定。

《民法典》第535条规定，债权人行使代位权应当向法院起诉。因此，债权人代位权的诉讼属于人民法院专属管辖，排斥仲裁协议。当事人对债权人行使代位权诉讼约定了仲裁协议，应当向有关的仲裁机构提起仲裁申请的条款不发生法律效力。

在债权人行使代位权的诉讼中，如果债务人与其相对人之间的合同约定有仲裁条款，债务人的相对人在代位权诉讼中提出他们之间的债权债务争议通过仲裁裁决的，应当怎样处理，要由具体的规则调整。

对此，本条规定的规则是：

第一，债权人提起代位权诉讼后，债务人或者相对人以双方之间的债权债务关系订有仲裁协议为由对法院主管提出异议的，人民法院不予支持。这就是债务人与其相对人之间约定的仲裁协议原则上不能排斥法院对代位权诉讼的主管，法院对代位权诉讼享有主管的权力。

第二，特别的规定是，债权人提起代位权诉讼后，债务人或者相对人以他们之间的债权债务关系约定了仲裁协议，就债务人与相对人之间的民事法律关系争议申请仲裁的，法院应当依法准许，但是设置了一个期限，即在首次开庭之前是可以的，法院可以中止代位权诉讼，等待仲裁结果；如果一审法庭已经首次开庭，相对人再提出申请仲裁的，法院不支持这种请求，直接裁判。

第三，在债权人提起的代位权诉讼中，债务人的相对人以同样的理由，即他们之间的债权债务关系有仲裁条款而申请仲裁，但是，该仲裁协议是在债权人提起代位权诉讼后才达成的，这种仲裁条款对债权人行使代位权不发生影响，法院不支持债务人或者其相对人的仲裁申请，可以直接裁判债权人行使代位权的民事法律关系。本条司法解释虽然没有规定这一规则，但是在实践中是可以适用的。

【案例评析】

某设备公司与某科技公司、某风能公司债权人代位权纠纷案①

基本案情

某设备公司分别与某科技公司、某风能公司存在长期的买卖合同关系。某科技公司认为某设备公司未及时向某风能公司主张债权，导致某设备公司不能向某科技公司支付货款，故于 2018 年 4 月 28 日提起债权人代位权诉讼。2019 年 7 月 12 日，江苏省启东市人民法院作出裁定，宣告某设备公司破产。

第一，关于某设备公司与某科技公司之间的债权债务关系。某科技公

---

① 案号：（2020）最高法民终 479 号。

司对某设备公司的债权由两部分组成，第一部分是经上海市第二中级人民法院于 2018 年 4 月 20 日所作出的生效判决确认的债权：92853041.63 元及相应利息。第二部分是基于 2017 年 6 月 29 日及 8 月 28 日，某科技公司因与某设备公司之间的《采购合同》而产生的债权，共计 3537700 元及相应利息。

第二，关于某设备公司与某风能公司之间的债权债务关系。某设备公司与某风能公司自 2010 年起，存在长期的买卖合同关系。从 2017 年至 2019 年，某风能公司聘请的某会计师事务所长沙分所每年都以某风能公司的名义向某设备公司发出《询证函》，根据某风能公司的账簿记录，询证某风能公司与某设备公司的交易及往来账项。《询证函》上均加盖了某风能公司的公章。依据《询证函》，截至 2018 年 12 月 31 日，某风能公司欠某设备公司 215913652.85 元。

2018 年 5 月 21 日，某风能公司以某设备公司为被申请人在湘潭仲裁委员会提起了仲裁申请，提出因 2015 年 4 月 13 日、2015 年 8 月 25 日，2016 年 7 月 12 日所签订合同项下的叶片存在严重的质量问题，形成批次性质量事故，故申请：1. 确认某设备公司依据该三份合同向某风能公司交付的 197 套叶片存在严重质量问题，不符合合同约定；2. 确认某风能公司无须就上述 197 套叶片向某设备公司支付相应货款；3. 某设备公司赔偿某风能公司损失 5575.5 万元；4. 某设备公司承担本案全部仲裁费用。湘潭仲裁委员会于 2018 年 5 月 29 日受理了该案。2018 年 12 月 7 日，因江苏省启东市人民法院裁定受理某设备公司的破产清算一案，湘潭仲裁委员会决定中止仲裁程序。2019 年 7 月 12 日，湘潭仲裁委员会恢复仲裁程序并进行了第一次审理。

某科技公司向一审法院起诉请求判令某风能公司向某设备公司支付 103857382.04 元，上述追回款项归入某设备公司的破产财产。

法院判决

一审法院认为，本案为债权人代位权纠纷。

　　第一，关于设备公司是否对某风能公司享有到期债权。不论是在双方往来《询证函》中某风能公司自认的欠付货款 215913652.85 元，还是经过组织双方对账可以初步确认的欠付货款 343772475.14 元，某设备公司对某风能公司均享有至少 215913652.85 元的到期债权。即便如某风能公司抗辩所主张的质保期未过，因每份合同的质保金仅为总金额的 5% 左右，某设备公司依旧对某风能公司享有足以覆盖本案标的额的债权。某风能公司主张某设备公司对其不享有到期债权的抗辩理由不能成立，应予驳回。

　　第二，关于某科技公司对某设备公司是否享有到期债权，以及某设备公司怠于行使到期债权是否对某科技公司造成损害。代位权诉讼的另一个前提条件是债务人对债权人负有到期债务，且因其怠于行使对次债务人的债权而对债权人造成损害。本案中，某科技公司对某设备公司享有的到期债权总计 103857382.04 元，而因某设备公司怠于行使其对某风能公司的到期债权，导致某科技公司债权无法实现，某科技公司有权代位某设备公司向某风能公司主张债权……

　　第三，关于本案是否应当中止审理。其一，某风能公司主张某设备公司交付的叶片存在严重的质量问题，其已在湘潭仲裁委员会提起仲裁，要求某设备公司赔偿损失，某设备公司对某风能公司是否享有到期债权，取决于仲裁结果，故本案应当中止审理。某科技公司和某设备公司主张某风能公司在某科技公司提起诉讼之后申请仲裁，属于故意拖延诉讼程序，且某设备公司已经进入破产程序，即便某风能公司对某设备公司享有债权，也应当向管理人主张抵销，管理人有异议的还可以提起诉讼，但不能直接抵销。法院认为，某风能公司就质量问题已经提起了仲裁，而本案审理的代位权纠纷是以某设备公司可享有的合法债权为限，某设备公司在仲裁案件中应向某风能公司支付的赔偿款可以在执行程序中解决。其二，某设备公司已进入破产程序，根据《最高人民法院关于适用〈中华人民共和国企业破产法〉若干问题的规定（二）》第 41 条规定，债权人依据企业破产法第 40 条的规定行使抵销权，应当向管理人提出抵销主张。第 42 条规定，管理人对抵销主张有异议的，应当在约定的异议期限内或者自收到债务抵销的通知之日起三个月内向人民法院提起诉讼。因此，在债务人破产后，债权人主张对债务人享有债权应予抵销的，应当向管理人主张，管理人如有异议，还可以提起诉讼。如果法院在案件审理过程中直接对双方债权债务予以抵销，不仅代行了管理人的职责，有越俎代庖之嫌，还可能侵犯管理人的异议权，剥夺管理人提起诉讼的权利。故，即便经过仲裁认定某设备公司的叶片存在质量问题，某风能公司对某设备公司享有债权，其也只能向某设备公司管理人提出抵销主张，由管理人审核决定，其合法权利仍有救济渠道。本案并不必然要以仲裁结果为依据，故无须中止审理。某风能公司提出中止审理的主张没有事实和法律依据，依法应予以驳回。

二审法院认为，本案二审阶段的争议焦点问题之一是，某设备公司对某风能公司的债权数额问题。

对此，某风能公司上诉主张，某设备公司对其享有的债权，因存在仲裁及破产程序而未确定，《询证函》证明的货款金额应与质量损害赔偿相抵销。本院认为，关于某风能公司主张的质量损害赔偿问题。某风能公司与某设备公司之间的买卖合同约定了仲裁条款，两公司之间的相关质量纠纷不属于人民法院受理民事诉讼的范围，实际上也已通过仲裁程序处理。根据《最高人民法院关于适用〈中华人民共和国企业破产法〉若干问题的规定（二）》第41条第1款的规定："债权人依据企业破产法第四十条的规定行使抵销权，应当向管理人提出抵销主张。"即使存在某风能公司主张的货物质量问题，其也应在破产程序中向管理人主张抵销，而非在本案中径行主张抵销。某风能公司欠付某设备公司的货款，已有相关证据予以证实，而其抗辩的质量损害赔偿是否成立并不确定。且某科技公司已经变更诉讼请求，将其代位请求的债权直接归于某设备公司，支持某科技公司的诉讼请求不会导致个别清偿。如仲裁机构认定某设备公司的叶片存在质量问题应予赔偿，某风能公司仍可向某设备公司的管理人申报债权、提出抵销，其合法权利仍可在破产程序中获得救济。一审法院认为本案不必然以仲裁结果为依据，无须中止审理，并无不当。一审判决不支持某风能公司以货物质量损害赔偿抵销货款的抗辩主张，具有事实和法律依据。

法理解读

本案的争议焦点之一是，债务人某设备公司与相对人某风能公司之间因叶片质量问题而进入仲裁程序，本案是否应因此而中止审理。

由于债权人代位权诉讼既涉及债权人与债务人的权利义务关系，也涉及债务人与相对人的权利义务关系，因此，法院在审理代位权纠纷时，对两种法律关系均应予以查明，方能最终确定是否支持债权人的诉请，以及应在多大范围内支持债权人的诉请。此时，若债务人与相对人之间约定了仲裁协议，并提出了仲裁申请，法院支持债务人或相对人的申请并相应中止代位权诉讼，则既尊重当事人的意思自治，也可降低法院的审判成本。只不过，若债务人与相对人的仲裁协议系在债权人提起诉讼之后才达成，则有拖延诉讼之嫌，应对此予以遏制。《民法典合同编通则解释》第36条即对此予以明确，其规定，债权人提起代位权诉讼后，债务人或者其相对人在首次开庭前就债务人与相对人之间的债权债务关系申请仲裁的，人民法院可以依法中止代位权诉讼，但是仲裁协议系债权人提起代位权诉讼后才达成的除外。

在本案中，某风能公司主张某设备公司交付的叶片存在严重的质量问题，其已在湘潭仲裁委员会提起仲裁，要求某设备公司赔偿损失，某设备公司对某风能公司是否享有到期债权，取决于仲裁结果，故本案应当中止审理。应当说，某设备公司与某风能公司之间的仲裁程序确实会影响某设备公司债权数额的确定。但是，由于在本案中，某设备公司已经进入破产程序，且某科技公司已经变更诉讼请求，将其代位请求的债权直接归于某设备公司，因此，支持某科技公司的诉讼请求不会导致个别清偿。如仲裁机构认定某设备公司的叶片存在质量问题应予赔偿，某风能公司仍可向某设备公司的管理人申报债权、提出抵销，其合法权利仍可在破产程序中获得救济。因此，本案无须中止审理，法院判决于法有据。

第三十七条　代位权诉讼中债务人、相对人的诉讼地位及合并审理

债权人以债务人的相对人为被告向人民法院提起代位权诉讼，未将债务人列为第三人的，人民法院应当追加债务人为第三人。

两个以上债权人以债务人的同一相对人为被告提起代位权诉讼的，人民法院可以合并审理。债务人对相对人享有的债权不足以清偿其对两个以上债权人负担的债务的，人民法院应当按照债权人享有的债权比例确定相对人的履行份额，但是法律另有规定的除外。

【民法典条文】

第五百三十五条第一款　因债务人怠于行使其债权或者与该债权有关的从权利，影响债权人的到期债权实现的，债权人可以向人民法院请求以自己的名义代位行使债务人对相对人的权利，但是该权利专属于债务人自身的除外。

【既往司法解释】

《最高人民法院关于适用〈中华人民共和国合同法〉若干问题的解释（一）》（1999年）

第十六条　债权人以次债务人为被告向人民法院提起代位权诉讼，未将债务人列为第三人的，人民法院可以追加债务人为第三人。

两个或者两个以上债权人以同一次债务人为被告提起代位权诉讼的，人民法院可以合并审理。

【条文要义】

本条是对代位权诉讼中债务人、相对人的诉讼地位及数个债权人起诉合并审理的解释。

对这些问题,《最高人民法院关于适用〈中华人民共和国合同法〉若干问题的解释(一)》第 16 条作过明确规定。本条在此基础上,对这些具体规则作了进一步完善。

1. 代位权诉讼中债务人的第三人诉讼地位

债权人向法院起诉行使代位权,应当以债务人的相对人为被告。在代位权的诉讼中,债务人是何种地位,法律没有明确规定,以往的司法解释也确认债务人在债权人提起的代位权诉讼中,诉讼地位是无独立请求权的第三人。本司法解释坚持这一做法。对此,债权人以债务人的相对人为被告,向法院提起代位权诉讼后,如果未将债务人列为第三人的,法院应当依职权追加债务人为第三人,参加代位权诉讼。

2. 数个债权人行使代位权诉讼的合并审理

在债权人提起的代位权诉讼中,对该债务人享有债权的债权人可能存在两个以上,也就是债务人有数个债权人,都是同一个债务人的债权人。当债务人怠于向其相对人行使到期债权,危及数个债权人的债权时,数个债权人虽然不是共同债权人,但有可能都对同一个债务人的相对人提起代位权诉讼。

形成这种情形的原因,是因为《民法典》对债权人行使代位权的后果没有规定“入库原则”,而是直接代位行使债权,以相对人的债务直接清偿债权人的债权。如果实行代位权的入库原则,行使代位权的后果是将相对人对债务人应当履行的债务收入债务人的责任财产之中,债权人实现自己的债权需要另行向债务人提起诉讼,就不会出现数个债权人向同一个债务人的相对人提起代位权诉讼的情形。

由于数个债权人对同一个债务人的相对人提起代位权诉讼,尽管都是独立的诉讼主体提起的独立诉讼,但是,对其进行合并审理,既方便审判,也便于保护各当事人的合法权益,还可以避免作出相互冲突的判决。因此,本条规定,两个以上的债权人以债务人的同一相对人为被告提起代位权诉讼的,法院可以合并审理。

在数个债权人对同一个相对人提起代位权诉讼的合并审理中,有可能出现债务人对相对人享有的债权不足以清偿其对所有的债权人负担的债务,存在两种可能性,有两种不同的做法:

第一种做法是通常的方法,即债务人对相对人享有的债权不足以清偿其对两个以上债权人负担的债务的,法院应当按照债权人享有的债权比例,确定相对人的履行份额,使债权平均受偿。

第二种做法是法律另有规定的除外。例如,债务人的相对人是债权人的保证人,并且以该种债权为债务人提供保证,这时,就不能按照债权人享有的债权比例确定相对人的履行份额,而是有保证担保的债权有优先受偿权,在其受偿剩余的部分,才可以对没有担保的债权人履行债务。

【案例评析】

某甲公司与某乙公司等债权人代位权纠纷案①

基本案情

2018年,刘某以民间借贷纠纷向海门法院起诉某乙公司和季某,要求某乙公司和季某返还借款本金及利息。海门法院于2018年7月24日判决某乙公司返还刘某借款本金1674500元,并支付利息。判决生效后,某乙公司未履行给付义务,经刘某申请,海门法院于2018年9月3日作出裁定,裁定查封、扣押、冻结、扣划某乙公司名下价值2000000元的财产。

2018年9月6日,海门法院向某甲公司发出执行裁定书及协助执行通

---

① 案号:(2021)京02民终5983号。

知书，要求某甲公司冻结某乙公司在某甲公司的应收款项 2000000 元。同日，某甲公司出具《情况说明》，主要内容为某甲公司对某乙公司应付未付总金额为 6084965.29 元，包含未付工程结算金额 4000000 元，未付工程质保金共 2084965.29 元（截止到 2018 年 9 月 6 日，质保金未到期）。上述费用，已由甘肃省兰州市人民法院（以下简称兰州法院）冻结应收款 4000000 元。除冻结款项外，截止到 2018 年 9 月 6 日，某乙公司在某甲公司未付款金额为 2084965.29 元，工程质保金到期后，某甲公司清算工程质保款项并在质保金中扣除，剩余质保金作为实际冻结金额。

2019 年 8 月 12 日，海门法院向某甲公司发出协助执行通知书，要求某甲公司扣划（提取）某乙公司在某甲公司的工程质保金 60000 元。2019 年 9 月 10 日，某甲公司将执行款 60000 元汇入海门法院账户。

2019 年，案外人薛某、周某、王某、徐某以建设工程施工合同纠纷向一审法院起诉某乙公司、某甲公司，要求某乙公司、某甲公司连带支付装修劳务费。2019 年 8 月 1 日，经一审法院主持调解，一审法院分别作出民事调解书，确认某乙公司于 2019 年 8 月 1 日应分别支付薛某、周某、王某、徐某 615916 元、422823 元、507512 元、396117 元，于 2019 年 8 月 1 日分别支付薛某、周某、王某、徐某经济补偿款 20000 元。上述调解书生效后，某乙公司未履行给付义务。2019 年 9 月 19 日，一审法院向某甲公司发出执行裁定书和协助执行通知书，要求某甲公司冻结某甲公司应向某乙公司支付的工程质保金 908564 元，提取、划拨某乙公司在某甲公司的工程质保金 350000 元。某甲公司收到上述执行裁定书和协助执行通知书后，协助冻结了工程质保金 908564 元，但未协助提取、划拨工程质保金 350000 元。

刘某起诉请求，1. 某甲公司偿还刘某 2084965.29 元，按照银行同期贷款利率，分段支付截至实际给付之日止的逾期付款利息；2. 某甲公司承担本案诉讼费用。

法院判决

一审法院经过审理，认定某乙公司对某甲公司享有 1678084.34 元到期债权，而本案中，刘某行使债权人代位权的要件也已成立，据此法院在1678084.34元范围内，支持了刘某要求某甲公司返款的诉讼请求。某甲公司不服一审判决，提起上诉，其上诉的理由之一是，针对某乙公司对某甲公司的债权，同时还有薛某等4人也在一审法院提起代位权诉讼。根据《最高人民法院关于适用〈中华人民共和国合同法〉若干问题的解释（一）》第16条第2款的规定，多个债权人以同一次债务人为被告提起代位权诉讼的可以合并审理。一审诉讼中，某甲公司书面答辩时已申请合并审理，但一审法院分别审理，严重违反法定程序。

对此，二审法院认为，《最高人民法院关于适用〈中华人民共和国合同法〉若干问题的解释（一）》第16条第2款规定："两个或者两个以上债权人以同一次债务人为被告提起代位权诉讼的，人民法院可以合并审理。"据此，多个债权人以同一次债务人为被告提起代位权诉讼的，可以合并审理，但并非必须合并审理。某甲公司关于本案未与其他4案合并审理，严重违反法定程序的上诉意见，与司法解释规定不符，不予采纳。同时，某甲公司上诉认为其他4案的债权属于农民工劳务工资，应当优先保护。对此，本院认为，一审判决依照《合同法》第73条的规定，并结合刘某对某乙公司享有债权，某乙公司对某甲公司的质保金债权已到期的认定，判决某甲公司向刘某支付款项具有法律依据和事实依据，本案没有证据证明存在能够阻却刘某行使债权人代位权的其他优先权利。在此情况下，对某甲公司的该项上诉意见不予采纳。

法理解读

本案的争议焦点之一是，针对某乙公司对某甲公司的同一笔债权，作为某乙公司债权人的刘某及薛某等其他4人分别向法院提起代位权诉讼，法院是否必须合并审理。

对此，《民法典合同编通则解释》第37条第2款第1句明确，两个以上债权人以债务人的同一相对人为被告提起代位权诉讼的，人民法院可以合并审理。该条款在《最高人民法院关于适用〈中华人民共和国合同法〉

若干问题的解释（一）》第 16 条第 2 款的基础上予以完善。两个以上债权人以债务人的同一相对人为被告提起的代位权诉讼，是不同诉讼，但是由同一事实引发的诉讼，法院可以选择合并审理，以一并解决多数当事人的纠纷，从而简化诉讼程序，节省审判成本。[1] 此种合并审理的情形属普通共同诉讼，而非必要共同诉讼。

本案中，刘某对某乙公司享有到期债权，薛某等 4 人对某乙公司享有农民工工资债权，某乙公司对某甲公司享有到期债权。刘某、薛某等 4 人均向一审法院提起债权人代位权诉讼。某甲公司主张，依据司法解释的相关规定，法院必须合并审理。但是，此种情形并非必要共同诉讼，且司法解释仅规定"可以"合并审理，而在具体案件中，是否合并审理可结合当事人请求，由法院自主选择。因此，法院未合并审理，其程序并无不当。不过，需要指出的是，合并审理便于解决债务人的债权不足以清偿对前述多个债权人所负担的债务时，债权人之间平等受偿的问题，《民法典合同编通则解释》第 37 条第 2 款第 2 句即规定了债务人对相对人享有的债权不足以清偿其对两个以上债权人负担的债务的，人民法院应当按照债权人享有的债权比例确定相对人的履行份额，但是法律另有规定的除外。但是，即使分别审理，债权人平等受偿问题也可在执行程序中予以解决。

第三十八条　起诉债务人后又提起代位权诉讼

债权人向人民法院起诉债务人后，又向同一人民法院对债务人的相对人提起代位权诉讼，属于该人民法院管辖的，可以合并审理。不属于该人民法院管辖的，应当告知其向有管辖权的人民法院另行起诉；在起诉债务人的诉讼终结前，代位权诉讼应当中止。

---

[1]　江伟、肖建国：《民事诉讼法》，中国人民大学出版社 2018 年版，第 100 页。

【民法典条文】

第五百三十五条第一款 因债务人怠于行使其债权或者与该债权有关的从权利，影响债权人的到期债权实现的，债权人可以向人民法院请求以自己的名义代位行使债务人对相对人的权利，但是该权利专属于债务人自身的除外。

【既往司法解释】

《最高人民法院关于适用〈中华人民共和国合同法〉若干问题的解释（一）》（1999）

第十五条 债权人向人民法院起诉债务人以后，又向同一人民法院对次债务人提起代位权诉讼，符合本解释第十四条的规定和《中华人民共和国民事诉讼法》第一百零八条规定的起诉条件的，应当立案受理；不符合本解释第十四条规定的，告知债权人向次债务人住所地人民法院另行起诉。

受理代位权诉讼的人民法院在债权人起诉债务人的诉讼裁决发生法律效力以前，应当依照《中华人民共和国民事诉讼法》第一百三十六条第（五）项的规定中止代位权诉讼。

【条文要义】

本条是对债权人起诉债务人后又提起代位权诉讼程序处理方法的解释。

对这一问题，《最高人民法院关于适用〈中华人民共和国合同法〉若干问题的解释（一）》第15条作过具体规定。本条在此基础上，对于这些规则作了进一步完善。

在具备债权人代位权行使条件的民事法律关系中，直接的法律关系主体是债权人和债务人，债权人与债务人的相对人并不存在法律关系。债权人行使代位权，只是为了在保全债务人财产的基础上，对债务人怠于行使自己债权的相对人行使代位权，请求债务人的相对人对自己履行债务人对自己的债务，以满足自己的债权。

正因为这样的法律关系基础，就有可能存在债权人在行使代位权之前，已经向法院对债务人提起了清偿债务的诉讼。在这个诉讼提起后，又提出了对债务人的相对人行使代位权的诉讼，直接请求债务人的相对人对自己履行对债务人的债务，满足自己的债权。

对于这种诉讼情况应当如何处理，法律没有规定。本条对此规定了具体的处理办法。

首先，债权人向法院起诉债务人，要求债务人向自己履行债务后，又向同一法院对债务人的相对人提起了代位权诉讼。对向相对人提起的代位权诉讼是否应当受理，则应当根据《民事诉讼法》关于管辖的规定确定。如果依照《民事诉讼法》的规定属于该人民法院管辖的，可以合并审理。《民事诉讼法》第122条规定的起诉条件：一是原告是与本案有直接利害关系的自然人、法人和非法人组织；二是有明确的被告；三是有具体的诉讼请求和事实、理由；四是属于人民法院受理民事诉讼的范围和受诉人民法院管辖。债权人对债务人的相对人依照《民法典》第535条的规定提起的代位权诉讼，符合上述关于管辖的要求的，受诉法院可以合并审理，依照《民法典》关于债权人代位权的规定进行审理。

其次，法院在受理债权人对债务人的清偿债务诉讼后，债权人又向该法院提起了对债务人的相对人行使代位权的诉讼，不属于该人民法院管辖的，该法院没有管辖权，应当告知债权人向有管辖权的法院另行起诉。

最后，无论是同一法院受理债权人的代位权请求，还是其他有管辖权的法院受理债权人行使代位权的诉讼，债权人起诉债务人清偿债务的诉讼，与债权人起诉债务人的相对人行使代位权的诉讼，都不可以同时审理，代位权诉讼应当等待债权人与债务人之间的债务清偿诉讼的审判结果。因此，受理代位权诉讼的法院在债权人起诉债务人的诉讼终结前，应当中止代位权诉讼，在债权人与债务人之间的债务纠纷的诉讼结束之后，根据前一诉讼的审判结果，再对代位权诉讼作出审理，最终作出支持行使代位权还是不支持行使代位权的判决。

本条为什么作这样的安排，是因为代位权的行使应当以债权人和债务人之间的债权债务纠纷的确定为基础，没有确定债权人对债务人享有合法债权，债权人就无权对相对人行使代位权。正因如此，债权人行使代位权的诉讼，须以债权人和债务人之间的债权纠纷诉讼终结为基础，否则，无法确定债权人是否有权对债务人的相对人提起代位权诉讼。

【案例评析】

张某与某公司债权人代位权纠纷案①

基本案情

原告张某与债务人戴某之前均系目标公司的股东，2017 年 7 月 29 日，原告与债务人戴某在北京市朝阳区签订《目标公司股权转让协议》及《补充条款》，约定将原告张某合法持有的目标公司的股权转让给债务人戴某，转让价格为 3418.2 万元。债务人戴某于 2017 年 8 月 23 日将首期转让款 1500 万元支付给原告，未按约定在协议生效后三个月内付清尾款 1918.2 万元。根据被告某公司在某资讯网关于对外投资的公告可知，被告与债务人戴某、目标公司签署相关投资协议，约定：1) 被告收购债务人戴某持有的目标公司的 70% 股权，股权转让款 7.7 亿元，已经支付 4.3 亿元；2) 第一期股权转让款自目标公司就被告与债务人戴某之间的股权转让工商登记完成后三日内，被告向债务人戴某支付第一期的股权转让价款 1.9 亿元；3) 第二期股权转让价款自满足《投资协议》相关约定后，被告向债务人戴某支付剩余股权转让款 1.5 亿元。根据被告在某资讯网的公告可

---

① 案号：(2020) 京 0101 民初 12736 号。

知，债务人戴某已经办理了工商登记手续及质押手续，债务人戴某对被告的第一期、第二期股权转让款已经到期。现原告已在北京市东城区人民法院起诉债务人戴某。而债务人戴某怠于对次债务人即本案被告某公司主张债权，对原告权益造成损害，因此，原告张某现在东城区人民法院另提起代位权诉讼，请求判令：1. 被告向原告支付股权转让款 1918.2 万元；2. 被告向原告支付逾期付款违约金（暂计算至起诉之日为 1260.35 万元）……

法 院 判 决

法院经审查认为，《合同法》第 73 条规定："因债务人怠于行使其到期债权，对债权人造成损害的，债权人可以向人民法院请求以自己的名义代位行使债务人的债权，但该债权专属于债务人自身的除外。代位权的行使范围以债权人的债权为限。债权人行使代位权的必要费用，由债务人负担。"《最高人民法院关于适用〈中华人民共和国合同法〉若干问题的解释（一）》第 14 条规定："债权人依照合同法第七十三条的规定提起代位权诉讼的，由被告住所地人民法院管辖。"第 15 条规定："债权人向人民法院起诉债务人以后，又向同一人民法院对次债务人提起代位权诉讼，符合本解释第十四条的规定和《中华人民共和国民事诉讼法》第一百零八条规定的起诉条件的，应当立案受理；不符合本解释第十四条规定的，告知债权人向次债务人住所地人民法院另行起诉。受理代位权诉讼的人民法院在债权人起诉债务人的诉讼裁决发生法律效力以前，应当依照《中华人民共和国民事诉讼法》第一百三十六条第（五）项的规定中止代位权诉讼。"本案系债权人代位权之诉，原告张某请求以自己的名义代位行使债务人戴某对次债务人某公司的债权，在本案之前，原告张某已在本院向债务人戴某提起诉讼，依据《最高人民法院关于适用〈中华人民共和国合同法〉若干问题的解释（一）》第 14 条、第 15 条之规定，本案应由被告住所地人民法院管辖。而被告住所地位于新疆维吾尔自治区乌鲁木齐市某区某路某金融大厦，因此本案应移送至新疆维吾尔自治区乌鲁木齐市中级人民法院处理。

法理解读

本案的争议焦点是，本案法院对原告张某所提起的代位权诉讼是否具有管辖权。

本案中，张某已经在北京市东城区人民法院对其债务人戴某提起诉讼。其后，又因债务人戴某怠于行使对其相对人某公司的到期债权，影响到张某对戴某债权的实现，张某又以某公司为被告在北京市东城区人民法院提起债权人代位权诉讼。关于北京市东城区法院对该诉是否应予受理的问题，《民法典合同编通则解释》第38条规定，债权人向人民法院起诉债务人后，又向同一人民法院对债务人的相对人提起代位权诉讼，属于该人民法院管辖的，可以合并审理。不属于该人民法院管辖的，应当告知其向有管辖权的人民法院另行起诉。据此，本诉（债权人对债务人的诉讼）的管辖不能吸收代位权诉讼的管辖，代位权诉讼仍应适用被告住所地法院管辖的一般原则。本案中，由于代位权诉讼的被告住所地位于新疆维吾尔自治区乌鲁木齐市某区，因此，本案应由新疆维吾尔自治区乌鲁木齐市中级人民法院管辖。法院判决于法有据。

不过，由于本诉是否成立、债权人对债务人的债权是否得到法院的确认以及确认的数额、范围等直接决定着代位权诉讼的结果①，因此，受理代位权诉讼的人民法院在债权人起诉债务人的诉讼终结前，应当中止代位权诉讼。《民法典合同编通则解释》第38条即对此作了明确规定。

第三十九条　代位权诉讼中债务人起诉相对人

在代位权诉讼中，债务人对超过债权人代位请求数额的债权部分起诉相对人，属于同一人民法院管辖的，可以合并审理。不属于同一人民法院管辖的，应当告知其向有管辖权的人民法院另行起诉；在代位权诉讼终结前，债务人对相对人的诉讼应当中止。

---

① 曹守晔等：《〈关于适用合同法若干问题的解释（一）〉的理解与适用》，载《人民司法》2000年第3期。

【民法典条文】

第五百三十五条第一款　因债务人怠于行使其债权或者与该债权有关的从权利，影响债权人的到期债权实现的，债权人可以向人民法院请求以自己的名义代位行使债务人对相对人的权利，但是该权利专属于债务人自身的除外。

【既往司法解释】

《最高人民法院关于适用〈中华人民共和国合同法〉若干问题的解释（一）》（1999）

第二十二条　债务人在代位权诉讼中，对超过债权人代位请求数额的债权部分起诉次债务人的，人民法院应当告知其向有管辖权的人民法院另行起诉。

债务人的起诉符合法定条件的，人民法院应当受理；受理债务人起诉的人民法院在代位权诉讼裁决发生法律效力以前，应当依法中止。

【条文要义】

本条是对债权人对相对人提起的代位权诉讼中，债务人起诉相对人清偿债务处理方法的解释。

对于这个问题，《最高人民法院关于适用〈中华人民共和国合同法〉若干问题的解释（一）》第22条作出过规定，其中把"相对人"称作"次债务人"。在这一规定的基础上，本条对这一规则又作了进一步完善。

在债权人向债务人的相对人提起代位权诉讼中，债务人又对超过债权人代位请求数额的债权部分，向法院起诉相对人，是有法律根据的，应当依照债务人对其相对人之间的法律关系作出判决。

在程序上，债务人向相对人提起清偿超过债权人代位请求数额的债权部分的起诉，如果这一诉讼请求属于同一法院管辖的，法院就可以依法合并审理。这样审理，既简化诉讼程序，又方便对当事人纠纷的解决，是个两全其美的程序法处理方法。

债务人对债务人的相对人提起的代位权行使剩余部分的债务清偿诉讼，与债权人对债务人的相对人提起的代位权诉讼，如果不属于同一法院管辖，应当告知债务人向有管辖权的法院另行起诉。受理债务人起诉的法院受理债务人对相对人的行使代位权剩余部分的债务纠纷案件起诉，不能马上进行审理，在代位权诉讼终结前应当中止审理。这样规定，是把债权人对债务人的相对人行使代位权的诉讼优先审理，债权人行使代位权的诉讼请求是否符合《民法典》第535条的规定，债务人的相对人是否应当以其对债务人的债务清偿债权人的债权，确定代位权满足后相对人对债务人还存在多少债务，要有法院的确定判决。至于债务人对相对人之间的债权债务纠纷，在债权人对债务人的相对人行使代位权的诉讼终结以后，按照审判结果，再确定债务人与相对人之间的债权债务关系。

【案例评析】

某融资租赁公司与夏甲、夏乙等合同纠纷案①

基本案情

2012年12月6日，某银行（贷款人）与某甲公司（借款人）签订《借款合同》，主要约定：贷款人向借款人提供最高不超过1亿元的贷款，专项用于借款人某开发项目项下的资金需要。贷款期限为84个月，同时约定，若借款人未按合同约定按期支付利息或归还本金或支付其他应付款项，贷款人有权宣布所有已贷出的贷款立即到期，并要求借款人立即偿还

---

① 案号：（2019）渝03民初1381号。

全部已贷出的贷款本金及利息等，宣布实施或实现有关贷款的任何担保项下的权利。同时，夏甲、费某为前述债务提供连带责任保证，夏甲、夏乙、费某将其各自依法享有所有权或使用权的案涉建筑物和建设用地使用权抵押给某银行，为前述债务提供担保。某银行在签订上述合同后，向某甲公司发放贷款共计 9997 万元。

2015 年 2 月 5 日，某银行（甲方）与某融资租赁公司（乙方）签订《债权转让合同》，主要约定：甲方拥有对某甲公司的债权，本息截至 2015 年 2 月 5 日共计 102423155.58 元；甲方将主债权让予乙方，乙方同意受让甲方的主债权，担保主债权的抵押权、连带责任保证一并转让……前述合同签订后，某融资租赁公司于同日向某银行支付转让款。后某银行向某甲公司发出债权转让通知。

同日，某银行（贷款人）与某融资租赁公司（借款人）签订《借款合同》，主要约定：贷款人向借款人提供最高不超过 9900 万元的贷款，专项用于借款人购买某银行所拥有的某甲公司的债权项下的资金需要。贷款期限为 58 个月，同时约定，若借款人未按合同规定按期支付利息或归还本金或支付其他应付款项，贷款人有权宣布所有已贷出的贷款立即到期。前述合同签订后，某银行于同日向某融资租赁公司发放贷款 9900 万元。

2017 年 10 月 23 日，某融资租赁公司向某甲公司发函载明：鉴于某甲公司目前逾期未支付贷款本息，根据合同相关约定，某融资租赁公司现宣布未到期债务于 2017 年 10 月 25 日全部到期。2017 年 10 月 27 日，某银行向某融资租赁公司发函，载明因某融资租赁公司未按期偿还债务，根据借款合同约定，某银行现宣布该合同项下 8250 万元未到期贷款本金于 2017 年 10 月 26 日全部提前到期。

2017 年 11 月 15 日，某银行以某融资租赁公司怠于行使到期债权为由向重庆市高级人民法院提起债权人代位权诉讼，请求：1. 某甲公司向某银行偿还债务本金 9900 万元及相应利息、逾期罚息及复利……2019 年 5 月 15 日，重庆市高级人民法院作出（2017）渝民初 180 号之一号民事裁定书，裁定驳回某银行关于逾期罚息和复利的起诉。对于其他诉讼请求，重庆市高级人民法院于 2019 年 5 月 20 日判决予以支持。某融资租赁公司现向法院起诉请求判令某甲公司立即支付借款本金 97 万元及利息、逾期罚息、复利……

法院判决

关于某融资租赁公司的起诉是否构成重复起诉以及本案是否超过诉讼时效的问题，法院认为，2017 年 10 月 1 日起施行的《民法总则》第 188 条规定："向人民法院请求保护民事权利的诉讼时效期间为三年。"本案中，某银行与某甲公司签订的《借款合同》约定的贷款期限是 84 个月，即贷款到期日是 2019 年 12 月 5 日。某融资租赁公司于 2017 年 10 月 23 日根据合同相关约定宣布未到期债务于 2017 年 10 月 25 日全部到期。故某甲公司的全部贷款于 2017 年 10 月 25 日到期。某融资租赁公司于 2019 年 8 月 21 日起诉，未超过诉讼时效。某银行在代位权诉讼中请求的数额低于某甲公司所负债务额，根据《最高人民法院关于适用〈中华人民共和国合同法〉若干问题的解释（一）》第 22 条之规定，某融资租赁公司可以就超过某银行代位请求数额的债权起诉某甲公司。故某融资租赁公司对某银行未请求的债务数额提起诉讼，不构成重复起诉。法院最终支持了某融资租赁公司应向其支付借款本金 97 万元及利息的诉讼请求。

法理解读

本案的争议焦点是，某融资租赁公司对超过债权人某银行代位请求数额部分，能否再对相对人某甲公司提起诉讼。

对此，依据《民法典》合同编第 537 条，在债权人提起代位权诉讼，债权人接受债务人的相对人履行后，债权人与债务人、债务人与其相对人之间"相应"的权利义务终止。即债权人与债务人、债务人与相对人之间权利义务只是就相对人向债权人履行债务的这一数额部分终止，相对人未履行的部分，债权人与债务人之间、债务人与相对人之间的权利义务关系仍然存在。① 相关当事人仍可就其权利义务关系提起诉讼，法院应予处理。《民法典合同编通则解释》即对此予以明确，其第39条规定了债务人对超过债权人代位请求数额的债权部分起诉相对人时的管辖问题。

本案中，债权人某银行已经提起代位权诉讼并获得胜诉判决，但是其在代位权诉讼中请求的数额低于某甲公司所负债务额，对于超出部分，债务人某融资租赁公司仍享有诉权，其有权就该部分向有管辖权的人民法院提起诉讼，不构成重复起诉。但还需注意的问题是，由于债务人具体可主张的多少债权数额会受到代位权诉讼判决的影响，因此，受理债务人起诉的人民法院在代位权诉讼终结前，应当依法中止审理。而本案由于法院已对代位权诉讼作出判决，其并不存在应否中止审理的问题。

第四十条　代位权不成立的处理

代位权诉讼中，人民法院经审理认为债权人的主张不符合代位权行使条件的，应当驳回诉讼请求，但是不影响债权人根据新的事实再次起诉。

债务人的相对人仅以债权人提起代位权诉讼时债权人与债务人之间的债权债务关系未经生效法律文书确认为由，主张债权人提起的诉讼不符合代位权行使条件的，人民法院不予支持。

【民法典条文】

第五百三十五条第一款　因债务人怠于行使其债权或者与该债权有关的从权利，影响债权人的到期债权实现的，债权人可以向人民法院请求以

---

① 黄薇主编：《中华人民共和国民法典合同编解读（上册）》，中国法制出版社2020年版，第261页；最高人民法院民法典贯彻实施工作领导小组主编：《中华人民共和国民法典合同编理解与适用（一）》，人民法院出版社2020年版，第519页。

自己的名义代位行使债务人对相对人的权利，但是该权利专属于债务人自身的除外。

【条文要义】

本条是对债权人行使代位权的主张不成立的处理方法的解释。

对此，《合同法》的司法解释没有作出过规定。本条根据司法实践对这一问题的具体做法，概括出对债权人行使代位权的主张不成立的具体处理方法。

本条包含了债权人行使代位权诉讼中的两种情形和具体处理方法：一是债权人向债务人的相对人主张行使代位权的条件不具备；二是债务人的相对人在代位权诉讼中主张其与债务人之间的债权债务关系没有经过法律确认。对于这两种情形，本条规定了具体的程序处理方法。

1. 对不符合代位权行使条件的驳回诉讼请求

债权人向法院起诉债务人的相对人主张行使代位权，经过法院审理，符合《民法典》第535条规定的债权人行使条件的，其诉讼请求成立，应当依法予以支持。债权人行使代位权的诉讼请求不符合《民法典》第535条规定的行使条件的，债权人不能行使代位权。

法院对代位权诉讼审理后，认为债权人的主张不符合《民法典》第535条规定的代位权行使条件的，其代位权主张不成立，应当驳回债权人的诉讼请求。

债权人的诉讼请求被驳回以后，并不因为行使代位权的诉讼请求被驳回，而影响债权人根据新的事实再次起诉。如果债权人有新的事实根据，向法院再次提出对债务人的相对人行使代位权的诉讼请求，法院应当审理，并依法作出判决。

2. 不支持代位权诉讼中相对人与债务人间债权债务关系未被确认的主张

在债权人对债务人的相对人提起的代位权诉讼中，代位权依法行使的要件之一，是债务人与相对人之间的债权债务关系是真实存在的，并且债权已经到期。在这种情况下，债权人行使代位权就应当支持，债务人的相对人应当直接向债权人履行自己对债务人的债务数额，消灭债权人的相应债权。可见，债权人行使代位权的关键，在于债务人与相对人之间的债权债务关系是否客观存在。

因此，在代位权的诉讼中，债务人的相对人有可能会以债权人提起代位权诉讼时，债权人与债务人之间的债权债务关系未经生效法律文书确认为由，主张债权人提起的诉讼不符合代位权行使条件，拒绝向债权人履行自己对债务人的债务。在这里，如果债务人与相对人之间的债权债务关系确实不存在，债务人的相对人能够提出证据证明属实，债权人行使代位权的理由就不成立，对此法院应当支持。但是，债务人的相对人并不能提供证据否认其与债务人之间的债权债务关系，而只是主张债权人提起代位权诉讼时，相对人与债务人之间的债权债务关系没有经过生效的法律文书确认，就不认可自己应当履行对债务人的债务，进而向债权人履行债务消灭债权人的债权。这时，只要债权人能够证明债务人与债务人的相对人之间的债权债务关系是客观属实的，法院就不支持债务人的相对人的抗辩主张，应当判决债权人对债务人的相对人提起的代位权诉讼成立，符合行使要件的要求，债务人的相对人应当向行使代位权的债权人履行对债务人的债务。

【案例评析】

邓某等与某矿业公司债权人代位权纠纷案[①]

基 本 案 情

生效民事调解书载明：邓某与郭某等民间借贷纠纷一案，经法院主持

[①]　案号：（2018）黔民终 532 号。

调解，双方达成调解协议，由郭某等归还邓某借款本金 1000 万元及相应利息。后经强制执行，该案实际执行到位款项合计 2168200 元。A 煤矿系第三人郭某个人独资企业。2013 年 9 月 5 日，被告某矿业公司与第三人郭某就 A 煤矿采矿权转让事宜签订《采矿权转让合同》，约定甲方（郭某）于 2013 年 8 月 16 日将该煤矿采矿权以合资合作方式转让给乙方（某矿业公司），转让金额为 9990 万元；现已支付 8000 万元，剩余 1990 万元尚未支付。

另外，2008 年 4 月 28 日，第三人郭某与第三人童某 4 人签订《股份转让协议》，约定第三人郭某将其拥有的 A 煤矿 100% 股权、B 煤矿 80% 股权作价 3333 万元转让给第三人童某 4 人，第三人童某 4 人支付了全部的对价，双方并未办理采矿权的变更手续。2009 年 2 月 26 日，第三人郭某出具《委托书》委托第三人余某办理 A 煤矿、B 煤矿生产经营、股权转让、工商登记变更、采矿权变更手续等一切事项。2011 年 11 月 24 日，第三人郭某作为甲方与第三人某甲公司作为乙方签订《A 煤矿资产转让合同》，约定第三人郭某将 A 煤矿资产作价 16800 万元转让给第三人某甲公司。随后第三人某甲公司向 A 煤矿支付 14800 万元转让款，A 煤矿将该款转让给第三人童某等。该次转让未办理采矿权的变更手续。

此外，2013 年，按照贵州省煤矿企业兼并重组政策要求，煤矿企业采矿权需要登记在具备煤矿企业兼并重组主体资格企业名下。某甲公司不是贵州省煤矿企业兼并重组主体资格企业，某矿业公司是贵州省煤矿企业兼并重组主体资格企业。为此，2013 年 7 月 6 日《某甲公司 2013 年第一次股东会决议》（以下简称《股东决议》）决议如下：一、根据贵州省煤矿兼并重组政策，A 煤矿采矿权名义上要过户至某甲公司相对控股股东某矿业公司（持股 40%）名下，鉴于某甲公司已与 A 煤矿签订采矿权和资产收购合同，故此次采矿权收购主体实际上仍为某甲公司，某矿业公司收购 A 煤矿的《采矿权转让合同》约定的受让方的权利义务仍由某甲公司享有和承担，某矿业公司只是名义上采矿权受让人，某甲公司与 A 煤矿签订的采矿权和资产收购协议继续有效……

2013 年 8 月 16 日，某矿业公司与原审第三人郭某 A 煤矿签订《(兼并重组)采矿权转让合同》(以下简称《采矿权转让合同》)，将 A 煤矿采矿权变更登记在某矿业公司名下。同日，甲方 A 煤矿与乙方某矿业公司、丙方某甲公司签订《遵义县 A 煤矿采矿权转让合同补充协议》(以下简称《补充协议》)，约定："经友好协商，甲、乙、丙方就甲、乙方于 2013 年 8 月 16 日所签《采矿权转让合同》达成以下补充协议：一、甲方和丙方同意甲、乙方于 2013 年 8 月 16 日所签采矿权转让合同中，关于乙方应支付甲方的采矿权转让成交价款全部由丙方支付……"

原告邓某现起诉请求：1. 判令被告某矿业公司向原告邓某支付 A 煤矿采矿权转让价款(到期债务)共计 1200 万元……

法院判决

关于邓某是否有权向某矿业公司行使代位权：

一审法院经审理认为，邓某对第三人郭某享有到期债权。而在郭某与某矿业公司之间，根据 2013 年 8 月 16 日《采矿权转让合同》载明，被告某矿业公司已经通过第三人某甲公司支付股权转让款 8000 万元，尚欠股权转让款 1990 万元。合同约定支付尾款的条件为"采矿权转让成功并取得新采矿权证 5 天内支付，支付方式另行约定"。原登记在第三人郭某个人独资 A 煤矿(郭某)名下的采矿权已经依法变更至被告某矿业公司名下，被告某矿业公司于 2013 年 12 月 16 日取得新采矿权证，《采矿权转让合同》约定剩余的 1990 万元转让款的支付条件已经成就。2013 年 8 月 16 日《采矿权转让合同补充协议》约定剩余 1990 万元由第三人某甲公司代替被告某矿业公司向 A 煤矿支付，由于该补充协议未经过备案，不能对抗经过公示的合同。依照《合同法》第 73 条"因债务人怠于行使其到期债权，对债权人造成损害的，债权人可以向人民法院请求以自己的名义代位行使债务人的债权，但该债权专属于债务人自身的除外。代位权的行使范围以债权人的债权为限。债权人行使代位权的必要费用，由债务人负担"之规定，因第三人郭某怠于行使对被告某矿业公司的债权请求权，故原告邓某可在其债权范围内代第三人郭某向被告某矿业公司主张支付采矿权转让款的权利，对邓某的诉讼请求予以支持。

某矿业公司不服一审判决，提起上诉。

二审法院经审理认为，被上诉人邓某要基于债权人代位权向某矿业公司主张到期债权，必须具备两个条件：一是邓某对郭某享有到期债权；二是郭某对某矿业公司享有到期债权，且其怠于向某矿业公司主张该债权。关于邓某是否对郭某享有到期债权的问题，经生效民事调解书予以确认，各方均无争议。关于郭某是否对某矿业公司享有真实的到期债权的问题，由于邓某主张债权人代位权，其所取代的是郭某的法律地位。就郭某与本案被告及其余第三人对 A 煤矿享有的权利义务而言，属于一种内部权利义务关系，应当以各方真实的权利义务为准，而不应基于权利人的登记外观来推定各方的权利义务关系。换言之，本案不应仅凭 A 煤矿的采矿权属登记，以及经过行政机关审批备案采矿权转让合同来简单认定郭某对本案被告某矿业公司是否享有到期债权。而应结合郭某的 A 煤矿的权利义务的实际处置状况来据实予以审查认定。

根据本案查明的事实，郭某在 2008 年向童某 4 人出让其在 A 煤矿的投资权益后即退出 A 煤矿，虽然登记上仍是权利人，但其从未参与 A 煤矿生产经营，童某 4 人以及后来的某甲公司在受让 A 煤矿并成为实际控制人后，进行了大量的投资。之后基于兼并重组的政策要求，需要登记权利人郭某配合 A 煤矿的实际控制人某甲公司与某矿业公司签订《采矿权转让合同》，此时郭某仅为名义上的权利人，其对转让价款并不享有实体上的权利。对于 A 煤矿的民事权利归属，不应仅以经审批《采矿权转让合同》为准，而应结合《最高人民法院关于审理矿业权纠纷案件适用法律若干问题的解释》第 6 条关于"矿业权转让合同自依法成立之日起具有法律约束力。矿业权转让申请未经国土资源主管部门批准，受让人请求转让人办理矿业权变更登记手续的，人民法院不予支持"的规定，根据 A 煤矿内部权利人之间的整个权利变迁过程来进行判断。在郭某将其持有的 A 煤矿股权转让给童某 4 人后，其与 A 煤矿的民事权利链条即已被割断，不再对 A 煤矿享有实际权利，郭某应对其所为的让渡 A 煤矿全部民事权利的民事行为负责，受其约束。此后，显然不能再以郭某系 A 煤矿采矿权证及工商登记的名义权利人为由，认定其对 A 煤矿享有真实民事权利，并进而认定其对某矿业公司享有案涉《采矿权转让合同》的债权。而邓某作为郭某的代位权人，属于内部权利人范畴，亦不能基于公示公信原则而享有对该登记的信赖利益。因此，被上诉人邓某对上诉人某矿业公司主张的债权人代位权缺乏事实基础，依法不能成立。原判认定被上诉人邓某对某矿业公司享有债权人代位权与事实不符，本院予以纠正。对邓某的诉讼请求应予驳回。

法理解读

本案的争议焦点是，邓某行使债权人代位权的条件是否成就。

依据《民法典》合同编第 535 条的规定，债权人行使代位权的条件包括，第一，债权人对债务人存在合法有效的到期债权；第二，债务人对相对人存在合法有效的到期债权；第三，债务人怠于行使权利影响了债权人债权的实现。若不能满足前述条件，则债权人代位权不成立。《民法典合同编通则解释》第 40 条第 1 款即规定，代位权诉讼中，人民法院经审理认为债权人的主张不符合代位权行使条件的，应当驳回诉讼请求，但是不影响债权人根据新的事实再次起诉。

本案中，邓某对郭某享有合法有效的到期债权，且郭某现已无财产可供执行。邓某能否对某矿业公司行使代位权的关键在于，郭某对某矿业公司是否享有合法有效的到期债权。对此，应当以郭某与某矿业公司的真实权利义务为准，而不应仅凭 A 煤矿的采矿权属登记，以及经过行政机关审批备案的《采矿权转让合同》来简单认定，应结合郭某的 A 煤矿的权利义务的实际处置状况来予以判断。本案中，2008 年 4 月 28 日、8 月 21 日郭某已经分两次将 A 煤矿、B 煤矿的全部股权出让给了童某 4 人，童某 4 人也已如约支付了全部对价，郭某也将 A 煤矿移交童某 4 人并退出了 A 煤矿的经营。此时，郭某虽是 A 煤矿的登记权利人，但实际权利人已经变更为童某 4 人。2011 年 11 月 24 日，A 煤矿与某甲公司签订资产转让合同，虽然资产转让合同首部载明的合同签订主体为 A 煤矿郭某，但是，在该合同的尾部签名的是余某，A 煤矿的公章由童某 4 人掌握，A 煤矿在童某 4 人的控制之下，并由童某 4 人出让给了某甲公司，某甲公司也如约支付了对价 1.48 亿元，尚余 2000 万元未支付。某甲支付的对价也已转让给童某 4 人，因此该转让合同的当事人其实是童某 4 人与某甲公司。而依据贵州省的政策要求，煤矿企业的采矿权的权利主体应该是具有相应资质的企业，某甲公司不具备相应资质，其通过股东会决议决定由其股东某矿业公司作为名义受让人，将采矿权登记至某矿业公司名下。据此，某矿业公司不是 A 煤矿采矿权的真实收购主体。总结而言，郭某不是某煤矿的实际权利人，某矿业公司也不是某煤矿的真实受让人，郭某与某矿业公司之间不存在债权债务关系，邓某的代位权不能成立，因此，法院驳回邓某的诉讼请求合法合理，但是不影响债权人邓某根据新的事实再次起诉。

第四十一条　代位权诉讼中债务人处分行为的限制

债权人提起代位权诉讼后，债务人无正当理由减免相对人的债务或者延长相对人的履行期限，相对人以此向债权人抗辩的，人民法院不予支持。

【民法典条文】

第五百三十七条　人民法院认定代位权成立的，由债务人的相对人向债权人履行义务，债权人接受履行后，债权人与债务人、债务人与相对人之间相应的权利义务终止。债务人对相对人的债权或者与该债权有关的从权利被采取保全、执行措施，或者债务人破产的，依照相关法律的规定处理。

【既往司法解释】

《最高人民法院关于适用〈中华人民共和国合同法〉若干问题的解释（一）》（1999）

第二十条 债权人向次债务人提起的代位权诉讼经人民法院审理后认定代位权成立的，由次债务人向债权人履行清偿义务，债权人与债务人、债务人与次债务人之间相应的债权债务关系即予消灭。

第二十一条 在代位权诉讼中，债权人行使代位权的请求数额超过债务人所负债务额或者超过次债务人对债务人所负债务额的，对超出部分人民法院不予支持。

【条文要义】

本条是对在债权人代位权诉讼中限制债务人无正当理由减免相对人债务效果的解释。

《最高人民法院关于适用〈中华人民共和国合同法〉若干问题的解释（一）》第20条曾经对这个问题作出过相关解释，主要针对的是相对人对债权人直接履行清偿义务的具体规则。本条对代位权诉讼中出现的具体问题作出了规定。

对于这个问题，《民法典》第535条没有具体规定，但在实践中是必须解决的。

由于我国《民法典》规定的债权人代位权是债权人实现债权的方法，而不是规定入库原则。因此，债权人一旦提起代位权诉讼，债务人对自己的债权行使就受到限制，对自己的债务人也就是债务人的相对人行使权利不能自由行使。这些都是为了保障债权人行使代位权，使债务人的相对人能够向债权人清偿债务，满足债权请求。债务人对自己的债务人行使债权的限制主要有三个方面：一是减少相对人的债务数额；二是完全免除相对人的债务；三是延长相对人的债务履行期限。

这三种债务人处分自己对相对人权利的行为，都会妨碍债权人对债务人的相对人行使代位权，损害债权人的债权。因此，本条规定，债权人提起代位权诉讼后，债务人不得对自己的债务人也就是相对人实施上述处分自己权利的行为。

具体的规定是，债权人对债务人的相对人提起代位权诉讼后，债务人减少相对人的债务或免除相对人的债务，或者延长相对人的债务履行期限，都对债权人的债权有损害，因此都在被依法限制之列。这些处分对相对人享有的债权的行为，也都是无效的。如果相对人以债务人对自己实施的处分债权的上述行为对债权人进行抗辩的，不具有对抗债权人行使代位权请求的效力，因此，法院不予支持。

【案例评析】

某染织厂与某华塑公司、某置业公司撤销权纠纷案①

基本案情

2005 年 4 月 7 日，法院生效判决认为，某华塑公司应给付某染织厂 4065351 元，但某华塑公司未能履行付款义务。后法院在执行中发现某华塑公司对某置业公司享有到期债权，遂于 2005 年 9 月 7 日向某置业公司送达协助执行通知书，冻结该笔费用。在执行程序中，因当事人提出异议原因，某染织厂未能直接取得某置业公司应支付某华塑公司的款项。为此，某染织厂于 2006 年 11 月 7 日向法院提起代位权诉讼。

但在代位权诉讼的过程中，某华塑公司与某置业公司提供证据表明，2005 年 8 月 20 日，某华塑公司与某置业公司签订《债务转移协议之补充协议》，约定某置业公司同意将欠某华塑公司 1700 万元中的 1500 万元于

---

① 案号：（2007）沪二中民四（商）终字第 601 号，载《人民司法·案例》2009 年第 18 期。

2006 年 6 月 30 日前支付给某科技公司，余款 200 万元于 2006 年 9 月 30 日支付给某华塑公司。同日，某华塑公司、某置业公司还签订《股权转让合同之补充协议》，约定考虑到项目的延迟开发，某华塑股份公司有一定的责任，造成某置业公司的损失，因此，某置业公司于项目土地平整后二十天内，一次性支付同人某华塑公司转让费 275 万元。此后，2006 年 7 月 14 日，某华塑公司、某置业公司又签订《股权债务转移协议之补充协议（二）》，约定某置业公司于项目土地平整后二十天内，一次性支付某华塑公司债务转让余款 200 万元。

2006 年 12 月 19 日，某染织厂对代位权一案撤诉。同年 12 月 27 日，某染织厂向法院起诉请求撤销某华塑公司与某置业公司于 2006 年 7 月 14 日订立的《股权债务转移协议之补充协议（二）》。

法院判决

一审法院经审理认为，某华塑公司、某置业公司签订的《股权债务转移协议之补充协议（二）》仅仅是对某置业公司付款期限重新作了约定，是正常履行协议的行为。某华塑公司并无放弃到期债务或无偿转让财产及以不合理的低价转让财产的行为，某染织厂的债权并未因此受到损害，仅仅是债权实现的期限延长。此外，某染织厂未能证明某华塑公司、某置业公司具有恶意串通的故意，故要求撤销某华塑公司、某置业公司签订的《股权债务转移协议之补充协议（二）》的行为，不符合法律与事实，难以采信。

二审法院经审理认为，首先，从客观要件来看，本案系争《股权债务转移协议之补充协议（二）》中，某华塑公司并未放弃对某置业公司的债务转让余款 200 万元，仅变更了履行期限，相应的法律后果是上诉人债权实现的期限延长，债权本身并未减少。而债权实现的期限延长是否就意味着损害了上诉人的合法权益？对此，从本案现有证据来看，两被上诉人于 2005 年 8 月 20 日签订的《股权转让合同之补充协议》明确载明，考虑到项目迟迟未开发，某华塑公司负有一定的责任，因此将股权转让费余款付款期限定于案涉项目土地平整后二十天内。显然，在 2005 年 8 月 20 日这份《股权转让合同之补充协议》中，已经将项目迟迟未开发及某华塑公司的责任与股权转让余款付款期限挂钩。而某染织厂并未对这份协议提出异议。嗣后，于 2006 年 7 月 14 日，两被上诉人将股权转让与债务转移的权利义务一并考虑，并进一步将项目迟迟未开发及某华塑公司的责任与 200 万元债务转让余款付款期限挂钩，变更付款期限为案涉项目完成动迁并土地平整后二十天内。二审中，本院依法查证的房屋拆迁许可证亦证明该项目至今尚未动迁。因此，两被上诉人于 2006 年 7 月 14 日在未减少债权的情况下仅约定迟延支付债务转让余款，尚属于双方权利义务关系的正常制约，此行为即使发生在人民法院送达协助执行通知之后，形式上亦具有合理理由，难谓恶意损害上诉人的债权。

其次，从主观要件来看，上诉人至今未能证明两被上诉人存在损害债权人利益的主观恶意。撤销权制度是对他人债权债务关系的直接干预，因此，既要通过撤销权制度保护债权人合法到期债权的实现，又必须确保撤销权的行使不损害交易安全，干涉债务人与次债务人正常的商业行为，本案中，在无确切证据证明两被上诉人的行为存在损害上诉人债权的情况下，人民法院对形式上具有合理事由的两被上诉人迟延履行债务的行为无法作出撤销的判决。

法理解读

本案涉及的核心问题是，在债权人即将或已经对债务人的相对人提起代位权诉讼时，债务人能否延长相对人的履行期限，若债务人将履行期限延长，对债权人应如何救济。

债权人代位权制度的设定目的，是保全债务人的财产，进而确保债权人的权利实现。债权人通过行使代位权，可避免出现债务人消极不行使债权或者其从权利的行为，导致债务人的财产不当减少，从而给债权人造成损害。[①] 而若债权人已经提起代位权诉讼，债务人却放弃、免除、转让其

[①] 朱广新、谢鸿飞主编：《民法典评注·合同编通则 2》，中国法制出版社 2020 年版，第 4 页。

权利或延长债务履行期间，将导致债务人对相对人的债权消灭或未到期，进而妨碍债权人代位权的行使，使债权人代位权制度设定的目的落空。^①据此，在代位权行使后，应对债务人处分债权的行为予以限制。《民法典合同编通则解释》第41条即对此明确予以规定，依其规定，债权人提起代位权诉讼后，债务人无正当理由减免相对人的债务，或者延长相对人的履行期限，相对人以此向债权人抗辩的，人民法院不予支持。

不过，本案的特殊之处在于，债务人延长期限的行为发生在债权人提起代位权诉讼之前，但是因法院已经向债务人的相对人发出协助执行通知书，此表示了债权人主张代位权的极大可能性^②，在此之后，债务人与相对人约定将未附条件的债务清偿变更为附条件的债务清偿（条件为项目土地平整后二十天内），会导致债务人偿债能力的变化，也会影响到债权人代位权的实现，如此，在债权人尚未提起代位权诉讼但有极大可能提起代位权诉讼的情形，对债务人处分其债权的行为也应予以限制，只是，第一，在对债权人的保护方式上，债权人不能直接主张其行为无效，但符合撤销权行使条件的，债权人可以行使撤销权。^③第二，债务人的处分并非一概应予限制，若存在"正当理由"，应对债务人的处分行为予以认可。本案中，债务人延长相对人的履行期限并非单方处分行为，而因其未履行其对相对人的合同义务，因此延长相对人的履行期限，此应属正常的商业行为，债务人的处分行为应认定为有正当理由。^④

① 史尚宽：《债法总论》，中国政法大学出版社2000年版，第471页；同时可参见徐冰，吕明天：《代位权诉讼中对次债务人主张互负债务抵销的审查》，载《人民司法·案例》2019年第29期。
② 刘力、符望：《主、次债务人处分权利行为对代位债权人之影响》，载《人民司法·案例》2009年第18期。
③ 付永雄、杨红平：《张某甲诉某职业学院、杨某代位权纠纷案——债务人与次债务人签订协议延长到期债权履行期是否属于怠于行使到期债权的司法认定》，载最高人民法院中国应用法学研究所编：《人民法院案例选》（2021年第7辑），人民法院出版社2021年版。
④ 参见刘力、符望：《主、次债务人处分权利行为对代位债权人之影响》，载《人民司法·案例》2009年第18期。

第四十二条　债权人撤销权诉讼中明显不合理低价或者高价的认定

对于民法典第五百三十九条规定的"明显不合理"的低价或者高价，人民法院应当按照交易当地一般经营者的判断，并参考交易时交易地的市场交易价或者物价部门指导价予以认定。

转让价格未达到交易时交易地的市场交易价或者指导价百分之七十的，一般可以认定为"明显不合理的低价"；受让价格高于交易时交易地的市场交易价或者指导价百分之三十的，一般可以认定为"明显不合理的高价"。

债务人与相对人存在亲属关系、关联关系的，不受前款规定的百分之七十、百分之三十的限制。

【民法典条文】

第五百三十九条　债务人以明显不合理的低价转让财产、以明显不合理的高价受让他人财产或者为他人的债务提供担保，影响债权人的债权实现，债务人的相对人知道或者应当知道该情形的，债权人可以请求人民法院撤销债务人的行为。

【相关司法解释】

《全国法院贯彻实施民法典工作会议纪要》(2021)

9. 对于民法典第五百三十九条规定的明显不合理的低价或者高价，人民法院应当以交易当地一般经营者的判断，并参考交易当时交易地的物价部门指导价或者市场交易价，结合其他相关因素综合考虑予以认定。

转让价格达不到交易时交易地的指导价或者市场交易价百分之七十的，一般可以视为明显不合理的低价；对转让价格高于当地指导价或者市场交易价百分之三十的，一般可以视为明显不合理的高价。当事人对于其所主张的交易时交易地的指导价或者市场交易价承担举证责任。

【既往司法解释】

《最高人民法院关于适用〈中华人民共和国合同法〉若干问题的解释（二）》(2009)

第十九条　对于合同法第七十四条规定的"明显不合理的低价"，人民法院应当以交易当地一般经营者的判断，并参考交易当时交易地的物价部门指导价或者市场交易价，结合其他相关因素综合考虑予以确认。

转让价格达不到交易时交易地的指导价或者市场交易价百分之七十的，一般可以视为明显不合理的低价；对转让价格高于当地指导价或者市场交易价百分之三十的，一般可以视为明显不合理的高价。

债务人以明显不合理的高价收购他人财产，人民法院可以根据债权人的申请，参照合同法第七十四条的规定予以撤销。

【条文要义】

本条是对债权人行使撤销权诉讼中认定债务人处分财产"明显不合理"的低价或者高价标准的解释。

原《合同法》第74条规定了债权人撤销权，规定行使债权人撤销权的要件之一，就是债务人以明显不合理的低价或者高价处分财产。对于其中的明显不合理的低价和高价，《最高人民法院关于适用〈中华人民共和国合同法〉若干问题的解释（二）》第19条作了明确规定，原则是转让价格达不到交易时交易地的指导价或者市场交易价70%的，一般可以视为明显不合理的低价，对转让价格高于当地指导价或者市场交易价30%的，一般可以视为明显不合理的高价。《民法典》实施后，《全国法院贯彻实施民法典工作会议纪要》第9条规定，《民法典》第539条规定的明显不合理的低价和高价认定的标准，基本上适用《最高人民法院关于适用〈中华人民共和国合同法〉若干问题的解释（二）》规定的70%或者30%的标准予以确认。本条在《全国法院贯彻实施民法典工作会议纪要》第9条的基础上，作了进一步完善。

《民法典》第538条和第539条规定了两种债权人可以行使撤销权的规则。第一种可以行使撤销权的行为，是放弃债权、放弃债权担保或者无偿转让财产等方式无偿处分财产权益。规定的这些条件很好判断。第二种可以行使撤销权的行为，是债务人以明显不合理的低价转让财产、以明显不合理的高价受让他人财产或者为他人的债务提供担保，这种行为损害债权人的债权的，债权人可以行使撤销权，撤销债务人处分财产的行为，保全债务人的财产。

其中，以"明显不合理的低价"转让财产或者"明显不合理的高价"受让他人财产，究竟应该如何界定这里规定的低价和高价，是司法实务问题，应当由司法解释作出回答。本条司法解释规定了以下三个规则。

1. 对"明显不合理"的低价和高价的一般认定标准

认定"明显不合理"的低价和高价，必须有一个确定的标准，即以什么标准来判断债务人转让财产的行为是属于"明显不合理的低价"以及"明显不合理的高价"。对此，本条规定的一般标准是，《民法典》第539条规定的"明显不合理"的低价或者高价，应当以交易当地一般经营者的判断，并参考交易时交易地的市场交易价或者物价部门指导价予以认定。

这里提到了两个标准：一是基本判断标准，是按照交易当地一般经营者的判断，这是主要的判断标准。如果当地的一般经营者判断属于"明显不合理"的低价或者高价，就以其作为判断的基本依据。二是参考判断标准，是按照交易时交易地的市场交易价或者物价部门指导价，在以交易当地一般经营者判断的基础上，再参考交易时交易地的市场交易价或者物价部门的指导价。在综合这两个标准的情况下，作为判断明显低于或者明显高于的基本标准。

2. 认定明显不合理的低价和高价的具体标准

在确定判断明显低于或者明显高于的基本标准后，再来讨论认定"明显不合理"的低价或高价的具体标准。本条基本上采纳的是以往司法解释的经验，掌握的标准是 70%、30%，即转让价格未达到交易时交易地的市场交易价或者指导价 70% 的，一般可以认定为"明显不合理的低价"；受让价格高于交易时交易地的市场交易价或者指导价 30% 的，一般可以认定为"明显不合理的高价"。

在这样的标准确定后，判断债务人以明显不合理的低价转让财产，或者以明显不合理的高价受让他人的财产，都符合债权人行使撤销权的要求。

3. 对债务人与相对人有亲属关系、关联关系的处分财产明显不合理低价或高价的认定

前一款规定的确定债务人以明显不合理的低价转让财产或者以明显不合理的高价受让他人财产，是一个通常标准，用于一般的债权人对债务人处分自己财产的行为可以行使撤销权的判断。

但是有例外情况，即以下两种情况，这个标准并不绝对化。

第一种情况是，债务人与相对人存在亲属关系，债务人向自己的亲属出让财产，或者债务人的亲属向自己出让财产，由于债务人与相对人之间是亲属关系。因此，判断明显不合理的低价和明显不合理的高价，就不能仅以市场交易的价格作为判断标准。

第二种情况是，债务人与相对人存在关联关系。例如，一方与另一方的控股出资人、实际控制人、董事、监事、高级管理人员等存在关联关系的，在这种情况下的处分财产行为，也不能完全依据市场交易的价格作为判断标准确认明显不合理的低价或者明显不合理的高价。

所以，本条规定，在存在上述两种关系，即亲属关系和关联关系时，认定不合理的低价或者不合理的高价，不受前款规定的 70%、30% 的限制。至于究竟掌握什么样的标准才可以确认明显不合理的低价或者高价，要由法官根据实际情况判断，特别是要结合债务人的主观心理状态来确

定。例如，双方的交易价格就是70%或者30%，但是，债务人有逃避债务的主观心理状态，当然可以确认是"明显不合理"的低价或者高价。

【案例评析】

刘某等与赵某债权人撤销权纠纷案①

基本案情

法院四份生效判决认定王某应向赵某共偿还借款65万元及相应违约金。2017年11月7日，赵某就前述判决申请强制执行，四个强制执行案件均已终结执行程序，原因均为未能查到被执行人可供执行的财产、申请执行人亦未能提供被执行人可供执行的财产及线索并表示同意终结本次执行程序。2017年11月6日，王某与刘某结婚。2017年11月7日，王某与刘某离婚。同日，王某与刘某签订离婚协议书载明：位于顺义区的某房产，离婚后归女方所有，女方需支付男方120万元。2017年11月7日，刘某向王某转账120万元。涉诉房屋系限价商品住房。2015年4月1日的《北京市住房和城乡建设委员会关于已购限价商品住房上市时同地段普通商品住房价格确定问题的批复》载明：……已购限价商品住房家庭取得契税完税凭证或房屋所有权证满五年后，可以按市场价出售所购住房。在我市公布限价商品住房同地段普通商品住房价格之前，购房家庭缴纳房屋契税后，按照税务部门核定的计税价格与原购房价格之差的35%缴纳土地收益等价款。现赵某认为案涉房屋系以明显不合理的低价转让，起诉请求撤销刘某、王某离婚协议书中关于财产分割的协议。

法院判决

一审法院经审理认为，因债务人放弃其到期债权或者无偿转让财产，对债权人造成损害的，债权人可以请求人民法院撤销债务人的行为。债务

---

① 案号：(2019) 京03民终13931号。

人以明显不合理的低价转让财产，对债权人造成损害，并且受让人知道该情形的，债权人也可以请求人民法院撤销债务人的行为。本案中，王某与刘某约定的房屋售价应认定为120万元，而根据法院查询到的同时段房屋售价，综合考虑房屋的性质、物业、新旧程度等问题，涉诉房屋正常售价应在2046947.35元左右。现房屋售价120万元低于正常售价30%以上，应视为不正常的低价。刘某称其支付的款项可以覆盖赵某的债权，故未对赵某造成损害。法院认为，以不合理的低价处置财产，该行为本身即可影响王某的偿债能力，对赵某的债权造成损害；且目前并不能确认王某对外债权债务的情况，无法认定在对所有债权人进行清偿时，刘某所支付款项可以满足赵某的债权。故对刘某的该主张，法院不予采纳。王某案件的开庭、判决均通过公告，刘某可以通过公开查询方式获取到相关信息。即使刘某未进行前述工作，刘某作为理性人，在看到以明显不合理低价出售的房屋时，即应对此持有谨慎怀疑态度，即使其不知晓受到损害的具体债权人姓名，其亦应知晓该行为有可能损害他人利益。故法院认定，刘某对王某以明显不合理低价处置涉诉房屋，且该行为对债权人造成损害一事系明知。撤销权的行使范围以债权人的债权为限。但本案中涉及的处分财产为房产，无法分割，故法院对赵某要求撤销全部处分行为的诉讼请求予以支持。

刘某不服一审判决，提起上诉。

二审法院经审理认为，第一，根据查询到的同时段涉诉房屋周边小区的房屋价格，综合考虑涉案房屋的性质、物业、新旧程度以及限价商品住房上市的相关规定等问题，双方约定的120万元的房屋售价明显低于市场正常售价的30%以上，应视为不正常的低价。第二，刘某作为理性人，王某同意与其通过结婚、离婚的方式买卖涉案房屋，明显是为了规避相关规定，故在王某以不合理低价出售房屋时，刘某对此应持有谨慎怀疑态度，即使刘某不知晓受到损害的具体债权人姓名，其亦应知晓该行为有可能损害他人利益。第三，撤销权的行使范围以债权人的债权为限。但本案中涉及的处分财产为房产，无法分割，故法院对赵某要求撤销全部处分行为的诉讼请求予以支持。

法 理 解 读

本案的争议焦点是，对于王某有偿向刘某出卖房屋的行为，赵某是否可行使债权人撤销权。

由于债务人有偿处分财产时，债务人的相对人为取得利益付出了代价，因此，相较于债务人无偿处分财产，《民法典》第 539 条针对债务人有偿处分财产的行为，对债权人撤销权设定了更高的行使要件，以兼顾对交易安全等的考量。[1] 根据该条规定，该情形下债权人撤销权的行使要件包括：第一，债务人是以明显不合理的低价转让财产、以明显不合理的高价受让他人财产或者为他人的债务提供担保，即债务人的相对人支付的对价明显不合理，导致债务人的责任财产减少。而对于"明显不合理的低价或高价"的认定，《民法典合同编通则解释》第 42 条予以明确。依其规定，人民法院应当依交易当地一般经营者的判断，并参考交易时交易地的市场交易价或者物价部门指导价予以认定。转让价格未达到交易时交易地的市场交易价或者指导价百分之七十的，一般可以认定为明显不合理的低价；受让价格高于交易时交易地的市场交易价或者指导价百分之三十的，一般可以认定为明显不合理的高价。第二，债务人的行为影响了债权人的债权实现。第三，债务人的相对人知道或应当知道债务人以明显不合理对价处分财产的行为影响了债权人的债权实现。债务人的相对人毕竟支付了对价，如果仅以价格明显不合理为由撤销债务人的行为，将会严重损害交易安全，[2] 因此，债权人有偿处分财产的情形，债权人撤销权的成立还需要满足相对人恶意这一要件。

本案中，判断赵某是否有权行使债权人撤销权，应结合上述三个要件逐一判断。第一，王某是否是以明显不合理的低价处分房屋。根据法院查询到的同时段涉诉房屋周边小区的房屋价格，综合考虑涉案房屋的性质、

---

① 黄薇主编：《中华人民共和国民法典合同编解读（上册）》，中国法制出版社 2020 年版，第 268 页。

② 黄薇主编：《中华人民共和国民法典合同编解读（上册）》，中国法制出版社 2020 年版，第 269 页。

物业、新旧程度以及限价商品住房上市的相关规定等问题，双方约定的 120 万元的房屋售价明显不到"交易时""当地"市场正常售价的 70%，结合司法解释的判断标准，应视为"明显不合理低价"。第二，关于王某的处分行为是否影响了赵某债权的实现。王某拖欠赵某债务，且王某已无财产可供执行，此时，王某仍以明显不合理的低价转让房屋，使其责任财产实质减少，其行为影响了赵某债权的实现。第三，关于刘某是否知道或应当知道。刘某作为理性人，王某同意与其通过结婚、离婚的方式买卖涉案房屋，明显是为了规避相关规定，故在王某以不合理低价出售房屋时，刘某对此应持有谨慎怀疑态度，即使刘某不知晓受到损害的具体债权人姓名，其亦应知晓该行为有可能损害他人利益。因此，赵某的债权人撤销权成立。此外，虽然撤销权的行使范围以债权人的债权为限，但本案中涉及的处分财产为房产，其具有整体性，无法分割，因此，应对赵某要求撤销全部处分行为的请求予以支持。

第四十三条　其他不合理交易行为的认定

债务人以明显不合理的价格，实施互易财产、以物抵债、出租或者承租财产、知识产权许可使用等行为，影响债权人的债权实现，债务人的相对人知道或者应当知道该情形，债权人请求撤销债务人的行为的，人民法院应当依据民法典第五百三十九条的规定予以支持。

【民法典条文】

第五百三十八条　债务人以放弃其债权、放弃债权担保、无偿转让财产等方式无偿处分财产权益，或者恶意延长其到期债权的履行期限，影响债权人的债权实现的，债权人可以请求人民法院撤销债务人的行为。

第五百三十九条　债务人以明显不合理的低价转让财产、以明显不合理的高价受让他人财产或者为他人的债务提供担保，影响债权人的债权实现，债务人的相对人知道或者应当知道该情形的，债权人可以请求人民法院撤销债务人的行为。

【既往司法解释】

《最高人民法院关于适用〈中华人民共和国合同法〉若干问题的解释（二）》（2009）

第十八条 债务人放弃其未到期的债权或者放弃债权担保，或者恶意延长到期债权的履行期，对债权人造成损害，债权人依照合同法第七十四条的规定提起撤销权诉讼的，人民法院应当支持。

【条文要义】

本条是对认定债权人行使撤销权要件中其他不合理交易行为的解释。

对债权人撤销权行使要件的"其他不合理交易行为"，《最高人民法院关于适用〈中华人民共和国合同法〉若干问题的解释（二）》第18条曾经作过部分规定。本条在此基础上，全面规定了"其他不合理交易行为"的具体范围。

《民法典》第539条规定，债务人以明显不合理的价格，包括低价转让财产、以明显不合理的高价受让他人财产，都是不合理的交易行为。但是，这只是规定了明显不合理的低价和明显不合理的高价转让财产的一般交易行为，没有明确规定其他不合理交易行为的具体表现形式。

本条以解释"其他不合理交易行为"的方法，规定了实际交易行为以外的其他不合理交易行为的范围。

这些其他不合理的交易行为主要是：

1. 债务人以明显不合理的价格实施财产互易

财产互易行为并非免费，是存在明显对价的。如果双方互易财产的价值完全不对等，超出前一条解释规定的 70%或者 30%标准的，构成不合理的交易行为。

2. 以明显不合理的价格以物抵债

以物抵债虽然发生在清偿债务中，但是，如果以明显不合理的低价或者高价进行以物抵债，同样损害债权人的债权。以物抵债的价值超过市场价值的 70%或者 30%标准的，也是不合理的交易行为。

3. 以明显不合理的价格出租或者承租财产

租赁财产同样是交易行为，并且是有对价的交易行为。租赁财产的对价就是租金，租金过分高于或者过分低于市场价格，超出 70%或者 30%标准的，也属于明显的不合理低价或者高价，是其他不合理的交易行为。

4. 以明显不合理的价格实施知识产权许可使用行为

对知识产权设置许可使用权，是知识产权的交易行为，也有合理的对价，应当以市场通常的交易价来判断。以明显不合理的低价或者高价实施知识产权的许可使用行为，也构成不合理的交易行为。

实施上述其他不合理交易行为，还应当具备两个条件：第一，是影响债权人债权的实现，这是不合理交易行为发生的后果，是债权人行使撤销权的要件之一；第二，是债务人在实施上述不合理交易行为时，相对人的主观心理状态，即债务人的相对人知道或者应当知道该情形。这是债权人行使撤销权的相对人的主观要件。

在债务人与相对人实施上述不合理交易行为时，具备上述两个条件的，构成债权人对债务人实施的处分财产行为行使撤销权的要件，债权人行使撤销权就有法律依据。债权人请求撤销债务人处分财产行为的，法院应予支持。

在本条中，对不合理交易行为的列举规定中，还有一个"等行为"的规定，对此，只要是符合债务人以明显不合理的价格，处分自己的财产或者财产权利的行为，就可以概括在"等行为"之中。

【案例评析】

某银行与某甲公司等借款合同、撤销权纠纷案①

基本案情

1998 年 8 月 21 日，某银行与某甲公司签订《借款合同》，约定：某甲公司向某银行借款 15300 万元用于土建工程及购买设备等。某变压公司对某甲公司在该合同项下全部贷款本息承担连带清偿责任。合同签订后，某银行陆续向某甲公司发放贷款。某甲公司在偿还了某银行 1300 万元贷款后，其余贷款本息未还。2003 年 5 月 13 日，某银行又与某甲公司签订《短期借款合同》，约定：某甲公司向某银行借款 1000 万元，某建安公司对某甲公司在该合同项下全部贷款本息承担连带清偿责任。合同签订后，某银行向某甲公司支付了 1000 万元。合同到期后，某甲公司未能偿还该笔贷款本息。

此外，1. 2003 年 5 月 15 日，某甲公司以实物资产出资 125 万美元与他人合资成立了某乙公司；2. 2004 年 2 月 26 日，某甲公司以实物资产出资 1600 万美元与他人合资成立了某丙公司，某甲公司取得了某丙公司 74.4% 的股权；3. 2004 年 3 月 15 日，某甲公司以实物资产出资 8551.06 万元与他人合资成立了某丁公司，某甲公司取得了某丁公司 95% 的股权；4. 2004 年 3 月 24 日，某甲公司以实物资产及土地出资 16160.59 万元与他人合资成立了某戊公司，某甲公司取得了某戊公司 95% 的股权。

2004 年 3 月 19 日，某甲公司与某电气公司签订股权转让协议，将其持有的某丙公司 74.4% 的股权转让给某电气公司，某电气公司以其持有的某己公司 98.5% 的股权作为对价。2004 年 3 月 24、25 日，某甲公司与某电气公司签订股权转让协议，将其持有的某丁公司 95% 的股权和某戊公司

---

① 《最高人民法院公报》2008 年 12 期。

95%的股权转让给某电气公司，某电气公司以其拥有的对某庚公司7666万元的债权及利息作为对价。

　　某银行认为某电气公司投入某己公司的生产设备使用时间长，98.5%的股权不具有任何实际价值。同时，某银行认为某电气公司对某庚公司7666万元的债权及利息是不良资产，辽宁省沈阳市中级人民法院（2000）沈行执字第20号民事（执行）裁定书已经因某庚公司无财产可供执行而作出执行终结的裁定。某银行向法院提起诉讼，其诉讼请求之一，是请求判令撤销某甲公司与某电气公司间转让某丙公司、某丁公司、某戊公司股权的行为。

法院判决

　　一审法院经审理认为，关于某甲公司以其在某丙公司74.4%的股权置换某电气公司持有的某己公司98.5%的股权的问题。因某甲公司当时是以出资1600万美元取得的某丙公司74.4%的股权。而某电气公司在庭审中举证证明2006年8月13日某甲公司已将某己公司98.5%的股权以13000万元的价格转让给某经贸公司。故某银行主张该笔股权置换对价严重不对等的证据不足，该院不予采信。

　　关于某甲公司以其在某丁公司95%的股权和某戊公司95%的股权置换某电气公司持有的对某庚公司7666万元的债权及利息的问题。因某甲公司当时是以实物资产作价8551.06万元取得某丁公司95%的股权，以实物资产及土地作价16160.59万元取得某戊公司95%的股权。某甲公司出资仅账面资产记载就达24711.65万元，而用于置换上述股权的某电气公司对某庚公司7666万元的债权及利息，因某庚公司已无财产可供执行，辽宁省沈阳市中级人民法院对此已经作出了执行终结的裁定。现仍没有证据能证明某电气公司对某庚公司7666万元的债权及利息可以实现，故应认定该笔债权为不良资产。某电气公司以该不良资产为对价与某甲公司所持有的某丁公司95%的股权和某戊公司95%的股权进行置换，对价严重失衡，造成了某甲公司作为从事民事活动的一般担保的法人责任财产不当减少的后果，对此后果双方均系明知。某甲公司与某电气公司这种股权置换行为，侵害了债权人的利益，构成了《合同法》规定的债权人可行使撤销权的法定条件。现某银行据此请求撤销某甲公司与某电气公司的该股权置换合同的主张成立，应予支持。鉴于某银行请求某电气公司将取得的某甲公司的股权返还，并对其不能返还的部分承担赔偿责任。故在相互返还的原则下，某电气公司应当将取得的某丁公司 95% 的股权和某戊公司 95% 的股权返还给某甲公司，某甲公司将对某庚公司 7666 万元的债权及利息返还给某电气公司。某电气公司如不能返还，应在 24711.65 万元范围内赔偿某甲公司损失。

某银行不服一审判决，提起上诉。

二审法院经审理认为，本案的争议焦点为某甲公司以其在某丙公司 74.4% 的股权置换某电气公司持有的某己公司 98.5% 的股权是否存在价值严重不对等的情况，该股权置换行为是否对某银行的债权造成损害，某银行是否有权依《合同法》第 74 条之规定对该资产置换行为行使撤销权。

原审法院认定，某电气公司已举证证明 2006 年 8 月 13 日某甲公司将某己公司 98.5% 的股权以 13000 万元的价格转让给某经贸公司，故某甲公司以其在某丙公司 74.4% 的股权置换某电气公司持有的某己公司 98.5% 股权的行为不存在价值严重不对等的问题。对此认定，上诉人某银行申请本院调取了新的证据，经过质证，法院认为，各方当事人对于某丙公司 74.4% 股权价值为 13000 万元均无异议，但对于某己公司 98.5% 的股权价值争议很大。经对案涉证据综合分析判断，本院认为某电气公司取得该资产时的成本大约为 2787.88 万元。且据某电气公司公开的《某电气公司发展股份有限公司 2004 年年度会计报表及审计报告》，某电气公司明知自己与某甲公司交易支付的资产价值仅为 2787.88 万元，仍然与某甲公司进行股权置换，该交易行为严重损害了某甲公司债权人某银行的利益，根据《合同法》第 74 条第 1 款关于"债务人以明显不合理的低价转让财产，对债权人造成损害，并且受让人知道该情形的，债权人也可以请求人民法院撤销债务人的行为"之规定，某银行关于某甲公司与某电气公司有关某丙公司的股权交易合同应当依法撤销的上诉请求本院予以支持。鉴于某银行请求将某电气公司取得的某甲公司的股权返还，并对不能返还的部分承担赔偿责任，故在相互返还的原则下，某电气公司应当将取得的某丙公司74.4%的股权返还给某甲公司，某甲公司将取得的某己公司98.5%的股权返还给某电气公司。如果双方不能相互返还，某电气公司应在13000万元扣除2787.88万元的范围内赔偿某甲公司损失。

法理解读

本案的争议焦点之一是，某甲公司以其在某丙公司74.4%的股权置换某电气公司持有的某己公司98.5%的股权，是否存在价值不对等的问题，某银行的债权人撤销权行使条件是否成立。

在债务人有偿转让财产时，依据《民法典》合同编第539条关于债权人撤销权成立要件的规定，债权人行使撤销权，其前提是债务人有以明显不合理的低价转让财产、以明显不合理的高价受让他人财产或者为他人的债务提供担保的行为。此种转让财产或受让财产的行为不仅包括财产买卖行为，还包括互易、以物抵债等行为，甚至包括以极低的价格将财产出租给第三人等，在此种情形下，债务人的行为仍会对债务人的清偿能力产生消极影响，影响债权人的债权实现。因此，在债务人所为的有偿行为中，除《民法典》合同编第539条明确规定的三种情形外，只要该有偿行为中债务人所获得的对价给付在价值上明显低于其所提供的给付，并符合撤销权的其他要件的，应允许债权人行使撤销权。①《民法典合同编通则解释》第43条即对此予以明确，其规定，债务人以明显不合理的价格，实施互易财产、以物抵债、出租或者承租财产、知识产权许可使用等行为，影响债权人的债权实现，债务人的相对人知道或者应当知道该情形，债权人请求撤销债务人的行为的，人民法院应当依据《民法典》第539条的规定予以支持。

本案中，债务人某甲公司以其持有的某丙公司74.4%的股权置换某电

---

① 朱广新、谢鸿飞主编：《民法典评注：合同编通则2》，中国法制出版社2020年版，第51页。

气公司持有的某己公司98.5%的股权，以其持有的某丁公司95%的股权和某戊公司95%的股权置换某电气公司对某庚公司7666万元的债权及利息。但经法院审理，对于第一项置换，某甲公司持有的某丙公司74.4%的股权价值13000万元，而某电气公司持有的某己公司98.5%的股权价值仅约2787.88万元，该股权置换行为明显价值不对等，严重损害了某甲公司的债权人某银行的利益，且某电气公司对此事实明知；对于第二项置换，某甲公司持有的某丁公司95%的股权与某戊公司95%的股权合计价值为24711.65万元，而某电气公司对某庚公司的债权为不良资产，法院已因某庚公司无财产可供执行作出执行终结裁定，某电气公司以该不良资产与某甲公司持有的股权置换，对价严重失衡，对此后果双方均系明知。依据《民法典》合同编第539条规定，某银行对前述两项置换行为行使债权人撤销权的条件均成立。对某银行请求撤销债务人行为的请求应予支持。

第四十四条 债权人撤销权诉讼的当事人、管辖和合并审理

债权人依据民法典第五百三十八条、第五百三十九条的规定提起撤销权诉讼的，应当以债务人和债务人的相对人为共同被告，由债务人或者相对人的住所地人民法院管辖，但是依法应当适用专属管辖规定的除外。

两个以上债权人就债务人的同一行为提起撤销权诉讼的，人民法院可以合并审理。

【民法典条文】

第五百三十八条 债务人以放弃其债权、放弃债权担保、无偿转让财产等方式无偿处分财产权益，或者恶意延长其到期债权的履行期限，影响债权人的债权实现的，债权人可以请求人民法院撤销债务人的行为。

第五百三十九条　债务人以明显不合理的低价转让财产、以明显不合理的高价受让他人财产或者为他人的债务提供担保，影响债权人的债权实现，债务人的相对人知道或者应当知道该情形的，债权人可以请求人民法院撤销债务人的行为。

【既往司法解释】

《最高人民法院关于适用〈中华人民共和国合同法〉若干问题的解释（一）》(1999)

第二十三条　债权人依照合同法第七十四条的规定提起撤销权诉讼的，由被告住所地人民法院管辖。

第二十四条　债权人依照合同法第七十四条的规定提起撤销权诉讼时只以债务人为被告，未将受益人或者受让人列为第三人的，人民法院可以追加该受益人或者受让人为第三人。

第二十五条　债权人依照合同法第七十四条的规定提起撤销权诉讼，请求人民法院撤销债务人放弃债权或转让财产的行为，人民法院应当就债权人主张的部分进行审理，依法撤销的，该行为自始无效。

两个或者两个以上债权人以同一债务人为被告，就同一标的提起撤销权诉讼的，人民法院可以合并审理。

【条文要义】

本条是对债权人行使撤销权诉讼的当事人、管辖和合并审理规则的解释。

应当注意的是，《民法典》对债权人代位权和债权人撤销权两种保全措施规定的规则不同，前者适用"非入库规则"，后者适用"入库规则"，因而行使代位权或者撤销权目的，债权人对债务人的相对人行使权利不都是为保全债务人的财产，而是债权人在行使代位权时可以直接请求相对人对自己清偿债务，实现债权。而债权人行使撤销权则不是这样，而是撤销后返还的财产归于债务人的责任财产中。因此，存在对债权人行使撤销权诉讼的当事人、管辖和合并审理等一系列问题。《最高人民法院关于适用〈中华人民共和国合同法〉若干问题的解释（一）》第 23 条至第 25 条曾经作过详细规定。本条在此基础上，对债权人行使撤销权诉讼的当事人、管辖和合并审理规定了具体规则。

《民法典》第 538 条和第 539 条规定了债权人撤销权的基本规则，对债权人行使撤销权诉讼中当事人的列法、案件管辖以及合并审理的规则都没有作具体规定。本条依据《民法典》第 538 条和第 539 条的规定，对以下几个问题作出了解释。

1. 债权人撤销权诉讼的共同被告

无论是债务人以放弃其债权、放弃债权担保、无偿转让财产等方式无偿处分财产权益，或者恶意延长其到期债权的履行期限，影响债权人的债权实现，以及债务人以明显不合理的低价转让财产、以明显不合理的高价受让他人财产，或者为他人的债务提供担保，影响债权人的债权实现的，债权人都可以向法院提起行使撤销权的诉讼。

由于债权人提起的撤销权诉讼涉及的不仅是债务人，还包括与债务人进行交易行为的相对人，所要撤销的正是债务人与交易相对人两个人之间的交易行为。因此，在审理撤销权的诉讼中，就必须把债务人和相对人都作为被告进行审理，生效判决对他们之间的交易行为发生法律效力。

所以，本条第 1 款规定，债权人依据《民法典》第 538 条、第 539 条的规定提起撤销权诉讼的，是必要的共同诉讼，应当以债务人和债务人的相对人为共同被告，一并进行审理。

2. 债权人撤销权诉讼的管辖

对债权人提起的撤销权诉讼确定管辖的方法是，由债务人或者相对人的住所地法院管辖。按照这一规则，债权人可以在债务人的住所地，也可以在债务人的相对人的住所地，向法院提起诉讼，当地法院均有权管辖。

但书规定的是，如果对债权人对债务人或者债务人的相对人的诉讼，属于专属管辖的，应当适用专属管辖的规定，不能按照这一规定即由债务人住所地或者相对人的住所地的法院管辖。

3. 数个债权人提起撤销权诉讼的依法合并审理

当债务人对两个以上的债权人负有债务，债务人以放弃其债权、放弃债权担保、无偿转让财产等方式无偿处分财产权益，或者恶意延长其到期债权履行期限，影响债权人的债权实现，以及债务人以明显不合理的低价转让财产、以明显不合理的高价受让他人财产，或者为他人的债务提供担保，影响债权人的债权实现的，两个以上的债权人都享有撤销权，都有权向有管辖权的法院提起行使撤销权的诉讼。

这虽然是两个以上的独立诉讼，但是，诉讼所针对的都是同一个债务人与债务人的相对人的处分其财产，影响债权人债权实现的行为，因而法院在受理这些不同债权人提起的行使撤销权的诉讼，分别审理不利，可以合并审理，避免作出相互冲突的判决，或者因判决的先后而使债权人的债权实现出现不公平的结果。

所以，本条第2款规定，两个以上的债权人就债务人的同一行为提起撤销权诉讼的，人民法院可以依法合并审理。就这些不同的债权人提起的撤销权诉讼经过合并审理，作出同一个判决，每一个债权人都依据该判决，使其对债务人享有的债权取得相应的财产保全。

【案例评析】

李某、某信托公司债权人撤销权纠纷案①

基本案情

2016年10月31日，某信托公司与某甲公司签订《信托贷款合同》，约定某甲公司作为借款人向某信托公司借款198000000元，借款期限为18

---

① 案号：（2021）最高法民申1754号。

个月，并约定利息和违约金。刘某华、陈某、某乙公司对某甲公司在《信托贷款合同》项下本金及利息、违约金、赔偿金、某信托公司为实现债权与担保权利而发生的费用提供连带责任保证担保。2018 年 1 月 22 日，某信托公司向一审法院起诉，要求某甲公司偿还借款，并要求刘某华、陈某、某乙公司承担连带清偿责任。法院判决某甲公司应向某信托公司偿还借款本金及利息，刘某华、陈某、某乙公司作为连带责任保证人，应对涉案借款承担连带清偿责任。

此外，陈某持有某丙公司股权，根据工商登记资料，陈某出资为35000000 元。2018 年 1 月 18 日陈某与邓某、刘某乙、张某、李某签订《股权转让协议》，约定：一、陈某将名下持有的某丙公司的股权分别以25000000 元（占 27.78%）、18000000 元（占 20%）、18000000 元（占 20%）、8000000 元（占 10%）转让给邓某、刘某乙、张某、李某。二、受让方于 2018 年 1 月 18 日前将股权转让款以现金方式一次性直接交付给转让方……

某信托公司以陈某、邓某、张某、李某、刘某乙为共同被告，以某丙公司为第三人向一审法院提起诉讼，请求：1. 判决撤销陈某将股权转移至邓某、张某、李某、刘某乙的行为，并将股权恢复登记至陈某名下……

法院判决

一审法院经审理认为，本案争议的焦点为：陈某与邓某、刘某乙、张某、李某于 2018 年 1 月 18 日签订的《股权转让协议》以及股权转让行为是否应予撤销。

根据《合同法》第 74 条规定，债务人有以下三种情形之一的，债权人可以向法院提起撤销权诉讼：（1）债务人放弃其到期债权；（2）债务人无偿转让财产；（3）债务人以明显不合理的低价转让财产，对债权人造成损害，并且受让人知道该情形的。债权人撤销权之制度目的，在于维持债务人的责任财产以备债权人债权的清偿，体现了我国民法强化诚信原则以保护债权人利益的价值取向。具体到本案中，某信托公司起诉某甲公司的前三日，陈某将其持有的某丙公司 77.78% 的股权全部转让至邓某、张某、刘某乙、李某 4 人名下，在转让财产的时间上存在逃避债务的嫌疑。另从陈某与邓某、张某、刘某乙、李某 4 人的《股权转让协议》中约定可知，邓某等四位受让人应以现金形式一次性支付股权转让款，案涉股权转让款分别为 2500 万元、1800 万元、1800 万元、800 万元，如此巨额的财产交易采用现金一次性支付模式，明显有悖于常理。而在庭审过程中，邓某、李某均未举证证明陈某与四位受让人该次股权转让的真实性、合理性，也没有提供任何证据证明受让人为本次交易向陈某支付了股权转让款，故一审法院认为邓某等四位受让人并未向陈某支付股权转让款，该股权转让应当认定为无偿转让。

某信托公司与陈某之债权债务关系已由法院生效判决予以确定。但经法院强制执行后，某信托公司仍未从某甲公司、刘某华、陈某、某乙公司处获取任何清偿，且从某甲公司于深圳证券交易所官网发布的公告显示，某甲公司已经面临巨额债务清偿义务，某甲公司、刘某华、陈某、某乙公司已被全国多地法院列为失信被执行人，以上事实可证明该 4 人已经丧失偿债能力。故，在该 4 人丧失偿债能力的情况下，陈某转移某丙公司股权的行为，无疑使陈某履行担保责任资力减少，损害了某信托公司的债权，给其债权的实现造成了损害。故对于某信托公司请求撤销陈某股权转让行为，并将股权恢复登记至陈某名下的主张，予以支持。同时，邓某、李某辩称其受让股权仅是股权转代持，转让前的陈某、转让后的邓某、李某均非股权实际权利人，但未能提供足够的证据予以证明，对其主张不予支持。

被告李某不服一审判决，提起上诉。

二审法院经审理认为，本案系债权人撤销权纠纷。本案的争议焦点实质在于陈某转让股权的行为是否属于无偿转让，是否对某信托公司造成了损害。

首先，关于陈某与李某之间的股权转让是否属于无偿转让。李某上诉主张实际出资人支付了相应对价，故不是无偿转让，但同时也认可其与陈某之间实际上是转代持的关系。法院认为，根据李某提供的证据，转代持法律关系没有形成完整的证据链，李某的这一主张没有事实依据。即便认定是转代持关系，实际出资人支付股权对价体现的是股东与公司的关系，并不能否认名义持股人陈某与李某之间股权转让的无偿性，故李某主张涉案股权转让不是无偿转让，没有事实和法律依据，依法不予支持。

其次，关于陈某无偿转让股权的行为是否降低了其偿债能力，对债权人某信托公司造成了损害。李某主张陈某转让股权时，某信托公司的债务人不存在丧失偿债能力的情形。如前所述，已有生效判决确认某信托公司是陈某的合法债权人，虽然陈某并非某信托公司的唯一债务人，但主债务人某甲公司在 2018 年 1 月 25 日发布了《关于债务到期未能清偿的公告》，已陷债务危机。同时，主债务人某甲公司和保证人刘某华、陈某、某乙公司均已被列为失信被执行人，虽然被列为失信被执行人并不代表被执行人实际上丧失清偿能力，但其拒不履行生效文书的结果必然会损害债权人的利益。因此，某信托公司请求撤销陈某与李某之间的股权转让行为，符合《合同法》第 74 条、第 75 条的规定。李某上诉主张其并非无偿受让，股权转让没有损害某信托公司的债权的理由，没有事实和法律依据，依法予以驳回。

李某不服二审法院判决，向最高人民法院申请再审。在再审申请中，李某主张本案审理违反级别管辖和地域管辖的规定。陈某与李某的股权转让行为与其他一审被告并无任何关联，李某并非本案必要的共同被告，应当分开单独审理，且不应对陈某向其他一审被告转让股权的行为承担诉讼费。同时，李某受让的股权并非无偿转让，股权转让行为实质上是由名义股东陈某代持转为李某代持，并由实际出资人支付相应对价。

再审最高人民法院经审理认为，关于李某是否无偿受让案涉股权的问题。根据陈某与李某等人于 2018 年 1 月 18 日签订的《股权转让协议》约定，李某应当于 2018 年 1 月 18 日前将股权转让款 800 万元以现金方式一次性直接交付给陈某，但是李某并未提供证据证明其向陈某支付了 800 万元股权转让款。李某主张其与陈某之间是转代持股权的关系，但未提供充分的证据证明该主张。一、二审判决认定案涉股权转让为无偿转让并无不当。

关于陈某转让股权的行为是否降低了其偿债能力的问题。根据原审查明的事实，法院生效民事判决已经确定了某信托公司与陈某之间的债权债务关系。经人民法院的强制执行，某信托公司仍未从主债务人某甲公司及担保人刘某华、陈某、某乙公司处获取任何清偿。某甲公司于2018年1月25日发布《关于债务到期未能清偿的公告》显示，该公司已陷入严重的债务危机。某甲公司、刘某华、陈某、某乙公司均已被列为失信被执行人。一、二审判决基于上述事实，结合某甲公司发布公告与陈某无偿转让案涉股权的时间关系等情节，认定陈某无偿转让股权的行为客观上降低了其偿债能力，影响到某信托公司债权的实现，并无不当。

至于李某提出的本案审理违反级别管辖和地域管辖规定的申请再审理由，因不属于《民事诉讼法》第200条规定的应当再审的情形，法院对此不予审查。对李某的再审申请予以驳回。

法理解读

本案涉及的争议焦点之一是，债务人的相对人是否应作为债权人撤销之诉的被告。

对此，学界和实务界一直存在争议，存在"限制说""扩张说""折中说"三种观点。"限制说"认为，债权人撤销之诉的被告只能是债务人，"扩张说"认为，债权人撤销之诉指向相对人的实体利益，为充分保护相对人的诉讼权利，他们也应作为共同被告。"折中说"认为，应区分债权人撤销权之诉的诈害行为是单务行为还是双务行为，如是单务行为，应以债务人为被告；如是双务行为，则应以债务人与相对人为被告；兼诉请返还财产的，应以债务人、相对人为共同被告。① 《最高人民法院关于适用〈中华人民共和国合同法〉若干问题的解释（一）》应是采纳了"限制说"的观点，其第24条规定，债权人依照合同法第74条的规定提起撤销权诉讼时只以债务人为被告，未将受益人或者受让人列为第三人的，人民

---

① 最高人民法院民法典贯彻实施工作领导小组主编：《中华人民共和国民法典合同编理解与适用（一）》，人民法院出版社2020年版，第530页。

法院可以追加该受益人或者受让人为第三人。

审判实务中，法院的观点经历了从"限制说"到"扩张说"的转变。在近年的案例中，将债务人和相对人作为共同被告，成为司法实务的主流。① 只是，大多数法院仅将此作为默认做法，仅有少数裁判文书中对此予以专门讨论，② 如有法院认为，将相对人列为共同被告，是原告有权行使的诉讼权利，符合民事诉讼法的有关规定，也不影响其他当事人依法行使诉讼权利；也有法院明确指出最高人民法院曾认为相对人必须作为第三人的观点不具有当然约束力。③

我们认为，相对人应否作为债权人撤销权诉讼的被告，既涉及相对人能否抗辩的问题，也涉及撤销权行使与成立的效果等问题，由于债权人撤销权诉讼实质上指向的是诈害行为处分的财产利益，其涉及相对人的实体利益，④ 因此，宜将债务人与相对人列为共同被告，"扩张说"更为合理。这也是最高人民法院的最新立场，《民法典合同编通则解释》第44条第1款即规定，债权人依据《民法典》第538条、第539条的规定提起撤销权诉讼的，应当以债务人和债务人的相对人为共同被告，由债务人或者相对人的住所地人民法院管辖，但是依法应当适用专属管辖规定的除外。

本案中，关于李某是否应作为共同被告的问题。本案涉及的两个债权债务关系是，某信托公司是陈某经生效判决确认的债权人，李某是陈某无偿转让股权的受让人。某信托公司现起诉请求撤销陈某与李某的股权转让行为。一方面，李某是撤销权诉讼的相对人，依据司法解释的规定，其理应与债务人作为共同被告；另一方面，李某虽主张其与陈某之间的股权转让仅是转代持股权的关系，李某不应作为本案的被告，但其未能提供充分的证据予以证明，对其主张不应予以支持。

---

① 参见最高人民法院（2020）最高法民终261号民事判决书、最高人民法院（2019）最高法民申4148号民事裁定书；上海市长宁区人民法院（2020）沪0105民初596号民事裁定书等。

② 夏志毅：《〈民法典〉时代债权人撤销之诉的解释论——以诉讼法视角为切入点》，载《烟台大学学报（哲学社会科学版）》2022年第6期。

③ 参见广东省深圳前海合作区人民法院（2018）粤0391民再1号民事裁定书。

④ 最高人民法院民法典贯彻实施工作领导小组主编：《中华人民共和国民法典合同编理解与适用（一）》，人民法院出版社2020年版，第531页。

第四十五条 债权人撤销权的效力范围及必要费用的认定

在债权人撤销权诉讼中，被撤销行为的标的可分，当事人主张在受影响的债权范围内撤销债务人的行为的，人民法院应予支持；被撤销行为的标的不可分，债权人主张将债务人的行为全部撤销的，人民法院应予支持。

债权人行使撤销权所支付的合理的律师代理费、差旅费等费用，可以认定为民法典第五百四十条规定的"必要费用"。

【民法典条文】

第五百三十八条 债务人以放弃其债权、放弃债权担保、无偿转让财产等方式无偿处分财产权益，或者恶意延长其到期债权的履行期限，影响债权人的债权实现的，债权人可以请求人民法院撤销债务人的行为。

第五百三十九条 债务人以明显不合理的低价转让财产、以明显不合理的高价受让他人财产或者为他人的债务提供担保，影响债权人的债权实现，债务人的相对人知道或者应当知道该情形的，债权人可以请求人民法院撤销债务人的行为。

第五百四十条 撤销权的行使范围以债权人的债权为限。债权人行使撤销权的必要费用，由债务人负担。

【既往司法解释】

《最高人民法院关于适用〈中华人民共和国合同法〉若干问题的解释（一）》（1999）

第二十六条 债权人行使撤销权所支付的律师代理费、差旅费等必要费用，由债务人负担；第三人有过错的，应当适当分担。

【条文要义】

本条是对认定债权人行使撤销权效力范围以及必要费用的解释。

在《民法典》实施之前，《最高人民法院关于适用〈中华人民共和国合同法〉若干问题的解释（一）》第 26 条仅对债权人行使撤销权所支付的律师代理费、差旅费等费用，认定为行使撤销权的必要费用，由债务人负担。本条除继续坚持这一规则外，还对认定债权人行使撤销权的效力范围作出了具体规定。

《民法典》第 540 条对债权人行使撤销权的效力范围作了原则规定，即"撤销权的行使范围以债权人的债权为限。债权人行使撤销权的必要费用，由债务人负担"。这一条文规定的债权人行使撤销权的效力范围是一个原则，规定的必要费用也是一个原则，在具体实务的操作中，应当有具体规则。本条针对这两个问题，分别作出了规定。

1. 行使撤销权的效力范围以被撤销行为的标的是否可分为标准

行使撤销权发生的效力范围，应当以被撤销行为的标的是否可分作为标准。

《民法典》根据债的标的是否可分，把债区别为可分之债和不可分之债。第 517 条规定："债权人为二人以上，标的可分，按照份额各自享有债权的，为按份债权；债务人为二人以上，标的可分，按照份额各自负担债务的，为按份债务。按份债权人或者按份债务人的份额难以确定的，视为份额相同。"

可分之债，是指在债的关系中，债的标的是可以分割的债。债的标的可分，并且在实际分割后的按份之债，是多数人之债。可分之债的标准，一是对债权或者债务的分割是否损害债的目的。分割不损害债的目的的，为可分之债，否则为不可分之债。二是债权或者债务的分割是否在约定中予以禁止，有禁止分割约定的，为不可分之债。三是债的标的分割是否符合交易习惯和标的物的用途，如钥匙与锁的关系，不能仅交付其一，为不可分标的。

不可分之债，是指在债的关系中，给付标的不能分割的债。既然债的给付为不可分，故各债权人只能享有同一给付标的，其自然也只能为全体债权人请求履行。不可分债务本质上是复数债务，因其给付不可分，故在履行上应当准用连带债务的规定，各债务人均应当承担全部给付义务。

在债权人行使撤销权的诉讼中，确定撤销权的效力范围，应当按照这样的规则，确定撤销权的被撤销行为究竟是对部分标的发生效力，还是对全部标的发生效力。

如果被撤销行为的标的是可分的，可以分割被撤销行为的标的，债权人撤销权的效力仅及于与其债权的范围相对应的部分，也就是撤销与债权人的债权数额相对应的部分即可。所以本条第1款规定，当事人主张在受影响的债权范围内撤销债务人的行为的，法院应予支持。

如果是数个债权人对同一个债务人与相对人的交易行为行使撤销权，债的标的是可分的，可以对可分的债的标的进行分割，各自行使撤销权；也可以按照数个债权人的债权总和共同行使撤销权，再以返还的财产分别实现自己的债权。

如果被撤销行为的标的是不可分的，债权人行使撤销权虽然并不应及于债务人与相对人之间发生交易行为的全部标的，但是，也没有更好的办法，由于被撤销行为的标的是不可分，无法对其进行分割予以撤销。因此，债权人主张将债务人的行为全部撤销的，根据本条规定，法院应予支持。

2. 债权人行使撤销权的"必要费用"的界定

《民法典》第540条规定了债权人行使撤销权的必要费用，要由债务人负担。这里的"必要费用"究竟包括哪些，在实务中没有统一标准。特别是对于债权人行使撤销权所支付的律师代理费、差旅费等，是否在必要费用的范围内，没有一致的意见，有的法院判决应当负担，有的法院判决不应当负担。

对此，本条第2款规定，债权人行使撤销权所支付的合理的律师代理费、差旅费等费用，可以认定为《民法典》第 540 条规定的"必要费用"。债权人行使撤销权所支付的律师代理费、差旅费等费用，都由债务人负担。

这里的"等"费用应当怎样理解，本条没有进一步规定，实务判断要根据实际情况，类似于律师代理费或者差旅费的费用，要以必要为标准。如果是必要费用，就包括在这种费用中，应当由债务人负担。这一部分的判断，由法官依据职权作出，但债权人应当证明这些费用对行使债权人撤销权的必要性。

【案例评析】

黄某等与林某债权人撤销权纠纷案①

基本案情

经法院生效判决确认，黄某共欠林某债务本金 2402 万元及利息。截至林某起诉之日，黄某结欠债务本息已逾 3000 万元。2012 年 12 月 16 日，某公司作为发包人与作为承包人的黄某签订《承包合同》。合同约定，某项目由黄某承包全额投资，自主经营，自负盈亏。承包款 35600 万元由黄某负责支付，某公司及黄某均确认，在《承包合同》签订之后，黄某共向某公司支付了 11630 万元的承包金。

2014 年 3 月 8 日，某公司作为发包人方、黄某作为转让方、阮某作为受让方共同签订了《承包合同转让协议书》，第 1 条约定，某公司同意黄某将《承包合同》中的权利义务一并转让给阮某，阮某履行《承包合同》中承包方的义务、享有《承包合同》中承包方的权利。第 2 条约定，《承包合同》转让价款等事项，黄某和阮某已协商一致另立协议。黄某、阮某在庭审中一致认可，黄某将《承包合同》中的权利义务转让给阮某时，并无收取对价。

---

① 案号：(2016) 闽民终 972 号。

林某向法院起诉请求：撤销黄某与阮某于 2014 年 3 月 8 日所签订的《承包合同转让协议书》，黄某与阮某之间的转让行为无效。

法 院 判 决

关于林某是否有权请求撤销《承包合同转让协议书》：

一审法院经审理认为，1. 撤销权的行使范围以债权人的债权为限，但当债务人转让的财产权益不可分时，可就转让行为整体主张撤销。撤销后债权人应当仅在其债权范围内请求第三人返还价值相当的财产利益，或赔偿损失。本案黄某转让某项目承包经营权的处分行为不可分，即使该处分行为所涉及的财产权益大于林某的债权范围，林某仍可主张整体撤销。林某在起诉时虽主张在其享有的 3000 万元债权范围内，部分撤销《承包合同转让协议书》，但鉴于该合同不可分，部分撤销已无可能，且林某在庭审中亦表示应概括性全部撤销黄某的无偿转让行为，因此林某可以在其享有的债权范围内请求全部撤销《承包合同转让协议书》。

2. 《合同法》第 74 条第 1 款规定："因债务人放弃其到期债权或者无偿转让财产，对债权人造成损害的，债权人可以请求人民法院撤销债务人的行为。债务人以明显不合理的低价转让财产，对债权人造成损害，并且受让人知道该情形的，债权人也可以请求人民法院撤销债务人的行为。"法律对于债务人的诈害行为是否有偿作了区分。对于债务人放弃到期债权、无偿转让财产的情形，只要债务人存在转让财产的行为，无论财产价值大小，也不论债务人主观是否存在恶意，债权人即可行使撤销权。本案黄某与阮某签订《承包合同转让协议书》，无偿转让某公司某项目的承包经营权，属于无偿转让行为，因此仅需查明该承包经营权是否存在价值即可，而无须明确该承包经营权的具体价值数额。而本案黄某通过与某公司签订《承包合同》获得了对某公司某项目的承包经营权，以及作为承包人所享有和承担的一系列权利、义务。该承包经营权包含了对承包项目的投资、管理、经营、收益等权利，具备一定价值利益。并且黄某为取得该承包经营权已向某公司支付了 11630 万元的承包金，应当认定该承包经营权存在价值，讼争项目盈利与否，并不影响承包经营权作为财产权所具备的价值利益……

综上，林某对黄某享有 3000 余万元的到期债权，黄某在未清偿债务的情况下，与阮某签订《承包合同转让协议书》，将具有财产价值的某项目的承包经营权无偿让与阮某，导致清偿资力减少，对林某的债权实现造成损害。林某诉请撤销《承包合同转让协议书》于法有据，应予支持。

黄某不服一审判决，提起上诉。

二审法院经审理认为，第一，关于一审程序是否不当的问题，黄某、阮某、某公司均认为，林某诉请为在其享有的 3000 万元债权的范围内撤销《承包合同转让协议书》，一审法院若认为该《承包合同转让协议书》不可部分撤销，应向林某释明，是否同意将诉讼请求变更为撤销《承包合同转让协议书》。一审法院未进行释明，径直判决撤销《承包合同转让协议书》，判非所请。本院认为，《合同法》第 74 条第 2 款规定"撤销权的行使范围以债权人的债权为限"，因此，林某于一审审理过程中变更诉讼请求为在其享有的 3000 万元债权范围部分撤销《承包合同转让协议书》，符合法律规定。本案中，黄某转让给阮某的系其享有的《承包合同转让协议书》项下的权利义务，本案各方当事人对于该权利义务属于不可分的事实均无异议，在被撤销行为的标的不可分的情况下，为了实现撤销权制度的目的，保护债权人的债权，应当认定被撤销行为全部无效。一审法院认为黄某的转让行为不可部分撤销，判决转让行为整体无效，不属于判非所诉。

第二，关于《承包合同转让协议书》是否符合法定撤销条件的问题。根据《合同法》第 74 条第 1 款规定"因债务人放弃其到期债权或者无偿转让财产，对债权人造成损害的，债权人可以请求人民法院撤销债务人的行为"，二审法院认为，应从以下两个方面进行分析：首先，黄某与阮某签订合同的行为是否构成无偿转让财产。根据《承包合同》的约定，承包方的权利包括自主经营、自负盈亏。黄某承包讼争项目，根本目的是取得收益，对于项目的控制经营仅作为实现财产利益的手段，故承包经营权本质上是财产权，而非单纯的人身权利。此外，黄某需支付共计 3.56 亿元的承包金方能获得讼争项目的经营权，并非无偿取得，该对价也能体现出该承包经营权的财产属性。至于讼争项目盈利与否，并不影响承包经营权作为财产权所具备的价值利益。黄某与阮某之间的转让没有支付对价，黄某与阮某签订合同的行为构成了无偿转让财产。其次，黄某的行为是否导致林某的债权受到了损害。本院认为，黄某在上诉状中确认，其身负巨额债务，全部资产已被法院冻结，且被追索巨额承包金及违约金。某公司也确认，黄某已被法院列入失信人员名单中。因此，黄某对于偿还其所欠林某的债务已无清偿资力，其无偿转让财产的行为对林某的债权造成了损害。

据此，林某行使撤销权的要件成立，同时，因《承包合同转让协议书》的不可分性，林某有权请求全部撤销。

法理解读

本案的争议焦点是，债权人林某能否请求撤销债务人黄某与相对人阮某之间的《承包合同转让协议书》。

本案中，首先，黄某与阮某之间转让承包合同的行为构成无偿转让财产，该转让影响了债权人林某的债权实现，林某有权行使债权人撤销权。具体而言，第一，黄某转让给阮某的是黄某对某项目的承包经营权，根据黄某与某公司签订《承包合同》的约定，承包方的权利包括自主经营、自负盈亏。黄某承包案涉项目，其根本目的是取得收益，因此，承包经营权本质上是财产权，而非单纯的人身权利，且黄某为获得该权利已经向某公司支付了 11630 万元，也可体现出该承包经营权的财产属性。据此，黄某向阮某转让的权利具有财产属性，而阮某未支付对价，因此，构成无偿转让财产。第二，黄某的全部资产现已被法院冻结，且被追索巨额承包金及违约金。因此，黄某对于偿还其所欠林某的债务已无清偿资力，其无偿转让财产的行为影响了林某债权的实现，林某行使债权人撤销权的条件已经成立。

其次，关于林某能否请求撤销整体的《承包合同转让协议书》的问题。其涉及《民法典》第540条关于债权人撤销权行使范围的规定。根据该条规定，债权人行使撤销权的范围，应当以保全自己的债权为限，一般不能超出保全自己的债权的范围。但是，债务人处分的财产或者权利可能是一个整体而无法分割，此时，对撤销权的行使范围不应过分苛求，应支持债权人对该整体行为进行撤销的诉求，超出的部分不属于不当行为。[①]《民法典合同编通则解释》第45条第1款即对此予以明确规定，其区分被撤销的行为标的是否可分，若该标的不可分，债权人主张将债务人的行为全部撤销的，人民法院依法予以支持。在本案中，黄某转让给阮某的系其在《承包合同》（发包方：某公司）项下的承包经营权，该权利具有不可分性，此时，为了实现撤销权制度的目的，保护债权人的债权，应对林某主张全部撤销的请求予以支持。

第四十六条　撤销权行使的法律效果

债权人在撤销权诉讼中同时请求债务人的相对人向债务人承担返还财产、折价补偿、履行到期债务等法律后果的，人民法院依法予以支持。

债权人请求受理撤销权诉讼的人民法院一并审理其与债务人之间的债权债务关系，属于该人民法院管辖的，可以合并审理。不属于该人民法院管辖的，应当告知其向有管辖权的人民法院另行起诉。

债权人依据其与债务人的诉讼、撤销权诉讼产生的生效法律文书申请强制执行的，人民法院可以就债务人对相对人享有的权利采取强制执行措施以实现债权人的债权。债权人在撤销

[①] 最高人民法院民法典贯彻实施工作领导小组主编：《中华人民共和国民法典合同编理解与适用（一）》，人民法院出版社2020年版，第543页。

权诉讼中，申请对相对人的财产采取保全措施的，人民法院依法予以准许。

【民法典条文】

第五百三十八条 债务人以放弃其债权、放弃债权担保、无偿转让财产等方式无偿处分财产权益，或者恶意延长其到期债权的履行期限，影响债权人的债权实现的，债权人可以请求人民法院撤销债务人的行为。

第五百三十九条 债务人以明显不合理的低价转让财产、以明显不合理的高价受让他人财产或者为他人的债务提供担保，影响债权人的债权实现，债务人的相对人知道或者应当知道该情形的，债权人可以请求人民法院撤销债务人的行为。

【条文要义】

本条是对债权人行使撤销权法律效果的解释。

在《民法典》实施之前，司法解释对债权人行使撤销权的法律效果没有作出过规定。

对债权人行使撤销权的法律效果，《民法典》第542条只规定了"债务人影响债权人的债权实现的行为被撤销的，自始没有法律约束力"，没有进一步规定具体的法律效果。本条司法解释在这个法律条文的基础上，进一步明确规定，在撤销权诉讼中，判决撤销债务人与相对人的交易行为后，债务人的财产或者债权"入库"的具体措施，以及债权人在行使债权人撤销权的同时主张债务人清偿债务实现债权的审理方法、确定判决生效后的强制执行问题，都作了进一步的具体解释。

1. 影响债权实现的交易行为被撤销后相应后果的实现

《民法典》规定债权人行使撤销权的后果是入库原则，就是撤销债务人和债务人的相对人之间的影响债权人债权实现的交易行为，将债务人撤销该交易行为的财产纳入债务人的责任财产范围内，用以保全债权人的债权。

按照债权人撤销权的入库原则，仅撤销债务人与相对人的交易行为还不够，必须将交易行为所处分的财产"入库"，归到债务人的责任财产中。因此，还应当在交易行为被撤销后，财产应当返还原物、折价补偿以及履行到期债务，这些后果都要归入债务人的责任财产中。只有这样，债权人的债权才能得到保全。

因此，本条第 1 款规定，债权人在撤销权诉讼中，同时请求债务人的相对人向债务人承担该行为被撤销后产生的返还财产、折价补偿、履行到期债务等法律后果的，法院依法予以支持。按照这一规定，债权人在行使撤销权诉讼的起诉中，不仅要主张撤销债务人与相对人的交易行为，而且要请求债务人和相对人返还财产，不能返还财产的应当折价补偿，对到期的债务应当向债务人履行。债权人一并起诉这些诉讼请求后，法院就能按照上述规则，作出完整的保全债务人财产的判决。

2. 撤销权诉讼与实现债权诉讼的一并审理

如前所述，《民法典》规定债权人代位权和债权人撤销权，前者不实行入库规则，后者实行入库规则，因而在法律效果上是有区别的。因此，债权人行使代位权，可以直接要求债务人的相对人向自己履行债务，实现债权；但是，债权人行使撤销权，却只能撤销债务人与相对人之间的交易行为，不能直接要求债务人的相对人向自己履行债务。

债权人在行使撤销权的同时，是否可以直接请求债务人用撤销交易行为返还的财产清偿债务，在法律规定上是一个还不明确的问题。

对此，在司法实践中有两种不同做法：一是债权人在行使撤销权的诉讼中，同时提起债务人清偿债务的诉讼请求；二是债权人在行使撤销权的诉讼结束后，再另行提起债务人清偿债务的诉讼。

这两种方法相比较，后一种方法不仅比较烦琐，不利于债权人行使权利，而且在这两个诉讼之间一旦有空隙，就有发生损害债权人债权的可能。如果采用第一种方法，就能够在债权人行使撤销权的同时，一并提起债务清偿的诉讼，就可以在同一个诉讼案件中一并解决行使撤销权的请求和清偿债务的请求。

这里的障碍，是两个诉讼是不是属于同一个法院管辖。如果是同一个法院管辖，当然没有问题；如果不是同一个法院管辖，则只能依照管辖的规定，分别处理。对不属于同一个法院管辖的，法院应当告知债权人向享有管辖权的法院另行起诉。

正因为如此，本条第 2 款规定，债权人请求受理撤销权诉讼的人民法院一并审理其与债务人之间的债权债务关系，只要是属于该人民法院管辖的，法院就可以依法准许，将债权人的撤销权诉讼和其与债务人的债权关系的清偿债务诉讼合并审理，作出一个支持撤销权和实现债权的判决，保护好债权人的债权。

3. 撤销权诉讼与债权债务关系诉讼的生效法律文书的强制执行

按照《民法典》的规定以及司法解释确定的方法，债权人就单纯行使撤销权提起诉讼，没有一并提起对债务人债权债务关系的诉讼，是很少见的，因为既然撤销权行使的后果是使债务人的财产入库，而不是直接清偿债权人的债务，债权人在提起撤销权诉讼时，同时提起债务人清偿债务的诉讼，就能够通过一个诉讼，既保全债务人的财产，又能够实现自己的债权，还能避免债务人的其他债权人也提起诉讼而使自己的债权实现受到阻碍。

由于债权人在行使撤销权诉讼中，同时会提起对债务人的债权债务关系的诉讼，因而法院在裁判时，会在一个判决中，既作出撤销债务人与相对人的交易行为，把财产返还给债务人，同时又会判决债务人向债权人清偿债务。

当债权人依据撤销权诉讼和有关债权人与债务人债权债务关系的生效法律文书申请强制执行的，法院当然可以就债务人对相对人享有的权利采取强制执行措施，用以实现债权人的债权。这样做，既方便法院的诉讼，也方便当事人的权利实现。

法院在对债权人提出的强制执行请求时，债务人还有其他申请执行人，债务人的其他债权人对债务人的债务请求也经过人民法院的生效判决确认，这时，如果相对人应当给付或者返还债务人的财产不足以实现全部申请执行人的权利的，对债权人行使撤销权并用撤销交易行为返还的财产，债务人的数个债权人都提出清偿债务的请求，行使撤销权的债权人是否有优先权，有不同的意见。有的认为，毕竟债权人行使撤销权付出了诉讼成本，其他债权人没有行使这个权利，不能因而坐享其成，所以，行使撤销权后债务人取得的财产，应当优先清偿行使撤销权的债权人实现债权，对剩余部分的财产，其他债权人才可以请求强制执行。也有的认为，债权人行使撤销权取得财产，自己的债权并未因此而享有担保物权，不具有债权实现的优先权，与其他债权人的债权仍然是平等债权，应当按照债权比例，平等接受清偿。

对此，由于存在不同见解，本条又没有说行使债权人撤销权的债权人是否享有实现债权的优先权，只是说，依照有关法律、司法解释的规定处理，很难确定究竟是依据哪一个法律规定、哪一条司法解释。

债权平等，是《民法典》规定债权的基本规则，只要特定的债权没有保证或者担保物权的担保，这个债权就难以得到优先权的保障。债权人行使撤销权确实付出了诉讼成本，但这不会使债权获得优先受偿权；如果一个债务人对数个债权人负有债务，就应当是平等债权，其财产不足以清偿数个债权人的债务，应当按比例进行清偿。

4. 债权人在撤销权诉讼中有权请求对相对人的财产采取保全措施

本条司法解释第3款的后段，规定了债权人在撤销权诉讼中，申请对相对人的财产采取保全措施的，法院依法予以准许。尽管《民事诉讼法》对此没有规定，但是这并不违反财产保全的规定。所以，这样规定是有道理的，有利于保障债权人的债权实现。

【案例评析】

某甲公司与某银行等执行复议案①

基本案情

　　某银行与某甲公司、某乙公司、某变压器公司、某建筑安装公司、某丙公司、某丁公司、某戊公司、某己公司借款合同、撤销权纠纷一案，经北京市高级人民法院（以下简称北京高院）一审、最高人民法院二审，最高人民法院最终判决结果为：一、某乙公司偿还某银行借款本金 15000 万元及利息、罚息等，某变压器公司对债务中的 14000 万元及利息、罚息承担连带保证责任，某建筑安装公司对债务中的 1000 万元及利息、罚息承担连带保证责任。二、撤销某甲公司以其对外享有的 7666 万元对外债权及利息与某乙公司持有的在某戊公司 95% 的股权和在某己公司 95% 的股权进行股权置换的合同；某甲公司与某乙公司相互返还股权和债权，如不能相互返还，某甲公司在 24711.65 万元范围内赔偿某乙公司的损失，某乙公司在 7666 万元范围内赔偿某甲公司的损失。三、撤销某乙公司以其在某丁公司 74.4% 的股权与某甲公司持有的在某通讯设备公司 98.5% 的股权进行置换的合同。双方相互返还股权，如果不能相互返还，某甲公司应在 13000 万元扣除 2787.88 万元的范围内赔偿某乙公司的损失。依据上述判决内容，某甲公司需要向某乙公司返还下列三项股权：在某戊公司的 95% 股权、在某己公司的 95% 股权、在某丁公司的 74.4% 股权，如不能返还，扣除某乙公司应返还某甲公司的债权和股权，某甲公司需要向某乙公司支付的款项总额为 27000 万余元。判决生效后，经某银行申请，北京高院立案执行，并于 2009 年 3 月 24 日，向某甲公司送达了执行通知，责令其履行法律文书确定的义务。

---

　　①　最高人民法院指导案例 118 号。

2009 年 4 月 16 日，被执行人某甲公司向北京高院提交了《执行说明一》，表明其已通过支付股权对价款的方式履行完毕生效判决确定的义务。北京高院经调查认定，根据某银行的有关票据记载，某甲公司支付的17046 万元分为 5800 万元、5746 万元、5500 万元，通过转账付给某乙公司；当日，某乙公司向某电气设备经销公司（某通讯设备公司 98.5%股权的实际持有人)，某电气设备经销公司向某丙公司，某丙公司向某丁公司，某丁公司向某甲公司通过转账支付了 5800 万元、5746 万元、5500 万元。故北京高院对某甲公司已经支付完毕款项的说法未予认可。此后，北京高院裁定终结本次执行程序。

2013 年 7 月 1 日，某银行向北京高院申请执行某甲公司因不能返还股权而按照判决应履行的赔偿义务，请求控制某甲公司相关财产，并为此提供保证。2013 年 7 月 12 日，北京高院发出协助执行通知书，冻结了某甲公司持有的某 A 公司 67.887%的股权及某 B 公司 10%的股权。

对此，某甲公司于 2013 年 7 月 18 日向北京高院提出执行异议，理由是：一、北京高院在查封财产前未作出裁定；二、履行判决义务的主体为某乙公司与某甲公司，某银行无申请强制执行的主体资格；三、某甲公司已经按本案生效判决之规定履行完毕向某乙公司返还股权的义务，不应当再向某银行支付 17000 万元。同年 9 月 2 日，某甲公司向北京高院出具《执行说明二》，具体说明本案终审判决生效后的履行情况：1. 关于在某戊公司 95%股权和某己公司 95%股权返还的判项。2008 年 9 月 18 日，某甲公司、某乙公司、某丙公司（当时某戊公司 95%股权的实际持有人)、某机械设备公司（当时某己公司 95%股权的实际持有人）签订四方协议，约定由某丙公司、某机械设备公司代某甲公司向某乙公司分别返还某戊公司 95%的股权和某己公司 95%的股权；2. 关于某丁公司 74.4%的股权返还的判项。某甲公司与某乙公司、某母线公司（当时某丁公司 74.4%股权的实际持有人)、某电气设备经销公司于 2008 年 9 月 18 日签订四方协议，约定由某母线公司代替某甲公司向某乙公司返还某丁公司 74.4%的股权。2008 年 9 月 22 日，各方按照上述协议交割了股权，并完成了股权变更工商登记。相关协议中约定，股权代返还后，某甲公司对代返还的三个公司承担对应义务。

2008年9月23日，某乙公司将某丁公司的股权、某戊公司的股权、某己公司的股权转让给某经贸公司，并办理完毕变更登记手续。

法院判决

一审法院审查后，驳回了某甲公司的异议。某甲公司不服，向二审法院申请复议。二审法院驳回某甲公司的复议请求，二审法院经审理认为：

第一，关于某银行是否具备申请执行人的主体资格问题。

本案诉讼案由是借款合同、撤销权纠纷，法院经审理，判决支持了某银行的请求，判令某甲公司偿还借款，并撤销了某甲公司与某乙公司股权置换的行为，判令某甲公司和某乙公司之间相互返还股权，某甲公司如不能返还股权，则承担相应的赔偿责任。相互返还这一判决结果不是基于某甲公司与某乙公司双方之间的争议，而是基于某银行的诉讼请求。某甲公司向某乙公司返还股权，不仅是对某乙公司的义务，而且实质上主要是对胜诉债权人某银行的义务。故某银行完全有权利向人民法院申请强制有关义务人履行该判决确定的义务。

第二，关于某甲公司是否履行了判决确定的义务问题。

首先，不能认可本案返还行为的正当性。法律设置债权人撤销权制度的目的，在于纠正债务人损害债权的不当处分财产行为，恢复债务人责任财产以向债权人清偿债务。只有在通知胜诉债权人，以使其有机会申请法院采取冻结措施，从而能够以返还的财产实现债权的情况下，完成财产返还行为，才是符合诉讼目的的履行行为。因此，认定某甲公司所主张的履行是否构成符合判决要求的履行，都应以该判决的目的为基本指引。尽管在本案诉讼期间及判决生效后，某甲公司与某乙公司之间确实有运作股权返还的行为，但其事前未向人民法院和债权人作出任何通知，且股权变更登记到某乙公司名下的次日即被转移给其他公司，在此情况下，该种行为实质上应认定为规避判决义务的行为。

其次，不能确定某甲公司协调各方履行无偿返还义务的真实性。某甲公司主张因为案涉股权已实际分别转由某丙公司、某机械设备公司、某母线公司三家公司持有，无法由某甲公司直接从自己名下返还给某乙公司，故由某甲公司协调某丙公司、某机械设备公司、某母线公司三家公司将案涉股权无偿返还给某乙公司。如其所主张的该事实成立，则也可以视为其履行了判决确定的返还义务。但依据本案证据不能认定该事实。依据案涉证据，只能判断某甲公司在执行过程中所谓履行法院判决的说法，可能是对过去不同时期已经发生了的某种与涉案股权相关的转让行为，自行解释为是对本案判决的履行行为。无法认定涉案股权曾经变更登记到某乙公司名下系经某甲公司协调的结果，无法认定系某甲公司履行了生效判决确定的返还股权义务。故对某甲公司的复议请求予以驳回。

该案后被选为指导案例118号，其裁判要点指出，1. 债权人撤销权诉讼的生效判决撤销了债务人与受让人的财产转让合同，并判令受让人向债务人返还财产，受让人未履行返还义务的，债权人可以债务人、受让人为被执行人申请强制执行。2. 受让人未通知债权人，自行向债务人返还财产，债务人将返还的财产立即转移，致使债权人丧失申请法院采取查封、冻结等措施的机会，撤销权诉讼目的无法实现的，不能认定生效判决已经得到有效履行。债权人申请对受让人执行生效判决确定的财产返还义务的，人民法院应予支持。

法理解读

本案的争议焦点是，债权人能否对债权人撤销权诉讼的生效判决申请强制执行。

其涉及《民法典》第542条关于撤销权行使的法律效果的规定，《民法典合同编通则解释》第46条则进一步对撤销权行使的法律效果予以细化。本案中，某乙公司拖欠某银行债务，后某银行经生效判决撤销了某乙公司与某甲公司之间的股权置换合同，依据《民法典》第542条的规定，债务人影响债权人的债权实现的行为被撤销的，自始没有法律约束力。因此，该法律行为被撤销后，债务人已经向相对人给付的或者已经相互给付的，债务人、相对人负有返还财产、恢复原状的义务，不能返还的应当折价补偿。[①] 本案中，法院在判决书中即载明，某甲公司与某乙公司相互返还股权和债权，如不能相互返还，某甲公司需要向某乙公司支付的款项总额为 27000 万余元。

但是，获得生效判决并非债权人行使撤销权的终点，债务人的责任财产实际恢复，才能有效保全债权。[②] 因此，《民法典合同编通则解释》第 46 条进一步从民事诉讼程序角度细化了撤销权行使的法律效果，其第 3 款第 1 句规定，债权人依据其与债务人的诉讼、撤销权诉讼产生的生效法律文书申请强制执行的，人民法院可以就债务人对相对人享有的权利采取强制执行措施以实现债权人的债权。本案中，某甲公司现有证据不足以证明其已经向某乙公司履行了返还义务，现某银行申请对某甲公司的财产强制执行，法院支持某银行的执行请求，于法有据。

[①] 黄薇主编：《中华人民共和国民法典合同编解读（上册）》，中国法制出版社 2020 年版，第 274 页。

[②] 宋史超：《论债权人撤销权判决的实现路径——以指导案例 118 号为中心》，载《政治与法律》2021 年第 1 期。

第六章　合同的变更和转让

第四十七条　债权债务转让纠纷的诉讼第三人

债权转让后，债务人向受让人主张其对让与人的抗辩的，人民法院可以追加让与人为第三人。

债务转移后，新债务人主张原债务人对债权人的抗辩的，人民法院可以追加原债务人为第三人。

当事人一方将合同权利义务一并转让后，对方就合同权利义务向受让人主张抗辩或者受让人就合同权利义务向对方主张抗辩的，人民法院可以追加让与人为第三人。

【民法典条文】

第五百四十八条　债务人接到债权转让通知后，债务人对让与人的抗辩，可以向受让人主张。

第五百五十三条　债务人转移债务的，新债务人可以主张原债务人对债权人的抗辩；原债务人对债权人享有债权的，新债务人不得向债权人主张抵销。

第五百五十六条　合同的权利和义务一并转让的，适用债权转让、债务转移的有关规定。

【既往司法解释】

《最高人民法院关于适用〈中华人民共和国合同法〉若干问题的解释（一）》（1999）

第二十七条　债权人转让合同权利后，债务人与受让人之间因履行合同发生纠纷诉至人民法院，债务人对债权人的权利提出抗辩的，可以将债权人列为第三人。

第二十八条　经债权人同意，债务人转移合同义务后，受让人与债权人之间因履行合同发生纠纷诉至人民法院，受让人就债务人对债权人的权利提出抗辩的，可以将债务人列为第三人。

第二十九条　合同当事人一方经对方同意将其在合同中的权利义务一并转让给受让人，对方与受让人因履行合同发生纠纷诉至人民法院，对方就合同权利义务提出抗辩的，可以将出让方列为第三人。

【条文要义】

本条是对债权债务转让纠纷诉讼中是否可以追加诉讼第三人的司法解释。

在债权债务转移纠纷中，对债权转让、债务转移或者债权债务概括转移，一方当事人提出抗辩后，如何列第三人的规则，《最高人民法院关于适用〈中华人民共和国合同法〉若干问题的解释（一）》第27条至第29条分三条作了规定。本条司法解释把这三个规则合并在一起，作为债权债务转让纠纷诉讼中第三人的规则，分三款作出具体规定。

在债权转让、债务转移和债权债务概括转移中，都存在新债当事人与原债当事人之间的关系问题。这种关系最主要的问题，就是新债权人以原债权人的抗辩事由向债务人提出抗辩，或者新债务人以原债务人对债权人的抗辩事由向债权人提出抗辩。在这种争议案件的审理中，就不仅是新债权债务关系当事人之间的纠纷，还应当审查原债权人或者债务人对对方当事人享有的抗辩是否成立的问题。如果原债权债务关系当事人对对方当事人享有的抗辩依法成立，新债权债务关系当事人就有权以此向对方当事人提出抗辩。所以，在审理债权债务转移的争议案件中，出让债权、债务或者债权债务概括转移的当事人是否享有抗辩事由或者抗辩权，就是一个关键问题。

所以，本条规定，在债权债务转移的纠纷案件中，如果新债权债务关系的当事人，以转让债权或者债务的当事人享有的抗辩理由或者抗辩权对抗对方当事人的，法院可以把原债权债务关系的当事人依法追加为无独立请求权的第三人参加诉讼，便于查清事实，正确适用法律。

诉讼中的具体处理方法有以下三种。

1. 债权转让的让与人可以追加为第三人

原债权人将自己的债权转让给新债权人，应当按照《民法典》的规定进行转让。债权转让后，债务人向债权的受让人也就是新债权人主张其对让与人也就是原债权人的抗辩的，法院可以追加债权的让与人为无独立请求权的第三人，参加案件的审理。

2. 债务转移的原债务人可以追加为第三人

原债务人将自己的债务转让给新债务人，债权人没有发生变化，仍然是原债权人。债务转移后，新债务人主张原债务人即债务让与人对债权人的抗辩的，法院可以追加出让人为无独立请求权的第三人，参加案件的审理。

3. 债权债务概括转移的让与人可以追加为第三人

债权债务概括转移，其实是双务合同的当事人一方，把自己享有的债权和负有的债务一并转移给第三人，使第三人成为新债权债务关系的债权人和债务人。转移债权债务关系的一方当事人是让与人，受让债权债务的当事人是新债权债务关系当事人。

由于新债权债务关系的当事人双方既是债权人又是债务人，在双方当事人发生争议后，如果对方就合同权利义务向受让人主张抗辩，或者受让人就合同权利义务向对方主张抗辩的，法院也可以追加让与人为无独立请求权的第三人，一起参加诉讼进行审理。

应当注意的是，本条追加第三人，都是"可以"，而不是应当。是否追加，一是法官裁量权，可以依据法律和案件的具体情况确定；二是看第三人的意愿，第三人不愿意作为第三人参加诉讼的，也可以斟酌案情予以准许。

【案例评析】

甲公司与乙公司合同纠纷案①

基本案情

2013 年 5 月 8 日，甲公司与丙公司就丙公司为甲公司 ODM 生产的合作事项签订《ODM 合作框架协议》。ODM 产品是指由丙公司设计，或由甲公司委托丙公司设计，或双方联合设计，并由丙公司生产的产品。2014 年 12 月至 2015 年 11 月，乙公司与丙公司以前述丙公司与甲公司间的产品和服务交易为基础开展保理融资业务，先后签订了《国内商业保理合同（附追索权）》《国内商业保理合同补充协议》等合同。依据上述合同所形成的保理融资关系以及合同定义，乙公司系甲方、受让人，丙公司系乙方、转让人，甲公司为买方、债务人。保理业务类型为有追索权保理业务，即指丙公司将其因向甲公司销售商品、提供服务或其他原因所产生的应收账款债权转让给乙公司，乙公司向丙公司支付相应的债权转让款及向其提供其他综合性的服务，并且丙公司对甲公司到期付款承担连带担保责任，即甲公司如未按期向丙公司支付应收账款，乙公司有权向丙公司追索，同时在乙公司的要求下丙公司还应承担回购该应收账款的责任。每份保理融资合同对被转让的应收账款范围有明确约定，同时将邮寄送达给甲公司的《应收账款债权转让通知书》作为合同附件。

---

① 案号：(2017) 鄂民终 3301 号。

法院判决

一审法院经审理认为，保理是以债权人转让其应收账款为前提，集应收账款催收、管理、坏账担保及融资于一体的综合性金融服务。在保理业务中，依合同成立乙公司与丙公司间的应收账款转让、融资和甲公司与丙公司间的买卖两项合同关系，故本案案由应为合同纠纷。本案争议为乙公司是否有权以债权人身份向买卖合同关系的债务人甲公司主张欠付的应收账款及其具体金额。甲公司和丙公司间的买卖合同、乙公司和丙公司间的融资关系是两两相对的合同关系，本案处理的仅是债权转让后在乙公司和甲公司之间建立的债权债务关系，乙公司对丙公司可主张的债权金额不属于本案审理范围。

原告甲公司不服一审判决，提起上诉。

二审法院经审理认为，关于应否追加丙公司为本案当事人参加诉讼的问题。《最高人民法院关于适用〈中华人民共和国合同法〉若干问题的解释（一）》第27条规定：债权人转让合同权利后，债务人与受让人之间因履行合同发生纠纷诉至人民法院，债务人对债权人的权利提出抗辩的，可以将债权人列为第三人。本案中，丙公司作为债权出让人是否参与本案诉讼，既不影响乙公司行使对受让债权的请求权，也不妨害甲公司行使债务人的抗辩权，丙公司并非本案法律关系项下必须参加诉讼的当事人。一审法院已依据双方当事人提交的证据，全面查明了甲公司与丙公司之间《ODM合作框架协议》及《供应合作框架协议》的履行情况，丙公司未参加诉讼不影响案件事实的查明，一审法院未依职权追加丙公司参加本案诉讼并无不当。《天津市高级人民法院关于审理保理合同纠纷案件若干问题的审判委员会纪要（一）》并非法律法规，不具有普遍强制适用效力，甲公司关于一审法院未追加丙公司参加本案诉讼导致认定事实不清的上诉理由不能成立。

法理解读

本案的争议焦点是，有无必要将丙公司列为第三人来参加诉讼。

一般情况下，原债权人将其债权转让给第三人，也就是新债权人，就退出了其与债务人之间的合同关系，如果债务人与新债权人之间发生了纠纷，与原债权人没有关系，原债权人无须参加双方的纠纷。但是，如果债务人对原债权人的权利提出了抗辩，而新债权人难以提出反抗辩，而且，新债权人一旦败诉，将会涉及原债权人的利益，与原债权人存在直接的利害关系。显然，在这种争议案件的审理中，就不仅是新债权债务关系当事人之间的纠纷，还应当审查原债权人对对方当事人享有的抗辩是否成立的问题。因此，《民法典合同编通则解释》第47条即对此予以规定，依其规定，在诉讼中有必要将原债权人列为第三人，参加案件的审理。当然，如果债务人没有对原债权人提出抗辩，或者只是对新债权人的合同履行问题提出了抗辩，就无须将原债权人列为第三人。

本案中，甲公司与丙公司就丙公司为甲公司ODM生产的合作事项签订《ODM合作框架协议》。之后，丙公司与乙公司签订了《国内商业保理合同（附追索权）》《国内商业保理合同补充协议》等合同，约定丙公司将其因向甲公司销售商品、提供服务或其他原因所产生的应收账款债权转让给乙公司，乙公司向丙公司支付相应的债权转让款及向其提供其他综合性的服务，并且丙公司对甲公司到期付款承担连带担保责任，即甲公司如未按期向丙公司支付应收账款，乙公司有权向丙公司追索，同时在乙公司的要求下丙公司还应承担回购该应收账款的责任。由此可见，丙公司是原债权人，乙公司是新的债权人。不过，丙公司作为债权出让人，既不影响乙公司行使对受让债权的请求权，也不妨害甲公司行使债务人的抗辩权，丙公司并非本案法律关系项下必须参加诉讼的当事人。因此，没必要将丙公司列为第三人，参加案件的审理。

第四十八条 债权转让通知

债务人在接到债权转让通知前已经向让与人履行，受让人请求债务人履行的，人民法院不予支持；债务人接到债权转让通知后仍然向让与人履行，受让人请求债务人履行的，人民法院应予支持。

让与人未通知债务人，受让人直接起诉债务人请求履行债务，人民法院经审理确认债权转让事实的，应当认定债权转让自起诉状副本送达时对债务人发生效力。债务人主张因未通知而给其增加的费用或者造成的损失从认定的债权数额中扣除的，人民法院依法予以支持。

【民法典条文】

第五百四十六条　债权人转让债权，未通知债务人的，该转让对债务人不发生效力。

债权转让的通知不得撤销，但是经受让人同意的除外。

【条文要义】

本条是对债权转让通知的规则如何适用的解释。

在《民法典》实施之前，司法解释没有对此作过规定。依照《民法典》第546条的规定，债权人转让自己的债权，应当通知债务人，未通知债务人的，该转让对债务人不发生效力。同时还规定，债权转让的通知不得撤销，但是经受让人同意的除外。因此，在债权转让中，债权人应当通知债务人，是债权转让的生效要件。

在具体实务操作中，债权人转让自己的债权，通知还是未通知债务人，债务人接到通知还是未接到通知，在实体上和程序上都会发生重大影响。本条首先规定的是债务人是否接到债权人通知时实施履行行为的效果，然后规定债权人未通知债务人而受让人主张债务人履行的效果。

1. 债务人是否接到债权人通知的履行效果

债权人转让债权，通知还是未通知债务人，最重要的是债务人接到还是未接到债权转让通知。这里实行的还是意思表示的到达主义立场。对此，在实体法上，债权人的通知还是未通知，债务人的接到还是未接到，发生的主要问题是：

第一，债务人在接到债权转让通知前，按照原债权债务关系的约定，已经向让与人也就是原债权人履行，该履行行为在实际履行的范围内，消灭债权人的相应债权。这时，如果受让人请求债务人向其履行债务的，法院不予支持。这是因为，债权人转让债权未通知债务人，或者债务人未接到债权转让通知，债务人对出让人作出的履行已经消灭了相应债权，债务人不用再继续履行，新债权人也无权请求履行。

第二，在债权转让后，债务人已经接到债权人发出的债权转让通知，债权转让已经生效。这时，债务人仍然向让与人履行，就没有法律根据，因为让与人已经不再是债权债务关系的债权人，债务人没有义务向让与人履行债务，因而债务人的履行是无效的履行，不发生债权消灭的后果。对此，受让人请求债务人履行的，债务人应当向受让人履行债务，法院对受让人也就是新债权人的履行请求，应予支持。

这里没有提到债务人实施了双重履行，对让与人的履行无效后应当怎样处理。债务人没有接到债权转让通知之前对债权人的履行，消灭对债权人的债务，因为债权转让还未生效，债权让与人还是债权人。通知到达后，让与人将自己的债权让与他人，自己就不再是债权人，债务人在接到债权人让与债权的通知后还继续向他履行，让与人应当拒绝受领，已经受领的构成不当得利，债务人有权向其请求返还不当得利。

2. 债权人未通知债务人而受让人主张债务人履行的效果

在债权让与中，让与人没有履行通知债务人的义务，债务人不知道债权人已经把债权让与给新债权人，由于债权转让没有发生效力，新债权人也就是债权受让人主张债务人向其履行债务的，原则上为无理由。

但是，债权受让人也就是新债权人通过提起诉讼，请求债务人向其履行债务的，是否也发生同样的效果，存在不同的见解。对此，本条第 2 款规定，让与人未通知债务人，受让人直接起诉债务人请求履行债务，法院经审理已经确认债权转让事实的，债权转让发生效力。至于在什么时间应当认定为债权人出让人履行了通知，本条规定，应当认定债权转让自起诉状副本送达的时间，就对债务人发生债权转让的效力。

这是一个实事求是的处理方法。如果债权人让与债权时没有对债务人履行通知义务，债务人就不知道债权已经转让。可是，如果不分清情况，一律认为这种债权让与不发生效力，不利于促进交易。所以，本条司法解释采取了区别对待的方法，如果受让债权的新债权人没有通过诉讼请求债务人向自己履行债务，就可以确认债权并没有完成让与，受让人不得向债务人请求清偿债务。但是，受让人已经向法院起诉，法院经过审理也已经认为债权让与成立，这时，如果还不承认债权已经发生转让，就不是实事求是的态度了。因此，确定何时完成对债务人的通知，就是债权让与是否生效的关键。本条司法解释确认，自起诉状副本送达时对债务人发生效力，是比较准确的规则。

在上述情况下，由于法院已经确认债权让与成立并生效，债务人应当向新债权人也就是受让人履行债务。不过，债务人在履行债务时，如果主张因债权人未履行通知义务而给其履行债务增加的费用或者造成的损失从认定的债权数额中扣除的，是合情合理的请求，是应当扣除的。因此，法院依法予以支持。

【案例评析】

韩某与吴某债权转让合同纠纷案①

基本案情

2021 年 3 月 1 日，原告吴某作为乙方（债权人）与第三人张某作为甲方（债务人）签订《债权转让协议》，约定，甲方向乙方转让其对第三方韩某拥有的债权，以此来抵偿甲方所欠乙方的人工费 20000 元。在 2019 年某项目施工中，韩某为项目施工的工人，韩某先后向甲方张某借款 20000 元。在 2019 年某项目施工中，甲方张某欠乙方吴某人工费 20000 元。债务人愿意将韩某所欠的 20000 元的债权关系转给吴某。即吴某为韩某所欠借款 20000 元新的债权人。乙方承诺并保证转让的债权系合法、有效的债权。本协议生效前，转让标的从未转让给任何第三方，并对转让标的拥有合法、有效的处分权，本协议生效后，也不会转让给任何第三方。本协议生效后，及时就本债权转让事宜向该转让债权的债务人韩某出具债务转让通知书。2021 年 5 月 22 日，第三人张某出具《债权转让通知书》，内容为"致韩某：在 2019 年某项目施工中，韩某为项目施工的工人，韩某先后向甲方张某借款人民币 20000 元。关于此款的债权，本人已将此债权全部转让给吴某，本人承诺无条件配合吴某办理收款的相关事宜。现将此事告知于你，希望韩某尽快支付吴某欠款人民币 20000 元。特此告知"。

法院判决

一审法院经审理认为，债权人可以将债权的全部或者部分转让给第三人，但是有下列情形之一的除外：（一）根据债权性质不得转让；（二）按照当事人约定不得转让；（三）依照法律规定不得转让。当事人约定金钱债权不得转让的，不得对抗善意第三人。当事人约定金钱债权不得转让的，不得对抗

---

① 案号：（2022）辽 04 民终 2244 号。

第三人。债权人转让债权，未通知债务人的，该转让对债务人不发生效力。债权转让的通知不得撤销，但是经受让人同意的除外。债务人接到债权转让通知后，债务人对让与人的抗辩，可以向受让人主张。本案的争议焦点是，第三人张某与原告吴某之间的债权转让对被告韩某是否发生效力。张某与吴某签订《债权转让协议》后，张某又出具一份《债权转让通知书》给韩某，吴某通过快递的方式将该通知告知韩某，因此，张某转让债权给吴某对被告发生效力，韩某应当将其对第三人的债务 20000 元支付给吴某。故对吴某主张的由韩某给付其欠款 20000 元一节，于法有据，本院予以支持。

韩某不服一审判决，提起上诉。

二审法院经审理认为，债权人可以将合同的权利全部或者部分转让给第三人，债权人转让权利的，应当通知债务人。未经通知，该转让对债务人不发生效力。本案中，根据已查明的事实，韩某对于其收到张某给付的 20000 元，以及为此出具的借条及收条的事实均不持异议，张某将前述 20000 元债权转让给吴某并不违反法律规定，系有效协议，一审法院以此认定张某存在对韩某的债权 20000 元以及张某将此债权转让给吴某对韩某发生效力并无不当。张某与吴某达成《债权转让协议》后又出具了《债权转让通知书》，随后将债权转让事宜以快递方式通知了韩某，韩某否认其收到了《债权转让通知书》。对此，本院认为，无论快递签收与否，吴某起诉本案后，一审法院已经向韩某送达了起诉状副本，且在一审中张某已经明确表示认可转让行为，应当视为已经送达，本院对韩某称未收到债权转让通知，债权转让对其不产生效力的观点不予采纳。

法理解读

本案的争议焦点是，韩某能否以未收到债权转让通知为由拒绝向吴某履行其债务。

在债权转让中，债权人通知债务人是债权转让的生效要件。如果债务人没有收到债权转让通知，那么无须向受让人也就是新债权人履行债务；

如果债务人收到债权转让通知，债权转让就会生效，债务人应当向新债权人履行其债务。原则上，若让与人未通知债务人，则债权转让不对债务人发生效力，但若受让人向法院提起诉讼，则可能发生与债权转让通知相同的效果。《民法典合同编通则解释》第48条第2款即对此予以规定，依其规定，让与人未通知债务人，受让人直接起诉债务人请求履行债务，人民法院经审理确认债权转让事实的，应当认定债权转让自起诉状副本送达时对债务人发生效力。因此，即便债权让与人没有向债务人发出债权转让通知，但是，起诉状副本送达到债务人就视为已通知到债务人，债权转让就会对债务人发生效力。

债务人在履行债务时，如果主张在认定债权数额时扣除因债权人未履行通知义务，而给其履行债务增加的费用或者造成的损失的，是合情合理的请求，是应当扣除的。而且，由于债权人在让与债权时未通知债务人，受让人因此也造成了接受履行费用的增加，或者造成了财产损失，因而主张由让与人承担责任的，法院也应当依法予以支持。

本案中，张某与吴某签订《债权转让协议》，约定张某向吴某转让其对第三方韩某拥有的债权。之后，张某就债权转让事宜给韩某出具了《债权转让通知书》，告知韩某其已转让债权给吴某，让韩某对吴某履行债务，也就是支付20000元。该债权转让，自韩某收到张某发出的债权转让通知时，债权转让就发生效力，韩某应当向吴某履行债务。况且，不论韩某是否签收了快递，吴某起诉本案后，一审法院已经向韩某送达了起诉状副本，且在一审中张某已经明确表示认可转让行为，应当视为已经送达。因此，韩某以未收到债权转让通知为由，拒绝向吴某履行其债务是不合理的。由于本案不存在张某因未通知债权转让事宜，给张某和韩某造成额外的履行费用或者其他财产损失，无须让张某承担相应的责任。

第四十九条 表见让与和债务人确认债权存在

债务人接到债权转让通知后，让与人以债权转让合同不成立、无效、被撤销或者确定不发生效力为由请求债务人向其履行的，人民法院不予支持。但是，该债权转让通知被依法撤销的除外。

受让人基于债务人对债权真实存在的确认受让债权后，债务人又以该债权不存在为由拒绝向受让人履行的，人民法院不予支持。但是，受让人知道或者应当知道该债权不存在的除外。

【条文要义】

本条是对债权转让中表见让与和债务人确认债权存在继而否认如何适用法律的解释。

《民法典》对债权转让、债务转移规定的规则比较原则，对很多情形都没有作具体规定。只是在有关保理合同中规定了一些类似的规则。在以往的司法解释中，对其中有关问题作了一些具体规定。例如，2020 年和 2012 年的《最高人民法院关于审理买卖合同纠纷案件适用法律问题的解释》第 6 条和第 9 条都对多重买卖的规则作出了规定。

本条司法解释根据司法实践经验，列举了表见让与和债务人确认债权存在继而否认两种特殊情形，对这两种情形如何具体适用法律作出了规定。

1. 表见让与

在债权转让中，债权人与受让人达成债权转让协议后，只要通知了债务人，债权转让协议即时发生效力。这是债权转让的一般规则。

按照这一要求，在债权转让通知到达债务人后，债权受让人成为新债权人。这时，债权人又以债权转让合同不成立、无效、被撤销或者确定不发生效力为由，请求债务人向自己履行债务的，由于他已经不是债权人，因而无理由请求债务人向自己履行债务，对原债权人的这一没有法律依据的请求，法院不予支持。这就是表见让与。

不过，按照《民法典》第 546 条第 2 款的但书规定，虽然债权转让通知不得撤销，但是如果受让人同意的，仍然是可以撤销的。所以，债权人主张债权转让的通知撤销，受让人同意撤销该通知的，其实就是同意撤销债权转让协议，债权人撤销该债权转让的通知发生效力。

当债权转让通知依照上述规定依法被撤销的，债权转让没有发生法律效力，债权出让人还是债权人，有权向债务人请求履行债务。债权人向法院起诉债务人依法履行债务，法院应当支持债权人的诉讼请求，债务人应当向债权人履行债务。

2. 债务人确认债权存在又继而否认

本条司法解释的第2款规定的是，在债权转让中，债务人确认债权存在却又继而否认该债权的认定规则。

首先，在债权人转让债权中，受让人基于债务人对债权真实存在的确认，受让了债权人的债权，之后债务人又以该债权不存在为由，拒绝向受让人即新债权人履行，这是违反禁反言规则的行为，法院对此不予支持。

禁反言，是民事主体在实施民事法律行为、民事诉讼行为时，应当对自己以言词作出的各种表示负责，不得随意作出否定在先言词的言论或行为的规则。一般而言，禁反言规则禁止一方当事人否认法律已经作出判决的事项，或者禁止一方当事人通过言语或行为作出与其之前所表述的事实或主张的权利不一致的表示，尤其是当另一方当事人对之前的表示已经给予信赖并依此行事时，更是如此。本条司法解释第2款前段规定的，就是在债权转让中，对债务人适用禁反言规定的规则。既然在债权人转让债权的时候，债务人确认该债权的真实存在，正是基于债务人的这一确认，受让人才接受转让的债权，期待债务人的债务履行行为，实现自己受让债权的目的。在受让人接受债权，主张债务人对其履行债务时，债务人却否认债务的存在，正是禁反言规则规制的行为。因此，即使债务人确认的真实存在的债权确实不存在，债务人也必须对受让人履行该债务。

其次，在债权人转让债权时，如果受让人知道或者应当知道该债权不存在，债权转让行为就可能是虚假行为，对此，债务人以该债权不存在为由，拒绝向受让人即新债权人履行的，是有理由的，应当依据虚假行为的规则，确认债权人与受让人之间的债权转让行为是虚假行为，对债务人不发生效力，其诉讼主张应当支持。

【案例评析】

甲公司、李某等确认合同效力纠纷案①

基本案情

2017年2月，乙公司形成股东会决议，内容为：将公司执行董事兼经理及法定代表人由李某变更为田某，同意股东李某、王某1退出，田某、王某2为公司新股东；同意股东李某认缴的500万元股权转让给田某，转让后田某累计拥有股权1100万元。2017年2月17日，李某（转让方，甲方）与田某（受让方，乙方）签订股权转让协议一份，约定：甲方将持有的乙公司55%股权共500万元出资额，以500万元转让给乙方，乙方同意按此价格及金额购买上述股权。出资转让于2017年1月19日完成。甲方保证所转让给乙方的股权是甲方在乙公司的真实出资，是甲方合法拥有的股权，甲方拥有完全的处分权。甲方保证对所转让的股权，没有设置任何抵押、质押和担保，并免遭任何第三人的追索。否则，由此引起的所有责任，由甲方承担。双方于2017年2月22日办理工商登记股权变更。2020年8月，李某以股权转让合同纠纷为案由将田某诉至法院，请求判令田某向李某支付股权转让款500万元及逾期付款利息。2020年10月17日，李某向田某发出债权转让通知书，田某当日收到该通知书。2021年5月8日，田某（转让方，甲方）与李某（受让方，乙方）签订股权转让协议书，约定：甲方田某将现在持有的乙公司的55%股权（含认缴金额1100万元）转让给李某，此前属于田某担任法人期间问题与李某无关，由李某处理经手问题由李某负责解决。自签字工商部门确认之日起公司的所有债

---

① 案号：（2021）豫10民终2788号。

权债务和牵涉的经营经济纠纷均与田某无关，公司和李某本人确保按此协议执行。解除甲乙双方于 2017 年 2 月 17 日签订的《股权转让协议》。双方于 2021 年 6 月 1 日办理工商登记股权变更。

法院判决

一审法院经审理认为，股东应当按期足额缴纳各自认缴的出资额。即使股东已转让其全部股权，但其出资义务不应随股权转让而免除，该股东仍应依法向公司补足出资。有限责任公司的股东未履行或者未全面履行出资义务即转让股权，受让人对此知道或者应当知道，公司债权人请求受让人承担连带责任的，人民法院应予支持。股权受让人田某如果知道李某未履行出资义务，则需履行原股东应尽的出资义务。本案中，李某在其与田某签订的股权转让协议中，保证其所转让的股权系其真实出资，但该 500 万元非其真实出资，故田某不需履行该出资义务，亦不需向李某承担该 500 万元的支付责任。基于重大误解实施的民事法律行为，行为人有权请求人民法院予以撤销。本案中，债权有效存在是债权转让协议签订及实现的基础与前提，李某对田某的债权自始不存在，故其与甲公司签订的《债权转让协议》，缺乏必要的成就条件，亦存在现实履行不能。甲公司关于确认协议有效的请求，因反诉原告李某提出撤销合同的反诉请求，法院不予支持。李某在签订《债权转让协议》中存在重大误解，其关于撤销该协议的请求合法有据，法院予以支持。

甲公司不服一审判决，提起上诉。

二审法院经审理认为，债权有效存在是债权转让协议签订及实现的前提。本案中，李某与田某签订的涉案《股权转让协议》，李某作为股权出让方应保证其所转让的股权系真实出资，但李某未履行真实的出资义务，涉案 500 万元出资非其真实出资，田某作为受让方亦无须向李某承担 500 万元的支付责任。因李某对田某的债权自始不存在，故其与上诉人甲公司签订的《债权转让协议》，缺乏成立的必要条件，原审对上诉人要求确认涉案《债权转让协议》有效的诉求未予支持并无不当。上诉人甲公司的上诉理由不能成立，本院依法不予支持。

法理解读

本案的争议焦点是，债权转让协议被撤销后，甲公司能否向田某主张履行债务。

一般情况下，债权人与受让人达成债权转让协议后，只要通知了债务人，债权转让协议就会发生效力，受让人成为新债权人，而债务人应当向新债权人履行债务。这时，债权人又以债权转让合同不成立、无效、被撤销或者确定不发生效力为由，请求债务人向自己履行债务的，《民法典合同编通则解释》第 49 条第 1 款明确规定，法院应当不予以支持。因为原债权人已经不是债权人，因而无理由请求债务人向自己履行债务。不过，根据《民法典》第 546 条第 2 款的规定，虽然债权转让通知不得撤销，但是如果受让人同意的，仍然是可以撤销的。所以，债权人主张撤销债权转让的通知，受让人同意撤销该通知的，债权人可以撤销该债权转让通知。当债权转让通知依照上述规定依法被撤销的，债权转让没有发生法律效力，债权出让人还是债权人，有权向债务人请求履行债务。债权人向法院起诉债务人依法履行债务的，法院应当支持债权人的诉讼请求，债务人应当向债权人履行债务。

本案中，李某与田某签订了《股权转让协议》，该协议中保证了其所转让的股权系其真实出资，但该 500 万元并非其真实出资，故田某无须履行该出资义务，亦不需要向李某承担该 500 万元的支付责任。因此，李某对田某的债权自始不存在，而李某对此不知情。在这种情况下，李某与甲公司签订的债权转让协议，约定李某转让其对田某的债权。基于重大误解实施的民事法律行为，行为人有权请求人民法院予以撤销。李某在签订债权转让协议中存在重大误解，因此有权向人民法院申请撤销该债权转让协议。因李某对田某的债权自始不存在，故其与甲公司签订的债权转让协议，缺乏成立的必要条件，甲公司无权向田某主张债权。

第五十条　债权的多重转让

让与人将同一债权转让给两个以上受让人，债务人以已经向最先通知的受让人履行为由主张其不再履行债务的，人民法院应予支持。债务人明知接受履行的受让人不是最先通知的受让人，最先通知的受让人请求债务人继续履行债务或者依据债权转让协议请求让与人承担违约责任的，人民法院应予支持；最先通知的受让人请求接受履行的受让人返还其接受的财产的，人民法院不予支持，但是接受履行的受让人明知该债权在其受让前已经转让给其他受让人的除外。

前款所称最先通知的受让人，是指最先到达债务人的转让通知中载明的受让人。当事人之间对通知到达时间有争议的，人民法院应当结合通知的方式等因素综合判断，而不能仅根据债务人认可的通知时间或者通知记载的时间予以认定。当事人采用邮寄、通讯电子系统等方式发出通知的，人民法院应当以邮戳时间或者通讯电子系统记载的时间等作为认定通知到达时间的依据。

【民法典条文】

第七百六十三条　应收账款债权人与债务人虚构应收账款作为转让标的，与保理人订立保理合同的，应收账款债务人不得以应收账款不存在为由对抗保理人，但是保理人明知虚构的除外。

第七百六十五条　应收账款债务人接到应收账款转让通知后，应收账款债权人与债务人无正当理由协商变更或者终止基础交易合同，对保理人产生不利影响的，对保理人不发生效力。

第七百六十八条　应收账款债权人就同一应收账款订立多个保理合同，致使多个保理人主张权利的，已经登记的先于未登记的取得应收账款；均已经登记的，按照登记时间的先后顺序取得应收账款；均未登记的，由最先到达应收账款债务人的转让通知中载明的保理人取得应收账款；既未登记也未通知的，按照保理融资款或者服务报酬的比例取得应收账款。

【相关司法解释】

《最高人民法院关于审理买卖合同纠纷案件适用法律问题的解释》（2020）

第六条 出卖人就同一普通动产订立多重买卖合同，在买卖合同均有效的情况下，买受人均要求实际履行合同的，应当按照以下情形分别处理：

（一）先行受领交付的买受人请求确认所有权已经转移的，人民法院应予支持；

（二）均未受领交付，先行支付价款的买受人请求出卖人履行交付标的物等合同义务的，人民法院应予支持；

（三）均未受领交付，也未支付价款，依法成立在先合同的买受人请求出卖人履行交付标的物等合同义务的，人民法院应予支持。

第七条 出卖人就同一船舶、航空器、机动车等特殊动产订立多重买卖合同，在买卖合同均有效的情况下，买受人均要求实际履行合同的，应当按照以下情形分别处理：

（一）先行受领交付的买受人请求出卖人履行办理所有权转移登记手续等合同义务的，人民法院应予支持；

（二）均未受领交付，先行办理所有权转移登记手续的买受人请求出卖人履行交付标的物等合同义务的，人民法院应予支持；

（三）均未受领交付，也未办理所有权转移登记手续，依法成立在先合同的买受人请求出卖人履行交付标的物和办理所有权转移登记手续等合同义务的，人民法院应予支持；

（四）出卖人将标的物交付给买受人之一，又为其他买受人办理所有权转移登记，已受领交付的买受人请求将标的物所有权登记在自己名下的，人民法院应予支持。

【既往司法解释】

《最高人民法院关于审理买卖合同纠纷案件适用法律问题的解释》（2012）

第九条　出卖人就同一普通动产订立多重买卖合同，在买卖合同均有效的情况下，买受人均要求实际履行合同的，应当按照以下情形分别处理：

（一）先行受领交付的买受人请求确认所有权已经转移的，人民法院应予支持；

（二）均未受领交付，先行支付价款的买受人请求出卖人履行交付标的物等合同义务的，人民法院应予支持；

（三）均未受领交付，也未支付价款，依法成立在先合同的买受人请求出卖人履行交付标的物等合同义务的，人民法院应予支持。

第十条　出卖人就同一船舶、航空器、机动车等特殊动产订立多重买卖合同，在买卖合同均有效的情况下，买受人均要求实际履行合同的，应当按照以下情形分别处理：

（一）先行受领交付的买受人请求出卖人履行办理所有权转移登记手续等合同义务的，人民法院应予支持；

（二）均未受领交付，先行办理所有权转移登记手续的买受人请求出卖人履行交付标的物等合同义务的，人民法院应予支持；

（三）均未受领交付，也未办理所有权转移登记手续，依法成立在先合同的买受人请求出卖人履行交付标的物和办理所有权转移登记手续等合同义务的，人民法院应予支持；

（四）出卖人将标的物交付给买受人之一，又为其他买受人办理所有权转移登记，已受领交付的买受人请求将标的物所有权登记在自己名下的，人民法院应予支持。

【条文要义】

本条是对债权多重转让及其法律后果的解释。

《民法典》在"债权的转让"一章中，没有规定债权重复转让，以往的司法解释对保理合同的债权多重转让、买卖合同的多重转让作过规定。本条司法解释对债权多重转让概念和法律适用的一般性规则作出了规定。

1. 债权多重转让的概念

多重转让的"多重"，是民法中经常使用的概念，如多重买卖、多重租赁等，即多且重复。本条司法解释规定的是债权转让中的多重转让，是债权人对自己享有的同一债权进行了数次转让，也就是把自己享有的同一个债权转让给数个受让人。

用本条司法解释的第一句话作为债权多重转让的定义是比较准确的，即指"让与人将同一债权转让给两个以上的受让人"。

债权多重转让不同于债权分割转让。

债权分割转让，是债权人对自己享有的完整债权进行分割为不同的部分，将不同的部分债权转让给不同的债权受让人，使每一个人都成为受让自己部分债权的债权人。

债权多重转让，是债权人将自己的同一个完整的债权，在转让给一个受让人后，又转让给其他受让人。这时，债权转让只能有一个转让行为是有效的，受让人能够取得债权人的债权。其他依照债权转让协议不能取得受让债权的，可以向债权人主张违约责任，因为自己依据债权转让协议无法取得转让的债权，当然可以追究出让人的违约责任。

2. 债权多重转让的效果

在债权多重转让中，应当怎样确定最先发生法律效力的债权转让协议呢？本条司法解释第1款规定的规则是，最先到达债务人并且接受债权转让通知的那份债权转让协议发生债权转让的效力，债务人应当向这份债权转让协议的受让人履行债务，这就是最先通知的受让人取得债权。这是因为，债权让与人和债权受让人达成债权转让协议后，债权让与人负有向债务人送达债权转让通知的义务，该义务的完成，标志着债权转让协议生效。既然最先到达并且接受债权转让通知的债务人，在他接受债权转让通知后，让与人与受让人之间的债权转让协议就已经生效，让与人丧失了债权人的身份，受让人取得新债权人的身份。

债权人将同一债权转让给两个以上的受让人，在其发出数个债权转让通知后，最先通知的债务人对债权转让通知中载明的受让人实施了债务履行行为，主张不再对其他任何人履行债务的，是有法律依据的，法院依法予以支持。只有在债权人与债务人之间另有约定，或者法律、司法解释另有规定的情况下，才不受上述规则的限制，应当依照约定或者法律、司法解释的规定办理。

在债权多重转让中，最先接受债权转让通知的债务人接受的那个债权转让通知发生法律效力，其他受让人与出让人签订的债权转让协议虽然也已经成立，但是却因为接受通知在后，没有实际取得债权，因而无法请求债务人履行。所以，其他受让人依据相应的债权转让协议只能请求债权人承担违约责任，让与人构成违约行为，应当承担违约责任。法院对其他受让人提出让与人承担违约责任的，应当依法予以支持。

对此，本条司法解释第1款还规定了以下两种特别情形：

第一，债务人在向债权受让人履行债务时，如果明知接受履行的受让人不是最先通知的受让人，这样的履行债务行为是无效的。因此，最先通知的受让人作为新的债权人，可以有两个办法选择，一是请求债务人继续履行债务，这是债务人明知故犯，故意向不是债权人的受让人履行债务，因而应当继续向最先通知的受让人也就是新债权人履行债务。二是依据债权转让协议请求让与人也就是原债权人承担违约责任，原债权人应当承担违约责任。这一选择权在最先通知的受让人，其无论作出何种选择，法院都应予支持。

第二，在上述情形下，最先通知的受让人不能请求接受履行的受让人返还其接受的财产。这是因为，在债权多重转让时，最先通知的受让人虽然成为新债权人，但是，他与其他受让人之间没有法律关系，不会因债务人的错误履行行为而产生请求权。最先通知的受让人如果提出这样的请求，法院不予支持。但是，有一个例外，即接受履行的受让人明知该债权在其受让前已经转让给其他受让人的除外。这里说的是，在债权多重转让的数个受让人之间，由最先通知的受让人取得债权，如果数个债权受让人中，一个受让人已经知道自己不是最先通知的受让人，因此并未取得转让的债权，仍然接受履行，其主观上就存在故意，表现为明知最先通知的受让人实际取得债权成为新债权人，仍然接受债务人的履行，相当于侵害了新债权人的债权。这时，最先通知的受让人就与接受履行的受让人之间发生了法律关系，应当将接受的履行返还给新债权人。在这里，不适用"先取得债务优先"的规则，因为在债权多重转让中，"先接受通知"规则排斥"先取得债务"规则。

3. 对最先通知的受让人的界定与争议

对于什么是"最先通知的受让人"，本条司法解释第 2 款规定，"前款所称最先通知的受让人，是指最先到达债务人的转让通知中载明的受让人"。这就是，多重转让债权的债权人向数个受让人转让债权，都应当向债务人发出通知。而债权转让是以债务人收到债权人的转让通知为生效条件的，而转让的债权只有一个。这时，债务人最先收到那一份转让通知上面载明的受让人，就是新的债权人，即最先通知的受让人。

当事人之间对通知到达时间发生争议的，如何判断最先通知的受让人呢？本条司法解释第 2 款规定的规则是：

首先，基本原则是，法院应当结合通知的方式等因素综合判断，而不能仅根据债务人认可的通知时间或者通知记载的时间予以认定。这是因为，债务人认可的时间带有主观因素，债务人有可能作假，不足以作为认定的凭据。通知记载的时间，通常是让与人自己标明的时间，不能代表债务人收到的时间。因此，需要根据通知的方式等因素进行综合判断。

其次，司法解释具体列举了当事人采用邮寄、通讯电子系统等方式发出通知的判断方法，即法院应当以邮戳时间或者通讯电子系统记载的时间等，作为认定通知到达时间的依据。例如，以微信方式通知，记载的时间最为明确，就按照微信记载的时间作为通知到达的依据。除此之外，也有确定的记载时间作为判断依据，如电报、传真等，对收到的时间都有准确的记载，能够作为收到时间的凭据。

【案例评析】

李某堂与某县人民政府、苏某华债权转让合同纠纷案[①]

基本案情

2014年7月19日，苏某华因拖欠李某堂借款本息未还，以《债权转让协议书》的方式将其持有某县人民政府的债权转让给李某堂，抵扣苏某华拖欠李某堂之等额借款本息。上述债权转让后，苏某华自愿为某县人民政府按期依约履行债务承担连带保证责任。该债权转让通知李某堂述称由其本人及某项目的经理上门交给某县人民政府，某县人民政府确认李某堂陈述的送达方式，但不确认债权转让通知书上记载2014年7月19日的送达时间，认为送达时间应在2014年8月25日前几天，但没有办理具体的签收手续。

2014年6月13日，苏某华与黎某和及案外人黎某容三方共同签订《债权转让协议书》，约定将苏某华对某县人民政府享有的借款债权转让给黎某和，用于抵偿苏某华欠黎某和及黎某容的债务，本次债权转让交易于协议签订后即时生效。同时协议书原件移交给黎某和收讫。2014年12月9日，苏某华、黎某和共同以快递方式将债权转让通知书及债权转让协议邮寄某县人民政府，该快递查询结果显示于2014年12月11日妥投。

本案争议焦点为，苏某华享有的对某县人民政府的债权，其受让主体如何认定。

---

① 案号：（2015）东中法民二终字第972号。

法院判决

一审法院经审理认为，应当由黎某和取得案涉债权。其一，黎某和先于李某堂与苏某华签订债权转让协议，应认定黎某和取得案涉债权。苏某华将债权让与黎某和后，已丧失了对该债权的处分，其再行让与李某堂，是一种无权处分行为。其二，两份债权转让协议签订后，均向某县人民政府履行了通知义务，但从通知的主体看，黎某和受让债权的事实是由黎某和与苏某华共同通知，而李某堂受让债权的事实是由李某堂与项目公司经理共同通知。《中华人民共和国合同法》第80条第1款规定，债权人转让权利的，应当通知债务人。未经通知，该转让对债务人不发生效力。从该款文义看，债权让与的通知主体应当是债权人。鉴于李某堂未有证据证实与其共同通知的项目公司经理获得苏某华的授权，故李某堂该债权转让的通知主体不当。综合李某堂与黎某和在债权转让签订时间、债权受让后的通知主体两方面因素，应认定黎某和取得苏某华享有某县人民政府的借款债权，李某堂以其先行通知某县人民政府债权转让的事实抗辩黎某和的诉求，事实与法律依据不足，不予支持。苏某华在与李某堂签订的《债权转让协议书》中，自愿为某县人民政府按期依约履行债务承担连带保证责任，但鉴于李某堂未实际通过债权转让方式依法取得对某县人民政府的债权，苏某华为某县人民政府按期依约履行债务承担连带保证责任的约定丧失前提基础，因此，李某堂基于该约定要求苏某华对某县人民政府的义务承担连带保证责任的观点，依法不能成立，不予支持。

李某堂不服原审判决，向法院提起上诉。

二审法院经审理认为，《中华人民共和国合同法》第80条规定："债权人转让权利的，应当通知债务人。未经通知，该转让对债务人不发生效力。债权人转让权利的通知不得撤销，但经受让人同意的除外。"李某堂、苏某华2014年7月19日债权转让合同成立后，债务人某县人民政府已确认在2014年8月25日前几天收到债权转让通知。据此，李某堂、苏某华2014年7月19日债权转让合同已对债务人某县人民政府发生效力。某县人民政府已确认欠苏某华 900 万元，李某堂、苏某华 2014 年 7 月 19 日债权转让合同对债务人某县人民政府发生效力后，李某堂要求债务人某县人民政府清偿 900 万元，符合上述法律规定，依法应予支持。苏某华、黎某和 2014 年 12 月 9 日将债权转让通知书及债权转让协议邮寄某县人民政府，此时李某堂、苏某华 2014 年 7 月 19 日债权转让合同已对债务人某县人民政府发生效力，故黎某和要求某县人民政府清偿 900 万元，理由不充分，依法应予驳回。

法理解读

本案一审、二审判决鲜明地展现了债权多重转让时确定受让人的两种观点交锋。黎某和与苏某华的债权转让合同成立在先，通知在后，且通知主体不是债权人；李某堂与苏某华的债权转让合同成立在后，但通知在前，且通知主体是债权人。一审判决认为，债务人应当向最先签订债权转让协议的受让人履行。二审判决则认为，债务人应当向最先收到通知的受让人履行。

综合以上内容来看，核心问题在于债权转让对债务人的效力。《民法典》第 546 条第 1 款延续了原《合同法》第 80 条第 1 款的内容，规定了通知是债权让与对债务人发生效力的要件，债务人向最先通知的受让人履行即可。至于发出通知的主体在所不问，债权人还是受让人均可。由此可见，债权让与采取的是通知主义这一客观标准，而不是以债权转让合同成立顺序为标准。之所以作如此考虑，本质上是因为，债权转让协议存在倒签时间的可能，而采用通知主义则避免了这一问题。由此出发，本案中黎某和与苏某华的债权转让合同成立在先，还是李某堂与苏某华的债权转让合同成立在先，已然不是衡量要素。问题的关键就落脚在，哪一方是最先通知的受让人。

《民法典合同编通则解释》第 50 条第 2 款对最先通知的受让人的判断要素进行了规定，明确对通知到达时间有争议的，不应当仅根据债务人认可的时间或者通知记载的时间来认定，而是应当结合通知的方式等综合要素来判断；采用邮寄等方式发出通知，按照邮戳时间作为通知到达时间的依据。具体到本案中，李某堂主张通知时间为通知书上记载 2014 年 7 月 19 日，某县人民政府则认为送达时间应在 2014 年 8 月 25 日前几天，但没有办理具体的签收手续；黎某和的债权转让通知时间则根据快递妥投的时间来确定，也就是 2014 年 12 月 11 日。两相比对，李某堂的债权转让通知在前，应当认定其是最先通知的受让人，有权请求某县人民政府清偿借款。

第五十一条　债务加入人的追偿权及其他权利

第三人加入债务并与债务人约定了追偿权，其履行债务后主张向债务人追偿的，人民法院应予支持；没有约定追偿权，第三人依照民法典关于不当得利等的规定，在其已经向债权人履行债务的范围内请求债务人向其履行的，人民法院应予支持，但是第三人知道或者应当知道加入债务会损害债务人利益的除外。

债务人就其对债权人享有的抗辩向加入债务的第三人主张的，人民法院应予支持。

【民法典条文】

第五百五十二条　第三人与债务人约定加入债务并通知债权人，或者第三人向债权人表示愿意加入债务，债权人未在合理期限内明确拒绝的，债权人可以请求第三人在其愿意承担的债务范围内和债务人承担连带债务。

【相关司法解释】

《最高人民法院关于适用〈中华人民共和国民法典〉有关担保制度的解释》（2020）

第十二条　法定代表人依照民法典第五百五十二条的规定以公司名义加入债务的，人民法院在认定该行为的效力时，可以参照本解释关于公司为他人提供担保的有关规则处理。

第三十六条　第三人向债权人提供差额补足、流动性支持等类似承诺文件作为增信措施，具有提供担保的意思表示，债权人请求第三人承担保证责任的，人民法院应当依照保证的有关规定处理。

第三人向债权人提供的承诺文件，具有加入债务或者与债务人共同承担债务等意思表示的，人民法院应当认定为民法典第五百五十二条规定的债务加入。

前两款中第三人提供的承诺文件难以确定是保证还是债务加入的，人民法院应当将其认定为保证。

第三人向债权人提供的承诺文件不符合前三款规定的情形，债权人请求第三人承担保证责任或者连带责任的，人民法院不予支持，但是不影响其依据承诺文件请求第三人履行约定的义务或者承担相应的民事责任。

【条文要义】

本条是对债务加入人的追偿权及其他权利的司法解释。

第三人加入债务，《合同法》没有规定，《全国法院民商事审判工作会议纪要》作过解释，《民法典》在"合同的履行"中作了规定，规则比较简单。《最高人民法院关于适用〈中华人民共和国民法典〉有关担保制度的解释》第12条和第36条，对以公司名义加入债务和增信措施中可以适用债务加入规则，作出了解释，但是，都没有规定第三人加入债务清偿债务后的追偿权。学者依据《民法典》第519条第2款规定，认为债务加入人向债权人履行债务后，可以向原债务人追偿，并取得法定代位权，而原债务人可以向债务加入人主张自己对债权人的抗辩。依照《民法典》552条的规定，本条对第三人债务加入后，债务加入人享有的追偿权和其他权利作了具体规定。

《民法典》第552条规定的是并存的债务承担，也就是第三人加入债务，简称债务加入。该条的内容是："第三人与债务人约定加入债务并通知债权人，或者第三人向债权人表示愿意加入债务，债权人未在合理期限内明确拒绝的，债权人可以请求第三人在其愿意承担的债务范围内和债务人承担连带债务。"这一条文对并存的债务承担规定的规则看起来比较清楚，但是，对第三人加入债务并且履行了债务后的相关规则，都没有具体规定，需要司法解释对第三人加入债务并履行了债务后的追偿权以及其他权利等作出补充规定，为司法实务操作提供依据。

本条司法解释规定了以下三个具体情形的规则。

1. 加入债务的第三人履行债务后对债务人享有追偿权

应当看到，第三人加入债务并且已经实际向债权人履行了全部或者部分债务后，对债务人是否取得追偿权，《民法典》并没有规定，在理论上有不同见解。有的主张第三人向债权人履行了债就自然取得了对债务人的追偿权，有的主张即使第三人向债权人履行了债，也不必然对债务人取得追偿权，而是要看当事人的具体约定。

对于这些不同见解必须作出选择，确定一个具有权威性的操作规范，规定加入债务的第三人在履行债务后是否对债务人取得追偿权。本条第1款规定，采用并非当然取得对债务人的追偿权的立场，而是依据第三人和债务人之间的约定来确定。第三人和债务人约定第三人向债权人履行债权后，取得对债务人的追偿权的，第三人就享有追偿权，反之，则不能取得对债务人的追偿权。

在《民法典》对此没有作出明确规定的情况下，本条司法解释采取这种立场是正确的，既不违背法律规定的精神，又能实事求是地解决问题。

如果债务人和第三人事先没有约定第三人履行债务取得对债务人的追偿权，或者约定不明确，第三人向债务人履行债务以后，就不能当然地取得对债务人的追偿权。但是，由于第三人已经向债权人履行了债务，并且因此而使债务人对债权人的债务相应减少或者全部消灭，债务人实际上取得了不当利益，第三人尽管不能直接向债务人主张向其履行债务，无法行使追偿权，但是，可以依据《民法典》关于不当得利之债的规定，请求债务人返还不当得利，债务人应当在已经向债权人履行债务的范围内履行不当得利之债的债务。

因此，本条第1款规定，第三人加入债务并与债务人约定了追偿权，其履行了债务后主张向债务人追偿的，法院应予支持，债务人应当向第三人履行相应的债务。如果第三人与债务人没有约定追偿权，虽然没有依照约定取得追偿权，但是，第三人依照《民法典》关于不当得利等的规定，在其已经向债权人履行债务的范围内请求债务人向其履行的，完全符合《民法典》不当得利之债的规定，所以，法院依法予以支持，判决债务人向第三人返还不当得利。这也同样是履行债务，只是履行的债务不是合同之债，而是不当得利之债。

归纳起来，第三人加入债务，事先约定追偿权的，第三人依照约定向债务人请求追偿；事先没有约定追偿权的，第三人可以依照不当得利的规定，请求债务人返还不当得利。

这种解释是过于拘泥于《民法典》规定的条文限制。其实，当事人没有约定追偿权的，可以认定第三人替债务人履行债务后，自动取得追偿权就更简单了，第三人不必适用不当得利的规定请求债务人返还不当得利。

2. 第三人向债权人履行债务后有权主张债务人向其履行债务

正是由于以上原因，第三人向债权人履行了债务人对债权人的债务后，无论是约定了第三人向债务人的追偿权，还是第三人对债务人没有追偿权但可以行使不当得利请求权的，债务人都负有向第三人清偿债务的义务，而不论这个义务是合同之债的义务，还是不当得利的义务。所以，第三人向债权人表示愿意加入债务，不论第三人与债务人之间是否有约定，在其已经向债权人履行的范围内请求债务人向其履行债务的，法院都应当依法予以支持。

例外的是，如果第三人知道或者应当知道其加入债务会损害债务人的利益，而坚持加入债务向债权人履行债务的，不适用上述规则，不得向债务人请求履行合同债务或者不当得利债务。例如，债务人和债权人协商以互负的债务进行抵销，已经达成协议尚未履行，第三人知情却仍然向债权人履行债务人的债务，就损害了债务人的合法权益，因此无权向债务人主张追偿。对此，第三人依照《民法典》关于不当得利的规定，可以向债权人主张返还因其履行债务取得的不当得利。所以，本条司法解释第 1 款的但书作出"除外"的规定。

3. 债务人可以就自己对债权人享有的抗辩向第三人主张

第三人加入债务，并且对债权人已经履行或者部分履行债务人对债权人的债务，但是，债务人就其对债权人享有的抗辩或者抗辩权，第三人在向债权人履行债务时没有对这种抗辩或者抗辩权予以主张，而履行了债务人对债权人的债务。这时，债务人就其对债权人享有的抗辩或者抗辩权向加入债务的第三人主张，认为第三人向债权人履行其债务损害了债务人的合法权益，对抗第三人向自己行使追偿权或者主张自己承担不当得利的债务，是符合《民法典》规定的。因此，法院应当予以支持。

【案例评析】

某银行的分行、杨某恒等追偿权纠纷案①

基本案情

甲公司于 2013 年 3 月向某银行的分行贷款 2500 万元，杨某恒以其自有房产提供抵押担保。贷款到期后，甲公司无力偿还。某银行的分行业务

---

① 案号：（2021）最高法民申 1642 号。

发展部经理白某于 2014 年 2 月介绍马某向甲公司出借 2300 万元，用以归还甲公司在某银行的分行的到期贷款，并向马某出具加盖某银行的分行业务发展七部公章的《承诺书》，载明："……介绍马某给该企业借款 2300 万元归还了此笔贷款，我部承诺贷款还清后七日内我行续做此笔业务，贷款发放后用于归还马某借款。若贷款不能按时发放则负责将甲公司此笔贷款的抵押物解押后转抵押给马某……"基于此，马某与甲公司、保证人杨某恒、杨某晓于 2014 年 2 月签署《借款合同》，马某借给甲公司 2300 万元，用于偿还某银行的分行的贷款，保证人以其全部财产对上述债务承担连带清偿责任。后因甲公司未能向马某清偿上述借款，马某于 2016 年起诉某银行的分行偿还 2300 万元借款本息。

法院判决

一审法院经审理认为，债务应当清偿。甲公司拖欠马某借款未偿还导致的纠纷，某银行的分行在被告甲公司向马某借款过程中出具了《承诺书》，该《承诺书》被陕西省高级人民法院生效判决认定为债务加入，某银行的分行应当承担相应的债务偿还责任。某银行的分行依照生效判决代替被告甲公司偿还债务后，对于实际债务人被告甲公司当然取得追偿权，该追偿权依法应当受到法律保护，因此，某银行的分行依据代偿债务的事实向被告甲公司主张债务，于法有据，予以支持。

某银行的分行请求被告杨某恒、杨某晓承担连带清偿责任一节。某银行的分行提供了被告甲公司从马某处借款时签订的公证债权文书，该债权文书中被告杨某晓、杨某恒以保证人的身份出现，该担保的合法性已经生效判决予以确认，被告杨某晓、杨某恒依法应当承担相应责任。某银行的分行代替被告甲公司偿还债务，本质上构成一种事实上的债权的转移，从保证人的角度而言，主债权人的变更不免除保证人的保证责任，在被告甲公司未完全清偿债务之前，保证人被告杨某晓、杨某恒仍应对该债务负担连带清偿责任。本案审理的是某银行的分行依照生效判决代替被告甲公司向马某偿还债务后行使追偿权的问题，与被告杨某恒提供抵押担保的债权非同一笔债权，故某银行的分行请求对被告杨某恒位于西安市××区××路××小区的房产享有优先受偿权，缺乏依据，不予支持。

杨某恒、杨某晓不服一审判决，提起上诉。

二审法院经审理认为，债务加入人某银行的分行在向债权人马某清偿债务后，能否取得对债权人马某的保证人杨某恒、杨某晓的追偿权。首先，按照本院另案生效判决，某银行的分行为案涉债务的债务加入人。因此，某银行的分行向马某清偿债务的行为并不构成甲公司与某银行的分行之间的债权转移。原审以债权转移不能免除保证人的保证责任为由，判令保证人杨某恒、杨某晓承担连带责任，法律适用错误。其次，某银行的分行因债的加入成为主债的债务人之一。法律仅规定保证人向债权人清偿债务后可向债务人追偿，并未规定债务人清偿债务后可向保证人追偿。因此，某银行的分行清偿债务后，向保证人杨某恒、杨某晓追偿没有法律依据。最后，保证担保具有从属性，主债权消灭，则保证担保一并消灭。因此，某银行的分行清偿债务后，马某与甲公司、某银行的分行之间的债权债务关系消灭，马某与杨某恒、杨某晓之间的保证担保关系也同时消灭，某银行的分行并不能因此而取得对保证人杨某恒、杨某晓的追偿权。综上，杨某恒、杨某晓的上诉请求成立，本院依法予以支持。

某银行的分行不服二审判决，申请了再审。

再审法院经审理认为，关于某银行的分行是否有权向杨某恒、杨某晓追偿的问题。首先，在债务加入法律关系中，债权人可以请求第三人在其愿意承担的债务范围内和债务人承担连带债务。具体到本案，因甲公司怠于履行债务，马某向人民法院提起诉讼，要求某银行的分行在其愿意承担的债务范围内承担连带债务，某银行的分行亦根据人民法院生效判决向马某支付了相应款项。至此，案涉债权债务关系为马某（债权人）向甲公司（债务人）借款（杨某恒、杨某晓以全部财产为上述债权提供连带责任保证）这一债权债务关系，则基于某银行的分行的清偿而归于消灭。此外，保证合同属于从合同，从合同因主合同的无效或消灭而相应地无效或消灭。上述债权债务关系基于某银行的分行的清偿归于消灭，杨某恒、杨某晓提供的保证担保亦随着案涉新债权债务关系的消灭而归于消灭。其次，根据法律规定，在债务加入法律关系中，债务加入人承担连带债务后，不构成债权转移，其与债务人之间的关系，按照其与债务人之间法律关系的性质处理，法律未规定债务加入人承担连带债务后可以向债务人的保证人追偿。故某银行的分行无权向杨某恒、杨某晓追偿，某银行的分行关于原审判决认定某银行的分行作为债务加入人，在向债权人马某清偿剩余债务后，不能取得对债权人马某的保证人杨某恒、杨某晓的追偿权有误的再审请求，本院不予支持。

法理解读

本案当事人的争议焦点是，债务加入人某银行的分行是否有权向杨某恒、杨某晓追偿。

债务加入是指第三人自愿加入债务承担，与原债务人一同向债权人承担债务。第三人与债务人约定加入债务的，债权人可以请求第三人在其愿意承担的债务范围内和债务人承担连带责任。

第三人承担债务后，根据其与债务人之间是否约定追偿权，第三人取得的权利就不同。如果第三人与债务人约定了第三人向债权人履行债权后，取得对债务人的追偿权的，第三人就享有追偿权。反之，则不能取得对债务人的追偿权，但是可以依据《民法典》关于不当得利之债的规定，请求债务人返还不当得利，债务人应当履行不当得利之债的债务。《民法典合同编通则解释》第51条亦对此进行了规定。

需要注意的是，在债务加入法律关系中，债务加入人承担连带债务后，不构成债权转移，其与债务人之间的关系，按照其与债务人之间法律关系的性质处理，法律未规定债务加入人承担连带债务后可以向债务人的保证人追偿。况且，保证合同属于从合同，从合同因主合同的无效或消灭而相应地无效或消灭。因此，债务加入人不能向保证人追偿。

本案中，甲公司向某银行的分行贷款2500万元，甲公司无力偿还到期债务后，某银行的分行介绍马某向甲公司出借2300万元，并出具了该分行《承诺书》，明确表明"若贷款不能按时发放则负责将甲公司此笔贷款的抵押物解押后转抵押给马某……"由此可见，某银行的分行是债务加入人。甲公司的保证人是杨某恒、杨某晓。甲公司不能按约定向马某清偿上述借款时，马某有权向债务加入人某银行的分行主张连带责任。某银行的分行在承担债务之后，因该分行未与甲公司约定追偿权事宜，所以不能向甲公司主张追偿权，但是，可以向马某主张返还不当得利。另外，保证合同因主合同的无效或消灭而相应地无效或消灭，所以杨某恒、杨某晓提供的保证担保亦随着案涉新债权债务关系的消灭而归于消灭，某银行的分行无权向杨某恒、杨某晓追偿。

第七章　合同的权利义务终止

第五十二条　协商解除的法律适用

当事人就解除合同协商一致时未对合同解除后的违约责任、结算和清理等问题作出处理，一方主张合同已经解除的，人民法院应予支持。但是，当事人另有约定的除外。

有下列情形之一的，除当事人一方另有意思表示外，人民法院可以认定合同解除：

（一）当事人一方主张行使法律规定或者合同约定的解除权，经审理认为不符合解除权行使条件但是对方同意解除；

（二）双方当事人均不符合解除权行使的条件但是均主张解除合同。

前两款情形下的违约责任、结算和清理等问题，人民法院应当依据民法典第五百六十六条、第五百六十七条和有关违约责任的规定处理。

【民法典条文】

第五百六十二条　当事人协商一致，可以解除合同。

当事人可以约定一方解除合同的事由。解除合同的事由发生时，解除权人可以解除合同。

第五百六十三条　有下列情形之一的，当事人可以解除合同：

（一）因不可抗力致使不能实现合同目的；

（二）在履行期限届满前，当事人一方明确表示或者以自己的行为表明不履行主要债务；

（三）当事人一方迟延履行主要债务，经催告后在合理期限内仍未履行；

（四）当事人一方迟延履行债务或者有其他违约行为致使不能实现合同目的；

（五）法律规定的其他情形。

以持续履行的债务为内容的不定期合同，当事人可以随时解除合同，但是应当在合理期限之前通知对方。

第五百六十六条 合同解除后，尚未履行的，终止履行；已经履行的，根据履行情况和合同性质，当事人可以请求恢复原状或者采取其他补救措施，并有权请求赔偿损失。

合同因违约解除的，解除权人可以请求违约方承担违约责任，但是当事人另有约定的除外。

主合同解除后，担保人对债务人应当承担的民事责任仍应当承担担保责任，但是担保合同另有约定的除外。

第五百六十七条 合同的权利义务关系终止，不影响合同中结算和清理条款的效力。

【相关司法解释】

《全国法院民商事审判工作会议纪要》（2019）

49.【合同解除的法律后果】合同解除时，一方依据合同中有关违约金、约定损害赔偿的计算方法、定金责任等违约责任条款的约定，请求另一方承担违约责任的，人民法院依法予以支持。

双务合同解除时人民法院的释明问题，参照本纪要第 36 条的相关规定处理。

【条文要义】

本条是对协商解除合同具体适用法律的解释。

《民法典》第 562 条第 1 款规定协商解除合同的规则特别简单，与《合同法》的规定一致。以往的合同法司法解释对此没有规定，《全国法院民商事审判工作会议纪要》第 49 条规定了合同解除承担违约责任的规则，但也没有对当事人协商解除合同的具体规则作出规定。

在司法实践中，当事人协商达成解除合同的，当然没有问题，可以解除合同。是不是在某些情形下也可能视为协商解除合同，没有明确的规定。本条司法解释结合司法实践经验，对当事人协商解除合同规则作出了具体规定，相当于扩大了协商解除合同的适用范围。

《民法典》第 562 条第 1 款规定了协商解除合同的规则，即"当事人协商一致，可以解除合同"。在理论上，协商解除合同是否属于合同解除，有不同见解。有的认为，《民法典》规定合同解除，应当规定一方享有解除权的合同解除，因而只有法定解除和约定解除，也就是《民法典》第 563 条规定的法定解除权，以及第 562 条第 2 款规定的约定解除权。协商解除其实就是按照合同成立的要求，再通过要约、承诺订立消灭合同的合同。

《民法典》没有采纳这个意见，仍然规定我国的合同解除包括三种：一是协商解除；二是约定解除；三是法定解除。

对协商解除，《民法典》规定的规则过于简单，在司法实务中会遇到很多不同情形。对此，本条针对实际情况，结合司法实践经验，作出具体规定。

1. 协议解除合同但未约定解除后的其他事项

本条第 1 款规定的情形，是双方当事人就解除合同达成协议，但尚未就合同解除后的诸多事项作出约定，这时的合同解除协议是否已经发生效力。

在这个问题上，应当适用合同成立的一般规则，就是双方当事人就解除合同进行了要约、承诺，合同解除的协议在当事人作出承诺时成立，并发生效力。对双方当事人达成合同解除协议的成立和发生效力作出这样的解释，有充分的法律依据。至于在协商合同解除协议中，其他诸多事项尚未达成协议，不影响合同解除协议的效力。

正是依据上述合同法的原理和《民法典》确定的一般规则，本条第1款规定，当事人就解除合同协商一致时，尽管尚未对合同解除后的违约责任、结算和清理等诸多事项作出处理，只要一方主张合同依照双方达成一致的意思表示合同已经解除时，法院就应予支持。只有在当事人对合同解除发生效力等另有约定的，才不受上述规则的约束，可以主张合同解除协议并未发生效力，合同尚未解除。

2. 不符合法定或者约定解除权但可以认定协商解除合同的情形

合同的解除，除协商解除外，还有约定解除和法定解除。这就是依照《民法典》的规定，出现了双方在合同中约定的一方享有解除权的事由，或者出现了《民法典》规定的一方享有法定解除权的事由，享有解除权的当事人可以行使约定解除权或者法定解除权，该解除权一经行使，合同即发生解除的效果。

本条第2款规定了两种情形，一方当事人的解除权不成立，或者双方都没有解除权，但是仍然可以认定合同协商解除。

第一种情形是，一方主张行使法定解除权或者约定解除权，经审理不符合法定的合同解除条件或者约定的合同解除条件，这时，主张行使合同解除权的诉讼请求并不能得到支持。但例外的情况是，如果一方行使法定解除权或者约定解除权，对方当事人同意解除合同的，虽然主张享有法定解除权或者约定解除权的当事人的解除权并未成立，但是由于对方已经同意解除合同，等于双方已经实现了协商解除合同的后果，构成协商解除合同。

第二种情形是，当事人双方都不符合解除权行使的条件，也就是都不享有法定的或者约定的解除权，经法院审理，如果有一方不同意解除的，当然对方的解除权就不能行使，不能认定合同已经解除。但是，双方当事人虽然都不符合解除权行使的条件，却都主张解除合同的，就已经构成了协商解除合同，应当确认双方协商解除合同的意思表示发生效力，认定合同已经解除，解除的时间是双方达成解除合同合意的时间。

对上述两种情形，由于都已经构成了协商解除合同，因此，法院应当依据《民法典》第 562 条第 1 款的规定，认定这种解除协议属于协商解除，应当判决合同在双方达成解除合同的协议时已经解除。

3. 协议解除未约定违约责任、结算和清理事项应依照法律规定处理

在本司法解释第 1 款和第 2 款规定的情形下，合同当事人已经达成协商解除合同的协议，但是，对合同解除后的违约责任、结算和清理等其他事项没有约定或者约定不明确，在确认合同已经解除的情况下，法院应当依据《民法典》第 566 条、第 567 条和有关违约责任的规定处理。

其中，第 566 条规定的是合同解除的法律后果，主要是合同解除后尚未履行的终止履行；已经履行的，根据履行情况和合同性质，当事人可以请求恢复原状或者采取其他补救措施，并且有权主张损害赔偿；如果合同是因违约解除的，可以请求违约方承担违约责任；主合同解除后，担保人对债务人应当承担民事责任的，仍然应当承担民事责任。

第 567 条规定的是结算条款、清理条款效力的独立性，合同的权利义务关系终止，不影响合同中结算和清理条款的效力，可以按照原合同中约定的结算和清理条款，确定各自应当承担的责任。

【案例评析】

房地产开发公司与某银行桂林分行房屋买卖合同纠纷案①

基本案情

2002 年 1 月 25 日，桂林市发展和计划委员会以《关于"××园"景区

---

① 案号：（2016）最高法民申 213 号。

立项的批复》，批准××园建设项目立项。该项目业主确定为第三人 A 水系建设公司及其子公司 A 水系房产公司。同年 5 月 23 日，房地产开发公司（乙方）与 A 水系建设公司（甲方）签订《项目合作协议书》，约定共同进行项目开发。

2004 年，某银行桂林分行为改善单位职工的居住条件，解决职工住房问题，经与房地产开发公司协商，双方于 2004 年 9 月 5 日签订《房屋合作开发协议书》。协议约定，双方同意对房地产开发公司的 F5 号地块进行合作开发，资金来源全额由某银行桂林分行提供，房屋建成后全部归某银行桂林分行所有，某银行桂林分行向房地产开发公司支付 1200 万元作为本项目所得的回报。因 F5 号地块是房地产开发公司与 A 水系房产公司联合开发取得，因此，A 水系房产公司于 2004 年 11 月 17 日出具《确认函》，确认上述文件。

后因项目未及时建设完成，2009 年 8 月，桂林市人民政府常务会议决定××园项目由旅游公司整体承接，并承担第三人 A 水系建设公司向开发商收取的预收款形成的债务。同月 10 日，旅游公司与 A 水系建设公司签订相关协议，成为××园建设项目用地的实际权利主体及开发受益主体。

2010 年 4 月 13 日，房地产开发公司以合作主体不符合法律规定为由，向某银行桂林分行发出工作联系函，建议终止双方的合作关系，另寻其他切实可行的途径。之后，双方曾就合作方式调整问题进行过多次沟通，均未能达成一致意见。2010 年 8 月 3 日，房地产开发公司通知某银行桂林分行准备好购房资金，以便进入实质性操作。2010 年 12 月 23 日，房地产开发公司再次向某银行桂林分行发函，通知某银行桂林分行按旅游公司要求，在 2010 年 12 月 25 日前暂交款 50%，2011 年 3 月底前暂交款 80%，并将款交付房地产开发公司，以推进合作项目开发。某银行桂林分行复函要求房地产开发公司提供旅游公司的书面通知，且提出因房地产开发公司 2010 年 4 月 13 日的函，导致其向职工收取集资款有难度。因某银行桂林分行未按要求付款，房地产开发公司于 2011 年 3 月 14 日再次发函催告某银行桂林分行履行合作协议，在 3 月 16 日前将款交付给房地产开发公司。

次日，某银行桂林分行复函给房地产开发公司，称因房地产开发公司违约在先，其有权行使抗辩权而拒绝交付土地款，最终某银行桂林分行未再交付任何款项。

因某银行桂林分行、房地产开发公司对涉案纠纷无法达成一致解决意见，某银行桂林分行为此向一审法院提起诉讼。

法院判决

一审法院经审理认为，1. 关于案涉协议的性质。某银行桂林分行与房地产开发公司签订的《房屋合作开发协议书》，虽约定是双方合作开发××园 F5 号地块，但其目的是解决某银行桂林分行单位职工的居住条件，资金来源全额由某银行桂林分行提供，房屋建成后全部归某银行桂林分行所有，某银行桂林分行向房地产开发公司支付 1200 万元作为本项目所得的回报。该协议的内容符合房屋买卖的法律特征。故，本案应是名为房屋合作开发实为房屋买卖纠纷。双方签订的《房屋合作开发协议书》意思表示真实，没有违反法律和行政法规的禁止性规定，为有效协议。某银行桂林分行要求解除该协议，房地产开发公司亦同意解除，且双方已实际停止履行该协议，对某银行桂林分行要求解除协议的请求，予以支持。根据《中华人民共和国合同法》第 97 条规定："合同解除后，尚未履行的，终止履行；已经履行的，根据履行情况和合同性质，当事人可以要求恢复原状、采取其他补救措施，并有权要求赔偿损失。"本案合同解除后，某银行桂林分行为履行该合同已支付给房地产开发公司的 2000 万元，房地产开发公司应退还给某银行桂林分行。某银行桂林分行支付的 200 万元定金，按照双方协议约定，在合作协议正常履行时，该 200 万元转为某银行桂林分行支付给房地产开发公司的回报。因案涉协议签订后，双方已进入实际履行阶段，现合同已解除，房地产开发公司收取回报无依据，故，该 200 万元亦应由房地产开发公司退还给某银行桂林分行。某银行桂林分行要求房地产开发公司退还 2200 万元，一审法院予以支持。2. 关于违约问题。根据查明的事实，在《房屋合作开发协议书》签订后，某银行桂林分行已将协议约定应付的前期款项支付给房地产开发公司，同时进行了项目开发的前期工作，房地产开发公司亦配合完成项目用地的相关手续。房地产开发公司在合同履行过程中，虽提出终止协议，另寻其他合作方式的建议，但在双方就合作方式变更达不成一致意见的情况下，房地产开发公司仍为合作项目与相关部门协调，同时亦要求某银行桂林分行按协议约定交付土地款，以便项目进入实质性操作，并没有怠于履行自己的义务。房地产开发公司是在某银行桂林分行明确表示不付土地款的前提下，才自筹资金交付项目土地款，其行为不构成违约。对某银行桂林分行关于房地产开发公司构成违约的主张，不予采信。某银行桂林分行要求房地产开发公司支付1000万元违约金，理由不成立，不予支持。3. 关于损失赔偿问题。某银行桂林分行要求房地产开发公司以2200万元为本金，按银行同期5年以上贷款利率四倍的标准赔偿其经济损失。因在协议履行过程中，房地产开发公司的行为不构成违约，而某银行桂林分行在收到房地产开发公司的建议函后，在双方磋商未果，某银行桂林分行仍被要求按协议约定履行付款义务的情况下，即告知房地产开发公司行使抗辩权拒绝交付土地款。对于某银行桂林分行提出的抗辩权问题，一审法院认为，房地产开发公司发出的是意欲更改合作方式的建议函，在某银行桂林分行不同意的情况下，并没有停止履行其合同义务。某银行桂林分行以其行使抗辩权为由拒付土地款，理由不成立。某银行桂林分行的行为已构成违约。因房地产开发公司不存在违约，故，某银行桂林分行要求房地产开发公司赔偿其损失，不予支持。为履行合作协议，某银行桂林分行已实际支付给第三方消防、勘探、设计等费用3383228元。因这些前期工作均是在2006年完成，政府于2010年后对涉案项目用地进行了调整，调整后某银行桂林分行所做的前期勘探、设计等资料，在规划变更后的地块上已无法适用，房地产开发公司即使在该地块上建设，亦无法直接使用这些资料。因本案是某银行桂林分行违约，该损失应由某银行桂林分行自行承担。某银行桂林分行要求房地产开发公司赔偿部分损失，不予支持。

综上所述，涉案协议解除后，房地产开发公司应将依协议收取的2200

万元退还给某银行桂林分行。由于某银行桂林分行拒绝依约支付土地款，已构成违约，所有损失由某银行桂林分行自行承担。

某银行桂林分行不服一审判决，提起上诉。

二审法院经审理认为，合作开发房地产合同是指当事人订立的以提供出让土地使用权、资金等作为共同投资、共享利润、共担风险合作开发房地产为基本内容的协议。本案中，房地产开发公司并不承担该房地产开发的任何风险，该协议的内容并不符合合作开发房地产共担风险的法律特征，而是符合一方交付房屋另一方支付房款的房屋买卖的法律特征。因此，认定本案合同名为合作开发实为房屋买卖正确。

因双方在《房屋合作开发协议书》中约定本项目开发建设过程中发生的费用全部由某银行桂林分行承担，某银行桂林分行向房地产开发公司支付1200万元作为本项目所得的固定回报，但合同对房地产开发公司具体交付房屋时间没有约定，对某银行桂林分行在支付2200万元之后如何支付后续购房款的时间和数额也没有约定，而是在合同第11条约定："本协议具体事宜，由双方另行商定，未尽事宜，双方友好协商补充完善。"某银行桂林分行上诉主张房地产开发公司违约，但不能证明房地产开发公司违反合同的哪一项具体义务，房地产开发公司在履行合同中单方提出变更履行方式等，属于变更合同的要约，并不能因此推定房地产开发公司拒绝履行构成违约。因此，法院对某银行桂林分行的该上诉理由不予支持。

根据买卖合同的特征，房屋买卖合同双方当事人的主要义务是一方交钱一方交房，在合同没有具体约定的情况下，交易习惯上亦是购房人交足购房款后，出卖人交付房屋。本案合同虽对某银行桂林分行在支付2200万元后没有约定具体的履约条款，但不能因此免除某银行桂林分行作为购房一方的付款义务，房地产开发公司作为出卖方可以根据建房的需要请求某银行桂林分行继续支付购房款，但该请求应符合法律规定和交易习惯。本案中，房地产开发公司于2010年12月23日致函某银行桂林分行，要求于同年12月25日交款50%，2011年3月底前交款80%，2011年3月14日，房地产开发公司又致函某银行桂林分行，要求于同年3月16日前支付款项。但房地产开发公司这两次付款请求均没有具体的付款数额，也未根据某银行桂林分行的要求提交旅游公司要求交款的书面通知，更未给交款方某银行桂林分行职工集资预留必要的准备时间，因此，房地产开发公司虽有权请求某银行桂林分行付款，但其请求付款的时间过于苛刻，不符合法律规定和交易习惯，某银行桂林分行未按房地产开发公司的付款时间支付后续款项不构成违约。在此后履行合同中，双方对履行中产生的分歧未能协商一致，导致本案诉讼，在诉讼中双方均主张解除合同。因此，本案合同的解除并非哪一方当事人违约所致，而是双方在履行合同过程中协商不成的结果。一审法院认定某银行桂林分行构成违约，与事实不符，予以纠正。

综上，一审法院根据当事人的意思表示判决解除合同，予以维持。因本案合同的解除不能归责于一方当事人，因此，某银行桂林分行上诉主张由房地产开发公司依合同约定支付 1000 万元违约金没有依据，不予支持。合同解除后，双方当事人应相互返还财产、赔偿损失。某银行桂林分行主张由房地产开发公司返还某银行桂林分行的购房款及利息有法律依据，予以支持，一审法院仅判决房地产开发公司返还某银行桂林分行 2200 万元本金不当，予以纠正。

房地产开发公司不服二审判决，提起再审。

再审法院经审理认为，本案应当重点查明两个问题。一是原判决在某银行桂林分行主张诉请解除事由不成立的情况下以双方均主张解除的意思表示判决解除合同，以及认定某银行桂林分行未构成违约是否错误；二是原判决在双方当事人均同意解除合同但又未就合同解除后的清理、结算问题达成协议的情况下对双方权利义务的安排是否错误。

1. 原判决在某银行桂林分行主张诉请解除事由不成立的情况下以双方均主张解除的意思表示判决解除合同，以及认定某银行桂林分行未构成违约是否错误。某银行桂林分行以房地产开发公司严重违约导致合同目的不能实现为由诉请法院判决解除双方签订的《房屋合作开发协议书》，正常情况下原判决应依据《合同法》第 94 条的规定审理上述某银行桂林分行主张解除协议的法定条件是否成立，如房地产开发公司未构成违约，某银行桂林分行诉请解除协议的主张不成立，则应判决驳回某银行桂林分行关于解除《房屋合作开发协议书》的诉讼请求，双方仍应继续履行上述协议。但原判决在某银行桂林分行主张诉请解除事由不成立的情况下以双方均主张解除的意思表示判决解除合同，系对合同协商解除制度的错误适用。合同的协商解除是指双方当事人通过协商一致将原合同加以解除，即通过双方当事人重新订立的合同消灭基于原合同形成的债权债务关系。解除合同协议的有效成立，也必须满足合同成立的一般要件。即，一是在合同的订立方式上，要通过要约和承诺的方式订立；二是在合同的内容上要具体确定，合同中不仅要有消灭既存合同关系的内容，也要包括已经履行部分是否返还、责任如何分担等结算和清理内容。本案虽然某银行桂林分行诉请解除《房屋合作开发协议书》，房地产开发公司在诉讼中表示同意解除，但对于合同解除后的结算和清理事项并未形成一致的意思表示，故双方当事人协商解除合同的合意并未有效成立。合同的协商解除在法律属性上系当事人意思自治的范畴，不属人民法院裁决的范畴。在双方当事人未能自行协议解除合同的情况下，原合同应当继续履行。原判决超越某银行桂林分行的诉请范畴，径行判令解除《房屋合作开发协议书》，适用法律确有不当。但双方当事人在再审审查阶段均对原判决解除合同这一判项无异议，特别是房地产开发公司在再审审查询问中明确表示双方互信合作的基础已丧失，合同事实上已不可能继续履行，希望通过司法途径清算权利义务，考虑到解除合同在结果上符合双方意愿与项目现状，且有利于案结事了，故法院对此项不再予以纠正。关于某银行桂林分行是否构成违约问题。当事人是否违约应以《房屋合作开发协议书》的约定为依据，因双方在上述协议中对某银行桂林分行在支付2200万元之后如何继续支付后续购房款的时间和数额没有约定，在合同没有约定的前提下，某银行桂林分行未按照房地产开发公司的付款时间支付后续款项是否构成违约，原判决有权依据法律规定和交易习惯进行裁量。原判决基于房地产开发公司的两次付款请求均没有具体的付款数额，也未给交款方某银行桂林分行职工集资预留必要的准备时间，认定房地产开发公司请求付款的时间过于苛刻，不符合法律规定和交易习惯，某银行桂林分行不构成违约，理据充分。虽然在房地产开发公司未提起反诉的情况下，某银行桂林分行违约与否非本案审理范畴，但法院考虑到原判决对于某银行桂林分行是否构成违约的判断并无不当，故从定分止争的角度出发，对此亦不予以纠正。房地产开发公司主张原判决认定某银行桂林分行未构成违约认定事实不清、适用法律错误的再审申请理由，法院不予支持。

2. 原判决在双方当事人均同意解除合同但又未就合同解除后的清理、结算问题达成协议的情况下对双方权利义务的安排是否错误。如上所述，合同基于协商解除的本应由双方当事人自行协商如何返还、是否赔偿等事项，但在房地产开发公司和某银行桂林分行未对此达成合意的情况下，原判决对合同解除后的结算和清理事项作出判决虽有不当，但对彻底化解当事人争端有其积极意义。合同解除后双方当事人应相互返还财产，取得土地使用权和项目的房地产开发公司应返还占用某银行桂林分行购房资金本金及利息。购房资金的本金部分除了某银行桂林分行于 2004 年支付给房地产开发公司的 2200 万元外，亦应包括某银行桂林分行于 2006 年至 2008 年为履行合同而分多次支付的消防、勘探、设计等费用共 3383228 元。原判决认为一审判决以该 3383228 元费用投入因规划变更无法直接使用为由判决不予返还有失公平，并改判返还，并无不当。根据一审法院查明的事实，《房屋合作开发协议书》签订后，某银行桂林分行分别于 2004 年 9 月 10 日、9 月 20 日两次向房地产开发公司共计支付了 2200 万元，原判决判令上述款项自 2004 年 9 月 21 日起计息有事实和法律根据。其中 200 万元系某银行桂林分行支付的定金，按照双方协议约定，协议正常履行时该 200 万元才转为某银行桂林分行支付给房地产开发公司的回报，现合同已解除，房地产开发公司收取回报无依据，故原判决判令该 200 万元应由房地产开发公司退还给某银行桂林分行，亦无不当。原判决在认定双方均未违约的情况下，对双方的利益调整基本平衡，实体处理结果并无明显不当。房地产开发公司主张原判决判令 3383228 元前期费用由其承担、利息没有分段计算、其应返还定金等属适用法律错误的再审申请理由，应予支持。

法理解读

本案再审过程中争议的核心论证问题其实是某银行桂林分行与房地产开发公司虽然在诉讼中同意解除合同，但未就合同解除后的结算和清理事项形成一致的意思表示，是否影响协商解除的成立？如果影响，法院是否可以直接确定双方权利义务的安排。

《民法典》第 562 条第 1 款明确规定"当事人协商一致，可以解除合同"，以区别于约定解除。协议解除，本质上是通过一个新的协议，取代原来的协议，约定解除则涉及解除权的问题。由此出发，如果当事人一方行使法定解除权或者约定解除权，但不符合解除权行使条件，无法构成约定解除。此时，如果对方同意解除，则应当认定为是二者达成了协议解除的意思表示。仅就协议解除来看，还需要思考的是，双方当事人未就解除的法律效果作出明确的约定，是否影响协议解除的成立。既有裁判认为，双方未就合同解除后的结算和清理事项形成一致的意思表示，故协议解除合同的合意并未有效成立。本案即为典型案例。但也有裁判认为，双方之间的合同已经解除，至于合同解除后双方的权利义务内容事先未作明确约定，按照相关规定处理即可。[①] 事实上，协议解除的目的在于，终结原定给付义务的内容，原则上不涉及具体清算的内容。因而，即使双方未就清算等事项达成合意，也不影响协议解除的成立。[②]《民法典合同编通则解释》第 52 条采纳的正是此种观点。由此出发，在协议解除成立的情况下，有关解除后的清算问题，法院可以依照法定的合同解除规则进行判决，确定双方的权利义务安排。

以此为基础，如果本案发生在《民法典合同编通则解释》施行之后，首先可以明确的是，某银行桂林分行主张合同解除，尽管其解除事由不成立，但是房地产开发公司在诉讼中同意解除，应当认定二者就解除合同达成了合意，协议解除成立。再审法院关于"原判决超越某银行桂林分行的

---

① 参见最高人民法院（2012）民二终字第 14 号民事判决书。
② 姚明斌：《基于合意解除合同的规范构造》，载《法学研究》2021 年第 1 期。

诉请范畴，径行判令解除《房屋合作开发协议书》，适用法律确有不当"的认定，实际上误解了协议解除的成立要件。双方未就清算等具体事宜达成一致约定，并不妨碍协议解除的成立。在此基础上，法院根据《民法典》第566条、第567条以及有关违约责任的规定来处理合同解除后的返还、赔偿等问题，对彻底化解当事人之间的权利义务争端具有重要意义，殊值肯认。

第五十三条　通知解除合同的审查

当事人一方以通知方式解除合同，并以对方未在约定的异议期限或者其他合理期限内提出异议为由主张合同已经解除的，人民法院应当对其是否享有法律规定或者合同约定的解除权进行审查。经审查，享有解除权的，合同自通知到达对方时解除；不享有解除权的，不发生合同解除的效力。

【民法典条文】

第五百六十三条　有下列情形之一的，当事人可以解除合同：

（一）因不可抗力致使不能实现合同目的；

（二）在履行期限届满前，当事人一方明确表示或者以自己的行为表明不履行主要债务；

（三）当事人一方迟延履行主要债务，经催告后在合理期限内仍未履行；

（四）当事人一方迟延履行债务或者有其他违约行为致使不能实现合同目的；

（五）法律规定的其他情形。

以持续履行的债务为内容的不定期合同，当事人可以随时解除合同，但是应当在合理期限之前通知对方。

第五百六十五条　当事人一方依法主张解除合同的，应当通知对方。合同自通知到达对方时解除；通知载明债务人在一定期限内不履行债务则合同自动解除，债务人在该期限内未履行债务的，合同自通知载明的期限届满时解除。对方对解除合同有异议的，任何一方当事人均可以请求人民法院或者仲裁机构确认解除行为的效力。

当事人一方未通知对方，直接以提起诉讼或者申请仲裁的方式依法主张解除合同，人民法院或者仲裁机构确认该主张的，合同自起诉状副本或者仲裁申请书副本送达对方时解除。

【相关司法解释】

《最高人民法院关于适用〈中华人民共和国民法典〉时间效力的若干规定》（2020）

第十条　民法典施行前，当事人一方未通知对方而直接以提起诉讼方式依法主张解除合同的，适用民法典第五百六十五条第二款的规定。

第二十五条　民法典施行前成立的合同，当时的法律、司法解释没有规定且当事人没有约定解除权行使期限，对方当事人也未催告的，解除权人在民法典施行前知道或者应当知道解除事由，自民法典施行之日起一年内不行使的，人民法院应当依法认定该解除权消灭；解除权人在民法典施行后知道或者应当知道解除事由的，适用民法典第五百六十四条第二款关于解除权行使期限的规定。

《最高人民法院关于审理商品房买卖合同纠纷案件适用法律若干问题的解释》（2020）

第十一条　根据民法典第五百六十三条的规定，出卖人迟延交付房屋或者买受人迟延支付购房款，经催告后在三个月的合理期限内仍未履行，解除权人请求解除合同的，应予支持，但当事人另有约定的除外。

法律没有规定或者当事人没有约定，经对方当事人催告后，解除权行使的合理期限为三个月。对方当事人没有催告的，解除权人自知道或者应当知道解除事由之日起一年内行使。逾期不行使的，解除权消灭。

《全国法院民商事审判工作会议纪要》（2019）

46.【通知解除的条件】审判实践中，部分人民法院对合同法司法解释（二）第24条的理解存在偏差，认为不论发出解除通知的一方有无解除权，只要另一方未在异议期限内以起诉方式提出异议，就判令解除合同，这不符合合同法关于合同解除权行使的有关规定。对该条的准确理解是，只有享有法定或者约定解除权的当事人才能以通知方式解除合同。不享有解除权的一方向另一方发出解除通知，另一方即便未在异议期限内提起诉讼，也不发生合同解除的效果。人民法院在审理案件时，应当审查发出解除通知的一方是否享有约定或者法定的解除权来决定合同应否解除，不能仅以受通知一方在约定或者法定的异议期限届满内未起诉这一事实就认定合同已经解除。

【既往司法解释】

《最高人民法院关于适用〈中华人民共和国合同法〉若干问题的解释（二）》（2009）

第二十四条 当事人对合同法第九十六条、第九十九条规定的合同解除或者债务抵销虽有异议，但在约定的异议期限届满后才提出异议并向人民法院起诉的，人民法院不予支持；当事人没有约定异议期间，在解除合同或者债务抵销通知到达之日起三个月以后才向人民法院起诉的，人民法院不予支持。

《最高人民法院关于审理商品房买卖合同纠纷案件适用法律若干问题的解释》（2003）

第十五条 根据《合同法》第九十四条的规定，出卖人迟延交付房屋或者买受人迟延支付购房款，经催告后在三个月的合理期限内仍未履行，当事人一方请求解除合同的，应予支持，但当事人另有约定的除外。

法律没有规定或者当事人没有约定，经对方当事人催告后，解除权行使的合理期限为三个月。对方当事人没有催告的，解除权应当在解除权发生之日起一年内行使；逾期不行使的，解除权消灭。

【条文要义】

本条是对以通知方式行使解除权解除合同审查规则的解释。

对以通知方式行使合同解除权，以及对解除合同的通知如何进行审查，在《民法典》实施前，2003年《最高人民法院关于审理商品房买卖合同纠纷案件适用法律若干问题的解释》第15条作过规定，《最高人民法院关于适用〈中华人民共和国合同法〉若干问题的解释（二）》第24条也作出过规定。《全国法院民商事审判工作会议纪要》第46条如何审查解除合同的通知的规则，作了统一规定。

《民法典》实施后，2020年《最高人民法院关于审理商品房买卖合同纠纷案件适用法律若干问题的解释》第11条对解除商品房买卖合同的通知及其审查，规定了具体的规则。《最高人民法院关于适用〈中华人民共和国民法典〉时间效力的若干规定》第10条和第25条，都对如何适用民法典关于行使解除权的通知如何进行审查的规定作出了解释。

合同当事人一方无论是依据《民法典》第562条第2款的规定行使约定解除权，还是依据《民法典》第563条的规定行使法定解除权，在争议发生后提起诉讼的，法院都应当进行审查，确认其是否依照上述规定享有约定解除权或者法定解除权。

审查当事人是否取得约定解除权，应当依据当事人在合同中约定的行使约定解除权的事由，如果已经触发了合同约定解除权条款的约定，当事人就享有约定解除权。

审查当事人是否取得法定解除权，应当依据《民法典》第563条规定的法定解除权的法定事由，这就是，因不可抗力致使不能实现合同目的；

在履行期限届满前当事人一方明确表示或者以自己的行为表明不履行主要债务；当事人一方迟延履行主要债务，经催告后在合理期限内仍未履行；当事人一方迟延履行债务或者有其他违约行为致使不能实现合同目的；以及法律规定的其他情形，如《消费者权益保护法》规定的远程交易的 7 天无理由退货，就是法律规定的其他法定解除权。一方当事人证明符合上述法定解除权事由之一的，对方当事人就享有法定解除权。

无论是约定解除权还是法定解除权，权利人行使合同解除权的基本方式，都是向对方当事人发出解除合同的通知。该通知生效采用到达主义，通知到达对方当事人的，合同即发生解除的效果，对于双方当事人不再具有合同的法律拘束力。

基于合同法的上述原理和规则，本条规定了处理方法：

首先，如果当事人一方以通知方式行使约定解除权或者法定解除权解除合同，并以对方未在约定的异议期限或者其他合理期限内提出异议为由，主张该合同已经解除的，法院不能听凭一方当事人的主张，而应当对主张行使解除权的当事人是否享有法律规定或者合同约定的解除权进行审查。正像前文所述，主张行使约定解除权的，应当依据当事人之间的合同对解除权成立的约定，主张行使法定解除权的，应当依据《民法典》第563 条的规定，确认该方当事人的法定解除权或者约定解除权是否已经符合条件，是否享有法定解除权或者约定解除权。

其次，法院经过审查，确认主张行使法定解除权或者约定解除权的一方当事人享有解除权的，应当支持其诉讼请求，确认合同自通知到达对方时已经解除；如果确认主张行使法定解除权或者约定解除权的一方当事人不享有解除权的，即使其向对方当事人发出了解除合同的通知，也不发生合同解除的效力，合同仍然没有解除，对双方当事人仍然具有法律拘束力。

【案例评析】

某新能源公司与某电子公司买卖合同纠纷案[①]

基本案情

　　2010 年 12 月 23 日，某新能源公司与某电子公司订立《HG 型单晶炉合同书》一份，约定某电子公司（供方）向某新能源公司（需方）供应三种型号单晶炉共计 63 台，价格 5286 万元。需方于合同签订后两日内向供方支付合同总货款的 20% 即 1065 万元作为设备预付款，供方在收到需方发货款之日起开始投产，如需方延期支付预付款，供方顺延投产及发货日期。供方于 2011 年 1 月底开始分批向需方现场发货，需方亦按批次支付剩余货款，具体方案如下：第一批：2011 年 1 月底前交付 2 台，设备发货前，供方应至少提前十五日通知需方支付本批次货款的 30%，即付 42 万元作为发货款，供方在收到发货款后开始发货，余款应在第二批设备发货前付清，即付 72 万元。第二批：2011 年 5 月底前交付 31 台（从 4 月开始交货），设备发货前，供方应提前十五日通知需方支付本批次货款的 30%，即付 725 万元作为发货款，供方在收到发货款后开始发货，货至需方现场后，需方应从设备到厂之日起，在每月 20 日前向供方支付本批次货款的 10%，即付 241 万元，分 5 个月付清余款。第三批：2011 年 7 月底交付 30 台，设备发货前，供方应提前十五日通知需方支付本批次货款的 30%，即付 817 万元作为发货款，供方在收到发货款后开始发货，货到需方现场后，需方应从设备到厂之日起，在每月 20 日前向供方支付本批次货款的 10%，即付 272 万元，分 5 个月付清余款。需方未按上述约定及时支付到期货款时，由双方在一周内协商解决，如协商不成，供方有权中止需方对设备的使用权，并中止供货，亦有权处置设备，同时无须退还需方在其违

---

　　① 案号：（2016）最高法民申 1049 号。

约前已支付的所有货款。合同还对其他相关事项作出约定。

合同签订后，某新能源公司于 2010 年 12 月 3 日向某电子公司电汇 900 万元，于 2010 年 12 月 24 日向某电子公司电汇 165 万元，于 2011 年 1 月 4 日向某电子公司电汇 42 万元。某电子公司于 2011 年 1 月按约交付 2 台设备。2011 年 7 月 1 日，某新能源公司向某电子公司发函称，按合同约定某电子公司应在 2011 年 5 月底交付 30 台设备，因某电子公司一直没有交付，某新能源公司也没有收到书面发货通知书，故主张取消合同。同日，某电子公司回函认为，某电子公司已按合同约定于 2011 年 5 月前完成前 33 台设备的制造工作，且后 30 台设备生产制造已基本完成。因某电子公司自 2011 年 5 月初起多次以各种方式催促发货款，但某新能源公司直至 2011 年 6 月底没有支付货款，某电子公司于 2011 年 6 月 21 日向某新能源公司发传真及邮件要求履行合同，故不存在违约行为，不同意取消合同。2011 年 7 月 16 日，某电子公司回函，内容主要包括以下几点：1. 某电子公司已按合同约定完成 31 台的厂内调试任务，具备发货条件，且已通知某新能源公司。2. 某电子公司在 5 月与 6 月期间多次与某新能源公司联系付款，没有得到回复，后于 6 月 21 日再次联系确认付款发货的事宜。3. 某新能源公司没有按合同约定履行第一批 2 台设备的余款。4. 某电子公司再次表示不同意取消合同。后双方多次进行邮件往来。

某新能源公司认为，合同签订后，某电子公司按约在 2011 年 1 月向某新能源公司交付第一批 2 台单晶炉，但从 2011 年 1 月至 2011 年 5 月，经双方交涉，某电子公司表示第二批货不可能按时交付。由于某电子公司的预期及实际违约行为直接造成某新能源公司无法按时形成生产能力计划，导致无法实现合同目的。某新能源公司于 2011 年 7 月 1 日通知某电子公司解除合同，但某电子公司一直拒绝返还相应的预付款和发货款，现请求判决某电子公司返还合同预付款 1065 万元及货款 42 万元，支付利息。

某电子公司原审答辩并反诉称，某电子公司已经严格按照合同履行义务，不存在违约行为。双方产生的纠纷是因为某新能源公司鉴于市场情势的变化而单方违约造成的。某电子公司第二批货完成设备制造后，通知某新能源公司要求其付款，但是某新能源公司没有付款，某电子公司无法发货。现请求判决某新能源公司按合同约定支付货款 797.4 万元并接收货物。

某新能源公司原审针对反诉辩称：根据合同第 2 条第 1 款第 2 项的约定，第二批交货应当在 2011 年 5 月底完成（从 4 月开始交货）。某电子公司没有按照合同约定的时间通知某新能源公司支付货款，某新能源公司从 3、4 月开始一直催促对方加紧生产、按时交货，但是某电子公司拒绝交货。

法 院 判 决

一审法院经审理认为，关于某电子公司在收到某新能源公司的解除通知后未在三个月内提起诉讼，本案是否需要对某新能源公司是否享有法定解除权进行审查的问题。《最高人民法院关于适用〈中华人民共和国合同法〉若干问题的解释（二）》第 24 条规定，当事人对《合同法》第 96 条、第 99 条规定的合同解除或者债务抵销虽有异议，但在约定的异议期限届满后才提出异议并向人民法院起诉的，人民法院不予支持；当事人没有约定异议期间，在解除合同或者债务抵销通知到达之日起三个月以后才向人民法院起诉的，人民法院不予支持。某新能源公司认为，根据该条规定，某电子公司在 2011 年 7 月 1 日收到解除合同的通知，但未在法定三个月的异议期限内提起异议权之诉，虽然某新能源公司行使合同解除权的行为是无效的，但由于某电子公司怠于行使异议权而使得法定异议期限已过，某电子公司已丧失异议权之诉的胜诉权，某新能源公司解除合同行为发生效力，故双方的合同自 2011 年 7 月 1 日解除。

《合同法》第 96 条第 1 款规定，当事人依照本法第 93 条第 2 款、第 94 条的规定主张解除合同的，应当通知对方。合同自通知到达对方时解除。对方有异议的，可以请求人民法院或者仲裁机构确认解除合同的效力。《最高人民法院关于适用〈中华人民共和国合同法〉若干问题的解释（二）》第 24 条系对该条的解释，根据该条的规定可以看出，适用第 24

条的前提是当事人享有约定解除权或者法定解除权，该条规定系在赋予非解除权人异议权的同时，防止异议权人不提异议而使合同是否解除处于不确定状态，但并非赋予不享有约定解除权或法定解除权一方可以单方解除合同的权利，故涉案合同是否解除并不因某电子公司在收到解除合同通知后三个月内未起诉而必然导致合同解除，因双方没有约定合同解除条件，本案仍需对某新能源公司是否享有法定解除权进行审查。

关于某新能源公司是否享有法定解除权的问题。某新能源公司认为，关于争议的第二批货物，根据双方的约定，某电子公司通知的时间决定某新能源公司付款，某新能源公司付款时间又决定某电子公司生产和交付，某电子公司何时启动"通知"将直接决定第二批货物是否按约履行，而某电子公司在 2011 年 6 月 21 日通知某新能源公司付款，该时间决定第二批货物不可能在约定履行期内完成。由于光伏行业是对生产营销时间和资本运作效率非常敏感的行业，双方在合同中对约定的交货期限非常紧张和精细，某电子公司逾期未交付第二批货物给某新能源公司造成重大经济损失，故某新能源公司享有法定解除权。某电子公司认为，某电子公司在 2011 年 5 月 2 日已履行了通知义务，根据合同约定某新能源公司应最迟在收到付款通知时支付第一批货物的尾款 72 万元，某电子公司已构成违约，因某新能源公司未支付第一批货物的 72 万元和第二批货物的预付款，某电子公司有权中止供货。

一审法院认为，根据合同约定，某电子公司应当在 2011 年 5 月底前交付 31 台设备（从 4 月开始交货），虽某电子公司未从 4 月开始交货，在 2011 年 5 月才开始通知某新能源公司支付货款，未严格按照协议自 2011 年 4 月开始交货，但只要在 2011 年 5 月底交付 30 台设备即不构成严重违约。在某电子公司通知支付货款后，某新能源公司未履行支付货款的义务构成违约，某电子公司有权行使先履行抗辩权并拒绝履行交货义务。另因某新能源公司与某电子公司之间关于 63 台设备的总履行期为 2011 年 7 月底，双方对于交货期间并无特别约定，如果确如某新能源公司所称交货期间非常紧张和精细，某新能源公司在 2011 年 5 月底未交货时也应当履行必要的催告义务，现无证据证明某新能源公司履行催告义务，即使某电子公司在 2011 年 6 月 21 日逾期一个月通知付款也不构成根本性违约，某新能源公司可以向某电子公司主张因延期交货造成的损失而不应当对于数额高达 5000 万余元的合同径行解除。故原审法院认定某新能源公司无权解除合同，其于 2011 年 7 月 1 日向某电子公司送达的解除合同通知不对某电子公司发生解除合同的效力。

综上所述，因某新能源公司无权解除合同，对其主张某电子公司退还预付款并承担利息的诉讼请求不予支持。对某电子公司的反诉诉讼请求，因某电子公司的第二批 31 台设备已生产完毕，某电子公司主张某新能源公司支付第一批设备的余款 72 万元及第二批设备的 30% 预付款 725 万元并接收货物于法有据，依法予以支持。

某新能源公司不服原审判决，提起上诉。理由之一是，某电子公司已经收到某新能源公司解除合同的通知，且未在法定期间内提起异议之诉，案涉合同已经依法解除。根据《最高人民法院关于适用〈中华人民共和国合同法〉若干问题的解释（二）》第 24 条的规定，当事人对《合同法》第 96 条规定的合同解除虽有异议，但是在异议期届满后才起诉的，人民法院不予支持。某电子公司在收到某新能源公司发出的解除合同的通知后没有在法定期间内起诉，案涉合同已实际解除。

二审法院经审理认为，本案争议焦点之一为，某电子公司在收到某新能源公司的解除合同的通知后未在三个月内提起诉讼，是否应认定案涉合同已经解除。

本案中，双方当事人均确认，某电子公司于 2011 年 7 月 1 日收到某新能源公司向某电子公司发出解除合同的通知，某电子公司收到通知后，未在三个月内提出异议，也未向法院起诉。在此情形下，对于案涉合同是否已经解除，双方当事人存在争议。对此，法院认为，合同解除提出的逾期异议只是导致非解约一方当事人的异议权消灭，解约一方当事人的解除权并不因此自动成立，解约行为也不因此自动有效。因此，当事人根据《合同法》第 96 条的规定通知对方要求解除合同的，必须具备《合同法》第

93 条或者第 94 条规定的条件，才能发生解除合同的法律效力。本案中，因某新能源公司系以某电子公司迟延交货为由解除案涉合同，故案涉合同是否解除，应审查某新能源公司解除合同是否符合《合同法》第 94 条的规定。

根据案涉《HG 型单晶炉合同书》约定，某电子公司应于 2011 年 5 月底前交付第二批 31 台单晶炉（从 4 月开始交货），而实际履行过程中，双方对于某电子公司何时通知某新能源公司交货存在争议。从原审中双方提交的证据内容看，双方均提交了 2011 年 6 月 21 日双方之间的往来传真，虽然双方所提供 2011 年 6 月 21 日某电子公司发给某新能源公司的传真。在部分用词上存在出入，但两份传真反映的内容一致，即某电子公司于 2011 年 6 月 21 日向某新能源公司告知案涉第二批设备已完成，某电子公司已多次通知某新能源公司支付第一批货物的余款及第二批货物的发货款。且 2011 年 7 月 1 日，某电子公司发给某新能源公司回函中亦明确 2011 年 5 月初即已向某电子公司发出书面提货通知，该内容也与某电子公司提交的 2011 年 5 月 2 日的传真内容相印证。综合上述事实，法院认为，本案中，某新能源公司否认收到某电子公司 2011 年 5 月 2 日的传真，且认为某新能源公司所要求的交货期间紧张且精细，但某新能源公司并无证据证实曾于 2011 年 4～5 月底催告某电子公司履行交付第二批货物的义务，也无证据证实因某电子公司迟延履行交货义务，导致其无法实现合同目的。即某新能源公司在未经任何催告的情况下，就通知某电子公司解除案涉合同，该行为明显不符合常理，亦不符合《合同法》第 94 条的规定。因此，即使某电子公司于 2011 年 6 月 21 日才书面通知某新能源公司付款提货，也不能据此认定某电子公司构成根本性违约，故原审判决认定某新能源公司无合同解除权正确。

某新能源公司不服原审判决，申请再审。其理由是，原审判决认为，合同一方向对方发出解除合同通知，即使对方未在异议期内请求法院确认解除合同的效力，也并不一定发生解除合同的法律效力，法院仍需对解除合同是否符合法定情形进行实质性审查，才能决定解除合同通知是否发生效力，该认定与最高人民法院（2013）民申字第 2018 号民事裁定的认定相矛盾。根据《最高人民法院关于规范人民法院再审立案的若干意见（试行）》第 8 条第 4 项之规定，就同一法律事实或同一法律关系，存在两个相互矛盾的生效法律文书，再审申请人对后一生效法律文书提出再审申请的，人民法院应当裁定再审。

再审法院认为，本案再审审查的主要问题是，原审判决认定某新能源公司无权解除其与某电子公司签订的《HG 型单晶炉合同书》是否属于适用法律错误。

本案中，某新能源公司于 2011 年 7 月 1 日向某电子公司发出解除双方《HG 型单晶炉合同书》的通知，某电子公司收到通知后未提起诉讼表示异议。某新能源公司以此事实为由，依据《最高人民法院关于适用〈中华人民共和国合同法〉若干问题的解释（二）》第 24 条之规定，主张《HG 型单晶炉合同书》在某电子公司收到解除通知之时已经解除。但该条司法解释是对《合同法》第 96 条的适用作出的解释，如何适用必然要结合而不能脱离该条款的规定。《合同法》第 96 条第 1 款规定，当事人一方依照本法第 93 条第 2 款、第 94 条的规定主张解除合同的，应当通知对方。合同自通知到达对方时解除。对方有异议的，可以请求人民法院或者仲裁机构确认解除合同的效力。据此，某新能源公司主张某电子公司未对其发出的解除通知提出异议表明双方合同已经解除的观点能否成立，还应审查其解除合同的理由是否符合《合同法》第 93 条第 2 款、第 94 条规定的情形。《合同法》第 93 条第 2 款规定的是合同的约定解除，而本案合同并未对此作出约定，双方也未达成解除合同的新的合意，因此本案不存在约定解除的情形。《合同法》第 94 条规定的是合同的法定解除，包括以下情形：1. 因不可抗力致使不能实现合同目的；2. 在履行期限届满之前，当事人一方明确表示或者以自己的行为表明不履行主要债务；3. 当事人一方迟延履行主要债务，经催告在合理期限内仍未履行；4. 当事人一方迟延履行债务或者有其他违约行为致使不能实现合同目的；5. 法律规定的其他情形。从某新能源公司的主张看，其是以某电子公司不按期交付货物致使其不能实现合同目的为由主张解除合同，因此本案应当审查该情形是否存在，以判断某新能源公司是否享有法定解除权。

《HG 型单晶炉合同书》第 2 条第 2 项约定，某电子公司应于 2011 年 5 月底前交付第二批 31 台单晶炉（从 4 月份开始），设备发货前，某电子公司应提前 15 日通知某新能源公司支付本批次货款的 30%，即付人民币 725 万元作为发货款，某电子公司收到发货款后开始发货；第 8 项约定，因某新能源公司发货款未按上述规定日期支付的，某电子公司可以相应顺延设备的交货期。按照上述约定，某电子公司交付第二批货物的条件是发货前 15 日通知某新能源公司支付发货款 725 万元，某电子公司收到该款项后发货，如果某新能源公司未按期支付发货款，某电子公司可以顺延交货时间。而原审查明并认定，某电子公司从 2011 年 5 月初即开始多次通知某新能源公司交付第二批货物的发货款，而某新能源公司一直未支付，已构成违约，某电子公司有权行使先履行抗辩权拒绝履行交付货物的合同义务，此种情况下某新能源公司无法定解除权，其向某电子公司发出的解除通知不发生解除合同的法律效力。原审法院的上述认定有事实和法律依据，并无不当。某新能源公司虽举证法院（2013）民申字第 2018 号民事裁定以证明本案适用法律错误，但该案与本案法律事实并不相同，不能作为认定本案适用法律错误的依据。因此，某新能源公司该项再审申请理由不能成立。

法理解读

本案争议焦点是，某电子公司在收到某新能源公司的解除合同的通知后未在三个月内提起诉讼，是否应认定案涉合同已经解除。

诚然，合同解除的理想逻辑假设为，解除权发生后，解除权人行使解除权通知相对人解除合同。但是，实践中，解除权人可能因不满足解除条件而缺少解除权这一实体权利。[①] 若相对人未能够及时提出异议，解除行

[①] 薄燕娜、李钟：《论合同解除权的行使——〈民法典〉合同编第 565 条评释》，载《法律适用》2021 年第 6 期。

为的效力能否发生阻却，存在分歧。一种观点认为，只有发出解除通知一方享有解除权时，才发生通知解除的效力；另一种观点则认为，不论发出解除通知一方是否享有解除权，只要对方当事人未在合理期限内提出异议，合同直接解除。《全国民商事审判工作会议纪要》第46条规定出于权利义务平衡的角度，采纳了第一种观点。具体理由是，发出解除通知成本很小，而对方当事人只能通过诉讼或者仲裁的方式提出异议。为了弥补此种权利义务的不均衡，有必要适当提到对发出通知一方的资格要求，即要求其享有合同解除权这种实体权利。[①] 假如承认无解除权之人发出解除通知，对方当事人于3个月未提异议，就发生合同解除的结果，会使得不享有解除权或者不具备解除权行使条件的一方当事人利用相对人的疏忽大意，恶意发出解除通知，从而逃避本应履行的合同义务。[②]《民法典合同编通则解释》第53条再次延续了这一做法，明确了通过通知解除合同，如若发生合同解除的效果，必须以通知解除的一方当事人享有法定解除权或者约定解除权为必要。

具体到本案，经审查，某新能源公司既无法定解除权，也无约定解除权，其向某电子公司发出的解除通知自然不发生解除合同的法律效力。法院未机械地按照"通知解除——异议"的逻辑顺序来处理，而是深入法律关系的实质，探寻某新能源公司是否享有实体的权利，从而认定解除行为是否发生效应的法律效力，不仅是对某电子公司的权益保护，也将为日后解约方行使解除权提供规范指引，即解除权行使必须以解除权存在为逻辑前提，否则即使发出了解除通知、对方未提出异议，也不发生解除的法律效果。

第五十四条　撤诉后再次起诉解除时合同解除时间的认定

当事人一方未通知对方，直接以提起诉讼的方式主张解除

[①] 最高人民法院民事审判第二庭编著：《全国法院民商事审判工作会议纪要理解与适用》，人民法院出版社2019年版，第311页。

[②] 崔建远：《论外观主义的运用边界》，载《清华法学》2019年第5期。

合同，撤诉后再次起诉主张解除合同，人民法院经审理支持该主张的，合同自再次起诉的起诉状副本送达对方时解除。但是，当事人一方撤诉后又通知对方解除合同且该通知已经到达对方的除外。

【民法典条文】

第五百六十五条 当事人一方依法主张解除合同的，应当通知对方。合同自通知到达对方时解除；通知载明债务人在一定期限内不履行债务则合同自动解除，债务人在该期限内未履行债务的，合同自通知载明的期限届满时解除。对方对解除合同有异议的，任何一方当事人均可以请求人民法院或者仲裁机构确认解除行为的效力。

当事人一方未通知对方，直接以提起诉讼或者申请仲裁的方式依法主张解除合同，人民法院或者仲裁机构确认该主张的，合同自起诉状副本或者仲裁申请书副本送达对方时解除。

【条文要义】

本条是对撤诉后再次起诉解除时认定合同解除时间的解释。

对这个问题，以往的司法解释没有规定。本条根据司法实践反映的问题，作出了这一规定。

在合同履行中，一方当事人享有约定解除权或者法定解除权，行使解除权的方式是通知，解除合同的通知到达对方时合同解除。如果当事人一方未通知对方，而是直接以提起诉讼或者申请仲裁的方式依法主张解除合同，法院或者仲裁机构确认该行使解除权主张的，合同自起诉状副本或者仲裁申请书副本送达对方时解除。这里的起诉状副本或者仲裁申请书副本送达对方，相当于解除权人已经向对方当事人行使了合同的解除权，送达起到了通知的作用。

在实务操作中还有一种特殊情况是，当事人已经提起行使合同解除权主张解除合同的诉讼或者仲裁申请，但是，又撤回起诉或者撤回仲裁申请，这相当于解除权人已经撤回了解除合同的通知，不再行使合同解除权，因而合同关系仍然存续着。

不过，当事人在撤诉后，再次向法院提起行使解除权的诉讼或者仲裁申请，这时应当怎样确定行使解除权解除合同的时间，以往的立法和司法解释都没有规定。

本条司法解释针对这种情况明确规定，当事人一方未通知对方，直接以提起诉讼（包括提起仲裁申请）的方式主张解除合同，撤诉（或者撤回仲裁申请）后再次起诉主张解除合同的，只要仍然还在行使解除权的除斥期间之内，仍然是有效的行使合同解除权的行为。所以，法院经过审理，确认其享有约定解除权或者法定解除权，应当支持该行使解除权主张的，即判决合同已经解除。合同解除的具体时间，应当自再次起诉的起诉状副本（或者仲裁申请书副本）送达对方当事人的时间点。

如果当事人一方撤诉（或者撤回仲裁申请）后，又在合同解除的除斥期间内通知对方解除合同，且该通知已经到达对方的，合同当然也已经解除，不适用上述再次起诉或者再次申请仲裁的规则。

【案例评析】

乔某晓与投资公司等股权转让纠纷案①

基本案情

投资公司、牛某与乔某晓于 2012 年 1 月 18 日签署了《股权转让合同》，约定投资公司、牛某向乔某晓转让其持有的房地产开发公司及关联

---

① 案号：（2014）高民终字第 730 号。

企业的股权。投资公司、牛某与乔某晓签订合同后，乔某晓仅支付了部分价款，却未能按合同约定履行全部的付款义务。

2012年8月，投资公司、牛某起诉至法院，要求解除《股权转让合同》。在该案诉讼过程中，乔某晓表示同意按照合同约定继续履行给付义务，后投资公司、牛某撤诉。投资公司及牛某解释提出撤诉的原因是："双方进行协商，相互妥协，最终是要继续履行合同。"乔某晓则认为："在2013年1月1日合同履行期满前，双方在谈如何履行合同，主要是变更付款时间。但在2013年1月1日后，因为不同意这个方案，就将合同解除了。"但乔某晓不能提供2013年1月1日后合同已解除的证据材料。

之后，因乔某晓没有按合同约定进一步履行义务，投资公司、牛某再次起诉，请求判令解除《股权转让合同》，乔某晓承担逾期付款的违约责任。2013年7月15日，北京市第一中级人民法院受理了本案，乔某晓于2013年8月1日收到了投资公司及牛某请求解除合同的起诉状。

诉讼过程中，乔某晓同意投资公司和牛某要求解除合同的诉讼请求。不过，其认为投资公司和牛某诉请的逾期付款违约金没有合同及法律依据。根据《股权转让合同》第5条约定，在解除合同时无须支付逾期付款违约金，只是约定按乔某晓支付的款项比例折股。现投资公司、牛某一方面要求解除合同；另一方面又要求继续履行合同的违约金及利息，乔某晓不予同意。

法院判决

一审法院经审理认为，投资公司、牛某和乔某晓签订的《股权转让合同》系各方当事人真实的意思表示，不违反法律、行政法规的效力性强制性规定，应属合法有效。投资公司、牛某以乔某晓违约未支付股权转让价款为由，要求解除《股权转让合同》，乔某晓当庭答辩称同意解除《股权转让合同》，因双方当事人均同意解除合同，法院对此不持异议，应确认涉案《股权转让合同》于2013年12月19日解除。以此为基础，法院对逾期违约金等进行了计算。

乔某晓不服一审法院民事判决，提起上诉。其上诉理由之一是：按照一审法院判决认定"法院计算逾期付款违约金至本案双方同意解除合同之日"，判决实际计算到了 2013 年 12 月 19 日（当庭判决之日），这是错误的，双方同意解除合同的时间应当认定为 2013 年 1 月 1 日。因为投资公司、牛某在 2012 年 8 月就曾针对本案诉争提起诉讼，虽然后来撤诉，但一直坚持解除合同。在逾期六个月未付清应付款的情况下，从 2013 年 1 月 1 日起应视为已经解除了合同。退一步讲，即使以本次诉讼时间计算，双方同意解除合同的时间应认定为乔某晓收到起诉状的时间 2013 年 8 月 1 日，因为起诉状即为解除合同的通知。另外，乔某晓在一审也提出反诉，同意解除合同，故合同解除之日不能认定为开庭判决之日。

二审法院经审理认为，本案争议焦点之一为所涉《股权转让合同》解除时间的认定。

《合同法》第 93 条第 2 款、第 96 条第 1 款规定，当事人可以约定一方解除合同的条件。解除合同的条件成就时，解除权人可以解除合同。当事人一方主张解除合同的，应当通知对方。合同自通知到达对方时解除。对方有异议的，可以请求人民法院或者仲裁机构确认解除合同的效力。

解除权作为形成权，它无须征得对方的同意，仅凭单方的意思表示就可以发生预期的法律后果。解除通知也可以通过诉讼的方式行使，提起诉讼是解除权人意思表示的另一种表达方式，只不过不是解除权人直接通知对方解除合同，而是通过法院以向对方送达法律文书，特别是起诉状通知对方解除合同。因此，起诉状就是解除权行使的通知。载有解除请求的起诉状送达被告时，发生合同解除的效力。无论是直接通知还是间接通知，都是解除权人行使解除权这一意思表示的不同表现形式，且均已到达了对方，符合解除通知的条件，均应产生合同解除的法律效果。

本案所涉《股权转让合同》对解除权的约定是：乙方（乔某晓）不按期支付价款的，承担逾期付款的违约责任，按应付款项的万分之四/日支付甲方（投资公司和牛某）利息。如逾期超过六个月，甲方有权终止本合同。而第一期支付转让款的履行期限是 2012 年 6 月 30 日。上诉人乔某晓据此认为被上诉人投资公司、牛某在2012年8月就曾针对本案诉争提起诉讼，虽然后来撤诉，但一直坚持解除合同。在逾期六个月未付清应付款的情况下，从2013年1月1日起应视为已经解除了合同。对此，法院认为，被上诉人投资公司、牛某虽然在2012年8月起诉解除合同，但随后撤诉。同时在本案二审庭审中，各方当事人均认可在2013年1月1日前，各方一直在就合同继续履行的问题进行协商。因此可以认定，即便是2012年8月被上诉人投资公司、牛某曾针对本案诉争提起诉讼、发出了解除合同的意思表示，也因后续各方当事人的协商履行而撤回了解除的意思表示。同时，上诉人乔某晓虽提出在2013年1月1日后合同已经解除，但未能提交任何被上诉人投资公司、牛某再次向其提出合同解除的证据材料，被上诉人投资公司、牛某亦予以否认，故不应认定合同在2013年1月1日解除。

2013年7月15日，北京市第一中级人民法院受理了本案，乔某晓于2013年8月1日收到了投资公司及牛某请求解除合同的起诉状。按照《合同法》的相关规定，合同自通知到达对方时解除，载有解除请求的起诉状送达被告时，发生合同解除的效力。本案所涉《股权转让合同》应在起诉状送达乔某晓之日解除。故一审法院判决确认《股权转让合同》于2013年12月19日解除错误，予以纠正。

法理解读

本案的争议焦点是，如何确定《股权转让合同》解除时间。

合同解除，可以通过通知的方式，也可以通过司法解除的方式，如送达起诉状、仲裁申请书、反诉状等。关于合同司法解除的时点，究竟是通知之日、应诉通知之日还是法院判决生效之日，早期尚无定论。有法院认为，这属于形成之诉，原告的目的是变更法律关系，判决生效后法律关系才发生变化，故通过司法方式解除合同的效力发生时点为法院判决生效之时；还有的法院认为这属于确认之诉，原告的目的是确认是否存在某一法律关系，故通过司法方式解除合同的效力发生时点为相对人知悉解除通知之时。①《民法典》第 565 条第 2 款随即确认了这一点，规定通过司法方式解除合同，合同自起诉状副本或者仲裁申请书副本送达对方时解除。在此基础上，可以进一步讨论当事人以诉讼形式解除合同，后又撤诉，合同是否已经解除。既有观点认为，当事人通过起诉的方式，已经表明了解除合同的意思表示，而且解除权的效力不取决于法院的判决。因而，起诉状副本到达对方时，发生合同解除的法律效果。该法律效果不会因原告撤回起诉而归于无效。②与此相反，也有观点认为，原告通过诉讼的方式主张合同解除，目的是请求法院裁判，但法院判决的结果并非必然是合同解除，故起诉状中的诉请尚且处于不确定的状态。在原告申请撤诉并获得法院准许的情况下，应当认定起诉状的副本送达至被告并未发生合同解除的效力。③《民法典合同编通则解释》第 54 条明显采纳了后一种观点，认定撤诉后不再认可合同解除效力。由此出发，如果当事人再次起诉，则合同解除按照再次起诉的起诉状副本送达对方当事人时解除。

具体到本案，投资公司、牛某于 2012 年 8 月首次起诉至法院，要求解除《股权转让合同》，后投资公司、牛某撤诉并得到了法院的准许，撤诉的理由是双方进行协商，最终决定继续履行合同。由此可见，尽管投资公司、牛某通过起诉的方式主张合同解除，但是经双方合意，决定继续履行合同，该起诉就不发生合同解除的法律效果。因乔某晓不继续履行合同义务，投资公司、牛某再次以合同解除为由，起诉至法院，不应当将乔某晓首次收到起诉状副本之日认定为是合同解除的时点，而是应当将后诉收到起诉状副本之日（2013 年 8 月 1 日）认定为是合同解除的时点。一审判决将合同解除时点理解为判决生效之日，是对司法解除时点的误读，但是其未将合同解除时点提前至前诉，应予肯认。

---

① 刘承韪：《合同解除权行使规则解释论——兼评民法典第 565 条之规定》，载《比较法研究》2022 年第 2 期。

② 杨永清：《合同法第九十六条中的"通知"包括通过法院通知》，载《人民司法·应用》2008 年第 19 期；曹志勋：《论我国法上确认之诉的认定》，载《法学》2018 年第 11 期；刘学在：《诉讼上行使合同解除权之司法检视与应然规则》，载《湖湘法学评论》2022 年第 1 期。

③ 参见贵州省贵阳市观山湖区人民法院（2018）黔 0115 民初 3084 号民事判决书。

第五十五条　抵销权行使的效力

当事人一方依据民法典第五百六十八条的规定主张抵销，人民法院经审理认为抵销权成立的，应当认定通知到达对方时双方互负的主债务、利息、违约金或者损害赔偿金等债务在同等数额内消灭。

【民法典条文】

第五百六十八条　当事人互负债务，该债务的标的物种类、品质相同的，任何一方可以将自己的债务与对方的到期债务抵销；但是，根据债务性质、按照当事人约定或者依照法律规定不得抵销的除外。

当事人主张抵销的，应当通知对方。通知自到达对方时生效。抵销不得附条件或者附期限。

【相关司法解释】

《全国法院民商事审判工作会议纪要》（2019）

43.【抵销】抵销权既可以通知的方式行使，也可以提出抗辩或者提起反诉的方式行使。抵销的意思表示自到达对方时生效，抵销一经生效，其效力溯及自抵销条件成就之时，双方互负的债务在同等数额内消灭。双方互负的债务数额，是截至抵销条件成就之时各自负有的包括主债务、利息、违约金、赔偿金等在内的全部债务数额。行使抵销权一方享有的债权不足以抵销全部债务数额，当事人对抵销顺序又没有特别约定的，应当根据实现债权的费用、利息、主债务的顺序进行抵销。

【条文要义】

本条是对认定合同当事人行使法定抵销权效力的解释。

对于法定抵销的效力，有关合同法的司法解释没有作过规定。《全国法院民商事审判工作会议纪要》第 43 条作过规定。本条在此基础上，对行使法定抵销权的效力作出具体规定。

依照《民法典》第 568 条和第 569 条的规定，我国消灭合同效力的抵销分为两种：一是法定抵销；二是约定抵销。法定抵销是当事人互负债务，该债务的标的物种类、品质相同的，任何一方都可以将自己的债务与对方的到期债务抵销。约定抵销是当事人互负债务，标的物的种类、品质不相同，不符合法定抵销的要求，但是当事人经协商一致，也可以合意进行的抵销。

对于法定抵销，符合法律规定的，一方当事人取得法定抵销权，可以行使该权利，主张法定抵销消灭相对应的债权债务。《民法典》第 568 条对于实行法定抵销后的效果没有作具体规定。

本条对此作了具体规定，即当事人一方依据《民法典》第 568 条的规定行使抵销权主张法定抵销的，法院经过审理，确认法定抵销权成立的，应当认定，权利人行使抵销权的通知在到达对方当事人时，双方当事人互负的债权债务发生消灭的后果。双方互负的主债务、利息、违约金或者损害赔偿金等债务，都在同等数额内予以消灭。

【案例评析】

环境工程公司与科技公司买卖合同纠纷案①

基本案情

环境工程公司（甲方）与科技公司（乙方）于 2019 年 9 月 27 日签订了《采购合同》，甲方同意从乙方购进并且乙方同意给甲方提供合同设备、技术服务以及技术培训。合同总价为 2980000 元，该价格为固定价（含

---

① 案号：（2022）京 03 民终 17311 号。

13%增值税，含运输、指导安装、调试、验收、技术服务、培训及售后服务等）。

合同签订后，2020年1月6日环境工程公司委托案外人税务公司向科技公司支付预付款894000元，2020年1月8日税务公司向科技公司转账设备款894000元。

2020年3月23日，环境工程公司向科技公司发出《关于西安九污三期提标项目磁悬浮风机催货的函》，催促科技公司发货。2020年3月24日，科技公司向环境工程公司发出了《沟通函》，函中称环境工程公司拖延支付预付款至2020年1月8日，且环境工程公司已经于2019年11月8日被列入失信被执行人名单，法定代表人文某波被限制高消费，科技公司严重质疑环境工程公司的合同履行能力，提出环境工程公司结清其他合同中涉及的货款701000元，双方尽快磋商。2020年4月1日，环境工程公司向科技公司发出《关于西安九污三期提标项目磁悬浮风机催货的函》，函中称，经多次催促，科技公司仍未安排发货，已严重影响环境工程公司项目的整体进度，请科技公司尽快发货到项目现场，如若无法按此时间送达，视为科技公司放弃此合同。2020年4月7日，科技公司向环境工程公司发出《通知函》，函中称，鉴于环境工程公司被列入失信被执行人名单，环境工程公司的法定代表人文某波被限制高消费，环境工程公司经营状况已经严重恶化，且存在有违诚信经营的情形，科技公司严重质疑环境工程公司的合同履行能力，故请环境工程公司结清尚欠科技公司其他合同涉及的货款701000元，中止履行《采购合同》。

环境工程公司遂向一审法院提出诉讼请求：请求法院判令解除环境工程公司与科技公司于2019年9月27日签订的《采购合同》，科技公司返还环境工程公司货款894000元。

庭审中，科技公司表示同意解除合同，但其没有任何违约行为，并主张其针对（2021）京0108民初9973号民事判决书等7份生效判决对环境工程公司享有到期债权，返还的货款应当与其享有的到期金钱债权抵销。

法 院 判 决

一审法院经审理认为，关于环境工程公司提出解除合同的诉讼请求。当事人协商一致，可以解除合同。本案中环境工程公司与科技公司于2019年9月27日签订的《采购合同》系双方出于真实意思表示签订的合同，不违反法律和行政法规的强制性规定，应属合法有效。科技公司在庭审中同意解除合同，故一审法院确认科技公司作出同意解除合同之意思表示的当日，即2022年8月11日，环境工程公司与科技公司于2019年9月27日签订的《采购合同》解除。

关于环境工程公司提出的要求返还货款的诉讼请求。合同解除后，尚未履行的，终止履行；已经履行的，根据履行情况和合同性质，当事人可以要求恢复原状、采取其他补救措施，并有权要求赔偿损失。2020年1月8日，环境工程公司委托案外人向科技公司支付894000元。庭审中，科技公司对环境工程公司委托付款的行为以及所付款项与本案关联性表示认可，确认收到了894000元，故应当认为环境工程公司已经履行了其支付预付款894000元的义务。对于已经给付的预付款，环境工程公司有权要求返还。

关于科技公司提出的抵销之抗辩。科技公司不同意返还货款，认为其就生效判决对环境工程公司享有到期金钱债权，本案债务应当抵销。环境工程公司不同意抵销，称科技公司所提及的生效判决中，部分案件的主体为桑德生态科技有限公司，与本案主体并不一致，且涉案生效判决系于环境工程公司付款后发生，与本案无关。对此，科技公司表示桑德生态科技有限公司虽与环境工程公司非同一主体，但是二公司的财务账户、工作人员有关联。当事人互负到期债务，该债务的标的物种类、品质相同的，任何一方可以将自己的债务与对方的债务抵销，但依照法律规定或者按照合同性质不得抵销的除外。当事人主张抵销的，应当通知对方。通知自到达对方时生效。当事人对自己提出的主张，有责任提供证据。本案中，作为科技公司抵销主张依据的7份判决书中，（2021）京0108民初41210号、

（2021）津 0319 民初 9016 号民事判决书中的债务人为桑德生态科技有限公司，科技公司并未提交证据证明桑德生态科技有限公司与环境工程公司系同一主体，故一审法院对科技公司就桑德生态科技有限公司对其所负债务进行抵销的主张，不予支持。（2021）京 0108 民初 9973 号、（2021）京 0112 民初 41079 号、（2021）京 0112 民初 41080 号、（2021）京 0112 民初 41219 号、（2021）京 0108 民初 47262 号民事判决书中，案件当事人均为环境工程公司与科技公司，环境工程公司对科技公司的债务已届履行期。而科技公司对环境工程公司负有返还《采购合同》中预付款的义务，环境工程公司与科技公司互负金钱债务，双方债务并非依据法律规定或者按照合同性质不得抵销之债务。故科技公司提出的对该 5 份判决书中涉及的到期债务进行抵销的主张，一审法院予以支持。抵销的意思表示自到达对方时生效，抵销一经生效，其效力溯及自抵销条件成就之时，双方互负的债务在同等数额内消灭。双方互负的债务数额，是截至抵销条件成就之时各自负有的包括主债务、利息、违约金、赔偿金等在内的全部债务数额。科技公司在庭审中提出抵销，故其抵销之主张自 2022 年 8 月 11 日生效。对于科技公司提出的抵销债务之计算方式，一审法院不持异议，但迟延履行期间的债务利息应计算至抵销条件成就之时，即 2022 年 8 月 11 日。依据上述 5 份民事判决书，环境工程公司对科技公司负有到期债务 829397.4 元，故科技公司与环境工程公司互负的 829397.4 元到期债务于 2022 年 8 月 11 日抵销。就本案《采购合同》预付款部分，科技公司应当返还给环境工程公司 64602.6 元。

环境工程公司不服一审判决，提起上诉，主张一审法院错误地认定环境工程公司和科技公司债务抵销的成就时间、范围和金额，严重损害了环境工程公司的合法权益。科技公司在本案中主张抵销，抵销的效力应溯及自抵销条件成就之时，即 2020 年 1 月 6 日；抵销的范围不应包括 5 份判决书中的自 2020 年 1 月 6 日之后的利息、案件受理费、加倍部分债务利息等费用，而且一审法院在确认环境工程公司的抵销范围时仅计算了主债务，而未包含自 2020 年 1 月 6 日起科技公司违约占用环境工程公司 894000 元产生的违约金、利息等费用，严重违反公平原则，极大地损害了环境工程公司的合法权益。

二审法院经审理认为，首先，对于科技公司主张抵销的债权系经过5份生效判决认定债权，相关判决书中对科技公司享有的债权范围已经作出了明确认定，包括主债权、利息、违约金、案件受理费等多项内容，环境工程公司要求仅抵销主债务部分，于法无据，不予采信。其次，根据《中华人民共和国民法典》第568条第2款的规定，当事人主张抵销的，应当通知对方。通知自到达对方时生效。抵销不得附条件或者附期限。本案中，科技公司系在庭审中提出抵销，故依照上述法律规定，其抵销之主张应当自2022年8月11日通知到达对方时生效，现环境工程公司主张抵销效力应溯及自抵销条件成就之时即2020年1月6日，于法无据，亦不予采信。综上，环境工程公司的该项上诉主张，均缺乏事实和法律依据，不予支持，遂判决驳回上诉，维持原判。

法理解读

本案的争议焦点在于，抵销是否具有溯及力。换一个角度来说，指的是抵销的债权自抵销通知到达被动债权人之时消灭，还是溯及自抵销条件成就之时消灭。

对此，一直存在不同的看法。一种观点认为，应当承认抵销的溯及力，区分抵销的生效与债权消灭两个概念，抵销自抵销通知到达对方时生效，但抵销消灭债权的效果溯及自抵销条件成就之时。[①]《全国民商事审判工作会议纪要》第43条第2句就是这一观点的典型例证。另一种观点则认为，承认抵销具有溯及力，违反法律行为不溯及既往的原则，有损交易安全。与此同时，还会与清偿、诉讼时效以及不当得利等领域的相关规则无法融洽衔接，引发负面体系效应。[②] 两种观点争执不下，《民法典合同编通则解释》第55条规定，人民法院经审理认为抵销权成立的，应当认定

[①] 崔建远：《论中国民法典上的抵销》，载《国家检察官学院学报》2020年第4期。

[②] 张保华：《抵销溯及力质疑》，载《环球法律评论》2019年第2期。

通知到达对方时双方互负的包括主债务、利息、违约金或者损害赔偿金等在内的债务在同等数额内消灭。

本案当事人环境工程公司主张的正是抵销具有溯及力,一审判决与二审判决则采纳的是抵销不具有溯及力的观点。由此也可以看到法院背后的裁判理念:保障法律关系的确定性,使得当事人可以对交易进行合理预测。由此出发,抵销通知到达时生效,也就是科技公司在 2022 年 8 月 11 日庭审中提出抵销时,双方互负的债务、利息、违约金、案件受理费等多项内容在同等数额内消灭。一审判决指出,"迟延履行期间的债务利息应计算至抵销条件成就之时,即 2022 年 8 月 11 日",有所不当。正确的表述应当是二审判决所认定的"抵销通知到达对方时"。

第五十六条　抵销参照适用抵充规则

行使抵销权的一方负担的数项债务种类相同,但是享有的债权不足以抵销全部债务,当事人因抵销的顺序发生争议的,人民法院可以参照民法典第五百六十条的规定处理。

行使抵销权的一方享有的债权不足以抵销其负担的包括主债务、利息、实现债权的有关费用在内的全部债务,当事人因抵销的顺序发生争议的,人民法院可以参照民法典第五百六十一条的规定处理。

【民法典条文】

第五百六十条　债务人对同一债权人负担的数项债务种类相同,债务人的给付不足以清偿全部债务的,除当事人另有约定外,由债务人在清偿时指定其履行的债务。

债务人未作指定的,应当优先履行已经到期的债务;数项债务均到期的,优先履行对债权人缺乏担保或者担保最少的债务;均无担保或者担保相等的，优先履行债务人负担较重的债务；负担相同的，按照债务到期的先后顺序履行；到期时间相同的，按照债务比例履行。

第五百六十一条 债务人在履行主债务外还应当支付利息和实现债权的有关费用，其给付不足以清偿全部债务的，除当事人另有约定外，应当按照下列顺序履行：

（一）实现债权的有关费用；

（二）利息；

（三）主债务。

第五百六十八条 当事人互负债务，该债务的标的物种类、品质相同的，任何一方可以将自己的债务与对方的到期债务抵销；但是，根据债务性质、按照当事人约定或者依照法律规定不得抵销的除外。

当事人主张抵销的，应当通知对方。通知自到达对方时生效。抵销不得附条件或者附期限。

【相关司法解释】

《全国法院民商事审判工作会议纪要》（2019）

43.【抵销】抵销权既可以通知的方式行使，也可以提出抗辩或者提起反诉的方式行使。抵销的意思表示自到达对方时生效，抵销一经生效，其效力溯及自抵销条件成就之时，双方互负的债务在同等数额内消灭。双方互负的债务数额，是截至抵销条件成就之时各自负有的包括主债务、利息、违约金、赔偿金等在内的全部债务数额。行使抵销权一方享有的债权不足以抵销全部债务数额，当事人对抵销顺序又没有特别约定的，应当根据实现债权的费用、利息、主债务的顺序进行抵销。

【条文要义】

本条是对抵销参照适用债务抵充规则的解释。

对于抵销适用债务抵充的规则，《全国法院民商事审判工作会议纪要》第43条作出过相关规定。本条结合司法实践经验和民法理论，在该条的基础上，按照《民法典》关于债务抵充的规定，作出了抵销可以参照适用债务抵充规则的规定。这其实就是一种准用规则。

《民法典》规定抵销只用了两个条文，规定了合同债务抵销的一般规则，对具体规则没有作规定。例如，一方当事人行使抵销权的，如果该方负担数项债务且种类相同，但是享有的债权不足以抵销全部债务，或者行使抵销权的一方享有的债权不足以抵销其负担的主债务、利息、实现债权的有关费用在内的全部费用。在这两种情况下，如果当事人因抵销的顺序发生争议应当如何处理，没有具体规则。对此，本条依据理论见解和司法实践经验，根据不同情况，规定参照《民法典》第560条或者第561条关于债务抵充的规定，确定清偿债务的先后顺序。

抵销，是消灭债权债务关系的方法之一。当行使抵销权的一方负担数项债务，或者行使抵销权的一方享有的债权不足以抵销其全部负担的债务，不能消灭所有的债务关系，就符合债务抵充的规则要求，因而应当参照适用《民法典》规定的债务抵充规则。

1. 行使抵销权的一方负担数项债务的债务抵充

在债务履行过程中，享有抵销权的一方主张行使抵销权消灭互负的债权和债务，如果行使抵销权的一方负担数项债务，且种类相同，但是，享有的债权不足以抵销全部债务，当事人因抵销的顺序发生争议的，法院可以参照《民法典》第560条的规定处理，实行债务抵充。

债务人有约定的，按照约定抵充相应的债务；没有约定的，债务人在清偿时可以指定其履行的债务。

债务人如果未作指定，抵充的顺序：一是已经到期的债务；二是数项债务均到期的，优先抵销对债务人缺乏担保或者担保最少的债务；三是均无担保或者担保相等的，优先抵销债务人负担较重的债务；四是负担相同的，按照债务到期的先后顺序抵销；五是到期时间相同的，按照债务比例抵销。

2. 行使抵销权的一方享有的债权不足以抵销其全部负担的债务

在债务履行中，享有抵销权的一方当事人主张行使抵销权，但是其享有的债权不足以抵销其负担的包括主债务、利息、实现债权的有关费用在内的全部债务，当事人因抵销的顺序发生争议的，法院可以参照《民法典》第561条的规定处理，按照规定的先后顺序抵充相应的债务。

按照当事人的约定抵充相应的债务。当事人没有约定的，抵充的顺序：一是抵销实现债权的有关费用；二是抵销利息；三是抵销主债务。法院判决这种因抵销而引起的债务抵充，应当按照这个顺序，先后抵充相应的债务。

【案例评析】

物流公司与实业公司委托合同纠纷案①

基本案情

2012年6月7日，实业公司与物流公司签订《委托协议》，约定实业公司委托物流公司通过某银行海河支行向商贸公司发放贷款5000万元，年利息23%，贷款期限为2012年6月8日至2013年6月7日。同日，实业公司分三次将5000万元汇入物流公司账户，物流公司出具了收据，并通过某银行天津分行将款项发放给商贸公司。后该笔委托贷款展期至2015年6月9日。商贸公司在贷款期间所支付的利息，均已通过物流公司支付给实业公司。2015年6月2日，商贸公司将5000万元本金归还物流公司，但物流公司未将该笔款项返还给实业公司，形成本案诉讼。

一审过程中，物流公司提出，2016年其向实业公司发出两份《企业询证函》，分别载明：截至2015年12月31日，物流公司欠实业公司5000万元，实业公司欠物流公司8296517.52元，同时均注明："本函件仅为复核

---

① 案号：（2018）最高法民再12号。

账目之用,并非催款结算",双方均在该函件上盖章。根据《企业询证函》《专项审计报告》及其他相关证据,物流公司对实业公司享有8296517.52元到期债权,并依法向实业公司发出了抵销通知,依法产生抵销的法律效果。一审期间,物流公司又以抗辩的形式就该笔债权向一审法院提出抵销,并提起反诉,后主动撤回反诉。

法院判决

一审法院经审理认为,关于物流公司所提出的债务抵销问题。法定抵销的前提是当事人互负到期债务,该债务的种类、性质相同。本案中,物流公司与实业公司之间存在的两份《企业询证函》仅为双方业务往来中的复核账目之用,不能证明其上所载明的账目所对应的实际法律关系下的权利义务,亦不能证明该《企业询证函》与本案债务种类、性质一致。考虑到双方庭审所述,实业公司与物流公司及其关联公司之间存在较多的其他经济往来且时间较长,现仍有诉讼正在进行的情况,物流公司在本案中主张债务抵销,不符合法律规定,该院不予支持。

物流公司不服一审判决,上诉至天津市高级人民法院,请求确认物流公司主张的8296517.52元的抵销成立。

二审法院经审理认为,本案的争议焦点之一为物流公司主张的债务抵销是否应当支持。根据《合同法》第99条第1款的规定,当事人互负到期债务,该债务的标的物种类、品质相同的,任何一方可以将自己的债务与对方债务抵销,但依据法律规定或者按照合同性质不得抵销的除外。本案中,物流公司虽然提交了两份经实业公司盖章确认的《企业询证函》,但该证据系在物流公司委托会计师事务所对其会计报表进行审计所形成的,且《企业询证函》中亦注明"本函仅为复核账目之用,并非催款结算",因此,上述《企业询证函》尚不足以证明双方之间债权债务关系及互负债务的数额,物流公司主张行使抵销权依据不足,不予支持。

物流公司不服二审判决,请求再审。再审过程中,物流公司主张,2017年7月20日,其曾向实业公司发出并送达了《债务抵销通知书》,提出其对实业公司享有的 8296517.52 元债权本金及利息（按年利率 20% 计算）抵销案涉 5000 万元本金债务。

再审法院认为，本案争议焦点之一是物流公司可否就实业公司对其负有的 8296517.52 元到期债务行使抵销权，以及如果能够抵销的话，其效果如何。

该问题涉及以下三个问题：一是实业公司对物流公司负有的 8296517.52 元债务是否存在以及何时到期；二是物流公司是否行使以及何时行使了抵销权；三是抵销的法律效果如何。现分述如下：

关于实业公司对物流公司负有的 8296517.52 元债务是否存在以及何时到期问题。《企业询证函》《专项审核报告》等证据表明，截止到 2015 年 12 月 31 日，实业公司尚欠物流公司 8296517.52 元。但本案中，双方存在长期的资金与业务往来关系，而《企业询证函》的目的"仅为复核账目之用，并非催款结算"。因此，尽管截止到 2015 年 12 月 31 日，实业公司尚欠物流公司 8296517.52 元债务，但并不能据此表明该笔债务已于该日到期。鉴于双方并未就该笔债务的履行期限作出明确约定，根据《合同法》第 62 条第 4 项有关"履行期限不明确的，债务人可以随时履行，债权人也可以随时要求履行，但应当给对方必要的准备时间"的规定，其履行期限从债权人要求履行之日起届满。2017 年 7 月 20 日，物流公司发出的《债务抵销通知书》到达实业公司，该通知中有关债务抵销的意思表示，表明物流公司有要求实业公司履行该笔债务的意思，故抵销通知到达之时，同时也是该笔债务履行期限届满之时。据此，实业公司对物流公司负有的 8296517.52 元债务已于 2017 年 7 月 20 日到期。

关于物流公司是否行使以及何时行使了抵销权问题。抵销的意思表示既可以通知的方式行使，也可通过提出抗辩或者反诉的方式行使。本案中，物流公司先是于诉讼前向实业公司发送抵销通知，后又在本案诉讼中提出抵销的抗辩，尽管其在提出反诉后又撤诉，但在其并未明示撤回抵销意思表示的情况下，应当认定其已经行使了抵销权。实业公司关于物流公司撤回反诉即表示放弃行使抵销权的主张于法无据，法院不予支持。抵销的意思表示一经到达对方，其效力就溯及自抵销条件成就之日，即主动债权履行期限届满之日 2017 年 7 月 20 日，故应当认定本案中双方互负的债务于该日起抵销。

关于抵销的法律效果问题。物流公司据以行使抵销权的债权不足以抵销其对实业公司负有的全部债务，参照《最高人民法院关于适用〈中华人民共和国合同法〉若干问题的解释（二）》第 21 条的规定，应当按照实现债权的有关费用、利息、主债务的顺序进行抵销，即物流公司对实业公司享有的 8296517.52 元，先用于抵销其对实业公司负有的 5000 万元债务中的利息，然后再用于抵本金。物流公司有关 8296517.52 元先用于抵销 5000 万元本金的再审申请缺乏事实和法律依据，法院不予支持。

综上，实业公司对物流公司所负的 8296517.52 元到期债务，于 2017 年 7 月 20 日与物流公司对实业公司所负的 5000 万元债务及其利息相互抵销，抵销顺序为：先用于抵销 5000 万元债务对应的利息，再用于抵销本金。

法 理 解 读

本案有关抵销的争议焦点有二，一是抵销的效力溯及至何时；二是抵销的顺序。

针对第一点，《民法典合同编通则解释》第 54 条已经明确，抵销不具有溯及力，自通知到达对方时生效。是故，如果本案发生在《民法典合同编通则解释》施行后，应当认定物流公司于诉讼前向实业公司发送抵销通知之时，不再计息，双方互负的债务在同等数额内消灭。在此基础上，才有进一步讨论主债务、利息等债务的抵销顺序问题。

针对第二点，《民法典合同编通则解释》第 56 条已经予以明确，按照清偿抵充的规则进行处理。之所以将抵销抵充参照适用清偿抵充的规则，根本原因在于，抵销与清偿都是债的消灭原因，且抵销通常被视为清偿的替代而受到同样对待。[①] 据此，当事人抵销时，（1）如果存在数笔债务，

---

① 张保华：《抵销溯及力质疑》，载《环球法律评论》2019 年第 2 期。

未明确抵销的是哪一项具体的债务，并不影响抵销的效力。当事人因抵销顺序发生争议，先按照当事人的约定来解决。问题在于，当事人之间未约定时，由哪一方享有指定权。无论是从比较法还是司法实践中，债务人的偿债自由不可剥夺。[①] 单从清偿角度来看，债务人是明确的。但是抵销不同，在抵销的情境下，双方当事人互负债务，都具有债务人的身份。对此，笔者认为，赋予主动债权的抵销相对人指定权更为妥当。试举一例说明：甲对乙享有一项金钱债权，乙对甲享有 A、B 两项债权。当甲主张以自己的债权进行抵销时，其是以债权人的身份主张抵销，与之相对应，负有债务的乙可以作为债务人来指定抵销哪一笔债务。当乙主张以自己的债权来抵销时，则由甲来指定抵销的是 A 或者 B 哪一笔债务。更进一步，如果债务人不指定抵充，则根据法定的抵充顺序来处理，即"优先履行已经到期的债务；数项债务均到期的，优先履行对债权人缺乏担保或者担保最少的债务；均无担保或者担保相等的，优先履行债务人负担较重的债务；负担相同的，按照债务到期的先后顺序履行；到期时间相同的，按照债务比例履行。"（2）如果只存在一笔债务，涉及主债务、利息、实现债权的有关费用，同样应先按照当事人的约定进行处理。如果未约定，按照先抵销费用、次抵销利息、最后抵销主债务的顺序来处理。[②] 本案实业公司与物流公司仅涉及同一笔债务，但是对于利息、本金的抵充顺序未达成合意。法院参照清偿抵充的规则，明确物流公司对实业公司享有的8296517.52元，先用于抵销其对实业公司负有的5000万元债务中的利息，然后再用于抵本金，符合抵销的法理，应予肯认。

第五十七条　侵权行为人不得主张抵销的情形

因侵害自然人人身权益，或者故意、重大过失侵害他人财

[①] 黄文煌：《清偿抵充探微——法释〔2009〕5 号第 20 条和第 21 条评析》，载《中外法学》2015 年第 4 期。

[②] ［德］迪特尔·梅迪库斯：《德国债法总论》，杜景林、卢谌译，法律出版社 2004 年版，第214 页。

产权益产生的损害赔偿债务，侵权人主张抵销的，人民法院不予支持。

【民法典条文】

第五百六十八条 当事人互负债务，该债务的标的物种类、品质相同的，任何一方可以将自己的债务与对方的到期债务抵销；但是，根据债务性质、按照当事人约定或者依照法律规定不得抵销的除外。

当事人主张抵销的，应当通知对方。通知自到达对方时生效。抵销不得附条件或者附期限。

第五百六十九条 当事人互负债务，标的物种类、品质不相同的，经协商一致，也可以抵销。

【条文要义】

本条是对侵权人不得主张侵权损害赔偿债务抵销的解释。

本条司法解释规定的这一规则，以往的司法解释没有作出过规定，本条是对侵权之债不得与其他债务包括合同之债抵销的新规则。

依照《民法典》的规定进行债务抵销，主要是指合同之债、无因管理之债和不当得利之债等。至于侵权行为之债，应当区别情况。

首先，侵权行为是对自然人人身权益造成损害发生的人身损害赔偿之债，由于是救济被侵权人人身损害，使其恢复健康的损害赔偿之债，或者是对造成死亡后果的损害赔偿，如果与对方当事人负有的合同之债、无因管理之债或者不当得利之债这些财产之债进行抵销，有可能损害被侵权人的生命权、健康权或者身体权，因此，侵权人是不能主张抵销的。

其次，在侵害财产权构成的财产损害赔偿之债，有的能够抵销，有的不能抵销，区分的标准，在于侵权行为人侵害他人财产权利造成损害时的过错轻重,据此确定是可以抵销还是不能抵销。

依照这样的原理,本条规定,因自然人人身权益产生的人身损害赔偿之债,不能与其他合同之债、无因管理之债、不当得利之债进行抵销;因故意、重大过失侵害对方财产权益,造成对方财产损失产生的财产损害赔偿债务,侵权人主张抵销的,法院不予支持,着重保护因侵权人故意或者重大过失侵害其财产权益造成损失的被侵权人。至于侵权人因一般过失侵害对方当事人的财产权益造成损害的,主张该损害赔偿之债与对方当事人负有的债务进行抵销,就不存在抵销的障碍,可以实行法定抵销。

之所以确定上述规则,是因为不可以抵销的人身损害赔偿之债或者财产损害赔偿之债,不能因为被侵权人对侵权人负有债务而必须接受抵销的后果,因而丧失人身损害赔偿请求权、财产损害赔偿请求权实现的机会。确定上述两种侵权行为的损害赔偿请求权不能适用法定抵销规则,即使自己不能清偿对侵权人负有的财产债务,也有权主张侵权人承担人身损害赔偿之债的清偿义务,也有权主张侵权人因故意或者重大过失侵害自己的财产权益造成损失的损害赔偿请求权,使自己的合法权益得到保障。

这里没有明确提到的是侵害人格权、身份权的精神损害赔偿之债是否可以抵销。笔者认为,侵害人格权、身份权应当承担的精神损害赔偿,也是侵害人身权益造成损害的赔偿之债,也不应当抵销。

此外,对于《民法典》第 1182 条规定的侵害人身权益造成财产损失的赔偿之债,尽管造成的是财产损失,但却是以人身权益为侵害客体,因而也不能与其他财产之债相抵销。

可以看到,本条规定侵权行为人不得主张抵销,基本上是按照《民法典》第 506 条规定的人身损害赔偿责任不得事先免责,故意或者重大过失造成的财产损害赔偿责任也不得事先免责的规则确定的。抵销与免责不同,但是在侵权行为人主张抵销的问题上,利益关系基本相同,因此作出这样的规定。

【案例评析】

晁乙、何某华等医疗损害责任纠纷案①

基本案情

患者晁甲出生于 1955 年 2 月 9 日，逝于 2022 年 3 月 23 日。2020 年 10 月 10 日其以主诉"右下腹可复性包块一个月"前往被告医院住院治疗，2020 年 10 月 12 日在被告处手术。术后，晁甲一直处于昏迷状态，并一直于 ICU 治疗，直至死亡。晁甲的妻子何某华、女儿晁乙向法院起诉，请求被告医院赔偿医疗费等费用。诉讼过程中，司法鉴定机构对被告的诊疗行为做出司法鉴定，最终鉴定意见为：医院在对被鉴定人晁甲的诊疗过程中存在医疗过错，与被鉴定人突发肺血栓栓塞症致缺血缺氧性脑病未能早期治疗结果之间存在一定因果关系；医院医疗过错与被鉴定人损害结果的因果关系原因力程度，从技术鉴定立场分析建议为次要原因程度范围。被告应对晁甲因本次医疗导致的人身损害承担赔偿责任。被告提出抗辩，主张患者还欠医院医药费等。

法院判决

法院经审理认为，患者在诊疗活动中受到损害，医疗机构及其医务人员有过错的，由医疗机构承担赔偿责任。根据鉴定意见，酌定被告的赔偿比例为 30%。关于原告主张的医疗费问题，经核实，本次治疗原告自行支付医药费共计 39000 元，被告应赔偿原告 11700 元。关于被告主张的欠费问题，因被告对原告所负债务为侵权之债，故依性质不适用债务抵销，但被告可就其主张的欠费问题另行诉讼主张权利。

---

① 案号：（2021）辽 0106 民初 2313 号。

法理解读

本案的争议焦点之一是，医疗侵权损害赔偿之债与医疗服务合同之债是否可以相互抵销。

一般认为，当事人互负债务，该债务的标的物种类、品质相同的，任何一方可以将自己的债务与对方的到期债务抵销；但是，依照法律规定不得抵销的除外。《民法典合同编通则解释》第57条规定的侵权之债不得抵销，就属于"根据债务性质不得抵销"的情形，旨在消除"没有制裁效力的私人复仇"的危险。① 不过，这一限制有两方面：一是主体资格的限制，即侵权人不得主张抵销。被侵权人是否可以主张抵销，该条规定未予以明确。二是侵权债务内容的限制，即人身损害与故意或者重大过失的财产损害不得抵销。

具体到本案，一方面，患者晁甲因医院的医务人员医疗过失受到损害，患者晁甲的亲属有权请求医疗机构承担医疗损害责任，赔偿损失；另一方面，患者晁甲在医院进行诊疗，与医院形成了医疗服务合同关系，现患者晁甲死亡，其近亲属应当向医院支付医疗费用。这两项债务的性质不同，一个是法定之债，一个是意定之债。根据《民法典合同编通则解释》第57条规定，该侵权损害赔偿之债是因侵害人身权益所形成，属于"根据债务性质不得抵销"的情形，此时医院主张抵销，无法得到法院的支持。不过，假设是患者晁甲的近亲属请求侵权损害赔偿之债与医疗费互相抵销，则法院可以支持。

第五十八条 已过诉讼时效债权的抵销

当事人互负债务，一方以其诉讼时效期间已经届满的债权通知对方主张抵销，对方提出诉讼时效抗辩的，人民法院对该抗辩应予支持。一方的债权诉讼时效期间已经届满，对方主张抵销的，人民法院应予支持。

---

① ［德］迪尔克·罗歇尔德斯：《德国债法总论》，沈小军、张金海译，中国人民大学出版社2014年版，第149页。

【民法典条文】

第一百八十八条 向人民法院请求保护民事权利的诉讼时效期间为三年。法律另有规定的，依照其规定。

诉讼时效期间自权利人知道或者应当知道权利受到损害以及义务人之日起计算。法律另有规定的，依照其规定。但是，自权利受到损害之日起超过二十年的，人民法院不予保护，有特殊情况的，人民法院可以根据权利人的申请决定延长。

【既往司法解释】

《最高人民法院关于适用〈中华人民共和国合同法〉若干问题的解释（二）》（2009）

第二十三条 对于依照合同法第九十九条的规定可以抵销的到期债权，当事人约定不得抵销的，人民法院可以认定该约定有效。

第二十四条 当事人对合同法第九十六条、第九十九条规定的合同解除或者债务抵销虽有异议，但在约定的异议期限届满后才提出异议并向人民法院起诉的，人民法院不予支持；当事人没有约定异议期间，在解除合同或者债务抵销通知到达之日起三个月以后才向人民法院起诉的，人民法院不予支持。

【条文要义】

本条是对已过诉讼时效的债权可否抵销的解释。

以往的司法解释没有对超过诉讼时效的债权可否抵销作出规定。《最高人民法院关于适用〈中华人民共和国合同法〉若干问题的解释（二）》第24条只是对在异议期限届满后，对行使抵销权提出异议的法院不予支持的作出了规定。

《民法典》第 568 条和第 569 条规定的两种抵销，都是针对在诉讼时效期间之内的债权，无论是法定抵销还是约定抵销，都是在诉讼时效期间届满之前的债权债务关系，将自己的债务与对方的到期债务相抵销。对已经超过诉讼时效期间的债权债务关系是否可以适用抵销，没有明确规定。

尽管在理论上对这个问题可以有明确的解释，但是在实务上究竟应当怎样处理，应当有统一的规则。本条分成两部分，对这一问题作出了解释。

1. 对主张以诉讼时效期间届满的债权主张抵销的抗辩

在债务履行过程中，有可能出现双方当事人互负债务，一方的债权债务已经诉讼时效期间届满，另一方的债权债务尚在诉讼时效的期间之内的状况。已届诉讼时效期间完成的债务已经成为自然债务，没有强制执行的效力。另一方诉讼时效期间尚未完成的债务，是合法有效的债务，受到法律的强制保护。

由于双方当事人互负的债务在性质上存在上述不同，一方是自然债务，另一方是合法债务。如果负有自然债务的一方，主张以自己的自然债务作为主动债务抵销对方被动债务的合法债务，是否发生抵销的后果，关键要看合法债务一方的意愿。合法债务的一方如果认可这种抵销，当然没有问题；如果合法债务一方不认可这种抵销，则不发生法定抵销的后果。

因此，本条规定的规则是，一方以其诉讼时效期间已经届满的债权通知对方主张抵销，是否能够发生抵销的后果，取决于对方当事人的态度。对方当事人如果对抵销的请求提出诉讼时效完成的抗辩的，完全符合法律规定，法院对该抗辩应当予以支持。这就是主动债权罹于时效不得主张抵销的规则。

这里包含的另一个意思是，如果对方当事人认可已经超过诉讼时效期间的债权予以抵销，当然可以抵销，发生抵销的法律后果，相互消灭对应的债权债务关系。

2. 主张对对方诉讼时效届满的债权的抵销

与上述情况相反，在互负债务的双方当事人之间，一方当事人的债权已经超过诉讼时效，另一方当事人的债权没有超过诉讼时效。这时，一方当事人以自己的诉讼时效期间已经届满的债权作为主动债权，主张对享有没有超过诉讼时效期间的被动债权的对方当事人主张抵销的，等于是认可对方已经超过诉讼时效，不主张行使诉讼时效期间届满的抗辩权相对抗。对此，应当完全尊重当事人的自我决定，而且是诚信的表现，应当依法鼓励，法院应当予以支持。

还有一种情形，本条没有作出规定，这就是双方当事人互负的债务都已经超过诉讼时效期间，双方都已经产生了对对方履行债务的抗辩权，都能够以该抗辩权对抗对方履行债务的请求。如果一方主张对已经超过诉讼时效期间互负的两个债务予以抵销，对方也同意的，当然没有问题，应当在相互之间对应的债务进行抵销，消灭债权债务关系。一方同意另一方不同意抵销的，不能抵销，即使诉讼到法院，法院也不应当支持。因为主动债权和被动债权都已过诉讼时效期间，都是自然债权，可以主张抵销，也可以行使抗辩权予以对抗。

【案例评析】

钟某元诉某银行合作支行储蓄存款合同纠纷案①

基本案情

1997年11月18日，原告钟某元与被告某银行合作支行（原某农村信用社合作分社）签订了一份抵押借款合同，主要约定：原告向合作信用社贷款5万元，还款期限为1998年6月30日；若原告到期不能偿还贷款本息，从逾期之日起，合作信用社按规定加收利息并有权从原告账户直接扣收贷款本息等。同日，合作信用社向原告发放了该5万元贷款。

2010年，原告所在的合作街道在分配集体资金时，向原告分配了土地

---

① 案号：（2011）高新民初字第128号。

补偿费及安置补助费共计 51438.05 元，并以某银行（整存整取）储蓄存单的形式向原告发放。原告领取存单后要求被告提前兑付存款，被告以原告未归还贷款为由拒绝兑付，并向原告主张将该款用以抵销其所欠贷款，原告对此不予认可，故起诉至法院。

法院判决

法院经审理认为，本案的争议焦点在于，被告是否有权将其在本案中主张的原告对其负有的债务用以抵销其依据存单对原告负有的债务。

被告在本案中主张用于抵销的债务系原告在 1997 年 11 月 18 日向其前身合作信用社申请的 5 万元贷款，该贷款的最后还款期为 1998 年 6 月 30 日。根据《民法通则》第 135 条、第 137 条、第 138 条、第 140 条的规定，向人民法院请求保护民事权利的诉讼时效期间为二年，从知道或者应当知道权利被侵害时起计算；超过诉讼时效期间，当事人自愿履行的，不受诉讼时效限制；诉讼时效因提起诉讼，当事人一方提出要求或者同意履行义务而中断，从中断时起，诉讼时效期间重新计算。原告在 1998 年 6 月 30 日未向被告归还上述贷款，被告应当知道其权利受到了侵害，该债权的诉讼时效期间从此起算，至 2000 年 6 月 29 日届满，被告并无证据证明其间有造成诉讼时效中断的事由发生，也无证据证明原告在诉讼时效期间届满后同意履行该债务。而由于原告所持存单上的款项并非其自愿存入被告处，故该事实不能视为原告具有自愿履行债务的意思表示；由于该债务发生于 2010 年 7 月 31 日，此时被告对原告享有的上述债权已经超过了诉讼时效期间，而原告也不同意抵销并提出了诉讼时效抗辩，故根据《合同法》第 99 条第 1 款"当事人互负到期债务，该债务的标的物种类、品质相同的，任何一方可以将自己的债务与对方的债务抵销，但依照法律规定或者按照合同性质不得抵销的除外"之规定，被告在未经原告许可的情况下，无权将原告对其负有的案涉债务用以抵销其依据存单对原告所负的债务。

至于原告、被告在贷款合同中关于被告在原告不能按期还款时有权从原告账户直接扣收贷款本息的约定，乃是对还款方式的一种约定，并不意味着被告可通过自行抵销的方式行使超过诉讼时效期间的债权。

综上，根据《商业银行法》第 29 条第 1 款、第 33 条之规定，被告应在原告持单要求兑付时按照银行相关规定向其偿本付息。据此，依照《民事诉讼法》第 64 条第 1 款，《最高人民法院关于民事诉讼证据的若干规定》第 2 条，《民法通则》第 135 条、第 137 条，《商业银行法》第 29 条第 1 款、第 33 条之规定，判决：被告某银行合作支行应于本判决生效后、在原告钟某元要求其兑付储蓄存单时，立即向原告钟某元支付存款本金 51438.05 元及该款从 2010 年 7 月 31 日起至实际兑付之日止的银行存款利息。

法理解读

本案的核心问题在于，被告某银行合作支行享有的主动债权诉讼时效届满，是否可以主张抵销。

一种观点认为，抵销权系形成权，只要符合法律规定的条件，任何一方都可以将自己的债务与对方的债务抵销，包括诉讼时效已经届满的债权。[1] 此种观点与 2019 年《全国法院民商事审判工作会议纪要》第 43 条关于"抵销一经生效，其效力溯及自抵销条件成就之时"的规定相对应，引起了强烈的质疑。[2] 另一种观点则认为，对于抗辩权的债权，不得将之作为主动债权用于抵销，否则剥夺相对人的抗辩权。[3] 具体到罹于时效的债权，另一方当事人享有抗辩权，如果承认罹于时效的债权可以作为主动债权抵销，则剥夺了对方当事人的抗辩权。但是，对方当事人主张抵销，属于放弃抗辩权的行为，应尊重其意思表示。是故，罹于时效的主动债权不得抵销，被动债权则可以抵销。事实上，之所以会作如上的定论，还有一个关键原因是民法典体系化的影响。一方面，如若允许时效届满的债权

---

[1] 参见最高人民法院（2018）最高法民再 51 号民事判决书。
[2] 张保华：《抵销溯及力质疑》，载《环球法律评论》2019 年第 2 期。
[3] 黄薇主编：《中华人民共和国民法典合同编解读（上册）》，中国法制出版社 2020 年版，第 340 页。

作为主动债权抵销不符合诉讼时效的规则，违背诉讼时效的目的，也不符合自然之债的性质。[①] 另一方面，允许时效届满的债权作为主动债权抵销与"抵销无溯及力"规则相悖。《民法典合同编通则解释》第55条确定抵销无溯及力的规则，第58条规定也随即选择了罹于时效的债权不得作为主动债权进行抵销的方案。

具体到本案，被告对原告享有的债权已经超过诉讼时效，不得作为主动债权请求抵销。因而，被告仍然应当向原告支付存款及利息。不过，如果诉讼过程中，原告同意抵销，则视为原告放弃诉讼时效利益的抗辩，属于对自身权利的处分，应当予以尊重。

---

① 王利明：《罹于时效的主动债权可否抵销》，载《现代法学》2023年第1期。

第八章 违约责任

第五十九条 合同终止的时间

当事人一方依据民法典第五百八十条第二款的规定请求终止合同权利义务关系的，人民法院一般应当以起诉状副本送达对方的时间作为合同权利义务关系终止的时间。根据案件的具体情况，以其他时间作为合同权利义务关系终止的时间更加符合公平原则和诚信原则的，人民法院可以以该时间作为合同权利义务关系终止的时间，但是应当在裁判文书中充分说明理由。

【民法典条文】

第五百六十五条 当事人一方依法主张解除合同的，应当通知对方。合同自通知到达对方时解除；通知载明债务人在一定期限内不履行债务则合同自动解除，债务人在该期限内未履行债务的，合同自通知载明的期限届满时解除。对方对解除合同有异议的，任何一方当事人均可以请求人民法院或者仲裁机构确认解除行为的效力。

当事人一方未通知对方，直接以提起诉讼或者申请仲裁的方式依法主张解除合同，人民法院或者仲裁机构确认该主张的，合同自起诉状副本或者仲裁申请书副本送达对方时解除。

第五百八十条 当事人一方不履行非金钱债务或者履行非金钱债务不符合约定的，对方可以请求履行，但是有下列情形之一的除外：

（一）法律上或者事实上不能履行；

（二）债务的标的不适于强制履行或者履行费用过高；

（三）债权人在合理期限内未请求履行。

有前款规定的除外情形之一，致使不能实现合同目的的，人民法院或者仲裁机构可以根据当事人的请求终止合同权利义务关系，但是不影响违约责任的承担。

【相关司法解释】

《最高人民法院关于适用〈中华人民共和国民法典〉时间效力的若干规定》（2020）

第十一条 民法典施行前成立的合同，当事人一方不履行非金钱债务或者履行非金钱债务不符合约定，对方可以请求履行，但是有民法典第五百八十条第一款第一项、第二项、第三项除外情形之一，致使不能实现合同目的，当事人请求终止合同权利义务关系的，适用民法典第五百八十条第二款的规定。

《全国法院民商事审判工作会议纪要》（2019）

48.【违约方起诉解除】违约方不享有单方解除合同的权利。但是，在一些长期性合同如房屋租赁合同履行过程中，双方形成合同僵局，一概不允许违约方通过起诉的方式解除合同，有时对双方都不利。在此前提下，符合下列条件，违约方起诉请求解除合同的，人民法院依法予以支持：

（1）违约方不存在恶意违约的情形；

（2）违约方继续履行合同，对其显失公平；

（3）守约方拒绝解除合同，违反诚实信用原则。

人民法院判决解除合同的，违约方本应当承担的违约责任不能因解除合同而减少或者免除。

【条文要义】

本条是对认定非金钱债务一方当事人请求终止合同权利义务关系时间的解释。

非违约方起诉请求解除合同，《合同法》没有规定，对《合同法》的有关司法解释也没有作过规定。提出这个规则的是《全国法院民商事审判工作会议纪要》第 48 条。《民法典》第 580 条第 2 款对此作出规定以后，本条司法解释对非违约方请求终止合同权利义务关系的时间，作出了具体规定。这一规定不仅在理论上有争议，在实务操作上也有需要解决的问题。其中最重要的是，这个权利的性质是请求权而不是形成权，且规定请求权主体是"当事人"而没有规定是哪一方当事人。

《民法典》第 580 条是对非金钱债务违约的继续履行及除外条款，以及不能继续履行致使合同目的不能实现时，当事人请求终止合同的规定。与原《合同法》第 110 条规定相比，这一条文增加了不能继续履行致使合同目的不能实现的，当事人有权请求终止合同权利义务关系的新规则。本条是对新增加的第 2 款规定的关于终止合同权利义务关系的时间点的解释。

除金钱债务外的其他合同债务，都是非金钱债务。债务人对非金钱债务不履行或者履行债务不符合约定，构成违约行为，应当承担继续履行的责任。例外情形：一是法律上或者事实上不能履行，即履行不能；二是债务的标的不适于强制履行或者履行费用过高；三是债权人在合理期限内未请求履行，继续履行成为不必要。在继续履行中出现上述三种情形的，债权人不能再请求继续履行，但是并不妨碍债权人请求债务人承担其他违约责任。这是《合同法》原来的规定，《民法典》继续作出了规定。

《民法典》第 580 条增加的新规则是：有前款规定的除外情形之一，致使不能实现合同目的的，人民法院或者仲裁机构可以根据当事人的请求终止合同权利义务关系，但是不影响违约责任的承担。

按照这一规定，在非金钱债务合同中，违约方存在本条第 1 款规定的三种情形之一，无法继续履行债务，致使合同目的无法实现的，当事人可以请求人民法院或者仲裁机构裁决终止合同权利义务关系。具体的内容包括：

第一，出现上述情形，当事人可以行使终止合同的请求权，将不能继续履行的非金钱债务合同予以消灭，不能让该合同永远陷入僵局。

第二，享有请求权的不仅是守约方，也包括违约方，通常应当是守约方提出终止合同的请求；但是，如果守约方拒不请求终止合同，违约方也可以行使终止合同的请求权，请求终止合同。

第三，无论是守约方行使终止合同解除权，还是违约方行使终止合同请求权，合同终止的，都不影响违约责任的承担，违约方该承担的违约责任必须承担。

第四，这种终止合同的请求权，不是形成权，不能一经请求权人行使即发生形成权的后果，须向人民法院或者仲裁机构提出诉讼或者请求，由人民法院或者仲裁机构裁决是否应当终止合同。

1. 确认合同权利义务关系终止的一般方法

本条司法解释规定确认当事人一方依据《民法典》第 580 条第 2 款的规定，请求终止合同权利义务关系时间的一般方法，是以起诉状副本送达对方的时间作为合同权利义务关系终止的时间。

由于《民法典》第 580 条第 2 款规定的请求中止合同权利义务关系的当事人，并非指违约一方或者非违约一方，因而确定当事人请求中止合同权利义务关系，就依据这一方当事人究竟是享有解除权还是不享有解除权作为区分标准，作出以下两种不同的规定，确定解除合同的时间。

（1）享有解除权的非金钱债务合同非违约方请求终止权利义务关系

非金钱债务合同的一方当事人违约，违约方存在法律规定的继续履行不能情形的，非违约方享有法定解除权。如果非违约方行使解除权，就可以解除合同，没有必要适用《民法典》第 580 条第 2 款关于请求中止合同权利义务关系的请求权。正因为如此，本条规定，享有解除权的非违约方如果依据《民法典》第 580 条第 2 款规定请求终止合同权利义务关系的，法院可以直接依据《民法典》第 565 条关于法定解除权的规定，确定合同权利义务关系终止的时间。这就是非违约方享有解除权，当他行使解除权，将行使解除权的通知送达对方当事人时，合同就已经解除。所以，非违约方行使解除权的通知到达对方当事人的时间，就是合同解除的时间。

不过，本条规定的主体还是"当事人"，其中包括违约方和非违约方。如果非违约方不行使自己已经享有的解除权，非得要行使终止权利义务关系的请求权，法院就可以依照《民法典》第 580 条第 2 款规定，支持其行使终止权利义务关系请求权，判决解除合同。

（2）不享有解除权的非金钱债务合同当事人请求终止合同权利义务关系

相反，如果请求中止合同权利义务关系的当事人不享有法定解除权，而是违约方，或者是不享有、已丧失解除权的非违约方，他们在非金钱债务不履行或者履行非金钱债务不符合约定，又存在继续履行不能的三种情形之一，享有解除权的一方当事人拒不行使解除权，因而依据《民法典》第 580 条第 2 款规定请求终止合同权利义务关系的，才是《民法典》第 580 条第 2 款规定的本来含义。对此，法院一般应当以起诉状副送达对方的时间作为合同权利义务终止的时间。这是因为，《民法典》第 580 条第 2 款规定的终止合同权利义务关系的权利不是形成权，而是请求权，因而不是以解除权人向法院起诉的时间作为合同解除的时间，而是将起诉状副本送达对方当事人的时间，作为确认终止合同权利义务关系的时间。

应当看到，《民法典》第 580 条第 2 款规定的当事人，确实存在双方当事人，但是双方当事人的权利基础确实不同的，非违约方享有解除权，违约方享有的只是请求权，二者的权利并不相同。除非享有解除权的非违约方不行使解除权，而是行使《民法典》第 580 条第 2 款规定的终止合同权利义务关系的请求权的，可以依据本条司法解释规定的一般方法确认合同终止的时间，否则应当按照非违约方行使解除权处理更为妥当。

2. 以公平原则和诚信原则确定合同权利义务关系终止的时间

除了以起诉状副本送达对方的时间作为合同权利义务关系终止的时间

以外，如果根据案件的具体情况，确定合同权利义务关系终止的时间还可以适用合同权利义务关系终止的时间更加符合公平原则和诚信原则的标准来确定，法院也可以用该时间作为合同权利义务关系终止的时间。例如，违约方督促非违约方行使解除权解除合同，非违约方拒不行使解除权解除合同的，可以确定非违约方不行使解除权具有恶意，以该时间作为合同权利义务关系终止的时间，就属于合同权利义务关系终止的时间更加符合公平原则和诚信原则的要求，就可以用这个时间确定为合同权利义务关系终止的时间。

应当特别注意的是，适用公平原则和诚信原则确定合同权利义务关系终止的时间，弹性比较大，属于自由裁量的范畴，适用中应当特别谨慎。

【案例评析】

某旅游公司诉某村民委员会等合同纠纷案①

基 本 案 情

2019年2月26日，某村民委员会、某经济合作社、某旅游公司就某村域范围内旅游资源开发建设签订经营协议，经营面积595.88公顷，经营范围内有河沟、山谷、民宅等旅游资源，经营期限50年。某旅游公司交纳合作费用300万元。2018年年中，某区水务局开始进行城市蓝线规划工作，至2019年年底形成正式稿，将涉案经营范围内河沟两侧划定为城市蓝线。2019年11月左右，某旅游公司得知河沟两侧被划定为城市蓝线，于2020年5月11日通知要求解除相关协议，后某旅游公司撤场。某区水务局提供的城市蓝线图显示，城市蓝线沿着河沟两侧划定，大部分村民旧宅在城市蓝线范围外。某区水务局陈述，城市蓝线是根据标准不同以及河道防洪等级不同划定的，开发建设必须保证不影响防洪，如果影响，需要

---

① 北京法院参阅案例第70号。

对河道进行治理，治理验收合格后则能正常开发建设。庭审中，某旅游公司未提交证据证明其对经营范围内区域进行旅游开发时，曾按照政策要求报请相关审批手续，也未提交证据证明因城市蓝线的划定相关政府部门向其出具禁止开展任何活动的通知。

法院判决

法院经审理认为，本案中城市蓝线的划定不属于情势变更。城市蓝线划定不属于无法预见的重大变化，不会导致一方当事人无法履约。经营协议确定的绝大部分经营区域并不在城市蓝线范围内，对于在城市蓝线范围内的经营区域，某旅游公司亦可在履行相应行政审批手续、符合政策文件具体要求的情况下继续进行开发活动，城市蓝线政策不必然导致其履约困难。某村民委员会、某经济合作社并不存在违约行为，某旅游公司明确表示不再对经营范围进行民宿及旅游资源开发，属于违约一方，不享有合同的法定解除权。本案中，某旅游公司已撤场，且明确表示不再对经营范围进行民宿及旅游资源开发，要求解除或终止合同，而某村民委员会不同意解除或终止合同，要求某旅游公司继续履行合同。双方签订的经营协议系具有合作性质的长期性合同，某旅游公司是否对民宿及旅游资源进行开发建设，必将影响某村民委员会的后期收益，某旅游公司的开发建设既属权利，也系义务，该不履行属"不履行非金钱债务"情形，且该债务不适合强制履行。同时，长期性合作合同须以双方自愿且相互信赖为前提，在涉案经营协议已丧失继续履行的现实可行性情形下，如不允许双方权利义务终止，既不利于充分发挥土地等资源的价值，又不利于双方利益的平衡保护。因此，涉案经营协议履行已陷入僵局，故对于当事人依据《民法典》第580条规定请求终止合同权利义务关系的主张，人民法院予以支持。法院于2021年8月26日作出民事判决书，判决某旅游公司与某村民委员会、某经济合作社签订的《北京某村旧址改造及旅游经营协议》权利义务于本判决生效之日终止，与某村民委员会、某经济合作社、北京某镇政府、某股份公司签订的《北京某村旧址改造及旅游经营协议补充协议书》《北京某村旧址改造及旅游经营协议补充协议二》权利义务于本判决生效之日终止。

法理解读

本案争议焦点是合同终止时间的认定。

依当事人行使解除方式的不同，合同解除可以分为"通知解除"和"司法解除"。就认定合同终止日而言，"通知解除"中以诉讼或仲裁方式行使解除权的（《民法典》第 565 条第 2 款），应按照当事人主张确认合同解除的起诉状副本或仲裁申请书副本送达对方之日为合同解除之日，学术界和实务界对此并无争议；而对于"司法解除"（《民法典》第 580 条第 2 款），合同终止时间如何认定在司法实践中尚未形成一致意见。值得注意的是，在司法解除中，主张合同解除的违约方行使的并非合同解除权（一般形成权），而是合同解除请求权（形成诉权），不能一经请求权人行使即发生形成权的后果，须向人民法院或者仲裁机构提出诉讼或者请求，由人民法院或者仲裁机构裁决是否应当终止合同。

确定合同终止的时间，应当以请求终止合同权利义务关系的当事人究竟是享有解除权还是不享有解除权作为区分标准。这是因为享有法定解除权的守约方请求终止合同权利义务关系的，法院可直接依据《民法典》第 565 条关于法定解除权的规定，确定合同权利义务关系终止的时间为通知送达对方之日。相反，若不享有法定解除权的当事人请求终止合同权利义务关系，因为此时终止合同权利义务关系的权利为请求权而非形成权，故当事人行使该请求权，应当经过法院的判决确认，只有法院在判决中确认请求终止合同权利义务关系的时间，才是合同终止的时间。《民法典合同编通则解释》第 59 条规定，当事人一方依据民法典第 580 条第 2 款的规定请求终止合同权利义务关系的，人民法院一般应当以起诉状副本送达对方的时间作为合同权利义务关系终止的时间。根据案件的具体情况，以其他时间作为合同权利义务关系终止的时间更加符合公平原则和诚信原则的，人民法院可以以该时间作为合同权利义务关系终止的时间，但是应当在裁判文书中充分说明理由。

本案中，某旅游公司的撤场行为构成违约，且明确表示不再对经营范围进行民宿及旅游资源开发，要求解除或终止合同，属于所谓的"违约方解除权"的问题。从根本上说，某旅游公司作为违约方并不享有解除权，但是合同已经陷入僵局，应当将不能继续履行的非金钱债务合同予以消灭。某旅游公司向法院请求解除合同，法院仍然应当判决解除合同，但只有法院在判决中确认请求终止合同权利义务关系的时间，才是合同终止的时间。因此，法院考虑到涉案合同不适于强制履行，综合考虑某旅游公司撤场时间、双方协商情况以及合同权利义务关系终止给对方造成的损失等因素，认定涉案合同在作出判决之日解除，符合法律规定。

第六十条　可得利益损失的计算

人民法院依据民法典第五百八十四条的规定确定合同履行后可以获得的利益时，可以在扣除非违约方为订立、履行合同支出的费用等合理成本后，按照非违约方能够获得的生产利润、经营利润或者转售利润等计算。

非违约方依法行使合同解除权并实施了替代交易，主张按照替代交易价格与合同价格的差额确定合同履行后可以获得的利益的，人民法院依法予以支持；替代交易价格明显偏离替代交易发生时当地的市场价格，违约方主张按照市场价格与合同价格的差额确定合同履行后可以获得的利益的，人民法院应予支持。

非违约方依法行使合同解除权但是未实施替代交易，主张按照违约行为发生后合理期间内合同履行地的市场价格与合同价格的差额确定合同履行后可以获得的利益的，人民法院应予支持。

【民法典条文】

第五百八十三条　当事人一方不履行合同义务或者履行合同义务不符合约定的，在履行义务或者采取补救措施后，对方还有其他损失的，应当赔偿损失。

第五百八十四条　当事人一方不履行合同义务或者履行合同义务不符合约定，造成对方损失的，损失赔偿额应当相当于因违约所造成的损失，包括合同履行后可以获得的利益；但是，不得超过违约一方订立合同时预见到或者应当预见到的因违约可能造成的损失。

【相关司法解释】

《全国法院贯彻实施民法典工作会议纪要》（2021）

11. 民法典第五百八十五条第二款规定的损失范围应当按照民法典第五百八十四条规定确定，包括合同履行后可以获得的利益，但不得超过违约一方订立合同时预见到或者应当预见到的因违约可能造成的损失。

当事人请求人民法院增加违约金的，增加后的违约金数额以不超过民法典第五百八十四条规定的损失为限。增加违约金以后，当事人又请求对方赔偿损失的，人民法院不予支持。

当事人请求人民法院减少违约金的，人民法院应当以民法典第五百八十四条规定的损失为基础，兼顾合同的履行情况、当事人的过错程度等综合因素，根据公平原则和诚信原则予以衡量，并作出裁判。约定的违约金超过根据民法典第五百八十四条规定确定的损失的百分之三十的，一般可以认定为民法典第五百八十五条第二款规定的"过分高于造成的损失"。当事人主张约定的违约金过高请求予以适当减少的，应当承担举证责任；相对人主张违约金约定合理的，也应提供相应的证据。

《最高人民法院关于审理买卖合同纠纷案件适用法律问题的解释》（2020）

第二十二条　买卖合同当事人一方违约造成对方损失，对方主张赔偿可得利益损失的，人民法院在确定违约责任范围时，应当根据当事人的主张，依据民法典第五百八十四条、第五百九十一条、第五百九十二条、本解释第二十三条等规定进行认定。

第二十三条　买卖合同当事人一方因对方违约而获有利益，违约方主张从损失赔偿额中扣除该部分利益的，人民法院应予支持。

【既往司法解释】

《最高人民法院关于审理买卖合同纠纷案件适用法律问题的解释》（2012）

第二十九条　买卖合同当事人一方违约造成对方损失，对方主张赔偿可得利益损失的，人民法院应当根据当事人的主张，依据合同法第一百一十三条、第一百一十九条、本解释第三十条、第三十一条等规定进行认定。

第三十条　买卖合同当事人一方违约造成对方损失，对方对损失的发生也有过错，违约方主张扣减相应的损失赔偿额的，人民法院应予支持。

第三十一条　买卖合同当事人一方因对方违约而获有利益，违约方主张从损失赔偿额中扣除该部分利益的，人民法院应予支持。

【条文要义】

本条是对认定违约行为造成可得利益损失的计算方法的解释。

对于违约行为造成可得利益损失和其他损失的计算规则，2012年《最高人民法院关于审理买卖合同纠纷案件适用法律问题的解释》第29条至第31条，对买卖合同的可得利益损失计算作过规定。2020年《最高人民法院关于审理买卖合同纠纷案件适用法律问题的解释》修订后，第 22 条和第 23 条也对此作了规定。《民法典》颁布后，《全国法院贯彻实施民法典工作会议纪要》第 11 条对认定违约行为造成可得利益损失和其他损失的计算规则作了具体规定。在此基础上，本条对此作出具体、明确的规定。

《民法典》第 584 条规定，合同的违约一方应当承担违约损害赔偿责任，具体的损失赔偿数额应当如何认定，最主要的方法是损失赔偿数额相当于因违约造成的损失，这个损失就是合同履行后可以获得的利益，称为"可得利益损失赔偿规则"。同时，又确定可得利益损失的赔偿不得超过违约一方订立合同时预见或者应当预见的因违约可能造成的损失的规则，称为"预期利益损失赔偿规则"。

对违约损害赔偿责任怎样计算可得利益损失，即可得利益损失赔偿规则应当怎样适用，本条司法解释作了具体规定。

1. 成本扣减：确定可得利益损失的一般规则

可得利益损失，是指合同的当事人一方未全面履行合同等违约行为，导致守约方丧失的财产利益，即在合同履行前并不为当事人所拥有的，而为当事人所期望在合同全面履行后可以实现和取得的财产利益。在通常情况下，只要构成违约行为，就可能导致对方可得利益的损失。

在司法实务中，具体认定合同违约行为造成的可得利益损失，并不是这样简单，需要按照确定的标准计算。本条第 1 款规定，确定可得利益损失的一般方法是，法院依据《民法典》第 584 条的规定确定合同履行后可以获得的利益时，可以在扣除非违约方为订立、履行合同支出的费用等合理成本后，按照非违约方能够获得的生产利润、经营利润或者转售利润等计算。其计算公式是：

合同债权实现时能获得的利益数额－非违约方订立、履行合同支付的合理成本＝非违约方能够获得的利益＝可得利益损失数额。

按照这一计算公式，一般就可以计算出可得利益损失数额，也就是违约损害赔偿责任的赔偿数额。

2. 替代交易：实现减损规则

计算可得利益损失赔偿，实行《民法典》第591条规定的减损规则。非违约方在依法行使合同解除权时，向违约方请求损害赔偿，而损害赔偿的计算就必然受到减损规则的限制，受害方必须采取合理的行为以减少损失，安排替代交易以减轻损失。在损害赔偿法中，替代交易是一种有效的计算期望赔偿的方法，已经得到国内立法及国际条约或示范法文本的支持。替代交易相对于传统的期望赔偿或实际履行，有独特的理论优势和操作性便利，如接近合同履行后的地位、增加确定性、阻止或最小化间接损失的社会成本、有效分配市场风险等。

我国《民法典》第584条尽管没有规定适用替代交易规则，但是在实践中已经是比较常用的违约损害赔偿的计算方法。

替代交易与《民法典》第581条规定的替代履行不同。替代履行是用另一种履行方法替代原来约定的履行债务的方法。而替代交易是在定期合同中，违约方提前终止合同，在合同剩余的期间内，债权人遵守减损规则，寻找新当事人，为减少替代原合同当事人不履行债务期间造成的损失而形成的新交易关系。

替代交易的构成，体现为实体要素和程序要素。实体要素的合理性最重要，在实践中有必要将替代交易分为搜寻和实际选择两个阶段，而且替代交易无须经由法院或非诉讼程序。替代交易是一种任意性救济方式，只适用于不履行的情况，同时在其适用上不限于商事交易和货物交易等。

替代交易的前提是减损规则。当债权人无法请求对方继续履行，只能向违约方请求损害赔偿，而损害赔偿的计算就要受到减损规则的限制。根据减损规则，受害方应当实施合理行为以减少损失。据此，债权人应当及时解除合同，并安排替代交易以减轻损失。例如，如果出卖人未交付标的物，买受人必须付出合理的努力，在市场上迅速寻找替代的出卖人，仅可以就替代购买与原始购买的价差损失请求损害赔偿。相反，买受人如未受领标的物并拒绝支付价款，出卖人必须在市场上寻求替代买受人，从而仅可以就替代出卖与原始出卖的价差损失请求损害赔偿。

减损规则会直接影响损害赔偿抽象计算的时点。基于减损规则，通常以受害方最早可以减损，即实施替代交易或采取补救措施之时，作为计算标准。受害方不得什么都不做，而在起诉时企图请求赔偿更大范围的损失。当债务人违约时，债权人即应依照减损规则实施替代交易。因此，损害赔偿原则上以违约那一天作为损害赔偿计算的时点，但是应当扣除未进行替代交易期间的损失。

在合同履行中，非违约方依法行使合同解除权并实施了替代交易，主张按照替代交易价格与合同价格的差额确定合同履行后可以获得的利益的，是符合法律要求的合理请求，法院应当予以支持。

替代交易价格明显偏离替代交易发生时当地的市场价格，违约方主张按照市场价格与合同价格的差额确定合同履行后可以获得的利益的，法院也应当依法予以支持。例外的情形是，非违约方如果能够证明不进行替代交易将导致损失扩大的，则违约方即使有证据证明替代交易价格明显偏离替代交易发生时当地的市场价格，主张按照市场价格与合同价格的差额确定合同履行后可以获得利益损失的请求，法院不予支持。

3. 未实施替代交易的按照市场价格确定可得利益损失

在合同履行中，一方当事人违约，非违约方依法行使合同解除权解除合同，但是未实施替代交易，直接主张按照违约行为发生后的合理期间内，合同履行地的市场价格与合同价格的差额，作为确定合同履行后可以获得的利益的基准，确定赔偿可得利益损失数额的，法院依法予以支持。这是因为，一方当事人违约后，非违约方没有实施替代交易，而是直接主张按照合同履行地的市场价格与合同价格的差额来确定可得利益损失的数额，符合计算可得利益损失数额的法律要求，因此也是合情合理的，符合法律规定。

应当说明的是，在确定违约损害赔偿责任中，除应当赔偿非违约方的可得利益损失外，对违约行为造成非违约方的其他财产利益损失，在违约损害赔偿责任的范围之内，也应当由违约方一并承担损害赔偿责任。

最典型的可得利益损失之外的其他损失，是固有利益损失。合同当事人的违约行为不仅造成了合同的预期利益损失，而且造成了非违约方的人身损害和合同履行利益以外的其他财产损害，这些都是预期利益以外的其他财产利益损失。

这是从合同保护目的的角度认识可预见性规则，会产生损害赔偿内在体系的统一效应，为统一损害赔偿体系的构建奠定基础。

违约方因违约行为造成非违约方的固有利益损失，在违约责任中构成加害给付责任。例如，债务人履行债务所交付的标的物存在瑕疵或者缺陷，造成债权人履行利益之外的人身或者财产损害的，债务人应当向债权人承担预期利益以外的赔偿责任。这种损害赔偿责任的确定，不受预期利益损害赔偿原则的限制。如果违约方的违约行为造成非违约方的固有利益损失，构成加害给付，还应当适用《民法典》第186条规定的违约责任与侵权责任竞合规则，也就是因当事人的一方违约行为，损害对方人身权益、财产权益的，受损害方有权选择请求其承担违约责任或者侵权责任。这个选择权为非违约一方享有，对其提出的请求，法院应当予以支持。

4. 理解本条规定的逻辑基础

本条司法解释的逻辑思路是：违约损失赔偿责任包括赔偿可得利益损失。赔偿可得利益损失应当适用可预见性规则界定违约可得利益损失的范围。计算违约的可得利益损失，应当适用本条规定的成本扣减规则；同时适用《民法典》第591条规定的减损规则，非违约方应当采取适当措施防止损失的扩大。非违约方履行减损义务，在行使合同解除权时应当遵守替代交易规则，实施替代交易行为，替代交易价格与合同价格之间的差额就是可得利益损失；非违约方未实施替代交易的，可以主张适用市场价格规则计算可得利益损失；对上述两种方式计算出的可得利益损失，非违约方有权主张违约方予以赔偿。

【案例评析】

甲公司诉乙公司买卖合同纠纷案①

基本案情

2020 年 3 月至 4 月，甲公司与乙公司先后签订了两份无粉乙烯手套买卖合同，用于医疗防疫，单价分别为 15.6 美元/箱、18.6 美元/箱。在合同约定的履行期内，乙公司未向甲公司交付货物。2020 年 7 月，乙公司向甲公司以单价 26.4 美元/箱交付了部分货物，甲公司对该次交货的数量、价格没有异议。后因上述两份买卖合同的履行问题，甲公司诉至法院，请求乙公司按照两份买卖合同约定价格交付剩余货物。乙公司辩称，因存在情势变更事由，两份买卖合同已无法履行，甲公司如要求供货，应按照现行市场价格重新签订合同。

法院判决

法院经审理认为，涉案买卖合同合法有效，根据海关反馈的数据证实，乙公司具备履约能力，应当继续履行。乙公司虽以涉案标的系防疫产品、价格大幅上涨为由主张情势变更，但因涉案买卖合同订立时全球防疫已成为常态，双方当事人应当预见到防疫类产品价格会持续大幅上涨，乙公司提出的情势变更事由属于正常的商业风险。乙公司不履行涉案买卖合同，应承担违约责任。因涉案买卖合同未约定违约金标准，人民法院以合同约定的交货时间所对应的同类货物出口价格为基数，在扣除合同成本 26.4 美元/箱后，计算甲公司的可得利益损失，判决乙公司向甲公司赔偿 1330707.36 元。

---

① 山东省高级人民法院发布 8 起"平等保护中外当事人合法权益"典型案例之三。

法理解读

本案当事人的争议焦点，是如何确定甲公司的可得利益损失。

可得利益损失具有特殊性，它并未实际发生，而是需要非违约方实际履行之后才能获得的利益。在实际履行过程中，必然会发生相应的履行成本，这是非违约方必然需要支出的部分。因此，在计算可得利益时，应当将履行后可得利益扣除必然会产生的成本，否则无异于非违约方将这部分成本转嫁给违约方来承担。《民法典合同编通则解释》第60条第1款确认了这一方法，确定可得利益损失的一般方法是：依据《民法典》第584条规定确定合同履行后可以获得的利益时，可以按照扣除非违约方为订立、履行合同支出的费用等合理成本后，非违约方能够获得的生产利润、经营利润或者转售利润等计算。即按照"合同债权实现时能获得的利益数额－非违约方订立、履行合同支付的合理成本＝非违约方能够获得的利益＝可得利益损失数额"的计算公式，一般就可以计算出可得利益损失的数额。

本案中，乙公司没有履行涉案买卖合同构成违约，应当向甲公司赔偿可得利益损失，亦即没有依约交付无粉乙烯手套带来的利润损失。

甲公司购买无粉乙烯手套的目的是用于出口，人民法院以合同约定的交货时间所对应的同类货物出口价格为基数，也就是乙公司实际履行后甲公司可以出售的价格，在扣除甲公司应当支付的合同成本26.4美元/箱后，就能计算出甲公司的可得利益损失1330707.36元，符合法律规定。

第六十一条 持续性定期合同中可得利益的赔偿

在以持续履行的债务为内容的定期合同中，一方不履行支付价款、租金等金钱债务，对方请求解除合同，人民法院经审理认为合同应当依法解除的，可以根据当事人的主张，参考合同主体、交易类型、市场价格变化、剩余履行期限等因素确定非违约方寻找替代交易的合理期限，并按照该期限对应的价款、租金等扣除非违约方应当支付的相应履约成本确定合同履行后可以获得的利益。

非违约方主张按照合同解除后剩余履行期限相应的价款、租金等扣除履约成本确定合同履行后可以获得的利益的，人民法院不予支持。但是，剩余履行期限少于寻找替代交易的合理期限的除外。

【民法典条文】

第五百六十三条 有下列情形之一的，当事人可以解除合同：

（一）因不可抗力致使不能实现合同目的；

（二）在履行期限届满前，当事人一方明确表示或者以自己的行为表明不履行主要债务；

（三）当事人一方迟延履行主要债务，经催告后在合理期限内仍未履行；

（四）当事人一方迟延履行债务或者有其他违约行为致使不能实现合同目的；

（五）法律规定的其他情形。

以持续履行的债务为内容的不定期合同，当事人可以随时解除合同，但是应当在合理期限之前通知对方。

第五百八十四条 当事人一方不履行合同义务或者履行合同义务不符合约定，造成对方损失的，损失赔偿额应当相当于因违约所造成的损失，包括合同履行后可以获得的利益；但是，不得超过违约一方订立合同时预见到或者应当预见到的因违约可能造成的损失。

【条文要义】

本条是对持续性定期合同违约方赔偿可得利益损失的解释。

对这个问题，以往的司法解释没有作出规定，本条第一次作出规定。

以时间因素在合同履行中所处的地位为标准，合同分为一时性合同和持续性合同。

持续性合同与一时性合同相对应，是指合同内容非一次性给付即可完结，而是继续实现的合同。其特点是，时间因素在合同履行上居重要地位，总给付的内容取决于应为给付时间的长短。随着履行的时间推移，在当事人之间不断产生新的权利义务。在当代，随着经济发展和科技进步，电力、石油、燃气、自来水等持续性供用合同越来越多，呈普遍化趋势，这些合同都属于持续性合同。

持续性供应合同与分期给付合同不同，其区别在于，前者自始欠缺分期履行一个数量上业已确定的给付概念，在一定时间提出的给付不是总给付的部分，而是具有某种程度的经济上和法律上的独立性，是在履行当时所负的债务。而后者自始就有一个确定的总给付，只不过是分期履行，每期的给付仅为部分给付。

违反持续性合同，原则上应区别个别给付与整个合同予以处理。对个别给付可以直接适用合同法的规定；对整个合同而言，解除时宜无溯及力。

对于持续性定期合同的违约损害赔偿如何确定可得利益损失，是比较复杂的，本条司法解释规定了具体规则。

1. 定期合同债务人不履行金钱债务的可得利益损失计算

定期合同与一时性合同不同，债务人履行债务需要持续相当长的时间，其间违反合同规定的义务，不支付价款或者租金，构成违约，应当承担违约责任，其中包括违约损害赔偿。

按照本条规定，这种合同的违约行为造成的可得利益损失的计算方法是，一方不履行支付价款、租金等金钱债务，对方请求解除合同，法院经审理认为对方享有约定解除权或者法定解除权，合同应当依法解除的，可以考虑三方面的因素计算可得利益损失：

一是根据当事人的主张，也就是非违约方在对违约方提出的损害赔偿数额的要求。

二是参考合同主体、交易类型、市场价格变化、剩余履行期限等因素，确定非违约方寻找替代交易的合理期限。这个量的计算方法是，参考合同主体、交易类型、剩余履行期限等因素，算出损失数额后，再确定非违约方寻找替代交易的合理期限。例如，自然人租房，市场价格为月租金0.3万元，三年期限，已经履行了两年的租金交付义务，剩余1年的租金违约，违约的租金数额为3.6万元。确定非违约方寻找替代交易的合理期限为三个月，可得利益损失为2.7万元。

三是按照该期限对应的价款、租金等，扣除非违约方应当支付的相应履约成本。如上例，尚有剩余租金未履行的数额为2.7万元，扣除非违约方应当支付的相应履约成本，如每月为500元，应当扣除0.45万元。

按照上述三个方面，综合确定合同履行可以获得的利益，就是21500元，违约方应当承担的违约损害赔偿数额是2.15万元。

2. 非违约方主张剩余履行期限损失赔偿应扣除替代交易减损数额

在前述对定期合同违约主张损害赔偿可得利益损失的，除应当计算剩余的履行期限造成的损失外，还应当扣除非违约方寻找替代交易减损的数额。这样的定期合同违约可得利益损失的计算才是公平合理的。

如果非违约方直接主张按照合同解除后剩余履行期限相应的价款、租金等的数额，扣除履约成本，确定合同履行后可以获得的利益的损失赔偿，对此，法院不应予以支持。这是因为，这样的计算方法没有扣除非违约方寻找替代交易减损的数额，不符合减损规则的要求。

例外的是，如果剩余履行期限少于寻找替代交易的合理期限的除外。例如，房屋租赁合同在承租人违约时，剩余的履行期限为3个月，而非违约方寻找替代交易的合理期限也是3个月，这时剩余的履行期限与寻找替代交易的合理期限基本一致，当非违约方寻找到替代交易后，该合同的履行期也就到期终结。因此，不能扣除非违约方寻找替代交易的减损数额，对其请求赔偿的3个月租金违约损失，就应当得到支持。

【案例评析】

曲某与陈某房屋租赁合同纠纷案①

基本案情

2020年3月6日，承租人曲某与出租人陈某签订《房屋租赁协议》，约定陈某将别墅一套出租给曲某，年租金30000元，租期自2020年4月2日至2022年4月1日，如承租人提出终止协议，需提前2个月书面通知出租人。2020年8月22日，曲某通知陈某不再租赁房屋，双方2020年10月15日进行房屋交接。后双方因退租后剩余租金返还问题发生争议。曲某诉至法院，请求判令陈某返还其租金13315元。

法院判决

一审法院以租赁合同未对承租人提前解除合同租金退还事宜进行约定为由，驳回曲某要求退还租金的诉讼请求；二审法院查明，2020年12月19日，陈某将房屋另行出租给案外人。但陈某主张，涉案房屋其于2020年3月5日就将钥匙交给曲某，提前交付钥匙的一个月租金不应退还，且当时30000元/年的租金系因曲某要求长租给予的优惠。二审认为，合同未约定承租人提前解除合同后对剩余租金的处理，应参照陈某的实际损失进行处理，因此应退还已另行出租房屋之后的租金。但对陈某主张的免租期和房租优惠，证据不足未予支持。

法理解读

本案当事人的争议焦点是，陈某的可得利益损失数额如何确定，亦即陈某应否退还剩余租金。

对于持续性定期合同，一方不履行支付价款、租金等金钱债务，对方

---

① 山东省青岛市中级人民法院发布十个审理房屋租赁合同纠纷典型案例之九。

请求解除合同后，必然会遭受剩余期限内的可得利益损失。但是，在剩余期限内，非违约方受到止损义务的限制，他应当积极采取替代措施将损失降到最低，如把闲置的房屋出租给其他人，而不能坐等承租人继续交纳剩余租金。因此，对于可以通过替代措施避免的损失部分，非违约方不能请求违约方承担，只能请求其承担在寻求替代措施的合理期间以内的可得利益损失。在寻找替代措施的合理期间内，非违约方可以收取的租金或价款并不全部属于可得利益损失，因为在此期间内非违约方还需支付一定的履约成本，如维护房屋的日常支出。在解除合同后，这部分履约成本也可免除，所以应当从租金或价款中予以扣除，才会属于非违约方的可得利益。《民法典合同编通则解释》第61条第2款即对此予以规定，依其规定，非违约方主张按照合同解除后剩余履行期限相应的价款、租金等扣除履约成本确定合同履行后可以获得的利益的，人民法院不予支持。但是，剩余履行期限少于寻找替代交易的合理期限的除外。

在本案中，承租人曲某提前解除租赁合同构成违约，虽然会给出租人陈某造成租金损失，但是并不会导致全部剩余期限的租金损失，因为陈某随后将闲置的房屋已出租出去，这部分时长的租金损失已经获得弥补。那么，陈某因违约遭受的损失仅仅在于其需要另外将房屋出租给他人，在此过程中，必然会伴随着房屋闲置导致的租金损失，以及为寻找下一个承租人而付出的交易成本。同时，在寻找替代交易期间，由于房屋闲置陈某也会节约一定成本，如出租房屋期间的家具设备的维护费用，这部分节约的成本应当从租金中减去。本案陈某没有主张寻找下一个承租人的交易成本，曲某也未主张陈某可以节约的维护费用，所以曲某只需赔偿陈某在将房屋另行出租之前的这部分时长的租金损失即可，剩余期限的租金则应退还给曲某，法院的判决符合法律规定。

第六十二条 无法确定可得利益时的赔偿

非违约方在合同履行后可以获得的利益难以根据本解释第

六十条、第六十一条的规定予以确定的，人民法院可以综合考虑违约方因违约获得的利益、违约方的过错程度、其他违约情节等因素，遵循公平原则和诚信原则确定。

【民法典条文】

第五百八十四条 当事人一方不履行合同义务或者履行合同义务不符合约定，造成对方损失的，损失赔偿额应当相当于因违约所造成的损失，包括合同履行后可以获得的利益；但是，不得超过违约一方订立合同时预见到或者应当预见到的因违约可能造成的损失。

【条文要义】

本条是对合同当事人违约但无法确定可得利益损失的赔偿计算方法的解释。

对此，以往的司法解释也没有作出过规定，本条是第一次规定这种违约可得利益损失赔偿的计算方法。

在司法实践中确定合同一方当事人违约造成对方当事人的可得利益损失，计算方法并非只有本司法解释第 60 条和第 61 条规定的情形，超出这种情形，也就是无法根据本司法解释第 60 条和第 61 条规定的违约行为造成对方可得利益损失计算的，也要用其他可靠的计算方法来计算可得利益损失。对此，本条规定了酌定方法。

这种违约可得利益损失的计算方法，类似于侵权责任造成损害难以计算具体损害数额的酌定方法，如《民法典》第 1182 条规定的侵害人格利益造成财产损失的计算方法。

违约可得利益损失的酌定方法是：

首先，法院可以根据违约方因违约获得的利益作为基础计算，这个数额是可以证明的，违约方因违约行为自己获得利益的数额，是酌定其造成对方可得利益损失的基础。能够准确计算的，按照计算确定的具体数额；不能计算具体数额的，估算大体的数额。

其次，根据违约方的过错程度，即故意还是过失，过失是重大过失还是一般过失，确定责任的加重或者减轻。

最后，根据其他违约情节，酌定违约方责任的数额。具体违约情节，还有违约方的资质信誉、专业技术能力对获得违约利益的作用等，都是酌定因素。根据这些具体的违约情节，可以作为酌定可得利益损失的数额。

在综合分析和判断上述三个方面的因素后，法官综合确定违约方的违约行为给对方当事人造成可得利益损失的具体数额，遵循公平原则和诚信原则的要求，酌定违约方承担违约赔偿责任的数额。

【案例评析】

徐某诉刘某某、姜某某房屋买卖合同纠纷案[①]

基本案情

2007年5月8日，徐某、陈某与房地产经纪公司签订《居间服务合同》，房地产经纪公司为徐某、陈某就房屋买卖事宜提供居间服务。同日，徐某与陈某签订《北京市房屋买卖合同》及《补充协议》，约定：徐某购买陈某所有的涉案房屋，房屋价款（陈某净得款）为625000元；徐某支付购房定金20000元。2007年7月25日，陈某与案外人姜某某就房屋签订《北京市存量房屋买卖合同》，并办理完毕房屋过户手续。案件审理过程，徐某申请对房屋于2007年7月3日与现时价值的差价进行评估。经评估，评估公司确定房屋于2009年8月15日（评估时）的市场价值为1048000元，由于2007年7月3日至今已有两年的时间，两年期间的房地产价值波动较大，2007年成交案例

---

① 案号：（2013）二中民终字第06171号。

难以查询，因此难以对房屋 2007 年 7 月 3 日的价值进行司法鉴定工作。

徐某向一审法院起诉称：陈某将房屋出卖给案外人，严重违背诚实信用原则，构成违约，应承担相应赔偿责任。故诉至本院，要求陈某赔偿房屋差价损失 415100 元（根据房屋现值与 2007 年 5 月 18 日评估报告书中房屋价值的差价计算所得）；双倍返还徐某定金 40000 元。

法院判决

一审法院经审理认为，徐某、陈某与房地产经纪公司签订的《居间服务合同》、徐某与陈某签订的《北京市房屋买卖合同》及《补充协议》合法有效。虽然徐某确实存在迟延支付首付款的行为，但其陈述的未在三日内支付首付款的理由符合常理。徐某于 2007 年 6 月 1 日将首付款存入专用账户，于 2007 年 7 月 3 日获得银行贷款，该迟延履行行为并未严重到致使合同目的无法实现，也不属于双方约定的解除合同情形。因此陈某在未与徐某解除合同的情况下直接将房屋另行出售并办理完毕房屋过户手续的行为构成严重违约，陈某应当就此对给徐某造成的损失承担赔偿责任。关于徐某主张的房屋差价损失，根据徐某与陈某签订的《北京市房屋买卖合同》及补充协议中约定的房屋价款、房屋 2007 年 5 月 21 日的《房地产抵押评估报告》及 2009 年 9 月 15 日的《报告书》，可以确定房屋确实存在差价损失。由于该损失系陈某违背诚实信用原则，将涉案房屋"一房两卖"所致，因此陈某应就该差价损失给予合理赔偿。就具体赔偿数额，考虑到徐某在履行合同中确实有迟延履行情况及合同其他具体履行情况、参考上述评估报告，酌情予以判处。关于双倍返还定金，根据徐某与陈某签订的《北京市房屋买卖合同》的约定，该定金性质为履约定金。在已经判令陈某赔偿损失的情况下，不再判令其承担双倍返还定金责任，仅判令其承担返还责任。据此，一审法院判决：一、被告陈某于本判决生效后七日内返还原告徐某定金 20000 元。二、被告陈某于本判决生效后七日内赔偿原告徐某损失 120000 万元。三、驳回原告徐某的其他诉讼请求。

法理解读

本案当事人的争议焦点是，如何确定徐某的可得利益损失。

《民法典合同编通则解释》第62条规定，针对合同当事人违约，但难以根据本解释第60条、第61条规定确定非违约方在合同履行后可得利益的情形，可以参照违约方因违约行为获得的收益来确定违约损害赔偿数额。这种违约可得利益损失的计算方法，类似于侵权责任造成损害难以计算具体损害数额的酌定方法，需要进一步考虑侵权人因侵权行为获得的利益，并以此作为损害赔偿责任的确定标准。首先，应将违约方因违约获得的利益作为计算基础；其次，综合考虑违约方的过错程度、违约方的具体违约情节轻重，以及违约方的资质信誉、专业技术能力对获得违约利益的作用。在综合分析和判断上述两方面的因素后，确定违约方的违约行为给非违约方造成可得利益损失的具体数额，以此作为违约方承担违约赔偿责任的数额。

本案中，陈某先将涉案房屋出售给徐某，后又将涉案房屋另行出售给姜某某，导致其与徐某的买卖合同履行不能，陈某存在根本违约行为，应承担违约责任。由于徐某尚未实际取得房屋，难以计算其可能获得的履行利益，故而违约损害赔偿的实际价值难以确认。但是，陈某之所以会选择"一房二卖"的违约行为，目的主要在于获取房屋升值后的房屋差价收益，这部分房屋差价收益是陈某因违约行为取得的收益，可以作为徐某请求损害赔偿的基础。同时，考虑到陈某违约行为属于为了获利而主动违约，主观过错明显，法院判决将涉案房屋另行出售所得的差价款全部赔偿给徐某，符合法律规定。

第六十三条　可预见性规则的适用

在认定民法典第五百八十四条规定的"违约一方订立合同时预见到或者应当预见到的因违约可能造成的损失"时，人民法院应当根据当事人订立合同的目的，综合考虑合同主体、合同内容、交易类型、交易习惯、磋商过程等因素，按照与违约方处于相同或者类似情况的民事主体在订立合同时预见到或者应当预见到的损失予以确定。

除合同履行后可以获得的利益外，非违约方主张还有其向第三人承担违约责任应当支出的额外费用等其他因违约所造成的损失，并请求违约方赔偿，经审理认为该损失系违约一方订立合同时预见到或者应当预见到的，人民法院应予支持。

在确定违约损失赔偿额时，违约方主张扣除非违约方未采取适当措施导致的扩大损失、非违约方也有过错造成的相应损失、非违约方因违约获得的额外利益或者减少的必要支出的，人民法院依法予以支持。

【民法典条文】

第五百八十四条　当事人一方不履行合同义务或者履行合同义务不符合约定，造成对方损失的，损失赔偿额应当相当于因违约所造成的损失，包括合同履行后可以获得的利益；但是，不得超过违约一方订立合同时预见到或者应当预见到的因违约可能造成的损失。

【相关司法解释】

《全国法院贯彻实施民法典工作会议纪要》（2021）

11. 民法典第五百八十五条第二款规定的损失范围应当按照民法典第五百八十四条规定确定，包括合同履行后可以获得的利益，但不得超过违约一方订立合同时预见到或者应当预见到的因违约可能造成的损失。

当事人请求人民法院增加违约金的，增加后的违约金数额以不超过民法典第五百八十四条规定的损失为限。增加违约金以后，当事人又请求对方赔偿损失的，人民法院不予支持。

当事人请求人民法院减少违约金的，人民法院应当以民法典第五百八十四条规定的损失为基础，兼顾合同的履行情况、当事人的过错程度等综合因素，根据公平原则和诚信原则予以衡量，并作出裁判。约定的违约金超过根据民法典第五百八十四条规定确定的损失的百分之三十的，一般可以认定为民法典第五百八十五条第二款规定的"过分高于造成的损失"。当事人主张约定的违约金过高请求予以适当减少的，应当承担举证责任；相对人主张违约金约定合理的，也应提供相应的证据。

【条文要义】

本条是对具体适用违约损害赔偿的可预见损失赔偿规则的解释。

在以往关于合同法的司法解释中，没有规定具体适用可预见损失赔偿规则的方法，《全国法院贯彻实施民法典工作会议纪要》第 11 条对此作出规定。本条就是在此基础上作出的正式解释。

在确定合同违约的损害赔偿中，除应当适用《民法典》第 584 条规定的可得利益损失规则外，还应当适用本条但书规定的可预见性规则，即可预见损失赔偿规则。

可预见损失赔偿规则，是违约损害赔偿责任不得超过违约一方订立合同时预见到或者应当预见到的因违约可能造成损失的赔偿规则。根据这一规则，一方当事人违约给另一方当事人造成损失的，违约方只需就缔约时预见到或应当预见到的因违约所造成的损失负责赔偿，超出可预见范围以外的损失，违约方不承担赔偿责任。

本条司法解释规定了可预见损失赔偿计算的一般方法、违约方的违约行为导致非违约方对第三人违约造成损失的计算方法，以及计算可预见损失赔偿应当适用过失相抵和损益相抵规则的具体办法。

1. 计算可预见损失赔偿的一般方法

在实践中适用可预见损失赔偿规则的主要方法有以下几种：

第一，确定可预见的主体标准，是"理性第三人"。也就是把理性第三人处于违约方的位置，他通常所能预见到的损失范围，即为违约方应当预见的损失范围。不过，在案情特殊，尤其涉及商事主体进行的交易时，确定违约方的预见能力，一般应当高于理性第三人，采用"理性第三人 + 具体违约方"的标准，在以理性第三人的基础上，再加上具体违约方为商事主体等因素。

第二，可预见的时间节点，是"合同订立时"。按照当事人订立合同时判断违约方是否可预见的损失范围，而不是违约方实际违约时的可预见范围。可预见的内容是"预见到损失的类型，而非具体损失金额"。具体方法是，违约方在缔约时只需要预见到或应当预见到损失的类型，不需要预见到损失的程度或具体数额。

第三，可预见的内容。对于预见的内容存在两种不同的观点：一是认为只需预见损失的类型；二是认为不仅要预见损失的类型还要求预见到损失的额度。对于争议，剖析的关键在于对违约损害赔偿的目标进行定位，以及在违约方和非违约方之间进行价值权衡。如果要求非违约方既要预见损失的类型还要预见到损失的数额，加重了非违约方的举证责任，对非违约方的苛责将导致非违约方对于可得利益的诉求无法得到实现，不符合效率原则，在一定程度上降低了违约方的违约成本，易导致非违约方不公，与公平原则背道而驰。基于上述考量，预见的内容仅要求预见损失的类型即可。

第四，可预见的标准。预见的一般认定标准，是以理性人的角度进行判断，即客观标准；如果合同双方当事人有特殊情况，则可能适用主观标准进行判断。随着客观标准带来的问题是，如何界定理性人这一角色，一般理性人不仅要考虑具体当事人的知识和能力基础，还要综合其所处行业或职业进行综合考虑。在追求分工细致化的现代，强调隔行如隔山的意义十分重要。职业对于评判当事人预见与否是极其重要的因素，其在特定行业的经验可以清楚了解其行业所存在的风险，专业经验越丰富、专业程度越高，越可发生清晰认识到可能发生风险的内容。

所以，本条规定，在认定《民法典》第584条规定的"违约一方订立合同时预见到或者应当预见到的因违约可能造成的损失"时，法院应当根据当事人订立合同的目的，综合考虑合同主体、合同内容、交易类型、交易习惯、磋商过程等因素，按照与违约方处于相同或者类似情况的民事主体，在订立合同时预见到或者应当预见到的损失予以确定。其中：订立合同的目的是确定可预期损失的主要因素；合同主体、合同内容、交易类型、交易习惯、磋商过程等因素，是适用可预期损失规则的基本要素；按照违约方处于相同或者类似情况的民事主体，就是理性第三人的标准，按照理性第三人在订立合同时预见到或者应当预见到的损失，是具有决定性的因素。

综合起来，酌定可预期损失规则的公式是："合同目的+各项要素+理性第三人。"按照这一公式，能够计算出符合"违约损害赔偿不得超过违约一方订立合同时预见到或者应当预见到的因违约可能造成的损失"，符合违约损害赔偿预期利益损失规则的要求。

2. 违约方的违约导致非违约方对第三人违约造成损失的计算方法

在违约损害赔偿中，非违约方除了可以请求违约方承担合同履行后可以获得的利益的损失赔偿以外，还可以主张因违约方违约造成非违约方对第三人违约造成的损失赔偿。

本条司法解释第 2 款规定，非违约方因违约方的违约而向第三人承担违约责任应当支出的额外费用等其他因违约所造成的损失，并请求违约方承担赔偿责任的，法院应当支持。对此，应当对非违约方的这些其他因违约所造成的损失进行事实审理，经审理确认该损失系违约一方订立合同时预见到或者应当预见到的，应当作为可预期损失的范围之内，对非违约方的赔偿请求法院应予支持。这里最重要的标准，不仅其他因违约所造成的损失与违约方的违约行为有因果关系，而且特别是须该损失系违约一方订立合同预见到或者应当预见到。例如，买受人购买出卖人的原材料进行加工，要提供给下家作为原材料，对此，出卖人在订立合同时对违约所造成的买受人因对第三人的违约造成的损失是预见到或者应当预见到的，对此，因违约造成的买受人因出卖人的违约造成的损失，认定为可预期损失规则的调整范围。

3. 计算可预见损失赔偿应适用过失相抵和损益相抵规则

确定违约损害赔偿数额，应当适用可预期损失规则计算损失数额；同样，在计算损失数额时，也应当适用过失相抵规则和损益相抵规则。

所以，在确定违约损害赔偿数额时，违约方主张扣除非违约方未采取适当措施导致的扩大损失，或者非违约方也有过错造成的相应损失的，属于过失相抵规则调整的范围，应当进行过失相抵。违约方主张非违约方因违约获得的额外利益或者减少的必要支出的，属于损益相抵规则调整的范围，应当进行损益相抵。上述这些情形，违约方主张根据过失相抵规则和损益相抵规则的适用而减少损失赔偿数额的，法院依法予以支持。

这里的"依法"，就是依据违约损害赔偿的过失相抵、损益相抵的法律或者司法解释的规定。

【案例评析】

曾某诉甲公司合同纠纷案①

基本案情

2011 年 11 月 14 日，原告曾某曾向被告甲公司购买桂 BZ××××宝×牌轿车一辆，购车价税合计 59000 元（含增值税税额），车辆购置税 5042 元，办理牌证费用 415 元。同日，曾某还向某保险公司柳州市柳北支公司办理了机动车强制责任保险及机动车商业保险，其中强制责任保险交付了 950 元，商业保险交付了 4379.19 元，某保险公司柳州市柳北支公司同时代收了车船税 60 元。2011 年 11 月 18 日，曾某申请注册成立了租车行，经营范围为租车服务。2012 年 1 月 5 日，曾某委托案外人龙某把桂 BZ××××轿车送到被告处进行维修。在交付维修当日《预检单》的《问诊表》中

---

① 案号：（2012）南民初（一）字第 691 号。

载有：后杠拆装、举升门拆装、右尾灯拆装、后尾板修复等内容。2012 年 1 月 13 日 19 时许，曾某到派出所报案称其停放在被告处的桂 BZ××××轿车被盗。在本案审理中，原告主张其购得车辆后出租给他人被碰坏，所以向保险公司报告并委托龙某将车辆送到被告处维修，但在被告处被盗，故诉请法院判决被告赔偿损失。

法院判决

法院经审理认为，对于车辆购置税 5042 元，办理牌证费用 415 元，属于原告的直接损失，被告应予赔偿。对于原告诉请的营运费，其实质属于可得利益，但是，可得利益的范围以可预见规则为其合理界限，具体为正常人在事实发生时间根据双方的身份应该预见范围为准。本案中，虽然原告在购车后注册了租车行，但是，原告办理的行驶证上载明其使用性质为非营运，宝×牌轿车一般也是家用车辆。同时，原告也未举证证明在购车或者交付维修时明示了该车辆是用于出租营运，故原告购车后用于出租营运并不在正常人可预见的合理范围，故对于原告诉请的营运损失，本院不予支持。

法理解读

本案当事人的争议焦点是，甲公司能否预见到曾某的营运损失，如果能够预见则应赔偿，否则无须赔偿这部分损失。

《民法典》第 584 条规定的可预见规则，明确损害赔偿不得超过违约方可预见范围，这被看作"最优违约损害赔偿政策的体现"。违约损害赔偿就会涉及对于可预见规则的理解，即如何认定"可预见性"。通常情况下，预见是一个极为复杂的概念，法官需要结合合同主体、合同内容、交易类型、交易习惯、磋商过程等因素来综合认定。《民法典合同编通则解释》第 63 条第 1 款对此亦有规定。这一做法产生了重大影响，预见不只是客观事实，也是法官调节案件结果的控制阀。预见是一个弹性概念，它给法官留下了一个较宽的自由裁量的范围。我国学者亦持类似观点，预见是个得力的调节工具，法官可以借助于对预见程度的裁量来获得较为妥当的判决结果。在可预见性的具体认定过程中，法院应当根据当事人订立合同的目的，综合考虑合同主体、合同内容、交易类型、交易习惯、磋商过程等因素，按照与违约方处于相同或类似情况的民事主体，在订立合同时预见到或者应当预见到的损失予以确定。

本案曾某要求甲公司赔偿损失应当受到可预见规则的限制，就需要认定甲公司能否预见到曾某的违约损失。对于车辆购置税、办理牌证费用等损失，这是购置车辆常见的成本费用，甲公司应当能够预见到，异议不大。问题在于，曾某的营运损失，因为并不是每一部车辆都会用于营运，这就需要结合合同主体、合同内容、交易类型、交易习惯、磋商过程等因素来综合认定。原告曾某办理的行驶证上载明其使用性质为非营运，宝×牌轿车一般也是家用车辆，也未举证证明在购车或者交付维修时明示了该车辆是用于出租营运，这就使得被告甲公司将其认定为非营运车辆。因此，被告甲公司无法预见到涉案车辆可能造成的营运损失，法院驳回原告曾某的营运损失赔偿，符合法律规定。

第六十四条　请求调整违约金的方式和举证责任

当事人一方通过反诉或者抗辩的方式，请求调整违约金的，人民法院依法予以支持。

违约方主张约定的违约金过分高于违约造成的损失，请求予以适当减少的，应当承担举证责任。非违约方主张约定的违约金合理的，也应当提供相应的证据。

当事人仅以合同约定不得对违约金进行调整为由主张不予调整违约金的，人民法院不予支持。

【民法典条文】

第五百八十五条　当事人可以约定一方违约时应当根据违约情况向对

方支付一定数额的违约金，也可以约定因违约产生的损失赔偿额的计算方法。

约定的违约金低于造成的损失的，人民法院或者仲裁机构可以根据当事人的请求予以增加；约定的违约金过分高于造成的损失的，人民法院或者仲裁机构可以根据当事人的请求予以适当减少。

当事人就迟延履行约定违约金的，违约方支付违约金后，还应当履行债务。

【相关司法解释】

《全国法院民商事审判工作会议纪要》（2019）

50.【违约金过高标准及举证责任】认定约定违约金是否过高，一般应当以《合同法》第113条规定的损失为基础进行判断，这里的损失包括合同履行后可以获得的利益。除借款合同外的双务合同，作为对价的价款或者报酬给付之债，并非借款合同项下的还款义务，不能以受法律保护的民间借贷利率上限作为判断违约金是否过高的标准，而应当兼顾合同履行情况、当事人过错程度以及预期利益等因素综合确定。主张违约金过高的违约方应当对违约金是否过高承担举证责任。

【既往司法解释】

《最高人民法院关于适用〈中华人民共和国合同法〉若干问题的解释（二）》（2009）

第二十七条 当事人通过反诉或者抗辩的方式，请求人民法院依照合同法第一百一十四条第二款的规定调整违约金的，人民法院应予支持。

【条文要义】

本条是对请求调整违约金的方式和举证责任规则的解释。

对于违约金的调整方式和举证责任,《最高人民法院关于适用〈中华人民共和国合同法〉若干问题的解释(二)》第 27 条曾经作过简要的规定。后来,《全国法院民商事审判工作会议纪要》第 50 条对违约金过高标准及举证责任,作了详细的规定。本条就是在这个会议纪要条文的基础上,规定的新规则。

《民法典》第 585 条规定,当事人在合同中可以约定违约金条款,根据违约情况向对方支付一定数额的金钱;在实际发生违约时,按照约定的违约金计算方法承担违约责任。

违约金,是按照当事人的约定或者法律直接规定,一方当事人违约,应当向另一方支付的金钱,有约定违约金和法定违约金之分。

违约金的适用,可能会与违约损害赔偿的适用发生冲突。违约金与违约损害赔偿的目的是一致的,适用违约金,在没有造成损害时就是惩罚性违约金,造成损害的就是赔偿性违约金;既然是赔偿性违约金,就会与违约损失赔偿相联系。

《民法典》第 585 条第 2 款强调,对于违约金过高或者过低,法院可以根据当事人的请求予以调整,只有在当事人要求调整违约金的情况下,人民法院才能调整,因为权利是当事人之间私的权利,法院不能依职权即公权力主动调整当事人之间意思自治范围内的私人关系。按照这样的要求,《民法典》第 585 条第 2 款规定违约金的调整原则是:第一,约定违约金的,应当按照违约金的约定执行;第二,约定的违约金低于造成损失的,可以请求增加,俗称"找齐",这是因为违约金具有损害赔偿性质,只要低于实际损失的就应当找齐;第三,约定的违约金过分高于造成的损失的,可以请求适当减少。

如何适用《民法典》第 585 条第 2 款规定的违约金调整规则,本条司法解释规定了四种方法。

1. 对方当事人可以通过反诉或者抗辩的方法请求调整违约金

主张调整违约金，通常是在一方当事人提出违约方承担违约金的诉讼请求后，对方当事人即违约方提出调整违约金的请求。

违约方提出调整违约金的请求应当以何种方式进行，在实践中也有不同主张，有的认为应当提出反诉，抗辩则不可以。有的主张抗辩也是有效的主张。对此，《民法典》和《民事诉讼法》都没有规定。

本条规定，在违约责任的诉讼中，守约方提出对方当事人承担违约责任后，当事人如果主张调整违约金，通过反诉或者抗辩的方式都可以。相比之下，抗辩的方式更简洁、方便，也不必缴纳反诉费。当然，违约方提出反诉也是合适的诉讼方法。

违约方通过反诉或者抗辩，请求法院依据《民法典》第585条第2款规定调整违约金的，法院应当依法予以支持。

2. 请求调整违约金的举证责任

对当事人主张适用《民法典》第585条第2款规定调整违约金，法律没有规定举证责任由谁负担。本条根据增加违约金还是减少违约金的主张，确定以下举证责任负担规则。

一是违约方主张约定的违约金过分高于违约造成的损失，请求予以适当减少的，应当由违约方承担举证责任，证明约定的违约金确实过分高于造成的违约损失。这个比较好证明，证明了违约造成的实际损失，与约定的违约金相比较，就可以确定是否构成过分高于实际违约损失。

二是非违约方主张约定的违约金合理的，按照举证责任分配原则，违约方应当提供相应的证据。同样，非违约方主张约定的违约金合理，也应当证明违约给自己造成的实际损失，只要违约造成的实际损害与约定的违约金相差不悬殊的，其证明责任成立，不必调整违约金。

3. 合同约定不得调整违约金不能对抗依法调整违约金的主张

当事人在合同中约定了不得调整违约金的条款，能否对抗当事人提出的违约金调整请求，答案是否定的。应当区别的是，尽管不得调整违约金是合同约定的条款，是双方当事人的合意，对于双方当事人都具有拘束力。但是，《民法典》第 585 条第 2 款规定的适当调整违约金，是法律在约定的违约金过分高于或者低于实际损失的情况下，根据违约金与损害赔偿责任的一致性，赋予合同一方当事人的权利。当事人行使这个调整违约金的权利，能够对抗双方当事人在合同中约定的违约金不得调整条款，主张调整违约金，避免受到不适当的损失。

正因为如此，本条第 3 款规定，当事人仅以合同约定不得对违约金进行调整为由，主张不予调整违约金的，法院不支持这样的诉讼请求。

4. 违约金低于造成对方当事人损失的"找齐"

依照《民法典》第 585 条第 2 款关于"约定的违约金低于造成的损失的，人民法院或者仲裁机构可以根据当事人的请求予以增加"的规定，违约金低于实际造成的损失的，只按照违约金的约定予以给付，就不能救济受损害一方当事人的实际损失。这与违约金的救济损害目的不符，应当进行调整。对这种调整方法，在起草《合同法》中就称为"找齐"，就是把违约金直接与实际损失相对应，以实际损失为准"找齐"，确定增加的违约金。

【案例评析】

林某某诉甲医院房屋租赁合同纠纷案[①]

基本案情

2013 年 2 月 8 日，林某某与甲医院签订《房屋租赁合同》，约定：林某某将其所有的一幢楼房出租给甲医院，作为甲医院医疗门诊部及住院部使用，租赁期限为 10 年，租金为每年 48 万元，甲医院分四次支付租金，若逾期支付租金，应每日罚滞纳金 1500 元。后经双方协商同意，变更为按月利率 3% 计算违约金。合同签订后，林某某将出租的楼房交付甲医院

---

① 案号：(2015) 漳民终字第 1651 号。

使用，甲医院也按约支付了第一期应付款。因甲医院未能全额支付第二期应付款 144 万元，双方产生纠纷。林某某向法院起诉，请求判令甲医院支付尚欠的租金 60 万元，并自 2015 年 3 月 1 日起至付清租金之日止按每日 1500 元计算的房租滞纳金。甲医院反诉请求判决确认双方签订的《房屋租赁合同》已于 2015 年 5 月 5 日解除。审理中，法院认定甲医院第二期租金未付数额为 466480 元。甲医院认为违约金过高，应予依法调整，但未提供相应证据证明。

法 院 判 决

一审法院经审理认为，林某某与甲医院签订的《房屋租赁合同》合法有效。林某某已按合同的约定履行义务，甲医院未能按约支付林某某租金构成违约，现林某某请求甲医院支付尚欠的租金及违约金，于法有据，应予支持。但林某某主张的租金金额不当，应予纠正。甲医院提出林某某主张的违约金偏高应予以调整，符合法律规定，应予采纳。本案违约金过高的举证责任应由林某某承担。甲医院的违约行为主要造成林某某应收租金的利息损失，庭审中林某某也未提供证据证明因甲医院的违约行为造成其可得利益损失的数额，结合本案实际情况及林某某提供的证据，可将本案的违约金调整为按年利率 6% 计算逾期付款违约金。甲医院反诉主张《房屋租赁合同》于 2015 年 5 月 5 日解除的诉讼请求，缺乏证据，不予支持。原告林某某不服一审判决，提起上诉，认为原判调低违约金计算标准不当。

二审法院经审理认为，在《房屋租赁合同》约定的第二期租金 144 万元中，甲医院已支付 86 万元，尚欠 58 万元。双方约定了月利率 3% 的逾期支付租金的违约金标准并已实际履行，应予支持。原判对甲医院已经支付的租金数额以及违约金计算标准的认定不当，应予纠正。另外，本案违约金过高的举证责任应由甲医院承担。

法 理 解 读

本案当事人的争议焦点是，双方约定的违约金计算标准是否应予调整，以及违约金过高的举证责任应由哪一方来承担。

违约金是双方对于违约损害赔偿的事先约定，具有限制风险、避免举证等优点，在发生违约行为后原则上应当按照违约金来认定违约责任，当事人主张调整违约金数额的应当承担举证责任。《民法典合同编通则解释》第64条第2款规定，违约方主张约定的违约金过分高于违约造成的损失，请求予以适当减少的，违约方应当承担举证责任。非违约方主张约定的违约金合理的，也应当提供相应的证据。需要注意的是，对违约方的举证，实行举证责任缓和，在违约方举证能够证明约定的违约金过分高于造成的损失具有较大可能性的，即可实行举证责任转移，即非违约方对此提出异议的，承担举证责任，应当提供相应的证据，否定违约方举证证明的较大可能性，进而证明自己的主张，即违约金并不过分高于实际损失的事实。

本案中，双方签订的《房屋租赁合同》约定，甲医院逾期交付租金，应每日支付林某某违约金1500元，后林某某与甲医院约定按月利率3%计算违约金，是双方合意对合同条款的变更。甲医院没有按时交付租金构成违约，其主张约定的违约金过高，应对此承担举证责任，只有在甲医院举出初步证据证明违约金可能过高时，林某某才有义务证明约定的违约金是在合理范围之内。根据"谁主张，谁举证"的原则，甲医院应就双方约定的违约金过分高于违约造成的损失承担举证责任。一审法院以林某某未举证证明其可得利益损失为由调整违约金，将举证责任施加给林某某的做法不当，应予纠正。二审法院纠正一审法院的做法，认定违约金过高的举证责任应由甲医院承担，符合法律规定。

第六十五条　违约金的司法酌减

当事人主张约定的违约金过分高于违约造成的损失，请求予以适当减少的，人民法院应当以民法典第五百八十四条规定的损失为基础，兼顾合同主体、交易类型、合同的履行情况、当事人的过错程度、履约背景等因素，遵循公平原则和诚信原则进行衡量，并作出裁判。

约定的违约金超过造成损失的百分之三十的，人民法院一般可以认定为过分高于造成的损失。

恶意违约的当事人一方请求减少违约金的，人民法院一般不予支持。

【民法典条文】

第五百八十五条　当事人可以约定一方违约时应当根据违约情况向对方支付一定数额的违约金，也可以约定因违约产生的损失赔偿额的计算方法。

约定的违约金低于造成的损失的，人民法院或者仲裁机构可以根据当事人的请求予以增加；约定的违约金过分高于造成的损失的，人民法院或者仲裁机构可以根据当事人的请求予以适当减少。

当事人就迟延履行约定违约金的，违约方支付违约金后，还应当履行债务。

【相关司法解释】

《全国法院贯彻实施民法典工作会议纪要》（2021）

11. 民法典第五百八十五条第二款规定的损失范围应当按照民法典第五百八十四条规定确定，包括合同履行后可以获得的利益，但不得超过违约一方订立合同时预见到或者应当预见到的因违约可能造成的损失。

当事人请求人民法院增加违约金的，增加后的违约金数额以不超过民法典第五百八十四条规定的损失为限。增加违约金以后，当事人又请求对方赔偿损失的，人民法院不予支持。

当事人请求人民法院减少违约金的，人民法院应当以民法典第五百八十四条规定的损失为基础，兼顾合同的履行情况、当事人的过错程度等综合因素，根据公平原则和诚信原则予以衡量，并作出裁判。约定的违约金超过根据民法典第五百八十四条规定确定的损失的百分之三十的，一般可以认定为民法典第五百八十五条第二款规定的"过分高于造成的损失"。当事人主张约定的违约金过高请求予以适当减少的，应当承担举证责任；相对人主张违约金约定合理的，也应提供相应的证据。

《最高人民法院关于审理买卖合同纠纷案件适用法律问题的解释》（2020）

第二十条　买卖合同因违约而解除后，守约方主张继续适用违约金条款的，人民法院应予支持；但约定的违约金过分高于造成的损失的，人民法院可以参照民法典第五百八十五条第二款的规定处理。

《最高人民法院关于审理商品房买卖合同纠纷案件适用法律若干问题的解释》（2020）

第十二条　当事人以约定的违约金过高为由请求减少的，应当以违约金超过造成的损失30%为标准适当减少；当事人以约定的违约金低于造成的损失为由请求增加的，应当以违约造成的损失确定违约金数额。

《全国法院民商事审判工作会议纪要》（2019）

50.【违约金过高标准及举证责任】认定约定违约金是否过高，一般应当以《合同法》第113条规定的损失为基础进行判断，这里的损失包括合同履行后可以获得的利益。除借款合同外的双务合同，作为对价的价款或者报酬给付之债，并非借款合同项下的还款义务，不能以受法律保护的民间借贷利率上限作为判断违约金是否过高的标准，而应当兼顾合同履行情况、当事人过错程度以及预期利益等因素综合确定。主张违约金过高的违约方应当对违约金是否过高承担举证责任。

【既往司法解释】

《最高人民法院关于适用〈中华人民共和国合同法〉若干问题的解释（二）》（2009）

第二十八条　当事人依照合同法第一百一十四条第二款的规定，请求人民法院增加违约金的，增加后的违约金数额以不超过实际损失额为限。增加违约金以后，当事人又请求对方赔偿损失的，人民法院不予支持。

第二十九条　当事人主张约定的违约金过高请求予以适当减少的，人民法院应当以实际损失为基础，兼顾合同的履行情况、当事人的过错程度以及预期利益等综合因素，根据公平原则和诚实信用原则予以衡量，并作出裁决。

当事人约定的违约金超过造成损失的百分之三十的，一般可以认定为合同法第一百一十四条第二款规定的"过分高于造成的损失"。

《最高人民法院关于审理买卖合同纠纷案件适用法律问题的解释》（2012）

第二十六条　买卖合同因违约而解除后，守约方主张继续适用违约金条款的，人民法院应予支持；但约定的违约金过分高于造成的损失的，人民法院可以参照合同法第一百一十四条第二款的规定处理。

《最高人民法院关于审理商品房买卖合同纠纷案件适用法律若干问题的解释》（2003）

第十六条　当事人以约定的违约金过高为由请求减少的，应当以违约金超过造成的损失30%为标准适当减少；当事人以约定的违约金低于造成的损失为由请求增加的，应当以违约造成的损失确定违约金数额。

【条文要义】

本条是对违约金司法酌减具体操作方法的解释。

对违约金司法酌减规则，以往的司法解释作了多次规定。2003年《最高人民法院关于审理商品房买卖合同纠纷案件适用法律若干问题的解释》第16条规定，违约金过高的标准是超过实际损失的30%，应当司法酌减。2012年《最高人民法院关于审理买卖合同纠纷案件适用法律问题的解释》第26条也对此作了规定。《最高人民法院关于适用〈中华人民共和国合同法〉若干问题的解释（二）》第28条、第29条也对违约金的司法酌减作了具体规定。《全国法院民商事审判工作会议纪要》第50条对约定违约金是否过高、过低，规定了以《合同法》第113条规定的损失为基础进行判断，规定了具体标准。

《民法典》出台以后，2020年《最高人民法院关于审理商品房买卖合同纠纷案件适用法律若干问题的解释》第12条对违约金过高司法酌减作了规定。2020年《最高人民法院关于审理买卖合同纠纷案件适用法律问题的解释》第20条也对此作出决定。《全国法院贯彻实施民法典工作会议纪要》第11条，对违约金的增加和减少都作了具体规定。本条对违约金司法酌减规定了具体规则。

《民法典》第585条第2款规定的违约金调整，包括违约金低于造成实际损失的予以增加，也包括违约金过分高于实际损失的适当减少。

本条针对的是后者，也就是约定的违约金过分高于造成的实际损失，当事人请求予以适当减少的具体操作方法。对此，《民法典》没有具体规定，本条司法解释规定了具体规则。

1. 违约金适当减少应以违约行为造成的实际损失为准

违约金适当减少的判断基础，应当是违约行为致使对方当事人造成的实际损失。这是因为，违约金具有与违约损失赔偿相同的功能，即补偿违约行为造成对方当事人的实际损失，使受到损害的一方当事人的权利得到恢复。因此，确定违约金过分高于实际损失，就应当以《民法典》第854条规定的可得利益损失规则和预期利益损失规则为标准，计算出违约造成的实际损失。

因此，本条第1款规定，当事人主张约定的违约金过分高于违约造成的损失，请求予以适当减少的，法院应当以《民法典》第584条规定的损失为基础，同时兼顾合同主体、交易类型、合同的履行情况、当事人的过错程度、履约背景等因素，遵循公平原则和诚信原则进行衡量，确定约定违约金是否过分高于实际损失，是否应当适当减少，并据此作出裁判。

2. 违约金过分高于造成实际损失的标准

如何确定违约金过分高于造成的实际损失，在《合同法》实施后，最高人民法院根据司法实践经验，确定违约金超过造成实际损失的30%，超过30%的部分，就是过分高于实际损失。这一部分就是违约金适当减少的数额。

本条第2款继续坚持这一标准，规定的规则是，当事人约定的违约金超过造成损失的30%的，法院一般可以认定为《民法典》第585条第2款规定的"过分高于造成的损失"。也就是说，依据当事人的请求，违约金的最高标准，就是造成损失的130%。

这一标准也说明一点，一方当事人违约给另一方当事人造成实际损失，违约金可以适当高于造成的损失，但不能过分高于实际损失。在130%范围内约定的违约金，法院可以支持；超过130%的违约金，就是过分高于实际损失，对这一部分违约金的请求不予支持。至于超出实际损失的30%的违约金，可以认定为具有惩罚性质的违约金。

3. 恶意违约当事人不得请求减少违约金

在合同履行过程中，一般违约行为的行为人对违约的心理状态，应当是过失或者重大过失，即使故意违约达不到恶意的程度，也是违约主观心理状态的常态。但是，一方当事人订立合同以后，出于恶意实施违约行为造成对方当事人损失的，应当予以谴责。所以，本条第3款规定，恶意违约的当事人一方请求减少违约金的，法院一般不予支持。这里说的一般不予支持，就是违约金过分高于实际损失，在惩罚恶意违约行为人的适当程度，就不能适当减少。如果违约金过分高于实际损失，达到了离谱的程度，就应当调整到能够惩罚恶意违约行为人的程度，因此也可以适当减少。例如，有一个案例，当事人约定的违约金为日5‰，这样的违约金实在是太高了，无论怎样也不能按照这样的约定方法计算违约金，即使违约方为恶意，也不应当承担这样高的违约金。

如何界定恶意，也是应当厘清的问题。对恶意，通常解释为不良居心，坏的用意。在法律术语的解释上，恶意是故意中的最甚者。不过，在解释合同领域的恶意时，实际上相当于直接故意。当事人一方恶意违约，通常就是故意违约，且心怀坏的用意。对此，就可以认定为恶意违约的当事人。

【案例评析】

甲公司诉李某、乙公司合同纠纷案①

基本案情

2018 年 2 月 28 日，甲公司与乙公司及其旗下主播李某签订《独家合作协议》，约定李某在甲公司创办的平台独家进行游戏直播和解说。协议的违约条款约定：协议有效期内，乙公司或李某未经甲公司同意，擅自终止本协议或在直播竞品平台上进行相同或类似合作，或将已在该平台上发布的直播视频授权给任何第三方使用的，构成根本性违约，乙公司应向该平台支付赔偿金，包括甲公司累计支付的合作费用、违约金 5000 万元以及甲公司为李某投入的培训费和推广资源费。李某应对此向甲公司承担连带责任。2018 年 6 月 27 日，李某发布微博称其将带领所在直播团队至新直播平台进行直播。2018 年 6 月 29 日，李某在新直播平台进行首播。2018 年 8 月 24 日，甲公司向人民法院提起诉讼，请求依法判令：乙公司及李某继续履行《独家合作协议》、立即停止在其他平台的直播活动并支付违约金 300 万元。乙公司及李某提出违约金过高，应当予以减少。

法院判决

法院经审理认为，《独家合作协议》系当事人的真实意思表示，不违

---

① 案号：（2020）沪 02 民终 562 号。

反法律法规的强制性规定，应认定为有效。李某未经甲公司同意在竞争平台直播构成违约，应当承担赔偿责任。当事人主张约定的违约金过高请求予以适当减少的，应当充分考虑网络直播这一新兴行业的特点。网络直播平台是以互联网为必要媒介、以主播为核心资源的企业，在平台运营中通常需要在带宽、主播上投入较多的前期成本，而主播违反合同在第三方平台进行直播的行为给直播平台造成损失的具体金额实际难以量化，如对网络直播平台苛求过重的举证责任，则有违公平原则。故本案违约金的调整应当考虑网络直播平台的特点以及签订合同时对甲公司成本及收益的预见性。本案中，考虑主播李某在游戏直播行业中享有很高的人气和知名度的实际情况，结合其收益情况、合同剩余履行期间、双方违约及各自过错大小、甲公司能够量化的损失、甲公司已对约定违约金作出的减让、甲公司平台的现状等情形，根据公平与诚实信用原则以及直播平台与主播个人的利益平衡，酌情将违约金调整为260万元。乙公司应向甲公司支付违约金260万元，李某对上述付款义务向甲公司承担连带责任。甲公司应向乙公司支付合作费用186640.10元。

法理解读

本案当事人的争议焦点是，合同约定的违约金是否需要进行酌减。

违约金司法酌减规则的设立目的在于平衡私法的自治与公平。其并非单纯强调对债务人的保护，而是意图在私法自治的基本原则之下，平衡意思自治与个案正义。若允许当事人自由约定过高的违约金，将会使守约方获得不正当的利益，更有甚者会促使一方为获取高额的违约金而故意引诱对方违约，让违约金成为其牟取不正当利益的手段。加之债务人在缔约时出于对自身履约能力的自信，以及受到缔约双方地位不对等、信息不对称等影响，不受限制的违约金可能会让违约方承担过高的损失。因此，有必要通过酌减规则赋予法院干涉合同自由的权利。这既是立足于保护债务人，兼顾形式正义与实质公平，寻求合同自由与正义的平衡，也有利于保障违约金与因违约所造成的损失大致相当。在调整违约金时，法院应兼顾考虑合同主体、交易类型、合同的履行情况、当事人的过错程度、履约背景等多种因素，在以补偿性违约金为主的前提下，调整违约金的幅度，这也有利于促进缔约双方依照诚实信用原则行使权利和履行义务。《民法典合同编通则解释》第65条第1款对此亦有规定。

本案涉及网络直播这一新兴行业，网络直播平台在运营中通常需要在主播身上投入较多的前期成本，而主播违反《独家合作协议》在第三方平台进行直播的行为给直播平台造成损失的具体金额难以量化，违约金的调整应考虑网络直播平台的特点以及缔约时对甲公司履行成本及收益的预见性。甲公司请求乙公司、李某承担的违约金金额为300万元，考虑主播李某在游戏直播行业中享有很高的人气及知名度的实际情况，结合其收益情况、合同剩余履行期间、双方违约及各自过错大小、甲公司能够量化的损失以及甲公司对约定违约金所作出的让步等情形，遵循公平和诚信原则以及直播平台与主播个人的利益平衡，法院将违约金酌减为260万元，符合法律规定。

第六十六条　违约金调整的释明与改判

当事人一方请求对方支付违约金，对方以合同不成立、无效、被撤销、确定不发生效力、不构成违约或者非违约方不存在损失等为由抗辩，未主张调整过高的违约金的，人民法院应当就若不支持该抗辩，当事人是否请求调整违约金进行释明。第一审人民法院认为抗辩成立且未予释明，第二审人民法院认为应当判决支付违约金的，可以直接释明，并根据当事人的请求，在当事人就是否应当调整违约金充分举证、质证、辩论后，依法判决适当减少违约金。

被告因客观原因在第一审程序中未到庭参加诉讼，但是在第二审程序中到庭参加诉讼并请求减少违约金的，第二审人民法院可以在当事人就是否应当调整违约金充分举证、质证、辩论后，依法判决适当减少违约金。

【民法典条文】

　　第五百八十五条　当事人可以约定一方违约时应当根据违约情况向对方支付一定数额的违约金，也可以约定因违约产生的损失赔偿额的计算方法。

　　约定的违约金低于造成的损失的，人民法院或者仲裁机构可以根据当事人的请求予以增加；约定的违约金过分高于造成的损失的，人民法院或者仲裁机构可以根据当事人的请求予以适当减少。

　　当事人就迟延履行约定违约金的，违约方支付违约金后，还应当履行债务。

【相关司法解释】

　　《最高人民法院关于审理买卖合同纠纷案件适用法律问题的解释》（2020）

　　第二十一条　买卖合同当事人一方以对方违约为由主张支付违约金，对方以合同不成立、合同未生效、合同无效或者不构成违约等为由进行免责抗辩而未主张调整过高的违约金的，人民法院应当就法院若不支持免责抗辩，当事人是否需要主张调整违约金进行释明。

　　一审法院认为免责抗辩成立且未予释明，二审法院认为应当判决支付违约金的，可以直接释明并改判。

【既往司法解释】

　　《最高人民法院关于审理买卖合同纠纷案件适用法律问题的解释》（2012）

　　第二十七条　买卖合同当事人一方以对方违约为由主张支付违约金，

对方以合同不成立、合同未生效、合同无效或者不构成违约等为由进行免责抗辩而未主张调整过高的违约金的，人民法院应当就法院若不支持免责抗辩，当事人是否需要主张调整违约金进行释明。

一审法院认为免责抗辩成立且未予释明，二审法院认为应当判决支付违约金的，可以直接释明并改判。

【条文要义】

本条是对违约金调整的释明与二审改判方法作出的解释。

《合同法》对违约金调整的释明和改判方法，没有作具体规定。2012年《最高人民法院关于审理买卖合同纠纷案件适用法律问题的解释》第27条第一次规定，买卖合同的一方当事人对违约方主张支付违约金，对方以合同不成立、合同未生效、合同无效或者不构成违约等为由进行抗辩，而未主张调整过高的违约金的，法院负有释明的责任。《民法典》通过后，2020年《最高人民法院关于审理买卖合同纠纷案件适用法律问题的解释》第21条对此继续作了规定。在这一规定的基础上，本条是对违约金调整的释明和二审改判方法的规则作出的规定。

双方当事人在合同中约定的违约金过分高于违约造成对方当事人的实际损失，违约方可以在诉讼中提出适当酌减的请求权，法院应当按照《民法典》第585条第2款的规定，适当酌减违约金数额。

在实际的案件审理中，违约方可能没有主张违约金适当减少，或者在一审中没有提出违约金酌减的请求，却在二审中提出。对这些问题应当采取何种方法处理，不够明确。

约定的违约金过分高于违约造成的实际损失，违约一方请求适当减少违约金数额，是当事人的权利，原则上应当由当事人自己主张，实行当事人主义。但是，对于上述情况，违约方在诉讼中没有提出或者没有明确提出，法院不能实行职权主义，仍然应当坚持当事人主义。对此，法院审理认为违约金过分高于实际损失的，应当向违约方释明，告知其享有适当减少违约金的请求权。同时,在审判过程中,不同审级的法院应当怎样作出判决,也需要进一步明确。对此,本条司法解释作了两款明确规定。

1. 违约金过分高于损失违约方未主张调整的释明

双方当事人签订合同约定的违约金过分高于因违约造成的损失,违约方享有适当减少违约金数额的请求权。但是,违约方没有行使适当减少违约金数额请求权,而是以合同不成立、未生效、无效、确定不发生效力、不构成违约或者非违约方不存在损失等为由进行抗辩,由于这些请求未涉及违约金的调整,因而未主张调整违约金的,无论违约方是知道还是不知道自己享有适当减少违约金请求权,法院都应当向当事人释明,使违约方知道对适用违约金享有酌减请求权,并决定是否行使这一请求权。

至于违约方是否行使这一权利,由违约方自己决定。违约方行使违约金酌减请求权,法院应当依法作出判决,减少违约金数额。违约方拒绝行使违约金酌减请求权的,法院不应当判决酌减违约金。

在违约责任纠纷案件的审理过程中,违约方未提出酌减违约金数额,一审法院经审理认为,酌减违约金数额的抗辩不成立,未对当事人予以释明,直接判决按照合同约定支付违约金,或者认为酌减违约金的抗辩成立而未予释明,二审法院经审理认为,应当判决支付违约金的,应当采取补救措施,直接向当事人释明其享有违约金酌减请求权。违约方提出酌减违约金数额请求的,可以根据当事人的请求,就是否应当调整违约金组织进行充分的举证、质证、辩论,在此基础上,二审法院依法判决适当减少违约金。

2. 一审被告未到庭二审到庭请求减少违约金的,二审可以直接判决

双方当事人在合同中约定的违约金过分高于违约造成的实际损失,违约方享有的酌减请求权,违约方可以行使也可以不行使。在诉讼中,违约方原则上应当在一审程序中提出行权的请求。被告因客观原因在一审程序中未到庭参加诉讼,在二审程序中到庭参加诉讼,并请求减少违约金的,二审法院就是否应当调整违约金,组织进行充分的举证、质证、辩论,在此基础上,依法判决适当减少违约金。

本条没有提到另一种情况,即违约方在一审诉讼中经过释明也没有提

出酌减违约金的请求，但在二审诉讼中提出了这一请求，应当如何处理。根据本条第 2 款规定的基本精神，可以考虑处理的方法是，违约方经过释明，明知自己享有酌减违约金请求权，却在一审诉讼中没有提出，在二审诉讼中才提出，应当视为其在一审释明后，就已经放弃了酌减请求权。

【案例评析】

甲公司诉乙公司建设工程合同纠纷案[①]

基本案情

2013 年 10 月，甲公司与乙公司签订《供暖系统安装合同》，约定：甲公司为乙公司提供锅炉房锅炉供暖安装项目服务，项目安装费共计 570000 元。自双方合同签订之日起 30 个工作日完成所有设备的订货、安装和调试工作。合同履行中，乙公司延迟支付资金的，应向甲公司支付逾期付款违约金，逾期付款违约金按所欠到期款项的每日千分之三计算。2013 年 11 月 15 日，《供暖系统安装合同》所涉锅炉房实际交付乙公司投入使用。2013 年 11 月 15 日，乙公司支付甲公司工程款 399000 元，2014 年 1 月 23 日乙公司支付甲公司工程款 121000 元，现尚欠 50000 元未付。为此，甲公司诉至法院，请求判令乙公司支付剩余工程款 50000 元，并支付逾期付款违约金。

法院判决

一审法院经审理认为，《供暖系统安装合同》系当事人的真实意思表示，内容不违反法律法规的强制性规定，合法有效。甲公司与乙公司签订《供暖系统安装合同》后，甲公司如约履行合同并将工程交付乙公司使用，乙公司应按照合同约定支付甲公司剩余工程款。针对甲公司主张的违约金，乙公司以不构成违约为由进行免责抗辩，而未主张调整违约金。一审法院就此对乙公司进行释明，询问是否主张调整违约金，乙公司表示不要

---

① 案号：(2015) 二中民终字第 08833 号。

求调整违约金。对于甲公司要求乙公司支付剩余工程款和逾期付款违约金的主张，理由充分，法院予以支持。但甲公司主张的数额有误，法院予以更正。

被告乙公司不服一审判决，提起上诉，认为原判认定的违约金标准过高，一审法院未经释明即以过分高于损失的违约金标准进行判决，适用法律错误。二审法院经审理认为，一审认定事实无误，适用法律正确，应当驳回上诉，维持原判。

法理解读

本案当事人的争议焦点是，涉案违约金是否需要进行酌减。

在违约金过分高于违约造成的实际损失的情况下，请求适当减少违约金数额是当事人的权利，原则上应当由当事人自己主张之后，法院才能针对当事人请求进行判决，不能依据自身职权主动进行酌减。但在违约责任纠纷案件的审判实践中，当事人往往会将诉讼焦点集中于是否违约而非违约金数额是否过高的问题，其结果通常是由于违约方并未提出调整违约金的申请，法院仅就违约方是否违约作出裁判。此时违约方若再主张申请调整过高的违约金，由于裁判已经作出，其仅能另外单独提起调整违约金之诉。因此，为了减少当事人诉累，节约司法资源，提高审判效率，在当事人仅就是否构成违约进行争论而未对违约金高低主张权利时，法院应当向当事人释明，使违约方知道自己享有适当减少违约金数额的请求权。至于违约方是否行使这一权利，仍然是由违约方自己决定。即法院对于违约金调整的释明只是协助当事人决定是否需要提出调整违约金的申请，而法院对是否应当调整违约金进行审查仍然应以当事人主动申请为前提。如果违约方提出酌减违约金数额请求的，法院可以根据当事人的请求，依法判决适当减少违约金。

本案中，乙公司针对甲公司主张的违约金，以不构成违约为由进行免责抗辩，而未主张调整违约金，一审法院结合本案实际情况，已依法对其进行释明，并询问其是否主张调整违约金。在此情况下，乙公司仍然坚持拒绝主张酌减违约金，法院无须再对违约金是否需要酌减进行认定，支持甲公司的诉讼请求符合法律规定。二审法院认定一审法院处理并无不当，维持原判，符合法律规定。

第六十七条 定金规则

当事人交付留置金、担保金、保证金、订约金、押金或者订金等，但是没有约定定金性质，一方主张适用民法典第五百八十七条规定的定金罚则的，人民法院不予支持。当事人约定了定金性质，但是未约定定金类型或者约定不明，一方主张为违约定金的，人民法院应予支持。

当事人约定以交付定金作为订立合同的担保，一方拒绝订立合同或者在磋商订立合同时违背诚信原则导致未能订立合同，对方主张适用民法典第五百八十七条规定的定金罚则的，人民法院应予支持。

当事人约定以交付定金作为合同成立或者生效条件，应当交付定金的一方未交付定金，但是合同主要义务已经履行完毕并为对方所接受的，人民法院应当认定合同在对方接受履行时已经成立或者生效。

当事人约定定金性质为解约定金，交付定金的一方主张以丧失定金为代价解除合同的，或者收受定金的一方主张以双倍返还定金为代价解除合同的，人民法院应予支持。

【民法典条文】

第五百八十六条 当事人可以约定一方向对方给付定金作为债权的担保。定金合同自实际交付定金时成立。

定金的数额由当事人约定；但是，不得超过主合同标的额的百分之二十，超过部分不产生定金的效力。实际交付的定金数额多于或者少于约定数额的，视为变更约定的定金数额。

【相关司法解释】

《最高人民法院关于审理商品房买卖合同纠纷案件适用法律若干问题的解释》（2020）

第四条　出卖人通过认购、订购、预订等方式向买受人收受定金作为订立商品房买卖合同担保的，如果因当事人一方原因未能订立商品房买卖合同，应当按照法律关于定金的规定处理；因不可归责于当事人双方的事由，导致商品房买卖合同未能订立的，出卖人应当将定金返还买受人。

【既往司法解释】

《最高人民法院关于审理商品房买卖合同纠纷案件适用法律若干问题的解释》（2003）

第四条　出卖人通过认购、订购、预订等方式向买受人收受定金作为订立商品房买卖合同担保的，如果因当事人一方原因未能订立商品房买卖合同，应当按照法律关于定金的规定处理；因不可归责于当事人双方的事由，导致商品房买卖合同未能订立的，出卖人应当将定金返还买受人。

【条文要义】

本条是对定金识别方法以及违约定金、立约定金、证约定金和解约定金法律适用规则的解释。

在《民法典》实施前，我国的定金规则是《担保法》规定的。在具体的法律适用中，只有2003年《最高人民法院关于审理商品房买卖合同纠纷案件适用法律若干问题的解释》第4条规定了定金的具体适用规则。

《民法典》实施后，2020年修订的《最高人民法院关于审理商品房买卖合同纠纷案件适用法律若干问题的解释》第4条继续对此作了规定。但是，对于定金适用的一般规则，司法解释没有作出规定。本条是对适用《民法典》合同编通则在违约责任中规定的定金规则，作了具体解释。

《民法典》第586条和第587条规定了定金和定金罚则。定金的法律属性是担保，交付定金就等于设立了债权的担保物权。不过，我国《民法典》没有把定金规定在担保物权体系内，而是规定为违约责任。尽管如此，定金仍然是债权的担保物权，其中第586条就规定了"当事人可以约定一方向对方给付定金作为债权的担保"，表达了定金的担保物权属性。

定金的性质非常复杂，可以由当事人约定。当事人可以在合同中约定定金具有互不排斥的多重性质，如立约定金、成约定金、证约定金、违约定金等。我国《民法典》把定金规定在违约责任体系中，主要是把定金规定为违约定金，但不排斥除了违约定金性质以外具有其他属性的定金。当事人可以约定立约定金、成约定金、证约定金等，但在订立主合同后，定金不予以返还，转而用作违约定金；也可以直接约定为违约定金。

不过，《民法典》用两个条文规定了定金和定金罚则，规则还是比较简陋，有很多具体问题需要司法解释进一步明确，使具体操作有明确的规则。本条对定金的识别以及对违约定金、证约定金和解约定金的适用，都作了具体规定。

1. 对违约定金的识别

当事人订立合同和履行合同，经常会就合同约定的定金或者类似于定金的条款发生争议，因而存在对定金的识别问题。

对定金的识别主要表现在两个方面：一是对没有写明定金字样的其他交付金钱方式是否属于定金，需要进行识别；二是对没有约定定金属性的应当如何识别其类型。

（1）对定金的一般识别

在合同实践中，经常会出现当事人交付留置金、担保金、保证金、订约金、押金或者订金等金钱，却没有约定具体性质的情形。对此，一方主张是定金，另一方否认定金的性质。对此，本条司法解释第 1 款规定的方法是，没有约定定金性质的，就不是定金，一方当事人主张适用定金罚则的，法院不予支持。

此外，对这种情形，究竟认定为定金，还是不认定为定金，关键在于是否约定适用定金罚则。如果不属于定金，就不适用定金罚则；如果属于定金，就一定要适用罚则。或者反之，约定定金罚则的，就是定金；没有约定定金罚则的，就不是定金。当然，如果双方当事人在合同中明确约定为定金，即使没有约定定金罚则，也应当认定为定金，适用定金罚则。这关系到双方当事人的利益问题，必须准确识别，确定是否构成定金。

对合同约定的留置金、担保金、保证金、订约金、押金或者订金等，一方主张适用《民法典》第 587 条规定的定金罚则的，其中必定没有约定定金罚则，因此原则上都不是定金，不能认定为定金，因为不适用定金罚则。所以，法院对于这种诉讼请求不予支持。

不过，这里有一个问题，如果当事人在合同中约定了留置金、担保金、保证金、订约金、押金或者订金，同时也约定了定金罚则或者类似于定金罚则，尽管这些留置金、担保金、保证金、订约金、押金或者订金没有直接称为"定金"，但只要约定适用定金罚则的，就能与留置金、担保金等作出严格区分，因而属于定金。这在本条司法解释没有提到，在实践中识别定金时是可以适用的。

（2）对违约定金的识别

当事人在合同中约定了定金，但未约定定金类型或者约定不明，对此发生争议，一方主张为违约定金的，依照《民法典》的规定，我国定金的主要类型是违约定金，因而其主张有法律根据，况且在立约定金、成约定金、证约定金等在合同成立后，都有可能转化成违约定金，所以，对这一方当事人关于违约定金的主张，法院应予支持。

对双方约定的违约定金适用定金罚则，《民法典》已经作了明确规定，给付定金的一方不履行债务或者履行债务不符合约定，致使不能实现合同目的的，无权请求返还定金；收受定金的一方不履行债务或者履行债务不符合约定，致使不能实现合同目的的，应当双倍返还定金。在定金适用中，正是由于定金罚则的存在和适用，才使定金有了对合同债权担保的属性。

由于违约定金具有上述债权担保的属性，关乎双方当事人的权益，因而定金合同应当以书面形式订立，增加其严肃性，强调对双方当事人履行合同的担保作用。

2. 约定立约定金但拒绝订立合同或未订立合同的定金罚则适用

在交易中，如果当事人已经明确约定以交付定金作为订立合同的担保，约定的定金就具有明确的立约定金和违约定金的属性。在当事人约定了以交付定金作为订立合同担保后，一方无正当理由拒绝订立合同或者在磋商订立合同时违背诚信原则导致未能订立合同，不论是已经交付了定金还是没有交付定金，只要对方主张适用《民法典》第587条规定的定金罚则的，就有《民法典》第586条的依据，所以法院应予支持。

这里存在的问题是，当事人约定以交付定金作为订立合同的担保，一方无正当理由拒绝订立合同，或者在磋商订立合同时违背诚信原则导致未能订立合同，这里究竟是几个合同，不够清楚。其中当事人约定以交付定金作为订立合同的担保，是口头约定还是书面约定，不无疑问。按照文字理解和法理，约定交付定金担保合同订立和履行，定金合同应当以书面形式订立，可以在主合同中约定，也可以单独订立定金合同。按照上述文字理解，是订立了定金合同后主合同没有订立更准确。不过，双方当事人口头约定以交付定金作为订立合同的担保，双方没有争议的，也可以认定立约定金合同成立，对双方当事人具有约束力。所以，这一部分在实践中还应当进一步探索。

3. 约定证约定金未支付定金认定合同成立或者生效的要件

定金具有证约定金的属性。如果当事人约定以交付定金作为合同成立或者生效条件，定金就具有了证约定金的属性。如果一方当事人约定了证约定金，但是，并没有交付定金，怎样才能认定合同已经成立或者生效，以及合同的成立或者生效应当确定在何时，要有明确的规则。

对此，本条第 3 款规定，应当交付定金的一方未交付定金，但是合同主要义务已经履行完毕并为对方所接受的，法院应当认定合同在对方接受履行时已经成立或者生效。这就解决了两个问题：

首先，尽管约定了证约定金，当事人却没有交付定金，认定合同成立或者生效须具备两个要件：一是合同的主要义务已经履行完毕；二是对方当事人已经接受履行。按照《民法典》的规定，这时合同就已经成立、生效，不应当再对合同的成立或者生效提出质疑，因为双方的行为已经证明合同成立和生效，并且已经在实际履行。

其次，在这种情况下，证约定金尽管没有交付，但是已经不再起到证明合同已经成立和生效的作用。

4. 约定解约定金的法律适用

在理论上，对当事人是否可以约定解约定金，以适用定金罚则为条件而解除合同，是有争议的。最主要的质疑意见是，解约定金的适用违反合同信守原则，属于不诚信的表现，以为只要付出定金，就可以理所当然的解除合同，因而造成对方当事人权益的损害。

这种意见是不成立的，既然双方已经约定为解约定金，在依法提出解约时适用定金罚则，是双方当事人意思自治的体现，当他们愿意接受定金罚则的约束而解除合同时，他们的约定就是有效的。如果否定当事人约定解约定金的合理性和合法性，确认解约定金违反诚信原则，是不尊重意思自治原则。同时，解约定金的约定，在一方愿意支付定金罚则的损失，实际上已经对被解约的一方当事人的合法权益损害有了补偿，也不存在不公平的问题。

因此，本条第 4 款作出规定，当事人约定定金性质为解约定金，交付定金的一方主张以丧失定金为代价解除合同，或者收受定金的一方主张以双倍返还定金为代价解除合同的，法院应当予以支持，确认双方当事人约定解约定金的合法性和有效性。

【案例评析】

某学校与李某某、王某某、某建工公司建设工程施工合同纠纷案①

基本案情

被告某学校与第三人李某某（借用第三人某建工公司的资质）分别于2014年3月和8月签订了建设工程施工合同各一份，分别是建设学校教学楼和宿舍楼，教学楼于2014年10月竣工，宿舍楼于2015年8月竣工并均交付使用。双方签订的施工合同中未约定质保金，仅约定了工程各项目的保修期。第三人李某某承建的两个楼房工程竣工后，被告共扣除李某某120多万元工程款作为质保金未予支付。后被告用此款代李某某偿还了部分欠款，现剩余755707.19元作为质保金的工程款存在被告处。因原告王某某经营砖厂，第三人李某某在建设宿舍楼期间在原告处赊购了价值458000元的空心砖，并于2015年9月26日给原告出具了欠据1张。此欠款经原告多次催要，李某某均以被告未付其剩余工程款无钱给付为由拖延至今。王某某向法院起诉，要求某学校支付货款，李某某承担连带责任。诉讼中，李某某要求某学校返还剩余755707.19元的质保金。

法院判决

法院经审理认为，李某某应当向王某某支付货款。根据质量保证金性质，其应为发包人与承包人在建设工程承包合同中约定，从应付的工程款中预留，缺陷责任期内对建设工程出现缺陷进行维修的资金。缺陷责任期不同于保修期，且该工程已竣工并交付使用1年多。当事人未约定质量保证金，尽管约定了保修期，亦应尊重合同约定。发包人某学校应当向李某某返还工程质量保证金，但不影响李某某依照合同约定或法律规定履行工程保修义务。

---

① 案号：（2017）吉07民终178号。

法理解读

本案当事人的争议焦点是，某学校是否应将质量保证金退还给李某某，涉及质量保证金是否属于定金的问题。

定金，是指以担保债权实现为目的，依据法律规定或双方当事人约定，由一方在合同订立时或订立后至合同履行之前，按照合同标的额的一定比例，预先给付对方的一定数额货币的担保形式。在定金合同成立以后，一方一旦违反约定，就会失去定金或者需要双倍返还定金，这是较为严厉的惩罚。为了避免随意惩罚合同当事人，除非当事人明确约定定金的性质，否则不能随意适用定金罚则。在合同实践中，经常会出现当事人交付留置金、担保金、保证金、订约金、押金或者订金等金钱，却没有约定具体性质的情形。对这种情形，究竟是否认定为定金，关键在于是否约定适用定金罚则。对合同约定的留置金、担保金、保证金、订约金、押金或者订金等，只要没有约定适用定金罚则，原则上都不能认定为定金。但若当事人在合同中约定了留置金、担保金、保证金、订约金、押金或者订金的，同时也约定了定金罚则，尽管没有直接称为"定金"，因而也属于定金。

本案中，某学校和李某某约定了质量保证金，但就应否将质量保证金退还给李某某存在争议。如果属于定金，在李某某交付的建设工程出现质量问题的时候，将会适用定金罚则，李某某将无权要求某学校返还；反之，在出现质量问题时，某学校可以使用这部分质量保证金来进行维修，但对剩余部分仍需返还给李某某。本案双方当事人约定质保金仅在于保证对后期建设工程进行维修，并未约定适用定金罚则，应当按照合同约定来分配双方权利义务，因而其法律性质不属于定金。在建设工程已经竣工的情况下，且交付使用1年多，返还质量保证金的条件已经完成，某学校应当返还剩余的质量保证金，法院判决符合法律规定。

第六十八条　定金罚则的法律适用

双方当事人均具有致使不能实现合同目的的违约行为，其中一方请求适用定金罚则的，人民法院不予支持。当事人一方仅有轻微违约，对方具有致使不能实现合同目的的违约行为，轻微违约方主张适用定金罚则，对方以轻微违约方也构成违约为由抗辩的，人民法院对该抗辩不予支持。

当事人一方已经部分履行合同，对方接受并主张按照未履行部分所占比例适用定金罚则的，人民法院应予支持。对方主张按照合同整体适用定金罚则的，人民法院不予支持，但是部分未履行致使不能实现合同目的的除外。

因不可抗力致使合同不能履行，非违约方主张适用定金罚则的，人民法院不予支持。

【民法典条文】

第五百八十七条　债务人履行债务的，定金应当抵作价款或者收回。给付定金的一方不履行债务或者履行债务不符合约定，致使不能实现合同目的的，无权请求返还定金；收受定金的一方不履行债务或者履行债务不符合约定，致使不能实现合同目的的，应当双倍返还定金。

第五百九十条　当事人一方因不可抗力不能履行合同的，根据不可抗力的影响，部分或者全部免除责任，但是法律另有规定的除外。因不可抗力不能履行合同的，应当及时通知对方，以减轻可能给对方造成的损失，并应当在合理期限内提供证明。

当事人迟延履行后发生不可抗力的，不免除其违约责任。

【相关司法解释】

《全国法院民商事审判工作会议纪要》(2019)

47.【约定解除条件】合同约定的解除条件成就时，守约方以此为由请求解除合同的，人民法院应当审查违约方的违约程度是否显著轻微，是否影响守约方合同目的实现，根据诚实信用原则，确定合同应否解除。违约方的违约程度显著轻微，不影响守约方合同目的实现，守约方请求解除合同的，人民法院不予支持；反之，则依法予以支持。

【条文要义】

本条是对定金罚则具体适用规则的解释。

通常认为，定金的固有功能决定了定金责任的惩罚性色彩通常比违约金责任更浓厚。对定金责任适用控制存在问题，应当通过惩罚性赔偿法定原则限制其惩罚性，由此可统合各类违约赔偿约款的法律适用。对于定金罚则，以往的司法解释没有作出规定，只是在《全国法院民商事审判工作会议纪要》第47条作了规定。本条就是在这个规定的基础上形成的。

《民法典》第587条关于定金罚则的规定是明确的，但是，在具体适用规则上，还有很多问题需要明确，使其具有更好的可操作性，便于在司法实践中适用。

本条司法解释就是针对《民法典》关于定金罚则的规定在具体适用中的规则作出了解释。

1. 双方当事人都有违约行为不适用定金罚则

《民法典》第587条规定定金罚则适用的条件，是给付定金的一方不履行债务或者履行债务不符合约定，或者收受定金的一方不履行债务或者履行债务不符合约定，因而致使不能实现合同目的。这里明确说的是一方当事人违约致使不能实现合同目的。如果是双方违约，双方的违约行为都致使不能实现合同目的，就不具备适用《民法典》第587条规定的定金罚则适用条件，不能适用定金罚则。

同时，一方当事人仅有轻微违约行为，另一方的违约行为致使不能实现合同目的，有轻微违约行为的一方当事人可否主张适用定金罚则，也应当有明确的规定。

对于上述两种情形，本条第1款作了明确规定。

首先，双方当事人均具有《民法典》第587条规定的致使不能实现合同目的的违约行为，其中一方请求适用定金罚则的，法院不予支持。主要原因是，《民法典》第587条规定定金罚则适用于一方违约，不适用于双方违约的情形。

其次，当事人一方仅有轻微违约，另一方违约行为致使合同目的不能实现，是否适用定金罚则，关键在于轻微违约是否为适用定金罚则的条件。

违约是一个含义广泛的概念，合同当事人实施的任何与法律、合同规定的义务不相符合的行为，都可以被认定为违约。从违约的严重程度划分，违约可以分为轻微违约、严重违约和根本违约。

轻微违约，常常并未使非违约方遭受重大损失，亦未动摇合同存在的基础。严重违约，则是违约方的违约行为较为严重，致使对方当事人遭受重大损失，但是并未致使合同目的不能实现。根本违约，则是"实际剥夺了相对方根据合同规定有权期待得到的东西"，致使合同目的不能实现。

既然违约分为轻微违约、严重违约和根本违约，因而相对应的对合同对方当事人的处置就有程度的区别。通常认为，合同一方轻微违约或者严重违约，应当承担违约责任，但是合同能够履行的还是要继续履行，合同不能履行的，应当承担赔偿责任。只有对违约行为致使合同目的不能实现的根本违约，对方当事人才享有法定解除权，请求解除合同。

在定金罚则的适用上，如果一方当事人仅有轻微违约，而对方当事人有致使不能实现合同目的的根本违约，是否认为双方都违约而不能适用定金罚则，是有疑问的。对此，本条第1款后段规定，当事人一方仅有轻微违约，对方具有致使不能实现合同目的的违约行为，轻微违约方主张适用定金罚则，对方以轻微违约方也有违约行为为由抗辩的，法院对该抗辩不予支持。这一规定的实质意义在于，一方当事人虽然有轻微违约行为，但不构成致使合同目的不能实现，因此他对对方实施的违约致使合同目的不能实现，仍然可以主张定金罚则，主张对方无权请求返还定金或者双倍返还定金。简言之，轻微违约方对严重违约方可以主张适用定金罚则。

2. 部分未履行合同义务按比例适用定金罚则

在适用定金罚则的场合，一方当事人部分履行合同，部分合同义务没有履行，对方当事人是否可以请求适用定金罚则，有不同的见解。一种主张认为，定金罚则应当适用于全部合同未履行，体现定金罚则对于违约行为处罚的整体性，也体现定金担保债权的整体性。另一种主张认为，定金罚则虽然担保整个债权，但是，对合同部分没有履行的，可以按照比例适用定金罚则。对于这两种见解要有确定的规则，统一定金罚则的适用方法。

对此，本条第2款规定，当事人一方已经部分履行合同，对方接受并主张按照未履行部分所占比例适用定金罚则的，法院应当支持按照未履行部分所占比例适用定金罚则的主张。如果对方主张按照合同整体适用定金罚则的，则违反公平原则，法院不予支持。

不过有一个例外，如果部分未履行致使不能实现合同目的，符合《民法典》第587条规定的适用定金罚则的要求，应当适用定金罚则。这是因为，《民法典》第587条规定适用定金罚则的条件，除了致使不能实现合同目的以外，在规定违约行为的要件中不仅包括不履行债务，也规定履行债务不符合约定。在履行债务不符合约定中，就应当包含部分不履行。

所以，当事人部分不履行合同债务，对方请求按比例适用定金罚则的，符合法律规定，应当支持，按比例适用定金罚则。部分不履行合同债务致使合同目的不能实现的，也符合定金罚则适用的规定，应当整体适用定金罚则。

3. 不可抗力免除适用定金罚则

《民法典》第590条第1款规定，当事人一方因不可抗力不能履行合同的，根据不可抗力的影响，部分或者全部免除责任。在适用定金罚则上也应当同样如此，适用《民法典》第590条第1款的这一规定。

因此，本条第3款规定，因不可抗力致使合同不能履行，非违约方主张适用定金罚则的，法院不予支持。

这里存在的问题是，不可抗力对履行合同并非发生全部不履行的影响。因此，《民法典》第590条第1款规定，一方主张不可抗力不能履行合同，应当根据不可抗力的影响，部分或者全部免除责任。在不可抗力适用于定金罚则时，本条司法解释第3款没有区分这些不可抗力的不同影响，而是一律适用定金罚则。这样的规定是否全面，有斟酌的余地。例如，虽然发生了不可抗力，但是，不足以影响全部不履行合同，仍然有能力履行部分合同债务，这时是否按照比例适用定金罚则，还应继续进行探讨，本书采取支持的态度。

【案例评析】

张某某诉某儿童城租赁合同纠纷案①

基本案情

2018年9月12日，张某某与某儿童城签订《场地租赁合同》，约定：某儿童城向张某某出租"某儿童城"的二楼经营场地，建筑面积46平方米，租赁期限为3年。另约定，场地租金为每平方米月租金160元，签订合同当日支付第一年租金88320元。双方同意本租赁合同签订当日将之前张某某支付给某儿童城的定金22080元转为履约保证金，用于保证张某某逾期支付租金、水电暖、燃气等费用及违约责任保证。还约定张某某逾期支付租金超过30日，某儿童城有权解除租赁合同。2018年9月12日，张某某向某儿童城交付定金22080元，但某儿童城未按约定交付经营场地，

① 案号：（2018）甘0103民初5084号。

为此张某某向法院起诉，请求判令解除《场地租赁合同》，由某儿童城双倍退还定金。庭审中查明，张某某未交纳租赁场所租金，某儿童城未向张某某交付租赁场所。

法院判决

法院经审理认为，《场地租赁合同》系当事人的真实意思表示，内容不违反法律法规的强制性规定，合法有效。关于本案的违约责任问题，实际张某某仅履行向某儿童城交付押金的行为，该《场地租赁合同》其他约定尚未履行，双方均存在违约行为。现张某某与某儿童城均同意解除租赁合同，法院予以准许。关于张某某主张某儿童城双倍退还定金的诉讼请求，因双方均存在违约行为，致使不能实现合同目的，故不能适用定金罚则。某儿童城应退还张某某实际交纳的22080元。

法理解读

本案当事人的争议焦点是，某儿童城应否向张某某双倍退还定金22080元。

定金罚则将会导致违约方丧失全部的定金价值，因此属于一项较为严厉的惩罚，不应随意适用，以免造成"过罚不当"。同理，当一方当事人存在根本违约的情况下，其应当适用定金罚则遭受不利后果，也不得因对方当事人的轻微违约行为而抗辩不再适用定金罚则，以免恶意逃避定金处罚。因此定金罚则的适用或抗辩都有严格要求。适用定金罚则的条件为一方当事人不履行债务或者履行债务不符合约定，因而致使不能实现合同目的，即违约。违约的归责事由属于哪一方当事人，就由哪一方当事人来承担定金罚则的后果；对于免除适用定金罚则，也只有双方当事人均构成根本违约的，才能不适用定金罚则。这是因为，定金罚则的目的是通过其惩罚性促使双方当事人都积极地履行合同义务，一旦双方都违约，定金罚则的目的无法实现，自然也就失去了适用定金罚则的基础。此时，法院无须再适用定金罚则。

在本案中，双方当事人签订《场地租赁合同》合法有效，张某某向某儿童城交付定金 22080 元，存在适用定金罚则的前提基础。但是，在合同履行过程中，双方当事人均存在致使不能实现合同目的的根本违约情形：张某某仅向某儿童城交付押金，合同其他约定尚未履行，导致某儿童城的合同目的无法实现；某儿童城未按约定交付经营场地，没有履行合同的主要义务，同样会导致合同目的不能实现。由于双方当事人均具违约行为，所以任何一方当事人都不适用定金罚则，某儿童城退还张某某实际交纳的 22080 元即可，法院判决符合法律规定。

第九章 附 则

第六十九条 司法解释生效时间

本解释自 2023 年 12 月 5 日起施行。

民法典施行后的法律事实引起的民事案件，本解释施行后尚未终审的，适用本解释；本解释施行前已经终审，当事人申请再审或者按照审判监督程序决定再审的，不适用本解释。

【相关司法解释】

《最高人民法院关于适用〈中华人民共和国民法典〉时间效力的若干规定》（2020）

第一条 民法典施行后的法律事实引起的民事纠纷案件，适用民法典的规定。

民法典施行前的法律事实引起的民事纠纷案件，适用当时的法律、司法解释的规定，但是法律、司法解释另有规定的除外。

民法典施行前的法律事实持续至民法典施行后，该法律事实引起的民事纠纷案件，适用民法典的规定，但是法律、司法解释另有规定的除外。

第二条 民法典施行前的法律事实引起的民事纠纷案件，当时的法律、司法解释有规定，适用当时的法律、司法解释的规定，但是适用民法典的规定更有利于保护民事主体合法权益，更有利于维护社会和经济秩序，更有利于弘扬社会主义核心价值观的除外。

第三条 民法典施行前的法律事实引起的民事纠纷案件，当时的法律、司法解释没有规定而民法典有规定的，可以适用民法典的规定，但是明显减损当事人合法权益、增加当事人法定义务或者背离当事人合理预期的除外。

第四条 民法典施行前的法律事实引起的民事纠纷案件，当时的法律、司法解释仅有原则性规定而民法典有具体规定的，适用当时的法律、司法解释的规定，但是可以依据民法典具体规定进行裁判说理。

《全国法院贯彻实施民法典工作会议纪要》（2021）

12. 除上述内容外，对于民通意见、合同法解释一合同法解释二的实体性规定所体现的精神，与民法典及有关法律不冲突且在司法实践中行之有效的，如民通意见第2条关于以自己的劳动收入为主要生活来源的认定规则等，人民法院可以在裁判文书说理时阐述。上述司法解释中的程序性规定的精神，与民事诉讼法及相关法律不冲突的，如合同法解释一第十四条、第二十三条等，人民法院可以在办理程序性事项时作为参考。

13. 正确适用《时间效力规定》，处理好新旧法律、司法解释的衔接适用问题。坚持"法不溯及既往"的基本原则，依法保护当事人的合理预期。民法典施行前的法律事实引起的民事纠纷案件，适用当时的法律、司法解释的规定，但《时间效力规定》另有规定的除外。

当时的法律、司法解释包括根据民法典第一千二百六十条规定废止的法律，根据《废止决定》废止的司法解释及相关规范性文件，《修改决定》所涉及的修改前的司法解释。

14. 人民法院审理民事纠纷案件，根据《时间效力规定》应当适用民法典的，同时适用民法典相关司法解释，但是该司法解释另有规定的除外。

17. 民法典施行前的法律事实引起的民事纠纷案件，根据《时间效力规定》应当适用民法典的，同时列明民法典的具体条文和《时间效力规定》的相关条文。民法典施行后的法律事实引起的民事纠纷案件，裁判文书引用法律、司法解释时，不必引用《时间效力规定》的相关条文。

18. 从严把握溯及适用民法典规定的情形，确保法律适用统一。除

《时间效力规定》第二部分所列具体规定外，人民法院在审理有关民事纠纷案件时，认为符合《时间效力规定》第二条溯及适用民法典情形的，应当做好类案检索，经本院审判委员会讨论后层报高级人民法院。高级人民法院审判委员会讨论后认为符合《时间效力规定》第二条规定的"三个更有利于"标准，应当溯及适用民法典规定的，报最高人民法院备案。最高人民法院将适时发布相关指导性案例或者典型案例，加强对下指导。

【条文要义】

本条是对本司法解释生效施行时间的规定。

本司法解释是关于适用《民法典》合同编通则具体规则的解释，在具体适用中，当然应当遵守《最高人民法院关于适用〈中华人民共和国民法典〉时间效力的若干规定》，还应当注意参考《全国法院贯彻实施民法典工作会议纪要》关于适用《民法典》效力的有关规定。

对于本司法解释生效时间，本条主要是规定了以下两点。

1. 生效时间

本条第1款规定，本解释自2023年12月5日起施行。本司法解释是2023年12月4日发布的。据此，本司法解释已经发生效力，开始施行。

2. 本司法解释生效后的具体适用

对于本司法解释生效以后怎样具体适用的范围，本条第2款规定与其他司法解释的适用方法相同。

一是《民法典》施行后的法律事实引起的民事案件，本解释施行后尚未终审的，适用本司法解释。这就是，2021年1月1日以后发生的法律事实引起的民事争议案件，在本司法解释施行后还没有终审的，适用本司法解释作为裁判依据。

二是本司法解释施行前，民事争议案件涉及本司法解释的适用，但是已经终审，当事人申请再审或者按照审判监督程序决定再审的，不论当事人是否主张适用本司法解释，都一律不适用本解释。

【案例评析】

王某诉刘某利、崔某飞买卖合同案①

基本案情

原告王某从事饮料销售工作，被告刘某利向原告购买花生牛奶饮料，当时支付了部分款项，剩余货款双方于2021年1月8日结算时被告刘某利应支付原告王某货款7.5万元，双方约定由被告刘某利于2021年1月8日前支付5万元，于2021年1月10日前支付2.5万元，如不按期履行偿还义务，则承担逾期支付利息5000元，被告崔某飞提供担保，并立有欠据一张。事后该笔货款经原告王某多次索要未果，故原告王某诉至法院，请求依法追偿。

法院判决

法院经审理认为，依法成立的合同，受法律保护。关于买受人的责任问题，买受人接受出卖人的货物后就应当按照约定支付价款。本案中被告作为买受人向原告购买花生牛奶饮料欠下原告货款7.5万元的事实清楚，证据确实充分，原告索款理由成立，对其诉请依法予以支持；被告逾期后不履行还款义务，显属不当，应承担偿付之民事责任。关于逾期付款违约责任的问题，因双方在欠条中明确约定逾期付款应支付利息5000元，结合本案案情该约定应认定为逾期付款的违约金，该违约金约定数额不违反法律规定，故对该请求予以支持。关于本案保证责任的问题，被告崔某飞作为担保人，作出保证的行为在《民法典》实施之后，按照《民法典》第686条第2款"当事人在保证合同中对保证方式没有约定或者约定不明确的，按照一般保证承担保证责任"之规定，本案崔某飞在合同中约定其为担保人，未约定保证方式，故依照上述法律规定，被告崔某飞对该笔债务的保证方式视为一般保证，按照一般保证的责任承担，即保证人在债务人财

---

① 案号：（2021）陕0825民初1558号民事判决书。

产依法强制执行后仍不能履行的部分承担保证责任。被告刘某利、崔某飞经合法传唤未到庭应诉，视为其放弃相关权利，所致不利后果由其自负。本案系《民法典》施行后由法律事实引起的民事纠纷案件，适用《民法典》的规定。

据此，人民法院依照《民法典》第 465 条、第 509 条、第 579 条、第 585 条、第 626 条、第 628 条、第 686 条、第 687 条，《最高人民法院关于适用〈中华人民共和国民法典〉有关担保制度的解释》第 26 条第 2 款，《最高人民法院关于适用〈中华人民共和国民法典〉时间效力的若干规定》第 1 条第 1 款，《民事诉讼法》第 144 条之规定，作出如下判决：一、被告刘某利于本判决生效之日起三日内支付原告王某货款 7.5 万元及并承担逾期的违约金 5000 元，共计 8 万元；二、被告崔某飞仅对债务人刘某利财产依法强制执行后仍不能履行的部分承担保证责任。

法理解读

本案的一个争议焦点是应当如何适用法律的问题，这里涉及《民法典》及其相关司法解释的溯及力。

溯及力是指新法律颁布施行后对它生效以前的事件和行为有无约束力。《民法典》及其相关司法解释的适用原则是法不溯及既往，这是大部分国家通用的一项法律适用原则，对施行前的法律事实无拘束力，仅对施行后的法律事实产生拘束力。以法律事实发生在《民法典》施行前后为时间界点，《民法典》施行后的法律事实引起的民事纠纷案件，适用《民法典》的规定。在本司法解释施行后尚未终审的，应当同时适用本司法解释；如果已经终审的，当事人申请再审或者按照审判监督程序决定再审的，不论当事人是否主张适用本司法解释，都一律不适用本解释。

本案法律事实发生在 2021 年 1 月 1 日之后，是在《民法典》施行后的法律事实引起的民事案件，应当适用《民法典》的规定，法院依据《民法典》对该案进行裁判符合法律规定。同时，虽然本案涉及本司法解释的适用，但在本司法解释施行前已经终审，一律不适用本司法解释，法院适用法律正确，符合法律规定。

图书在版编目（CIP）数据

《最高人民法院关于适用〈中华人民共和国民法典〉合同编通则若干问题的解释》案例解读／杨立新等编著. —北京：中国法制出版社，2024.1

ISBN 978-7-5216-3337-5

Ⅰ．①最… Ⅱ．①杨… Ⅲ．①合同法-案例-中国 Ⅳ．①D923.65

中国国家版本馆 CIP 数据核字（2023）第 055756 号

策划编辑：谢　雯
责任编辑：白天园　　　　　　　　　　　　　　　　封面设计：杨泽江

《最高人民法院关于适用〈中华人民共和国民法典〉合同编通则若干问题的解释》案例解读

《ZUIGAO RENMIN FAYUAN GUANYU SHIYONG〈ZHONGHUA RENMIN GONGHEGUO MINFADIAN〉HETONGBIAN TONGZE RUOGAN WENTI DE JIESHI》ANLI JIEDU

编著/杨立新等
经销/新华书店
印刷/三河市紫恒印装有限公司
开本/730 毫米×1030 毫米　16 开　　　　　　印张/ 37　字数/ 440 千
版次/2024 年 1 月第 1 版　　　　　　　　　2024 年 1 月第 1 次印刷

中国法制出版社出版
书号 ISBN 978-7-5216-3337-5　　　　　　　　　　　　　定价：118.00 元

北京市西城区西便门西里甲 16 号西便门办公区
邮政编码：100053　　　　　　　　　　　　　　传真：010-63141600
网址：http：//www.zgfzs.com　　　　　　　　编辑部电话：010-63141792
市场营销部电话：010-63141612　　　　　　　印务部电话：010-63141606

（如有印装质量问题，请与本社印务部联系。）